Arbeitsrechtliche Schriften

herausgegeben vom
Hugo Sinzheimer Institut der Hans-Böckler-Stiftung

Band 6

Paul Kolfhaus

Flexibilität und Fragmentierung durch Arbeitnehmer*innenüberlassung

Der Schutz von Leiharbeitskräften in Deutschland

HSI
Hugo Sinzheimer Institut
für Arbeits- und Sozialrecht

Das HSI ist ein Institut
der Hans-Böckler-Stiftung

Nomos

Gefördert durch das Hugo Sinzheimer Institut für Arbeits- und Sozialrecht der Hans-Böckler-Stiftung.

Die Deutsche Nationalbibliothek verzeichnet diese Publikation in der Deutschen Nationalbibliografie; detaillierte bibliografische Daten sind im Internet über http://dnb.d-nb.de abrufbar.

Zugl.: Bremen, Universität, Diss., 2022

ISBN 978-3-8487-8813-2 (Print)
ISBN 978-3-7489-3491-2 (ePDF)

Onlineversion
Nomos eLibrary

1. Auflage 2022

Vorwort

Die vorliegende Arbeit wurde im April 2022 von der Rechtswissenschaftlichen Fakultät der Universität Bremen als Dissertation angenommen und anschließend minimal überarbeitet. Rechtsprechung und Literatur wurden bis Januar 2022 berücksichtigt

Mein besonderer Dank gilt Prof. Dr. Wolfgang Däubler für engagierte Diskussionen, erhellende Einordnungen und die wohlwollende Betreuung. Dank gebührt auch Prof. Dr. Sebastian Kolbe für seine freundlichen Hinweise und die rasante Erstellung des Zweitgutachtens. Den Kolleg*innen am Hugo Sinzheimer Institut danke ich für den großzügigen Druckkostenzuschuss und freue mich über die Aufnahme in die dort verantwortete Reihe der Arbeitsrechtlichen Schriften.

Diese Arbeit fußt wesentlich auf den Erfahrungen und Erkenntnissen zahlreicher Lohnabhängiger, Betriebsratsmitglieder, Gewerkschafter*innen und Wissenschaftler*innen der Sozial- und Wirtschaftswissenschaften. Ohne diese teilweise in schmerzhaften Auseinandersetzungen gewonnenen Ergebnisse und Einsichten könnten Jurist*innen nicht in ergonomisch optimierten Bürostühlen sitzen und die rechtliche Dimension der tatsächlichen Verhältnisse untersuchen. Danke dafür.

Nicht zuletzt möchte ich mich bei meinen Kanzlei-Kolleg*innen sowie bei Nele, Nella, Maxe, Jonathan, Adrian, Franzi, Johannes und meiner Familie für Rat, Diskussionen, Unterstützung und Freiräume an den richtigen Stellen bedanken. Ein freudloseres Unterfangen wäre diese Arbeit außerdem ohne den endlosen, vielschichtigen Support von Beke geworden. Danke Dir, für Alles.

Hamburg, im Mai 2022 *Paul Kolfhaus*

Inhaltsübersicht

Inhaltsverzeichnis

Abkürzungsverzeichnis

BAP	Bundesarbeitgeberverband der Personaldienstleister
BMAS	Bundesministerium für Arbeit und Soziales
CGM	Christliche Gewerkschaft Metall
CGZP	Tarifgemeinschaft Christlicher Gewerkschaften für Zeitarbeit und Personalserviceagenturen
Covid-19	Coronavirus disease 2019
DGB	Deutscher Gewerkschaftsbund
DHV	DHV-Die Berufsgewerkschaft e.V., ehem. Deutscher Handels- und Industrieangestellten-Verband
ERTV BAP/DGB	Entgeltrahmentarifvertrag zur Zeitarbeit zwischen dem BAP und der DGB-Tarifgemeinschaft vom 18.12.2019
ERTV iGZ/DGB	Entgeltrahmentarifvertrag zur Zeitarbeit zwischen der iGZ und der DGB-Tarifgemeinschaft vom 18.12.2019
ETV BAP/DGB	Entgelttarifvertrag zur Zeitarbeit zwischen dem BAP und der DGB-Tarifgemeinschaft vom 18.12.2019
ETV iGZ/DGB	Entgelttarifvertrag zur Zeitarbeit zwischen der iGZ und der DGB-Tarifgemeinschaft vom 18.12.2019
EVG	Eisenbahn- und Verkehrsgewerkschaft
GÖD	Gewerkschaft öffentlicher Dienst und Dienstleistungen
IG BCE	Industriegewerkschaft Bergbau, Chemie, Energie
IG Metall	Industriegewerkschaft Metall
iGZ	Interessenverband Deutscher Zeitarbeitsunternehmen
MTV BAP/DGB	Manteltarifvertrag zur Zeitarbeit zwischen dem BAP und der DGB-Tarifgemeinschaft vom 18.12.2019
MTV iGZ/DGB	Manteltarifvertrag zur Zeitarbeit zwischen der iGZ und der DGB-Tarifgemeinschaft vom 18.12.2019
PM	Pressemitteilung

TV BZ ME	Tarifvertrag Branchenzuschläge für Arbeitnehmerüberlassungen in der Metall- und Elektroindustrie zwischen dem BAP, der iGZ und der IGM vom 15.09.2017
TV LeiZ Baden-Württemberg	Tarifvertrag Leih-/Zeitarbeit für Beschäftigte der Metall- und Elektroindustrie in Baden-Württemberg vom 11.11.2021
ver.di	Vereinigte Dienstleistungsgewerkschaft
VGZ	Verhandlungsgemeinschaft Zeitarbeit

Ergänzend wird verwiesen auf Kirchner, Hildebert/Böttcher, Eike, Abkürzungsverzeichnis der Rechtssprache, 10. Aufl. 2021, Berlin.

Einleitung

Die Spaltung von Lohnabhängigen in konkurrierende Subjekte ist eine wesentliche Voraussetzung bei dem Bestreben von Unternehmen, Arbeitskraft möglichst günstig und flexibel einzukaufen. Wer zum Erhalt der eigenen Existenz auf den Verkauf seiner Arbeitskraft angewiesen ist, sieht sich regelmäßig dazu gezwungen, für praktisch jeden Preis zu jedweden Bedingungen zu arbeiten. Erst der Zusammenschluss in Gewerkschaften kann diese Konkurrenz unter Lohnabhängigen mildern und die Machtasymmetrie zwischen Beschäftigten und Unternehmen aufbrechen.[1] Nur wenn Arbeitnehmer*innen in gemeinsamen Verhandlungen einen für ihre Tätigkeit einheitlichen Lohn erstreiten, kommt die Abhängigkeit der Unternehmen von arbeitswilligen Angestellten zum Tragen. Auf diesem Wege wurde und wird der Preis der Arbeitskraft stetig neu verhandelt – die Einigkeit der abhängig Beschäftigten war und ist dabei stets von entscheidender Bedeutung.[2]

Das Institut der Leiharbeit[3] in seiner aktuellen Ausformung schafft nun die Möglichkeit, Arbeitskräfte in ein und demselben Betrieb, mitunter an ein und derselben Maschine, zu trennen, und ihre Arbeitsbedingungen getrennt zu verhandeln.[4] Diese Fragmentierung der Beschäftigten wird möglich, weil Leiharbeitskräfte zwar einerseits ebenso wie ihre Kolleg*in-

1 BVerfG, Beschl. v. 26.06.1991 – 1 BvR 779/85, NZA 1991, 809 (811); Däubler TVG/ *Däubler*, Einl. Rn. 96; *Geffken*, Arbeitsrecht, S. 39; *Deppe*, Gewerkschaften, S. 10; *Marx*, MEW, Band 4, S. 63 (180).

2 *Holst*, in: Fragmentierte Belegschaften, S. 9 (21); *Deppe*, Gewerkschaften, S. 10.

3 Als wesentliches Hindernis bei der Verbreitung von Leiharbeit gilt vielen Verleihunternehmen das schlechte Image der Branche, vgl. iGZ, Verqueres Unternehmerbild, 28.05.2019, https://www.ig-zeitarbeit.de/presse/artikel/verqueres-unternehmerbild-deutschland, zuletzt abgerufen am 25.01.2022; *Barlen*, Zwischen zwei Arenen, S. 35. Mit einigem Erfolg versuchen die zugehörigen Arbeitgeber*innenverbände deshalb unter anderem, den Begriff „Leiharbeit" durch die neutraler wirkende Bezeichnung „Zeitarbeit" zu ersetzen, vgl. *Schwaab/Forster*, in: Zeitarbeit, S. 321 (337); *Helfen/Hense/Nicklich*, Industrielle Beziehungen 2015, 282 (296). Diese Arbeit geht einen anderen Weg und evaluiert die Notwendigkeit und Möglichkeit einer materiellen Verbesserung der Arbeitsbedingungen von Leiharbeitskräften. Deshalb sollen auch im weiteren Verlauf nur die gesetzlich gebrauchten, synonymen Begriffe Leiharbeit und Arbeitnehmer*innenüberlassung verwandt werden.

4 *Deinert*, RdA 2017, 65 (74); *Rieble*, NZA 2013, 309.

nen in den Einsatzbetrieben zur dortigen Wertschöpfung beitragen und den Weisungen des Einsatzunternehmens unterstehen, sie andererseits aber formal Arbeitnehmer*innen eines gänzlich anderen Unternehmens sind und dort einer völlig anderen Vergütungsordnung unterliegen. Man könnte meinen, dass sich die Arbeitnehmer*innenüberlassung allein durch diese formale Ausgliederung der Arbeitgeber*innenrolle von herkömmlichen Arbeitsverhältnissen unterscheide und sie schlicht als technisch raffinierten Trick zur Spaltung von Belegschaften begreifen.

Das würde ihr allerdings nicht vollständig gerecht werden und entspricht auch nicht der allgemein üblichen Erzählung zur Funktion der Leiharbeit. Dieser zufolge geht es bei der Arbeitnehmer*innenüberlassung nicht um die Schaffung konkurrierender Gruppen von Lohnabhängigen und die Ausweitung der Verhandlungsmacht von Unternehmen.[5] Als Daseinsgrund der Leiharbeit wird stattdessen der Wunsch der Unternehmen nach größerer Flexibilität angeführt, die Möglichkeit zur Schaffung neuer Arbeitsplätze propagiert und das Ganze mit der Hoffnung eines vereinfachten Arbeitsmarktzugangs für arbeitsmarktferne Gruppen garniert.[6] Von Interesse ist deshalb, inwieweit diese Erzählung mit der angedeuteten Fragmentierung überein zu bringen ist.

Tatsächlich besteht in etlichen Unternehmen ein erhebliches Flexibilisierungsinteresse. Der allgegenwärtige Wandel verlangt von vielen Unternehmen immer kurzfristigere Anpassungen ihrer Produktivität und sorgt damit auch für einen sich beständig ändernden Personalbedarf. Diese Bindung an schwankende Absatzmöglichkeiten stellt einen wesentlichen Teil des unternehmerischen Risikos dar.[7] Über den etablierten Kündigungsschutz enthält dieses Risiko auch die Pflicht, im gesetzlich vorgegebenen Rahmen an die eigenen Arbeitskräfte gebunden zu sein – das Beschäftigungsrisiko.[8] Dieser Arbeitnehmer*innenschutz schränkt

---

5 AA *Rieble/Klebeck*, NZA 2003, 23.

6 Gesetzesentwurf zur Änderung des Arbeitnehmerüberlassungsgesetzes, BT-Drs. 18/9232, S. 1; ErwGr. 9, 11 RL 2008/104/EG; Stellungnahme des BDA vom 12.10.2016, Ausschussdrs. 18(11)761neu, S. 32 (32f.); Stellungnahme der iGZ vom 10.10.2016, Ausschussdrs. 18(11)761neu, S. 115 (116); *Gundert/Haller/Hohendanner*, in: Arbeitsmarkt kompakt, S. 43 (44); *Göhner*, DB 2010 Standpunkte Heft 9, 19 (19f.).

7 BAG, Urt. v. 22.03.2000 – 7 AZR 758/98, NZA 2000, 881 (882); Ascheid/Preis/Schmidt/*Backhaus*, TzBfG § 14 Rn. 39; *Düwell/Dahl*, NZA 2007, 889 (890).

8 BAG, Urt. v. 11.12.1991 – 7 AZR 170/91; BAG, Urt. v. 16.10.1987 – 7 AZR 614/86; BAG, Urt. v. 09.07.1981 – 2 AZR 788/78, NJW 1982, 788 (789); Ascheid/Preis/Schmidt/*Backhaus*, TzBfG § 14 Rn. 40, 213.

Unternehmen in ihrer Personalplanung ein und verursacht insbesondere bei schwankendem Arbeitskräftebedarf erhebliche Kosten, weil die Angestellten unabhängig vom konkreten Arbeitsanfall dauerhaft entlohnt werden müssen. Doch selbst wenn es einem Unternehmen gelingt, die Belegschaftsgröße permanent an den Arbeitsbedarf anzupassen, ergibt sich durch die Schwankung ein erheblicher Mehraufwand: Zu Beginn des Einsatzes müssen die passenden Personen gefunden und angestellt, am Ende des Einsatzes wieder entlassen werden.[9] Diese Rekrutierungs- und Entlassungskosten fallen grundsätzlich bei jedem Arbeitsverhältnis einmal an; bei kurzen Einsätzen aber haben sie weniger Zeit, sich zu amortisieren.[10] In der Folge trauen sich viele Arbeitgeber*innen nicht, bei vorübergehendem oder unsicherem Arbeitsanfall zusätzliche Arbeitskräfte anzustellen, weil sie befürchten, dass der erwartete Mehrwert die Kosten von Einstellung und Entlassung nicht aufwiegen wird.[11] Sind die Möglichkeiten einer internen Flexibilisierung, etwa mithilfe von Überstunden, ausgereizt oder dem Unternehmen zu teuer, so verfällt dadurch produktives Potential gemeinsam mit der daran gebundenen Beschäftigungsmöglichkeit.

Das hierzulande praktizierte Konzept der Leiharbeit verspricht an dieser Stelle eine Lösung, indem es das Beschäftigungsrisiko sowie die Rekrutierungs- und Entlassungskosten auf die Verleihunternehmen auslagert.[12] Leiharbeitnehmer*innen sind bei ihrem Verleihunternehmen fest angestellt und unterliegen dort dem Kündigungsschutz.[13] Das Entleihunternehmen kann flexibel und bedarfsgerecht auf die dort angestellten Leiharbeitnehmer*innen als Arbeitskräfte im eigenen Betrieb zugreifen und entlohnt das Verleihunternehmen zusätzlich zu dessen Lohnkosten für die Übernahme der Arbeitgeber*innenrolle.[14]

---

9 Besteht im Einzelfall die Möglichkeit der Befristung, so fallen keine Entlassungskosten an. Dazu muss allerdings der Zeitraum im Vorhinein bestimmt sein und der rechtliche Rahmen eingehalten werden.

10 *Crimmann/Lehmann*, in: Die neue Rolle der Zeitarbeit, 103 (117); *Mitlacher*, Sozialer Fortschritt 2005, 97 (99 f.).

11 Vgl. *Albers*, Regulierung in Frankreich, 33.

12 *Stepien*, Berufsfreiheit, 30; *Keller*, WSI-Mitt. 2017, 27 (30); *Strotmann/Moczadlo*, in: Zeitarbeit, 83 (92); *Schröpfer*, Intensität der Leiharbeitsnutzung, S. 46 f.; *Sitte/Lehmann*, in: Arbeitszeit, S. 117 (124); *Promberger*, Topographie der Leiharbeit, S. 248.

13 *Pant*, Regulierung der Arbeitnehmerüberlassung, 24 f.; *Franzen*, RdA 2015, 141 (147).

14 *Bornewasser*, in: Die neue Rolle der Zeitarbeit, S. 137 (146); *Rieble/Klebeck*, NZA 2003, 23.

Das führt im Idealfall dazu, dass dem schwankenden Beschäftigungsbedarf in einzelnen Unternehmen perfekt entsprochen wird, ohne dass es für die betroffenen Arbeitnehmer*innen zu wesentlichen Nachteilen kommt – für ihren Unterhalt sorgt mit aufopfernder Beständigkeit ihr Verleihunternehmen. Doch auch dieses Unternehmen leidet nicht unter dem übernommenen Beschäftigungsrisiko, sondern setzt seine Leiharbeitskräfte nach Abmeldung durch ein Entleihunternehmen einfach andernorts ein – eine Flexibilisierung ohne Verlierer*innen.

Das Verleihunternehmen kann durch seine Verbindungen zu mehreren Unternehmen und Branchen in wirtschaftlich stabilen Phasen mit einer weitgehend stabilen Auftragslage rechnen und Schwankungen im Bedarf einzelner Unternehmen einfacher abfedern.[15] Im besten Fall ergibt sich daraus eine nahtlose Kette an Einsatzmöglichkeiten, sodass sich die beim Verleihunternehmen gebündelten Beschäftigungsrisiken gegenseitig aufheben, einmalige Rekrutierungskosten im Laufe der Zeit amortisieren und für die Beschäftigten dauerhafte Arbeitsplätze entstehen.[16] Den Verleihunternehmen kommt dabei die Rolle zu, als Intermediäre die bei verschiedenen Entleihunternehmen bestehenden anteiligen oder vorübergehenden Beschäftigungsmöglichkeiten zu einem vollwertigen, dauerhaften Arbeitsplatz zusammenzufügen.[17] Sie können damit einen vorübergehenden Bedarf an Arbeitskräften regelmäßig günstiger decken, als die Entleihunternehmen selbst – und gleichzeitig Sicherheit für ihre Angestellten bieten.[18]

In Phasen der Rezession geht diese Rechnung nicht auf. Sinkt die Wirtschaftsleistung und damit der Bedarf an Arbeitskräften, so verlieren regelmäßig als erstes Verleihunternehmen ihre Aufträge und im Anschluss dann die Leiharbeitnehmer*innen ihre Anstellung.[19] Diese auf individueller Ebene potentiell gravierende Entwicklung ist aber, einen den Einsatzbranchen vergleichbaren Kündigungsschutz in der Arbeitnehmer*innenüberlassung vorausgesetzt, kein Merkmal der Leiharbeit an sich; gesamtgesellschaftlich betrachtet wäre wohl auch ohne Leiharbeit ein ähnlich

---

15 *Seils/Emmler*, Policy Brief WSI 01/2020, S. 5; *Sitte/Lehmann*, in: Arbeitszeit, S. 117 (121); *Möller*, in: Die neue Rolle der Zeitarbeit, S. 235 (237).

16 Vgl. *Mitlacher*, Sozialer Fortschritt 2005, 97 (100).

17 *Bornewasser*, in: die Neue Rolle der Zeitarbeit, S. 137 (146); *Mitlacher*, Sozialer Fortschritt 2005, 97 (100).

18 *Blanke*, DB 2010, 1528 (1531 f.); *Fuchs*, NZA 2009, 57 (62); *Mitlacher*, Sozialer Fortschritt 2005, 97 (100).

19 Bundesagentur für Arbeit, Aktuelle Entwicklungen in der Zeitarbeit, Januar 2022, S. 21; *Brungs/Kolb*, Zeitarbeit als Chance, S. 29.

hoher Arbeitsplatzverlust zu verzeichnen gewesen.[20] Leiharbeit wirkt sich hier nicht so sehr auf die Anzahl, sondern vielmehr auf die Auswahl der Menschen aus, die ihre Arbeitsstelle verlieren.

Aus volkswirtschaftlicher Perspektive ist Arbeitnehmer*innenüberlassung im Abschwung deshalb der Idee nach wirkungsneutral, im Aufschwung und in wirtschaftlich stabilen Phasen aber mit erheblichen Vorteilen verbunden: das produktive Potential der Wirtschaft kann umfassender genutzt, die Kosten zum Erhalt der gewünschten Flexibilität gesenkt und gleichzeitig das Beschäftigungspotential durch den Aufbau zusätzlicher stabiler Beschäftigung ausgeschöpft werden. All das wird möglich durch die simple Bündelung verschiedener Beschäftigungsmöglichkeiten bei Verleihunternehmen – ein Synergieeffekt, wie er im Buche steht.

Leiharbeit ist demnach eine hervorragende Möglichkeit zur Stärkung von Wirtschaft und Beschäftigung; der einzige, wenn man so möchte, Haken, besteht in ihrer fragmentierenden Wirkung. Die zur Bündelung vorübergehender Beschäftigungsmöglichkeiten notwendige arbeitsvertragliche Bindung von Leiharbeitnehmer*innen an ihr Verleihunternehmen führt eben auch dazu, dass sie der dort geltenden Vergütungsordnung unterworfen sind – und damit praktisch ein alternatives Vergütungsmodell in die Entleihbetriebe tragen. Leiharbeitnehmer*innen partizipieren nicht an den Tarifergebnissen in den Einsatzbrachen und sind bei der Verhandlung ihrer Arbeitsbedingungen auf sich allein gestellt. Zusätzlich wird es für die Stammbelegschaften schwieriger, durch kollektives Handeln ihre strukturelle Unterlegenheit zu kompensieren, ihre Unternehmen unter Druck zu setzen und ein für die Beschäftigten vorteilhaftes Vergütungssystem im Betrieb zu verhandeln. Stattdessen führt der Einsatz von Leiharbeitnehmer*innen dazu, dass innerhalb eines Betriebs für die gleiche Arbeit verschiedene Arbeitsbedingungen gewährt werden – und die Machtasymmetrie zwischen Unternehmen und Lohnabhängigen durch die Konkurrenz zwischen den Beschäftigten wieder auflebt.

Tatsächlich gibt es aber einen Weg, die Vorteile der Bündelung von Beschäftigungspotentialen bei Verleihunternehmen zu erhalten und dennoch einer Fragmentierung der Belegschaften in den Einsatzbetrieben vorzubeugen: die Gleichstellung von Leiharbeitnehmer*innen mit vergleichbaren Stammkräften. Zwar werden typischerweise die Bedingungen eines Arbeitsverhältnisses zwischen Arbeitgeber*in und Arbeitnehmer*in verein-

20 Tatsächlich allerdings ist der Kündigungsschutz in der Arbeitnehmer*innenüberlassung dem der Einsatzbranchen in seiner Wirkung aktuell praktisch nicht vergleichbar, vgl. dazu ausführlich unten Erster Teil B. III. 2. b., S. 143.

bart; es ist aber keineswegs ausgeschlossen, durch gesetzliche Vorgaben hiervon abweichende Gestaltungen durchzusetzen. Nehmen Leiharbeitnehmer*innen aufgrund einer gesetzlichen Regelung am Vergütungsmodell ihres jeweiliges Einsatzunternehmens teil, so entfällt die fragmentierende Wirkung, zugleich bleibt aber die dauerhafte arbeitsvertragliche Bindung zum Verleihunternehmen bestehen. Von volkswirtschaftlichem Interesse ist vor allem die auf dieser Bindung aufbauende Aussicht, vorübergehende Beschäftigungsmöglichkeiten verschiedener Unternehmen in Verleihunternehmen so zusammenzuführen, dass dort Beschäftigungsrisiken sowie Rekrutierungs- und Entlassungskosten insgesamt sinken und gleichzeitig die anteiligen Beschäftigungspotentiale als dauerhafter Arbeitsplatz nutzbar werden.[21] Dieser Mechanismus funktioniert aber unabhängig sowohl von der konkreten Lohnhöhe als auch von dem konkreten Lohnfindungsprozess in der Leiharbeit. Er ließe – und mit Blick auf andere Rechtsordnungen muss man ergänzen: lässt – sich auch auf Basis einer Gleichstellungspflicht problemlos erhalten, ohne dass es dabei zu einer Fragmentierung der abhängig Beschäftigten kommt.[22]

Der Gleichstellungsgrundsatz stellt demnach eine passgenaue Möglichkeit dar, die durch die Arbeitnehmer*innenüberlassung geschaffene künstliche Spaltung der Lohnabhängigen gesetzlich wieder zu korrigieren und gleichzeitig die Vorteile der Leiharbeit zu bewahren. Auf diesem Weg wird das Beste aus beiden Welten vereint – die Bindung an das Verleihunternehmen schafft neuen Mehrwert, die Bindung an das Entleihunternehmen schützt die Leiharbeitnehmer*innen und den kollektiven Prozess zur Aushandlung von Arbeitsbedingungen.

An dieser Stelle könnte die vorliegende Arbeit als knapper, die Leiharbeit und ihre Mechanismen preisender Aufsatz enden. Tatsächlich unterliegt die Arbeitnehmer*innenüberlassung in Deutschland dem Gleichstellungsgrundsatz. Verleihunternehmen sind also grundsätzlich verpflichtet, ihren Angestellten mindestens jene Arbeitsbedingungen zu gewähren, die

---

21 *Seils/Emmler*, Policy Brief WSI 01/2020, S. 5; *Haller/E. Jahn*, IAB-Kurzbericht 13/2014, S. 1; *Sitte/Lehmann*, in: Arbeitszeit, S. 117 (121); *Möller*, in: Die neue Rolle der Zeitarbeit, S. 235 (237).

22 *Cantzler*, in: Zeitarbeit, S. 247 (256); *Schröpfer*, Intensität der Leiharbeitsnutzung, S. 243; *Kämmerer*, Der neue Rechtsrahmen, S. 49; *Nießen/Fabritius*, BB 2013, 375 (380); *Blanke*, DB 2010, 1528 (1531 f.); *Fuchs*, NZA 2009, 57 (62); *Mitlacher*, Sozialer Fortschritt 2005, 97 (100 ff.); *Grobys/Schmidt/Brocker*, NZA 2003, 777 (780); *Däubler*, KJ 2003, 17 (21); krit. *Stepien*, Berufsfreiheit, 33 f.; *Rieble/Klebeck*, NZA 2003, 23 (23). Vgl. zu anderen Rechtsordnungen unten Dritter Teil A., S. 328.

auch vergleichbare Stammkräfte in den Einsatzbetrieben von ihrem Unternehmen erhalten.

Dieser Grundsatz ist in Deutschland allerdings tarifdispositiv ausgestaltet, das heißt Tarifverträge in der Arbeitnehmer*innenüberlassung dürfen von ihm abweichen. Dabei genügt bereits die arbeitsvertragliche Bezugnahme auf einen solchen abweichenden Tarifvertrag, um von der Gleichstellungspflicht befreit zu werden. Von dieser Möglichkeit machen beinahe alle Leiharbeitsverträge Gebrauch.[23] In der Folge arbeiten die meisten Leiharbeitnehmer*innen zu Bedingungen, die weitgehend unabhängig von den Arbeitsbedingungen in den Einsatzbranchen sind. Dieser Ausschluss von den in den Entleihunternehmen geltenden Vergütungsmodellen hat erhebliche Folgen: die Löhne von Leiharbeitnehmer*innen liegen regelmäßig zwischen 10 % und 40 % unter denen ihrer beim Entleihunternehmen angestellten Kolleg*innen im Einsatzbetrieb.[24] Die Problematik dieser Lohneinbußen für die in Leiharbeit Beschäftigten liegt auf der Hand: Im Juni 2021 erhielten 64 % der in Vollzeit tätigen Leiharbeitnehmer*innen Löhne im Niedriglohnbereich[25].[26]

Zusätzlich setzt die durch diese Fragmentierung geschaffene Konkurrenz auch die Löhne der Stammbeschäftigten unter Druck. Ist eine Leiharbeitskraft trotz des für das Entleihunternehmen entstehenden Flexibilitätsgewinns nicht teurer oder gar günstiger als die Stammkräfte, nimmt das Verständnis der Arbeitgeber*innen für die Forderung nach Lohnerhöhungen in der eigenen Belegschaft rapide ab.[27] Im Gegenteil zwingt die durch

---

23 DGB, PM 076 – 18.12.2019; *Pant,* Regulierung der Arbeitnehmerüberlassung, S. 133; *Böhm/Hennig/Popp*, Zeitarbeit, Rn. 888; *Holst/Nachtwey/Dörre,* IJAR 2010, 108 (113); *Waltermann,* NZA 2010, 482 (483).

24 Däubler TVG/*Däubler,* Einl. Rn. 63; Bundesagentur für Arbeit, Aktuelle Entwicklungen in der Zeitarbeit, Januar 2022, S. 23; Bundesagentur für Arbeit, Bereinigter Pay Gap, Januar 2019, S. 21, 37; *Köhler/Menz,* in: Entgrenzte Arbeit, S. 98 (100); Ulber/*J. Ulber,* AÜG, § 8 Rn. 113; *Krause,* KJ 2013, 119 (122); *Heuschmid/Klauk,* SR 2012, 84 (87); *Kunkel,* in: Die neue Rolle der Zeitarbeit, S. 39 (43).

25 Der Niedriglohnbereich beginnt nach der hier und von der Bundesagentur für Arbeit verwandten Definition in Anlehnung an die Definition der OECD bei zwei Dritteln des Medianentgelts aller sozialversicherungspflichtig Vollzeitbeschäftigten der Kerngruppe, vgl. Antwort der Bundesregierung auf die Kleine Anfrage der Fraktion DIE LINKE, BT-Drs. 19/12700, S. 3.

26 Bundesagentur für Arbeit, Leiharbeitnehmer und Verleihbetriebe, Januar 2022, Tabelle 6.1 Spalte 8 Zeile 12. Auch vor der Covid-19-Pandemie lag dieser Wert nur geringfügig tiefer bei 62 %, Bundesagentur für Arbeit, Leiharbeitnehmer und Verleihbetriebe, Juli 2020, Tabelle 6.1 Spalte 8 Zeile 12.

27 *Pasch,* Vorübergehende Überlassung, S. 28; *Krause,* KJ 2013, 119 (123); *Sehrbrock,* DB 2010 Standpunkte Heft 9, 21 (22).

die Spaltung wiedererstarkte Konkurrenz der Lohnabhängigen auch die Stammbeschäftigten zu selbstauferlegter Lohnzurückhaltung und gesteigerter Flexibilität, wollen sie nicht ihren Job riskieren und in Zukunft das prekäre Schicksal ihrer in Leiharbeit beschäftigten Kolleg*innen teilen.[28]

Dieser aktuelle Zustand überrascht. Möchte man mithilfe der Leiharbeit Flexibilität für die Entleihunternehmen ermöglichen, so bedürfte es dazu eigentlich nicht einer solchen Lohndifferenz – die Zusammenfassung von Beschäftigungspotentialen und -risiken funktioniert schließlich unabhängig von der konkreten Lohnhöhe, sodass Verleihunternehmen den Entleihunternehmen auch bei einer Pflicht zur Gleichstellung vergleichsweise günstige Flexibilität anbieten könnten.[29] Die Tatsache, dass die deutsche Rechtswirklichkeit nichtsdestotrotz Leiharbeitnehmer*innen kaum schützt und ohne Not die Fragmentierung von Belegschaften zulässt, wirft vor diesem Bild Fragen auf. Betrachtet man die Arbeitnehmer*innenüberlassung, so wie das regelmäßig getan wird, im Spannungsfeld zwischen Flexibilitätsbedürfnis und Schutzbedürfnis, dann erscheint die aktuelle Situation sachwidrig.[30]

Damit rückt die durch den Gleichstellungsgrundsatz eigentlich unterbundene Fragmentierung der Beschäftigten in Stammkräfte und Leiharbeitnehmer*innen wieder mehr in den Fokus. Es scheint, als beschränke sich die Arbeitnehmer*innenüberlassung in Deutschland nicht darauf, anteilige Beschäftigungsmöglichkeiten zusammenzufassen und dadurch Kosten zu senken. Stattdessen nutzt sie offenbar die ursprünglich als Beiprodukt auftretende Möglichkeit zur separaten Verhandlung von Arbeits-

---

28 BAG, Beschl. v. 10.07.2013 – 7 ABR 91/11, NZA 2013, 1296 Rn. 50; *Kronauer*, in: Arbeiterbewegung, S. 81 (90); *Pasch*, Vorübergehende Überlassung, S. 27 f.; *Nielebock*, in: Unsichere Arbeits- und Lebensbedingungen, S. 111 Rn. 2; *Krause*, KJ 2013, 119 (123); *Sehrbrock*, DB 2010 Standpunkte Heft 9, 21 (22); *Berg*, JbArbR 46 (2009), 69 (75); *Holst/Nachtwey/Dörre*, Funktionswandel von Leiharbeit, S. 25, 48; *Weinkopf/Vanselow*, (Fehl-)Entwicklungen, S. 15 f.; *Flecker/Papouschek/Gavroglu*, in: The transformation of work, S. 45 (59); DGB Bundesvorstand, Ratgeber Zeitarbeit, S. 7.

29 Vgl. *Cantzler*, in: Zeitarbeit, S. 247 (256); *Schröpfer*, Intensität der Leiharbeitsnutzung, S. 243; *Kämmerer*, Der neue Rechtsrahmen, S. 49; *Nießen/Fabritius*, BB 2013, 375 (380); *Blanke*, DB 2010, 1528 (1531 f.); *Fuchs*, NZA 2009, 57 (62); *Mitlacher*, Sozialer Fortschritt 2005, 97 (100 ff.); *Grobys/Schmidt/Brocker*, NZA 2003, 777 (780); *Däubler*, KJ 2003, 17 (21); krit. *Stepien*, Berufsfreiheit, 33 f.; *Giesen*, ZfA 2016, 153 (180); *Rieble/Klebeck*, NZA 2003, 23 (23).

30 Vgl. EuArbRK/*Kolbe*, RL 2008/104/EG, Art. 2 Rn. 1; *Preis/Sagan/I*, Europäisches Arbeitrecht, § 12 Rn. 11; *Röpke*, Die Gestaltbarkeit von Arbeitsbedingungen, 22.

bedingungen, um Belegschaften zu spalten und den Preis der Arbeitskraft zu drücken. Der vormalige Haken wird damit zum Selbstzweck.

Daraus ergibt sich eine zweite, andere Erzählung. Leiharbeit dient aus dieser Perspektive nicht mehr vorrangig der Förderung von Wirtschaft und Arbeit durch Schaffung von Flexibilität und Arbeitsplätzen. Stattdessen lebt sie primär von der Möglichkeit, kollektive Lohnverhandlungen neu zu strukturieren, Lohnabhängige in konkurrierende Gruppen zu spalten und damit den Niedriglohnsektor massiv auszuweiten.

Auch dafür bietet die Leiharbeit gute Bedingungen. Die erhebliche Lohndifferenz zwischen Leiharbeitnehmer*innen und Stammbeschäftigten lässt auf eine vergleichbare Differenz im Hinblick auf die Durchsetzungsmacht der beiden Gruppen schließen – offenbar sind Leiharbeitnehmer*innen bei der Verhandlung ihrer Arbeitsbedingungen weit weniger durchsetzungsfähig als Beschäftigte außerhalb der Arbeitnehmer*innenüberlassung. Das kann grundsätzlich zwei verschiedene Gründe haben: entweder sind es die Strukturen der Leiharbeit mit wechselnden Einsatzbetrieben und fehlender persönlicher Bindung zwischen den Beschäftigten, die den Aufbau von Gegenmacht wesentlich erschweren.[31] Oder aber es sind überdurchschnittlich viele sozioökonomisch schwache, mit eher wenig Durchsetzungsmacht versehene Personen in der Arbeitnehmer*innenüberlassung beschäftigt.[32] In diesem Fall sind es nicht die Mechanismen der Leiharbeit, die für die besonders ausgeprägte Machtasymmetrie verantwortlich sind, sondern es sind umgekehrt gesellschaftliche Machtverhältnisse, die vor allem Personen mit wenig Durchsetzungsmacht in die Leiharbeit treiben – wo sie dann entsprechend ihrer unterdurchschnittlichen Machtposition nur unterdurchschnittliche Verhandlungsergebnisse erzielen können. Die Spaltung in Leiharbeitnehmer*innen und Stammbeschäftigte würde in diesem Fall nicht zufällig geschehen, sondern zielsicher jene Lohnabhängigen aus der vormals einheitlichen Verhandlungsrunde herauslösen, die bislang am stärksten von der einheitlichen Festlegung der Arbeitsbedingungen profitiert haben – und dementsprechend auf sich allein gestellt am tiefsten fallen.[33] Die überdurchschnittlich große Menge an Geringqualifizierten, Langzeitarbeitslosen und Personen mit nicht-deutschem Pass in der Arbeitnehmer*innenüberlassung lässt darauf

---

31 *Krause*, ZIAS 2014, 113 (148); *Weinkopf/Vanselow*, (Fehl-)Entwicklungen, S. 22.

32 *Köhler/Menz*, in: Entgrenzte Arbeit, S. 98 (112).

33 Man kann diesen Fall etwas zynisch auch als „Preisvorteil" der Menschen ansehen, die von den aktuellen Umständen dazu gezwungen werden, ihre Arbeitskraft besonders billig zu verkaufen, vgl. *Rieble/Klebeck*, NZA 2003, 23 (23).

schließen, dass eher die zweite These zutrifft – fehlende gesellschaftliche Macht führt in die Leiharbeit, nicht die Leiharbeit in die Machtlosigkeit.[34]

Bei dieser Spaltung entlang gesellschaftlicher Machtpositionen lässt sich eine gewisse historische Kontinuität feststellen. Die unterschiedliche Vergütung gleicher Arbeit hat eine lange Tradition und ergibt aus Unternehmensperspektive durchaus Sinn: Wenn verschiedene Menschen aufgrund ihrer jeweiligen Verortung im Arbeitsmarkt gezwungen sind, zu verschieden schlechten Arbeitsbedingungen zu arbeiten, gibt es für Unternehmen keinen Grund, sie besser zu vergüten als es die jeweilige Position verlangt. Frauen etwa hatten lange Zeit einen schwereren Stand auf dem Arbeitsmarkt und waren darum gezwungen, auch zu vergleichsweise schlechteren Löhnen zu arbeiten.[35] Es wäre also ökonomischer Unsinn gewesen, ihnen für die gleiche Arbeit die gleichen Arbeitsbedingungen zu gewähren wie den mit größerer Macht ausgestatteten Männern.[36] Folgerichtig war es bis 1955 nicht unüblich, den Lohn von Frauen schlicht um einen pauschalen Abschlag gegenüber dem Männerlohn zu verringern.[37]

Derlei offene Diskriminierung ist mittlerweile verboten, und der arbeitsrechtliche Gleichbehandlungsgrundsatz tut sein Übriges, um Gleichbehandlung bei der Arbeit anzumahnen. Das ändert aber nichts an der Tatsache, dass gesellschaftliche Machtverhältnisse weiterhin existieren und sich auf die Position von Menschen am Arbeitsmarkt auswirken.[38] Es stellt sich in der Folge für viele Unternehmen als nachteilig dar, dass sie aufgrund von Diskriminierungsverboten und der eigenen einheitlichen Tarifbindung gehindert sind, diese Machtverhältnisse auszunutzen. Obwohl es Menschen gibt, die dieselbe Arbeit zu wesentlich geringeren Kosten erledigen würden, sind etwa metallverarbeitende Betriebe gezwungen, den hohen IG Metall-Tariflohn zu bezahlen oder aus dem Arbeitgeber*innen-

---

34 Vgl. Bundesagentur für Arbeit, Aktuelle Entwicklungen in der Zeitarbeit, Januar 2022, S. 14 f.; *Bachmann/Rulff/Martinez-Flores*, Die Lohnlücke, S. 13; DGB Bundesvorstand, arbeitsmarktaktuell Nr. 4/2019, S. 11 ff.; BAP, Wissenswertes, Fakten und Analysen, S. 1; *Walwei/Ziegler*, in: Die neue Rolle der Zeitarbeit, S. 11 (17 ff.); *Siebenhüter*, Integrationshemmnis Leiharbeit, S. 24; *Wingerter*, WISTA 2009, 1080 (1087 f., 1095).

35 *Hervé*, Ariadne. Forum für Frauen- und Geschlechtergeschichte 2015, 50 (50). *Rieble/Klebeck* würden wohl sagen, Frauen haben in dieser Zeit einen Preisvorteil genutzt, vgl. *Rieble/Klebeck*, NZA 2003, 23.

36 Selbstverständlich wäre es nichtsdestotrotz richtig gewesen.

37 BAG, Urt. v. 15.01.1955 – 1 AZR 3/53; *Notz*, in: Arbeitskonflikte, S. 28 (43); *Dribbusch*, in: Arbeitskonflikte, S. 50 (55).

38 *Hinz/Abraham*, in: Arbeitsmarktsoziologie, S. 9 (10); *Krause/Köhler*, in: Arbeit als Ware, S. 9 (19); *Siebenhüter*, Integrationshemmnis Leiharbeit, S. 11, 24 f., 42 ff.

verband auszutreten. Das widerstrebt dem unternehmerischen Ideal der Gewinnmaximierung.

Für dieses Problem verspricht die Arbeitnehmer*innenüberlassung Abhilfe. Sie schafft nicht nur Flexibilität; mit ihrer Hilfe ist es auch möglich, verschiedene Menschen für die gleiche Tätigkeit ihrer Position auf dem Arbeitsmarkt entsprechend unterschiedlich zu entlohnen. Dabei kommen die existierenden gesellschaftlichen Machtverhältnisse voll zum Tragen, ohne dass die Entleihunternehmen eine gesetzeswidrige Ungleichbehandlung begehen – die Sortierung der Lohnabhängigen gemäß ihrer Position auf dem Arbeitsmarkt geschieht bereits zuvor mit dem Eintritt in die Leiharbeit. Tatsächlich sind in der Leiharbeit überdurchschnittlich viele sozioökonomisch schwache Menschen beschäftigt.[39] Mithilfe der vermittelnden Kategorie der Leiharbeit werden diese Personen ihrer Verortung auf dem Arbeitsmarkt entsprechend günstig angestellt, um dann zu diesen marktgerechten Preisen die Entleihunternehmen von ihrer eigenen Tarifbindung zu entlasten, sprich den Tariflohn der Einsatzbranchen zu unterlaufen.

Es ist Unternehmen im aufgeklärten 21. Jahrhundert beispielsweise selbstverständlich verboten, Ausländer*innen schlechter zu behandeln als deutsche Staatsangehörige. Das ist aber auch gar nicht nötig, um trotzdem von der vergleichsweise prekäreren Situation vieler Menschen ohne deutsche Staatsangehörigkeit zu profitieren.[40] Dieses unschöne Geschäft der Ungleichbehandlung von Menschen aufgrund von gesellschaftlichen Machtverhältnissen besorgt der Arbeitsmarkt. Die Ungleichbehandlung etwa von Ausländer*innen findet bereits bei der Auswahl statt, wer einen Stammarbeitsplatz erhält – und wer sein Dasein als Leiharbeitskraft fristen muss: Menschen mit nicht-deutschem Pass sind in der Arbeitnehmer*innenüberlassung gut dreimal so stark vertreten wie in der gesamten Beschäftigung.[41] Hat sich das gesellschaftliche Machtverhältnis dann derart materialisiert, erhalten die Entleihunternehmen die altbekannte Möglichkeit, Beschäftigte zu spalten und entlang gesellschaftlicher Privilegien un-

---

39 Bundesagentur für Arbeit, Aktuelle Entwicklungen in der Zeitarbeit, Januar 2022, S. 14 f.; *Bachmann/Rulff/Martinez-Flores*, Die Lohnlücke, S. 13; DGB Bundesvorstand, arbeitsmarktaktuell Nr. 4/2019, S. 11 ff.; BAP, Wissenswertes, Fakten und Analysen, S. 1; *Walwei/Ziegler*, in: Die neue Rolle der Zeitarbeit, S. 11 (17 ff.); *Siebenhüter*, Integrationshemmnis Leiharbeit, S. 24; *Wingerter*, WISTA 2009, 1080 (1087 f., 1095).

40 Vgl. *Siebenhüter*, Integrationshemmnis Leiharbeit, S. 7, 11, 42 ff.

41 Bundesagentur für Arbeit, Aktuelle Entwicklungen in der Zeitarbeit, Januar 2022, S. 14.

gleich zu behandeln. Formal aber findet diese Ungleichbehandlung nicht entlang der verpönten Kategorie der Staatsbürgerschaft, sondern entsprechend der scheinbar wertfreien Unterscheidung in Stammbeschäftigte und Leiharbeitnehmer*innen statt. Den Entleihunternehmen ist dabei keine Ungleichbehandlung vorzuwerfen, haben sie doch mit den Arbeitsbedingungen der als Dienstleistung eingekauften Leiharbeitnehmer*innen formal nichts zu tun.[42]

Scheinbare Gleichbehandlung auf der Grundlage mittelbar wirkender gesellschaftlicher Ungleichbehandlung – die Arbeitnehmer*innenüberlassung stellt sich aus dieser Perspektive im besten Fall als wertfreies Instrument zur Fragmentierung von Lohnabhängigen, im schlechtesten Fall als staatlich erlaubte Umgehung erkämpfter Diskriminierungsverbote dar. Beides hat mit der Zusammenfassung von Beschäftigungspotentialen nur mehr entfernt zu tun. Stattdessen stehen bei dieser Erzählung die Arbeitsbedingungen von Leiharbeitnehmer*innen im Fokus; mittelbar wirkt sich das auch auf die Arbeitsbedingungen von Stammbeschäftigten aus. Die Debatte um die Gleichstellung in der Leiharbeit ist aus dieser Perspektive nicht so sehr eine Debatte um die Zulässigkeit von Leiharbeit oder über konkrete Rahmenbedingungen, die es braucht, um Flexibilität zu erhalten. Sie ist viel mehr Teil des immerwährenden Aushandlungsprozesses über den Preis der menschlichen Arbeitskraft und über den Verhandlungsmodus, in dem dieser Preis festgelegt wird.

Diese beiden Erzählungen hinsichtlich der Wirkungsweise der Arbeitnehmer*innenüberlassung beinhalten zwei offensichtlich völlig verschiedene Stoßrichtungen: Flexibilität einerseits, Fragmentierung andererseits. Der aus dem Konzept der Leiharbeit erwachsende Spielraum zur gesellschaftlichen Gestaltung ist dadurch außergewöhnlich groß, die potentiellen Auswirkungen einer Steuerung in die eine oder andere Richtung von elementarer Tragweite. Diese volkswirtschaftliche Brisanz verlangt nach einer klaren und eindeutigen politischen Weichenstellung, um der Leiharbeit und den Leiharbeitnehmer*innen einen von mehreren möglichen Plätzen innerhalb der Gesellschaft zuzuweisen.

Werkzeug dieser Weichenstellung ist das Recht. Es ist darum die Aufgabe des juristischen Diskurses, das zur Umsetzung der politischen Entscheidungen geschaffene Recht im nationalen und internationalen Kon-

42 *Röpke*, Die Gestaltbarkeit von Arbeitsbedingungen, S. 133 f.; *Sansone*, Gleichstellung, S. 353; *Guenoub*, Equal pay, S. 144; *Weckesser*, Die Auswirkungen des Gleichbehandlungsgrundsatzes, S. 162 f.; *Melms/Lipinsi*, BB 2004, 2409 (2411); *Rieble/Klebeck*, NZA 23 (26); vgl. EuGH 13.01.2004 – C-256/01 – Allonby, Rn 46.

text zu untersuchen und einzuordnen. Diese Arbeit macht es sich zur Aufgabe, die Rolle der Arbeitnehmer*innenüberlassung in Deutschland im beschriebenen Spannungsfeld von Flexibilität und Fragmentierung zu verorten und entsprechende Schlussfolgerungen zu entwickeln. Zentrales Betrachtungsobjekt hierbei ist der Schutz von Leiharbeitnehmer*innen. Dabei ist insbesondere von Interesse, inwiefern sich die hierzulande etablierten Nutzungsformen und Arbeitsbedingungen in der Leiharbeit auf die gesetzliche Gestaltung zurückführen lassen – und wie weit die beobachtbare Realität dabei der politischen Zielsetzung entspricht. Zu diesem Zweck wird im ersten Teil die Situation innerhalb der Leiharbeitsbranche analysiert, wobei der Fokus auf den Funktions- und Arbeitsbedingungen liegt. Die dabei zu Tage tretende Diskrepanz zwischen Anspruch und Wirklichkeit provoziert die Frage nach der Zulässigkeit der Rechtslage in ihrer aktuell gelebten Auslegung. Die entsprechende Untersuchung im zweiten Teil verfolgt einen unionsrechtlichen Fokus und beleuchtet die zum Schutz von Leiharbeitskräften geschaffenen Vorgaben in der Leiharbeitsrichtlinie RL 2008/104/EG. Bei der anschließenden Anwendung dieser Vorgaben auf die deutsche Rechtsordnung kann auf die Beobachtungen des ersten Teils zurückgegriffen werden. Der abschließende dritte Teil überführt den dabei festgestellten Handlungsbedarf in eine ebenfalls auf dem ersten Teil fußende Prüfung der naheliegenden Alternative: einer zwingenden Gleichstellungspflicht. Die Möglichkeit ihrer Implementierung soll aus unionsrechtlicher wie verfassungsrechtlicher Perspektive auf Fallstricke untersucht und umfassend bewertet werden.

Erster Teil: Arbeitnehmer*innenüberlassung in Deutschland

Als Grundlage jeglicher Diskussion über Leiharbeit ist es zunächst notwendig, Leiharbeit zu definieren und die dabei entstehenden Rechtsbeziehungen zu unterscheiden. Ungleich spannender ist es, im Anschluss daran die tatsächliche Lage, in welcher sich die Arbeitnehmer*innenüberlassung in Deutschland befindet, zu beleuchten und zu interpretieren.

A. Leiharbeit als Dreiecksverhältnis

Das zur Regelung der Leiharbeit in Deutschland erlassene Arbeitnehmerüberlassungsgesetz (AÜG) definiert Arbeitnehmer*innenüberlassung direkt zu Beginn in § 1 Abs. 1 Satz 1, 2 AÜG. Dem zufolge liegt Arbeitnehmer*innenüberlassung vor, wenn ein Verleihunternehmen einem Entleihunternehmen im Rahmen seiner wirtschaftlichen Tätigkeit eigene Arbeitnehmer*innen – die Leiharbeitnehmer*innen – derart zur Arbeitsleistung überlässt, dass sie in die Arbeitsorganisation des Entleihunternehmens eingegliedert sind und seinen Weisungen unterliegen. Zentral sind demnach die Anstellung im Verleihunternehmen einerseits und die Eingliederung in den Betrieb des Entleihunternehmens und das dort angesiedelte Weisungsrecht andererseits.[43] Arbeitnehmer*innenüberlassung findet stets in einem Dreiecksverhältnis statt, in welchem den Leiharbeitskräften zwei Instanzen gegenüberstehen, die sich die Rolle der Arbeitgeber*in teilen.[44] Idealtypisch sind Leiharbeitnehmer*innen dabei unbefristet bei ihrem Verleihunternehmen angestellt, arbeiten aber in zeitlich begrenzten Einsätzen bei verschiedenen Entleihunternehmen.[45] Ver- und Entleihunternehmen

---

43 Gesetzesentwurf zur Änderung des Arbeitnehmerüberlassungsgesetzes, BT-Drs. 18/9232, S. 19; ErfK/*Wank/Roloff*, AÜG § 1 Rn. 25f; *Lembke*, NZA 2018, 393 (395).

44 BAG, Beschl. v. 15.03.2011 – 10 AZB 49/10, NZA 2011, 653 (654); BAG, Beschl. v. 24.08.2016 – 7 ABR 2/15, NZA 2017, 269; Däubler TVG/*Heuschmid/Klug*, § 1 Rn. 809; ErfK/*Wank/Roloff*, AÜG § 1 Rn. 83; *Wank.*, BB 2018, 1909 (1910); *Elking*, Der „Nichtvertragliche Arbeitgeber“, S. 75 ff., 127 ff.; *Lembke*, NZA 2011, 319 (321); *Dörner*, in: FS Wissmann 2005, S. 286 (297); *Windbichler*, Arbeitsrecht im Konzern, S. 78.

45 *Pasch*, Vorübergehende Überlassung, S. 34.

verbindet dabei ein Überlassungsvertrag, der die Überlassung von Arbeitskräften regelt.

Mit dem Verleihunternehmen verbindet Leiharbeitnehmer*innen unstreitig ein vertragliches Arbeitsverhältnis, es ist „Vertragsarbeitgeber*in".[46] Diese arbeitsvertragliche Bindung zum Verleihunternehmen beinhaltet die Vergütungspflicht und das Recht zur Bestimmung des Einsatzbetriebs sowie der etwaigen Verhängung disziplinarischer Maßnahmen.[47]

Ob auch zum Entleihunternehmen, der „Betriebsarbeitgeber*in", ein besonderes, etwa partielles Arbeitsverhältnis besteht, kann an dieser Stelle dahinstehen.[48] Tatsache ist gemäß § 1 Abs. 1 Satz 2 AÜG, dass das Weisungsrecht vornehmlich vom Entleihunternehmen ausgeübt wird und die Leiharbeitnehmer*innen in die dortige Arbeitsorganisation eingegliedert sind – ihre konkrete Wertschöpfung kommt also dem Entleihunternehmen zugute. Diese Eingliederung in einen fremden Betrieb findet ihre Entsprechung im Betriebsverfassungsrecht in §§ 80 Abs. 2, 81, 82 Abs. 1, 84–86, 92 Abs. 1 Satz 1, 99 Abs. 1 BetrVG, § 14 Abs. 2, 3 AÜG und im Verbot des Einsatzes als Streikbrecher*in in § 11 Abs. 5 AÜG. Weitere erhebliche Verbindungspunkte zum Entleihunternehmen finden sich im Arbeitsschutzrecht des § 11 Abs. 6 AÜG, in der Behandlung von Erfindungen von Leiharbeitskräften in § 11 Abs. 7 AÜG, im Auskunftsanspruch der Leiharbeitnehmer*innen nach §§ 13, 13a AÜG, im Zugangsrecht zu Gemeinschaftseinrichtungen gemäß § 13b AÜG, in § 6 Abs. 2 Satz 3 AGG, in § 3 Nr. 13 GenDG, in einem umstrittenen Zeugnisanspruch gegen das Entleihunternehmen,[49] in den Rechtsfolgen beim Betriebsübergang,[50] beim innerbetrieblichen Schadensausgleich,[51] einer umstrittenen Privilegierung

---

46 BAG, Beschl. v. 18.01.2017 – 7 ABR 60/15, NZA 2017, 865 (867); *Lembke*, NZA 2018, 393 (395).

47 ErfK/*Wank,/Roloff* AÜG § 1 Rn. 83ff; *Elking*, Der „Nichtvertragliche Arbeitgeber", S. 219; *Reinsch*, Das Rechtsverhältnis, S. 50.

48 So *Said*, Personelle Reichweite, S. 185 f.; Däubler TVG/*Nebe*, § 1 Rn. 261, 319; *Däubler* KJ 2013, 131 (136); *Däubler*, in: FS Buchner 2009, S. 163 (170 ff.); *Kreutz*, SAE 2004, 168 (169); aA *Stepien*, Berufsfreiheit, 99 f.; *Li*, Der Schutz des Leiharbeitnehmers, S. 49. Das BAG spricht von einer „rechtlichen Beziehung mit arbeitsrechtlichem Charakter", der EuGH vom „nichtvertraglichen Arbeitgeber", BAG 15.03.2011 – 10 AZB 49/10, NZA 2011, 653; EuGH, Urt. v. 21. 10. 2010 – C-242/09 – Albron Catering – NZA 2010, 1225.

49 *Thüsing*, AÜG Einl. Rn. 39; *Boemke*/Lembke; AÜG § 11 Rn. 149; *Boemke*, Schuldvertrag, S. 575.

50 EuGH, Urt. v. 21.10. 2010 – C-242/09 – Albron Catering – NZA 2010, 1225; *Elking*, Der „Nichtvertragliche Arbeitgeber", S. 197 f.

51 *Thüsing*, AÜG, Einl. Rn. 38; *Joussen*, RdA 2006, 129 (130).

des Entleihunternehmens nach § 104 SGB VII[52] oder beim Rechtsweg für Ansprüche gegen das Entleihunternehmen.[53]

Unabhängig von der rechtlichen Klassifizierung der Beziehung von Leiharbeitskräften zum Entleihunternehmen ergeben sich durch die insofern „gespaltene" Arbeitgeber*innenstellung spezifische Schwierigkeiten, deren Lösung vom AÜG nur zum Teil konkret vorgegeben wird. Diese Besonderheit zeigt sich in den nachfolgend beschriebenen tatsächlichen Verhältnissen und muss auch bei der Beurteilung der zu klärenden Rechtsfragen berücksichtigt werden.

*B. Funktions- und Arbeitsbedingungen in der Arbeitnehmer*innenüberlassung*

Als gemeinsame Grundlage der rechtlichen Erwägungen in Teil zwei und drei dieser Arbeit macht es sich der primär deskriptive Part von Teil eins zur Aufgabe, die aktuellen Umstände in der Arbeitnehmer*innenüberlassung zu beleuchten und in einen Zusammenhang mit der gesetzlichen Regelung zu stellen. In diesem Rahmen werden zunächst die vorhandenen Informationen zur Verbreitung und Nutzung der Leiharbeit sowie zu dem in dieser Branche anzunehmenden Leistungsniveau eingeführt, geordnet und bewertet. Das Augenmerk liegt dabei auf den verschiedenen Funktionsbedingungen in der Leiharbeit. Darauf aufbauend können dann die in der Arbeitnehmer*innenüberlassung herrschenden Arbeitsbedingungen als Resultat staatlicher Gestaltungsbemühungen und als Ausdruck des gewährleisteten Schutzniveaus sinnvoll erörtert werden. Um eine fokussierte Auseinandersetzung leisten zu können, beschränkt sich die Untersuchung dabei auf die zwei zentralen Faktoren Entgelt und Arbeitsplatzsicherheit. In struktureller Hinsicht wird den gesetzlichen Schutzmaßnahmen die Rechtswirklichkeit gegenübergestellt. Das ermöglicht es, die beobachtbaren Tatsachen im Zusammenhang mit ihrer jeweiligen Ursache zu betrachten und aus dieser Beziehung das Schutzniveau einzuordnen, sowie die für die kommenden Teile notwendigen Schlüsse zu ziehen.

---

52 BGH, Urt. v. 18.11.2014 – VI ZR 141/13, NZS 2015, 114; LG Saarbrücken, Urt. v. 28.06.2018 – 9 O 182/17.

53 BAG, Beschl. v. 15.03.2011 – 10 AZB 49/10, NZA 2011, 653 (654).

I. Verbreitung von Leiharbeit

Im Hinblick auf die Verbreitung von Leiharbeit ist neben dem schlichten Ausmaß der Nutzung vor allem von Interesse, welche beruflichen Qualifikationen in der Leiharbeit tonangebend sind und aus welchen Gründen diese Form der Arbeit nachgefragt wird. Insbesondere der letzte Punkt gibt Auskunft über die Funktion, die der Leiharbeit in Deutschland praktisch zukommt.

1. Ausmaß der Nutzung von Leiharbeit

Die Anzahl der in Deutschland beschäftigten Leiharbeitnehmer*innen schwankt erheblich und in ständiger Abhängigkeit von der Konjunktur.[54] Ihren bisherigen Höchststand erreichte sie mit 1,08 Millionen Beschäftigten im November 2017.[55] Seitdem sinkt der Stand tendenziell wieder ab und lag im gleitenden Jahresdurchschnitt bis Juni 2021 bei etwa 784.000 Arbeitnehmer*innen.[56] Das stellt einen Anteil von 2,1 % der Gesamtbeschäftigung dar.[57]

Als Gründe für das Abnehmen der Zahlen verweisen Analysen vor allem auf die Folgen der Covid-19-Pandemie, die insgesamt schwache Konjunktur und die am 01.04.2017 in Kraft getretene Reform des AÜG.[58] Haben Entleihunternehmen Absatzschwierigkeiten, so trennen sie sich regelmäßig als erstes von den eingesetzten Leiharbeitnehmer*innen.[59] Dabei müssen sie sich nicht an Kündigungsfristen, sondern lediglich an die im Überlassungsvertrag zwischen Verleih- und Entleihunternehmen vereinbarten Abmeldefristen halten; diese betragen oftmals nur wenige

54 Bundesagentur für Arbeit, Aktuelle Entwicklungen in der Zeitarbeit, Januar 2022, S. 4, 21; *Fuchs*, NZA 2009, 57 (62).

55 Bundesagentur für Arbeit, Aktuelle Entwicklungen in der Zeitarbeit, Januar 2022, S. 7.

56 Bundesagentur für Arbeit, Aktuelle Entwicklungen in der Zeitarbeit, Januar 2022, S. 7, 9; *Hutter/Klinger/Weber*, WD 2019, 401.

57 Bundesagentur für Arbeit, Aktuelle Entwicklungen in der Zeitarbeit, Januar 2022, S. 9.

58 Bundesagentur für Arbeit, Aktuelle Entwicklungen in der Zeitarbeit, Januar 2022, S. 7; DGB-Bundesvorstand, arbeitsmarktaktuell Nr. 4/2019, S. 2 f.; *Hutter/Klinger/Weber*, WD 2019, 401 (402).

59 BAP, Wissenswertes, Fakten und Analysen, S. 1; DGB Bundesvorstand, arbeitsmarktaktuell Nr. 4/2019, S. 1.

Tage.[60] Kann das Verleihunternehmen seine Arbeitnehmer*innen nicht anderweitig einsetzen, so kündigt es betriebsbedingt und die Beschäftigten verlieren ihre Anstellung.[61] Das beim Verleihunternehmen gesammelte Beschäftigungsrisiko wirkt sich demnach in Phasen des wirtschaftlichen Abschwungs zu Ungunsten der Leiharbeitnehmer*innen aus, die Beschäftigtenzahlen sinken.[62] Eine solche Phase wurde insbesondere durch die Covid-19-Pandemie verursacht. Zusätzlich hat die Reform des AÜG den Gebrauch der Arbeitnehmer*innenüberlassung durch Höchstüberlassungsfristen und strengere Vorgaben zur Entlohnung etwas unattraktiver gemacht.[63] Entleihunternehmen weichen darum verstärkt auf Werkvertragskonstruktionen aus oder übernehmen vormalige Leiharbeitnehmer*innen als Stammkräfte.[64]

Die geographische Verbreitung von Leiharbeit unterscheidet sich stark nach Regionen und schwankt zwischen 0,7 und 5,6 %.[65] Das lässt sich in Teilen darauf zurückführen, dass die Nutzung von Leiharbeit sich je nach Branche unterscheidet und etwa in der Lagerwirtschaft, der Metallindustrie und allgemein in Bereichen industrieller Produktion verstärkt auf Leiharbeitnehmer*innen zurückgegriffen wird.[66] Einen Effekt hat auch die Größe der lokal ansässigen Betriebe. Große Betriebe neigen nicht nur eher zur Nutzung von Leiharbeit, bei ihnen ist regelmäßig auch die Quote der in Leiharbeit Beschäftigten höher.[67] Die unterschiedliche Verteilung dieser Merkmale innerhalb Deutschlands kann demnach als Erklärung für die Schwankungen dienen. Unabhängig von diesen Unterschieden zeigt sich,

---

60 Vgl. *Brungs/Kolb*, Zeitarbeit als Chance, S. 63; *Wassermann/Rudolph*, Betriebliche Mitbestimmung, S. 22.

61 DGB Bundesvorstand, arbeitsmarktaktuell Nr. 4/2019, S. 5; *Wassermann/Rudolph*, Betriebliche Mitbestimmung, S. 22.

62 Vgl. Bundesagentur für Arbeit, Aktuelle Entwicklungen in der Zeitarbeit, Januar 2022, S. 7.

63 Bundesagentur für Arbeit, Aktuelle Entwicklungen in der Zeitarbeit, Januar 2022, S. 7.

64 Vgl. Bundesagentur für Arbeit, Aktuelle Entwicklungen in der Zeitarbeit, Januar 2022, S. 7.; DGB Bundesvorstand, arbeitsmarktaktuell Nr. 4/2019, S. 2 f.; *Sitte/Lehmann*, in: Arbeitszeit, S. 117 (134).

65 *Seils/Emmler*, Policy Brief WSI 01/2020, S. 4.

66 *Seils/Emmler*, Policy Brief WSI 01/2020, S. 4; Antwort der Bundesregierung auf die Kleine Anfrage der Fraktion DIE LINKE, BT-Drs. 19/12700, S. 40 f.; *Erhardt*, in: Entgrenzte Arbeit, S. 116 (117); BAP, Wissenswertes, Fakten und Analysen, S. 1; *Siebenhüter*, Integrationshemmnis Leiharbeit, S. 11.

67 *Absenger/Priebe* et al., WSI-Report 10/2016, S. 29.

dass Leiharbeit in jeder Region Deutschlands verfügbar ist und genutzt wird.[68]

2. Verbreitung nach beruflicher Qualifikation

Nach näherer Betrachtung verlangt das Merkmal der beruflichen Qualifikation von Leiharbeitnehmer*innen. Es ist einerseits relevant, um die von Leiharbeitnehmer*innen ausgefüllten Aufgaben richtig einzuschätzen. Gleichzeitig stellt die berufliche Qualifikation eine wesentliche Komponente der sozioökonomischen Verortung dar. Ohne Kenntnis dieses Selektionsmechanismus lässt sich die Wirkungsweise der Arbeitnehmer*innenüberlassung kaum sinnvoll verstehen.

Bei der beruflichen Qualifikation von Leiharbeitnehmer*innen ist zwischen Angebots- und Nachfrageseite zu unterscheiden.

a. Berufsabschlüsse von Leiharbeitnehmer*innen

Auf der Angebotsseite, der beruflichen Qualifikation von Leiharbeitskräfte, finden sich Menschen jeglicher Qualifikationsstufen.[69] Insbesondere ist der Anteil an Leiharbeitnehmer*innen mit statistisch erfasstem akademischem Berufsabschluss in der vergangenen Dekade von 3 % auf 11 % angestiegen.[70] Parallel dazu stieg auch der Anteil der insgesamt Beschäftigten mit statistisch erfasstem akademischem Berufsabschluss von 11 % auf 19 % an, was den Effekt relativiert, aber nicht vollständig erklärt.[71] Ungeachtet des gewachsenen Anteils hochqualifizierter Arbeitskräfte in der Arbeitnehmer*innenüberlassung bleibt diese Gruppe unterdurchschnittlich stark repräsentiert.

Trotz dieser Entwicklung am oberen Ende der Qualifikationsskala ist der Anteil an Leiharbeitnehmer*innen ohne anerkannten Berufsabschluss relativ stabil geblieben und lag 2021 nach Schätzung der Bundesagentur

---

68 *Seils/Emmler*, Policy Brief WSI 01/2020, S. 3.

69 Bundesagentur für Arbeit, Aktuelle Entwicklungen in der Zeitarbeit, Januar 2022, S. 14.

70 Bundesagentur für Arbeit, Aktuelle Entwicklungen in der Zeitarbeit, Januar 2022, S. 14; Bundesagentur für Arbeit, Zeitarbeit in Deutschland, Juli 2011, S. 16.

71 Bundesagentur für Arbeit, Aktuelle Entwicklungen in der Zeitarbeit, Januar 2022, S. 14; Bundesagentur für Arbeit, Zeitarbeit in Deutschland, Juli 2011, S. 16.

für Arbeit bei 32 %.[72] Dieser Wert ist doppelt so hoch wie der Anteil von Menschen ohne anerkannten Berufsabschluss in der Gesamtheit aller sozialversicherungspflichtig Beschäftigten.[73]

Diese gegenläufigen Schwerpunkte sorgen dafür, dass sich der Anteil von Leiharbeitnehmer*innen mit anerkanntem Berufsabschluss nur um acht Prozentpunkte von dem aller Beschäftigten unterscheidet – in der Leiharbeit sind es 58 %, in der Gesamtbeschäftigung 66 %.[74]

In Leiharbeit sind demnach eher beruflich unterdurchschnittlich qualifizierte Menschen beschäftigt. Diese Abweichung weist eine Parallele zur qualifikationsspezifischen Arbeitslosenquote auf: Auch hier sind Menschen mit geringerer beruflicher Qualifikation deutlich überrepräsentiert.[75] Eine geographische Betrachtung stützt diesen Zusammenhang, denn in Regionen mit hoher Arbeitslosigkeit ist auch der Anteil der Leiharbeitnehmer*innen gemeinhin höher.[76] Daraus wird gerne geschlossen, dass die Arbeitnehmer*innenüberlassung für geringqualifizierte und arbeitsmarktferne Menschen einen Weg in die Lohnarbeit bilde.[77] Anders gewendet könnte man daraus allerdings auch ablesen, dass sich vor allem Personen mit schlechter wirtschaftlicher Perspektive aus Mangel an Alternativen in die Leiharbeit drängen lassen.[78] Beide Betrachtungsweisen können ein Stück weit begründen, warum der Anteil von Arbeitnehmer*innen ohne anerkannten Berufsabschluss in der Leiharbeit überdurchschnittlich hoch ist.

---

72 Bundesagentur für Arbeit, Aktuelle Entwicklungen in der Zeitarbeit, Januar 2022, S. 14; Bundesagentur für Arbeit, Zeitarbeit in Deutschland, Juli 2011, S. 16.

73 Bundesagentur für Arbeit, Aktuelle Entwicklungen in der Zeitarbeit, Januar 2022, S. 14.

74 Bundesagentur für Arbeit, Aktuelle Entwicklungen in der Zeitarbeit, Januar 2022, S. 14.

75 *Röttger/Weber/Weber*, Qualifikationsspezifische Arbeitslosenquote, S. 2, 6.

76 *Seils/Emmler*, Policy Brief WSI 01/2020, S. 4.

77 Bundesagentur für Arbeit, Aktuelle Entwicklungen in der Zeitarbeit, Januar 2022, S. 14; BAP, Wissenswertes, Fakten und Analysen, S. 1; Unterrichtung durch die Bundesregierung, BT-Drs. 18/673, S. 31; *Gundert*, in; Arbeitsmarkt kompakt, S. 36 (37); Stellungnahme des BDA vom 12.10.2016, Ausschussdrs. 18(11)761neu, S. 32 (32 f.).

78 *Pasch*, Vorübergehende Überlassung, S. 41; *Gundert*, in; Arbeitsmarkt kompakt, S. 36 (37); *Neubäumer*. WSI-Mitt. 2017, 36 (42).

b. Anforderungsniveau der ausgeübten Tätigkeiten

Von Entleihunternehmen nachgefragt und darum von Verleihunternehmen beschäftigt werden ebenfalls Menschen jeglicher Qualifikationsstufen.[79] Doch auch auf der Nachfrageseite zeigen sich im Vergleich der ausgeübten Tätigkeiten von Leiharbeitnehmer*innen mit denen aller sozialversicherungspflichtig Beschäftigten erhebliche Unterschiede bezüglich des Anforderungsniveaus. Während in der Gesamtbeschäftigung jeder vierte Arbeitsplatz das Anforderungsniveau einer Expert*in oder Spezialist*in aufweist, ist es in der Leiharbeit nur jeder zehnte Arbeitsplatz.[80] Auch Arbeitsplätze mit dem Anforderungsniveau einer Fachkraft machen mit 35 % einen geringeren Anteil aus, als dies mit 55 % im Schnitt aller sozialversicherungspflichtigen Arbeitsverhältnisse der Fall ist.[81] Diese erhebliche Abweichung bei den qualifizierten Tätigkeiten führt dazu, dass über die Hälfte der Leiharbeitnehmer*innen als Helfer*in arbeitet, während in der Gesamtbeschäftigung nicht mal jede*r Fünfte dieses Schicksal teilt.[82] Dieses Ungleichgewicht hat zur Folge, dass 2019 in der Gesamtwirtschaft etwa jede*r 15. Helfer*in in Leiharbeit beschäftigt war.[83] In der Metallbearbeitung war 2018 sogar jeweils eine von drei Helfer*innenstellen mit Leiharbeitskräften besetzt.[84]

Die Tätigkeitsanforderungen, denen sich Leiharbeitnehmer*innen gegenübersehen, sind folglich unterdurchschnittlich. Das erklärt sich zum einen damit, dass Unternehmen ihre eingearbeiteten Fachkräfte eher dauerhaft an sich binden wollen, als das bei den leichter austauschbaren Helfer*innen der Fall ist.[85] Der Flexibilitätsgewinn als zentraler Vorteil der Arbeitnehmer*innenüberlassung auf Unternehmensseite lässt sich im Segment der Helfer*innentätigkeiten weitgehend reibungslos erhalten. Bei

---

79 Bundesagentur für Arbeit, Leiharbeitnehmer und Verleihbetriebe, Januar 2022, Tabelle 1.8.1; Bundesagentur für Arbeit, Aktuelle Entwicklungen in der Zeitarbeit, Januar 2022, S. 14 f.

80 Bundesagentur für Arbeit, Aktuelle Entwicklungen in der Zeitarbeit, Januar 2022, S. 14.

81 Bundesagentur für Arbeit, Aktuelle Entwicklungen in der Zeitarbeit, Januar 2022, S. 14.

82 Bundesagentur für Arbeit, Aktuelle Entwicklungen in der Zeitarbeit, Januar 2022, S. 14.

83 Bundesagentur für Arbeit, Leiharbeitnehmer und Verleihbetriebe, Januar 2022, Tabelle 1.8.1, Spalte 12 Zeile 103.

84 DGB Bundesvorstand, arbeitsmarktaktuell Nr. 4/2019, S. 6.

85 *Möller*, in: Arbeitsmarkt kompakt, S. 86; *Kunkel*, in: Die neue Rolle der Zeitarbeit, S. 39 (48).

höherqualifizierten Arbeitskräften schwankt zwar ebenfalls der Bedarf, jede Trennung in diesem Bereich bedeutet aber auch den Abfluss von wichtigem Wissen und die Notwendigkeit, beim nächsten Aufschwung die neuen Arbeitskräfte aufwendig einzulernen.[86] Damit stehen den Vorteilen der Flexibilisierung bei höherqualifizierten Tätigkeiten erhebliche Folgekosten gegenüber; die Nutzung von Leiharbeit ist in diesem Segment deshalb weniger attraktiv.

Zum anderen sind im Helfer*innenbereich die Lohnunterschiede zwischen Stamm- und Leiharbeitskräften prozentual am höchsten.[87] Lohnkosten machen einen wesentlichen Teil der laufenden Kosten der Verleihunternehmen aus, sie bestimmen deshalb auch den Preis der Überlassung.[88] Damit sind auch die finanziellen Anreize zur Nutzung der Arbeitnehmer*innenüberlassung im Sektor der Helfer*innentätigkeiten am größten.

c. Zusammenfassung und Bewertung

In der Arbeitnehmer*innenüberlassung sind demnach sowohl auf der Angebots- als auch auf der Nachfrageseite geringe berufliche Qualifikationen und einfache Tätigkeiten überrepräsentiert. Dennoch zeigt sich, dass die Abweichungen von den Verhältnissen aller sozialversicherungspflichtig Beschäftigten unterschiedlich stark ausgeprägt sind. Das hat zur Folge, dass mehr als zwei Drittel der Leiharbeitskräfte einen anerkannten Berufsabschluss oder einen akademischen Abschluss haben, und trotzdem über die Hälfte der Leiharbeitnehmer*innen als Helfer*innen eingesetzt werden. In der Gesamtbeschäftigung übersteigt der Anteil der als Helfer*innen tätigen Menschen den Anteil der Menschen ohne Berufsabschluss nur um drei Prozentpunkte – in der Leiharbeit sind es 23 Prozentpunkte.[89] Damit liegt das Risiko für beruflich qualifizierte Leiharbeitnehmer*innen, entgegen der eigenen Qualifikation nur als Helfer*in eingesetzt zu werden, rein rechnerisch schon bei mindestens 33 %. In der Gesamtbeschäftigung liegt dieser rechnerische Minimalwert bei unter 4 %. Insgesamt war 2018 mehr

86 *Crimmann/Lehmann*, in; Die neue Rolle der Zeitarbeit, S. 103 (115).

87 Bundesagentur für Arbeit, Leiharbeitnehmer und Verleihbetriebe, Januar 2022, Tabelle 6.2 (Teil 2), Spalte 4 Zeile 18 ff.

88 *Serr*, Privative Tariftreue, S. 219; *Krause*, Tarifverträge zur Begrenzung, S. 50.

89 Bundesagentur für Arbeit, Aktuelle Entwicklungen in der Zeitarbeit, Januar 2022, 14.

als jede vierte Leiharbeitskraft mit Tätigkeiten betraut, die unterhalb ihrer Qualifikation lagen.[90]

Es zeigt sich somit, dass gerade in der Leiharbeit die tatsächliche Qualifikation eine geringere Rolle bei der Auswahl der ausgeübten Tätigkeit spielt, als das üblicherweise der Fall ist.[91] Das verstärkt den Effekt der Tatsache, dass Leiharbeitnehmer*innen beruflich unterdurchschnittlich qualifiziert sind, und führt dazu, dass die ausgeübten Tätigkeiten in der Arbeitnehmer*innenüberlassung oftmals vergleichsweise geringere Anforderungen stellen.

3. Verbreitung nach Nutzungsstrategie

Als weiteren wesentlichen Parameter der Verbreitung von Leiharbeit in Deutschland rücken die mit dem Einsatz von Leiharbeitnehmer*innen verfolgten Zwecke in den Fokus. Diesbezügliche Erkenntnisse bieten zum einen eine wichtige Orientierung bei dem Verständnis davon, was die Funktion der Leiharbeit in Deutschland ausmacht. Zum anderen werden dabei die Potentiale und Funktionsbedingungen der Arbeitnehmer*innenüberlassung deutlich. Von Seiten der Gesetzgebung wird hinsichtlich der Nutzungsstrategien das Ziel verfolgt, die Leiharbeit auf ihre Kernfunktion hin zu orientieren.[92] Interessant ist in diesem Zusammenhang nicht nur, was die Kernfunktion ist und ob die Leiharbeit tatsächlich darauf hin orientiert wurde, sondern auch welche konzeptionellen und argumentativen Ideen hinter der Betonung der Kernfunktion stehen.

Die von den einzelnen Entleihunternehmen mit der Nutzung von Leiharbeit verfolgten Motive sind vielfältig, individuell verschieden und überschneiden sich oftmals. Der Rückgriff auf Leiharbeitnehmer*innen kann etwa bei einem nur kurz- oder mittelfristigem Bedarf an Spezialwissen stattfinden, den das Entleihunternehmen nicht durch eigene Stellen dauerhaft selbst abdecken möchte.[93] Ebenso bietet die Arbeitnehmer*innenüberlassung die Möglichkeit zur Kompensation kurzfristiger Ausfälle

90 Antwort der Bundesregierung auf die Kleine Anfrage der Fraktion BÜNDNIS 90/DIE GRÜNEN, BT-Drs. 19/8686, S. 4.

91 DGB Bundesvorstand, arbeitsmarktaktuell Nr. 4/2019, S. 12; *Neubäumer*, WSI.Mitt. 2017, 36 (41).

92 Gesetzesentwurf zur Änderung des Arbeitnehmerüberlassungsgesetzes, BT-Drs. 18/9232, S. 1 f., 14 ff.

93 *Kunkel*, in: Die neue Rolle der Zeitarbeit, S. 39 (53); *Bornewasser*, in: Die neue Rolle der Zeitarbeit, S. 137 (147); *Brehmer/Seifert*, WSI-Mitt. 2008, 335 (336).

in der eigenen Belegschaft.[94] Schwankt das Auftragsvolumen, so kommt der Leiharbeit auch hier eine wichtige Funktion zu.[95] Daneben ist es auch möglich, den langfristigen Bedarf an Arbeitskräften mit Leiharbeitnehmer*innen zu decken und so unter Vermeidung von Entlassungskosten das Beschäftigungsrisiko für dauerhaft bestehende Arbeitsplätze auszulagern.[96] Dabei bietet die Arbeitnehmer*innenüberlassung wegen des Lohnunterschieds oftmals noch zusätzliche Einsparungsmöglichkeiten.[97] Zu guter Letzt wird die Arbeitnehmer*innenüberlassung auch zur Auslagerung der Personalgewinnung genutzt.[98]

Trotz dieser Vielfalt haben sich mehrere Modelle etabliert, die die strukturellen Merkmale der unterschiedlichen Nutzungsmotive unterscheiden und es dadurch ermöglichen, zentrale Nutzungsstrategien für den Einsatz von Leiharbeit zu benennen. Das wohl populärste Modell geht auf *Holst/Nachtwey/Dörre* zurück und unterscheidet bei der Funktion von Leiharbeit zwischen einem Einsatz als Ad Hoc Ersatz, der Nutzung als Flexibilitätspuffer und der strategischen Nutzung.[99] Dessen Beschreibung soll ein weiteres Modell zur Seite gestellt werden, welches den Einsatz von Leiharbeitskräften mit dem Ziel der Personalrekrutierung verknüpft, um so ein umfassendes Bild der wesentlichen Einsatzzwecke zu zeichnen.[100]

---

94 *Holst,* WSI-Mitt. 2009, 143 (145); *Holst/Nachtwey/Dörre,* Funktionswandel von Leiharbeit, S. 16 f.

95 *Schröpfer,* Intensität der Leiharbeitsnutzung, S. 37; *Holst/Nachtwey/Dörre,* Funktionswandel von Leiharbeit, S. 16 f.; *Promberger et al.*, Leiharbeit im Betrieb, S. 92.

96 Ulber/*J. Ulber,* AÜG, § 8 Rn. 122; *Kunkel,* in: Die neue Rolle der Zeitarbeit, S. 39 (41); *Lehmann/Haseloh,* in: Die neue Rolle der Zeitarbeit, S. 75 (80 f.); *Holst,* WSI-Mitt. 2009, 143 (145); *Holst/Nachtwey/Dörre,* Funktionswandel von Leiharbeit, S. 17 f.

97 *Strotmann/Moczadlo,* in: Zeitarbeit, S. 83 (88); *Schröpfer,* Intensität der Leiharbeitsnutzung, S. 42 ff.; *Sende/Galais,* in: Flexible Produktionskapazität, S. 1 (35); *Krause,* KJ 2013, 119 (120 f.); *Kunkel,* in: Die neue Rolle der Zeitarbeit, S. 39 (41 f.), (47); *Möller,* in: Die neue Rolle der Zeitarbeit, S. 235 (240); *Holst/Nachtwey/Dörre,* IJAR 2010, 108 (132); *Promberger et al.,* Leiharbeit im Betrieb, S. 104.

98 *Sende/Galais,* in: Flexible Produktionskapazität, S. 1 (35 ff.); *Evers,* in: Die neue Rolle der Zeitarbeit, S. 55 (59); *Crimmann/Lehmann,* in: Die neue Rolle der Zeitarbeit, S. 103 (106 f.); *Spermann,* in: Die neue Rolle der Zeitarbeit, S. 203 (210).

99 *Kratzer/Menz/Tullius/Wolf,* Legitimationsprobleme, S. 274; *Sende/Galais,* in: Flexible Produktionskapazität, S. 1 (38); *Promberger,* in: Arbeit als Ware, S. 163 (164); *Holst/Nachtwey/Dörre,* Funktionswandel von Leiharbeit, S. 14 ff.

100 *Lehmann/Ratzmann/Bouncken,* in: Zeitarbeit und Flexibilisierung, S. 189.

a. Ad Hoc Ersatz

Eine Nutzung als Ad Hoc Ersatz liegt nach diesem Modell vor, wenn kurzfristige Ausfälle in der eigenen Belegschaft kompensiert werden müssen.[101] Das ist vor allem bei Krankheits-, Urlaubs oder Elternzeitvertretungen der Fall.[102] Um dennoch eine personelle Kontinuität und damit einen gleichbleibenden betrieblichen Ablauf zu gewährleisten, greifen Entleihunternehmen auf Leiharbeitskräfte zurück und sparen sich dadurch aufwendige Einstellungskosten oder das Vorhalten einer kostenintensiven Personalreserve.[103] Sie müssen nicht selbst einen guten Ersatz finden oder vorhalten, sondern verlagern diese Aufgabe auf die Verleihunternehmen und können sogar bei Nichtgefallen die entliehenen Arbeitskräfte austauschen lassen.[104] Als selten anzutreffender Sonderfall diesen Typs wird der kurz- bis mittelfristige Bedarf von Spezialwissen angesehen; anders als bei einem kurzfristigen Ausfall geht es hierbei um einen kurzfristigen zusätzlichen Bedarf.[105]

Der Rückgriff auf Leiharbeitnehmer*innen als Ad Hoc Ersatz geht regelmäßig mit einer geringen Nutzungsintensität und einer begrenzten Nutzungsdauer einher.[106] Er wird vor allem in Betrieben praktiziert, deren Rahmenbedingungen wenig dynamisch sind.[107] Der Flexibilitätsbedarf entsteht hier aus einer internen Begebenheit heraus.

---

101 *Evers*, in: Die neue Rolle der Zeitarbeit, S. 55 (59); *Holst/Nachtwey/Dörre*, Funktionswandel von Leiharbeit, S. 16.

102 *Schröpfer*, Intensität der Leiharbeitsnutzung, S. 39; *Evers*, in: Die neue Rolle der Zeitarbeit, S. 55 (59).

103 *Stepien*, Berufsfreiheit, 30; *Schröpfer*, Intensität der Leiharbeitsnutzung, S. 242 f.; *E. Jahn/Weber*, IAB-Kurzbericht 2/2013, S. 2; *Holst/Nachtwey/Dörre*, Funktionswandel von Leiharbeit, S. 16.

104 *E. Jahn/Weber*, IAB-Kurzbericht 2/2013, S. 2; *Promberger*, WSI-Mitt. 2006, 263 (265); *Holst/Nachtwey/Dörre*, Funktionswandel von Leiharbeit, S. 16.

105 *Sende/Galais*, in: Flexible Produktionskapazität, S. 1 (37); *Schröpfer*, Intensität der Leiharbeitsnutzung, S. 39; *Holst/Nachtwey/Dörre*, Funktionswandel von Leiharbeit, S. 16.

106 *M. Fischer*, Kritische Bewertung, S. 33; *Friedrich*, Funktionswandel, S. 26; *Holst/Nachtwey/Dörre*, Funktionswandel von Leiharbeit, S. 16.

107 *Lehmann/Ratzmann/Bouncken*, in: Zeitarbeit und Flexibilisierung, S. 189 (208).

b. Einsatz als Flexibilitätspuffer

Neben dieser Nutzungsstrategie nimmt das besprochene Modell als weiteren Typus der Nutzung den eines Flexibilitätspuffers an.[108] Leiharbeitskräfte dienen hier dazu, kurzfristige Schwankungen des Arbeitskräftebedarfs aufzufangen.[109] Steigt aufgrund saisonaler, zyklischer oder konjunktureller Gründe das Auftragsvolumen, so kann diese Auftragsspitze mithilfe zusätzlicher Leiharbeitskräfte bewältigt und die Produktion angepasst werden.[110] Entleihunternehmen lagern hierbei, wie auch bei der Nutzung als Ad Hoc Ersatz, entweder das Vorhalten einer Personalreserve oder die Einstellungskosten auf Verleihunternehmen aus.[111] Zusätzlich werden hiermit absehbare Entlassungskosten vermieden.[112]

Die Dauer dieser Nutzungsform ist regelmäßig begrenzt und im Vorhinein einigermaßen absehbar; die Nutzungsintensität kann anders als beim Ad Hoc Ersatz erhebliche Ausmaße annehmen.[113] Der Flexibilitätsgewinn wird von Unternehmen häufig als wichtiges Motiv bei der Nutzung von Leiharbeit angegeben.[114]

c. Strategischer Einsatz

Als dritte Nutzungsstrategie sieht das Modell eine strategische Nutzung an.[115] Diese ist davon geprägt, dass mit einem beständigen Einsatz von

108 *Holst/Nachtwey/Dörre*, Funktionswandel von Leiharbeit, S. 16 f.; *Promberger et al.*, Leiharbeit im Betrieb, S. 92 ff.

109 *Schröpfer*, Intensität der Leiharbeitsnutzung, S. 37; *Holst/Nachtwey/Dörre*, Funktionswandel von Leiharbeit, S. 16.

110 *Holst/Nachtwey/Dörre*, Funktionswandel von Leiharbeit, S. 16 f.; *Promberger et al.*, Leiharbeit im Betrieb, S. 92 ff.

111 *Stepien*, Berufsfreiheit, 30; *Holst*, in: Arbeit als Ware, S. 141 (154); *Holst/Nachtwey/Dörre*, Funktionswandel von Leiharbeit, S. 17.

112 *Stepien*, Berufsfreiheit, 30; *Schröpfer*, Intensität der Leiharbeitsnutzung, S. 38.

113 *Friedrich*, Funktionswandel, S. 24, 26; *Holst/Nachtwey/Dörre*, Funktionswandel von Leiharbeit, S. 17; *Promberger et al.*, Leiharbeit im Betrieb, S. 103.

114 *Schröpfer*, Intensität der Leiharbeitsnutzung, S. 38; *Sende/Galais*, in: Flexible Produktionskapazität, S. 1 (37); *Bellmann/Crimman/Kohaut*, in; Die neue Rolle der Zeitarbeit, S. 28 (30).

115 *Schröpfer*, Intensität der Leiharbeitsnutzung, S. 30; *Krause*, KJ 2013, S. 119 (121); *Spermann*, in: Die neue Rolle der Zeitarbeit, S. 203 (208); *Holst/Nachtwey/Dörre*, Funktionswandel von Leiharbeit, S. 17; krit. zum Begriff *Promberger*, in: Arbeit als Ware, S. 163 (164).

Leiharbeit im Entleihunternehmen kalkuliert wird; die eigene Belegschaft bleibt im Sinne einer „Personalpolitik der unteren Linie“ auf das absolute Minimum beschränkt.[116] Entleihunternehmen reagieren damit nicht auf tatsächliche Schwankungen im Arbeitskräftebedarf, sondern antizipieren bereits im Vorhinein die abstrakte Möglichkeit von Absatzeinbußen und vermeiden durch eine strategische Nutzung von Leiharbeit die dabei drohenden Entlassungskosten.[117] Eigene Beschäftigte müssten im Fall einer negativen Entwicklung der Absatzmöglichkeiten zunächst ohne wirtschaftlich ergiebige Gegenleistung weiter bezahlt und letztendlich unter Zuhilfenahme teurer Sozialpläne und Abfindungen entlassen werden.[118] Leiharbeitnehmer*innen dagegen können einfach abgemeldet werden. Das Beschäftigungsrisiko tragen hier zunächst die Verleihunternehmen und zuletzt die in Leiharbeit Beschäftigten; das Entleihunternehmen muss sich nicht länger um die Vorschriften des Kündigungsschutzes sorgen.[119] Die strategische Nutzung der Arbeitnehmer*innenüberlassung schafft für die Entleihunternehmen demnach ein zusätzliches Sicherheitsnetz, mit dem sie sich gegen die Unwägbarkeiten der Zukunft rüsten und die eigenen Rendite sichern können.[120] Durch die dauerhafte Verflechtung von Stamm- und Leiharbeitskräften wird den Stammarbeitnehmer*innen außerdem ihre eigene Ersetzbarkeit und die daraus entstehende unmittelbare Konkurrenz zu den entliehenen Arbeitskräften anschaulich vor Augen geführt – Disziplinierungseffekte inklusive.[121]

Diese Nutzungsstrategie geht mit einer stark erhöhten Nutzungsdauer einher, viele Arbeitsplätze sind dauerhaft mit überlassenen Arbeitskräften besetzt.[122] Die Nutzungsintensität ist abhängig von der zukünftigen Unsicherheit, der sich das entleihende Unternehmen ausgesetzt sieht und be-

---

116 *Holst/Nachtwey/Dörre*, Funktionswandel von Leiharbeit, S. 17.

117 *Schröpfer*, Intensität der Leiharbeitsnutzung, S. 47; *Holst/Nachtwey/Dörre*, Funktionswandel von Leiharbeit, S. 17; *Promberger et al.*, Leiharbeit im Betrieb, S. 103.

118 *Schröpfer*, Intensität der Leiharbeitsnutzung, S. 46; *Holst/Nachtwey/Dörre*, Funktionswandel von Leiharbeit, S. 17.

119 *Schröpfer*, Intensität der Leiharbeitsnutzung, S. 47; *Holst/Nachtwey/Dörre*, Funktionswandel von Leiharbeit, S. 17.

120 *Holst/Nachtwey/Dörre*, IJAR 2010, 108 (110, 118); *Holst*, WSI-Mitt. 2009, 143 (145).

121 *Köhler/Menz*, in: Entgrenzte Arbeit, S. 98 (102); *Holst/Nachtwey/Dörre*, Funktionswandel von Leiharbeit, S. 48; krit. *Spermann*, in: Die neue Rolle der Zeitarbeit, S. 203 (208).

122 *Neubäumer*, WSI-Mitt. 2017, 36 (40 f.); *Holst/Nachtwey/Dörre*, Funktionswandel von Leiharbeit, S. 18.

trägt je nach Unternehmen zwischen 5 % und 35 %.[123] Anders als bei der Nutzung als Flexibilitätspuffer bleibt dieser Anteil innerhalb der Entleihunternehmen im Laufe der Zeit regelmäßig stabil.[124] In der Vergangenheit ging der größte Umsatz innerhalb der Arbeitnehmer*innenüberlassung auf den strategischen Einsatz zurück.[125]

Dieser Typ der strategischen Nutzung von Leiharbeit bedient darüber hinaus noch ein weiteres Motiv: das der Arbeitskostenersparnis.[126] Tatsächlich ist die Externalisierung des Beschäftigungsrisikos auf Dauer nur dann profitabel, wenn die Arbeitskosten[127] einer Leiharbeitskraft die einer Stammkraft nicht wesentlich übersteigen.[128] Gleichzeitig bieten Einsparmöglichkeiten zusätzliche Anreize, verstärkt auf Leiharbeit zu setzen.[129] Die Löhne von Leiharbeitnehmer*innen werden anders als die ihrer beim Entleihunternehmen angestellten Kolleg*innen weitgehend nicht von den Branchentarifverträgen der Einsatzbranche bestimmt, sondern entstammen ganz überwiegend den Tarifverträgen zur Leiharbeit.[130] Diese Tarifverträge sehen regelmäßig wesentlich geringere Löhne als in den Branchentarifverträgen vor; die teils enorme Lohndifferenz kommt letztlich auch den Entleihunternehmen zugute.[131] Der Wunsch nach einer längerfristigen Auslagerung des Beschäftigungsrisikos lässt sich also mit dem

---

123 *Schröpfer,* Intensität der Leiharbeitsnutzung, S. 59 f.; *Holst,* in: Arbeit als Ware, S. 141 (154); *Holst/Nachtwey/Dörre,* Funktionswandel von Leiharbeit, S. 18.

124 *Schröpfer,* Intensität der Leiharbeitsnutzung, S. 59 f.

125 *Friedrich,* Funktionswandel, S. 26.

126 *Strotmann/Moczadlo,* in: Zeitarbeit, S. 83 (88); *Schröpfer,* Intensität der Leiharbeitsnutzung, S. 42 ff.; *Sende/Galais,* in: Flexible Produktionskapazität, 1 (35); *Krause,* KJ 2013, 119 (120 f.); *Kunkel,* in: Die neue Rolle der Zeitarbeit, S. 39 (41 f.), (47); *Möller,* in: Die neue Rolle der Zeitarbeit, S. 235 (240); *Holst/Nachtwey/Dörre,* IJAR 2010, 108 (132); *Promberger et al.,* Leiharbeit im Betrieb, S. 104.

127 Aus buchhalterischer Perspektive laufen die Entleihgebühren für Leiharbeitskräfte nicht unter Arbeitskosten, sondern unter Sachkosten. Diese Unterscheidung hat für die hier erörterten strategischen Ziele keine Relevanz und soll deshalb übergangen werden.

128 *Schröpfer,* Intensität der Leiharbeitsnutzung, S. 42.

129 *Neubäumer,* WSI-Mitt. 2017, 36 (39); *Sende/Galais,* in: Flexible Produktionskapazität, S. 1 (35); *Promberger,* in: Arbeit als Ware, S. 163 (174 f.); *Promberger et al.,* Leiharbeit im Betrieb, S. 104.

130 DGB, PM 076 – 18.12.2019; *Pant,* Regulierung der Arbeitnehmerüberlassung, S. 133; *Böhm/Hennig/Popp,* Zeitarbeit, Rn. 888; *Holst/Nachtwey/Dörre,* IJAR 2010, 108 (113); *Waltermann,* NZA 2010, 482 (483); vgl dazu ausführlich unten Erster Teil B. III. 2. b. 2), S. 144.

131 *Schröpfer,* Intensität der Leiharbeitsnutzung, S. 44; *Friedrich,* Funktionswandel, S. 26; *Promberger et al.,* Leiharbeit im Betrieb, S. 104; vgl. dazu ausführlich unten Erster Teil B. III. 2. b. 1), S. 143.

Wunsch nach sinkenden Arbeitskosten in einer strategischen Nutzung oftmals vereinen.[132]

Friedrich geht in seiner Analyse sogar so weit, dass er bei der Begründung einer dauerhaften Nutzung von Leiharbeit die permanente Einsparung von Lohnkosten als das gegenüber der Auslagerung dauerhaft bestehender Beschäftigungsrisiken gewichtigere Motiv betrachtet.[133] Als Gemeinsamkeit der beiden Motive und damit als bestimmendes Merkmal einer strategischen Nutzung von Leiharbeit kann in jedem Fall die Tatsache begriffen werden, dass die Entleihunternehmen nicht länger reaktiv agieren, sondern ohne Bezug zu tatsächlichen Ausfällen oder Bedarfsschwankungen prophylaktisch und dauerhaft auf Leiharbeit setzen, um Arbeits- und Entlassungskosten einzusparen.[134]

Diese Nutzungsstrategie unterscheidet sich von den bislang aufgeführten Nutzungsformen also dadurch, dass gerade kein vorübergehender besonderer Bedarf besteht. Der spezifische Nutzen der Arbeitnehmer*innenüberlassung entsteht in diesem Fall deshalb nicht durch die Verbindung verschiedener Beschäftigungsmöglichkeiten zu einem dauerhaften Arbeitsverhältnis, in welchem sich Beschäftigungsrisiken aufheben und die einmaligen Anstellungs- und Entlassungskosten über den Lauf der Zeit amortisieren.[135] Stattdessen entsteht schlicht anstelle eines ursprünglich besetzten Stammarbeitsplatzes ein Leiharbeitsplatz.[136] Die mit der Stelle verbundenen Kosten und Risiken werden beim Verleihunternehmen ähnlich wirksam, wie das beim Entleihunternehmen der Fall wäre.[137] Der spezifische Nutzen erwächst hier deshalb allein aus dem Unterschied der Vergütungsregime.

Dabei kann es sein, dass die Einsparung durch geringere Entgelte sich ebenso stark im Überlassungspreis niederschlägt wie der für die Auslagerung der Arbeitgeber*innenaufgaben fällig werdende Aufschlag. Der Überlassungspreis kann deshalb im Einzelfall exakt so hoch sein, wie es die laufenden Lohnkosten bei einer Anstellung unmittelbar im Entleihunternehmen wären. Dadurch entsteht der Schein, dass für die Auslagerung des

---

132 *Sende/Galais,* in: Flexible Produktionskapazität, S. 1 (35).

133 *Friedrich,* Funktionswandel, S. 25 f.; aA *Holst/Nachtwey/Dörre,* IJAR 2010, 108 (132).

134 *Schröpfer,* Intensität der Leiharbeitsnutzung, S. 39; *Holst,* in: Arbeit als Ware, S. 141 (152); *Holst/Nachtwey/Dörre,* Funktionswandel von Leiharbeit, S. 18.

135 Vgl. *Mitlacher,* Sozialer Fortschritt 2005, 97 (99 f.).

136 *Absenger,* WSI-Mitt. 2017, 70 (71); *Holst/Nachtwey/Dörre,* Funktionswandel von Leiharbeit, S. 34 f.

137 *Sitte/Lehmann,* in: Arbeitszeit, S. 117 (121).

Beschäftigungsrisikos sowie des Einstellungs- und Entlassungsaufwands keine Kosten anfielen – tatsächlich aber überlagern sich einfach nur zwei voneinander unabhängige Effekte: die im Fall der strategischen Nutzung wertneutrale Verlagerung von Beschäftigungsrisiko, Einstellungs- und Entlassungsaufwand und die auf der Fragmentierung aufbauende Einsparung von Lohnkosten.

Damit beschreibt *Friedrich* letztendlich nur die Spitze des von *Holst/Nachtwey/Dörre* beobachteten Eisbergs. Übersteigt die Differenz zwischen den anfallenden Lohnkosten den Aufschlag für die Übernahme der Arbeitgeber*innenrolle, so fallen für das Entleihunternehmen täglich weniger laufende Kosten an, sodass sich die strategische Nutzung unabhängig vom Beschäftigungsrisiko als Möglichkeit zur Reduzierung von Lohnkosten darstellt. Doch auch im umgekehrten Fall, dass die dem Verleihunternehmen möglichen Einsparungen bei den Lohnkosten die Kosten der Übernahme des Beschäftigungsrisikos nicht überwiegen, bleibt der Eisberg derselbe – das Verleihunternehmen kann unabhängig von Fragen des Beschäftigungsrisiko die benötigte Arbeitskraft billiger einkaufen und gibt diesen Vorteil an die Entleihunternehmen weiter. Dass daneben eine zahlenmäßig höhere oder niedrigere Entlohnung für die Übernahme des Beschäftigungsrisikos tritt, ist für diesen Effekt irrelevant.

d. Einsatz zur Auslagerung der Personalgewinnung

Eine weitere Perspektive bildet das Modell von *Lehmann/Ratzmann/Bouncken* ab.[138] Zwar leidet die dort gefundene Unterteilung der Nutzungsformen an dem Nachteil, die Unterschiede zwischen einem reaktiven Flexibilitätsbedürfnis und einer strategischen Nutzung zur Kostensenkung zu verwischen.[139] Soweit an dieser Stelle das abgefragte Motiv der „Senkung von Lohnkosten“ als Bedürfnis nach einer flexiblen Gestaltung der Lohnkosten gedeutet wird, kann das bestenfalls als Euphemismus bezeichnet werden.[140] Tatsächlich geht es bei der von realen Schwankungen unabhängigen Senkung von Lohnkosten eben nicht um die „Anpassungsfähigkeit

138 *Lehmann/Ratzmann/Bouncken*, in: Zeitarbeit und Flexibilisierung, S. 189.
139 *Lehmann/Ratzmann/Bouncken*, in: Zeitarbeit und Flexibilisierung, S. 189 (196).
140 *Lehmann/Ratzmann/Bouncken*, in: Zeitarbeit und Flexibilisierung, S. 189 (196).

an sich verändernde Anforderungen“[141], sondern schlicht um Gewinnmaximierung durch die Vermeidung der eigenen Tariflöhne.[142]

Was das Modell jedoch leisten kann, ist einen Fokus auf die mit der Nutzung von Leiharbeit bezweckte Auslagerung der Personalgewinnung zu legen.[143] Aus den abgefragten Nutzungsmotiven entwickeln die Autor*innen zwei Metamotive: Flexibilisierungsinteresse und der Wunsch nach Auslagerung von Personalaufgaben.[144] Dabei zeigt sich, dass etwa die Hälfte der befragten Entleihunternehmen Leiharbeit zumindest auch nutzen, um Personalaufgaben wie die Suche, Anwerbung und Auswahl von Arbeitskräften auszulagern oder durch eine „verlängerte Probezeit“ im Rahmen des Leiharbeitseinsatzes zu vereinfachen.[145] Nimmt man die Übernahmequote als Indikator für den Stellenwert dieses Motivs, so scheint es jedoch bei den meisten Unternehmen von untergeordneter Bedeutung zu sein – wer sowohl Flexibilität als auch Auslagerung von Personalaufgaben verfolgt, hat nur eine durchschnittliche Übernahmequote.[146] Interessanterweise scheint die Höhe der Entleihgebühren für Unternehmen, die nur die Auslagerung von Personalaufgaben bezwecken, eine kleinere Rolle zu spielen.[147] Ein relativ junger Unterfall dieser Nutzungsstrategie ist der insbesondere im Bereich der Pflege zu beobachtende Trend, dass auf Arbeitnehmer*innenmärkten mit hohen Anforderungen an Stammkräfte von Seiten der Lohnabhängigen der Gang in die Arbeitnehmer*innenüberlassung bewusst gewählt wird, um etwa übermäßigen Überstunden zu entgehen.[148] Entleihunternehmen greifen hier nicht zielgerichtet, sondern notgedrungen zur Arbeitnehmer*innenüberlassung,

---

141 *Lehmann/Ratzmann/Bouncken*, in: Zeitarbeit und Flexibilisierung, S. 189 (196).

142 *Albers*, Regulierung in Frankreich, S. 260.

143 *Lehmann/Ratzmann/Bouncken*, in: Zeitarbeit und Flexibilisierung, S. 189 (196); ebenso *Albers*, Regulierung in Frankreich, S. 256 f.; *Schröpfer*, Intensität der Leiharbeitsnutzung, S. 40 f.; *E. Jahn/Weber*, IAB-Kurzbericht 2/2013, S. 2; *Evers*, in: Die neue Rolle der Zeitarbeit, S. 55 (59 f.); *Nielen/Schiersch*, DIW Discussion Papers 1135, S. 4.

144 *Lehmann/Ratzmann/Bouncken*, in: Zeitarbeit und Flexibilisierung, S. 189 (197).

145 *Lehmann/Ratzmann/Bouncken*, in: Zeitarbeit und Flexibilisierung, S. 189 (201 f.); ebenso *Ensmann/Schwaab*, in: Zeitarbeit, S. 143 (144); *E. Jahn/Weber*, IAB-Kurzbericht 2/2013, S. 2.

146 *Lehmann/Ratzmann/Bouncken*, in: Zeitarbeit und Flexibilisierung, S. 189 (205).

147 *Lehmann/Ratzmann/Bouncken*, in: Zeitarbeit und Flexibilisierung, S. 189 (203).

148 LabourNet Germany, Überlastung treibt Krankenpflegekräfte in die Leiharbeit, Dossier vom 22.11.2021, https://www.labournet.de/branchen/dienstleistungen/gesund/gesund-arbeit/ueberlastung-treibt-krankenpflegekraefte-die-leiharbeit/, zuletzt abgerufen am 25.01.2022; *Riedlinger/G. Fischer/Höß*, in: Arbeitskonflikte, S. 214 (221).

weil sie anders das benötigte Personal nicht rekrutieren können.[149] Speziell in diesen Fällen spielt die Höhe der Entleihgebühren eine nochmals verringerte Rolle.[150]

Bereits die oben dargestellten Nutzungsstrategien enthalten den Wunsch nach einer Auslagerung von Einstellungskosten. Die Auslagerung zur Personalgewinnung unterscheidet sich von der Nutzung als Ad Hoc Ersatz oder als Flexibilitätspuffer aber darin, dass ihr keine Schwankung im Arbeitskräftebedarf zugrunde liegt und die Leiharbeitkraft bei Gefallen dauerhaft im Betrieb bleiben soll – die Rekrutierungskosten des Verleihunternehmens verteilen sich dann nicht auf weitere Einsätze. Von der strategischen Nutzung unterscheidet sie sich durch die Tatsache, dass idealerweise eine Übernahme ins Entleihunternehmen stattfindet, das Beschäftigungsrisiko also gerade nicht dauerhaft ausgelagert werden soll.

e. Zusammenfassung und Bewertung

Insgesamt werden Leiharbeitnehmer*innen demnach im Rahmen unterschiedlicher Nutzungsstrategien eingesetzt. Der klassische Einsatz als kurzfristiger Ersatz für verhinderte eigene Angestellte macht ebenso wie der kurzfristige Bedarf von Spezialwissen nur einen kleinen Anteil der nachgefragten Leistung aus. Auch die Nutzung von Leiharbeit als Rekrutierungsinstrument geschieht in überschaubarem Maße und scheint dabei wenig kostensensibel zu sein.

Der Großteil der Arbeitnehmer*innenüberlassung findet statt, um entweder im Sinne eines Flexibilitätspuffers reale Schwankungen im Arbeitskräftebedarf abzufangen oder um mithilfe eines strategischen Einsatzes langfristig Arbeitskosten zu senken und Beschäftigungsrisiken dauerhaft auszulagern.[151]

Dass diese Nutzungsvarianten alle der von der Gesetzgebung angestrebten Kernfunktion entsprechen, darf bezweifelt werden. Nach Aussage der Gesetzesbegründung zum AÜG besteht die Kernfunktion der Arbeitnehmer*innenüberlassung darin, bei der Bewältigung von Auftragsspitzen

---

149 *Bräutigam* et al., Leiharbeit in der Pflege, S. 23.

150 Vgl. zum Entgelt in dieser besonderen Konstellation *Riedlinger/G. Fischer/Höß*, in: Arbeitskonflikte, S. 214 (221).

151 *Kratzer/Menz/Tullius/Wolf*, Legitimationsprobleme, S. 274; *Nielen/Schiersch*, DIW Discussion Papers 1135, S. 4; *Lehmann/Haseloh*, in: Die neue Rolle der Zeitarbeit, S. 75 (79); kritisch ggü. der Kostenreduktion *Hirsch/Müller*, The Economic Journal 2012, 216 (233f).

und kurzfristigen Personalbedarfen zu helfen.[152] Die Leiharbeit stelle ein Instrument dar, mit dem ein Arbeitskräftebedarf zeitlich begrenzt gedeckt werden könne; zentral sei also stets, dass die Überlassung vorübergehend erfolge.[153]

Die beschriebenen Nutzungsstrategien des Ad Hoc Ersatzes oder des Flexibilitätspuffers scheinen die direkte Vorlage für die Formulierung der „Auftragsspitzen und kurzfristigen Personalbedarfe" zu sein; sie passen problemlos zur Vorstellung der Legislative. Doch bereits die Nutzung als Rekrutierungsinstrument fällt nicht so recht unter die so definierte Kernfunktion. Zwar mag in einigen Entleihunternehmen der Einsatz von Leiharbeitskräften tatsächlich nur vorübergehender Natur sein, regelmäßig wird es aber weder eine Auftragsspitze noch kurzfristigen Personalbedarf geben. Bei der strategischen Nutzung ist dann keines der Merkmale mehr erfüllt – weder gibt es einen schwankenden oder kurzfristigen Bedarf, noch findet der Rückgriff auf die Arbeitnehmer*innenüberlassung vorübergehend statt. Die strategische Nutzung ist darum das genaue Gegenteil der von der Gesetzgebung angestrebten Kernfunktion.[154]

Zweifellos ist die von der Gesetzesbegründung angeführte Kernfunktion das Ergebnis einer politischen Aushandlung und keineswegs Teil einer festen Identität der Arbeitnehmer*innenüberlassung.[155] Andersherum schafft vielmehr die Legislative mit ihren Vorgaben einen rechtlichen Rahmen, der der Leiharbeit erst die Ausfüllung verschiedener Funktionen ermöglicht und dergestalt einen Schwerpunkt auf Flexibilisierung oder Fragmentierung legt. Dabei lohnt ein Blick auf die Motive und wirtschaftlichen Mechanismen, welche zur Festschreibung genau dieser Kernfunktion geführt haben.

Nach den Gründen für die eigene Zielsetzung befragt, gibt die Gesetzesbegründung zum AÜG eine auf den ersten Blick wenig einleuchtende Antwort: Arbeitnehmer*innenüberlassung solle eine gute Arbeit sein und sowohl berufliche Sicherheit als auch einen fairen Lohn gewährleisten –

---

152 Gesetzesentwurf zur Änderung des Arbeitnehmerüberlassungsgesetzes, BT-Drs. 18/9232, S. 1, 14.

153 Gesetzesentwurf zur Änderung des Arbeitnehmerüberlassungsgesetzes, BT-Drs. 18/9232, S. 1, 14 f.; so bereits BAG, Beschl. v. 28.09.1988 – 1 ABR 85/87, NZA 1989, 359 (359).

154 *Absenger,* WSI-Mitt. 2017, 70 (71); *Stang/J. Ulber,* NZA 2015, 910 (911); *Hamann,* EuZA 2009, 287 (307).

155 *Pant,* Regulierung der Arbeitnehmerüberlassung, S. 22; aA *Klebe,* AuR 2011, 352.

deshalb sei die Orientierung auf die Kernfunktion geboten.[156] Der faire Lohn müsste allerdings unabhängig von der Nutzungsstrategie erreicht werden, und die berufliche Sicherheit scheint bei der der Kernfunktion widersprechenden strategischen Nutzung sogar höher zu sein als bei kurzen Einsätzen.[157]

Aus dem Ziel von fairen Löhnen dürfte sich aber – so man den Begriff der Fairness in Anlehnung an die Arbeitsbedingungen vergleichbarer Stammbeschäftigter entwickelt – umgekehrt eine Verteuerung der Leiharbeit und damit eine schwindende Attraktivität vornehmlich der strategischen Nutzung ergeben.[158] Eine Preissteigerung durch gestiegene Löhne würde sich zwar auch auf den Ad Hoc Ersatz und die Nutzung als Flexibilitätspuffer auswirken. Allerdings gewinnen Entleihunternehmen hierbei regelmäßig eine wertvollere, weil unmittelbar notwendige Flexibilität, sodass der Einsatzwunsch oftmals weniger stark von den Kosten abhängig sein dürfte.[159]

Das erklärt sich zum einen aus der Tatsache, dass die Bereitschaft zur Zahlung von Mehrkosten abhängig von der Größe des Flexibilisierungsbedarfs sein dürfte. Je günstiger eine Leiharbeitskraft sein muss, um nachgefragt zu werden, desto kleiner ist das damit befriedigte Flexibilitätsbedürfnis. Bei jedem zusätzlichen, durch sinkende Überlassungspreise ermöglichten Leiharbeitseinsatz wird der zusätzliche Flexibilitätsgewinn für das Entleihunternehmen geringer. Der Grenznutzen zusätzlicher Leiharbeitskräfte sinkt also im Hinblick auf den Flexibilitätsbedarf; gleichzeitig gerät das Ziel der Arbeitskostenreduktion im Rahmen der strategischen Nutzung immer stärker in den Fokus. Wo ein Flexibilisierungsinteresse von Entleihunternehmen wegen steigender Überlassungspreise nicht mehr gedeckt wird ist darum auch anzunehmen, dass das Flexibilisierungsinteresse selbst überschaubar war – und stattdessen das Motiv der Lohnkostenreduktion eine bestimmende Rolle gespielt hat. Es steht also zu erwarten,

---

156 Gesetzesentwurf zur Änderung des Arbeitnehmerüberlassungsgesetzes, BT-Drs. 18/9232, S. 14.

157 *Wank*, BB 2018, 1909 (1912); *Schüren/Fasholz*, NZA 2015, 1473 (1474); *Franzen*, RdA 2015, 141 (150).

158 *Däubler*, KJ 2003, 17 (21).

159 Vgl. BVerfG, Urt. v. 4. 4. 1967 – 1 BvR 84/65, NJW 1967, 974 unter III. 4; *Cantzler*, in: Zeitarbeit, S. 247 (256); *Schröpfer*, Intensität der Leiharbeitsnutzung, S. 243; *Kämmerer*, Der neue Rechtsrahmen, S. 49; *Nießen/Fabritius*, BB 2013, 375 (380); *Fuchs*, NZA 2009, 57 (62); *Mitlacher*, Sozialer Fortschritt 2005, 97 (100 ff.); *Grobys/Schmidt/Brocker*, NZA 2003, 777 (780); *Däubler*, KJ 2003, 17 (21).

dass auch bei steigenden Preisen der Bärenanteil des Flexibilitätsbedarfs weiterhin durch Leiharbeitnehmer*innen gestillt werden könnte.[160]

Zum anderen ergibt sich die geringere Preissensibilität der Nutzung im Rahmen der Kernfunktion aus den Kostenvorteilen von Verleihunternehmen bei der Deckung vorübergehender Arbeitskraftbedarfe. Den Entleihunternehmen wird im Rahmen der Kernfunktion der Aufwand einer kurzfristigen, zeit- und kostenintensiven Einstellung zusätzlicher Arbeitskräfte oder des ebenfalls kostenintensiven Vorhaltens einer Personalreserve abgenommen.[161] Verleihunternehmen können in dieser Situation ihre charakteristische Kompetenz zur Bündelung von vorübergehenden Beschäftigungspotentialen ausspielen, Rekrutierungs- und Entlassungskosten ebenso wie Beschäftigungsrisiken durch diese Zusammenfassung senken und die zeitweise benötigten Arbeitskräfte deshalb wesentlich günstiger bereitstellen, als das für die Einsatzunternehmen selbst möglich wäre.[162] Dieser Vorteil entfällt bei der langfristigen strategischen Nutzung: Verleihunternehmen bündeln hier keine Arbeitsplatzsplitter, sondern besetzen ganze, dauerhafte Arbeitsplätze. Dabei agieren sie eher als ausgelagerte Personalabteilungen der Entleihunternehmen.[163] Ihr einziger Kostenvorteil kann in dieser Konstellation über die Löhne entstehen. Müssten sie aber ähnliche Löhne wie die Entleihunternehmen selbst bezahlen, so entfiele der Anreiz für die strategische Nutzung.

Folglich würde die Leiharbeit durch faire Löhne, quasi als Beiprodukt der eigentlichen Zielsetzung, ein Stück weit auf ihre von der Gesetzgebung angenommene Kernfunktion zurückgeführt. Die Orientierung auf die Kernfunktion müsste, nur nach dieser Zielsetzung beurteilt, demnach nicht als vordringliches Ziel, sondern als in Kauf genommener Nebeneffekt deklariert werden.

---

160 *Cantzler*, in: Zeitarbeit, S. 247 (256); *Schröpfer*, Intensität der Leiharbeitsnutzung, S. 243; *Kämmerer*, Der neue Rechtsrahmen, S. 49; *Nießen/Fabritius*, BB 2013, 375 (380); *Blanke*, DB 2010, 1528 (1531 f.); *Fuchs*, NZA 2009, 57 (62); *Mitlacher*, Sozialer Fortschritt 2005, 97 (100 ff.); *Grobys/Schmidt/Brocker*, NZA 2003, 777 (780); *Däubler*, KJ 2003, 17 (21); krit. *Stepien*, Berufsfreiheit, 33 f.; *Giesen*, ZfA 2016, 153 (180); *Rieble/Klebeck*, NZA 2003, 23 (23).

161 *Stepien*, Berufsfreiheit, 30; *Schröpfer*, Intensität der Leiharbeitsnutzung, S. 243; *Blanke*, DB 2010, 1528 (1531 f.); *Grobys/Schmidt/Brocker*, NZA 2003, 777 (780).

162 *Blanke*, DB 2010, 1528 (1531 f.); *Fuchs*, NZA 2009, 57 (62); *Mitlacher*, Sozialer Fortschritt 2005, 97 (100).

163 *Sitte/Lehmann*, in: Arbeitszeit, S. 117 (121).

Neben dem Schutz der Leiharbeitnehmer*innen bezweckt das Gesetz jedoch auch den Schutz der Stammbeschäftigten.[164] Hierbei kommt der Orientierung auf die Kernfunktion tatsächlich eine wesentliche Funktion zu. Grundsätzlich ist anerkannt, dass Leiharbeit auch auf Kosten der Beschäftigung im Einsatzunternehmen geht.[165] So soll nach der aktuellsten aber dennoch alten Untersuchung etwa jeder zweite Leiharbeitsplatz einen Stammarbeitsplatz ersetzt haben.[166] Eine solche Verdrängung ist vor allem bei der strategischen Nutzung von Leiharbeit zu beobachten.[167] Durch eine wirksame Beschränkung der Arbeitnehmer*innenüberlassung auf vorübergehende Bedarfe könnte verhindert werden, dass Leiharbeitskräfte auf Dauerarbeitsplätzen eingesetzt werden und dort Stammbeschäftigte verdrängen.[168] Eine Orientierung der Leiharbeit auf ihre von der Legislative definierte Kernfunktion würde demnach durch eine Einschränkung der strategischen Nutzung der Substitution von Stammbeschäftigten Einhalt gebieten.

Hieraus ergäben sich dann tatsächlich auch gute Arbeitsbedingungen auf den vormals von Leiharbeitnehmer*innen ausgefüllten Arbeitsplätzen – diese wären nun wieder von, oftmals tarifgebundenen, Stammarbeitskräften besetzt. Der Schutz der Leiharbeitnehmer*innen wäre damit vor allem durch die Tatsache gewährleistet, dass es weniger von ihnen gibt – und stattdessen mehr Stammbeschäftigte.[169]

Hinzu dürfte als Motiv der Gesetzgebung kommen, dass der volkswirtschaftliche Nutzen der Arbeitnehmer*innenüberlassung vor allem dort entsteht, wo sie tatsächlich bestehende Bedürfnisse nach Flexibilität und

---

164 Gesetzesentwurf zur Änderung des Arbeitnehmerüberlassungsgesetzes, BT-Drs. 18/9232, S. 15.

165 *Pasch*, Vorübergehende Überlassung, S. 39 f.; Stellungnahme des DGB vom 11.10.2016, Ausschussdrs. 18(11)761neu, S. 9 (9, 12); Stellungnahme *Düwell* vom 14.10.2016, Ausschussdrs. 18(11)761neu, S. 80 (81); *Stang/J. Ulber*, NZA 2015, 910; Antwort der Bundesregierung auf die Kleine Anfrage der Fraktion DIE LINKE, BT-Drs. 18/2363; Gesetzesentwurf zur Reform des Betriebsverfassungsgesetzes, BT-Drs. 14/5741, S. 1; kritisch *Baumgarten et al.*, Herausforderung Zeitarbeit, S. 43.

166 *E. Jahn/Weber*, IAB-Kurzbericht 2/2013, S. 4.

167 *Absenger*, WSI-Mitt. 2017, 70 (71); *Holst/Nachtwey/Dörre*, Funktionswandel von Leiharbeit, S. 34 f., 37.

168 Gesetzesentwurf zur Änderung des Arbeitnehmerüberlassungsgesetzes, BT-Drs. 18/9232, S. 15, 20; *Däubler*, KJ 2003, 17 (21).

169 Krit. *Franzen*, RdA 2015, 141 (150).

vorübergehendem Beschäftigungsaufbau befriedigt – die Kernfunktion.[170] Die Zusammenfassung von Beschäftigungsmöglichkeiten ist der wesentliche Vorteil, der unique selling point der Leiharbeit.[171] Sie funktioniert aber nur bei vorübergehenden Arbeitskraftbedarfen; andernfalls können weder Beschäftigungsrisiken noch Einstellungs- und Entlassungskosten durch Zusammenfassung gesenkt werden. Nur in diesem Fall entstehen überdies die gewünschten neuen Arbeitsplätze.[172] Wo dieser Mehrwert nicht genutzt wird, kommt die Arbeitnehmer*innenüberlassung nicht ihrer charakteristischen Funktion nach, sondern drückt schlicht die Löhne. Wenn kein temporärer Arbeitskräftebedarf besteht und damit die Nutzung der Leiharbeit volkswirtschaftlich keinen besonderen Vorteil bringt – regelmäßig also bei der strategischen Nutzung – gibt es für die Legislative auch weniger Grund, Leiharbeit mit ihren erheblichen Nachteilen für Leiharbeitnehmer*innen, Stammbeschäftigte, Sozialversicherungen und Lohnniveau zuzulassen. Die angestrebte Orientierung auf die Kernfunktion zeigt, dass die Gesetzgebung die Leiharbeit eigentlich auf Einsätze beschränken wollte, in welchen sie ihre charakteristische Stärke ausspielen kann.

---

170 BAG, Beschl. v. 10. 7. 2013 – 7 ABR 91/11, NZA 2013, 1296 Rn. 42; BAG, Beschl. v. 28.09.1988 – 1 ABR 85/87, NZA 1989, 358 (359); Ulber/*J. Ulber*, AÜG § 1 Rn. 232 f.; *J. Ulber*, Der Referentenentwurf des BMAS, S. 5; *Sitte/Lehmann*, in: Arbeitszeit, S. 117 (121); *Waltermann*, in: FS Bepler, S. 569 (572); *Wetzel/Weigand*, Schwarzbuch Leiharbeit, S. 34; *Sansone*, Gleichstellung, S. 113. Verbreitet wird der Ursprung dieser Unterscheidung in volkswirtschaftliche sinnvolle und unerwünschte Arbeitnehmer*innenüberlassung dem BVerfG in BVerfG, Urt. v. 4. 4. 1967 – 1 BvR 84/65, NJW 1967, 974 unter III. 4 zugeschrieben. Die Richter*innen des BVerfG beziehen sich an dieser Stelle aber auf die Frage, ob eine Umgehung der Arbeitsvermittlung durch die Arbeitnehmer*innenüberlassung drohe. Sie verneinen diese Frage unter Verweis darauf, dass die Lebenserfahrung gegen einen dauerhaften Einsatz von Leiharbeitskräften im selben Einsatzbetrieb spreche. In diesem Zusammenhang wird darauf verwiesen, dass ein Rückgriff auf die Arbeitnehmer*innenüberlassung nur bei kurzfristigen Bedarfen überhaupt wirtschaftlich sinnvoll sei. Der Zusammenhang mit der auf das Marktgeschehen bezogenen Sorge und der Lebensrealität legt nahe, dass mit „wirtschaftlich sinnvoll“ nicht „volkswirtschaftlich sinnvoll“, sondern „für die Entleihunternehmen wirtschaftlich sinnvoll“ gemeint ist.

171 *Seils/Emmler*, Policy Brief WSI 01/2020, S. 5; *Haller/E. Jahn*, IAB-Kurzbericht 13/2014, S. 1; *Sitte/Lehmann*, in: Arbeitszeit, S. 117 (121); *Möller*, in: Die neue Rolle der Zeitarbeit, S. 235 (237).

172 Vgl. Entwurf eines Ersten Gesetzes für moderne Dienstleistungen am Arbeitsmarkt, BT-Drs. 15/25, S. 23 f.; *Seiwerth*, Gestaltungsfreiheit in Tarifverträgen, S. 428; *Guenoub*, Equal pay, S. 176.

Gleichwohl zeigen die dargelegten Erhebungen, dass Leiharbeit keineswegs nur innerhalb dieser Kernfunktion eingesetzt wird. Die Legislative hat ihr selbstgestecktes Ziel einer Orientierung auf die Nutzung als Ad Hoc Ersatz und Flexibilitätspuffer bislang nicht erreicht. Dies ist vor allem auf die dauerhafte strategische Nutzung von Arbeitnehmer*innenüberlassung als Möglichkeit der Reduktion von Arbeits- und Entlassungskosten zurückzuführen. Dass sich selbst diese gegenüber der Kernfunktion kostensensiblere Nutzungsstrategie solch großer Beliebtheit erfreut, macht deutlich, dass die Überlassungskosten in der Arbeitnehmer*innenüberlassung aktuell außergewöhnlich niedrig sind. Das legt nahe, dass zumindest die regelmäßig weniger kostensensible Nutzung im Rahmen der Kernfunktion auch bei steigenden Überlassungskosten noch länger für Entleihunternehmen wirtschaftlich interessant bleiben würde.[173]

4. Zwischenergebnis

Hinsichtlich der Verbreitung von Leiharbeit in Deutschland bleibt demnach folgendes festzuhalten: Leiharbeit macht einen Anteil von etwa 2,1 % der sozialversicherungspflichtigen Arbeitsverhältnisse aus; seit 2017 nimmt ihr Anteil tendenziell leicht ab. Die Menschen in Leiharbeit arbeiten überdurchschnittlich häufig auf Arbeitsplätzen, deren Tätigkeitsanforderungen gering sind – über die Hälfte arbeitet als Helfer*innen. Das passt teilweise zu einem insgesamt unterdurchschnittlichen beruflichen Qualifikationsniveau der Leiharbeitnehmer*innen, wobei diese Erklärung nur für einen Teil der Abweichung herhalten kann. Tatsächlich ist in der Arbeitnehmer*innenüberlassung der Anteil an Menschen, die unterhalb ihrer Qualifikationen eingesetzt werden, erheblich höher als in der Gesamtbeschäftigung.

Leiharbeit wird von unterschiedlichen Unternehmen zu unterschiedlichen Zwecken genutzt. Es ist trotzdem möglich, vier Nutzungsstrategien zu unterscheiden: Die kurzfristige Nutzung als Ad Hoc Ersatz, die vorübergehende Nutzung als Flexibilitätspuffer, die dauerhafte strategische

173 Im Ergebnis ebenso *Cantzler*, in: Zeitarbeit, S. 247 (256); *Schröpfer*, Intensität der Leiharbeitsnutzung, S. 243; *Kämmerer*, Der neue Rechtsrahmen, S. 49; *Nießen/Fabritius*, BB 2013, 375 (380); *Blanke*, DB 2010, 1528 (1531 f.); *Fuchs*, NZA 2009, 57 (62); *Mitlacher*, Sozialer Fortschritt 2005, 97 (100 ff.); *Grobys/Schmidt/Brocker*, NZA 2003, 777 (780); *Däubler*, KJ 2003, 17 (21); krit. *Stepien*, Berufsfreiheit, 33 f.; *Giesen*, ZfA 2016, 153 (180); *Rieble/Klebeck*, NZA 2003, 23 (23).

Nutzung zur Kostensenkung und die Nutzung als Rekrutierungsinstrument. Vor allem die strategische Nutzung bricht mit dem Vorhaben der Gesetzgebung, die Leiharbeit auf ihre Kernfunktion hin zu orientieren. Sie nimmt außerdem ebenso wie die quantitativ weniger relevante Nutzung als Rekrutierungselement nicht an den charakteristischen Vorzügen der Arbeitnehmer*innenüberlassung teil. Weil die strategische Nutzung ihren Mehrwert allein aus dem Unterschied der Vergütungsregime zieht, dürfte sie die kostensensibelste Nutzungsvariante darstellen. Ihre Popularität legt damit nahe, dass die Überlassungskosten in der Leiharbeit aktuell niedriger sind, als sie es sein müssten, um weiterhin die volkswirtschaftlich interessante Zusammenfassung von Beschäftigungsmöglichkeiten und -risiken im Rahmen der Kernfunktion gewährleisten zu können.

II. Leistungsniveau in der Leiharbeit

Regelmäßig wird in der Diskussion um die Gleichstellung von Leiharbeitnehmer*innen auf ihre im Vergleich zu den Stammbeschäftigten möglicherweise geringere Produktivität hingewiesen.[174] Diese Behauptung fordert schon allein wegen ihres argumentativen Potentials eine Überprüfung; zusätzlich bieten die der Annahme zugrunde liegenden Beobachtungen einen Einblick in die Funktionsbedingungen für einen sinnvollen Einsatz von Leiharbeitskräften.

Es liegt auf der Hand, dass das in der Arbeitnehmer*innenüberlassung erbrachte Leistungsniveau nicht pauschal und abschließend beschrieben werden kann. Möchte man nicht den insofern erstaunlichen Weg des von Wirtschaftsverbänden finanzierten Instituts der deutschen Wirtschaft Köln beschreiten und einfach von den beobachteten Lohnunterschieden auf ebensolche Produktivitätsunterschiede schließen, so bleibt das Leistungsniveau der Leiharbeitnehmer*innen eine unsichere Größe.[175] Gleichwohl ist es möglich, einige Mechanismen zu beschreiben, die in der speziellen Situation wirken und für eine Abweichung vom Leistungsniveau der Stammbeschäftigten in die eine oder andere Richtung sprechen.

---

174 Bundesagentur für Arbeit, Bereinigter Pay Gap, Januar 2019, S. 40; *Schäfer*, in: Zeitarbeit, S. 3 (8); Stellungnahme des BAP vom 14.10.2016, Ausschussdrs. 18(11)761, S. 131 (148); *Schröpfer*, Intensität der Leiharbeitsnutzung, S. 44; *Walwei/Ziegler*, in: Die neue Rolle der Zeitarbeit, S. 11 (13f).

175 Institut der deutschen Wirtschaft Köln, Zeitarbeit in Deutschland, S. 53.

1. Einarbeitungszeit

Ebenso wie Stammbeschäftigte an ihrem ersten Arbeitstag auf einem neuen Arbeitsplatz kennen auch Leiharbeitnehmer*innen die Anlagen und Abläufe des Entleihbetriebs zu Anfang ihres Einsatzes regelmäßig nicht. Erst mit der Zeit und der damit verbundenen Übung erweitert sich bei beiden Gruppen der Wissensstand bezüglich der betrieblichen Prozesse – diese neuen Kenntnisse und Erfahrungen erhöhen das betriebsspezifische Humankapital der Beschäftigten und fördern die Produktivität.[176] Anders als die dauerhaft bei den Entleihunternehmen angestellten Arbeitnehmer*innen wechseln Leiharbeitnehmer*innen aber öfters ihren Einsatzbetrieb.[177] Damit beginnen sie, was die Akkumulation betriebsspezifischen Humankapitals betrifft, immer wieder von vorne und müssen sich immer wieder neu einarbeiten.[178] Während dieser Einarbeitungszeit ist zu vermuten, dass die Produktivität der entliehenen Arbeitskräfte hinter der ihrer im Einsatzunternehmen angestellten Kolleg*innen zurückbleibt.[179]

Allerdings dürfte dieser Effekt in vielen Fällen überschaubar bleiben. Wie oben beschrieben wurde, werden Leiharbeitnehmer*innen vor allem auf Arbeitsplätzen mit einfachem Anforderungsniveau eingesetzt.[180] Dementsprechend erreicht das betriebsspezifische Humankapital vieler Leiharbeitnehmer*innen bereits nach wenigen Tagen das Niveau ihrer dauerhaft beschäftigten Kolleg*innen im Einsatzbetrieb.[181] Der Wirkungszusammenhang dürfte dabei zumindest teilweise auch andersherum gelten: Eben weil die Einarbeitungszeit auf Helfer*innenpositionen so kurz ist, bieten sich diese Arbeitsplätze besonders für eine Besetzung mit Leiharbeitskräften an.

Es ist deshalb anzunehmen, dass das Leistungsniveau von Leiharbeitnehmer*innen zu Beginn ihres jeweiligen Einsatzes aufgrund der erforderli-

---

176 *Neubäumer,* WSI-Mitt. 2017, 36 (38); *Schäfer,* in: Zeitarbeit, S. 3 (8).

177 *Schäfer,* in: Zeitarbeit, S. 3 (8); *Bornewasser,* in: Zeitarbeit und Flexibilisierung, S. 129 (146).

178 *Albers,* Regulierung in Frankreich, S. 262; *Schröpfer,* Intensität der Leiharbeitsnutzung, S. 44; *Hirsch/Müller,* The Economic Journal 2012, 216 (220).

179 *Schäfer,* in: Zeitarbeit, S. 3 (8); Stellungnahme des BAP vom 14.10.2016, Ausschussdrs. 18(11)761, S. 131 (148); *Schröpfer,* Intensität der Leiharbeitsnutzung, S. 44; *Walwei/Ziegler,* in: Die neue Rolle der Zeitarbeit, S. 11 (13f).

180 Vgl. oben Erster Teil B. I. 2. b., S. 41.

181 Bundesagentur für Arbeit, Bereinigter Pay Gap, Januar 2019, S. 40; *Pasch,* Vorübergehende Überlassung, S. 26; *Albers,* Regulierung in Frankreich, S. 255 f.; *Lehmann/Haseloh,* in: Die neue Rolle der Zeitarbeit, S. 75 (84).

chen Einarbeitungszeit etwas geringer ist als das ihrer Kolleg*innen. Dieser Effekt ist oftmals nur von kurzer Dauer, kann bei anspruchsvollen Tätigkeiten aber auch eine längere Zeitspanne andauern.

2. Berufliche Qualifikation

Wie oben bereits festgestellt wurde, sind viele Leiharbeitnehmer*innen für ihre ausgeübte Tätigkeit formal überqualifiziert. Das spricht einerseits dafür, dass auch die Leistung der überlassenen Arbeitnehmer*innen die ihrer im Einsatzbetrieb angestellten Kolleg*innen übertrifft. Andererseits spricht die Tatsache, dass Menschen entgegen ihrer eigenen Präferenz als Leiharbeitnehmer*innen und unterhalb ihrer formalen Qualifikation tätig sind dafür, dass ihre Chancen auf dem Arbeitsmarkt unterdurchschnittlich sind.[182] Auch ohne die Annahme eines perfekt funktionierenden Arbeitsmarkts weist diese Vermutung darauf hin, dass Menschen in Leiharbeit abseits des Datenrasters der Bundesagentur für Arbeit tendenziell eher unterdurchschnittliche berufliche Qualifikationen vorweisen können. In die gleiche Richtung geht die populäre Annahme, dass der hohe Anteil vormals langzeitarbeitsloser Menschen in der Leiharbeit eine geringere berufliche Kompetenz indiziere.[183]

Es erscheint wahrscheinlich, dass diese negativen Indizien sich stärker auswirken als die formale Überqualifikation, dass also Leiharbeitnehmer*innen praktisch eher weniger stark qualifiziert sind als ihre Kolleg*innen in Festanstellung.[184] Andernfalls würden viele Leiharbeitnehmer*innen wohl, vorausgesetzt der Arbeitsmarkt regelt eine angemessene Verteilung von Arbeit, lieber als formal überqualifizierte Helfer*innen in Festanstellung tätig werden. Gleichzeitig birgt dieses Argument aber die Gefahr, aus einer beobachteten Schlechterstellung Gründe für ebendiese Schlechterstellung abzuleiten, die in der Person begründet sein können, aber nicht müssen. Damit ist es zwar nicht so abenteuerlich wie die er-

---

182 DGB Bundesvorstand, arbeitsmarktaktuell Nr. 4/2019, S. 12; *Kannegiesser*, in: Zukunft Zeitarbeit, S. 11 (16); vgl. zur Präferenz bezüglich der Anstellung in der Arbeitnehmer*innenüberlassung *Bornewasser*, in: Zeitarbeit und Flexibilisierung, S. 129 (148); *H. Fischer/Bouncken*, BaRoS No. 3, S. 10; *Holst/Nachtwey/Dörre*, Funktionswandel von Leiharbeit, S. 24; *Promberger*, WSI-Mitt. 2006, 263 (266).

183 Stellungnahme des BAP vom 14.10.2016, Ausschussdrs. 18(11)761, S. 131 (148); *Kannegiesser*, in: Zukunft Zeitarbeit, S. 11 (17).

184 *Hirsch/Müller*, The Economic Journal 2012, 216 (220).

wähnte Argumentation des Instituts der deutschen Wirtschaft Köln, aber dennoch von sehr begrenzter Aussagekraft.

Zu beobachten ist auch, dass die berufliche Weiterbildung in der Arbeitnehmer*innenüberlassung weit hinter der von Stammbeschäftigten zurück bleibt.[185] Entleihunternehmen haben aufgrund der vergleichsweise kurzen Einsatzdauer regelmäßig kein Interesse an einer Weiterbildung der bei ihnen eingesetzten Leiharbeitskräfte.[186] Verleihunternehmen dagegen könnten während verleihfreier Zeiten eigentlich optimal in die berufliche Bildung ihrer Angestellten investieren, stoßen hierbei aber wegen der geringen Planbarkeit schnell an organisatorische Grenzen.[187] Außerdem währen auch in dieser Beziehung die Arbeitsverhältnisse oftmals nicht so lang, dass die potentiell höheren Erlöse beim Verleih die Kosten der Weiterbildung kompensieren würden.[188] Selbst wer mit der gleichen Qualifikation wie vergleichbare Stammbeschäftigte in ein Leiharbeitsverhältnis startet, fällt mit der Zeit deshalb oftmals hinter die berufliche Qualifikation der Kolleg*innen in den Einsatzbetrieben zurück.

Daraus ergibt sich, dass aus der beruflichen Qualifikation von Leiharbeitnehmer*innen meist kein produktiver Vorteil gegenüber vergleichbaren Stammarbeitskräften entsteht. Im Gegenteil deutet sowohl die formale Überqualifikation als auch die fehlende Weiterbildung eher auf eine potentiell leicht geringere Produktivität hin. Dieser Effekt dürfte ebenso wie der der zusätzlichen Einarbeitungszeiten umso ausgeprägter sein, je anspruchsvoller die ausgeübte Tätigkeit ist.

---

185 DGB Bundesvorstand, arbeitsmarktaktuell Nr. 4/2019, S. 7 f.; Institut DGB-Index Gute Arbeit, 02/2019 Risiko Leiharbeit, S. 6; *Albers*, Regulierung in Frankreich, S. 236; *Krause*, ZIAS 2014, 113 (147); *Voss/Vitols*, WSI-Mitt. 2013, 580 (585); *Bellmann et al.*, Weiterbildung, S. 22.

186 *Pasch*, Vorübergehende Überlassung, S. 37; *Albers*, Regulierung in Frankreich, S. 236; *Krause*, ZIAS 2014, 113 (147); *Hirsch/Müller*, The Economic Journal 2012, 216 (220); *Holst*, in: Arbeit als Ware, S. 141 (159); *H. Fischer/Bouncken*, BaRoS No. 3, S. 8 f., 12; *Rieble*, in: Zukunft der Zeitarbeit, S. 65 (69).

187 *Bellmann et al.*, Weiterbildung, S. 51; *Krause*, ZIAS 2014, 113 (147); *H. Fischer/Bouncken*, BaRoS No. 3, S. 11.

188 *Albers*, Regulierung in Frankreich, S. 236; *Moser/Galais/Sende*, in: Zeitarbeit, S. 67 (73); *Siebenhüter*, Integrationshemmnis Leiharbeit, S. 40; *Promberger*, WSI-Mitt. 2006, 263 (266).

3. Motivation

Die Mehrzahl der Leiharbeitnehmer*innen ist nicht aus freiem Willen in der Arbeitnehmer*innenüberlassung tätig, sondern setzt sich den dort herrschenden Verhältnissen nur so lange aus, bis sie eine Festanstellung gefunden hat.[189] Dementsprechend ist anzunehmen, dass sich viele Leiharbeitskräfte besonders anstrengen, um dem Entleihunternehmen ihre Leistungsfähigkeit zu beweisen und in die Stammbelegschaft übernommen zu werden.[190] Diese gestiegene Motivation ist allerdings stark davon abhängig, wie die Leiharbeitnehmer*innen ihre Chancen auf eine Übernahme einschätzen.[191] Das führt dazu, dass zwar zu Beginn eines Einsatzes eine erhöhte Motivation und damit auch Produktivität festgestellt werden kann; sobald aber bei längerer Einsatzdauer klar wird, dass es keine Übernahme geben wird, fällt die Motivation und damit die Produktivität unter das Niveau der Stammbeschäftigten.[192] Der zu Anfang motivierende Effekt der quasi permanenten Probezeit kann sich durch das Gefühl einer ungerechtfertigten Schlechterstellung oder Ausgrenzung rasch in sein Gegenteil verkehren.[193]

Neben den positiven Anreiz einer möglichen Übernahme durch das Entleihunternehmen tritt bei Leiharbeitnehmer*innen die besondere Prekarität ihrer Anstellung und damit ein außergewöhnlich hoher Leistungsdruck: Wie die weitere Darstellung unten zeigen wird, ist das Entlassungsrisiko in der Arbeitnehmer*innenüberlassung überdurchschnittlich

---

189 *Schäfer/Schleiermacher/Stettes,* IW-Zeitarbeiterbefragung 2019, S. 11; *Bornewasser,* in: Zeitarbeit und Flexibilisierung, S. 129 (148); *H. Fischer/Bouncken,* BaRoS No. 3, S. 10; *Siebenhüter,* Integrationshemmnis Leiharbeit, S. 35; *Holst/Nachtwey/Dörre,* Funktionswandel von Leiharbeit, S. 24; *Promberger,* WSI-Mitt. 2006, 263 (266).

190 Angry Workers, Class Power, S. 72, 74; Bundesagentur für Arbeit, Bereinigter Pay Gap, Januar 2019, S. 40; *Albers,* Regulierung in Frankreich, S. 262; *Barlen,* Zwischen zwei Arenen, S. 51; *Bornewasser,* in: Zeitarbeit und Flexibilisierung, S. 129 (147 f.); *Hirsch/Müller,* The Economic Journal 2012, 216 (219); *Walwei/Ziegler,* in: Die neue Rolle der Zeitarbeit, S. 11 (14); *Holst,* WSI-Mitt. 2009, 143 (147).

191 *Albers,* Regulierung in Frankreich, S. 262.

192 *Albers,* Regulierung in Frankreich, S. 262; *Bornewasser,* in: Zeitarbeit und Flexibilisierung, S. 129 (147 f.).

193 *Brungs/Kolb,* Zeitarbeit als Chance, S. 39; *Crimman/Lehmann,* in: Die neue Rolle der Zeitarbeit, S. 103 (109).

hoch und der Anreiz, nicht negativ aufzufallen entsprechend stark ausgeprägt.[194] Das kommt nicht der Lebensqualität, aber der Motivation zugute.

Ein negativer Einfluss auf die Motivation kann allerdings aus der Tatsache entstehen, dass Leiharbeitnehmer*innen regelmäßig nicht von Leistungszulagen oder anderen Anreizen zu besonderer Produktivität oder Betriebstreue profitieren.[195] Insgesamt werden sich viele Leiharbeitskräfte im Vergleich mit ihren stammbeschäftigten Kolleg*innen weniger mit dem Entleihunternehmen identifizieren und dürften deshalb weniger bereit sein, aus Loyalität mit dem Entleihunternehmen außergewöhnliche Leistungen zu erbringen.[196]

Das für die Motivation ausschlaggebende Verhältnis von Ambition und Resignation dürfte von Einsatz zu Einsatz variieren. Es liegt allerdings nahe, dass der motivierende Effekt von Übernahmehoffnungen im Verbund mit dem besonderen Leistungsdruck einer prekären Anstellung in den meisten Fällen die Resignation überwiegt und damit zu einer tendenziell überdurchschnittlichen Motivation führt.

4. Zusammenfassung und Bewertung

Die Arbeitnehmer*innenüberlassung ist demnach von mehreren Besonderheiten geprägt, die sich auf die Produktivität der Beschäftigten auswirken. Je nach Anforderungsniveau der Tätigkeit, Dauer der Überlassung, subjektiv wahrgenommener Übernahmechancen und dem betrieblichen Umgang können sich diese Effekte sowohl positiv als auch negativ auf das erbrachte Leistungsniveau niederschlagen. Empirisch lassen sich insgesamt kaum Unterschiede im Vergleich zur Produktivität der Stammbeschäftigten nachweisen.[197] Auch die Gesetzgebung geht von einem vergleichbaren Leistungsniveau aus.[198] Es wird allerdings deutlich, dass das momentan

---

194 Bundesagentur für Arbeit, Aktuelle Entwicklungen in der Zeitarbeit, Januar 2022, S. 17 f.; *Promberger*, Topographie der Leiharbeit, S. 84; vgl. dazu ausführlich unten Erster Teil B. III. 2. b. 2), S. 144.

195 *Schröpfer*, Intensität der Leiharbeitsnutzung, S. 44.

196 Stellungnahme des WSI vom 13.10.2016, Ausschussdrs. 18(11)761neu, S. 59 (61); *Schröpfer*, Intensität der Leiharbeitsnutzung, S. 44; *Krause*, ZIAS 2014, 113 (127); *Brungs/Kolb*, Zeitarbeit als Chance, S. 39; *Walwei/Ziegler*, in: Die neue Rolle der Zeitarbeit, S. 11 (13f).

197 *Pasch*, Vorübergehende Überlassung, S. 26; *Haseloh*, in: Arbeitszeit, S. 137 (149).

198 Gesetzesentwurf zur Änderung des Arbeitnehmerüberlassungsgesetzes, BT-Drs. 18/9232, S. 15.

gelebte Konzept von Leiharbeit Weiterbildungspotentiale bei Leiharbeitnehmer*innen regelmäßig ungenutzt verstreichen lässt.

Das gefundene Ergebnis lässt sich zumindest in Teilen mit Marktmechanismen erklären und deckt sich mit den oben getroffenen Feststellungen. Der Schwerpunkt auf das Helfer*innensegment passt zu der dabei besonders kurzen Einarbeitungsdauer, und auch die strategische Nutzung wäre bei erheblichen Produktivitätsnachteilen unattraktiver und damit schwächer ausgeprägt. Der Kostendruck sorgt also dafür, dass Leiharbeit vor allem dort eingesetzt wird, wo sich die Auslagerung ohne allzu große Einbußen bei der Produktivität realisieren lässt. Im Gegenzug bedeutet das, dass sich Leiharbeit außerhalb des Helfer*innensegments nur lohnt, wenn die Überlassung entweder über längere Zeit andauert oder ein drängender Bedarf besteht, zu dessen Deckung sowieso eine Einarbeitung erforderlich wird. Es steht deshalb zu erwarten, dass die Leiharbeit ihre Kernfunktion auch außerhalb des Helfer*innensegments erfüllen kann, die strategische Nutzung hingegen bei anspruchsvolleren Tätigkeiten auf die üblichen längeren Überlassungszeiten angewiesen ist.

Weiter wird die tendenziell höhere Motivation in der Arbeitnehmer*innenüberlassung von den negativen Effekte der notwendigen Einarbeitungszeit und der häufig überdurchschnittlichen Arbeitsmarktferne oftmals aufgewogen. Eine wesentliche Drehschraube ist dabei die subjektiv wahrgenommene Übernahmechance. Alles in allem ist damit festzustellen, dass die Leistung von Leiharbeitnehmer*innen in der Regel der ihrer im Entleihunternehmen angestellten Kolleg*innen im Großen und Ganzen vergleichbar ist.

III. Arbeitsbedingungen von Leiharbeitnehmer*innen

Nach einem Überblick über die Verbreitung von Leiharbeit und die dabei erbrachte Leistung ist es für die Verortung der Leiharbeit zwischen Flexibilisierung und Fragmentierung notwendig, die Arbeitsbedingungen innerhalb der Arbeitnehmer*innenüberlassung zu untersuchen. Diese Arbeitsbedingungen sind nicht nur Ausdruck des allgemein gewährleisteten Schutzniveaus, sie bilden auch ein manifestes Urteil über den Erfolg und Misserfolg der spezifischen staatlichen Bemühungen, die Beschäftigten in der Arbeitnehmer*innenüberlassung zu schützen und die Leiharbeit aktiv zu gestalten. Zugleich erklärt sich aus den eigentümlichen Arbeitsbedingungen die festgestellte Möglichkeit zur strategischen Nutzung von Leiharbeit.

Der Fokus liegt an dieser Stelle auf den wesentlichen Parametern Entlohnung und Arbeitsplatzsicherheit. Die Betrachtungsweise stellt den normativen Grundlagen die Rechtswirklichkeit gegenüber. Auf diesem Weg kann die Rechtswirklichkeit als Folge der rechtlichen Gestaltung und der darauf aufbauenden Mechanismen sinnvoll verstanden und beurteilt werden.

1. Entgelt

Es versteht sich von selbst, dass die Höhe des in der Arbeitnehmer*innenüberlassung erzielten Entgelts für die Beschäftigten eine außerordentliche Relevanz besitzt. Staatliche Regelungen in Bezug auf die Vergütung von Leiharbeitnehmer*innen stellen darum eine zentrale Komponente der Schutzmaßnahmen dar, während die tatsächliche finanzielle Situation von Leiharbeitskräften ein erstes Urteil über das Schutzniveau in der Leiharbeit und damit über den Erfolg dieser Schutzmaßnahmen ermöglicht. Zugleich offenbaren die Regelungen zur Entlohnung auf praktischem Wege, welche Funktion der Leiharbeit nach Ansicht der Legislative zukommen soll. Die Auswirkungen der in der Leiharbeit üblichen Entlohnung reichen dabei mittelbar bis in das Lohngefüge der Stammbeschäftigten hinein – ebenso, wie die Leiharbeit selbst in die Betriebe der Stammbeschäftigten hineinreicht. Damit stellt das Wissen um die finanzielle Situation von Leiharbeitskräften und die dem zugrunde liegenden normativen Schutzmechanismen und Zusammenhänge eine notwendige Grundlage jeglicher Diskussion über Leiharbeit, ihre Funktion und ihre Auswirkungen dar.

a. Normative Grundlagen

Explizite rechtliche Vorgaben zur Entlohnung von Leiharbeitnehmer*innen finden sich auf europäischer Ebene in der Leiharbeitsrichtlinie RL 2008/104/EG und auf nationaler Ebene im AÜG.

Europäische Richtlinien sind für die Mitgliedstaaten verbindlich und von ihnen gemäß Art. 288 Abs. 3 AEUV effektiv umzusetzen.[199] Die RL 2008/104/EG bestimmt demnach den Rechtsrahmen, in welchem das

---

199 EUArbRK/*Höpfner*, AEUV Art. 288 Rn. 22; Calliess/*Ruffert*, AEUV Art. 288 Rn. 24, 29.

AÜG eigene Regelungen treffen kann. Das AÜG wiederum regelt dann die Spielräume, innerhalb derer die Tarif- und Arbeitsvertragsparteien Vereinbarungen über die Entlohnung von Leiharbeitnehmer*innen treffen können.

1) RL 2008/104/EG

Die zur Regelung der Arbeitnehmer*innenüberlassung ergangene Richtlinie RL 2008/104/EG blickt auf einen langwierigen Aushandlungsprozess zurück.[200] Sie enthält in Bezug auf das Entgelt von Leiharbeitnehmer*innen während der Überlassung an Entleihunternehmen eine grundsätzliche Vorgabe, von der im Rahmen mehrerer eng umgrenzter Ausnahmen abgewichen werden darf.

a) Grundsatz der Gleichbehandlung

Die Leiharbeitsrichtlinie RL 2008/104/EG möchte nach Auskunft des ErwGr. 12 einen diskriminierungsfreien, transparenten und verhältnismäßigen Rahmen zum Schutz der Leiharbeitnehmer*innen festlegen und dabei gleichzeitig die Vielfalt der Arbeitsmärkte und der Arbeitsbeziehungen innerhalb der Union wahren.

Kernstück des Schutzes ist der in ErwGr. 14 und Art. 5 Abs. 1 UAbs. 1 RL 2008/104/EG dargestellte Gleichbehandlungsgrundsatz.[201] Ihm zufolge sind Leiharbeitnehmer*innen während einer Überlassung mindestens die wesentlichen Arbeits- und Beschäftigungsbedingungen zu gewähren, die sie bei einer Anstellung direkt beim Entleihunternehmen erhalten würden.[202] Zu wesentlichen Arbeits- und Beschäftigungsbedingungen erklärt Art. 3 Abs. 1 lit. f) RL 2008/104/EG alle verbindlichen Bestimmungen allgemeiner Art, die im Entleihunternehmen die Dauer der Arbeitszeit, Überstunden, Pausen, Ruhezeiten, Nachtarbeit, Urlaub, arbeitsfreie Tage und das Arbeitsentgelt regeln. Der Gleichbehandlungsgrundsatz schreibt

---

200 *Ahlberg*, in: Transnational Labour Regulation, S. 191; *Blanke*, Rechtsgutachten Leiharbeit, S. 20 ff.; *Fuchs*, NZA 2009, 57 (57 ff.).

201 *Pasch*, Vorübergehende Überlassung, S. 75; *Albers*, Regulierung in Frankreich S. 100.

202 BAG, Urt. v. 13.03.2013 – 5 AZR 294/12, NZA 2013, 1226 (1228); *J. Ulber*, RdA 2018, 50 (53); *Hamann/Klengel*, EuZA 2017, 485 (497).

demnach in Bezug auf das Arbeitsentgelt equal pay (gleiche Bezahlung), in Bezug auf andere wesentliche Arbeitsbedingungen equal treatment (gleiche Behandlung) vor.

Es sind allerdings nicht unmittelbar die Bedingungen zu gewähren, zu denen die Kolleg*innen im Entleihbetrieb arbeiten.[203] Vielmehr ist nach dem klaren Wortlaut der Richtlinie darauf abzustellen, zu welchen Bedingungen die Leiharbeitnehmer*innen als Stammbeschäftigte eingestellt worden wären. Dabei können neben der ausgeübten Tätigkeit auch Besonderheiten bei der formalen Qualifikation, der Berufserfahrung oder die erst beginnende Betriebszugehörigkeit berücksichtigt werden.[204] Ob es für die Gleichstellung nur auf die in Art. 3 Abs. 1 lit. f) RL 2008/104/EG genannten „allgemeinen" und damit kollektiven Rechtsnormen ankommt, kann in Deutschland angesichts der potentiell günstigeren Regelung in § 8 AÜG an dieser Stelle dahinstehen.[205] Gefordert ist demnach eine hypothetische, arbeitsplatzbezogene Betrachtungsweise, um das zu gewährende Entgelt zu ermitteln.[206]

Der Gleichbehandlungsgrundsatz des Art. 5 Abs. 1 UAbs. 1 RL 2008/104/EG wird in UAbs. 2 nochmal spezifiziert. Die Richtlinie fordert an dieser Stelle, dass die im Unternehmen geltenden Regeln zum Schutz besonders gefährdeter Gruppen und zum Schutz vor Diskriminierung so eingehalten werden, wie es höherrangige Regelungen wie etwa Gesetze verlangen. Damit wird zum einen der Anspruch auf Gleichbehandlung nochmal in Bezug auf den besonderen Schutz im Entleihbetrieb bekräftigt.[207] Zum anderen wird bei rechtswidrigen Standards im Einsatzbetrieb einer Gleichheit im Unrecht ein Riegel vorgeschoben.[208] Wird im Einsatzbetrieb etwa der Mutterschutz missachtet, befreit das demnach weder Ver- noch Entleihunternehmen von ihren diesbezüglichen Pflichten den bei ihnen angestellten oder eingesetzten Leiharbeitnehmer*innen gegenüber.

---

203 *Schüren*/Hamann, AÜG § 8 Rn. 38 f.; *Hamann/Klengel*, EuZA 2017, 485 (497).

204 BAG, Urt. v. 21.10.2015 – 5 AZR 604/14, NZA 2016, 422 (425); EuArbRK/*Kolbe*, RL 2008/104/EG Art. 5 Rn. 5; *Schüren*/Hamann, AÜG § 8 Rn. 38 f.; *Sansone*, Gleichstellung, S. 519.

205 Vgl. hierzu EuArbRK/*Kolbe*, RL 2008/104/EG Art. 5 Rn. 7; *Sansone*, Gleichstellung, S. 123, 126.

206 *Sansone*, Gleichstellung, S. 514.

207 EuArbRK/*Kolbe*, RL 2008/104/EG Art. 5 Rn. 10.

208 EuArbRK/*Kolbe*, RL 2008/104/EG Art. 5 Rn. 11.

b) Ausnahmeregelungen

Die mitgliedstaatlichen Rechtsordnungen können auf mehreren Wegen Ausnahmen von dem Gleichbehandlungsgrundsatz des Art. 5 Abs. 1 RL 2008/104/EG vorsehen. Diese Ausnahmen stehen allerdings unter strengen Voraussetzungen.[209]

Art. 5 Abs. 2 RL 2008/104/EG gestattet es den Mitgliedstaaten, das Gebot zu equal pay nach Anhörung der Sozialpartner für Leiharbeitnehmer*innen mit unbefristetem Vertrag zu durchbrechen, wenn die Leiharbeitnehmer*innen auch in verleihfreien Zeiten bezahlt werden.[210] Die Sicherheit eines auch in verleihfreien Zeiten bestehenden, entlohnungspflichtigen Arbeitsverhältnisses wird hier als hinreichender Grund betrachtet, Ausnahmen vom Gleichbehandlungsgrundsatz zuzulassen.[211] Allerdings bezieht sich Art. 5 Abs. 2 RL 2008/104/EG nicht auf alle wesentlichen Arbeitsbedingungen, sondern lässt eine Abweichung vom Gleichbehandlungsgrundsatz nur in Entgeltfragen zu.[212] Die deutsche Gesetzgebung hat keine spezifischen Vorschriften für unbefristet angestellte Leiharbeitnehmer*innen erlassen und damit von dieser Ausnahme keinen Gebrauch gemacht.[213]

Gemäß Art. 5 Abs. 3 RL 2008/104/EG dürfen die Mitgliedstaaten die Frage der Gleichbehandlung außerdem nach Konsultation der Sozialpartner in allen Belangen an eben diese delegieren.[214] Auf diesem Wege können nach näheren Vorgaben der Gesetzgebung Tarifverträge über die Arbeits- und Beschäftigungsbedingungen von Leiharbeitnehmer*innen geschlossen werden, in denen unter Achtung des Gesamtschutzes vom Gleichbehandlungsgrundsatz abgewichen werden kann.[215] Die Ausnahme steht damit unter drei Bedingungen: Die Sozialpartner müssen vor der Entscheidung der Legislative angehört werden, die Legislative muss die Bedingungen der Tarifdispositivität vorschreiben und die Regelungen der Tarifverträge müssen den Gesamtschutz der Leiharbeitnehmer*innen gewährleis-

209 Europäische Kommission, COM(2014) 176 final, S. 1, 6.

210 EuArbRK/*Kolbe*, RL 2008/104/EG Art. 5 Rn. 14; Europäische Kommission, COM(2014) 176 final, S. 6.

211 EuArbRK/*Kolbe*, RL 2008/104/EG Art. 5 Rn. 14.

212 *Hamann*, EuZA 2009, 287 (308).

213 *Corzelius*, Tarifdispositives Recht, S. 79; *J. Ulber*, RdA 2018, 50 (53); *Deinert*, RdA 2017, 65 (75); *Franzen*, RdA 2015, 141 (147).

214 EuArbRK/*Kolbe*, RL 2008/104/EG Art. 5 Rn. 18.

215 *Sansone*, Gleichstellung, S. 546; *Hamann*, EuZA 2009, 287 (308).

ten.[216] Diese Ausnahmemöglichkeit soll nach Auskunft des ErwGr. 16 der RL 2008/104/EG dabei helfen, der Vielfalt der Arbeitsmärkte und Arbeitsbeziehungen innerhalb der europäischen Union auf flexible Weise gerecht zu werden. Die Richtlinie ermöglicht es also, den Gleichbehandlungsgrundsatz zur bedingten Disposition der Tarifparteien zu stellen, verbindet diese Ausnahme aber mit der Voraussetzung, dass die Gesetzgebung mit Vorgaben an die Tarifparteien für wirksame Leitplanken Sorge trägt.[217]

Ob diese Leitplanken auch den Gesamtschutz enthalten oder sogar konkretisieren müssen ist umstritten; zumindest ersteres dürfte aber anzunehmen sein.[218] Diese von der Richtlinie geforderte „Achtung des Gesamtschutzes von Leiharbeitnehmer*innen" stellt offensichtlich das zentrale Nadelöhr dar, durch welches die zur Abweichung vom Gleichbehandlungsgrundsatz ergehenden Tarifverträge passen müssen. Was genau aber unter Gesamtschutz zu verstehen ist, konnte bis heute nicht verlässlich geklärt werden; die hierzu vertretenen Ansichten bilden ein weites Spektrum ab.[219] Auf der einen Seite wird das Gebot als bloßer Appell ohne weitere Rechtswirkung abgetan.[220] Auf der anderen Seite wird verlangt, dass jede Abweichung vom Gleichbehandlungsgrundsatz zu Ungunsten der Leiharbeitnehmer*innen durch eine Besserstellung an anderer Stelle kompensiert werden muss, also nur ein der Gleichbehandlung vergleichbarer Schutz den Gesamtschutz achte.[221] Der Bestimmung des Gesamtschutzes und seiner Gewährleistung im deutschen Normgefüge ist der anschließende zweite Teil gewidmet.

Die Richtlinie lässt außerdem in Art. 5 Abs. 4 RL 2008/104/EG eine gesetzliche Ausnahme vom Gleichbehandlungsgrundsatz in jenen Mitgliedstaaten zu, die über kein System zur Ausweitung tariflicher Bestimmungen

---

216 *J. Ulber*, RdA 2018, 50 (53); *Zimmer*, NZA 2013, 289 (290 f.).

217 EuArbRK/*Kolbe*, RL 2008/104/EG Art. 5 Rn. 22.

218 Vgl. dazu ausführlich unten Zweiter Teil A. II., S. 170; Für diese Annahme EuArbRK/*Kolbe*, RL 2008/104/EG Art. 5 Rn. 22; *J. Ulber*, RdA 2018, 50 (53); *Zimmer*, NZA 2013, 289 (290); *Schüren/Wank*, RdA 2011, 1 (5); *Blanke*, DB 2010, 1528 (1531); weitergehend *Wank*, RdA 2017, 100 (110); aA wohl *Sansone*, Gleichstellung, S. 546 f.; *Waas*, ZESAR 2009, 207 (211).

219 Vgl. BAG, Vorlagebeschl. v. 16.12.2020 – 5 AZR 143/19 (A); ArbG Kaiserslautern, Vorlagefragen vom 25.05.2020 – 8 Ca 114/20, AuR 2020, 376 (377), später Anerkenntnisurteil; EuArbRK/*Kolbe*, RL 2008/104/EG Art. 5 Rn. 20 f.; vgl. dazu ausführlich unten Zweiter Teil A. I., S. 156.

220 *Löwisch/Rieble*, TVG § 1 Rn. 1075 f.; *Rieble/Vielmeier*, EuZA 2011, 474 (500 ff.).

221 Ulber/*J. Ulber*, AÜG § 8 Rn. 251; *Röpke*, Die Gestaltbarkeit von Arbeitsbedingungen, S. 76; *Blanke*, DB 2010, 1528 (1533).

auf eigentlich nicht tarifgebundene Unternehmen verfügen. Diese Ausnahme steht unter den Bedingungen, dass die Abweichung auf der Grundlage einer Vereinbarung der Sozialpartner erfolgt, die gemeinschaftsrechtlichen Bestimmungen beachtet, präzise und leicht zugänglich ist und ein angemessenes Schutzniveau gewährleistet.[222] Als konkrete Möglichkeit nennt Art. 5 Abs. 4 UAbs. 1 Satz 2 RL 2008/104/EG Wartezeiten für die Gleichbehandlung. Diese Ausnahme findet in Deutschland keine Anwendung, weil es hierzulande möglich ist, die Anwendung von Tarifverträgen auf nicht tarifgebundene Unternehmen zu erstrecken.[223]

c) Zusammenfassung

Die Leiharbeitsrichtlinie geht in Fragen der Entlohnung von Leiharbeitnehmer*innen demnach vom Gleichbehandlungsgrundsatz aus und koppelt so ihre Arbeitsbedingungen an die im Entleihbetrieb üblichen Konditionen. Leiharbeitskräfte sollen mindestens verdienen, was sie bei einer Anstellung im Einsatzbetrieb verdient hätten. Das ist regelmäßig das, was ihre Kolleg*innen verdienen – gleicher Lohn für gleiche Arbeit. Damit wird der Fragmentierung der Belegschaft Einhalt geboten und gleichzeitig der Schutz der Leiharbeitnehmer*innen gewährleistet.

Dieser Grundsatz darf allerdings unter strengen Bedingungen und auf unterschiedlichen Wegen von den Mitgliedstaaten im Verbund mit den Sozialpartnern durchbrochen werden. Dadurch soll der Vielfalt der Arbeitsmärkte und Arbeitsbeziehungen Rechnung getragen und die Autonomie der Sozialpartner geschützt werden.

2) AÜG

Die Arbeitnehmer*innenüberlassung in Deutschland findet ihre wesentlichen gesetzlichen Leitplanken im AÜG. Auch dieses Gesetz enthält, ebenso wie die RL 2008/104/EG, im Hinblick auf das Entgelt von Leiharbeitnehmer*innen einen Grundsatz, von dem wiederum durch Tarifvertrag abgewichen werden kann. Zusätzlich gilt in Deutschland für die Leiharbeit eine allgemeine Lohnuntergrenze.

---

222 EuArbRK/*Kolbe*, RL 2008/104/EG Art. 5 Rn. 25.
223 EuArbRK/*Kolbe*, RL 2008/104/EG Art. 5 Rn. 24.

a) Grundsatz der Gleichstellung

Auch das in Deutschland zur Regulierung der Arbeitnehmer*innenüberlassung ergangene AÜG geht vom Grundsatz des gleichen Lohns bei gleicher Arbeit aus. Der in der Leiharbeitsrichtlinie als Gleichbehandlungsgrundsatz eingeführte Gedanke wird im AÜG allerdings als Gleichstellungsgrundsatz betitelt. Teilweise wird hierin ein Schritt in Richtung eines präziseren Vokabulars gesehen, könne eine Gleichbehandlung doch nur durch eine Instanz geschehen, die mehrere Gruppen gleich behandelt.[224] In der Arbeitnehmer*innenüberlassung dagegen sind mit dem Entleihunternehmen und dem Verleihunternehmen zwei verschiedene Arbeitgeber*innen tätig, die regelmäßig nur die Arbeitsbedingungen ihrer eigenen Angestellten bestimmen.[225] Überwiegend werden die Begriffe „Gleichbehandlung“ und „Gleichstellung“ allerdings synonym gehandhabt.[226] Um eine Verwechslung mit dem allgemeinen Gleichbehandlungsgrundsatz im Arbeitsrecht zu vermeiden und in Abgrenzung dazu die explizite staatliche Anweisung zur Gleichstellung deutlich zu machen, soll im Folgenden sowohl auf unionsrechtlicher als auch bundesrechtlicher Ebene vom Gleichstellungsgrundsatz geschrieben werden.

Unabhängig von der konkreten Terminologie lässt der Gleichstellungsgrundsatz die vertraglichen Beziehungen unberührt. Leiharbeitnehmer*innen haben weiterhin einen Entgeltanspruch nur gegen ihr Verleihunternehmen; dieser bestimmt sich aber in seiner Höhe nach dem im Entleihbetrieb üblichen Entgelt.[227]

Der Gleichstellungsgrundsatz im AÜG schreibt ebenso wie sein Vorbild in der RL 2008/104/EG nur einen Mindestschutz vor; Abweichungen vom Entgeltniveau im Entleihbetrieb zu Gunsten der dort eingesetzten Leiharbeitnehmer*innen sind ohne weiteres möglich.[228] Aufgrund dieser einseiti-

---

224 Thüsing/*Kock/Greiner*, AÜG § 8 Rn. 8; *Hamann/Klengel*, EuZA 2017, 485 (495); *Sansone*, Gleichstellung, S. 58; *Rieble/Klebeck*, NZA 2003, 23 (26).

225 Thüsing/*Kock/Greiner*, AÜG § 8 Rn. 9; *Sansone*, Gleichstellung, S. 58 f.; *Rieble/Klebeck*, NZA 2003, 23 (26).

226 LAG Rheinland-Pfalz, Urt. v. 12.05.2016 – 2 Sa 65/15; *Schüren*/Hamann, AÜG § 8 Rn. 13 ff.; Thüsing/*Kock/Greiner*, AÜG § 8 Rn. 1 ff.; Bundesagentur für Arbeit, Fachliche Weisungen AÜG 01.08.2019; *J. Ulber*, RdA 2018, 50; *Greiner*, RdA 2017, 153; *Röpke*, Die Gestaltbarkeit von Arbeitsbedingungen.

227 ErfK/*Wank/Roloff*, AÜG § 8 Rn. 1, 3.

228 BeckOK ArbR/*Motz*, AÜG § 8 Rn. 3, 9; Schaub/*Koch*, § 120 Rn. 42; *Albers*, Regulierung in Frankreich, S. 126; *Röpke*, Die Gestaltbarkeit von Arbeitsbedingungen, S. 253 ff.; *Rieble*, NZA 2013, 309; *Däubler*, KJ 2003, 17 (20); aA ErfK/*Wank*, 21. Aufl. 2021, AÜG § 8 Rn. 1.

gen Wirkung schafft der equal pay-Grundsatz im Ergebnis ein Schlechterstellungs- oder Diskriminierungsverbot.[229]

Ob die Arbeitsbedingungen im Einsatzbetrieb günstiger sind als die, zu denen Leiharbeitnehmer*innen von Haus aus arbeiten, ist nach überwiegender Ansicht anhand eines Sachgruppenvergleichs festzustellen.[230] Dabei kann auf die für § 4 Abs. 3 TVG entwickelten Grundsätze zurückgegriffen werden.[231] Der Sachgruppenvergleich bedeutet für das Arbeitsentgelt, dass in sachlicher Hinsicht alle Entgeltbestandteile jeweils zu addieren und dann zu vergleichen sind.[232] In zeitlicher Hinsicht ist die Höhe der Vergütung über die gesamte Dauer der Überlassung zu betrachten und zu saldieren.[233] Dann findet, wenn keine zulässige Ausnahme vom Gleichstellungsgrundsatz vorliegt, entweder das Entlohnungsmodell des Einsatzbetriebs oder das des Verleihunternehmens Anwendung – je nachdem, welches für die entliehenen Leiharbeitskräfte über den gesamten Zeitraum des einzelnen Einsatzes die bessere Entlohnung vorsieht.[234]

Das Gesetz definiert nicht abschließend, welche Leistungen Teil des Arbeitsentgelts im Sinne des § 8 Abs. 1 Satz 1 AÜG sind.[235] Nach Auskunft der die zuvor ergangene Rechtsprechung bestätigenden Gesetzesbegründung zählt zum Arbeitsentgelt jede Vergütung, die aus Anlass des Arbeitsverhältnisses gewährt wird oder gewährt werden muss.[236] Entgeltbestandteile sind demnach neben der Grundvergütung auch Urlaubsentgelt, Entgeltfortzahlung, Sonderzahlungen, Gratifikationen, Zulagen, Zuschläge

229 BeckOK ArbR/*Motz*, AÜG § 8 Rn. 2; Thüsing/*Kock/Greiner*, AÜG § 8 Rn. 9; *Pant*, Regulierung der Arbeitnehmerüberlassung, S. 48; *Röpke*, Die Gestaltbarkeit von Arbeitsbedingungen, S. 43; *Sansone*, Gleichstellung, S. 282.

230 *Schüren*/Hamann, AÜG § 8 Rn. 66; *Greiner*, RdA 2017, 153 (155); *Röpke*, Die Gestaltbarkeit von Arbeitsbedingungen, S. 259 ff.; *Thüsing/Stiebert*, in: der CGZP-Beschluss, S. 59 (69 f.); *Sansone*, Gleichstellung, S. 286; *Hamann*, EuZA 2009, 287 (307); *Thüsing*, DB 2003, 446 (447); aA *Boemke*, RIW 2009, 177 (184).

231 BeckOK ArbR/*Motz*, AÜG § 8 Rn. 12; *Röpke*, Die Gestaltbarkeit von Arbeitsbedingungen, S. 259.

232 BAG, Urt. v. 19.02.2014 – 5 AZR 1047/12, NZA 2014, 915 Rn. 36 f.; BAG, Urt. v. 23.03.2011 – 5 AZR 7/10, NZA 2011, 850 Rn. 35; *Greiner*, RdA 2017, 153 (155); mittlerweile auch Ulber/*J. Ulber*, AÜG § 8 Rn. 56c.

233 BAG, Urt. v. 19.02.2014 – 5 AZR 1047/12, NZA 2014, 915 Rn. 36; BAG, Urt. v. 23.03.2011 – 5 AZR 7/10, NZA 2011, 850 Rn. 35; *Greiner*, RdA 2017, 153 (155); *Bayreuther*, NZA 2017, 18 (21).

234 Thüsing/*Kock/Greiner*, AÜG § 8 Rn. 12.

235 *Schüren*/Hamann, AÜG § 8 Rn. 27; *Wank*, RdA 2017, 100 (111).

236 Gesetzesentwurf zur Änderung des Arbeitnehmerüberlassungsgesetzes, BT-Drs. 18/9232, S. 23.

und vermögenswirksame Leistungen.[237] Ebenfalls unter den weiten Entgeltbegriff fallen Sachleistungen wie ein Job-Ticket oder ein privat genutzter Dienstwagen.[238] Weil derlei Sachleistungen von den Verleihunternehmen regelmäßig nicht ohne Probleme gewährt werden können, gestattet § 8 Abs. 1 Satz 3 AÜG ihnen, diese Bezüge durch Wertausgleich in Geld zu kompensieren.[239] Bestandteil des Entgelts ist damit regelmäßig alles, was Stammbeschäftigte mit der gleichen Dauer der Betriebszugehörigkeit für ihre Arbeit erhalten.[240]

Die Leiharbeitsrichtlinie verweist zur näheren Bestimmung des Arbeitsentgelts in Art. 3 Abs. 2 UAbs. 1 RL 2008/104/EG explizit auf das Recht der Mitgliedstaaten und deckt damit dieses weite Verständnis problemlos ab.

Der Wortlaut von § 8 Abs. 1 AÜG unterscheidet sich von dem des Art. 5 Abs. 1 UAbs. 1 RL 2008/104/EG allerdings nicht nur bei der Bezeichnung des Gleichstellungs- beziehungsweise Gleichbehandlungsgrundsatzes. Während die Richtlinie auf das Entgelt bei einer hypothetischen Einstellung für den gleichen Arbeitsplatz abstellt, verweist die deutsche Umsetzungsnorm auf tatsächliche vergleichbare Arbeitnehmer*innen im Einsatzbetrieb.[241] Auch der Entwurf der Richtlinie war ursprünglich mit dieser Formulierung gestartet, hat die Kategorie der vergleichbaren Arbeitnehmer*in dann aber durch eine rein hypothetische Betrachtungsweise ersetzt.[242] Einzelne Autor*innen zweifeln deshalb an der Vollständigkeit der deutschen Umsetzung.[243] Nach anderer Ansicht besteht zwar ein Unterschied, der sich aber problemlos durch eine richtlinienkonforme Auslegung nivellieren lasse.[244] Das BAG geht davon aus, dass sich die europäische und deutsche Regelung decken.[245]

Richtigerweise bildet das Entgelt vergleichbarer Arbeitnehmer*innen im Einsatzbetrieb einen wesentlichen Indikator für das Entgelt, welches Leiharbeitnehmer*innen bei einer Anstellung direkt beim Entleihunterneh-

---

237 BAG, Urt. v. 13.03.2013 – 5 AZR 294/12; Gesetzesentwurf zur Änderung des Arbeitnehmerüberlassungsgesetzes, BT-Drs. 18/9232, S. 23; BeckOK ArbR/*Motz*, AÜG § 8 Rn. 16; *Röpke*, Die Gestaltbarkeit von Arbeitsbedingungen, S. 52; *Sansone*, Gleichstellung, S. 175 f.; *Däubler*, DB 2008, 1914 (1915).

238 ErfK/*Wank/Roloff*, AÜG § 8 Rn. 4; Thüsing/*Kock/Greiner*, AÜG § 8 Rn. 17.

239 ErfK/*Wank/Roloff*, AÜG § 8 Rn. 4.

240 Gesetzesentwurf zur Änderung des Arbeitnehmerüberlassungsgesetzes, BT-Drs. 18/9232, S. 23; *Schüren*/Hamann, AÜG § 8 Rn. 27.

241 *Hamann/Klengel*, EuZA 2017, 485 (488); *Wank*, RdA 2017, 100 (110).

242 Vgl. *Fuchs*, NZA 2009, 57 (60).

243 *Rieble/Vielmeier*, EuZA 2011, 474 (498); *Fuchs*, NZA 2009, 57 (61).

244 *Hamann/Klengel*, EuZA 2017, 485 (497).

245 BAG, Urt. v. 21.10.2015 – 5 AZR 604/14, NZA 2016, 422 (425).

men erhalten hätten.[246] Diese grundsätzliche Beziehung zwischen tatsächlichen und hypothetischen Arbeitsbedingungen zeigt sich auch in § 3 AGG und den dieser Norm zugrundeliegenden europäischen Vorgaben in Art. 2 Abs. 2 lit. a) RL 2000/43/EG, Art. 2 Abs. 2 lit. a) RL 2000/78/EG, Art. 2 lit. a) RL 2004/113/EG und Art. 2 Abs. 2 RL 2002/73/EG, mittlerweile neu gefasst durch Art. 2 Abs. 1 lit. a) RL 2006/54/EG. Die hierbei verwandte Regelungstechnik nimmt Bezug sowohl auf den Vergleich mit einer aktuellen Vergleichsperson, als auch auf den mit einer aus der Vergangenheit stammenden oder sogar hypothetischen Vergleichsperson. Diese verschiedenen Vergleichsmodalitäten stehen in einem Rangverhältnis: nur wenn keine aktuell vergleichbare Person verfügbar ist, darf auf einen in der Vergangenheit liegenden Sachverhalt zurückgegriffen werden, und nur wenn diese Möglichkeiten versagen, darf eine hypothetische Vergleichsperson mit einbezogen werden.[247] Diese Hierarchie fußt auf dem Problem, dass auch jede hypothetische Betrachtung auf konkreten Anhaltspunkten beruhen muss – der beste Anhaltspunkt ist aber regelmäßig die tatsächliche Behandlung vergleichbarer Personen.[248] Gibt es vergleichbare Personen, so verlaufen tatsächlicher und hypothetischer Vergleich mithin grundsätzlich gleich. Auch wenn es leichte Unterschiede zwischen potentiell vergleichbaren Personen gibt, so kann hierin noch immer ein Indiz liegen.

Nichts anderes gilt bei § 8 Abs. 1 AÜG. Auch hiernach ist das als ausschlaggebend erachtete Entgelt vergleichbarer Stammkräfte gleichzeitig der stärkste Anhaltspunkt bei einer hypothetischen Betrachtung. Und auch hiernach werden eventuelle besondere entgeltrelevante Umstände, die in der Vergleichsperson begründet sind, beim tatsächlichen Vergleich in Rechnung gestellt.[249] Es besteht folglich auch nach der deutschen Rechtslage immer die Möglichkeit, unter Hinweis auf besondere vergütungsrelevante Eigenschaften wie einen an die Dauer der Betriebszugehörigkeit geknüpften Stufenaufstieg oder eine kürzlich veränderte Vergütungsstruk-

---

246 BeckOK ArbR/*Motz*, AÜG § 8 Rn. 27; Thüsing/*Kock/Greiner*, AÜG § 8 Rn. 26; *Schüren/Wank*, RdA 2011, 1 (4).

247 BeckOK ArbR/*Roloff*, AGG § 3 Rn. 9; EuArbRK/*Mohr*, RL 2000/43/EG Art. 2 Rn. 1; EuArbRK/*Mohr*, RL 2000/78/EG Art. 2 Rn. 22; ErfK/*Schlachter*, AGG § 3 Rn. 5; Däubler/Beck AGG/*Schrader/Schubert*, § 3 Rn. 36; *Diller/Krieger/Arnold*, NZA 2006, 887 (892).

248 Vgl. LAG Köln, Urt. v. 08.05.2009 – 4 Sa 1225/08; ErfK/*Schlachter*, AGG § 3 Rn. 5; BeckOK ArbR/*Roloff*, AGG § 3 Rn. 9.

249 BAG, Urt. v. 21.10.2015 – 5 AZR 604/14, NZA 2016, 422 (425); *Wank*, RdA 2017, 100 (110); *Sansone*, Gleichstellung, S. 258; *Reim*, ZTR 2003 106 (107); *J. Ulber*, AuR 2003, 7 (11).

tur ein anderes Vergleichsentgelt als das von Stammkräften anzunehmen, die ihrer Tätigkeit nach vergleichbar sind.[250]

Damit ergibt sich im Ergebnis kein Unterschied zur Gestaltung in der Richtlinie; stets ist ausschlaggebend, welchen Verdienst die Leiharbeitskraft bei einer unmittelbaren Anstellung für die ausgeübte Tätigkeit beim Entleihunternehmen erzielen würde.[251] § 8 Abs. 1 AÜG ist in der Definition der Gleichstellung gegenüber der europäischen Vorgabe schlicht etwas konkreter und vollzieht selbst den ersten Schritt der nach europäischem Recht notwendigen Rechtsanwendung. Nichtsdestotrotz bietet die hypothetische Betrachtungsweise in Zweifelsfällen, etwa bei mehreren, unterschiedlich vergüteten Stammbeschäftigten oder beim Fehlen von Vergleichspersonen eine wichtige Auslegungshilfe.[252] Im Regelfall richtet sich der Entgeltanspruch von Leiharbeitnehmer*innen aber direkt nach dem Entgelt, welches ihre im Entleihbetrieb angestellten Kolleg*innen erhalten.

Ausgangspunkt für die Bestimmung der Vergleichsperson ist stets die konkret ausgeübte Tätigkeit.[253] Zentral ist also, ob sich die verglichenen Personen problemlos ersetzen könnten oder die ausgefüllten Positionen zumindest funktional austauschbar sind.[254] Sowohl die Bestimmungen im Arbeitsvertrag zwischen Verleihunternehmen und Leiharbeitskraft als auch im Überlassungsvertrag zwischen Verleih- und Entleihunternehmen sind demnach irrelevant.[255] Finden sich keinerlei vergleichbare Stammbeschäftigte, so ist auf den hypothetischen Lohn und damit das im Betrieb angewandte Entgeltschema, einen bestehenden Flächentarifvertrag plus Zulagen oder notfalls das branchenübliche Entgelt abzustellen.[256] Der Gleichstellungsgrundsatz ordnet die in Leiharbeit Beschäftigten damit also immer in ein Entgeltsystem ein, welches nicht der Leiharbeits-Branche, sondern dem Einsatzbetrieb und der Einsatz-Branche entspricht.

---

250 BAG, Urt. v. 21.10.2015 – 5 AZR 604/14, NZA 2016, 422 (425); *Schüren*/Hamann, AÜG § 8 Rn. 38 ff.; *Sansone*, Gleichstellung, S. 258; *Reim*, ZTR 2003 106 (107); *J. Ulber*, AuR 2003, 7 (11).

251 *Schüren*/Hamann, AÜG § 8 Rn. 38; *Wank*, RdA 2017, 100 (110).

252 Thüsing/*Kock/Greiner*, AÜG § 8 Rn. 27; *Thüsing/Stiebert*, in: der CGZP-Beschluss, S. 59 (69); *Hamann*, EuZA 2009, 287 (306 f.); *Thüsing*, RdA 2009, 118.

253 *Schüren*/Hamann, AÜG § 8 Rn. 35; *Röpke*, Die Gestaltbarkeit von Arbeitsbedingungen, S. 44; *Sansone*, Gleichstellung, S. 255 f.; *Thüsing*, DB 2003, 446 (447).

254 *Sansone*, Gleichstellung, S. 255 f.

255 BAG, Urt. v. 23.11.2016 – 5 AZR 53/16, NZA 2017, 380 (381); BAG, Urt. v. 21.10.2015 – 5 AZR 604/14, NZA 2016, 422 (424); *Schüren*/Hamann, AÜG § 8 Rn. 35.

256 *Schüren*/Hamann, AÜG § 8 Rn. 44 f.; *Bayreuther*, NZA 2017, 18 (21).

Um den derart fremdbestimmten Anspruch beziffern und durchsetzen zu können, müssen Leiharbeitnehmer*innen die im Einsatzbetrieb gewährten Arbeitsbedingungen der vergleichbaren Stammbeschäftigten kennen. Dazu gibt § 13 AÜG ihnen einen Auskunftsanspruch gegen das Entleihunternehmen.

Dennoch ist die Bestimmung des konkreten Vergleichsentgelts für Entleihunternehmen, Verleihunternehmen, die in Leiharbeit Beschäftigten sowie die mit der Kontrolle beauftragte Bundesagentur für Arbeit mit einigem Aufwand und einer gewissen Rechtsunsicherheit verbunden.[257] Um diese Schwierigkeiten zu entschärfen, schafft das Gesetz mit § 8 Abs. 1 Satz 2 AÜG die Vermutung, dass equal pay gewährleistet ist, wenn Leiharbeitnehmer*innen entsprechend dem im Einsatzbetrieb geltenden oder hilfsweise bei fehlender Tarifbindung entsprechend einem für die Einsatzbranche gültigen Tarifvertrag entlohnt werden.[258] Diese Vermutung ist widerlegbar und wahrt dadurch die Konformität mit der europäischen Vorgabe.[259] Auf praktischer Ebene erleichtert die Vermutung des § 8 Abs. 1 Satz 2 AÜG zwar die Durchsetzung der Gleichstellung, gleichzeitig ist diese Gleichstellung aber nur eine „Gleichstellung light", die eventuelle außer- und übertarifliche Entgeltbestandteile der Stammbelegschaft außen vor lässt.[260] Leiharbeitnehmer*innen haben zwar weiterhin einen echten equal-pay-Anspruch.[261] Diesen werden sie aber regelmäßig erst durch den Gang vor Gericht durchsetzen können.[262] Der bei einer tarifgemäßen Entlohnung verringerte Anreiz hemmt die sowieso geringe Affinität zur individuellen Rechtsdurchsetzung in der Arbeitnehmer*innenüberlassung dabei noch weiter.[263]

---

257 *Schüren*/Hamann, AÜG § 8 Rn. 26; *Bayreuther*, NZA 2017, 18 (21); *Henssler*, RdA 2017, 83 (93).

258 Gesetzesentwurf zur Änderung des Arbeitnehmerüberlassungsgesetzes, BT-Drs. 18/9232, 23; Thüsing/*Greiner*, AÜG § 8 Rn. 34; *Greiner*, RdA 2017, 153 (155); *Lembke*, NZA 2017, 1 (7); kritisch *Henssler*, RdA 2017, 83 (93).

259 Thüsing/*Greiner*, AÜG § 8 Rn. 35; *Deinert*, RdA 2017, 65 (75); *Bayreuther*, NZA 2017, 18 (21).

260 Thüsing/*Greiner*, AÜG § 8 Rn. 35; *Greiner*, RdA 2017, 153 (156); Stellungnahme des WSI vom 13.10.2016, Ausschussdrs. 18(11)761neu, S. 59 (66).

261 Thüsing/*Greiner*, AÜG § 8 Rn. 35.

262 Stellungnahme des WSI vom 13.10.2016, Ausschussdrs. 18(11)761neu, S. 59 (66).

263 Thüsing/*Greiner*, AÜG § 8 Rn. 35; *Greiner*, RdA 2017, 153 (156); Stellungnahme des WSI vom 13.10.2016, Ausschussdrs. 18(11)761neu, S. 59 (66).

Der Gleichstellungsgrundsatz steht, abgesehen von der Ausnahme des § 8 Abs. 2 Satz 3 AÜG, nicht zur Disposition der Arbeitsvertragsparteien.[264] Gewähren Verleihunternehmen unzulässigerweise kein equal pay, so kann ihnen gemäß §§ 3 Abs. 1 Nr. 3, 5 Abs. 1 Nr. 3 AÜG gewerberechtlich die Erlaubnis zur Arbeitnehmer*innenüberlassung versagt oder entzogen werden.[265] Ein mindestens fahrlässiger Verstoß gegen den Gleichstellungsgrundsatz wird außerdem gemäß § 16 Nr. 7a AÜG als Ordnungswidrigkeit geahndet.

Für die geprellten Leiharbeitnehmer*innen ordnet § 9 Abs. 1 Nr. 2 AÜG an, dass die schlechterstellende Vereinbarung unwirksam ist. Damit ergibt sich für sie aus der gesetzlichen Festlegung der Lohnhöhe in § 8 Abs. 1 Satz 1 AÜG wiederum ein Anspruch auf equal pay.[266]

Der Gleichstellungsgrundsatz im AÜG unterscheidet sich demnach vor allem sprachlich von der unionsrechtlichen Gestaltung. Im Ergebnis ergeben sich nur geringe Unterschiede, wenngleich die Effektivität der Rechtsdurchsetzung aufgrund der Regelung in § 8 Abs. 1 Satz 2 AÜG suboptimal ist. Genau wie das unionsrechtliche Vorbild regelt auch der deutsche Gleichstellungsgrundsatz nur die Vergütung während Überlassungszeiten.[267]

b) Ausnahmeregelung: Tarifdispositivität

Ebenso wie die Richtlinie RL 2008/104/EG hält auch das deutsche Umsetzungsgesetz AÜG eine Abweichungsmöglichkeit vom Gleichstellungsgrundsatz bereit. Gemäß § 8 Abs. 2 AÜG ist es zulässig, in einem Tarifvertrag Arbeitsbedingungen zu vereinbaren, die von den nach dem Gleichstellungsgrundsatz eigentlich geschuldeten Bedingungen abweichen. Dadurch kann nicht nur bürokratischer Aufwand vermieden und ein gleichbleibendes Niveau unabhängig von konkreten Einsätzen garantiert, sondern auch das Entgelt in der Arbeitnehmer*innenüberlassung einheitlich – und einheitlich niedrig – festgelegt werden.[268]

---

264 Thüsing/*Kock/Greiner*, AÜG § 8 Rn. 97.

265 Thüsing/*Kock;* AÜG § 8 Rn. 126; *Schüren*/Hamann, AÜG § 8 Rn. 217.

266 Thüsing/*Kock;* AÜG § 8 Rn. 127; *Schüren*/Hamann, AÜG § 8 Rn. 218.

267 *Röpke,* Die Gestaltbarkeit von Arbeitsbedingungen, S. 58.

268 Vgl. Bundesagentur für Arbeit, Aktuelle Entwicklungen in der Zeitarbeit, Januar 2022, S. 23; *Röpke,* Die Gestaltbarkeit von Arbeitsbedingungen, S. 80.

Der Gleichstellungsgrundsatz steht damit zur Verfügung der Tarifparteien. Er ist, anders als bei seiner zwingenden Wirkung gegenüber den Arbeitsvertragsparteien, tarifdispositiv. Die Tarifdispositivität bricht mit der Kopplung des Entgelts in der Arbeitnehmer*innenüberlassung an die Entgelte der Einsatzbrachen und macht den Weg frei für ein eigenes tarifliches Entgeltsystem in der Leiharbeit. Die tatsächliche Wertschöpfung in diesem Feld findet aber gleichzeitig weiterhin zum allergrößten Teil in den Entleihunternehmen und damit in den Einsatzbranchen statt – für dieselbe Arbeit in derselben Branche gelten damit potentiell zwei unterschiedliche Entgeltsysteme. Dieser Schritt der Entkopplung schafft als zentraler Schlüsselfaktor die Möglichkeit, die Arbeitsbedingungen innerhalb der Einsatzbetriebe aufzuspalten, die Belegschaften zu fragmentieren und die Konkurrenz unter Lohnabhängigen damit anzuheizen.

Diese weitreichende Möglichkeit steht allerdings unter dem Vorbehalt, dass sich die Tarifparteien in der Arbeitnehmer*innenüberlassung auf einen Tarifvertrag einigen. Der grundlegende Umbruch von einer Entlohnung nach den Grundsätzen der Einsatzbranche hin zu einer Entlohnung nach einem leiharbeitsspezifischen, grundsätzlich einsatzunabhängigen Entlohnungssystem lässt sich also nur mit Zustimmung der Gewerkschaften vollziehen. Die Gewerkschaften als Interessenvertretung der Leiharbeitnehmer*innen wiederum haben auf den ersten Blick nur dann einen Anreiz, die Tariföffnungsklausel zu nutzen, wenn sich daraus verbesserte Bedingungen für ihre Mitglieder ergeben. Damit müsste eigentlich gewährleistet sein, dass die konkreten Folgen der Tarifdispositivität überschaubar bleiben. Die Rechtswirklichkeit zeigt, dass dem nicht so ist.

(1) Möglichkeit tariflicher Durchbrechung

Die Konzeption der Legislative sieht in § 8 Abs. 2 Satz 2 AÜG vor, dass ein zwischen Verleihunternehmen und Leiharbeitnehmer*innen normativ wirksamer Tarifvertrag den Gleichstellungsgrundsatz bricht und damit die im Tarifvertrag vereinbarten Bedingungen Anwendung finden. Allerdings hängt der Dispens vom Gleichstellungsgrundsatz damit auch von der Gewerkschaftszugehörigkeit der Leiharbeitnehmer*innen ab – ein Parameter, auf den Arbeitgeber*innen keinen Einfluss haben, der aber durch die Attraktivität der abgeschlossenen Leiharbeits-Tarifverträge bedingt wird. Bietet der Tarifvertrag für die Beschäftigten relevante Vorteile gegenüber der Geltung des Gleichstellungsgrundsatzes, so werden viele von ihnen der

Gewerkschaft beitreten und damit ihren Part der Voraussetzungen des § 8 Abs. 2 Satz 2 AÜG erfüllen.

Dieser Anreiz und die individuelle Entscheidung der Leiharbeitnehmer*innen ist nach der aktuellen Rechtslage allerdings gar nicht vonnöten. § 8 Abs. 2 Satz 3 AÜG erlaubt es auch, den Gleichstellungsgrundsatz durch vertragliche Bezugnahme eines Tarifvertrags abzubedingen. Im Geltungsbereich eines Leiharbeits-Tarifvertrags entfällt die zwingende Wirkung des Gleichstellungsgrundsatzes demnach insofern, als im Arbeitsvertrag die Geltung des von der Gleichstellung abweichenden Tarifvertrags vereinbart werden kann.[269] Damit ist die Rolle des Gleichstellungsgrundsatzes regelmäßig darauf reduziert, das Bühnenbild der Tarifvertragsverhandlung zu bilden, als Drohkulisse im Hintergrund die Verbände der Arbeitgeber*innen zu Verhandlungen zu motivieren und bei fehlerhaften Vertragskonstruktionen einzugreifen.[270]

Bis heute ist umstritten, ob die Möglichkeit einer vertraglichen Bezugnahme auf Leiharbeits-Tarifverträge aus unionsrechtlicher Perspektive genügt, um den Gleichstellungsgrundsatz abzubedingen.[271] Gute Gründe sprechen dafür, in dieser deutschen Gestaltung einen Verstoß gegen die Vorgaben der RL 2008/104/EG zu sehen.[272] Im Rahmen dieser Arbeit interessiert die Frage der arbeitsvertraglichen Bezugnahme allerdings vor allem weiter unten im Zusammenhang mit den Legitimitätsverlusten und der dadurch beschädigten Angemessenheitsvermutung der Tarifverträge.[273] An dieser Stelle soll darum lediglich festgehalten werden, dass die deutsche Rechtslage es auch dann zulässt, den Gleichstellungsgrundsatz durch ein neues Entgeltsystem zu ersetzen, wenn dieses alternative Entgeltsystem nur eine ausgesprochen dünne, vielfach kritisierte Legitimationskette zu den betroffenen Leiharbeitnehmer*innen aufweist.

---

269 *Deinert*, RdA 2017, 65 (75); *Röpke*, Die Gestaltbarkeit von Arbeitsbedingungen, S. 195.

270 *Schüren*/Hamann, AÜG § 8 Rn. 10; *Riechert*, NZA 2013, 303 (305); *Bayreuther*, BB 2010, 309 (313).

271 ArbG Kaiserslautern, Vorlagefragen vom 25.05.2020 – 8 Ca 114/20, AuR 2020, 376 (376), später Anerkenntnisurteil; ErfK/*Wank*, 21. Aufl. 2021, AÜG § 8 Rn. 26; Thüsing/*Kock/Greiner*, AÜG § 8 Rn. 46.

272 ArbG Kaiserslautern, Vorlagefragen vom 25.05.2020 – 8 Ca 114/20, AuR 2020, 376 (376), später Anerkenntnisurteil; *Zimmer*, NZA 2013, 289 (293); *Rödl/D. Ulber*, NZA 2012, 841; *Waas*, ZESAR 2012, 7; aA LAG Nürnberg, 7.3.2019 – 5 Sa 27/18; BeckOK ArbR/*Motz*, AÜG § 8 Rn. 63; EuArbRK/*Kolbe*, RL 2008/104/EG, Art. 5 Rn. 23; ErfK/*Wank*, 21. Aufl. 2021, AÜG § 8 Rn. 26; Thüsing/*Kock/Greiner*, § 8 Rn. 46; *Röpke*, Die Gestaltbarkeit von Arbeitsbedingungen, S. 309.

273 Vgl. dazu ausführlich unten Zweiter Teil B. II. 2., S. 278.

Weitgehende Einigkeit besteht mittlerweile darüber, dass eine nur partielle Bezugnahme auf einzelne Bestandteile des Leiharbeits-Tarifvertrags für den Dispens vom Gleichstellungsgrundsatz nicht genügt.[274] Der Schutzzweck des Gleichstellungsgrundsatzes bringt es mit sich, dass er nur zugunsten eines Verhandlungsergebnisses der Tarifparteien abbedungen werden kann – und dieses Ergebnis findet sich nur im Gesamt-Tarifwerk.[275] Soll der Gleichstellungsgrundsatz durch arbeitsvertragliche Bezugnahme umgangen werden, darf deshalb nicht isoliert auf die Regelungen zum Entgelt verwiesen werden, ohne die Regelungen zu Arbeitszeit oder Urlaub ebenso zu übernehmen.

(2) Grenzen der tariflichen Regelungsmacht

Die Möglichkeit eines Dispenses von equal pay über den Weg der Tarifparteien ist nach der nationalen Rechtslage dreifach explizit bedingt.[276] Zum einen darf gemäß § 8 Abs. 2 Satz 1 AÜG die im nachfolgenden Unterpunkt näher betrachtete Lohnuntergrenze nach § 3a AÜG nicht unterschritten werden.[277] Diese Untergrenze hat ihren Ursprung in einer tariflichen Absprache über Mindeststundenentgelte, wird aber nach § 3a Abs. 2 AÜG als Rechtsverordnung auf alle Leiharbeitsverhältnisse ausgedehnt. Sie gilt gemäß § 8 Abs. 5 auch während verleihfreier Zeiten und darf auch von Tarifverträgen nicht unterschritten werden.[278] Da die Höhe dieser Mindestentgelte von den Tarifparteien erdacht wird und traditionell eher marginal über dem gesetzlichen Mindestlohn liegt, geht für sie von dieser Bedingung allerdings keine allzu große Einschränkung aus.[279]

Zum anderen ist die Ausnahme vom Gleichstellungsgrundsatz gemäß § 8 Abs. 3 AÜG in den Fällen versperrt, in denen Leiharbeitnehmer*in-

---

274 BAG, Urt. v. 16.12.2020 – 5 AZR 131/19, NZA 2021, 720; BAG, Urt. v. 16.10.2019 – 4 AZR 66/18, NZA 2020, 260; Däubler TVG/*Heuschmid/Klug*, § 1 Rn. 818; Thüsing/*Kock/Greiner*, § 8 Rn. 76; *Röpke*, Die Gestaltbarkeit von Arbeitsbedingungen, S. 213 ff.; *Nießen,/Fabritius*, BB 2013, 375 (377, 380); *Hamann*, EuZA 2009, 287 (310); aA BeckOK ArbR/*Motz*, AÜG § 8 Rn. 66.

275 *Röpke*, Die Gestaltbarkeit von Arbeitsbedingungen, 211 ff.

276 BeckOK ArbR/*Motz*, AÜG § 8 Rn. 3; *Henssler*, RdA 2017, 83 (93).

277 Vgl. dazu unten Erster Teil B. III. 1. a. 2) c), S. 83.

278 *Greiner*, RdA 2017, 153 (160); *Röpke*, Die Gestaltbarkeit von Arbeitsbedingungen, S. 108 f.; *Leuchten*, NZA 2011, 608 (610 f.).

279 Die praktische Bedeutung der Lohnuntergrenze angesichts des gesetzlichen Mindestlohns komplett verneinend *Greiner*, RdA 2017, 153 (160).

nen zuvor bei dem Entleihunternehmen oder einer Konzernschwester des Entleihunternehmens angestellt gewesen sind. Diese Drehtürklausel soll vermeiden, dass Stammbeschäftigte aus Kostengründen gekündigt und anschließend direkt als Leiharbeitnehmer*innen auf denselben Positionen eingesetzt werden.[280] Stattdessen müssen Unternehmen, die in Zukunft verstärkt auf Arbeitnehmer*innenüberlassung setzen möchten, für ein halbes Jahr mit anderen Leiharbeitnehmer*innen vorlieb nehmen, bevor sie zum Leiharbeitstarif auf ihre ehemaligen Angestellten zurückgreifen können.[281] Dadurch wird die Auslagerung in solchen Fällen unattraktiv, in denen das Unternehmen Interesse am Humankapital ihrer spezifischen Angestellten hat und deswegen nicht auf sie verzichten möchte.

Die zentrale Einschränkung für die Abweichung vom Gleichstellungsgebot bezüglich des Entgelts schafft § 8 Abs. 4 AÜG. Die erst mit der Novelle 2017 eingeführte Regelung befristet die Möglichkeit, vom Gleichstellungsgrundsatz abzuweichen.[282] Die Tarifverträge können demnach entweder für die ersten neun Monate unbegrenzt von equal pay abweichen. Oder aber sie können mithilfe von Branchenzuschlagstarifverträgen bereits nach sechs Einsatzwochen eine fortlaufende Entgeltsteigerung vorsehen, die nach spätestens 15 Monaten in ein Entgelt mündet, welches nach Ansicht der Tarifparteien dem tariflichen Entgelt der Einsatzbranche entspricht.[283] Diese zweite Möglichkeit lässt also eine unbefristete Ausnahme vom Gleichstellungsgrundsatz zu, solange nur nach über einem Jahr ein Entgelt erreicht ist, welches zwar keineswegs equal pay entspricht, aber von den Tarifparteien als dem Tarifniveau der Einsatzbranche gleichwertig festgelegt wird.[284] Auch von dieser Möglichkeit kann durch einfache arbeitsvertragliche Bezugnahme Gebrauch gemacht werden.[285]

Das Gesetz spricht an dieser Stelle von einer Festlegung, keiner Feststellung, was auf einen Interpretationsspielraum bei der Gleichwertigkeit

---

280 *Röpke,* Die Gestaltbarkeit von Arbeitsbedingungen, S. 113 f.; *Krieger/Kruchen,* NZA 2014, 393 (393); *Krause,* ZIAS 2014, 113 (137).

281 *Röpke,* Die Gestaltbarkeit von Arbeitsbedingungen, S. 117.

282 *Bayreuther,* NZA 2017, 18 (19).

283 Däubler TVG/*Heuschmid/Klug,* § 1 Rn. 814; ErfK/*Wank/Roloff,* AÜG § 8 Rn. 12; *Henssler,* RdA 2017, 83 (93).

284 *Thüsing/Beden,* NZA 2018, 404 (407); *Greiner,* RdA 2017, 153 (160); *Bayreuther,* NZA 2017, 18 (19).

285 Vgl. § 8 Abs. 4 Satz 3 AÜG; *Henssler,* RdA 2017, 83 (94).

hindeutet.[286] Über das Ausmaß dieses Gestaltungsspielraums herrscht Unsicherheit.[287]

Der Effekt der möglichen Pauschalisierungen dürfte aber in aller Regel hinter den Einbußen gegenüber equal pay zurückbleiben, die sich für Leiharbeitnehmer*innen aus dem Ausschluss übertariflicher Entgeltbestandteile ergeben. Bei einer Entlohnung nach dem Gleichstellungsgrundsatz wären auch diese Vergütungsteile enthalten, vom tarifvertraglichen Arbeitsentgelt sind sie dagegen nicht umfasst. Deren Vorhandensein und Höhe schwankt von Einsatzbetrieb zu Einsatzbetrieb, im Durchschnitt dürften sich dieses zusätzliche Entgelt aber in einer Größenordnung von etwa 10 % bewegen.[288]

Die erste Variante des § 8 Abs. 4 AÜG begrenzt die Tarifdispositivität in Fragen des Entgelts demnach auf neun Monate. Nach der zweiten Variante des § 8 Abs. 4 AÜG ist es dagegen möglich, nach einer 15-monatigen Phase der Heranführung die Entlohnung von Leiharbeitnehmer*innen mit Branchenzuschlagstarifen auf einem Niveau zu stabilisieren, das praktisch etwa 10 % unter dem von tatsächlichem equal pay liegt.

Die Möglichkeit zur Abweichung von equal pay unterliegt damit eher moderaten Einschränkungen. Wie die nachfolgende Darstellung der Rechtswirklichkeit zeigen wird, nutzen fast alle Verleihunternehmen diese Möglichkeit, sodass beinahe keine Leiharbeitnehmer*innen in den Genuss des Gleichstellungsgrundsatzes kommen.[289]

c) Lohnuntergrenze

Neben dem Gleichstellungsgebot des § 8 Abs. 1 AÜG und seiner Ausnahmemöglichkeit hält das AÜG mit § 3a AÜG auch die Möglichkeit bereit, eine Lohnuntergrenze für die Arbeitnehmer*innenüberlassung festzulegen. Anders als der Gleichstellungsgrundsatz eröffnet diese Regelung die Option, unabhängig von den Entgelten der Einsatzbranchen und auch für verleihfreie Zeiten Mindestbestimmungen zum Entgelt von Leiharbeitnehmer*innen zu treffen.[290]

---

286 *Simon/Koschker,* NZA 2018, 755 (758); *Henssler,* RdA 2017, 83 (94); *Bayreuther,* NZA 2017, 18 (20).

287 Vgl. dazu ausführlich *Thüsing/Beden,* NZA 2018, 404.

288 *Bayreuther,* NZA 2017, 18 (20).

289 Vgl. dazu unten Erster Teil B. III. 1. b. 2), S. 111.

290 Böhm/Hennig/*Popp,* Zeitarbeit, Rn. 1040; *Röpke,* Die Gestaltbarkeit von Arbeitsbedingungen, S. 108.

Hintergrund dieser Regelung dürfte in Teilen das Bestreben sein, kleinen, eher unternehmensfreundlichen Gewerkschaften durch diese Untergrenze den Versuch des Lohndumpings zu erschweren – zumal es 2011, bei Entstehung der Norm, noch keinen gesetzlichen Mindestlohn gab.[291] Daneben legen die Gesetzesmaterialien nahe, dass diese Norm den Versuch der Parlamentarier*innen dokumentiert, den unionsrechtlich geforderten Gesamtschutz zu gewährleisten.[292] Zentral dürfte aber vor allem gewesen sein, dass durch die europäische Arbeitnehmer*innenfreizügigkeit ein allzu heftiger Unterbietungswettbewerb befürchtet wurde, der durch die Lohnuntergrenze entschärft werden sollte.[293] Es ging damit mindestens ebenso sehr um den Schutz der heimischen Verleihunternehmen wie um den Schutz von Leiharbeitnehmer*innen.

Die Regelung des § 3a AÜG ist nicht als Allgemeinverbindlicherklärung ausgestaltet, um keine Unsicherheiten im Verhältnis zum Gleichstellungsgrundsatz aufkommen zu lassen.[294] Stattdessen einigen sich die Tarifparteien – regelmäßig im Zusammenhang mit Tarifverhandlungen – auf einen Vorschlag für bundesweite Mindestentgelte, der dann wiederum vom Bundesministerium für Arbeit und Soziales in einer Rechtsverordnung verbindlich umgesetzt werden kann.[295] Die Entgelte können dabei zwar geographisch voneinander abweichen, dürfen aber nicht unterschiedliche Lohnstufen abbilden und schützen damit vor allem die untere Lohngruppe.[296] Nach § 3a Abs. 1 Satz 2 AÜG müssen die Mindestentgelte für Einsatzzeiten und verleihfreie Zeiten gleich sein.

---

291 Schüren/Hamann/*Wilde*, AÜG § 3a Rn. 5; *Thüsing*, AÜG § 3a Rn. 2; *Röpke*, Die Gestaltbarkeit von Arbeitsbedingungen, S. 108 f.; *Sittard*, RdA 2013, 301 (305).

292 Gesetzesentwurf zur Änderung des Arbeitnehmerüberlassungsgesetzes, BT-Drs. 17/5761, S. 6; vgl. Schüren/Hamann/*Wilde*, AÜG § 3a Rn. 6; *Röpke*, Die Gestaltbarkeit von Arbeitsbedingungen, S. 109; *Hamann*, RdA 2011, 321 (329).

293 Beschlussempfehlung und Bericht des 11. Ausschusses zu dem Gesetzesentwurf der Bundesregierung zur Änderung des Arbeitnehmerüberlassungsgesetzes, BT-Drs. 17/5238, S. 13 f.; *Röpke*, Die Gestaltbarkeit von Arbeitsbedingungen, S. 109; *Sittard*, RdA 2013, 301 (305); *D. Ulber*, AuR 2012, 426 (427); *Hamann*, RdA 2011, 321 (329 f.).

294 Beschlussempfehlung und Bericht des 11. Ausschusses zu dem Gesetzesentwurf der Bundesregierung zur Änderung des Arbeitnehmerüberlassungsgesetzes, BT-Drs. 17/5238, S. 14 f.; *Röpke*, Die Gestaltbarkeit von Arbeitsbedingungen, S. 110; *Stiebert/Pötters*, RdA 2013, 101 (102).

295 *Röpke*, Die Gestaltbarkeit von Arbeitsbedingungen, S. 110 f.; *Krause*, ZIAS 2014, 113 (136); *Sittard*, RdA 2013, 301 (305).

296 Beschlussempfehlung und Bericht des 11. Ausschusses zu dem Gesetzesentwurf der Bundesregierung zur Änderung des Arbeitnehmerüberlassungsgesetzes, BT-

Theoretisch denkbar ist, dass auf diesem Weg nicht nur die Tarifdispositivität des Gleichstellungsgrundsatzes beschränkt wird, sondern dass Leiharbeitnehmer*innen auch bei Geltung des Gleichstellungsgrundsatzes in Einzelfällen profitieren, in denen das Entgelt der vergleichbaren Stammkräfte unter der Lohnuntergrenze liegt.[297] Praktisch liegen die als Lohnuntergrenze vorgesehenen Entgelte aber regelmäßig kaum über dem allgemeinen Mindestlohn und bringen damit auch für die untere Lohngruppe unabhängig von der Tarifbindung keine allzu spürbare Verbesserung.

d) Zusammenfassung

Das AÜG geht demnach ebenso wie das unionsrechtliche Vorbild vom Grundsatz der Gleichstellung aus. Zum Schutz der Leiharbeitnehmer*innen kann von diesem Grundsatz im Arbeitsvertrag nicht abgewichen werden. Es gilt also auch hiernach das Prinzip gleicher Lohn für gleiche Arbeit. Die Beschäftigten in der Leiharbeit sind geschützt durch eine Partizipation an der Verhandlungsmacht und den Tarifergebnissen der Stammbeschäftigten, die Vergütungsordnungen der Einsatzbranchen werden nicht durch eine Fragmentierung der Belegschaft unter Druck gesetzt. Daraus spricht sowohl eine Anerkennung des Schutzbedürfnisses von Leiharbeitskräften als auch die Sorge vor einer Spaltung der Lohnabhängigen. Die Arbeitnehmer*innenüberlassung soll offenbar nicht zur Lohnkostensenkung durch Fragmentierung, sondern als Flexibilisierungsinstrument etabliert werden.

Allerdings ist der Gleichstellungsgrundsatz tarifdispositiv ausgestaltet und erlaubt auch die arbeitsvertragliche Bezugnahme auf davon abweichende Tarifverträge. Diese Abweichungsmöglichkeit unterliegt zwar mehreren Voraussetzungen, von denen die zeitliche Einschränkung nach § 8 Abs. 4 AÜG als die einschneidendste anzusehen ist. Gleichwohl lässt die deutsche tarifdispositive Ausgestaltung inhaltlich weitreichende Abweichungen vom Gleichstellungsgrundsatz zu. Daran ändert unter den aktuellen Umständen auch der branchenspezifische Mindestlohn wenig.

Drs. 17/5238, S. 14; *Röpke*, Die Gestaltbarkeit von Arbeitsbedingungen, S. 112; *Hamann*, RdA 2011, 321 (330).

297 *D. Ulber*, AuR 2012, 426 (426).

b. Rechtswirklichkeit

Auf diesen normativen Vorgaben aufbauend entsteht die beobachtbare deutsche Rechtswirklichkeit. Sie ist davon geprägt, dass die beteiligten Akteur*innen die im AÜG vorgesehenen Spielräume ausgiebig nutzen, um die Arbeitsbedingungen in der Arbeitnehmer*innenüberlassung im Rahmen der gesetzlichen Leitplanken nach ihren Vorstellungen zu formen.

Dabei muss zwischen zwei verschiedenen Regelungsebenen unterschieden werden: Auf tariflicher Ebene gibt es umfangreiche Tarifwerke zur Leiharbeit, in denen weitreichende Abweichungen von den gesetzlichen Grundsätzen vereinbart und praktisch bedeutsame Regelungen zur Vergütung festgeschrieben sind. Die Tarifparteien nutzen dabei die ihnen von der Gesetzgebung verliehene Macht; die Tarifverträge sind also eine konkrete Folge der gesetzlichen Vorgaben. Auf arbeitsvertraglicher Ebene sind es die Absprachen zwischen Verleihunternehmen und Leiharbeitskräften, die letzten Endes final die Arbeitsbedingungen der Beschäftigten bestimmen. Dabei wirken die Inhalte der Tarifverträge aus Perspektive der Leiharbeitnehmer*innen ähnlich zwingend auf die Arbeitsverträge ein, wie das die normativen Vorschriften des AÜG tun. Das konkrete Entgelt von Leiharbeitnehmer*innen ergibt sich damit häufig aus einer Regelungskaskade, die im normativen Bereich von der RL 2008/104/EG und dem AÜG bestimmt ist und dann von Tarif- und Arbeitsverträgen konkretisiert wird.

Im Folgenden soll darum zunächst die tarifliche Umsetzung der gesetzlich vorgesehenen Spielräume betrachtet werden. Anschließend lassen sich die Auswirkungen dieser Tarife in den konkreten Entgelten von Leiharbeitnehmer*innen wiederfinden.

1) Tarifverträge

Für die tarifliche Regulierung der Arbeitnehmer*innenüberlassung sind mehrere Akteur*innen zuständig, die es gemäß der gesetzlichen Konzeption zu trennen gilt: Zum einen stehen sich leiharbeitsspezifische Verbände von Arbeitnehmer*innen und Arbeitgeber*innen gegenüber. Zum anderen sind aber auch die Tarifparteien der Einsatzbranchen stellenweise mit der Tarifierung der Arbeitnehmer*innenüberlassung betraut.[298]

---

298 Vgl. dazu ausführlich Ulber/*J. Ulber,* AÜG § 8 Rn. 141 ff.

Für die unmittelbare Bestimmung des Entgelts gemäß § 8 Abs. 2, 4 AÜG sind die Tarifparteien der Leiharbeitsbranche zuständig.[299] Gleiches gilt für den Vorschlag zur Lohnuntergrenze nach § 3a AÜG.[300] An anderer Stelle ermächtigt das Gesetz in § 1 Abs. 1b) AÜG aber die Tarifparteien der Einsatzbranchen, über die ebenfalls tarifdispositiv ausgestaltete Höchstüberlassungsdauer zu befinden.[301] Die Tarifparteien der Einsatzbranchen können außerdem untereinander vereinbaren, ob und zu welchen Konditionen Entleihunternehmen auf Leiharbeit zurückgreifen dürfen.[302] Während die Höchstüberlassungsdauer keinen direkten Effekt auf das hier untersuchte Entgelt in der Arbeitnehmer*innenüberlassung hat, können branchenspezifische Vereinbarungen der Einsatzbranchen das Entgelt mittelbar beeinflussen.[303]

Die meisten Regelungen über das Entgelt von Leiharbeitnehmer*innen finden sich in den zentralen Tarifwerken zur Leiharbeit, namentlich in den vereinbarten Manteltarifverträgen (MTV), Entgeltrahmentarifverträgen (ERTV) und Entgelttarifverträgen (ETV).[304] Daneben finden sich diesbezügliche Vereinbarungen in Branchenzuschlagstarifverträgen, im Tarifvertrag der Mindestentgelte und teilweise auch in speziellen Vereinbarungen der Einsatzbranchen und -unternehmen.

Die zentralen Tarifwerke zur Leiharbeit werden auf Seiten der Leiharbeitnehmer*innen aktuell von der DGB-Tarifgemeinschaft Leiharbeit im Namen der DGB-Mitgliedsgewerkschaften abgeschlossen.[305] Daneben gibt es noch Zusatztarifverträge für Mischbetriebe, in denen auch, aber nicht überwiegend, Arbeitnehmer*innenüberlassung betrieben wird.[306] Mischbetriebe sollen hier der Einfachheit halber außen vor gelassen werden. Eine relevante andere gewerkschaftliche Vertretung besteht in der Arbeitnehmer*innenüberlassung außerhalb des DGB nicht mehr, seit das BAG in zwei vielbeachteten Beschlüssen 2010 und 2012 festgestellt hat, dass

299 BeckOK ArbR/*Motz*, AÜG § 8 Rn. 57; Bundesagentur für Arbeit, Fachliche Weisungen AÜG 01.08.2019, Ziff. 8.4, Abs. 3.

300 *Stiebert/Pötters*, RdA 2013, 101 (102).

301 *Hamann*, NZA 2015, 904 (906 f.); kritisch: *Zimmermann*, MDR 2017, 978 (979 f.); *Henssler*, RdA 2017, 83 (97).

302 BeckOK ArbR/*Motz*, AÜG § 8 Rn. 87 ff.; Däubler TVG/*Heuschmid*, 4. Aufl. 2016, § 1 Rn. 819 f.; *Krause*, Tarifverträge zur Begrenzung, S. 30 ff.

303 Däubler TVG/*Heuschmid*, 4. Aufl. 2016, § 1 Rn. 819 f.; *Krause*, Tarifverträge zur Begrenzung, S. 30 ff.

304 BeckOK ArbR/*Motz*, AÜG § 8 Rn. 80 f.; *Däubler*, DB 2008, 1914 (1914).

305 Thüsing/*Kock/Greiner*, AÜG § 8 Rn. 50; *Albers*, Regulierung in Frankreich, S. 51.

306 BeckOK ArbR/*Motz*, AÜG § 8 Rn. 86; *Greiner*, RdA 2017, 153 (157); vgl. ausführlich dazu *Sansone*, Gleichstellung, S. 385 ff.

die von den historisch arbeitgebernahen Gewerkschaften CGM, DHV und GÖD gebildete „Tarifgemeinschaft Christlicher Gewerkschaften für Zeitarbeit und Personal-Service-Agenturen" (CGZP) nicht tariffähig war.[307]

Die DGB-Mitgliedsgewerkschaften haben sich dafür entschieden, die in den jeweiligen Satzungen geregelte Zuständigkeit für die Arbeitnehmer*innenüberlassung an die Zuständigkeit bezüglich des Einsatzbetriebs zu koppeln.[308] Um bundesweite Tarifverträge zur Leiharbeit verhandeln zu können und dabei für die Überlassung in jedwede Branche zuständig zu sein, haben sich die DGB-Mitgliedsgewerkschaften infolgedessen in der DGB-Tarifgemeinschaft Leiharbeit zusammengeschlossen.[309] Diese Tarifgemeinschaft verhandelt nicht als Spitzenorganisation, sondern als echte Tarifgemeinschaft – im Ergebnis schließen damit die Mitglieder der Tarifgemeinschaft jeweils eigene, aber gleichlautende Tarifverträge mit den beteiligten Arbeitgeber*innenverbänden.[310]

Auf Arbeitgeber*innenseite gibt es zwei große Verbände: den Interessenverband Deutscher Zeitarbeitsunternehmen e.V. (iGZ) und den Bundesarbeitgeberverband der Personaldienstleister (BAP).[311] Die zwischen der DGB-Tarifgemeinschaft Leiharbeit und den vorgenannten Arbeitgeber*innenverbänden geschlossenen Flächentarifverträge bestimmen, großteils durch vertragliche Bezugnahme, die Arbeitsbedingungen der allermeisten Leiharbeitnehmer*innen.[312] Daneben bestehen vereinzelt Haustarifverträge, die mit einzelnen DGB-Mitgliedsgewerkschaften abgeschlossen wurden.[313]

---

307 BAG, Beschl. v. 14.12.2010 – 1 ABR 19/10, NZA 2011, 289; BAG, Beschl. v. 22.01.2012 – 1 ABN 27/12; BeckOK ArbR/*Motz*, AÜG § 8 Rn. 86; *Albers*, Regulierung in Frankreich, S. 51; *Krause*, ZIAS 2014, 113 (133).

308 Ulber/*J. Ulber*, AÜG § 8 Rn. 164.

309 *Schüren*/Hamann, AÜG § 8 Rn. 133; Ulber/*J. Ulber*, AÜG § 8 Rn. 164 ff.; krit. *Löwisch/Rieble*, TVG § 2 Rn. 372 f.; *U. Fischer*, RdA 2013, 326 (331).

310 BAG, Vorlagebeschl. v. 16.12.2020 – 5 AZR 143/19 (A), NZA 2021, 800 Rn. 20 f.; Thüsing/*Kock/Greiner*, AÜG § 8 Rn. 51; Ulber/*J. Ulber*, AÜG § 8 Rn. 166; Böhm/Hennig/*Popp*, Zeitarbeit, Rn. 905; *Schindele/Söhl*, NZA 2014, 1049 (1050); *U. Fischer*, RdA 2013, 326 (331).

311 Berg/Kocher/Schumann/*Wankel*, TVG § 1 Rn. 200; *Schüren*/Hamann, AÜG § 8 Rn. 125; Thüsing/*Kock/Greiner*, AÜG § 8 Rn. 51; Böhm/Hennig/*Popp*, Zeitarbeit, Rn. 895.

312 DGB, PM 076 18.12.2019; *Pant*, Regulierung der Arbeitnehmerüberlassung, S. 33; Böhm/Hennig/*Popp*, Zeitarbeit, Rn. 888 ff.; *Waltermann*, NZA 2010, 482 (483); *Rieble*, in: Zukunft der Zeitarbeit, S. 65 (70).

313 *Schüren*/Hamann, AÜG § 8 Rn. 125.

a) Manteltarifverträge

In den Manteltarifverträgen finden sich in Bezug auf das Entgelt relevante Vorgaben vor allem bei der Frage der Wochenarbeitszeit, der Schaffung von Arbeitszeitkonten, der Regelung von Zuschlägen und der Gewährung eines Urlaubs- und Weihnachtsgeldes.

Die regelmäßige Wochenarbeitszeit in der Arbeitnehmer*innenüberlassung beträgt gemäß § 2 MTV BAP/DGB beziehungsweise § 3.1.1 MTV iGZ/DGB 35 Stunden und liegt damit oftmals unter der regelmäßigen Wochenarbeitszeit der Einsatzbranchen. Diese Differenz würde selbst bei equal pay zu einem vergleichsweise geringeren Entgelt der Leiharbeitnehmer*innen führen.[314] Gleichzeitig richtet sich die konkrete Arbeitszeit der Leiharbeitnehmer*innen aber gemäß § 4 MTV BAP/DGB und § 3.1.3 MTV iGZ/DGB nach der des Entleihbetriebs. § 2 Abs. 2 MTV BAP/DGB sieht deshalb die Möglichkeit vor, bei dauerhaften Überlassungen in Betriebe mit längeren Arbeitszeiten auch die vertragliche Arbeitszeit anzupassen.

Weitaus relevanter als diese Möglichkeit der Anpassung ist aber in der Realität wohl das in beiden Manteltarifverträgen vereinbarte Arbeitszeitkonto. Gemäß § 4 MTV BAP/DGB wird zum Ausgleich der Abweichungen zwischen der vertraglichen Arbeitszeit und der des Entleihbetriebs ein Arbeitszeitkonto errichtet, welches im Normalfall bis zu 200, bei saisonalen Schwankungen sogar bis zu 230 Plusstunden aufweisen darf. Auch nach § 3.2 MTV iGZ/DGB ist ein Arbeitszeitkonto zu errichten, in welches maximal 150 Plusstunden und 105 Minusstunden eingestellt werden dürfen. Diese Handhabung findet in § 2 Abs. 4 der gemäß § 3a Abs. 2 AÜG ergangenen Lohnuntergrenzenverordnung vom 20. August 2020 auch den Segen der Exekutive.

Dadurch könnte allerdings grundsätzlich entgegen der Intention von § 11 Abs. 4 Satz 2 AÜG das Risiko verleihfreier Zeiten – und damit das Beschäftigungsrisiko – ein Stück weit auf die Leiharbeitnehmer*innen abgewälzt werden.[315] Beschäftigte könnten in Einsatzzeiten durch längere Arbeitszeiten ein Guthaben auf dem Arbeitszeitkonto aufbauen, welches sie in Zeiten abbauen, in denen es an Einsatzmöglichkeiten mangelt.[316] In

314 DGB Bundesvorstand, arbeitsmarktaktuell Nr. 4/2019, S. 13; Bundesagentur für Arbeit, Bereinigter Pay Gap, Januar 2019, S. 40.

315 *Pasch*, Vorübergehende Überlassung, S. 38; *Greiner*, RdA 2017, 153 (161); *Rolfs*, in: Zukunft der Zeitarbeit, S. 113 (121).

316 *Schüren*/Hamann, AÜG § 11 Rn. 132; *Crimmann/Lehmann*, in: Die neue Rolle der Zeitarbeit, S. 103 (116); *Schüren* BB 2012, 1411; *Wetzel/Weigand*, Schwarzbuch Leiharbeit, S. 26; *Schüren*, AuR 2008, 239 (242).

der Vergangenheit ist es wiederholt vorgekommen, dass Verleihunternehmen auf diesem Wege das zentrale Risiko der Arbeitnehmer*innenüberlassung in ihrem Sinne entschärft und stattdessen an ihre Angestellten weitergegeben haben.[317]

Es ist deshalb umstritten, in welchem Maße Verleihunternehmen in verleihfreien Zeiten die Arbeitszeitkonten ihrer Angestellten strapazieren dürfen. Einige Stimmen negieren den Zusammenhang zwischen Annahmeverzug und Arbeitszeitflexibilisierung und lehnen jegliche Einschränkung von Arbeitszeitkonten durch § 11 Abs. 4 Satz 2 AÜG ab.[318] Auf ähnlicher Linie wird vertreten, dass die Verlagerung des Beschäftigungsrisikos gerechtfertigt sei, solange nicht absichtlich kürzere Arbeitszeiten als die zu erwartenden vereinbart werden.[319] Teilweise wird auch die Sorge vor einer Umgehung des § 11 Abs. 4 Satz 2 AÜG bei Anwendung tarifvertraglich vereinbarter Arbeitszeitkonten mit der den Tarifverträgen zugrundeliegenden Interessenabwägung zurückgewiesen.[320] Die wohl überwiegende Ansicht geht dagegen davon aus, dass Arbeitszeitkonten in der Arbeitnehmer*innenüberlassung zumindest nicht einseitig von Arbeitgeber*innen genutzt werden dürfen, um das Beschäftigungsrisiko in verleihfreien Zeiten auf ihre Beschäftigten abzuwälzen.[321] Teilweise wird auch vertreten, dass eine Übertragung von Zeitkontingenten über die Grenzen einzelner Einsätze hinweg generell unzulässig sei.[322] Als ebenso eng wird von vielen Stimmen die Grenze bei Geltung des Gleichstellungsgrundsatzes erachtet – hier sei

---

317 *Albers*, Regulierung in Frankreich, S. 153; *Crimmann/Lehmann*, in: Die neue Rolle der Zeitarbeit, S. 103 (116).

318 LAG Düsseldorf, Urt. v. 16.11.2011 – 7 Sa 567/11; LAG Baden-Württemberg, Urt. v. 29.04.2009 – 17 Sa 4/09; Thüsing/*Mengel*, AÜG § 11 Rn. 44; Urban-Crell/*Germakowski*/Bissels/*Hurst*, AÜG § 11 Rn. 41; Bissels, jurisPR-ArbR 39/2016 Anm. 5; *Mehnert*, BB 2015, 832; *Boemke*, jurisPR-ArbR 30/2009 Anm. 4.

319 *Hanau/Hoff*, NZA 2015, 1169 (1171); *Thüsing/Pötters*, BB 2012, 317 (318).

320 BeckOK ArbR/*Motz*, AÜG § 11, Rn 24.

321 BAG, Urt. v. 16.04.2014 – 5 AZR 483/12, NZA 2014, 1262 (1264); LAG Köln Urt. v. 17.01.2018 – 3 Sa 831/16; LAG Hessen, Urt. v. 09.06.2015 – 15 Sa 766/14; LAG Mecklenburg-Vorpommern, Urt. v. 19.02.2015 – 5 Sa 138/14; LAG Berlin-Brandenburg, Urt. v. 17.12.2014 – 15 Sa 982/14 (15 Sa 1538/14), BB 2015, 829; LAG Hamburg, Urt. v. 22.07.2014 – 4 Sa 56/13; LAG Rheinland-Pfalz, Urt. v. 24.04.2008 – 10 Sa 19/08; ErfK/*Wank/Roloff*, AÜG § 8 Rn. 7; *Schüren*/Hamann, AÜG § 11 Rn. 132f.; Ulber/*J. Ulber*, AÜG § 11 Rn. 115; *Albers*, Regulierung in Frankreich, S. 152f.; *Greiner*, RdA 2017, 153 (161); *J. Ulber*, NZA 2009, 232 (233f).

322 *J. Ulber*, NZA 2009, 232 (233f).

die Entlohnung für Einsatzzeiten zwingend festgeschrieben, sodass eventuelle Mehrarbeit nicht auf andere Zeiträume übertragen werden könne.[323]

Der Konflikt zwischen dem in § 11 Abs. 4 AÜG und § 615 BGB behandelten Annahmeverzug einerseits und der Vereinbarung eines Arbeitszeitkontos andererseits liegt aus dogmatischer Perspektive tatsächlich nicht ganz auf der Hand. Im Gegenteil weicht ein Arbeitszeitkonto den Charakter der Arbeitsleistungspflicht als Fixschuld auf, sodass der Annahmeverzug je nach Ausgestaltung auf das Ende des Ausgleichszeitraums oder des Arbeitsverhältnisses geschoben werden kann.[324] Arbeitszeitkonten schließen damit vordergründig gerade nicht den Annahmeverzugslohn aus, sondern verschieben nur die Fälligkeit der Arbeitsleistung. Auch bei der Vereinbarung von Arbeitszeitkonten kann die Fälligkeit der Arbeitsleistung fixiert werden; kann das Unternehmen die Arbeit dann nicht abnehmen, gerät es in Annahmeverzug und muss die nicht geleistete Arbeitszeit demnach positiv in das Arbeitszeitkonto einstellen.[325] Gleichwohl werden Arbeitgeber*innen die Leistungszeit im Rahmen der Vereinbarung so zu beeinflussen versuchen, dass in Zeiten potentiellen Annahmeverzugs gar keine Leistungspflicht besteht und damit auch kein Annahmeverzugslohn zu bezahlen ist. Arbeitszeitkonten verändern demnach nicht die Vergütung der einzelnen Arbeitsstunde, sondern verschieben allein die Arbeitsstunde und koppeln die Entlohnung rein zeitlich von der Arbeit ab.

Es ist deshalb, zumindest dogmatisch, nicht ganz treffend, wenn teilweise bemängelt wird, dass bei Geltung von equal pay das gezahlte Entgelt nicht gleichzeitig Entgelt für die geleistete Arbeit gemäß § 8 Abs. 1 AÜG und Annahmeverzugslohn nach § 11 Abs. 4 Satz 2 AÜG sein könne.[326] Die Aussage ist natürlich richtig, geht aber an der Sache vorbei. Bei Nutzung des Arbeitszeitkontos gibt es auch in verleihfreien Zeiten eben nicht zwingend einen Annahmeverzugslohn. Das Konzept der Arbeitszeitkonten zielt vielmehr darauf ab, dass in verleihfreien Zeiten sowieso keine Arbeitsverpflichtung besteht, sodass es auch keinen Annahmeverzug geben kann. Ohne Annahmeverzug muss – und kann – es aber auch keinen Annahmeverzugslohn geben.

---

323 *Schüren*/Hamann, AÜG § 11 Rn. 131; *Greiner*, RdA 2017, 153 (161); *Röpke*, Die Gestaltbarkeit von Arbeitsbedingungen, S. 221.

324 ErfK/*Preis*, BGB § 615 Rn. 12; *Hanau/Hoff*, NZA 2015, 1169 (1171).

325 BAG, Urt. v. 18.01.2017 – 7 AZR 224/15, NZA 2017, 791 Rn. 20; BAG, Urt. v. 29.06.2016 – 5 AZR 617/15, NZA 2016, 1152 Rn. 17; BAG, Urt. v. 26.01.2011 – 5 AZR 819/09, NZA 2011, 640 Rn. 13.

326 Vgl. *Greiner*, RdA 2017, 153 (161).

Praktisch führt diese dogmatisch vom Annahmeverzug unabhängige Gestaltung offensichtlich zur selben Verlagerung des Beschäftigungsrisikos auf die Leiharbeitnehmer*innen wie ein Ausschluss des Annahmeverzugslohns und damit exakt zu dem Ergebnis, welches § 615 BGB und § 11 Abs. 4 Satz 2 AÜG eigentlich vermeiden wollen. Folgerichtig entschied auch das BAG, dass Arbeitszeitkonten nicht dazu eingesetzt werden dürfen, § 11 Abs. 4 Satz 2 AÜG zu umgehen und das der Arbeitnehmer*innenüberlassung immanente Beschäftigungsrisiko auf die Leiharbeitnehmer*innen abzuwälzen.[327] Vereinbarungen, aufgrund derer Verleihunternehmen in verleihfreien Zeiten einseitig das Arbeitszeitkonto belasten könnten, seien darum als Umgehung von § 11 Abs. 4 Satz 2 AÜG gemäß § 134 BGB unwirksam.[328] Das wird der Intention von § 11 Abs. 4 Satz 2 AÜG gerecht und ist damit im Ergebnis überzeugend.

Offen bleibt dabei die Frage, ob jede Belastung von Arbeitszeitkonten in verleihfreien Zeiten automatisch als Umgehung des § 11 Abs. 4 Satz 2 AÜG anzusehen ist und es daher auch den Leiharbeitnehmer*innen nicht möglich ist, für ihre angesammelte Mehrarbeit selbstbestimmt den zugehörigen Freizeitausgleich zu genießen. Ein Blick auf die Rechtsprechung zu Entgeltfortzahlungsansprüchen nach §§ 2, 3 EFZG könnte an dieser Stelle weiterhelfen, stellt sich hier doch ein ähnliches Problem: Dürfen Arbeitgeber*innen die konkrete Arbeitszeit ihrer Angestellten kurzfristig bestimmen, so können sie im Fall von längerfristig erkrankten Mitarbeiter*innen versucht sein, ihnen im Dienstplan weniger Schichten zuzuteilen und stattdessen einen Freizeitausgleich anzuordnen. Auf diesem Weg entstünden dem Unternehmen durch die Arbeitsunfähigkeit weniger Kosten, weil sich im Gegenzug für die Entgeltzahlung das Arbeitszeitguthaben vermindert. Das stellt aber eine Umgehung des Entgeltfortzahlungsanspruchs dar – das Arbeitszeitkonto darf folglich nicht belastet werden, wenn Beschäftigte trotz absehbarer Arbeitsunfähigkeit im Dienstplan zum Freizeitausgleich vorgesehen werden.[329] Ebenso verhält es sich mit der Feiertagsvergütung bei Arbeit auf Abruf. Auch wer Arbeit auf Abruf leistet, soll von Feiertagen profitieren. Gleichzeitig ist es schwierig darüber zu befinden, ob die Arbeit wegen des Feiertags nicht abgerufen wurde und darum die übliche Zeit zu vergüten ist, oder ob unabhängig vom Feiertag keine Arbeit gefordert wurde und darum auch keine Vergütungspflicht besteht. Deshalb gilt hier: sprechen die Umstände dafür, dass die Arbeit

327 BAG, Urt. v. 16.04.2014 – 5 AZR 483/12, NZA 2014, 1262 (1264).

328 BAG, Urt. v. 16.04.2014 – 5 AZR 483/12, NZA 2014, 1262 (1264).

329 LAG Düsseldorf, Urt. v. 06.06.2006 – 16 (18) Sa 167/06.

allein wegen des Feiertags ausgefallen ist, so müssen Arbeitgeber*innen darlegen, dass der Feiertag nicht ursächlich war.[330] Auf die Arbeitnehmer*innenüberlassung übertragen bedeutet das, dass der Abbau des Arbeitszeitkontos nur zulässig ist, wenn er unabhängig von einer fehlenden Einsatzmöglichkeit geschieht. Andersherum stellt jeder Abbau, der auf die fehlende Einsatzmöglichkeit zurückgeführt werden kann, eine Umgehung des § 11 Abs. 4 Satz 2 AÜG dar.

Entscheidend ist damit, ob der Zusammenhang zwischen verleihfreier Zeit und Freizeitausgleich bereits entfällt, wenn Beschäftigte ihre Zustimmung dazu erteilen. Die Formulierung des BAG trifft keine positive Aussage darüber, ob ein Abbau des Arbeitszeitkontos in verleihfreien Zeiten mit Zustimmung der beteiligten Arbeitnehmer*innen zulässig sein soll. Freund*innen der Privatautonomie werden hier eine klare Antwort parat haben: wenn Leiharbeitnehmer*innen dem Freizeitausgleich in verleihfreien Zeiten zustimmen, so wird das schon ihrem tatsächlichen Willen entsprechen und damit den Zusammenhang zwischen fehlender Einsatzmöglichkeit und Überstundenabbau durchbrechen. Es erscheint allerdings wenig schlüssig, der im Arbeitsvertrag privatautonom bestimmten Verlagerung des Betriebsrisikos als Umgehung von § 11 Abs. 4 Satz 2 AÜG die Wirksamkeit zu versagen, um dann diese ebenso privatautonome Übereinstimmung im konkreten Fall zuzulassen. In beiden Fällen kommt potentiell das in der Arbeitnehmer*innenüberlassung regelmäßig besonders hohe Machtungleichgewicht zwischen Verleihunternehmen und Beschäftigten zum Tragen, und in beiden Fällen kommt es potentiell zu einem Ergebnis, welches von § 11 Abs. 4 Satz 2 AÜG eigentlich vermieden werden sollte.

Das konkrete Ausmaß des Machtungleichgewichts wird bei Vertragsunterzeichnung zwar noch höher sein als im laufenden Arbeitsverhältnis. Allerdings verbietet es § 11 Abs. 4 Satz 2 AÜG gleichermaßen, zu Beginn pauschal im Arbeitsvertrag oder im laufenden Arbeitsverhältnis konkret an der Risikoverteilung des § 615 BGB zu schrauben. Betrachtet man mit dem BAG Vereinbarungen, mithilfe derer das Beschäftigungsrisiko auf Leiharbeitnehmer*innen abgewälzt werden kann, als Umgehung des § 11 Abs. 4 Satz 2 AÜG, so liegt es nahe, solch eine Vereinbarung nicht nur bei einer pauschalen vertraglichen Einigung, sondern auch bei konkreten vertraglichen Einigungen – also mit Zustimmung der betroffenen Arbeitnehmer*innen im Einzelfall – als Umgehung zu verbieten.

Ist ein Freizeitausgleich in verleihfreien Zeiten damit vollständig ausgeschlossen? Es ist durchaus denkbar, dass Leiharbeitnehmer*innen auch für

---

330 BAG, Urt. v. 24.10.2001 – 5 AZR 245/00, BB 2002, 1154 (1155).

solche Zeiten den freien Willen bilden, ihren verdienten Freizeitausgleich genießen zu wollen. Die prekäre soziale Realität mit dem oben dargelegten Bewährungsdruck und dem unten darzulegenden geringen Schutz vor Kündigung schaffen aber eine starke Vermutung gegen den freien Willen der Beschäftigten und für die Umgehungsabsicht des Verleihunternehmens.[331] Im Gesetz findet diese Vermutung ihren Niederschlag in der Regelung des § 11 Abs. 4 Satz 2 AÜG, der die Privatautonomie zum Schutz der Leiharbeitnehmer*innen beschränkt. Kann ein Verleihunternehmen diese Vermutung einer faktisch unfreiwilligen Zustimmung nicht widerlegen, so darf es auch das Arbeitszeitkonto seiner Angestellten nicht belasten. Eine Widerlegung wird beispielsweise und parallel zur Rechtsprechung bezüglich der Entgeltfortzahlung im Krankheitsfall gelingen, wenn sich Beschäftigte Freizeitausgleich gewünscht haben, bevor die fehlende Einsatzmöglichkeit deutlich wurde.

Fraglich bleibt dabei, ob diese Beschränkung nur für die Arbeitsvertragsparteien oder auch für die Tarifvertragsparteien gilt. Dabei gilt es zwischen verschiedenen denkbaren tariflichen Vereinbarungen zu unterscheiden. Einerseits kann es eine Tarifvertragsgestaltung geben, die den Verleihunternehmen das Recht gibt, durch einseitige Bestimmung in verleihfreien Zeiten Freizeitausgleich anzuordnen. Daneben sind aber auch solche Tarifvertragsklauseln vorstellbar, die es nur mit Zustimmung der Leiharbeitnehmer*innen gestatten, das Arbeitszeitkonto zu belasten.

Die erstgenannte Gestaltung besticht mit dem Argument, dass das Machtungleichgewicht zwischen den Tarifvertragsparteien wesentlich ausgeglichener ist, als das zwischen den Arbeitsvertragsparteien. Es steht darum zu vermuten, dass die Gewerkschaften den Leiharbeitnehmer*innen das Beschäftigungsrisiko nicht leichtfertig aufbürden. Wenn sie einer Verlagerung des Beschäftigungsrisikos zustimmen liegt es darum nahe, dass sie im Austausch dafür an anderer Stelle Vorteile für die Leiharbeitnehmer*innen erhalten haben. Diese Perspektive hat aber nicht nur

---

331 Zumal etwa BeckOK ArbR/*Motz*, AÜG § 11 Rn. 24 und *Mehnert*, BB 2015, 832 den Leiharbeitnehmer*innen eine eigene Verantwortung für den Erhalt „ihres" Verleihunternehmens zuweisen und die Übernahme des Beschäftigungsrisikos als „Beschäftigungssichermaßnahme" und als im Interesse der Beschäftigten liegend anpreisen – „Zurückhaltung" bei der Wahrnehmung eigener Rechte wird damit sogar von der Rechtswissenschaft gefordert und dürfte in der Rechtswirklichkeit an der Tagesordnung sein. Ob die genannten Autoren für ihre Beiträge entlohnt wurden oder nur das Glück hatten, ihre Beschäftigung zu sichern, ist nicht bekannt. Vgl. zum Bewährungsdruck oben Erster Teil II. 3., S. 63; vgl. zum Kündigungsschutz unten Erster Teil B. III. 2., S. 117.

den Schönheitsfehler, dass die Geschichte der Tarifverträge zur Arbeitnehmer*innenüberlassung diese Vermutung fürsorglichen Gewerkschaftshandelns nicht unbedingt stützt.[332] Sie leidet außerdem daran, dass die pauschale Verschiebung des Beschäftigungsrisikos durch Arbeitszeitkonten, die zur freien Verfügung der Verleihunternehmen stehen, eine Umgehung des § 11 Abs. 4 Satz 2 AÜG darstellt. § 11 Abs. 4 Satz 2 AÜG ist jedoch nicht nur für die Arbeitsvertragsparteien, sondern auch für die Tarifparteien zwingend.[333] Die Legislative hat demnach die Gefahr gesehen, dass das Beschäftigungsrisiko unter Zuhilfenahme der Gewerkschaften pauschal auf die Leiharbeitnehmer*innen abgewälzt werden könnte – und diesbezügliche Vorkehrungen geschaffen. § 11 Abs. 4 Satz 2 AÜG unterscheidet nicht zwischen arbeitsvertraglichen und tarifvertraglichen Regelungen, deshalb sollte auch das Urteil bezüglich der unwirksamen Umgehung an dieser Stelle nicht unterscheiden. Es ist den Tarifparteien damit ebenso wie den Arbeitsvertragsparteien untersagt, ein Arbeitszeitkonto zu vereinbaren, welches von Verleihunternehmen in verleihfreien Zeiten einseitig belastet werden kann.[334]

Etwas anders stellt sich die Sachlage dar, wenn die Tarifparteien ein Arbeitszeitkonto vereinbaren, welches in verleihfreien Zeiten nur mit Zustimmung der Leiharbeitnehmer*innen belastet werden kann. Hierbei sind, ebenso wie bei einer entsprechenden arbeitsvertraglichen Vereinbarung, Einzelfälle denkbar, in denen ein echtes Interesse der Beschäftigten am Freizeitausgleich die Vermutung widerlegt, dass eine Kausalität zwischen der fehlenden Einsatzmöglichkeit und der Belastung des Arbeitszeitkontos besteht. In diesen Einzelfällen läge keine Umgehung des § 11 Abs. 4 Satz 2 AÜG vor, sodass einer diesbezüglichen tariflichen Regelung die Wirksamkeit nicht versagt werden dürfte. Allerdings ist auch die tarifvertraglich geforderte Zustimmung der Leiharbeitnehmer*innen von dem der Arbeitnehmer*innenüberlassung inhärenten Machtverhältnis geprägt. Eine solche, regelmäßig nicht frei erteilte Zustimmung kann aber die Vermutung einer Kausalität zwischen fehlender Einsatzmöglichkeit und

---

332 Vgl. *Pant*, Regulierung der Arbeitnehmerüberlassung, S. 27; Däubler TVG/*Heuschmidt*, 4. Aufl. 2016, § 1 Rn. 811, 814; *Bepler*, in: FS Kempen, S. 109 (113); *Keller/Seifert*, Atypische Beschäftigung, S. 143; *Krause*, KJ 2013, 119 (125); *Sansone*, Gleichstellung, S. 44; *Stütze*, Kontrolle der Entgelthöhe, S. 395 ff.

333 *Schüren*/Hamann, AÜG § 11 Rn. 114; Ulber/*J. Ulber*, AÜG § 11 Rn. 101; *Klengel*, jurisPR-ArbR 36/2016 Anm. 4; *Hanau/Hoff*, NZA 2015, 1169 (1171).

334 Ebenso LAG Berlin-Brandenburg, Urt. v. 17.12.2014 – 15 Sa 982/14, BB 2015, 829 Rn. 93 ff.; *Schüren*/Hamann, AÜG § 11 Rn. 133; Ulber/*J. Ulber*, AÜG § 11 Rn. 115; *Klengel*, jurisPR-ArbR 36/2016 Anm. 4.

Freizeitausgleich nicht widerlegen; die Belastung des Arbeitszeitkontos stellt demnach weiterhin eine Umgehung von § 11 Abs. 4 Satz 2 AÜG dar. Diese Umgehung findet unabhängig von der tariflichen Regelung statt. Der Versuch, die Schwachstelle der Zustimmung – das Machtungleichgewicht im Leiharbeitsverhältnis – durch die Einbeziehung der Tarifparteien zu entschärfen, muss scheitern, wenn die Tarifparteien den Ball wieder an die Schwachstelle zurückspielen. Daraus folgt, dass auch eine tarifliche Regelung nicht stets wirksam ist, wenn sie als Voraussetzung für eine Belastung des Arbeitszeitkontos in verleihfreien Zeiten einfach nur eine formale Zustimmung verlangt.

Anders als bei formulararbeitsvertraglich vereinbarten Arbeitszeitkonten führt dies aber nicht zur gesamten Unwirksamkeit der tarifvertraglich vereinbarten Arbeitszeitkonten; teilweise gesetzeswidrige Regelungen in Tarifverträgen bleiben in ihrem gesetzlich noch zulässigen Umfang wirksam.[335] Tarifnormen zu Arbeitszeitkonten in der Arbeitnehmer*innenüberlassung verstoßen deshalb nur insoweit gegen Gesetzesrecht und sind in der Folge gemäß § 134 BGB unwirksam, als sie keine Widerlegung der Vermutung einer Umgehung im konkreten Fall verlangen. Wollen sich Verleihunternehmen auf ein tarifvertraglich vereinbartes Arbeitszeitkonto beziehen, um in verleihfreien Zeiten Freizeitausgleich zu vereinbaren, so müssen sie demnach belegen, warum im konkreten Fall keine Umgehung vorliegt; andernfalls bleibt zwar das Arbeitszeitkonto wirksam, der Abzug in der verleihfreien Zeit aber ungültig.

Demnach dürfen Verleihunternehmen die Arbeitszeitkonten ihrer Beschäftigten in verleihfreien Zeiten nur belasten, wenn sie die Vermutung einer Umgehung von § 11 Abs. 4 Satz 2 AÜG widerlegen können. Die strikten Voraussetzungen einer solchen Widerlegung sind dabei unabhängig von tariflichen Vereinbarungen stets die gleichen.

Diesen engen Rahmen verlassen die Regelungen der MTV BAP/DGB und iGZ/DGB. Zwar ist die Belastung der vereinbarten Arbeitszeitkonten an das Einverständnis der betroffenen Arbeitnehmer*innen gebunden; § 3.2.3 des MTV iGZ/DGB hält sogar explizit fest, dass eine Überbrückung verleihfreier Zeiten durch Nutzung des Arbeitszeitkontos nur mit Zustimmung der Leiharbeitnehmer*innen möglich ist. Gleichwohl fordern die Tarifverträge für die Verlagerung des Beschäftigungsrisikos keine zeitlich und inhaltlich qualifizierte Zustimmung. Damit lassen sie die Belastung von Arbeitszeitkonten auch für Zeiten zu, für die Verleihunternehmen die Vermutung eines Zusammenhangs zwischen fehlender Einsatzmöglichkeit

335 ErfK/*Franzen*, TVG § 1 Rn. 52; *Löwisch/Rieble*, TVG § 1 Rn. 655.

und Freizeitausgleich – also die Vermutung einer Umgehung von § 11 Abs. 4 Satz 2 AÜG – nicht widerlegen können. Nach dem Konzept der Tarifverträge wäre es möglich, dass Leiharbeitnehmer*innen zu Beginn ihres Arbeitsverhältnisses pauschal ihre Zustimmung zur Überbrückung von verleihfreien Zeiten durch Abbau ihrer Zeitguthaben erteilen und damit genau die Situation eintritt, die § 11 Abs. 4 Satz 2 AÜG vermeiden möchte.[336] Demnach sind die tarifvertraglichen Klauseln gemäß § 134 BGB unwirksam, soweit sie diese Umgehung von § 11 Abs. 4 Satz 2 AÜG ermöglichen. Im Rahmen des beschriebenen zulässigen Umfangs können die Arbeitsvertragsparteien die Arbeitszeitkonten aber nutzen.

Neben der eher geringen Wochenarbeitszeit von 35 Stunden und den damit einhergehenden Arbeitszeitkonten schreiben die MTV BAP/DGB und iGZ/DGB auch die Gewährung von Zuschlägen und Sonderzahlungen vor. Die Höhe der Zuschläge für Sonn- und Feiertagsarbeit richtet sich dabei entweder nach der des Einsatzbetriebs oder liegt bei 50 % beziehungsweise 100 %. Auch die Zuschläge für Nachtarbeit und Mehrarbeit bewegen sich mit 25 % in einem durchaus üblichen Bereich. Von Zuschlägen profitieren Leiharbeitnehmer*innen folglich grundsätzlich in einem ähnlichen Maße wie ihre Kolleg*innen in den Einsatzbetrieben.

Bemerkenswert dabei ist allerdings, dass gemäß § 4.1 des MTV iGZ/DGB zuschlagspflichtige Mehrarbeit erst ab der 41. Wochenstunde vorliegt. Auch § 6 des MTV BAP/DGB entbindet Verleihunternehmen von der Zuschlagspflicht für Mehrarbeit, solange die Plusstunden die im Einsatzbetrieb übliche Arbeitszeit nicht überschreiten. Die von den Tarifverträgen vorgesehene Lücke zwischen geringer tarifvertraglicher und langer tatsächlicher Arbeitszeit im Einsatzbetrieb sieht für die Verleihunternehmen demnach die erörterte Möglichkeit zur Verlagerung von Beschäftigungsrisiken vor und bürdet ihnen gleichzeitig für diese Flexibilität keinerlei Mehrkosten auf. Im Ergebnis müssen Leiharbeitnehmer*innen damit oftmals ohne Zuschläge die längeren Arbeitszeiten im Entleihunternehmen leisten, und erhalten dennoch nur ein Entgelt für 35 Wochenstunden. Die Differenz kann dann nach der Vorstellung der Tarifparteien genutzt werden, um unzulässigerweise das Beschäftigungsrisiko verleihfreier Zeiten auf die Leiharbeitskräfte abzuwälzen.

Beide Tarifverträge enthalten außerdem Regelungen zu Urlaubs- und Weihnachtsgeld. Die Ansprüche bewegen sich in Abhängigkeit von der Betriebszugehörigkeit im unteren dreistelligen Bereich. Damit sind die

336 Praktisch geschieht diese Verlagerung des Beschäftigungsrisikos vielfach, vgl. *Köhler/Menz*, in: Entgrenzte Arbeit, S. 98 (108).

Beschäftigten in der Arbeitnehmer*innenüberlassung in dieser Hinsicht etwas besser gestellt als viele Arbeitnehmer*innen ohne Tarifbindung. Im Vergleich zu Arbeitnehmer*innen mit Tarifbindung fällt allerdings die Höhe der Sonderzahlungen eher gering aus; Leiharbeitnehmer*innen sind also auch hier eher benachteiligt.

Interessant ist, dass § 8 des MTV iGZ/DGB und seit 2020 auch § 15 des MTV BAP/DGB eine Erhöhung der Sonderzahlung für Mitglieder einer der DGB-Gewerkschaften vorsieht. Die Zulässigkeit einer solchen einfachen Differenzierungsklausel ist heute weitgehend anerkannt.[337] Ebenfalls überwiegend anerkannt sind Stichtagsklauseln, wie sie auch in den MTV BAP/DGB und iGZ/DGB enthalten sind: Anspruch auf die erhöhte Sonderzahlung haben nur Leiharbeitskräfte, die seit mindestens zwölf Monaten Gewerkschaftsmitglied sind.[338] Etwas umstrittener ist die in der Arbeitnehmer*innenüberlassung zentrale Frage, ob eine vertragliche Bezugnahme auf den Tarifvertrag die Beschäftigten vollständig in die Position von Gewerkschaftsmitgliedern heben soll – und damit im Ergebnis alle Betroffenen von der Differenzierungsklausel profitieren. Richtigerweise gelten aufgrund einer arbeitsvertraglichen Bezugnahme auf einen Tarifvertrag die darin vereinbarten Regelungen; wenn diese Regelungen aber teilweise besondere Tatbestandsvoraussetzungen aufweisen, so müssen eben auch diese Voraussetzungen vorliegen. Hierin eine missverständliche oder gar überraschende Regelung zu erblicken überzeugt angesichts der relativ einfachen und eindeutigen Voraussetzung nicht.[339] Eine einfache Bezugnahmeklausel kann darum eine tarifvertragliche Differenzierungsklausel nicht überwinden.[340] Leiharbeitnehmer*innen, die nicht Mitglied der ta-

---

337 BAG, Urt. v. 23.03.2011 – 4 AZR 366/09, NZA 2011, 920; BAG, Urt. v. 18.03.2009 – 4 AZR 64/08, NZA 2009, 1028; Däubler TVG/*Heuschmid/Klug*, § 1 Rn. 1055; Wiedemann TVG/*Wank*, § 4 Rn. 606e; *Löwisch/Rieble*, TVG § 1 Rn. 2123 ff.; *Lunk/Leder/Seidler*, RdA 2015, 399 (400); *Deinert*, RdA 2014, 129 (134 f.); *Däubler/Heuschmidt*, RdA 2013, 1 (4); aA *Giesen*, ZfA 2010, 657 (677 f.).

338 Vgl. BVerfG, Beschl. v. 14.11.2018 – 1 BvR 1278/16; BAG, Urt. v. 15.04.2015 – 4 AZR 796/13, NZA 2015, 1388; BAG, Urt. v. 18.03.2009 – 4 AZR 64/08, NZA 2009, 1028 Rn. 123; Däubler TVG/*Heuschmid/Klug*, § 1 Rn. 1060; Wiedemann TVG/*Jacobs*, Einl. Rn. 425; *Löwisch/Rieble*, TVG § 1 Rn. 2144; *Helm*, NZA 2015, 1437 (1438); *Däubler/Heuschmidt*, RdA 2013, 1 (4); aA *Greiner*, NZA 2016, 10 (14 f.).

339 AA *Löwisch/Rieble*, TVG § 1 Rn. 2132; *Greiner/Suhre*, NJW 2010, 131 (132 f.).

340 BAG, Urt. v. 18.03.2009 – 4 AZR 64/08, NZA 2009, 1028 Rn. 26 ff.; Däubler TVG/*Heuschmid/Klug*, § 1 Rn. 1051; *Lunk/Leder/Seidler*, RdA 2015, 399 (405); *Deinert*, RdA 2014, 129 (130); *Däubler/Heuschmidt*, RdA 2013, 1 (4); aA *Lö-*

rifschließenden Gewerkschaften sind, haben demnach keinen Anspruch auf die erhöhte Sonderzahlung.

Insgesamt dokumentiert die Differenzierungsklausel den Willen der DGB-Gewerkschaften, auch die Beschäftigten der Arbeitnehmer*innenüberlassung zu organisieren. Das könnte – bei Erfolg – mittelfristig zu einer verbesserten Legitimation der Leiharbeits-Tarifverträge führen. Es lässt sich allerdings nicht sicher sagen, ob Leiharbeitnehmer*innen diesen Anreiz neben den einschneidenden Regelungen der Tarifverträge als ausschlaggebend wahrnehmen.

Insgesamt sind in den MTV BAP/DGB und iGZ/DGB einige im Hinblick auf das Entgelt der Leiharbeitnehmer*innen relevante Regelungen enthalten. Die verhandelten Zuschläge sind dabei durchschnittlich, die Sonderzahlung eher unterdurchschnittlich. Zentral ist der Versuch, über die Vereinbarung einer eher kurzen Wochenarbeitszeit im Verbund mit großzügigen Arbeitszeitkonten das der Leiharbeit inhärente Beschäftigungsrisiko auf die Angestellten auszulagern. Dadurch verringert sich das Entgelt der Beschäftigten weiter, da sie trotz Mehrarbeit regelmäßig nur das Entgelt ihrer 35-Stunden-Woche erhalten. Diese Gestaltung stößt auf erhebliche rechtliche Bedenken und dürfte in Teilen unwirksam sein; die Tarifparteien verlassen hier den gesetzlich vorgesehenen Regelungsspielraum.

b) Entgeltrahmentarifverträge

Neben den Manteltarifverträgen hat die DGB-Tarifgemeinschaft Leiharbeit sowohl mit dem BAP als auch der iGZ Entgeltrahmentarifverträge vereinbart. Beide regeln die Eingruppierung und damit mittelbar das Entgelt.

In der Arbeitnehmer*innenüberlassung stellt sich bei der Eingruppierung die besondere Schwierigkeit, dass unterschiedliche Einsätze auch unterschiedliche Tätigkeitsanforderungen bereithalten können. Dadurch können sich erhebliche Unterschiede ergeben, je nachdem ob sich die Eingruppierung nach der vertraglich auszuübenden oder der tatsächlich ausgeübten Tätigkeit richtet.

Denkbar wäre zum einen, für die Eingruppierung darauf abzustellen, welche Tätigkeiten der Leiharbeitskraft gemäß der arbeitsvertraglichen Vereinbarung zugewiesen werden können. Diese vertraglich auszuübende

---

wisch/Rieble, TVG § 1 Rn. 2131 ff.; *Greiner/Suhre*, NJW 2010, 131 (132 f.); *Giesen*, ZfA 2010, 657 (677 ff.).

Tätigkeit wird sich regelmäßig an der beruflichen Qualifikation der Leiharbeitnehmer*innen orientieren, um das Weisungsrecht der Verleihunternehmen nicht unnötig einzuschränken. Dieses Modell würde unabhängig von dem Anforderungsniveau einzelner Einsätze zu einer gleichbleibenden Vergütung gemäß dem jeweiligen Ausbildungsniveau führen. Allerdings ergäbe sich daraus im Verbund mit der oben dargelegten überdurchschnittlich häufig anzutreffenden formalen Überqualifikation eine Situation, in welcher den Verleihunternehmen zwar qualifizierte Arbeitskräfte zur Verfügung stehen, sich die Entlohnung auch nach dieser Qualifikation bemisst, die Entleihunternehmen aber nur Positionen mit geringeren Tätigkeitsanforderungen besetzen möchten und deshalb auch mit dem – potentiell günstigeren – Einsatz geringer qualifizierter Leiharbeitnehmer*innen zufrieden wären. Grundsätzlich ist das kein Problem, welches marktwirtschaftliche Kräfte nicht lösen könnten: Verleihunternehmen müssten sich schlicht entscheiden, ob sie entweder flexibel einsetzbare Arbeitskräfte zu höheren Preisen oder weniger flexibel einsetzbare Arbeitskräfte zu geringeren Preisen anstellen möchte; je nach Modell würden für die Verleihunternehmen entweder die Lohn- oder die Einstellungskosten steigen, beides würden sie letztendlich an die Entleihunternehmen weiterreichen. Auf diesem Wege würde sich das effizienteste Modell durchsetzen, der Preis der Leiharbeit aber ein wenig steigen.

Die andere Möglichkeit besteht darin, die Eingruppierung gemäß dem Anforderungsniveau der konkret ausgeübten Tätigkeit vorzunehmen. Das ist nicht per se ungewöhnlich.[341] Allerdings entspricht in anderen Branchen die ausgeübte Tätigkeit regelmäßig der gemäß dem Arbeitsvertrag auszuübenden Tätigkeit, weil von vornherein feststeht, welche Tätigkeit Beschäftigte übernehmen sollen. Auch erhalten Unternehmen in anderen Branchen tatsächlich keinen Mehrwert aus einer eventuellen Überqualifikation ihrer Beschäftigten und können damit gut begründen, dass sich die jeweilige Qualifikation nicht zwingend im Entgelt widerspiegelt. In der Arbeitnehmer*innenüberlassung wechseln hingegen die Einsätze, sodass höherqualifizierte Leiharbeitnehmer*innen unabhängig von der Tätigkeitsanforderung ihres konkreten Einsatzes stets auch das Potential eines anspruchsvolleren Einsatzes in sich tragen. Dieses Potential kommt ihrem Verleihunternehmen zugute, das für anspruchsvolle Einsätze keine weiteren, besonders qualifizierten Angestellten vorhalten oder einstellen muss, sondern auf vorhandene Beschäftigte zurückgreifen kann. Diese können je nach aktuellem Bedarf beispielsweise als Helfer*innen oder

341 Vgl. BAG, Urt. v. 19.08.2004 – 8 AZR 375/03.

als Fachkräfte eingesetzt – und jeweils entsprechend entlohnt – werden. Auf diesem Weg können Verleihunternehmen das der Arbeitnehmer*innenüberlassung immanente Problem, dass zu unterschiedlichen Zeiten unterschiedliche Qualifikationsniveaus nachgefragt werden, an ihre Angestellten weiterreichen. Das qualifikationsspezifische Beschäftigungsrisiko, also das Problem, eine der Qualifikation entsprechende Beschäftigung zu finden, wird damit im Sinne der Verleihunternehmen den Beschäftigten zugewiesen.

Richtet sich die Eingruppierung nach der arbeitsvertraglich vereinbarten Tätigkeit, so müssen Verleihunternehmen also ihre Angestellten entweder besser bezahlen, als es einzelne Einsätze begründen, oder stattdessen – bei einer engeren vertraglichen Vereinbarung – auf die Flexibilität vielfältig einsetzbarer Arbeitskräfte verzichten. Richtet sich die Eingruppierung dagegen nach der konkret ausgeübten Tätigkeit, so können Verleihunternehmen ihre Flexibilität erhalten und gleichzeitig bei Einsätzen mit geringem Anforderungsniveau eine entsprechend geringe Entlohnung bezahlen. Die Leiharbeitnehmer*innen dagegen tragen bei diesem Modell das Risiko eines nicht qualifikationsgerechten Einsatzes und müssen mit einem schwankenden Erlös rechnen.

Die Entgeltrahmentarifverträge BAP/DGB und iGZ/DGB unterscheiden sich in dieser Regelungsfrage vor allem sprachlich. Der ERTV BAP/DGB legt in § 2.2. explizit fest, dass es für die Eingruppierung nicht auf die berufliche Qualifikation ankommt, sondern gemäß § 2.1 ausschließlich die tatsächlich ausgeübte Tätigkeit maßgeblich ist. Dieser dem oben als zweites dargestellten Modell folgende Ansatz wird ein wenig dadurch entschärft, dass sich die Eingruppierung nach der überwiegenden Tätigkeit richtet und diese Vergütung gemäß § 2.4 auch bei Einsätzen mit geringerem Anforderungsniveau fortzuzahlen ist. Die Eingruppierung erfolgt demnach gemäß einer Durchschnittsbetrachtung der tatsächlichen Einsätze; das Ausmaß des arbeitsvertraglichen Weisungsrechts ist völlig unerheblich. Ein höheres Entgelt für über der so errechneten Entgeltgruppe liegende Einsätze erhalten Beschäftigte nach § 2.3 ERTV BAP/DGB erst ab der 6. Woche. Verleihunternehmen erhalten demnach die volle Flexibilität, ohne ihre Angestellten dauerhaft entsprechend entlohnen zu müssen. Dafür bleiben die Beschäftigten ohne Ansehung des konkreten Anforderungsniveaus ihres Einsatzes stets mindestens in der ihrer überwiegenden Tätigkeit entsprechenden Entgeltgruppe und sind so nach unten abgesichert.

Der ERTV iGZ/DGB stellt für die Entgeltgruppe dagegen in seinem § 2.1 primär auf die arbeitsvertraglich geregelte Beschäftigung ab. Auch dieser Tarifvertrag lässt aber eine Übertragung von Tätigkeiten zu, die ein höheres Anforderungsniveau beinhalten und räumt Verleihunternehmen damit die Flexibilität ein, ihre Angestellten mit Tätigkeiten oberhalb ihrer „Stammentgeltgruppe" zu betrauen. Auch dieser Tarifvertrag erklärt Einsätze unter dem Niveau der „Stammentgeltgruppe" als im Wesentlichen irrelevant für die Eingruppierung. Er ordnet aber an, dass Leiharbeitnehmer*innen für anspruchsvollere Einsätze ab dem ersten Tag entsprechend besser entlohnt werden müssen.

Im Ergebnis wählen damit beide Entgeltrahmentarifverträge einen Mittelweg: Verleihunternehmen erhalten die volle Flexibilität, müssen ihre Beschäftigten aber immer mindestens gemäß deren überwiegend zutreffenden beziehungsweise arbeitsvertraglichen Eingruppierung entlohnen. Verleihunternehmen tragen damit das qualifikationsspezifische Beschäftigungsrisiko bis zu dieser Stammentgeltgruppe, erhalten aber das Recht, auch Einsätze mit höherem Anforderungsniveau anzuordnen.

Der ERTV iGZ/DGB hält neben den wesentlichen Entscheidungen zur Eingruppierung außerdem eine Zulage im unteren zweistelligen Centbereich/Stunde bereit, der nach Ablauf von neun Monaten innerhalb eines Einsatzes gewährt wird. Ein ähnlicher Zuschlag findet sich auch in § 4 ETV BAP/DGB.

c) Entgelttarifverträge

Die Entgelttarifverträgen ETV BAP/DGB und ETV iGZ/DGB legen sodann die für die jeweiligen Entgeltgruppen zu zahlenden Entgelte fest. Ohne die Zulage für länger als neun Monate währende Einsätze sind gemäß beider Tarifverträge seit dem 01.04.2021 Stundenentgelte zwischen 10,45 € in Entgeltgruppe 1 und 22.79 € in Entgeltgruppe 9 zu bezahlen. Damit liegt die niedrigste Entgeltgruppe am 01.01.2022 0,63 € über dem gesetzlichen Mindestlohn. Im Vergleich zu Tariflöhnen in anderen Branchen sind die vereinbarten Entgelte – ohne Berücksichtigung von Branchenzuschlägen – damit ausgesprochen gering. So wird die Arbeit in der niedrigsten Entgeltstufe in der Baden-Württembergischen Metall- und Elektroindustrie ohne Zuschläge mit 15,75 €/Stunde vergolten, nach TV-ÖD gibt es mindestens 11,38 €/Stunde und das Verräumen von Waren im Baden-Württembergischen Einzelhandel schlägt mit 11,15 €/Stunde zu Buche.

Gleichzeitig ist zu bemerken, dass die vereinbarten Entgelte trotz ihres weiterhin überschaubaren Umfangs rückblickend eine erhebliche Steigerung erfahren haben. Für das Jahr 2008 wurden im ETV iGZ/DGB für die untere Entgeltgruppe noch Entgelte von 6,22 € in den vormals neuen

Bundesländern und 7,15 € in den alten Bundesländern vereinbart. Unter dieser historischen Perspektive wirken die aktuellen Regelungen nicht allzu niedrig, wenngleich die Erhöhung wohl zu wesentlichen Teilen auch auf das Ausscheiden der CGZP und die Einführung eines gesetzlichen Mindestlohns zurückzuführen ist.

Neben dieser Festlegung der Stundenentgelte beinhalten beide Tarifverträge einen Hinweis auf die in weiteren Tarifverträgen festgelegten Branchenzuschläge. Außerdem weist § 7 ETV BAP/DGB ebenso wie § 4 ETV iGZ/DGB darauf hin, dass durch dreiseitige Vereinbarungen zwischen den Tarifparteien und einzelnen Entleihunternehmen Besserstellungen für die dort eingesetzten Leiharbeitnehmer*innen vereinbart werden können.

d) Branchenzuschlagstarifverträge

Die nach den Entgelttarifverträgen geschuldeten Entgelte erfahren beim Einsatz in bestimmten Branchen durch spezifische Branchenzuschlagstarifverträge eine Erweiterung. Die aus BAP und iGZ bestehende Verhandlungsgemeinschaft Zeitarbeit VGZ hat mit der IG Metall, der IG BCE, ver.di und EVG insgesamt elf Branchenzuschlagstarifverträge abgeschlossen, die für Leiharbeitnehmer*innen beim Einsatz in den jeweiligen Branchen eine Aufstockung des Entgelts vorsehen. Daneben gab es 2019 mindestens 19 Firmentarifverträgen mit Zuschlagsregelungen.[342] Diese Branchenzuschlagstarifverträge verfolgen das Ziel, durch langsam wachsende Zuschläge mit dem Ende des 15. Einsatzmonats ein Entgelt zu erreichen, welches gemäß § 8 Abs. 4 Satz 2 Ziff. 1 AÜG dem der Einsatzbranche vergleichbar ist. Dementsprechend variiert die Höhe der Zuschläge zwischen den einzelnen Vereinbarungen in Abhängigkeit von der Differenz, die zwischen dem Tarifentgelt der Einsatzbranche und dem der Leiharbeitsbranche besteht. So wird im Schienenverkehr auch nach 15 Monaten das Gehalt der Entgeltgruppen 1 und 2 nur um 25 % aufgestockt, während in der Metall- und Elektroindustrie ein Zuschlag von 65 % fällig wird. Die vereinbarten Zuschläge schaffen damit nicht nur eine langsame Angleichung hin zu equal pay (während sie gleichzeitig tatsächliches equal pay verhindern), sondern zeigen dabei anschaulich die Differenz der Entlohnung von Stammbeschäftigten und Leiharbeitnehmer*innen auf.

---

342 Antwort der Bundesregierung auf die Kleine Anfrage der Fraktion DIE LINKE, BT-Drs. 19/12700, S. 11.

Wie oben beschrieben, enthält das nach § 8 Abs. 4 Satz 2 AÜG zu gewährende, als gleichwertig festgesetzte Entgelt, keine übertariflichen Entgeltbestandteile. Erhalten die im Entleihunternehmen angestellten vergleichbaren Arbeitnehmer*innen derlei Prämien, so bleibt das Entgelt ihrer in Leiharbeit beschäftigten Kolleg*innen auch nach 15 Einsatzmonaten hinter equal pay zurück. Für den entgegengesetzten Fall einer untertariflichen Entlohnung im Einsatzbetrieb hingegen sehen alle Branchenzuschlagstarifverträge eine Anpassung auch der Branchenzuschläge nach unten vor. Gemäß § 2 Abs. 5 UAbs. 2 der insofern gleichlautenden Branchenzuschlagstarifverträge ist der Branchenzuschlag auf Wunsch des Entleihunternehmens auf equal pay gemäß § 8 Abs. 1 AÜG zu beschränken. Die Verschiebung des Bezugsobjekts in § 8 Abs. 4 Satz 2 AÜG vom Einsatzbetrieb zur Einsatzbranche kann sich nach dieser Gestaltung folglich zu Lasten, aber nicht zu Gunsten der Leiharbeitnehmer*innen auswirken.

Die damit eingeräumte Möglichkeit, im Ergebnis zwischen einer Entlohnung nach § 8 Abs. 1 AÜG und § 8 Abs. 4 AÜG springen zu dürfen – wohlgemerkt nach 15 Monaten – wird damit gerechtfertigt, dass die Legislative mit § 8 Abs. 4 AÜG kein Entgeltniveau über dem von equal pay vorschreiben wollte.[343] Dagegen wird zu Recht eingewandt, dass der Wortlaut eine solche Deckelung nicht zulasse.[344] Tatsächlich nimmt § 8 Abs. 4 AÜG mit keiner Silbe Bezug auf den Grundsatz von equal pay, sondern knüpft explizit an das Entgeltniveau der gesamten Einsatzbranche an. Mit diesem gröberen Maßstab rechtfertigt sich auch erst der Einschätzungsspielraum der Tarifparteien. Auch in systematischer Hinsicht verbietet sich eine Deckelung bei equal pay: § 8 Abs. 1 Satz 2 AÜG ist ebenfalls von einer ähnlichen Orientierung an der Einsatzbranche geleitet, schafft aber nur eine Vermutungswirkung, die von beiden Arbeitsvertragsparteien genutzt, aber auch widerlegt werden kann. § 8 Abs. 4 Satz 2 AÜG dagegen lässt equal pay völlig außen vor und macht den Weg frei für ein neues Vergütungssystem – unter der Voraussetzung, dass es die Vergütung der Einsatzbranche widerspiegelt. Darüber hinaus will es nicht so recht einleuchten, den als Untergrenze ausgestalteten Gleichstellungsgrundsatz des § 8 Abs. 1 AÜG plötzlich zur Einschränkung des § 8 Abs. 4 Satz 2 AÜG als zusätzlich zulässige Obergrenze zu deuten. Das durch die Deckelung nach 15 Einsatzmonaten ermöglichte Rosinenpicken durchbricht damit ohne jeglichen gesetzlichen Rückhalt das von § 8 Abs. 4 Satz 2 AÜG vorgesehene

343 BeckOK ArbR/*Motz*, AÜG § 8 Rn. 129b, 201; *Bissels/Falter*, DB 2017, 1968 (1973); *Bayreuther*, NZA 2017, 18 (20).

344 *Schüren*/Hamann, AÜG § 8 Rn. 177 ff.

Konzept und ist darum unwirksam. Auch an dieser Stelle überschreiten die Tarifparteien den gesetzlich vorgesehenen Regelungsspielraum.

Weniger streng behandelt das Gesetz die in den Branchenzuschlagstarifverträgen vorgesehene Deckelung des Entgelts innerhalb der ersten 15 Monate eines Einsatzes. In § 2 Abs. 5 UAbs. 1 sehen alle Branchenzuschlagstarifverträge mit Ausnahme des TV BZ ME sogar die Möglichkeit einer verschärften Deckelung bei 90 % des Entgelts vergleichbarer Arbeitnehmer*innen vor. Auch § 2 Abs. 5 UAbs. 1 Satz 2 TV BZ ME sieht auf Wunsch des Entleihunternehmens einen Abschlag in Höhe einer durchschnittlichen Leistungszulage vor; dieser Abschlag ist wohl ebenfalls mit 10 % zu beziffern.[345] Soziologisch hat diese bewusste Schlechterstellung gegenüber den Stammbeschäftigten sicherlich spannende Hintergründe und Auswirkungen.[346] Juristisch stehen dieser Begrenzung angesichts des weiten Spielraums der Tarifparteien für die ersten 15 Monate einer Überlassung aber keine durchschlagenden Bedenken entgegen.[347] Um der für diesen Zeitraum einzig expliziten Schranke des Gesetzes – einem ersten Zuschlag nach sechs Wochen Überlassung – gerecht zu werden, sehen alle Vereinbarungen in § 2 Abs. 5 UAbs. 1 vor, dass die Deckelung nicht dazu führen dürfe, dass nach sechs Wochen gar kein Zuschlag gezahlt würde. Über die konkrete Höhe des in diesem Fall zu zahlenden Zuschlags besteht Uneinigkeit; gute Gründe sprechen aber dafür, dass der Zuschlag nicht die erste Zuschlagsstufe erreichen muss.[348]

Es gibt demnach für etliche Branchen Branchenzuschlagstarifverträge, die eine Annäherung des Entgelts der in diese Branchen überlassenen Leiharbeitnehmer*innen verfolgen und damit die Möglichkeit des § 8 Abs. 4 Satz 2 AÜG nutzen, dauerhaft vom Gleichstellungsgebot abzuweichen. Dadurch verbessert sich die finanzielle Situation der bei längerfristigen Einsätzen in die betroffenen Branchen überlassenen Leiharbeitskräfte. Die Branchenzuschlagstarifverträge lassen übertarifliche Entgeltbestandteile allerdings außen vor und stellen viele Leiharbeitnehmer*innen damit schlechter, als das bei equal pay der Fall wäre. Gleichzeitig sehen die Vereinbarungen vor, dass eine Besserstellung von Leiharbeitnehmer*innen gegenüber ihren im Entleihunternehmen angestellten Kolleg*innen in je-

345 LAG Hamm, Urt. v. 15.01.2015 – 17 Sa 1266/14; *Bayreuther*, NZA 2017, 18 (20); aA ArbG Stuttgart, Urt. v. 21.11.2013 – 24 Ca 4398/13, NZA-RR 2014, 65 (68).

346 Vgl. *Holst/Nachtwey/Dörre*, Funktionswandel von Leiharbeit, S. 4.

347 BeckOK ArbR/*Motz*, AÜG § 8 Rn. 129a; *Henssler*, RdA 2017, 83 (94).

348 BeckOK ArbR/*Motz*, AÜG § 8 Rn. 129a; *Simon/Koschker*, NZA 2018, 755 (759 f.); *Bissels/Falter*, DB 2017, 1968.

dem Fall unterbleibt. Für die über 15 Monate der Überlassung hinausreichenden Zeiten ist diese Deckelung allerdings als Verstoß gegen § 8 Abs. 4 Satz 2 AÜG gemäß § 134 BGB unwirksam. Auch in den Branchenzuschlagstarifverträgen findet sich also, ebenso wie im Zusammenhang mit den Arbeitszeitkonten, ein über den gesetzlichen Rahmen hinausreichender Wille der Tarifparteien, zu Ungunsten der Beschäftigten vom gesetzlichen Leitbild abzuweichen.

e) Tarifvertrag über Mindestentgelte

Als Grundlage der Lohnuntergrenzenverordnung nach § 3a Abs. 2 AÜG haben die in der DGB-Tarifgemeinschaft Leiharbeit zusammengeschlossenen DGB-Mitgliedsgewerkschaften mit dem BAP und der iGZ einen Tarifvertrag zur Regelung von Mindeststundenentgelten abgeschlossen. Darin wird das in den beiden Entgelttarifverträgen für die Entgeltgruppe 1 festgelegte Stundenentgelt als Mindeststundenentgelt vereinbart. Gemäß § 3 Ziff. 1 des Tarifvertrags liegt das Mindeststundenentgelt seit dem 01.04.2021 bundeseinheitlich bei 10,45 € und steigt ab dem 01.04.2022 auf 10,88 €.

Auf Basis dieser Tarifvereinbarung hat das BMAS am 20.08.2020 die dort festgesetzten Mindeststundenentgelte als Lohnuntergrenze im Sinne des § 3a AÜG erlassen. Sie gelten damit für alle in Deutschland tätigen Leiharbeitnehmer*innen.[349] Insbesondere sind auch ausländische Verleihunternehmen nach § 2 AEntG an sie gebunden, sodass weitergehendes Lohndumping verhindert wird.[350]

f) Vereinbarungen der Einsatzbranchen

Das Wesen der Arbeitnehmer*innenüberlassung bringt es mit sich, dass von den dort herrschenden Arbeitsbedingungen nicht nur die eigentlichen Arbeitsvertragsparteien, sondern auch die weiteren Beteiligten in den Einsatzbetrieben tangiert werden. Der Einsatz von Leiharbeitnehmer*innen

349 Vgl. BeckOK ArbR/*Kock,* AÜG § 3a Rn. 2; Schüren/Hamann/*Wilde,* AÜG § 3a Rn. 3.

350 BeckOK ArbR/*Kock,* AÜG § 3a Rn. 2; Berg/Kocher/Schumann/*Heilmann*, TVG Anhang 4 Rn. 9; *Röpke,* Die Gestaltbarkeit von Arbeitsbedingungen, S. 109; *Hamann,* RdA 2011, 321 (329 f.).

kann für die Stammbeschäftigten vielfältige Vor- und Nachteile mit sich bringen, die in Vereinbarungen der Einsatzbranche adressiert werden.

So schafft es für die Stammbeschäftigten zunächst zusätzliche Sicherheit zu wissen, dass bei einem zukünftigen wirtschaftlichen Niedergang zuerst die in Leiharbeit beschäftigten Kolleg*innen abgemeldet werden, bevor der eigene Arbeitsplatz wegfällt.[351] Diese Hierarchie ist nicht nur wirtschaftlich bedingt, sondern auch rechtlich abgesichert: betriebsbedingte Kündigungen von Stammarbeitnehmer*innen sind ausgeschlossen, solange im Betrieb vergleichbare Leiharbeitskräfte auf Dauerarbeitsplätzen eingesetzt werden.[352] Zusätzlich mögen sich manchen Arbeitnehmer*innen der Entleihunternehmen über Einsparungen bei den Lohnkosten freuen und ihren Arbeitsplatz durch die Konkurrenzfähigkeit des Unternehmens gesichert sehen.[353]

Gleichzeitig sorgt ein steter Wechsel innerhalb der Belegschaft aber auch dafür, dass ständig neue Kolleg*innen angelernt werden müssen.[354] Darüber hinaus leidet gerade bei dem Gefühl einer Zwei-Klassen-Belegschaft schnell das Betriebsklima, was auch den Stammbeschäftigten schadet.[355] Eine hohe Anzahl an Leiharbeitnehmer*innen im Betrieb kann außerdem das Gefühl der eigenen Ersetzbarkeit tagtäglich aktualisieren.[356] Die neu entstandene Konkurrenz zu teils stark motivierten und womöglich günstigeren externen Arbeitskräften kann einen hohen Leistungsdruck auch auf die ihre Verdrängung fürchtende Kernbelegschaft aufbauen.[357] Die Stammkräfte von Unternehmen mit regem Leiharbeits-Einsatz erhalten demnach zwar eine gewisse Sicherheit vor betriebsbedingten

---

351 *Kratzer/Menz/Tullius/Wolf,* Legitimationsprobleme, S. 289; *Pasch,* Vorübergehende Überlassung, S. 27; *Röpke,* Die Gestaltbarkeit von Arbeitsbedingungen, S. 42; *Hassel,* British Journal of Industrial Relations 2014, 57 (70); *Deinert,* RdA 2014, 65 (69); *Hohendanner/Walwei,* WSI-Mitt. 2013, 239 (242).

352 BAG, Urt. v. 18.10.2012 – 6 AZR 289/11, NZA-RR 2013, 68; BAG, Urt. v. 15.12.2011 – 2 AZR 42/10, NZA 2012, 1044; DDZ/*Deinert,* KSchG § 1 Rn. 300, 401; *Teubert,* Betriebsbedingte Kündigung, S. 63.

353 *Kratzer/Menz/Tullius/Wolf,* Legitimationsprobleme, S. 288; *Däubler,* Arbeitsrecht, Rn. 1172c; *Hassel,* British Journal of Industrial Relations 2014, 57 (64); vgl. *Arps,* Frühschicht, S. 184.

354 *Pasch,* Vorübergehende Überlassung, S. 28.

355 *Krause,* Tarifverträge zur Begrenzung, S. 63, 86.

356 *Krause,* KJ 2013, 119 (123); *Holst/Nachtwey/Dörre,* Funktionswandel von Leiharbeit, S. 48.

357 *Krause,* Tarifverträge zur Begrenzung, S. 64; *Krause/Köhler,* in: Arbeit als Ware, S. 9 (26); *Holst,* WSI-Mitt. 2009, 143 (148); *Holst/Nachtwey/Dörre,* Funktionswandel von Leiharbeit, S. 48; krit. *Spermann,* in: Die neue Rolle der Zeitarbeit, S. 203 (208).

Kündigungen, können mit dem Einsatz von Leiharbeitskräften aber auch unter Druck gesetzt werden.[358] Regelmäßig leidet die Verhandlungsposition der Stammbelegschaften unter der Möglichkeit des Unternehmens, auf Arbeitnehmer*innenüberlassung zurückzugreifen und so eine zweite Entgeltlinie zu etablieren.[359] Das gilt ebenso auf der Ebene von Gewerkschaften wie auf der von Betriebsräten und Einzelpersonen.[360] Es besteht die Gefahr, dass Unternehmen einer allzu selbstbewussten Belegschaft mit dem Ausweichen auf Leiharbeit drohen – und diese Drohung wahrmachen, um betriebliche Machtverhältnisse zu verändern.

Es verwundert darum nicht, dass auch auf Seiten der Entleihunternehmen sowohl auf tarifvertraglicher Ebene als auch auf der Ebene von Betriebsvereinbarungen Absprachen getroffen werden, die den Einsatz von Leiharbeitnehmer*innen reglementieren.[361] Darunter finden sich Regelungen zu Höchstquoten, Übernahmepflichten, maximalen Einsatzdauern, der Beteiligung des Betriebsrats oder dem Entgelt.[362] Viele dieser Vereinbarungen wirken sich mittelbar auf die Arbeitsbedingungen von Leiharbeitskräften aus. An dieser Stelle interessieren vor allem Absprachen zur Entlohnung von Leiharbeitnehmer*innen.

Diesbezügliche Vereinbarungen jüngeren Datums finden sich vor allem in den insoweit prägenden Tarifverträgen der IG Metall mit den korrelierenden Arbeitgeber*innenverbänden der Entleihunternehmen.[363] Sie legen bezüglich des Entgelts fest, dass Entleihunternehmen nur auf solche Verleihunternehmen zurückgreifen dürfen, die eine Entlohnung mindestens auf dem Niveau der mit dem DGB vereinbarten Branchenzu-

---

358 BAG, Beschl. v. 10.07.2013 – 7 ABR 91/11, NZA 2013, 1296 Rn. 50; *Kronauer*, in: Arbeiterbewegung, S. 81 (90); *Pasch*, Vorübergehende Überlassung, S. 28; *Nielebock*, in: Unsichere Arbeits- und Lebensbedingungen, S. 111 Rn. 2; *Sehrbrock*, DB 2010 Standpunkte Heft 9, S. 21 (22); *Holst/Nachtwey/Dörre*, Funktionswandel von Leiharbeit, S. 48; *Weinkopf/Vanselow*, (Fehl-)Entwicklungen, S. 15 f.; krit. *Spermann*, in: Die neue Rolle der Zeitarbeit, S. 203 (208).

359 *Pasch*, Vorübergehende Überlassung, S. 27 f.; *Krause*, ZIAS 2014, 113 (137 f.); *Krause*, KJ 2013, 119 (122 f.); *Krause*, Tarifverträge zur Begrenzung, S. 61, 74; *Berg*, JbArbR 46 (2009), 69 (75); *Rieble*, in: Zukunft der Zeitarbeit, S. 65 (71); *Flecker/Papouschek/Gavroglu*, in: The transformation of work, S. 45 (59).

360 *Krause*, KJ 2013, 119 (123).

361 Däubler TVG/*Heuschmid*, 4. Aufl 2016, § 1 Rn. 819 f.

362 BeckOK ArbR/*Motz*, AÜG § 8 Rn. 87 ff.; Däubler TVG/*Heuschmid*, 4. Aufl. 2016, § 1 Rn. 819 f.; *Krause*, ZIAS 2014, 113 (138) (141 f.); *Krause*, Tarifverträge zur Begrenzung, S. 30 ff.

363 BeckOK ArbR/*Motz*, AÜG § 8 Rn. 87 ff.

schlagstarifverträge gewährleisten.[364] Das stellt letztlich eine mildere Form einer zuvor teilweise praktizierten Absprache dar. Etliche Vereinbarungen gestatteten den Entleihunternehmen früher die Eingliederung von Leiharbeitnehmer*innen nur, wenn gleichzeitig sichergestellt war, dass diese nach equal pay entlohnt würden.[365] Auf diesem Wegen konnte die Verhandlungsmacht der Stammbelegschaft im Wege praktischer Solidarität zu Gunsten der Leiharbeitnehmer*innen genutzt werden.[366] Es ist außerdem davon auszugehen, dass die gleiche Entlohnung das Betriebsklima unterstützt, die innerbetriebliche Konkurrenz gemildert und damit auch disziplinierende Effekte auf die Stammbeschäftigten eingeschränkt hat. Allerdings sah sich diese Gestaltung auch einigen rechtlichen Bedenken ausgesetzt, von denen kartellrechtliche Erwägungen wohl die stichhaltigsten waren.[367]

Ob die damit verbundene Rechtsunsicherheit oder eher sinkende Solidarität der Stammbeschäftigten, gesetzliche Neuerungen oder die steigenden Löhne in der Arbeitnehmer*innenüberlassung ausschlaggebend für die geänderte Tarifpolitik der Gewerkschaften waren, ist nicht klar. Tatsache ist, dass heute kein flächendeckender Druck auf Entleihunternehmen besteht, den bei ihnen eingesetzten Leiharbeitnehmer*innen zu equal pay zu verhelfen. Diesbezügliche Vereinbarungen dürften sich heute nur mehr punktuell in einzelnen (Gesamt-)Betriebsvereinbarungen oder Firmentarifverträgen finden. Gleichwohl zeigen sie ebenso wie die Vereinbarungen in den Tarifverträgen der Metallindustrie auf, dass es auch für Stammbeschäftigte durchaus Wege gibt, um der Fragmentierung wirksam zu begegnen.

---

364 Ziff. 5.3 TV LeiZ Baden-Württemberg vom 11.11.2021; BeckOK ArbR/*Motz*, AÜG § 8 Rn. 95; *Krause*, NZA 2012, 830 (835 f.); *Bayreuther*, NZA-Beil. 2012, 115 (121).

365 Tarifvertrag der saarländischen Eisen- und Stahlindustrie vom Dezember 2010; Tarifvertrag zur Bezahlung Leiharbeitnehmer*innen in der nordwestdeutschen Stahlindustrie vom 30.09.2010; Vereinbarung und Tarifvertrag zwischen den Hüttenwerken Krupp Mannesmann GmbH, Betriebsrat und IG Metall vom 19.12.2007; Firmen-Tarifvertrag Still GmbH Hamburg vom 13.12.2007; Airbus-Firmen-Tarifvertrag vom 01.04.2003; allesamt zitiert nach *Serr*, Privative Tariftreue, 32 ff.; vgl. BeckOK ArbR/*Motz*, AÜG § 8 Rn. 87; Däubler TVG/*Heuschmid*, 4. Aufl. 2016, § 1 Rn. 819; *Helfen/Hense/Nicklich*, Industrielle Beziehungen 2015, 282 (295); *Karthaus/Klebe*, in: FS Kempen, S. 295 (298); *Krause*, Tarifverträge zur Begrenzung, S. 34 ff.; *Karthaus*, AuR 2010, 494 (496 ff.); *Berg*, JbArbR 46 (2009), 69 (85 f.); *Weinkopf/Vanselow*, (Fehl-)Entwicklungen, S. 25.

366 *Helfen/Hense/Nicklich*, Industrielle Beziehungen 2015, 282 (295).

367 *Löwisch/Rieble*, TVG § 1 Rn. 206 ff. mwN; *Serr*, Privative Tariftreue, S. 50; *Giesen*, ZfA 2012, 143.

Es liegt allerdings auf der Hand, dass Leiharbeitnehmer*innen bei dieser Möglichkeit zusätzlichen Schutzes noch deutlicher als bei der sonstigen Tarifierung auf ihre Kolleg*innen in den Einsatzbetrieben angewiesen sind.

g) Zusammenfassung

Es hat sich gezeigt, dass die gesetzlichen Vorgaben zur Arbeitnehmer*innenüberlassung erhebliche Spielräume lassen, die von den Tarifparteien ausgiebig genutzt werden. Dabei konnte festgestellt werden, dass die Tarifabschlüsse zur Arbeitnehmer*innenüberlassung großteils hinter denen in anderen Bereichen zurückbleiben, teilweise sogar zu Ungunsten der Beschäftigten den gesetzlich vorgesehenen Rahmen verlassen. Gleichzeitig finden sich aber auch Beispiele, in denen Vereinbarungen in den Einsatzbranchen für eine mittelbare Aufwertung der Leiharbeit gesorgt haben. Insgesamt weisen die Tarifverträge nur im Zusammenhang mit den Branchenzuschlägen einen engen Bezug zu den Arbeitsbedingungen in den Einsatzbranchen auf; grundsätzlich aber schaffen die Tarifparteien ein davon losgelöstes, eigenes Vergütungssystem auf niedrigem Niveau.

Die schwachen Tarifergebnisse erklären sich vordergründig aus der Tatsache, dass die Organisationsraten in der Leiharbeit konstant niedrig sind, einzelne Leiharbeitnehmer*innen leicht ausgetauscht werden können, viele Leiharbeitnehmer*innen am Arbeitsmarkt in einer unterlegenen Position sind und die Gewerkschaften dementsprechend wenig durchsetzungsfähig sind.[368] Gleichzeitig sieht die Rechtslage aber Tarifverhandlungen vor der Drohkulisse des Gleichstellungsgrundsatzes vor, sodass es für die Durchsetzungsfähigkeit der Gewerkschaften eigentlich keiner beeindruckenden Mitgliederstärke bedarf.[369] Es liegt deshalb nahe, den überschaubare Erfolg der Gewerkschaften in den Tarifverhandlungen nicht nur auf die fehlende Durchsetzungsfähigkeit, sondern auch auf ein stellenweise nicht allzu ausgeprägtes Interesse am Wohlergehen der Leiharbeitnehmer*innen zurückzuführen. Die Tariföffnungsklausel des § 8 Abs. 2, 4 AÜG macht mit den Gewerkschaften eine Instanz zum Schutzpatron der

368 *Seiwerth*, Gestaltungsfreiheit in Tarifverträgen, S. 453; *Sansone*, Gleichstellung, S. 398; *Thüsing/Stiebert*, in: Der CGZP-Beschluss, S. 59 (73); *Albers*, Regulierung in Frankreich, S. 306; *Holst/Aust/Pernicka*, Zeitschrift für Soziologie 2008, 158 (169).

369 *Riechert*, NZA 2013, 303 (305).

Leiharbeitnehmer*innen, die gleichzeitig auch den Stammbeschäftigten verpflichtet ist und damit in einem schwierigen Spannungsfeld agiert.[370]

2) Konkrete Entgelte von Leiharbeitnehmer*innen

Die konkreten Auswirkungen dieser gesetzlichen Gestaltung und ihrer tarifvertraglichen Umsetzung zeigen sich letztendlich in den von Leiharbeitnehmer*innen erzielten Entgelten. Dabei ermöglicht es der alle Leiharbeitsverhältnisse umfassende Betrachtungsrahmen, die vereinzelte Anwendung des Gleichstellungsgrundsatzes, begünstigende Abreden wie die Vereinbarungen in den Einsatzbranchen, moderate Verschlechterungen wie eine Abweichung vom Gleichstellungsgrundsatz unter Zuhilfenahme der Branchenzuschlagstarifverträge und stärkere Abweichungen wie den Rückfall auf den Entgelttarifvertrag zu saldieren und damit in ein Verhältnis zu setzen.

Insgesamt ist zu beobachten, dass beinahe alle Leiharbeitnehmer*innen in ihren Arbeitsverträgen eine Bezugnahme auf die Tarifwerke BAP/DGB oder iGZ/DGB vereinbart haben.[371] Von einer flächendeckenden Anwendung des sowohl auf europäischer als auch nationaler Ebene vorgesehenen Gleichstellungsgrundsatzes ist die deutsche Realität damit weit entfernt; im Gegenteil sind die vorgesehenen Ausnahmen zur absoluten Regel geworden. Den Tarifverträgen kommt beim Schutz von Leiharbeitnehmer*innen damit überragende Bedeutung zu. Dabei steht zu erwarten, dass die Tarifnormen auch gemäß ihrer zweifelhaften und unwirksamen Klauseln gelebt werden.

Es entspricht sowohl der gesetzlichen Konzeption als auch den tarifvertraglichen Regelungen, dass mit zunehmender Einsatzdauer das Entgelt ansteigt. Bedauerlicherweise werden die Einsatzdauern von Leiharbeitnehmer*innen nicht zentral erfasst.[372] Dementsprechend ist es nicht möglich zu benennen, wie viele Leiharbeitskräfte nach neun Monaten in den Genuss von equal pay kommen oder doch zumindest mithilfe von Branchenzuschlagstarifverträgen nach 15 Monaten ein an equal pay angenähertes

370 *Keller*, WSI-Mitt. 2017, 27 (28); *Keller/Seifert*, Atypische Beschäftigung, S. 111.

371 DGB, PM 076 18.12.2019; *Pant*, Regulierung der Arbeitnehmerüberlassung, S. 33; Thüsing/*Kock/Greiner*, AÜG § 8 Rn. 51; Böhm/Hennig/*Popp*, Zeitarbeit, Rn. 898; *Waltermann*, NZA 2010, 482 (483).

372 Antwort der Bundesregierung auf die Kleine Anfrage der Fraktion DIE LINKE, BT-Drs. 18/4786, S. 5; *Pant*, Regulierung der Arbeitnehmerüberlassung, S. 210.

Entgelt erhalten. Aus der statistisch erfassten Dauer von Leiharbeitsverhältnissen lässt sich aber zumindest ein Anhaltspunkt ableiten.[373] 77 % aller Leiharbeitsverhältnisse enden nach höchstens zwölf Monaten, 48 % sind bereits nach maximal drei Monaten passé.[374] Der Fokus auf die Anzahl der Leiharbeitsverhältnisse bedeutet natürlich nicht, dass drei Viertel der in der Arbeitnehmer*innenüberlassung erbrachten Arbeitsstunden auf derlei kurze Arbeitsverhältnisse entfielen; im Gegenteil fallen bei den Stunden die länger andauernden Arbeitsverhältnisse stärker ins Gewicht. Will man aus der Beschäftigungsdauer auf das durchschnittlich Entgelt schließen ist es darum ratsam, auch die Dauer der zu einem fixen Zeitpunkt bestehenden Leiharbeitsverhältnisse zu betrachten, um diesen Effekt auszugleichen. Allerdings zeigt sich auch aus dieser Perspektive, dass am Stichtag 30.06.2021 60 % der bestehenden Leiharbeitsverhältnisse seit weniger als einem Jahr bestanden.[375] Selbst wenn die Dauer des Arbeitsverhältnisses mit der Einsatzdauer gleichzusetzen wäre – was nicht der Fall ist – kämen die meisten Leiharbeitnehmer*innen auf der Basis von Branchenzuschlägen niemals auch nur in Sichtweite von equal pay.

Das hat erhebliche Auswirkungen auf das in der Arbeitnehmer*innenüberlassung erzielte Vergütungsniveau. Das Medianentgelt aller vollzeitbeschäftigten Leiharbeitnehmer*innen lag zum Stichtag 31.12.2020 bei 1.954 € und damit um 1.510 € oder 44 % unter dem aller sozialversicherungspflichtig Vollzeitbeschäftigten.[376] Würde man anstatt des Medians das Durchschnittsentgelt untersuchen, ergäben sich wohl noch größere Unterschiede, weil es wenig hochbezahlte Führungskräfte in der Arbeitnehmer*innenüberlassung geben dürfte, die das Durchschnittsentgelt wesentlich über den Median heben könnten. Die vom Medianentgelt beschriebene Differenz von 44 % ist demnach durchaus aussagekräftig. Ein Vergleich mit den Werten aus 2019 zeigt außerdem, dass auch schon in vorpandemischen Zeiten ein „Pay Gap" von 42 % bestand.[377] Die aktuellen

---

373 Antwort der Bundesregierung auf die Kleine Anfrage der Fraktion DIE LINKE, BT-Drs. 18/4786, S. 5; *Pant*, Regulierung der Arbeitnehmerüberlassung, S. 210; *J. Ulber*, RdA 2018, 50 (54).

374 Bundesagentur für Arbeit, Leiharbeitnehmer und Verleihbetriebe, Januar 2022, Tabelle 3.2, Zeile 47.

375 Bundesagentur für Arbeit, Leiharbeitnehmer und Verleihbetriebe, Januar 2022, Tabelle 4.1, Zeile 47.

376 Bundesagentur für Arbeit, Leiharbeitnehmer und Verleihbetriebe, Januar 2022, Tabelle 6.2 Teil 1 Spalten 2, 4, 5, Zeile 12.

377 Bundesagentur für Arbeit, Leiharbeitnehmer und Verleihbetriebe, Juli 2020, Tabelle 6.1 Spalten 4, 10 Zeile 12.

Verhältnisse lassen sich darum nicht auf die Covid-19-Pandemie zurückführen.

Ein Teil dieses Pay Gaps von 1.510 € lässt sich mit der besonderen Beschäftigungsstruktur in der Arbeitnehmer*innenüberlassung erklären. So sind, wie oben dargelegt, in der Leiharbeit überdurchschnittlich viele Menschen als Helfer*innen beschäftigt, was den Abstand zum bundesdurchschnittlichen Medianentgelt ein Stück weit erklärt.[378] Nimmt man den Umstand, dass überdurchschnittlich viele Leiharbeitnehmer*innen unterhalb ihrer Qualifikation eingesetzt werden, kritiklos hin und vergleicht das Entgelt innerhalb der unterschiedlichen Tätigkeitsanforderungen, dann schmilzt der Abstand. So verdienen als Spezialist*innen eingesetzte Leiharbeitnehmer*innen nur 13 % weniger als ihre Kolleg*innen.[379] Im Helfer*innensegment bleibt aber eine Differenz von 31 % zwischen der durchschnittlichen Entlohnung einer Leiharbeitskraft und einer Helfer*in außerhalb der Arbeitnehmer*innenüberlassung.[380]

Innerhalb der Gruppe der Helfer*innen arbeiten in der Folge 85 % der Leiharbeitnehmer*innen im Niedriglohnsektor.[381] Leiharbeitnehmer*innen stellten zum Stichtag 31.12.2020 von den durch die Bundesagentur für Arbeit als Helfer*innen im Niedriglohnbereich erfassten 1.233.265 Vollzeitbeschäftigten 22 %, im gesamten Helfer*innenbereich aber nur 12 %.[382] Kurz gesagt: 17 von 20 im Helfer*innensegment eingesetzte Leiharbeitnehmer*innen arbeiten zu Niedriglohnbedingungen. Gleichzeitig ist jede fünfte Helfer*in im Niedriglohnbereich eine Leiharbeitskraft. Das führt im Verbund mit dem großen Anteil von als Helfer*innen eingesetzten Leiharbeitnehmer*innen dazu, dass in der Arbeitnehmer*innenüberlassung mit 64 % beinahe zwei Drittel der Beschäftigten Entgelte im Niedriglohnbereich erzielen.[383] Für 4 % der Leiharbeitskräfte sind die Entgelt sogar so niedrig, dass sie trotz sozialversicherungspflichtiger Anstellung

378 Bundesagentur für Arbeit, Aktuelle Entwicklungen in der Zeitarbeit, Januar 2022, S. 10, 20.

379 Bundesagentur für Arbeit, Leiharbeitnehmer und Verleihbetriebe, Januar 2022, Tabelle 6.2 Teil 2 Spalte 5 Zeile 20.

380 Bundesagentur für Arbeit, Leiharbeitnehmer und Verleihbetriebe, Januar 2022, Tabelle 6.2 Teil 2 Spalte 5 Zeile 18.

381 Bundesagentur für Arbeit, Leiharbeitnehmer und Verleihbetriebe, Januar 2022, Tabelle 6.1 Spalte 8 Zeile 34.

382 Bundesagentur für Arbeit, Leiharbeitnehmer und Verleihbetriebe, Januar 2022, Tabelle 6.1 Spalten 1, 7, 9, 11 Zeile 47.

383 Bundesagentur für Arbeit, Leiharbeitnehmer und Verleihbetriebe, Januar 2022, Tabelle 6.1 Spalte 8 Zeile 12.

zur Deckung des Existenzminimums auf ergänzende Leistungen aus der Grundsicherung angewiesen sind – bei knapp drei Vierteln dieser Menschen sogar, obwohl sie in Vollzeit beschäftigt sind.[384] Leiharbeit hat also offenbar einen erheblichen Anteil am deutschen Niedriglohnsektor. Die Lohndifferenz von einem Drittel zwischen Helfer*innen inner- und außerhalb der Arbeitnehmer*innenüberlassung macht dabei deutlich, dass dieser Niedriglohnsektor erst mittels der Leiharbeit Einzug in viele eigentlich besser vergütende Branchen gefunden hat. Diese Entwicklung legt es nahe, den Einsatz von Leiharbeitskräften nicht nur auf ein Flexibilitätsbedürfnis, sondern vor allem auf das Bedürfnis zur Einsparung von Lohnkosten zurückzuführen. Dabei kommt der fragmentierenden Wirkung der Arbeitnehmer*innenüberlassung überragende Bedeutung zu.

Hält man die ausbildungsinadäquate Beschäftigung für einen Teil der in der Arbeitnehmer*innenüberlassung wirkenden Mechanismen und damit des zu beschreibenden Phänomens, und vergleicht die Entgelte deshalb nicht nach Anforderungsniveau der Tätigkeit, sondern nach Berufsabschluss, so nähern sich die Werte wieder den anfänglichen 44 % an. Leiharbeitnehmer*innen ohne Berufsabschluss verdienen 37 % weniger als Vollzeitbeschäftigte ohne Berufsabschluss außerhalb der Arbeitnehmer*innenüberlassung.[385] Für Leiharbeitskräfte mit anerkanntem Berufsabschluss liegt dieser Wert bei 35 %, und auch akademische Berufsabschlüsse schützen nicht davor, als Leiharbeitnehmer*in 26 % weniger zu verdienen als genauso qualifizierte Menschen in anderen Branchen.[386] Im Ergebnis ist die Gefahr im Niedriglohnsektor zu arbeiten für Leiharbeitnehmer*innen ohne anerkannten Berufsabschluss mehr als doppelt so hoch wie für Vollzeitbeschäftigte ohne anerkannten Berufsabschluss außerhalb der Arbeitnehmer*innenüberlassung.[387]

Zweifellos ist die Arbeitnehmer*innenüberlassung von besonderen Strukturen geprägt, die einen Teil des Pay Gaps zu erklären vermögen. Angeführt wird hierbei neben den oben dargelegten Abweichungen bei beruflicher Qualifikation und Anforderungsniveau der ausgeübten Tätigkeiten die außergewöhnlich kurzen Beschäftigungsdauern, das junge Durchschnittsalter, eine Überrepräsentation von Beschäftigten mit nicht-

---

384 Bundesagentur für Arbeit, Entwicklungen in der Zeitarbeit, Juli 2022, S. 23.

385 Bundesagentur für Arbeit, Leiharbeitnehmer und Verleihbetriebe, Januar 2022, Tabelle 6.2 Teil 2 Spalte 5 Zeile 14.

386 Bundesagentur für Arbeit, Leiharbeitnehmer und Verleihbetriebe, Januar 2022, Tabelle 6.2 Teil 2 Spalte 5 Zeilen 15, 16.

387 Bundesagentur für Arbeit, Leiharbeitnehmer und Verleihbetriebe, Januar 2022, Tabelle 6.1 Spalten 8, 12, Zeile 43.

deutschem Pass und die eher gering bemessene Wochenarbeitszeit von 35 Stunden.[388] Nach Auffassung der Bundesagentur für Arbeit lässt sich der Pay Gap zu 60 % aus diesen Besonderheiten erklären.[389] Das lässt aber nicht nur eine unerklärte Differenz von immerhin 17 Prozentpunkten zum Medianentgelt außerhalb der Arbeitnehmer*innenüberlassung offen, sondern umschifft auch die Frage, welche Besonderheiten Teil des zu beschreibenden Phänomens sind. Das Beispiel der Staatsangehörigkeit macht das anschaulich: weil Menschen mit einer nicht-deutschen Staatsangehörigkeit auch außerhalb der Arbeitnehmer*innenüberlassung unterdurchschnittlich bezahlt werden, erklärt ihr hoher Anteil an der Leiharbeit den Pay Gap ein Stück weit. Das zeigt die Wirksamkeit einer Fragmentierung entlang gesellschaftlicher Machtverhältnisse; eine Rechtfertigung geht damit aber nicht einher. Auch die tarifvertraglich vereinbarte 35-Stunde-Woche ist in Kombination mit den Arbeitszeitkonten einerseits eine Erklärung für das geringere Entgelt, andererseits direktes Resultat der Tarifierung und damit zu beschreibender Teil des besonderen Arbeitsverhältnisses.

Man könnte die bei der Bereinigung des Pay Gap eingebrachten Parameter demnach auch als Aufzählung jener Indikatoren verstehen, die sich nachteilig auf die Position vieler Leiharbeitnehmer*innen am Arbeitsmarkt auswirken. Sie machen deutlich, wie sehr Leiharbeitskräfte nicht auf der Sonnenseite des Erwerbslebens stehen. Der auch nach der Bereinigung verbleibende erhebliche Pay Gap legt dabei nahe, dass sich gesellschaftliche Ungleichheiten und Machtverhältnisse in der Leiharbeit potenziert auswirken. Das zeigt das enorme Potential der Fragmentierung und lässt gleichzeitig erheblich an der Wirksamkeit der getroffenen Schutzmaßnahmen zweifeln – im Hinblick auf das Entgelt jedenfalls sind Leiharbeitnehmer*innen gegenüber den vergleichbaren Kolleg*innen in den Einsatzbetrieben wesentlich benachteiligt.

---

388 Bundesagentur für Arbeit, Aktuelle Entwicklungen in der Zeitarbeit, Januar 2022, S. 23; Antwort der Bundesregierung auf die Kleine Anfrage der Fraktion DIE LINKE, BT-Drs. 19/12700, S. 3; DGB Bundesvorstand, arbeitsmarktaktuell Nr. 4/2019, S. 11 f.; Bundesagentur für Arbeit, Bereinigter Pay Gap, Januar 2019, S. 4.

389 Bundesagentur für Arbeit, Aktuelle Entwicklungen in der Zeitarbeit, Januar 2022, S. 23; vgl. ausführlicher Bundesagentur für Arbeit, Bereinigter Pay Gap, Januar 2019, S. 29: 55 %.

c. Zusammenfassung und Bewertung

Insgesamt lässt sich eindeutig feststellen, dass das Entgelt in der Arbeitnehmer*innenüberlassung stark unterdurchschnittlich ist. Zwar haben sowohl die europäische als auch die deutsche Gesetzgebung erkannt, dass es eines besonderen Schutzes von Leiharbeitnehmer*innen bedarf. Aus diesem Grund wurde der Gleichstellungsgrundsatz geschaffen, der die Arbeitsbedingungen in der Leiharbeit an die vergleichbarer Arbeitnehmer*innen im Einsatzbetrieb koppelt. Beide Rechtsordnungen zielen damit auf eine Partizipation der Leiharbeitnehmer*innen an den Kräfteverhältnissen und Verhandlungsergebnissen in der Einsatzbranchen ab. Mit diesem Mechanismus könnte nicht nur der Schutz der Leiharbeitskräfte gewährleistet, sondern auch der Fragmentierung von Belegschaften Einhalt geboten werden. Die Arbeitnehmer*innenüberlassung würde mittelbar auf Bereiche begrenzt, in welchen sie durch die Zusammenfassung von Beschäftigungsrisiken und vorübergehenden Beschäftigungspotentialen einen Mehrwert schafft; eine Nutzung zur Lohnkostensenkung wäre nicht möglich.

Gleichzeitig sehen aber beide Rechtsordnungen tarifvertragliche Abweichungsmöglichkeiten vom Gleichstellungsgrundsatz vor und reichen die Aufgabe einer sachgerechten Regelung damit an die Tarifparteien weiter. Die Rechtswirklichkeit hat sodann mit dem Schutzgedanken und dem Gleichstellungsgrundsatz nur mehr wenig zu tun: Die Ausnahme ist zur absoluten Regel verkommen; wer eine Vergütung nach equal pay sucht, muss genau hinsehen. Stattdessen unterschreitet die Vergütung von Leiharbeitnehmer*innen regelmäßig in erheblichem Maße die Vergütung vergleichbarer Stammbeschäftigter. Das macht insbesondere die strategische Nutzung der Leiharbeit zur Verlagerung allgemeiner Beschäftigungsrisiken und zur Lohnkostensenkung attraktiv; der Niedriglohnsektor erhält vermittels der Arbeitnehmer*innenüberlassung Einzug selbst in vormalige Hochlohnbranchen.

Das Geschäft der Leiharbeit ist beinahe vollständig von einer eigenen Vergütungsstruktur geprägt, die nur mit den Branchenzuschlagstarifverträgen stellenweise und unter hohen Voraussetzungen einen kleinen Bezug zu den Bedingungen der Einsatzbranchen herstellt. Die Entgelte von Leiharbeitskräften und Stammbeschäftigten sind damit weitestgehend entkoppelt, die Spaltung perfekt. Unmittelbar spüren das vor allem die Leiharbeitnehmer*innen mit ihren dramatisch niedrigen Einkünften; mittelbar drückt diese Fragmentierung von Belegschaften den Preis jeglicher Arbeitskraft.

2. Arbeitsplatzsicherheit

Neben dem Entgelt ist vielen Leiharbeitnehmer*innen ebenso wie anderen Lohnabhängigen in Deutschland bei ihrem Arbeitsplatz vor allem die Arbeitsplatzsicherheit wichtig.[390] Damit ist nicht der Schutz vor Gefahren am Arbeitsplatz, also die Arbeitssicherheit gemeint, sondern der Schutz vor einem vom Unternehmen diktierten Ende des Arbeitsverhältnisses. In der Arbeitnehmer*innenüberlassung ist dieser Parameter nochmal brisanter: Die Arbeitsplatzsicherheit der Beschäftigten ist eng mit dem Beschäftigungsrisiko ihrer Arbeitgeber*innen verknüpft – und dieses Beschäftigungsrisiko entscheidet in der Leiharbeit außergewöhnlich stark über die Lastenverteilung zwischen Unternehmen und Beschäftigten. Die Arbeitsplatzsicherheit in der Arbeitnehmer*innenüberlassung hat demnach weniger Potential zur Spaltung von Lohnabhängigen als die Frage des Entgelts; in ihr kristallisiert sich aber die der Leiharbeit eigene Besonderheit von Arbeitsverhältnissen ohne feste korrespondierende Arbeitsplätze. Die festzustellende Arbeitsplatzsicherheit ist damit ein Indikator für den tatsächlichen Erfolg des Versuchs, durch Arbeitnehmer*innenüberlassung nur kurzfristig oder anteilig bestehende Arbeitsplätze zu vollwertigen Leiharbeitsplätzen zusammenzufassen – und somit gleichzeitig Beschäftigung zu schaffen und Beschäftigungsrisiken ebenso wie Rekrutierungs- und Entlassungskosten zu senken.[391] An dieser Stelle wird also die Betrachtung des gewährleisteten Schutzniveaus um eine weitere wesentliche Komponente ergänzt und gleichzeitig ein zentraler Baustein der staatlichen Zwecksetzung hinsichtlich der Arbeitnehmer*innenüberlassung überprüft.

Im Folgenden soll dargelegt werden, auf welchem Wege unter den aktuellen Bedingungen dem Interesse von Leiharbeitnehmer*innen am Bestand ihres Arbeitsverhältnisses Rechnung getragen wird. Auch dabei wird den zunächst zu erörternden normativen Grundlagen die Rechtswirklichkeit gegenübergestellt, um ein verlässliches und verständliches Abbild der tatsächlichen Verhältnisse zu erhalten.

---

390 *Erhardt*, in: Entgrenzte Arbeit, S. 116 (117); Willis Towers Watson, HR-Management-Agenda, S. 15 f.; Orizon GmbH, Geld und Sicherheit, PM vom 01.02.2016, S. 1.

391 Vgl. *Seils/Emmler*, Policy Brief WSI 01/2020, S. 5; *Haller/E. Jahn*, IAB-Kurzbericht 13/2014, S. 1; *Sitte/Lehmann*, in: Arbeitszeit, S. 117 (121); *Möller*, in: Die neue Rolle der Zeitarbeit, S. 235 (237).

a. Normative Grundlagen

Die Arbeitsplatzsicherheit in der Arbeitnehmer*innenüberlassung wird ebenso wie das Entgelt normativ sowohl auf europäischer Ebene als auch auf bundesdeutscher Ebene gestaltet. Der Schwerpunkt liegt dabei auf der bundesrechtlichen Perspektive; die Regelungen entstammen in diesem Fall verschiedenen Gesetzen.

1) RL 2008/104/EG

Die zur Regelung der Leiharbeit ergangene Richtlinie RL 2008/104/EG schafft keine zwingende Vorgabe zur Arbeitsplatzsicherheit in der Arbeitnehmer*innenüberlassung. Das erklärt sich aus der in ErwGr. 10 RL 2008/104/EG formulierten Feststellung, dass die rechtliche Stellung von Leiharbeitnehmer*innen in der Europäischen Union unterschiedlich ausgestaltet ist und diese Vielfalt gemäß ErwGr. 12 RL 2008/104/EG gewahrt werden soll.

Tatsächlich unterschieden und unterscheiden sich die in den einzelnen Mitgliedstaaten praktizierten konkreten Formen der Arbeitnehmer*innenüberlassung erheblich.[392] Gemeinhin werden die dabei verfolgten Variationen in zwei grundsätzliche Konzeptionen unterteilt: Einerseits gebe es ein Arbeitgebermodell, bei dem eine dauerhafte, Sicherheit schaffende Anbindung an das Verleihunternehmen vorliege und der Gleichstellungsgrundsatz von untergeordneter Bedeutung sei; andererseits ein Agenturmodell, bei dem das Verleihunternehmen eher als Vermittler*in auftrete, das Arbeitsverhältnis mit der einzelnen Einsatzdauer synchronisiert sei und der Gleichstellungsgrundsatz den zentralen Schutz der Beschäftigten gewährleisten müsse.[393] Wie aussagekräftig diese Unterscheidung wirklich ist, kann an dieser Stelle dahinstehen. Tatsache ist jedoch, dass die Arbeitnehmer*innenüberlassung in etlichen Mitgliedstaaten der europäischen Union eine große Nähe zur Arbeitsvermittlung aufweist, die Rolle der Verleihunternehmen dabei eher beschränkt ist und das Beschäftigungsrisi-

392 Vgl. *Pant*, Regulierung der Arbeitnehmerüberlassung, S. 76; *Franzen*, RdA 2015, 141 (147 f.).

393 *Thüsing*, AÜG Einf. Rn. 29 f.; *Schüren*/Hamann, AÜG § 8 Rn. 149; *Pant*, Regulierung der Arbeitnehmerüberlassung, S. 76; *Albers*, Regulierung in Frankreich, S. 316 ff.; *Kocher*, Europäisches Arbeitsrecht, § 5 Rn. 126; *Teubert*, Betriebsbedingte Kündigung, S. 13; *Franzen*, RdA 2015, 141 (147 f.); *Böhm*, DB 2011, 473 (473); *Wank*, RdA 2003, 1 (3).

ko zu großen Teilen bei den Beschäftigten selbst liegt.[394] Die Entstehungsgeschichte der RL 2008/104/EG war von starken Gegensätzen geprägt, sodass es nicht gelungen ist, eine verbindliche Vorgabe über die in der Arbeitnehmer*innenüberlassung zu gewährleistende Arbeitsplatzsicherheit zu verhandeln.[395] Die mit dem Agenturmodell oftmals einhergehende Synchronisierung der Arbeitsverhältnisse mit einzelnen Einsätzen kann demnach aus unionsrechtlicher Perspektive durchaus zulässig sein.[396]

Einige Stimmen leiten aus dem in der Richtlinie zentral platzierten Gleichstellungsgrundsatz ab, dass die europäische Gesetzgebung insgesamt das Agenturmodell favorisiere.[397] Allerdings offenbart die Richtlinie in ErwGr. 15, dass sie von einem unbefristeten Arbeitsverhältnis als Normalfall ausgeht. Sie knüpft außerdem die in Art. 5 Abs. 2 RL 2008/104/EG enthaltene Möglichkeit zur Abweichung vom Gleichstellungsgrundsatz an das Bestehen eines unbefristeten Arbeitsverhältnisses, in welchem das Verleihunternehmen das Beschäftigungsrisiko für einsatzfreie Zeiten trägt. Das schwächt die These, dass die Richtlinie auf dem Agenturmodell beruhe.[398] Vor allem lässt sich daraus aber ableiten, dass der von der europäischen Gesetzgebung verfolgte Schutz von Leiharbeitnehmer*innen die Arbeitsplatzsicherheit durchaus umfasst – und diese gefördert werden soll.

Die RL 2008/104/EG macht demnach zwar keine zwingende Vorgabe bezüglich der zu gewährleistenden Arbeitsplatzsicherheit. Sie erkennt aber an, dass das von der Arbeitsplatzsicherheit wesentlich geprägte Beschäftigungsrisiko ein zentraler Parameter bei der Lastenverteilung im Leiharbeitsverhältnis und beim Schutz von Leiharbeitnehmer*innen ist. Folgerichtig knüpft sie Freiheiten bei der Umsetzung des Gleichstellungsgrundsatzes an das Bestehen eines unbefristeten Arbeitsverhältnisses zum Verleihunternehmen und wertet damit die Arbeitsplatzsicherheit auf.

---

394 *Thüsing*, AÜG Einf. Rn. 29c; *Albers*, Regulierung in Frankreich, S. 317; *Pant*, Regulierung der Arbeitnehmerüberlassung, S. 76; *Franzen*, RdA 2015, 141 (147 f.).

395 *Pant*, Regulierung der Arbeitnehmerüberlassung, S. 77.

396 *Pant*, Regulierung der Arbeitnehmerüberlassung, S. 76 f.; *Böhm*, DB 2011, 473 (473).

397 Böhm/Hennig/*Popp*, Zeitarbeit, Rn. 147; *Teubert*, Betriebsbedingte Kündigung, S. 24; *Schüren/Wank*, RdA 2011, 1 (4); *Böhm*, DB 2011, 473 (473); *Blanke*, DB 2010, 1528 (1529); *Wank*, JbArbR 48 (2011), 23, (25).

398 *Albers*, Regulierung in Frankreich, S. 317.

2) Deutsche Rechtslage

Die in Deutschland gültigen Regelungen zur Arbeitsplatzsicherheit von Leiharbeitnehmer*innen finden sich über verschiedene Gesetze verstreut. Von zentraler Bedeutung ist die grundlegende Weichenstellung im AÜG, daneben finden auch in der Arbeitnehmer*innenüberlassung das KSchG ebenso wie der grundlegende Kündigungsschutz, die Kündigungsfristen des BGB und das Befristungsrecht Anwendung.

a) Grundsätzliche Behandlung von Leiharbeitsverhältnissen

Die deutsche Rechtsordnung betrachtet Leiharbeitsverhältnisse als vollwertige Arbeitsverhältnisse und gestaltet deshalb die Verbindung von Verleihunternehmen und Leiharbeitskräften formal stabil.[399] § 1 Abs. 1 Satz 3 AÜG betont, dass zwischen Leiharbeitskraft und Verleihunternehmen ein Arbeitsverhältnis bestehen müsse und verhindert auf diesem Wege eine Kettenüberlassung, die weitere Instanzen zwischen den Arbeitsvertragsparteien schaffen würde.[400]

Der Regelung lässt sich entnehmen, dass die enge Verbindung zwischen Verleihunternehmen und Leiharbeiter*in geschützt werden soll. § 1 Abs. 2 AÜG wird noch deutlicher und grenzt die Arbeitnehmer*innenüberlassung explizit zur Arbeitsvermittlung ab – unter Bezugnahme auf die üblichen Arbeitgeber*innenpflichten und die Übernahme des Arbeitgeber*innenrisikos.[401] Die deutsche Legislative will den Bestand von Leiharbeitsverhältnissen ersichtlich vor dem nur vorübergehenden Charakter der üblichen Einsätze schützen und Verleihunternehmen zur Sicherstellung des sozialen Schutzes der Leiharbeitnehmer*innen verpflichten, indem ihnen das volle Beschäftigungsrisiko aufgebürdet wird.[402] In diese Richtung weist auch § 11 Abs. 4 Satz 1 und 2 AÜG: die Vereinbarung einer außergewöhnlich kurzen Kündigungsfrist unter Verweis auf den vorübergehenden Bedarf ist verboten, um den Bestand der Leiharbeitsverhältnisse von kurzfristigen Auftragsschwankungen zu entkoppeln; die zwingende Wirkung

---

399 EuArbRK/*Kolbe*, RL 2008/104/EG Art. 5 Rn. 14; *Pant*, Regulierung der Arbeitnehmerüberlassung, S. 24 f.; *Franzen*, RdA 2015, 141 (147).

400 Schüren/*Hamann*, AÜG § 1 Rn. 400; *Deinert*, RdA 2017, 65 (79).

401 Gesetzentwurf zur Regelung der gewerbsmäßigen Arbeitnehmerüberlassung, BT-Drs. VI/2303, S. 11.

402 Gesetzentwurf zur Regelung der gewerbsmäßigen Arbeitnehmerüberlassung, BT-Drs. VI/2303, S. 11.

des § 615 Satz 1 BGB weist den Verleihunternehmen zusätzlich explizit das Beschäftigungsrisiko zu.[403]

Das AÜG unterstellt Leiharbeitsverhältnisse demnach dem allgemeinen Kündigungsschutzrecht. Um trotz des vorübergehenden Charakters der Arbeit eine angemessene Arbeitsplatzsicherheit gewährleisten, schränkt die Legislative auf dieser Grundlage zusätzlich die Handlungsfreiheit der Beteiligten weiter ein.

b) Kündigungsschutz nach dem KSchG

Der Kündigungsschutz des KSchG greift inner- wie außerhalb der Arbeitnehmer*innenüberlassung nur in Betrieben mit regelmäßig mehr als zehn Beschäftigten und erst nach dem sechsmonatigen Bestehen eines Arbeitsverhältnisses.[404] Vor allem die letztere, für alle Lohnabhängigen gleiche Beschränkung des Kündigungsschutzes hat das Potential, sich in der Leiharbeit aufgrund der dort oftmals außergewöhnlich kurzen Arbeitsverhältnisse besonders stark auszuwirken.[405]

Ist eine Leiharbeitskraft tatsächlich länger als sechs Monate in einem Verleihunternehmen mit regelmäßig mehr als zehn Beschäftigten angestellt war, so unterfällt sie den Regelungen des KSchG. Die Besonderheit der Arbeitnehmer*innenüberlassung setzen sich allerdings in der dann bei einer Kündigung von § 1 KSchG geforderten sozialen Rechtfertigung fort.

Keine wesentlichen Unterschiede gibt es bei personen- und verhaltensbedingten Kündigungen. Bei betriebsbedingten Kündigungen aber ergeben sich besondere leiharbeitsspezifische Fragen im Zusammenhang mit dem dringenden betrieblichen Erfordernis und der Sozialauswahl.

(1) Dringendes betriebliches Erfordernis

Eine betriebsbedingte Kündigung ist sozial ungerechtfertigt, wenn sie nicht durch ein dringendes betriebliches Erfordernis begründet ist.[406]

---

403 *Schüren*/Hamann, AÜG § 11 Rn. 107, 113; *Böhm*, RdA 2005, 360 (363).

404 *Schüren*/Hamann, AÜG Einl. Rn. 285.

405 DDZ/*Deinert*, KSchG § 1 Rn. 28; *Pasch*, Vorübergehende Überlassung, S. 207; *Teubert*, Betriebsbedingte Kündigung, S. 30; *Moderegger*, ArbRB 2014, 118 (118).

406 Ascheid/Preis/Schmidt/*Kiel*, KSchG § 1 Rn. 450; DDZ/*Deinert*, KSchG § 1 Rn. 241.

Während der Grund für eine betriebsbedingte Kündigung, der Wegfall des Arbeitsplatzes, in anderen Branchen oftmals in der betrieblichen Sphäre der Arbeitgeber*in selbst wurzelt, ist die Beschäftigungsmöglichkeit in der Leiharbeit regelmäßig von betrieblichen Entscheidungen anderer Arbeitgeber*innen – der Entleihunternehmen – abhängig.[407] Es gibt demnach keinen unmittelbar zu beobachtenden Wegfall eines konkreten Arbeitsplatzes, sondern nur eine schwächelnde Auftragslage, aufgrund der das Verleihunternehmen seine Angestellten nicht mehr gewinnbringend einsetzen kann. Ab wann diese außerbetriebliche Ursache ein dringendes betriebliches Erfordernis zum Arbeitsplatzabbau im Verleihunternehmen schafft, ist demnach eine schwierige Prognoseentscheidung.[408]

Hinzu kommt, dass eben diese Unsicherheit bezüglich der zukünftigen Auftragslage ein zentrales Merkmal der Arbeitnehmer*innenüberlassung und damit Teil des üblichen, vom Verleihunternehmen zu tragenden Beschäftigungsrisikos ist.[409] Es ist deshalb eine für die Lastenverteilung im Leiharbeitsverhältnis entscheidende Frage, wie lange Leiharbeitskräfte ohne (absehbare) Einsatzmöglichkeit beschäftigt werden müssen, bevor Verleihunternehmen ihren Arbeitskräftebestand über betriebsbedingte Kündigungen anpassen dürfen. Die Gesetzgebung hat hier keine explizite Regelung getroffen, sodass eine Vielzahl an Positionen vertretbar erscheinen.

Die geäußerten Ansichten lassen sich scheinbar eindeutig zweiteilen: Einerseits gibt es Stimmen, die die generelle wirtschaftliche Unsicherheit in der Arbeitnehmer*innenüberlassung sehr ernst nehmen und deshalb eine zwingende Phase des Zuwartens fordern, an deren Ende erst eine konkrete Prognose über die zukünftige Entwicklung ausschlaggebend wird.[410] Diese Perspektive kann sich auf § 11 Abs. 4 Satz 2 AÜG stützen und die der Leiharbeit immanente fehlende Vorhersehbarkeit rechtlich konkret greifbar machen.[411] Andererseits wird von der überwiegenden Meinung vertreten, dass bereits bei Beginn der einsatzlosen Zeit eine Prognose zu erstellen

---

407 *Teubert*, Betriebsbedingte Kündigung, S. 102; *Bayreuther*, RdA 2007, 176 (178).

408 *Bayreuther*, RdA 2007, 176 (178 f.).

409 BAG, Urt. v. 18.05.2006 – 2 AZR 412/05, DB 2006, 1962; *Teubert*, Betriebsbedingte Kündigung, S. 105; *Bayreuther*, RdA 2007, 176 (178); *J. Ulber*, AiB 2009, 139 (140); *Wank*, NZA 2003, 14 (21).

410 ArbG Mönchengladbach, Urt. v. 20.03.2018 – 1 Ca 2686/17; Ulber/*J. Ulber*, AÜG § 1 Rn. 116; *J. Ulber*, AiB 2009, 139 (140); nach alter Rechtslage LAG Hessen, Urt. v. 17.11.1983 – 9 Sa 599/83.

411 Ulber/*J. Ulber*, AÜG § 1 Rn. 115 f.

sei.[412] Lasse sich am Ende eines Einsatzes absehen, dass sich zukünftig kein wirtschaftlich sinnvoller Einsatz mehr ergeben werde, so müsse dem Verleihunternehmen die betriebsbedingte Kündigung erlaubt sein.[413] Unterschiede gibt es sodann nur noch bei der Länge des Zeitfensters, auf welches sich die Prognose zu beziehen habe.[414]

Scheinbar der letztgenannten Ansicht zugewandt präsentiert sich die Rechtsprechung des BAG.[415] Demnach seien Verleihunternehmen nicht dazu verpflichtet, am Ende eines Einsatzes ohne absehbaren neuen Einsatz pauschal drei Monate abzuwarten, ob sich nicht noch ein wirtschaftlich sinnvoller Einsatz auftut.[416] Gleichzeitig betont das BAG aber, dass erhebliche Anforderungen an die Sachverhaltsdarstellung des kündigenden Verleihunternehmens zu stellen sind.[417] So müsse insbesondere spezifisch dargelegt werden, wie sich die Auftragslage in der Vergangenheit entwickelt habe, wie sich diese Entwicklung in der Zukunft fortsetzen werden, welche Arbeitnehmer*innen mit welchen Qualifikationen eingesetzt wurden und eingesetzt werden sollen, welche Maßnahmen eingeleitet wurden um neue Aufträge zu akquirieren und ob die Möglichkeit notwendiger und zumutbarer Umschulungs- und Fortbildungsmaßnahmen ausreichend geprüft wurde.[418] Um eine betriebsbedingte Kündigung auf einen Auftragsrückgang stützen zu können genüge es demnach nicht, einfach den Verlust eines konkreten Auftrags darzulegen.[419] Vielmehr müsse das Verleihunternehmen fundiert darlegen, dass es sich hierbei nicht um eine der in der Arbeitnehmer*innenüberlassung üblichen Auftragsschwankungen, sondern einen dauerhaften Wegfall des Beschäftigungsbedarfs handelt.[420]

---

412 ErfK/*Wank/Roloff*, AÜG § 1 Rn. 85f; *Schüren*/Hamann, AÜG Einl. Rn. 286; DDZ/*Deinert*, KSchG § 1 Rn. 363; *Teubert*, Betriebsbedingte Kündigung, S. 155; *Bayreuther*, NZA 2016, 1304 (1304); *Fuhlrott/Fabritius*, NZA 2014, 122 (123); *Schiefer*, NZA-RR 2005, 1 (9); *Dahl*, DB 2003, 1626 (1627 f.).

413 ErfK/*Wank/Roloff*, AÜG § 1 Rn. 85f; *Schüren*/Hamann, AÜG Einl. Rn. 286; *Fuhlrott/Fabritius*, NZA 2014, 122 (123); *Moderegger*, ArbRB 2014, 118 (119); *Schiefer*, NZA-RR 2005, 1 (9); *Dahl*, DB 2003, 1626 (1627 f.).

414 Für drei Monate *Schüren*/Hamann, AÜG Einl. Rn. 286; *Bayreuther*, NZA 2016, 1304 (1304); drei Monate als Faustformel DDZ/*Deinert*, KSchG § 1 Rn. 363; bis zum Ablauf der Kündigungsfrist *Schiefer*, NZA-RR 2005, 1 (9); *Dahl*, DB 2003, 1626 (1628); gegen starre Fristen *Fuhlrott/Fabritius*, NZA 2014, 122 (123).

415 BAG, Urt. v. 18.05.2006 – 2 AZR 412/05, DB 2006, 1962.

416 BAG, Urt. v. 18.05.2006 – 2 AZR 412/05, DB 2006, 1962 Rn. 20.

417 BAG, Urt. v. 18.05.2006 – 2 AZR 412/05, DB 2006, 1962 Rn. 22.

418 BAG, Urt. v. 18.05.2006 – 2 AZR 412/05, DB 2006, 1962 Rn. 22.

419 BAG, Urt. v. 18.05.2006 – 2 AZR 412/05, DB 2006, 1962 Rn. 22.

420 BAG, Urt. v. 18.05.2006 – 2 AZR 412/05, DB 2006, 1962 Rn. 23.

Soweit gleichen die Anforderungen denen, welche in anderen Branchen für betriebsbedingte Kündigungen aufgrund von Auftragsmangel bestehen.[421]

In der Leiharbeit wirkt allerdings eine tatsächliche und eine rechtliche Besonderheit: Auf tatsächlicher Ebene ist es aufgrund des schnelllebigen Charakters der Arbeitnehmer*innenüberlassung anspruchsvoller, der Darlegungs- und Beweislast Genüge zu tun. Die Auftragslage in der Leiharbeit schwankt beständig, sodass punktuelle Auftragsverluste nur eine sehr begrenzte Aussagekraft haben. Ebenso schnell wie Aufträge wegbrechen können, können auch neue Aufträge hinzukommen.[422] Eine negative Prognose lässt sich damit regelmäßig nur sehr schwer fundiert begründen. Auf rechtlicher Ebene hat die Gesetzgebung diese Schwierigkeit zwar nicht explizit behandelt, aber doch die dem Problem zugrunde liegende außergewöhnliche Unsicherheit der Arbeitnehmer*innenüberlassung gesehen – und in § 11 Abs. 4 Satz 2 AÜG ihre Entscheidung dokumentiert, diese Unsicherheit den Verleihunternehmen zuzuweisen. Daraus lässt sich ableiten, dass das Problem der schwer belegbaren Prognose nicht etwa mit einem erleichterten Maßstab und damit zu Lasten der Leiharbeitnehmer*innen gelöst werden darf, sondern von den Verleihunternehmen die Überwindung dieser Hürde einzufordern ist, wenn sie wegen Auftragsmangels betriebsbedingt kündigen möchten. Die tatsächliche Besonderheit der Arbeitnehmer*innenüberlassung findet demnach im AÜG ihr rechtliches Pendant und ihre Lösung.

Damit ergibt sich folgendes Bild: Verleihunternehmen dürfen unter Verweis auf einen Auftragsrückgang unter Geltung des KSchG nur betriebsbedingt kündigen, wenn sie der üblichen, in ihrem Fall aber sehr anspruchsvollen Voraussetzung einer fundierten negativen Prognose genügen können. Gelingt es aufgrund besonderer Umstände, den dauerhaften Wegfall des Beschäftigungsbedarfs hinreichend sicher zu prognostizieren, so müssen sie keine Karenzzeit abwarten. Der Prognosezeitraum und damit die Wartezeit, die den Verleihunternehmen bis zu einem zukünftigen Einsatz zugemutet wird, wird sich dabei nach den allgemeinen von der Rechtsprechung gefundenen Grundsätzen richten. Gelingt diese Prognose allerdings nicht hinreichend sicher – und das wird außerhalb von struktur-

---

421 DDZ/*Deinert*, KSchG § 1 Rn. 363; *Teubert*, Betriebsbedingte Kündigung, S. 153; *Schüren/Behrend*, NZA 2003, 521 (524); zweifelnd *Bayreuther*, RdA 2007, 176 (179 f.).

422 BAG, Urt. v. 18.05.2006 – 2 AZR 412/05, DB 2006, 1962 Rn. 18; *Dahl*, DB 2003, 1626 (1627).

schwachen Regionen regelmäßig der Fall sein – so sind kündigungswillige Verleihunternehmen darauf zurückgeworfen, den dauerhaften Wegfall des Beschäftigungsbedarfs durch Zeitablauf darzulegen. Sie müssen ihre Angestellten also für eine Karenzzeit beschäftigen, um danach belegen zu können, dass sich tatsächlich keine Einsatzmöglichkeiten geboten hat.[423] Dadurch führt die vom BAG vertretene Ansicht regelmäßig zu einer erzwungenen Phase des Zuwartens. Im Ergebnis kommt die Rechtsprechung damit in den meisten Fällen zu demselben Ergebnis wie die obig zuerst genannte Auffassung. Sie bietet zwar den Nachteil einer gewissen Rechtsunsicherheit, dafür aber den Vorteil, besondere Umstände berücksichtigen zu können. Insgesamt ist die vom BAG vertretene Lösung damit sachgerecht.

Eine betriebsbedingte Kündigung wegen Auftragsmangels ist in der Leiharbeit folglich regelmäßig erst nach Ablauf einer angemessenen Karenzzeit zulässig. Das ist aber keine starre Regel, sondern ergibt sich aus der besonderen Schwierigkeit einer fundierten Prognoseentscheidung über den dauerhaften Auftragsrückgang bei gleichzeitigem Aufrechterhalten des üblichen Anforderungsniveaus an die Sachverhaltsdarstellung.

Die formalen Anforderungen an die soziale Rechtfertigung einer betriebsbedingten Kündigung gemäß § 1 KSchG gleichen sich also inner- wie außerhalb der Leiharbeit im Hinblick auf das dringende betriebliche Erfordernis. Der dynamische Charakter der Arbeitnehmer*innenüberlassung sorgt aber dafür, dass diese Anforderungen von den Verleihunternehmen nur unter außergewöhnlichen Anstrengungen erfüllt werden können. Die Besonderheiten der Leiharbeit gehen in dieser Hinsicht bei richtiger Anwendung des Gesetzes zu Lasten der Verleihunternehmen.

(2) Sozialauswahl

Besondere Schwierigkeiten bietet die Leiharbeit auch bei der von § 1 Abs. 3 KSchG für betriebsbedingte Kündigungen geforderten Sozialauswahl. Grundsätzlich sind Verleihunternehmen ebenso wie Arbeitgeber*innen in anderen Bereichen verpflichtet, bei einem dauerhaften Rückgang des Beschäftigungsbedarfs die soziale Schutzbedürftigkeit aller vergleichbaren Arbeitnehmer*innen abzuwägen.[424] Vergleichbar in diesem Sinne sind alle Beschäftigten auf derselben Ebene der Betriebshierarchie, die auf Grund ihrer Fähigkeiten und Kenntnisse sowie nach dem Inhalt der

---

423 *Bayreuther*, RdA 2007, 176 (179).
424 ErfK/*Wank/Roloff*, AÜG § 1 Rn. 86; *Schüren*/Hamann, AÜG Einl. Rn. 289.

von ihnen vertraglich geschuldeten Aufgaben austauschbar sind.[425] Aus der so gefundenen Gruppe vergleichbarer Beschäftigter dürfen Arbeitgeber*innen sodann gemäß § 1 Abs. 3 Satz 2 KSchG einzelne Arbeitskräfte herausnehmen, auf die sie aus berechtigten betrieblichen Gründen nicht verzichten wollen.[426] Von den dann verbliebenen Arbeitnehmer*innen dürfen Unternehmen nur die sozial am wenigsten schutzwürdigen betriebsbedingt kündigen.[427]

In der Arbeitnehmer*innenüberlassung nun besteht die Besonderheit, dass mehr als jede zweite Leiharbeitskraft Helfer*innentätigkeiten ohne große Anforderungen an berufliche Qualifikationen ausübt.[428] Dadurch ergibt sich aus der Perspektive der erforderlichen Kenntnisse und Fähigkeiten eine außergewöhnlich starke Austauschbarkeit. Auch die Arbeitsverträge von Leiharbeitnehmer*innen weisen oftmals ein weites Direktionsrecht auf, damit das Verleihunternehmen ihnen möglichst flexibel Einsätze zuweisen kann.[429] Damit sind Leiharbeitskräfte auch nach dem Inhalt ihrer vertraglichen Dienstpflicht oftmals außergewöhnlich austauschbar. Die Sozialauswahl in der Arbeitnehmer*innenüberlassung unterliegt demnach zwar denselben Regeln wie in anderen Branchen, die Strukturmerkmale der Leiharbeit sorgen aber für eine typischerweise größere Vergleichbarkeit der Arbeitnehmer*innen – und damit für eine aufwendigere Sozialauswahl vor betriebsbedingten Kündigungen.

In diese Sozialauswahl sind grundsätzlich alle demselben Leitungsapparat unterstehenden und damit alle dem Verleihbetrieb angehörigen Arbeitskräfte potentiell mit einzubeziehen.[430] Dadurch können Verleihunternehmen im Einzelfall verpflichtet sein, im Einsatz befindliche Angestellte zu kündigen und auf deren Arbeitsplatz vormals einsatzfreie Kolleg*innen

---

425 St. Rspr. BAG, Urt. v. 20.06.2013 – 2 AZR 271/12, NZA 2013, 837 Rn. 12; BAG, Urt. v. 15.12.2011 – 2 AZR 42/10, NZA 2012, 1044 Rn. 41; BAG, Urt. v. 24.05.2005 – 8 AZR 398/04, NZA 2005, 1302 (1305 f.); KR/*Rachor*, KSchG § 1 Rn. 663; DDZ/*Deinert*, KSchG § 1 Rn. 470 ff., 595; *Teubert*, Betriebsbedingte Kündigung, S. 180; Stahlhacke/*Preis*/Vossen, Rn. 1034; *Dahl*, DB 2003, 1626 (1627).

426 DDZ/*Deinert*, KSchG § 1 Rn. 580 ff.

427 ErfK/*Oetker*, KSchG § 1 Rn. 300; DDZ/*Deinert*, KSchG § 1 Rn. 560.

428 Bundesagentur für Arbeit, Aktuelle Entwicklungen in der Zeitarbeit, Januar 2022, S. 14; vgl. oben Erster Teil B. I. 2. b., S. 41.

429 *Teubert*, Betriebsbedingte Kündigung, S. 113; *Dahl*, DB 2003, 1626 (1629).

430 BAG, Urt. v. 20.06.2013 – 2 AZR 271/12, NZA 2013, 837 Rn. 19; *Schüren*/Hamann, AÜG Einl. Rn. 289; DDZ/*Deinert*, KSchG § 1 Rn. 472; *Teubert*, Betriebsbedingte Kündigung, S. 186; *Fuhlrott/Fabritius*, NZA 2014, 122 (124); *Schüren/Behrend*, NZA 2003, 521 (524).

einzusetzen.[431] Diese Pflicht zum Austausch von möglicherweise schon länger im selben Betrieb eingesetzten Arbeitskräften kann nicht nur dem sozialen Umgang im Einsatzbetrieb schaden, sondern auch gegen eventuelle Vereinbarungen zwischen Verleih- und Entleihunternehmen bezüglich der Überlassung konkretisierter Leiharbeitskräfte verstoßen.[432]

Es steht den am Überlassungsvertrag beteiligten Parteien selbstverständlich frei, die Überlassung konkreter Leiharbeitnehmer*innen zu verabreden.[433] Das Gesetz schreibt in § 1 Abs. 1 Satz 6 AÜG eine solche namentliche Nennung der zu überlassenden Arbeitskräfte sogar vor; allerdings ohne die Möglichkeit einer Auswechslung zu unterbinden.[434] Ob ein vertraglicher Ausschluss des Rechts zum Austausch sich aber zu Lasten Dritter – der restlichen an der Sozialauswahl beteiligten Leiharbeitskräfte – auswirken darf, ist umstritten.[435] Das BAG hat bislang nur den gegenteiligen Fall entschieden: wenn ein Verleihunternehmen zum Austausch einer eingesetzten Leiharbeitskraft berechtigt ist, so ist diese Leiharbeitskraft potentiell in die Sozialauswahl mit einzubeziehen.[436] Ob aber Verleihunternehmen eingesetzte Leiharbeitnehmer*innen unter Verweis auf ihre vertragliche Bindung gegenüber dem Entleihunternehmen aus der Sozialauswahl herausnehmen dürfen, bleibt bislang ungeklärt.

In einer erstaunlichen Aufweichung der Relativität von Schuldverhältnissen vertreten einige Stimmen, dass das Direktionsrecht des Verleihunternehmens gegenüber den eingesetzten Leiharbeitnehmer*innen durch die Ausgestaltung des Überlassungsvertrags zwischen Verleih- und Entleihunternehmen begrenzt würde.[437] Diese Ansicht verneint die kündigungsschutzrechtliche Austauschbarkeit mit eingesetzten Beschäftigten demnach bei einem entsprechenden Überlassungsvertrag im Ergebnis bereits, weil die vertraglich geschuldete Tätigkeit den Einsatz auf von Kolleg*innen besetzten Einsatzplätzen nicht umfasse.[438] Nach einer weiteren

---

431 BAG, Urt. v. 20.06.2013 – 2 AZR 271/12, NZA 2013, 837 Rn. 19; *Schüren*/Hamann, AÜG Einl. Rn. 289; *Fuhlrott/Fabritius*, NZA 2014, 122 (124).

432 *Bayreuther*, NZA 2016, 1304 (1305); *Fuhlrott/Fabritius*, NZA 2014, 122 (124 f.); *Dahl*, DB 2003, 1626 (1629); *Schüren/Behrend*, NZA 2003, 521 (524).

433 LAG Hessen, Urt. v. 29.04.2010 – 9 Sa 1830/09; *Boemke*, BB 2006, 997 (998); aA *Thüsing*, AÜG § 12 Rn. 27.

434 Schüren/*Hamann*, AÜG § 1 Rn. 413.

435 *Bayreuther*, NZA 2016, 1304 (1305); *Fuhlrott/Fabritius*, NZA 2014, 122 (124 f.); *Dahl*, DB 2003, 1626 (1629); *Schüren/Behrend*, NZA 2003, 521 (524).

436 BAG, Urt. v. 20.06.2013 – 2 AZR 271/12, NZA 2013, 837 Rn. 23.

437 *Tucci*, Arbeitnehmermobilität, S. 164 f.; *Schiefer*, NZA-RR 2005, 1 (9); *Dahl*, DB 2003, 1626 (1629).

438 *Schiefer*, NZA-RR 2005, 1 (9); *Dahl*, DB 2003, 1626 (1629).

Ansicht sind Vereinbarungen in Überlassungsverträgen für die Sozialauswahl zu berücksichtigen, solange damit kein Rechtsmissbrauch einhergehe, also insbesondere der Kündigungsschutz bewusst umgangen werde.[439] Eine dogmatische Grundlage wird hierfür nicht genannt. Eine dritte Ansicht hält Beschränkungen aus dem Überlassungsvertrag nur im Rahmen der Ausnahmevorschrift § 1 Abs. 3 Satz 2 KSchG für beachtlich.[440]

Die erstgenannte, eine Beschränkung des Direktionsrechts annehmende Ansicht kann nicht überzeugen. Dabei wird zwar richtigerweise die erhebliche Verbindung zwischen Leiharbeitskraft und Entleihunternehmen betont, allerdings übersehen, dass das hier relevante, den Einsatzort betreffende Weisungsrecht stets beim Verleihunternehmen verbleibt.[441] Würde man die Arbeitsverhältnisse zwischen Verleihunternehmen und Leiharbeitnehmer*innen an die Überlassungsverträge zwischen Verleih- und Entleihunternehmen binden, geriete das Verleihunternehmen zur reinen Zahlstelle für die Entleihunternehmen – im Ergebnis läge damit Arbeitsvermittlung vor. Doch selbst wenn man das vom Verleihunternehmen abgeleitete Direktionsrecht des Entleihunternehmens als maßgeblich ansähe, ergäbe sich kein Problem bei der Austauschbarkeit: das Entleihunternehmen könnte bei einem Austausch der Leiharbeitnehmer*innen problemlos sein Weisungsrecht zufriedenstellend ausüben – es möchte schlicht nicht. Das ist aber für den Umfang des Direktionsrechts unbeachtlich. Daneben bietet eine pauschale Berücksichtigung derartiger Beschränkungen durch Dritte ein erhebliches Missbrauchspotential und entwertet den Kündigungsschutz außerordentlich. Gleichzeitig demontiert diese Ansicht den Grundsatz der Relativität von Schuldverhältnissen und liefert Leiharbeitnehmer*innen damit der Willkür Dritter aus.

Die zweite Ansicht vermag mangels dogmatischer Grundlage nicht zu überzeugen. Soweit sie einfach auf die Besonderheiten der Arbeitnehmer*innenüberlassung abstellt, ergibt sich daraus keine begründete Einschränkung des Kündigungsschutzes. Das Gesetz gibt keinen Hinweis darauf, dass diese besondere Schwierigkeit zu Lasten der Beschäftigten zu lösen sei. Blickt man auf die Rechtsprechung des BAG zum Sonderkündigungsschutz, so ergibt sich nichts anderes. Selbst tarifvertraglich vereinbarte Unkündbarkeitsregelungen sind unwirksam, wenn sie dazu führen, dass

---

439 DDZ/*Deinert,* KSchG § 1 Rn. 472; *Bayreuther,* NZA 2016, 1304 (1305); *Fuhlrott/Fabritius,* NZA 2014, 122 (124 f.); *Moderegger,* ArbRB 2014, 118 (120 f.).

440 *Teubert,* Betriebsbedingte Kündigung, S. 197, 210 f.; *J. Ulber,* AiB 2009, 139 (141 f.); *Schüren/Behrend,* NZA 2003, 521 (524).

441 *Teubert,* Betriebsbedingte Kündigung, S. 80, 194.

sie im Reflex zu groben Auswahlfehlern bei der Sozialauswahl führen.[442] Dieser immerhin auf grobe Fehler eingeschränkte Prüfungsmaßstab ergibt sich aus § 1 Abs. 4 KSchG, der den Tarifparteien für die Sozialauswahl eine gewisse Einschätzungsprärogative zugesteht.[443] Diese Möglichkeit steht aber weder Verleih- noch Entleihunternehmen offen, für sie sind die Regelungen zur Sozialauswahl nicht dispositiv.[444] Ein in diesem Zusammenhang angeführtes Urteil, welches den individualvertraglichen Ausschluss der ordentlich Kündigung zuließ, lässt sich nicht auf die Arbeitnehmer*innenüberlassung übertragen.[445] In dem vom BAG entschiedenen Fall ging es um die Schutzbedürftigkeit des Arbeitgebers, nicht um den Schutz anderer Arbeitnehmer*innen. Tatsächlich gab es in diesem Fall gar keine Kolleg*innen und folglich auch keine Sozialauswahl.

Hinzu kommt, dass solch ein Ausschluss der ordentlichen Kündigung zwischen den Arbeitsvertragsparteien vereinbart wird und die betroffene Arbeitnehmer*in schützt; ein Überlassungsvertrag zwischen Verleih- und Entleihunternehmen kommt dagegen ohne Zutun der Leiharbeitskraft zustande und schützt sie keineswegs vor einer Kündigung durch das Verleihunternehmen.

Es mag demnach möglich sein, durch eine zulässige Gestaltung von Arbeitsverträgen mittelbar auf die Sozialauswahl Einfluss zu nehmen.[446] Das lässt sich aber nicht auf Überlassungsverträge in der Arbeitnehmer*innenüberlassung übertragen.[447] Die inhaltlichen Bestimmungen der Arbeitsverträge von Kolleg*innen werden von § 1 Abs. 3 KSchG in Bezug genommen, wenn auch grundsätzlich nur das darin vereinbarte Direktionsrecht. Darüber hinaus wird zugunsten des Sonderkündigungsschutzes angeführt, dass Sanierungsvereinbarungen andernfalls erschwert würden und damit entgegen dem Zweck des KSchG noch mehr Kündigungen anstünden.[448] Überlassungsverträge von Verleihunternehmen mit Dritten

---

442 BAG, Urt. v. 20.06.2013 – 2 AZR 295/12, NZA 2014, 208 Rn. 49 f.; ErfK/*Oetker*, KSchG § 1 Rn. 312.

443 BAG, Urt. v. 20.06.2013 – 2 AZR 295/12, NZA 2014, 208 Rn. 50; ErfK/*Oetker*, KSchG § 1 Rn. 312.

444 BAG, Urt. v. 02.06.2005 – 2 AZR 480/04, NZA 2006, 207 (210).

445 Vgl. BAG, Urt. v. 25.03.2004 – 2 AZR 153/03.

446 BAG, Urt. v. 02.06.2005 – 2 AZR 480/04, NZA 2006, 207 (210); ErfK/*Oetker*, KSchG § 1 Rn. 313; MHdB ArbR/*Kreft*, § 115 Rn. 208; Stahlhacke/*Preis*/Vossen, Rn. 1065.

447 LAG Hessen, Urt. v. 29.04.2010 – 9 Sa 1830/09; *Teubert*, Betriebsbedingte Kündigung, S. 195.

448 Stahlhacke/*Preis*/Vossen, Rn. 1065.

hingegen haben weder einen direkten Bezug zu § 1 Abs. 3 KSchG noch zur Gemeinschaft der im Betrieb Beschäftigten. Verleihunternehmen verzichten dabei nicht auf ein Gestaltungsrecht gegenüber einer an der Sozialauswahl eigentlich beteiligten Person, sondern gegenüber einem betriebsfremden Dritten – dem Entleihunternehmen. Die Parallele zum Sonderkündigungsschutz ist demnach ausgesprochen dünn.[449]

Wollte man Überlassungsverträge grundsätzlich bei der Sozialauswahl berücksichtigen, so würden sie in diesem Fall als Vertrag zu Lasten Dritter wirken, ohne dass dieser Reflex aus der Perspektive des KSchG gerechtfertigt wäre.[450] Wesentlich näher liegt es, die Relativität von Schuldverhältnissen ernst zu nehmen, also Sozialauswahl einerseits und Überlassungsvertrag andererseits getrennt zu behandeln. Verleihunternehmen haben dann die Wahl, entweder einen Auftrag zu riskieren oder sich in den Überlassungsverträgen das Recht zum Austausch der eingesetzten Arbeitskräfte zu sichern. Das deckt sich im Übrigen mit der umgekehrten Situation einer Kündigung durch Leiharbeitnehmer*innen: Niemand käme hier auf die Idee, die Kündigung einer Leiharbeitskraft unter Verweis auf vertragliche Bindungen des Verleihunternehmens gegenüber Dritten als unwirksam zu bezeichnen.

Allein die dritte Ansicht kann sich auf eine gesetzliche Vorgabe beziehen. Zwar passt eine vertragliche Bindung gegenüber Dritten nicht so recht zu den in § 1 Abs. 3 Satz 2 KSchG genannten Kenntnissen, Fähigkeiten und Leistungen einzelner Beschäftigter oder der Sicherung einer ausgewogenen Personalstruktur. Es wird aber vertreten, dass ein langjährig gewachsener, besonderer persönlicher Kontakt zu einer zentralen Geschäftspartner*in als Fähigkeit im weiteren Sinne beachtlich sei.[451] Das kann auch in der Arbeitnehmer*innenüberlassung im Einzelfall vorliegen und sich im Überlassungsvertrag niedergeschlagen haben. Der dynamische Charakter der Leiharbeit spricht allerdings ganz erhebliche gegen langjährige, besondere persönliche Kontakte zwischen Leiharbeitnehmer*innen und ihrem Entleihunternehmen. Das gilt umso mehr für den Zeitpunkt bei Abschluss des Überlassungsvertrags.

---

449 LAG Hessen, Urt. v. 29.04.2010 – 9 Sa 1830/09; *Teubert*, Betriebsbedingte Kündigung, S. 195.

450 AA *Moderegger*, ArbRB 2014, 118 (121) „lediglich eine Einschränkung einer Begünstigung".

451 Ascheid/Preis/Schmidt/*Kiel*, KSchG § 1 Rn. 672; DDZ/*Deinert*, KSchG § 1 Rn. 589; *Haas/Hoppe*, AuA 2013, 685 (686).

Letztendlich kann die Klassifizierung der vertraglichen Bindung zwischen Verleih- und Entleihunternehmen als Fähigkeit der überlassenen Leiharbeitskraft aber dahinstehen, weil die Aufzählung des § 1 Abs. 3 Satz 2 KSchG, wie das Wort „insbesondere" ergibt, nicht abschließend ist.[452] Es ist darum durchaus möglich, die Einhaltung vertraglicher Pflichten gegenüber Dritten als berechtigten betrieblichen Belang zu begreifen.[453] Diese Auffassung hat den Reiz, die Relativität von Schuldverhältnissen zu beachten und trotzdem die sich aus dem Überlassungsvertrag ergebenden Pflichten des Verleihunternehmens in Beziehung zu dessen Verhältnis zu den Leiharbeitnehmer*innen zu setzen. § 1 Abs. 3 Satz 2 KSchG nimmt, anders als § 1 Abs. 3 Satz 1 KSchG, nicht nur die Verbindung Verleihunternehmen – Leiharbeitskraft in den Fokus, sondern stellt auf tatsächliche betriebliche Auswirkungen ab. Damit ist die Norm der richtige Hebel, um eventuellen Bindungen der Verleihunternehmen gegenüber Dritten den Weg in die Sozialauswahl zu weisen.

Ausschlaggebend für die Arbeitsplatzsicherheit einsatzfreier Leiharbeitnehmer*innen ist damit im Ergebnis die konkrete Anwendung von § 1 Abs. 3 Satz 2 KSchG. Als Ausnahmevorschrift ist die Norm eng auszulegen.[454] Hinzu kommt, dass schon die Verfassung bei der Auswahl zu kündigender Arbeitnehmer*innen ein gewisses Maß an sozialer Rücksichtnahme verlangt.[455] Um das verfassungsrechtliche Untermaßgebot zu beachten, darf die Anwendung von § 1 Abs. 3 Satz 2 KSchG, ebenso wie der tarifvertragliche Sonderkündigungsschutz, nicht zu einer grob fehlerhaften Sozialauswahl führen.[456] Dieses Mindestmaß könnte durch eine exzessive Anwendung der Ausnahmevorschrift aber unterschritten werden – etwa wenn alle im Einsatz befindlichen Leiharbeitnehmer*innen aus der Sozialauswahl ausgeschlossen würden und damit nur ein kleiner Teil der eigentlich vergleichbaren Kolleg*innen in der Auswahl verbleiben würde.

---

452 Vgl. BAG, Urt. v. 31.05.2007 – 2 AZR 306/06, NZA 2007, 1362 Rn. 33; Ascheid/Preis/Schmidt/*Kiel*, KSchG § 1 Rn. 673; DDZ/*Deinert*, KSchG § 1 Rn. 587; KR/*Rachor*, KSchG § 1 Rn. 678; *Haas/Hoppe*, AuA 2013, 685 (686); besondere persönliche Kontakte als sonstiges betriebliches Interesse begreifend ErfK/*Oetker*, KSchG § 1 Rn. 346.

453 Vgl. BAG Beschl. v. 17.02.2010 – 7 ABR 89/08.

454 BAG, Urt. v. 12.04.2002 – 2 AZR 706/00 NZA 2003, 42 (44); KR/*Rachor*, KSchG § 1 Rn. 676; *Teubert*, Betriebsbedingte Kündigung, S. 210; *Haas/Hoppe*, AuA 2013, 685 (685).

455 BVerfG, Beschl. v. 27.01.1998 – 1 BvL 15/87, NZA 1998, 470.

456 Linck/*Krause*/Bayreuther, KSchG § 1 Rn. 916, 964.

Diese Gefahr bietet sich allerdings praktisch nur den Anhänger*innen einer Mindermeinung. Die Rechtsprechung ebenso wie das überwiegende Verständnis in der Literatur fordert stets eine Abwägung der betrieblichen Interessen einerseits und der Interessen derjenigen Beschäftigten andererseits, die aufgrund der eingeschränkten Sozialauswahl ihre Anstellung verlören.[457] Dadurch wird der verfassungsrechtlich gebotene Mindestschutz automatisch geboten. Teilweise wird bei dieser Abwägung die Anzahl der nach § 1 Abs. 3 Satz 2 KSchG aus der Sozialauswahl ausgeschlossenen Kolleg*innen als erschwerender Faktor genannt.[458] So vermuten die Richter*innen des BAG, dass eine Sozialauswahl fehlerhaft ist, wenn mehr als die Hälfte der Belegschaft unter Verweis auf betriebliche Bedürfnisse nicht in die Sozialauswahl einbezogen wurde.[459] Noch weiter gehen einzelne Stimmen, die in Anlehnung an § 42a BBesG den Rechtfertigungsdruck auf Arbeitgeber*innen bereits dann erhöhen wollen, wenn diese mehr als 15 % der eigentlich vergleichbaren Beschäftigten von der Sozialauswahl ausnehmen.[460]

Richtigerweise – und nicht zwingend entgegen diesem Verständnis – ist auf Seiten der durch den Ausschluss kündigungsbedrohten Beschäftigten nur auf individueller Ebene die Differenz zwischen ihrer eigenen sozialen Schutzbedürftigkeit und der der ausgeschlossenen Kolleg*innen einzustellen.[461] Je mehr die Ausnahme des § 1 Abs. 3 Satz 2 KSchG die Sozialauswahl verfälscht, desto stärker muss demnach das betriebliche Interesse sein.[462]

---

457 BAG, Urt. v. 19.07.2012 – 2 AZR 352/11, NZA 2013, 86 Rn. 36; BAG, Urt. v. 22.03.2012 – 2 AZR 167/11, NZA 2012, 1040 Rn. 25; BAG, Urt. v. 05.12.2002 – 2 AZR 697/01, NZA 2003, 849 (852 f.); BAG, Urt. v. 12.04.2002 – 2 AZR 706/00, NZA 2003, 42 (44); BeckOK ArbR/*Rolfs*, KSchG § 1 Rn. 496 f.; ErfK/*Oetker*, KSchG § 1 Rn. 342a; MHdB ArbR/*Kreft*, § 115 Rn. 254 ff.; Ascheid/Preis/Schmidt/*Kiel*, KSchG § 1 Rn. 675; DDZ/*Deinert*, KSchG § 1 Rn. 581; KR/*Rachor*, KSchG § 1 Rn. 675 f.; *Haas/Hoppe*, AuA 2013, 685 (687); *Thüsing/Wege*, RdA 2005, 12 (19); aA Linck/*Krause*/Bayreuther, KSchG § 1 Rn. 964; Stahlhacke/*Preis*/Vossen, Rn. 1105; *Thüsing/Stelljes*, BB 2003, 1673 (1675).

458 BAG, Urt. v. 05.12.2002 – 2 AZR 697/01, NZA 2003, 849 (853); DDZ/*Deinert*, KSchG § 1 Rn. 582; KR/*Rachor*, KSchG § 1 Rn. 683; *Haas/Hoppe*, AuA 2013, 685 (687).

459 BAG, Urt. v. 05.12.2002 – 2 AZR 697/01, NZA 2003, 849 (853).

460 KR/*Rachor*, KSchG § 1 Rn. 683; *Thüsing/Wege*, RdA 2005, 12 (19).

461 BAG, Urt. v. 12.04.2002 – 2 AZR 706/00, NZA 2003, 42 (44); *Haas/Hoppe*, AuA 2013, 685 (687).

462 BAG, Urt. v. 19.07.2012 – 2 AZR 352/11, NZA 2013, 86 Rn. 36.

Weil das Interesse am Erhalt des wichtigsten Auftrags stets größer ist als das am Erhalt der nächst wichtigeren Aufträge, dürfte damit auch mit zunehmender Anzahl der als Leistungsträger*innen nach § 1 Abs. 3 Satz 2 KSchG geschützten Leiharbeitskräfte das betriebliche Interesse sinken. Im Ergebnis wird der Rechtfertigungsdruck für Verleihunternehmen für die Herausnahme einer größeren Anzahl an Beschäftigten aus der Sozialauswahl damit auch größer sein. Grundsätzlich ist es aber denkbar, dass ein Verleihunternehmen aufgrund hauptsächlich zwingend auf einzelne Beschäftigte konkretisierter Überlassungsverträge nur mehr die einsatzfreien Kolleg*innen vergleichen möchte. Sind alle Angestellten ungefähr gleich schutzbedürftig, so wäre das auf Arbeitnehmer*innenseite in die Abwägung eingestellte Interesse trotz des großzügigen Ausschlusses überschaubar.

Bislang offen bleibt dabei, wie das Interesse der Verleihunternehmen an der Einhaltung ihrer vertraglichen Pflichten gegenüber den Entleihunternehmen zu gewichten ist. Dabei ergibt sich in der Arbeitnehmer*innenüberlassung ein wesentlicher Strukturunterschied, der die Übertragung der in anderen Bereichen gefundenen Grundsätze erschwert: üblicherweise steht das betriebliche Interesse an der Weiterbeschäftigung von Leistungsträger*innen unmittelbar im Zusammenhang mit ihrer betrieblichen Tätigkeit.[463] Diese Tätigkeit, insbesondere die praktische Wertschöpfung, findet in der Leiharbeit aber im Betrieb des Entleihunternehmens statt.[464] Das Interesse des Entleihunternehmens an bestimmten Leiharbeitskräften findet seinen Ausdruck sodann im Überlassungsvertrag und erst durch diesen vermittelt wird die besondere Kompetenz einzelner Leiharbeitnehmer*innen zum betrieblichen Interesse des Verleihunternehmens. Die Aufspaltung der Arbeitgeber*innenfunktion in der Leiharbeit schafft demnach auch zwei verschiedene betriebliche Interessen an der Weiterbeschäftigung bestimmter Leiharbeitskräfte. Der Ursprung der Interessen liegt im Entleihunternehmen; an dieser Stelle fällt es leicht, die in anderen Fällen gefundenen Abwägungsgrundsätze anzuwenden. Dieses Interesse des Entleihunternehmens wird sodann in den Überlassungsvertrag gekleidet und stellt sich für das Verleihunternehmen als rechtliche Verpflichtung dar. Das daraus erwachsende Interesse ist schwieriger abzuwägen, wird von § 1 Abs. 3 Satz 2 KSchG aber als ausschlaggebend aufgefasst.

Bei der Lösung dieser Rechtsfrage besteht die Möglichkeit eines interessanten Effekts: lässt die Rechtsauslegung jegliche vertragliche Bindung

463 Vgl. Stahlhacke/*Preis*/Vossen, Rn. 1110 ff.
464 *Willemsen/Mehrens*, NZA 2019, 1473 (1477).

gegenüber Dritten als durchdringendes Interesse genügen, so stellt die derart vereinfachte Sozialauswahl einen Anreiz zum Abschluss eben solcher vertraglichen Bindungen dar. Diese Erleichterung bezieht sich ersichtlich nicht nur auf den bürokratischen Aufwand und die gewonnene Rechtssicherheit; viel zentraler ist hierbei, dass präzise diejenigen Leiharbeitnehmer*innen gekündigt werden können, die gerade nicht eingesetzt werden und dem Verleihunternehmen darum aktuell Kosten verursachen. Diese Kosten wiederum sind das zentrale und für die Arbeitnehmer*innenüberlassung prägende Beschäftigungsrisiko. Zusätzlich entsteht ein disziplinierender Effekt, wenn die einsatzfreien Leiharbeitskräfte gekündigt werden – die kollektive Komponente der betriebsbedingten Kündigung tritt in den Hintergrund und der Arbeitsplatzverlust wird als direkte Folge des individuell fehlenden Einsatzes, beinahe als selbstverschuldet, wahrgenommen. Auf diesem Wege werden also nicht nur bestehende Interessen gewichtet, sondern es wird perspektivisch auch die Schaffung neuer betrieblicher Interessen begünstigt.

Gleiches gilt im umgekehrten Falle. Dringt ein Verleihunternehmen regelmäßig mit seinem Verweis auf eine konkretisierte Überlassungspflicht nicht durch und muss seine Arbeitskraft austauschen, so wird es bereits die Überlassungsverträge auf diese Möglichkeit zuschneiden und Risiken minimieren – das betriebliche Interesse würde perspektivisch schwinden. Daran zeigt sich auch, dass Verleihunternehmen es ein Stück weit in der Hand haben, die im Kündigungsfall wirksam werdenden betrieblichen Interessen zu schaffen oder zu vermeiden. Die pauschale Anerkennung vertraglicher Bindungen als besonderes betriebliches Interesse schafft folglich die erhebliche Gefahr eines Rechtsmissbrauchs.[465]

Diesen Rechtsmissbrauch kann am saubersten verhindert werden, indem bereits die Auslegung des § 1 Abs. 3 Satz 2 KSchG die Besonderheit der Arbeitnehmer*innenüberlassung in den Blick nimmt. Es ist darum geboten, bereits den Überlassungsvertrag als das die maßgeblichen Interessen verbindende Element unter den Gesichtspunkten des Kündigungsschutzes zu betrachten. Es ist nur ein vermeintlicher Zirkelschluss, wenn *Teubert* von Verleih- und Entleihunternehmen verlangt, in ihrer vertraglichen Absprache die Vorgaben des Kündigungsschutzrechts zu beachten und daraus folgert, dass deshalb der Ausschluss der Austauschbarkeit überlassener Leiharbeitskräfte allein noch kein betriebliches Interesse im Sinne des § 1 Abs. 3 Satz 2 KSchG beim Verleihunternehmen schaffe.[466] Tatsächlich

---

465 *Teubert*, Betriebsbedingte Kündigung, S. 209.
466 *Teubert*, Betriebsbedingte Kündigung, S. 209.

dürfen es die Parteien des Überlassungsvertrags nicht in der Hand haben, das praktische Bedürfnis des Entleihunternehmens durch eine besonders einschneidende Regelung im Überlassungsvertrag künstlich aufzuwerten. Das im Überlassungsvertrag transportierte besondere betriebliche Interesse muss sich deshalb an den Vorgaben des Kündigungsschutzes messen lassen, wenn der Überlassungsvertrag selbst in den Kündigungsschutz eingreifen soll. Indem das Recht den Regelungen des Überlassungsvertrags aus kündigungsschutzrechtlicher Perspektive nur soweit Relevanz einräumt, als sie die Vorgaben des Kündigungsschutzrechts beachten, rückt wieder das besondere betriebliche Interesse des Entleihunternehmens in den Fokus. Präziser gesprochen: das aus dem Überlassungsvertrag stammende besondere betriebliche Interesse des Verleihunternehmens verdient kündigungsschutzrechtliche nur soweit Beachtung, wie dem ein besonderes betriebliches Interesse des Entleihunternehmens zugrunde liegt.

Das Problem der zweifachen betrieblichen Interessen ist demnach, soweit sich das Interesse im Sinne des § 1 Abs. 3 Satz 2 KSchG aus der Beziehung des Verleihunternehmens zu einem speziellen Entleihunternehmen ergeben soll, zugunsten des betrieblichen Interesses des Entleihunternehmens zu lösen. Verleihunternehmen können sich auf die Reaktion eines Entleihunternehmens nur berufen, soweit sich dieses erfolgreich auf ein eigenes Interesse berufen könnte.

Das betriebliche Interesse von Entleihunternehmen an der Weiterbeschäftigung konkreter Leiharbeitskräfte gestaltet sich aber regelmäßig anders, als das bei Stammarbeitnehmer*innen der Fall ist. Der Einsatz von Leiharbeitnehmer*innen ist sowohl nach der europäischen als auch der deutschen Konzeption stets vorübergehend.[467] Regelmäßig dauert ein Einsatz darum gar nicht lange genug, um Leiharbeitskräfte zu zentralen Leistungsträger*innen des Entleihunternehmens werden zu lassen. Auch Entleihunternehmen wissen das und stellen sich darauf ein. Ein die hohen Hürden von § 1 Abs. 3 Satz 2 KSchG bewältigendes betriebliches Interesse des Entleihunternehmens dürfte darum in den meisten Fällen nicht vorliegen.

Allerdings nutzen Entleihunternehmen Arbeitnehmer*innenüberlassung teilweise auch, um einen kurz- oder mittelfristigen Bedarf an Spezialwissen abzudecken.[468] In diesem Rahmen ist es denkbar, dass ein Entleihunternehmen etwa zur Etablierung einer neuen IT-Infrastruktur vorübergehend auf eine dazu befähigte Leiharbeitskraft zurückgreift. In

---

467 Art. 1 Abs. 1, Art. 3 Abs. 1 RL 2008/104/EG; § 1 Abs. 1 Satz 4 AÜG.

468 Vgl. oben Erster Teil B. I. 3. a., S. 45.

diesem Fall besteht zwar kein betriebliches Interesse an einem dauerhaften Einsatz, aber gleichwohl ein erhebliches Interesse daran, bis zur vollständigen Installation der Infrastruktur die Dienste derselben, mit dem System vertrauten Leiharbeitskraft in Anspruch nehmen zu können. Wenn diese Leiharbeitskraft dann auch noch im Fall einer Kündigung durch das Verleihunternehmen nicht bereit ist, direkt für das Entleihunternehmen zu arbeiten, so kann durchaus beim Entleihunternehmen ein ausreichend großes betriebliches Interesse an der Weiterbeschäftigung entstehen. Hierauf kann sich dann, vermittelt über den Überlassungsvertrag, auch das Verleihunternehmen berufen. Realistisch betrachtet dürfte diese Konstellation allerdings die Ausnahme sein. Das gilt in der gerichtlichen Praxis umso mehr, als das Verleihunternehmen hierfür die Beweislast trägt.[469]

Regelmäßig können sich Verleihunternehmen also nicht mit Blick auf § 1 Abs. 3 Satz 2 KSchG darauf berufen, dass im Überlassungsvertrag bezüglich sozial weniger schutzwürdiger, vergleichbarer Leiharbeitnehmer*innen der Austausch ausgeschlossen ist. Das gilt umso mehr für Fälle, in welchen der Austausch nur nach § 242 BGB ausgeschlossen ist oder das Entleihunternehmen nur Kritik an dem Austausch äußert.

Daneben kann allerdings, ebenso wie in anderen Branchen, auch das Verleihunternehmen ein genuines, von den Wünschen einzelner Entleihunternehmen unabhängiges betriebliches Interesse an der Weiterbeschäftigung einzelner Leiharbeitnehmer*innen haben. Übersteigt dieses Interesse an der Weiterbeschäftigung das Interesse der durch die Herausnahme aus der Sozialauswahl betroffenen Kolleg*innen, so dürfen Verleihunternehmen gemäß § 1 Abs. 3 Satz 2 KSchG ihre Sozialauswahl begrenzen.

In allen anderen Fällen sind alle vergleichbaren, dem KSchG unterfallenden Leiharbeitnehmer*innen im Falle eines betriebsbedingten Kündigungsverlangens in ihrer sozialen Schutzbedürftigkeit zu vergleichen. Gekündigt werden dürfen dann nur die am wenigsten schutzwürdigen Angestellten.

In der Arbeitnehmer*innenüberlassung gelten die Regelungen des KSchG demnach ebenso wie in anderen Branchen. Dabei sorgt die oftmals kurze Dauer vieler Leiharbeitsverhältnisse dafür, dass etliche Leiharbeitnehmer*innen nicht in den Genuss dieses Schutzes gelangen. Sobald das KSchG aber Anwendung findet, wirken sich die Besonderheiten der Arbeitnehmer*innenüberlassung eher zu Ungunsten der Verleihunternehmen aus. In dieser schnelllebigen Branche fällt es besonders schwer, den

469 Vgl. BAG, Urt. v. 25.04.1985 – 2 AZR 140/84, NZA 1986, 64; Ascheid/Preis/Schmidt/*Kiel*, KSchG § 1 Rn. 679; KR/*Rachor*, KSchG § 1 Rn. 707.

dauerhaften Wegfall der Einsatzmöglichkeit darzulegen. Hinzu kommt, dass die Beschäftigungsstruktur in der Leiharbeit oftmals eine außergewöhnlich große Austauschbarkeit der Angestellten bedingt, die auch durch vertragliche Bindungen gegenüber Dritten regelmäßig nicht beeinträchtigt wird. Eine gerichtsfeste Sozialauswahl kann unter diesen Umständen erhebliche Mühe verursachen. Dessen ungeachtet senkt das Gesetz seine Anforderungen nicht; davon profitiert der Schutz von Leiharbeitnehmer*innen.

c) Allgemeiner Kündigungsschutz

Auch die nicht vom KSchG geschützten Leiharbeitnehmer*innen – also alle Leiharbeitskräfte in den ersten sechs Monaten ihrer Anstellung zuzüglich der in einem Kleinbetrieb beschäftigten – stehen ihrem Verleihunternehmen nicht völlig schutzlos gegenüber. Auch im Kleinbetrieb und bei Kündigungen innerhalb der Wartezeit des § 1 Abs. 1 KSchG verlangt Art. 12 Abs. 1 GG, dass das Interesse von Arbeitnehmer*innen am Erhalt ihrer Arbeitsplätze nicht durch eine sitten- oder treuwidrige Kündigung verletzt wird.[470] Über §§ 138, 242 BGB als Einfallstor für die mittelbare Drittwirkung von Grundrechten findet dieser Grundsatz seinen Weg in alle Arbeitsverhältnisse.[471] Daraus folgt, dass auch außerhalb des Anwendungsbereichs des KSchG eine arbeitgeberseitige Kündigung nicht willkürlich sein, jahrelang erdientes Vertrauen völlig außer Acht lassen oder auf sachfremden Motiven beruhen darf.[472] Auch bei einer Auswahl zwischen mehreren zu kündigenden Beschäftigten müssen Arbeitgeber*in-

470 BVerfG, Beschl. v. 21.06.2006 – 1 BvR 1659/04, NZA 2006, 913; BVerfG, Beschl. v. 27.01.1998 – 1 BvL 15/87, NZA 1998, 470; BAG, Urt. v. 24.01.2008 – 6 AZR 96/07, NZA-RR 2008, 404 Rn. 26 ff.; BAG, Urt. v. 21.02.2001 – 2 AZR 15/00, NZA 2001, 833 (835); Ascheid/Preis/Schmidt/*Kiel*, KSchG § 1 Rn. 594; KR/*Rachor*, KSchG § 1 Rn. 132 ff.; Linck/Krause/*Bayreuther*, KSchG § 13 Rn. 47; *Fuhlrott/Hoppe*, ArbRAktuell 2009, 204.

471 BAG, Urt. v. 24.01.2008 – 6 AZR 96/07, NZA-RR 2008, 404 Rn. 26 ff.; BAG, Urt. v. 21.02.2001 – 2 AZR 15/00, NZA 2001, 833 (835); Ascheid/Preis/Schmidt/*Kiel*, KSchG § 1 Rn. 594.

472 BVerfG, Beschl. v. 27.01.1998 – 1 BvL 15/87, NZA 1998, 470 (472); BAG, Urt. v. 21.02.2001 – 2 AZR 15/00, NZA 2001, 833 (835); KR/*Rachor*, KSchG § 1 Rn. 136; KR/*Lipke*, BGB § 242 Rn. 15, 21; Linck/Krause/*Bayreuther*, KSchG § 13 Rn. 49 ff.; *Fuhlrott/Hoppe*, ArbRAktuell 2009, 204 (204).

nen ein gewisses Maß an sozialer Rücksichtnahme einhalten.[473] Um aber die in §§ 1 Abs. 1, 23 Abs. 1 KSchG zum Ausdruck gekommene Wertung der Legislative weiterhin zu beachten, muss der durch Art. 12 Abs. 1 GG geschaffene Kündigungsschutz erheblich hinter dem des KSchG zurückbleiben.[474] Darum genügt es regelmäßig sowohl für die Kündigung an sich als auch für die ihr zugrunde liegende Auswahl, wenn ein irgendwie einleuchtender Grund besteht.[475] Diesem materiell erleichterten Maßstab steht auch ein formeller Unterschied zur Seite: Die abgestufte Darlegungs- und Beweislast für den Sittenverstoß tragen außerhalb des KSchG die gekündigte Arbeitnehmer*innen.[476]

Aufgrund der oftmals kurzen Dauer von Leiharbeitsverhältnissen gewinnt dieser „kleine" Kündigungsschutz in der Arbeitnehmer*innenüberlassung eine potentiell außergewöhnlich große Bedeutung. Gleichzeitig dürfte es aber angesichts der vielen verschiedenen, in einem Verleihunternehmen verknüpften Interessen für viele Verleihunternehmen ein Leichtes sein, einen einleuchtenden Grund für ihr Kündigungsverlangen anzuführen. Dieser Grund wird regelmäßig im Zusammenhang mit einem Auftragsmangel stehen. Bislang nicht geklärt ist, ob darin ein Widerspruch zu dem Rechtsgedanken des § 11 Abs. 4 Satz 2 AÜG liegt, der eine solche Verschiebung des Beschäftigungsrisikos verhindern soll.[477] Tatsächlich entsteht ein Konflikt mit der § 11 Abs. 4 Satz 2 AÜG zugrundeliegenden Entscheidung über die Verteilung des Beschäftigungsrisikos, wenn ein Auftragsmangel in den ersten sechs Monaten eines Leiharbeitsverhältnisses ohne weitere Voraussetzungen zur Kündigung berechtigt. Es liegen aber keine Anhaltspunkte im Gesetz vor, die für eine entsprechende Anwendung des auf Annahmeverzugs-Situationen bezogenen § 11 Abs. 4 Satz 2 AÜG auf Kündigungssachverhalte sprechen. Damit erscheint es als erhebliche, vermutlich zu weitgehende Überdehnung des Wortlauts, die Vertrags-

---

473 BAG, Urt. v. 21.02.2001 – 2 AZR 15/00, NZA 2001, 833 (835); KR/*Lipke*, BGB § 242 Rn. 15; Ascheid/Preis/Schmidt/*Kiel*, KSchG § 1 Rn. 594; Linck/Krause/*Bayreuther*, KSchG § 13 Rn. 49 ff.; *Fuhlrott/Hoppe*, ArbRAktuell 2009, 204 (204); *Berkowsky*, NJW 2009, 113 (115).

474 BAG, Urt. v. 21.02.2001 – 2 AZR 15/00, NZA 2001, 833 (835); Linck/Krause/*Bayreuther*, KSchG § 13 Rn. 48.

475 BAG, Urt. v. 24.01.2008 – 6 AZR 96/07, NZA-RR 2008, 404 Rn. 28; Ascheid/Preis/Schmidt/*Kiel*, KSchG § 1 Rn. 594.

476 BAG, Urt. v. 24.01.2008 – 6 AZR 96/07, NZA-RR 2008, 404 Rn. 29; BAG, Urt. v. 21.02.2001 – 2 AZR 15/00, NZA 2001, 833 (835); KR/*Lipke*, BGB § 242 Rn. 51; Linck/Krause/*Bayreuther*, KSchG § 13 Rn. 52; *Fuhlrott/Hoppe*, ArbRAktuell 2009, 204 (206 f.); *Berkowsky*, NJW 2009, 113 (115 f.).

477 In diesem Sinne Ulber/*J. Ulber*, AÜG § 11 Rn. 111.

freiheit in diesem Maße einzuschränken. Es dürfte darum nach der aktuellen Rechtslage kein sachfremdes Motiv sein, wenn Verleihunternehmen wegen Auftragsmangels ihre nicht vom KSchG geschützten Angestellten kündigen.

Im Ergebnis haben Leiharbeitnehmer*innen darum von diesen Grundsätzen wenig zu erwarten. In den ersten sechs Monaten der Anstellung dürfte es für viele Verleihunternehmen ein leichtes sein, das mit Ende einer Überlassung einsetzende Beschäftigungsrisiko mithilfe einer Kündigung auf die Beschäftigten abzuwälzen.

Neben dem Schutz des KSchG und dem Mindestschutz des Art. 12 Abs. 1 GG hält die Rechtsordnung an etlichen Stellen weitere punktuelle Einschränkungen des Kündigungsrechts bereit. Mit § 612a BGB, §§ 1, 7 AGG, § 15 KSchG, § 168 SGB IX, § 17 MuSchG werden abhängig Beschäftigte aller Branchen vor den Gefahren eines einseitigen Machtverhältnisses im Arbeitsverhältnis geschützt. Dieser Schutz gilt selbstverständlich ebenso für Leiharbeitnehmer*innen. Er knüpft aber stets an besondere Tatbestandsvoraussetzungen an und kann darum keine umfassende Arbeitsplatzsicherheit gewährleisten.

d) Kündigungsfristen

Die Kündigungsfristen in der Arbeitnehmer*innenüberlassung bestimmen neben den bereits genannten Vorschriften zum Kündigungsschutz wesentlich darüber, wie schnell sich eine schlechte Auftragslage des Verleihunternehmens zu Lasten der Leiharbeitnehmer*innen auswirkt. Hierbei ergeben sich nur marginale Abweichungen zu den Regeln bezüglich anderer Arbeitsverhältnis. Das bedeutet auch, dass die für länger andauernde Arbeitsverhältnisse konzipierten gesetzlichen Fristen Verleihunternehmen potentiell davon abhalten, die besonders kurzfristigen Beschäftigungsrisiken der Arbeitnehmer*innenüberlassung allzu rasch auf ihre Angestellten abzuwälzen.

Konkret schreibt § 622 Abs. 1 BGB eine grundsätzliche Kündigungsfrist von vier Wochen zum 15. oder zum Ende eines Kalendermonats vor. Für länger als ein Jahr bestehende Arbeitsverhältnisse verlängert sich diese Frist. Innerhalb einer Probezeit von bis zu bis zu sechs Monaten können Arbeitsverhältnisse gemäß § 622 Abs. 3 BGB mit einer Frist von zwei Wochen gekündigt werden. Diese Möglichkeit könnte in der Arbeitnehmer*innenüberlassung eigentlich erhebliche Bedeutung gewinnen. Praktisch relevanter dürfte aber die in § 622 Abs. 4 BGB gewährte Tarifdispositivität sein. Durch Tarifvertrag oder im Geltungsbereich eines solchen Tarifvertrags durch einzelvertragliche Bezugnahme können die gesetzlichen Kündigungsfristen abbedungen werden.[478] Auch an dieser Stelle vertraut die Legislative, wie schon bei der Geltung des Gleichstellungsgrundsatzes, auf die Kompetenz der Tarifparteien.

Ein solches Vertrauen lässt sich in Bezug auf die Arbeitsvertragsparteien nicht feststellen. Eingedenk der durch kurze Kündigungsfristen möglichen Verschiebung des Beschäftigungsrisikos auf Leiharbeitnehmer*innen schneidet § 11 Abs. 4 Satz 1 AÜG den Arbeitsvertragsparteien in der Arbeitnehmer*innenüberlassung die in § 622 Abs. 5 Satz 1 Nr. 1 BGB vorgesehene Möglichkeit ab, für vorübergehende Aushilfen kürzere Kündigungsfristen zu vereinbaren.[479] Die in § 622 Abs. 5 Satz 1 Nr. 2 BGB vorgesehene Erleichterung für kleine Betriebe bleibt hiervon unberührt.

Bis auf diese Ausnahmen hinsichtlich Probezeit, Tarifdispositivität und Lockerung für kleine Betriebe sind die gesetzlichen Vorgaben zwingend, können also – wie in anderen Arbeitsverhältnissen auch – nicht zu Ungunsten der Leiharbeitnehmer*innen verändert werden.[480]

Praktisch ergibt sich aus diesen Regelungen vorbehaltlich tarifvertraglicher Abweichungen eine Kündigungsfrist von zwei Wochen für das erste halbe Jahr der Anstellung und von vier Wochen zur Monatsmitte oder zum Monatsende für die darauffolgende Zeit. Ein gewisser Schutz der Leiharbeitnehmer*innen wird hierdurch erreicht; wie wirksam er tatsächlich ist, lässt sich nur anhand der Rechtswirklichkeit überprüfen.

e) Befristungsrecht

Zur Verlagerung des Beschäftigungsrisikos bietet es sich aus der Perspektive von Verleihunternehmen außerdem an, die Möglichkeiten von Befristungen auszureizen, um einer kostengünstigen Synchronisation von Überlassungszeit und Vertragsdauer möglichst nahe zu kommen.[481] Seit dem Wegfall des Synchronisationsverbots unterliegt die Arbeitnehmer*in-

---

478 *Schüren*/Hamann, AÜG Einl. Rn. 277; KR/*Spilger*, BGB § 622 Rn. 234.

479 Gesetzentwurf zur Regelung der gewerbsmäßigen Arbeitnehmerüberlassung, BT-Drs. VI/2303, S. 14.

480 Thüsing/*Mengel*, AÜG § 11 Rn. 43.

481 *Seils/Emmler*, Policy Brief WSI 01/2020, S. 5.

nenüberlassung nur mehr dem allgemeinen Befristungsrecht.[482] Auch das engt aber die Möglichkeit der Synchronisation etwas ein.

§ 14 Abs. 2 TzBfG lässt auch in der Arbeitnehmer*innenüberlassung für die Dauer von zwei Jahren eine sachgrundlose Befristung zu.[483] Diese Möglichkeit ist aber, vorbehaltlich einer anderslautenden tarifvertraglichen Regelung, auf eine dreimalige Verlängerung beschränkt. Wenn bereits zuvor ein Arbeitsverhältnis zu dem Verleihunternehmen bestand, scheidet eine Befristung gemäß § 14 Abs. 2 Satz 2 TzBfG regelmäßig sogar langfristig aus.[484] Weil außerdem die Verlängerung bereits innerhalb der vorangehenden Befristung vereinbart werden muss, kann die sachgrundlose Befristung von Verleihunternehmen nur begrenzt, insbesondere bei kurzen Überlassungen, zur Verlagerung des Beschäftigungsrisikos genutzt werden.[485]

Daneben ist es denkbar, die Beschäftigung von Leiharbeitnehmer*innen unter Verweis auf eine vorübergehende Einsatzmöglichkeit wegen eines nur vorübergehenden Bedarfs im Sinne des § 14 Abs. 1 Nr. 1 TzBfG zu befristen.[486] Es liegt aber im Wesen der Arbeitnehmer*innenüberlassung begründet, dass die vorübergehenden Überlassungen generell eine erhebliche Unsicherheit über die zukünftige Auftragslage mit sich bringt – und dieses typische Beschäftigungsrisiko weist das AÜG in § 11 Abs. 2 Satz 4 explizit den Verleihunternehmen zu.[487] Es ist deshalb mittlerweile weitgehend Konsens, dass eine befristete Einsatzmöglichkeit noch keinen vorübergehenden Bedarf im Sinne des § 14 Abs. 1 Nr. 1 TzBfG bedeutet.[488]

---

482 ErfK/*Wank/Roloff,* AÜG § 1 Rn. 85; Thüsing/*Mengel,* AÜG § 10 Rn. 38.

483 *Schüren*/Hamann, AÜG § 3 Rn. 95; *Böhm,* RdA 2005, 360 (361); *Bauer/Krets,* NJW 2003, 537 (540).

484 Vgl. BVerfG, Beschl. v. 06.06.2018 – 1 BvL 7/14, 1 BvR 1375/14, NZA 2018, 774 Rn. 33f, zu den Ausnahmen Rn. 63; ErfK/*Müller-Glöge,* TzBfG § 14 Rn. 98ff; aA noch BAG, Urt. v. 06.04.2011 – 7 AZR 716/09, NZA 2011, 905; Thüsing/*Mengel,* AÜG § 10 Rn. 39; *Düwell/Dahl,* NZA 2007, 889 (891).

485 ErfK/*Wank,* 21. Aufl. 2021, AÜG Einl. 6; *Bauer/Krets,* NJW 2003, 537 (540); *Wank,* NZA 2003, 14 (20).

486 *Böhm,* RdA 2005, 360 (363); *Frik,* NZA 2005, 386 (388 f.); *Bauer/Krets,* NJW 2003, 537 (540).

487 BAG, Urt. v. 18.05.2006 – 2 AZR 412/05; ErfK/*Wank,* 21. Aufl. 2021, AÜG Einl. 7; *Teubert,* Betriebsbedingte Kündigung, S. 126 f.; *Bayreuther,* RdA 2007, 176 (178); *Böhm,* RdA 2005, 360 (363); *Däubler,* KJ 2003, 17 (19); *Wank,* NZA 2003, 14 (21).

488 ErfK/*Wank,* 21. Aufl. 2021, AÜG Einl. 7; *Schüren*/Hamann, AÜG § 3 Rn. 82 ff.; Thüsing/*Kock,* AÜG § 3 Rn. 46; *Teubert,* Betriebsbedingte Kündigung, S. 126 f.; *Düwell/Dahl,* NZA 2007, 889 (890 f.); *Bayreuther,* RdA 2007, 176 (180); *Werthebach,* NZA 2005, 1044 (1045); *Böhm,* RdA 2005, 360 (362 f.); *Däubler,* KJ 2003,

Bemerkenswert ist dabei die allseitige Bereitschaft, an dieser Stelle das besondere Beschäftigungsrisiko der Arbeitnehmer*innenüberlassung anzuerkennen und den Verleihunternehmen zuzuweisen.

Das TzBfG steht damit einer dauerhaften Synchronisation von Leiharbeitsverhältnis und Überlassung regelmäßig entgegen. Gleichwohl kann das Beschäftigungsrisiko in einigen Fällen vor allem über die sachgrundlose Befristung auf die Beschäftigten verlagert werden.

f) Zusammenfassung

Insgesamt ist das deutsche Recht zur Arbeitnehmer*innenüberlassung in Fragen der Arbeitsplatzsicherheit von dem Gedanken geleitet, Leiharbeitsverhältnisse als vollwertige Arbeitsverhältnisse zu betrachten und damit ebenso wie andere Arbeitsverhältnisse zu behandeln. Dennoch gibt es erhebliche strukturelle Unterschiede, die sich auch auf die von den einzelnen Regelungsregimen erzielten Ergebnisse auswirken: Der Kündigungsschutz des KSchG stellt sich bei richtiger Auslegung für Leiharbeitnehmer*innen überdurchschnittlich stark dar; gleichzeitig kommen aber nur unterdurchschnittlich viele Leiharbeitnehmer*innen überhaupt in den Genuss des KSchG. Ob die gesetzliche Vorgabe zum Beschäftigungsrisiko bis in den allgemeinen „kleinen" Kündigungsschutz hineinwirkt ist unklar, dürfte aber abzulehnen sein. Damit unterliegen Leiharbeitnehmer*innen auch hier den für alle geltenden Regeln, während ihre Arbeitgeber*innen ein überdurchschnittlich großes Interesse an flexiblen Kündigungen haben. Diese besonderen Rahmenbedingungen der Arbeitnehmer*innenüberlassung wurden von der Legislative bei der Regelung der Kündigungsfristen bedacht und auch die Rechtswissenschaft ist sich mittlerweile einig, dass sich Befristungsgründe nicht unmittelbar an konkrete Einsätze koppeln dürfen.

Insgesamt erscheint der Kündigungsschutz von Leiharbeitnehmer*innen eher stärker als der ihrer Kolleg*innen in anderen Branchen. Die Legislative hat die besonderen Gefahren für die Arbeitsplatzsicherheit von Leiharbeitskräften erkannt und darauf reagiert. Ob der zusätzliche Schutz allerdings ausreicht, um dem zusätzlichen Kündigungsbedürfnis der Verleihunternehmen wirklich wirksam zu begegnen, darf angesichts der dieser Branche innewohnenden Dynamik bezweifelt werden.

---

17 (19); *Wank,* NZA 2003, 14 (20); *Schüren/Behrend,* NZA 2003, 521 (522); aA *Frik,* NZA 2005, 386 (388 f.).

b. Rechtswirklichkeit

Die Rechtswirklichkeit in Bezug auf die Arbeitsplatzsicherheit wird ganz wesentlich vom Kündigungs- und Befristungsverhalten der Verleihunternehmen bestimmt. Dieser Gestaltung vorgeschaltet sind allerdings die Tarifverträge zur Leiharbeit, die den gesetzlich vorgesehenen Gestaltungsspielraum verändern und damit selbst mittelbar die Arbeitsplatzsicherheit prägen.

1) Tarifverträge

Der Kündigungsschutz nach dem KSchG ist weder für die Arbeitsvertragsparteien noch die Tarifparteien abdingbar, er ist einseitig zwingendes Recht.[489] Gleiches muss für den aus der Verfassung stammenden „kleinen" Kündigungsschutz und den Sonderkündigungsschutz gelten. Regelungsspielräume für die Tarifparteien bestehen darum nur bezüglich der Kündigungsfristen und der Möglichkeit zusätzlicher Befristungen.

§ 622 Abs. 4 Satz 1 BGB räumt den Tarifparteien das Recht ein, eigene Kündigungsfristen festzuschreiben. Diese tariflichen Kündigungsfristen können dann auch nicht unmittelbar tarifgebundene Arbeitsvertragsparteien in Bezug nehmen. Sowohl der MTV BAP/DGB als auch der MTV iGZ/DGB haben von dieser Möglichkeit Gebrauch gemacht und die gesetzlichen Kündigungsfristen für die ersten Monate eines Arbeitsverhältnisses nach unten angepasst.

§ 9.3 des MTV BAP/DGB legt fest, dass die Kündigungsfrist bei Neueinstellungen innerhalb der ersten zwei Wochen arbeitsvertraglich auf einen Tag verkürzt werden kann. Bis zum Ablauf von drei Monaten eines Arbeitsverhältnisses soll die Kündigungsfrist dann eine Woche betragen. Für die Zeit zwischen drei und sechs Monaten verweist der Tarifvertrag auf den gesetzlichen Vorschlag einer Kündigungsfrist von zwei Wochen. Nach Ablauf dieser Probezeit sollen die gesetzlichen Regelungen gelten.

Auch der MTV iGZ/DGB legt in Ziff. 2.2 fest, dass für Kündigungen innerhalb der ersten drei Monate eine Frist von einer Woche und für die darauffolgenden drei Monate eine Frist von zwei Wochen gilt. Unabhängig von vorherigen Anstellungen legt der Tarifvertrag außerdem fest, dass innerhalb der ersten vier Wochen des Arbeitsverhältnisses nur eine Frist von zwei Tagen zu beachten ist. Auch nach diesem Tarifvertrag gelten

---

489 ErfK/*Oetker*, KSchG § 1 Rn. 13; KR/*Rachor*, KSchG § 1 Rn. 36.

nach Ablauf der sechsmonatigen Probezeit die gesetzlichen Kündigungsfristen.

Beide Regelungswerke zeigen, dass der gesetzlich vorgesehene Charakter vorübergehender Einsätze von den Verleihunternehmen gerne auf die entsprechenden Arbeitsverhältnisse übertragen wird. In den Manteltarifverträgen haben sie sich von den Gewerkschaften die Möglichkeit einräumen lassen, neue Arbeitsverhältnisse zu Beginn relativ unproblematisch und ohne hohe Kosten beenden zu können – und damit das Beschäftigungsrisiko auf ihre Angestellten zu verlagern. Die außergewöhnlich kurzen Kündigungsfristen disziplinieren nicht nur die Leiharbeitskräfte, sondern vermeiden auch allzu lange einsatzfreie Zeiten zu Beginn des Arbeitsverhältnisses. Von realer Arbeitsplatzsicherheit können Leiharbeitnehmer*innen demnach erst ab dem siebten Monat ihrer Anstellung sprechen.

Eine nur milde Abweichung haben die Tarifparteien in der Frage der Befristung vereinbart. § 14 Abs. 2 Satz 3 TzBfG räumt den Tarifparteien das Recht ein, die mögliche Anzahl und Zeitspanne sachgrundloser Befristungen zu verändern; § 14 Abs. 2 Satz 4 TzBfG erlaubt die arbeitsvertragliche Bezugnahme. Der MTV iGZ/DGB hat von dieser Möglichkeit keinen Gebrauch gemacht. § 9.2 des MTV BAP/DGB hat die gesetzlich vorgesehene Zeitspanne von zwei Jahren unangetastet gelassen und lediglich die Anzahl der zulässigen Befristungen auf vier erhöht. Dieses moderate Vorgehen mag auf das Verhandlungsgeschick der Gewerkschaften zurückzuführen sein. Es kann aber auch als Indiz dafür gelesen werden, dass Verleihunternehmen nicht auf extensive Möglichkeiten zur Befristung angewiesen sind. Tatsächlich liegt es nahe, dass für die ersten sechs Monate eines Beschäftigungsverhältnisses der Weg über die Kündigung flexibler und ebenso einfach ist; für länger andauernde Befristungen genügt möglicherweise die gesetzlich vorgesehene dreimalige Befristung.

Festzuhalten bleibt, dass die Tarifverträge zur Leiharbeit die Arbeitsplatzsicherheit der Beschäftigten nicht stärken, sondern vor allem in den ersten Monaten des Arbeitsverhältnisses schwächen. Der gesetzlich vorgesehene, im ersten halben Jahr der Anstellung sowieso schon geringe Schutz erhält dadurch eine weitere Lücke, die tarifdispositive Ausgestaltung der Normen wirkt sich zu Lasten der Arbeitsplatzsicherheit aus.

2) Konkrete Arbeitsplatzsicherheit von Leiharbeitnehmer*innen

Die Regelungen zur Arbeitsplatzsicherheit in der Arbeitnehmer*innenüberlassung sind von dem Spannungsfeld geprägt, dass einerseits für Verleihunternehmen eine Reaktion auf Absatzschwankungen möglich sein muss, gleichzeitig aber Leiharbeitsverhältnisse als sichere und stabile, quasi normale Arbeitsverhältnisse etabliert werden sollen. Die normativen Vorgaben vertrauen für diese Aufgabe weitgehend auf die allgemein für alle Lohnabhängigen geltenden Regelungen zum Kündigungsschutz, justieren aber an einigen Stellen nach, um dem besonderen Kündigungsdruck in der Leiharbeit entgegenzuwirken. Dabei lässt die Gesetzgebung allerdings Regelungsmöglichkeiten für die Tarifparteien offen, die jene zum Nachteil der Leiharbeitnehmer*innen genutzt haben. Daraus kann sich insgesamt eine Verlagerung des Beschäftigungsrisikos auf die Beschäftigten ergeben. Die konkret festzustellende Arbeitsplatzsicherheit zeigt, wie weit diese Verlagerung praktisch geht, wie stark der Schutz der Beschäftigten wirkt und ob die Leiharbeit tatsächlich anteilige Beschäftigungspotentiale zu dauerhaften Stellen vereint.

Es gibt aus keine Daten dafür, wie oft Leiharbeitnehmer*innen ihre Kündigung unter Berufung auf das KSchG oder den „kleinen" Kündigungsschutz rechtlich angreifen. Erfasst wird allerdings, wie viele Leiharbeitsverhältnisse bereits vor Ablauf der für die Anwendung des KSchG maßgeblichen Dauer von sechs Monaten beendet werden: im ersten Halbjahr 2021 lag dieser Wert bei 373.694 oder 63 %.[490] Weit mehr als die Hälfte aller in der Arbeitnehmer*innenüberlassung erklärten Kündigungen und Vertragsaufhebungen unterfallen also bereits aufgrund ihrer kurzen Dauer nicht dem Kündigungsschutz des KSchG. Das lässt den Verleihunternehmen ersichtlich freie Hand, um durch Kündigungen ihren Personalstand flexibel an die Auftragslage anzupassen – und so das Beschäftigungsrisiko zu Lasten der Arbeitsplatzsicherheit ihrer Angestellten zu senken.

Die dabei praktisch werdenden Kündigungsfristen sind aufgrund arbeitsvertraglicher Bezugnahme zur überwältigenden Mehrheit die der Tarifverträge.[491] Die dort vereinbarten kurzen Fristen zu Beginn der Arbeitsverhältnisse finden, wie die Beschäftigungsdauern zeigen, vielfach Anwendung und bringen damit oftmals ein außergewöhnlich abruptes Ende für viele Leiharbeitsverhältnisse.

Der Anteil befristet abgeschlossener Leiharbeitsverträge übersteigt die über alle Branchen hinweg beobachtbare Quote nur ganz unwesentlich. Während für alle 2017 neu begonnenen Beschäftigungsverhältnisse eine Befristungsquote von 44,1 % ermittelt wurde, lag dieser Wert für die Ar-

490 Bundesagentur für Arbeit, Leiharbeitnehmer und Verleihbetriebe, Januar 2022, Tabelle 3.2. Zeilen 26, 47.

491 *Schüren*/Hamann, AÜG Einl. Rn. 277; *Bayreuther*, NZA 2016, 1304 (1306).

beitnehmer*innenüberlassung im selben Zeitraum bei 44,5 %.[492] Betrachtet man allerdings nicht die abgeschlossenen Verträge, sondern alle inner- wie außerhalb der Leiharbeit tätigen Beschäftigten, so kommt man zu einer erheblichen Abweichung von 9 % zu 34 %.[493] Das erklärt sich aus der Tatsache, dass bei letzterer Betrachtungsweise längerfristig Beschäftigte stärker ins Gewicht fallen und diese Gruppe in der Arbeitnehmer*innenüberlassung stark unterrepräsentiert ist. Will man die Vertragsgestaltung in der Leiharbeitsbranche untersuchen, so erscheint die erstere Perspektive sachgerechter. Daraus ergibt sich, dass Verleihunternehmen Befristungsmöglichkeiten gemessen an anderen Branchen durchschnittlich oft verwenden. Das damit praktisch verlagerte Beschäftigungsrisiko dürfte aber gleichzeitig in dieser außergewöhnlich dynamischen Branche wesentlich höher sein.

Insgesamt liegt das Risiko von Leiharbeitnehmer*innen, ihre Anstellung zu verlieren und in der Arbeitslosigkeit zu landen knapp sechsmal so hoch wie außerhalb der Leiharbeit.[494] Im Rahmen der Covid-19-Pandemie stieg das Zugangsrisiko in Arbeitslosigkeit erheblich an, es befindet sich aber mittlerweile wieder unter dem vorpandemischen Niveau.[495] Die nachfolgend dargestellten Daten sind deshalb unabhängig von Covid-19 aussagekräftig.

Es lässt sich nicht sicher feststellen, wie viele Leiharbeitsverhältnisse aufgrund von Fristablauf, wie viele aufgrund von arbeitnehmerseitiger Kündigung, wie viele aufgrund von arbeitgeberseitiger Kündigung und wie viele durch Aufhebungsvertrag beendet werden. Für 2003 ging *Promberger* davon aus, dass der Anteil der durch Kündigung des Unternehmens beendeten Arbeitsverhältnisse in der Leiharbeit gut doppelt so groß sei, wie in anderen Wirtschaftszweigen.[496] Demnach finden Leiharbeitsverträge nicht nur wesentlich häufiger ein Ende, dieses Ende geht noch dazu gegenüber dem Durchschnitt doppelt so häufig auf die Entscheidung des Unternehmens zurück. Für aktuellere Zeiträume bekannt ist nur, nach welcher Dauer Leiharbeitsverhältnisse ihr Ende finden und wie viele in einem Beobachtungszeitraum tätigen Leiharbeitskräfte schon wie lange

492 Bundesagentur für Arbeit, Befristete Beschäftigung, Dezember 2018, S. 25, 34.

493 Institut DGB-Index Gute Arbeit, 02/2019 Risiko Leiharbeit, S. 2.

494 Bundesagentur für Arbeit, Entwicklungen in der Zeitarbeit, Juli 2022, S. 18.

495 Bundesagentur für Arbeit, Entwicklungen in der Zeitarbeit, Juli 2022, S. 18 Abb. 13.

496 *Promberger,* Topographie der Leiharbeit, S. 83 f.; ebenso *Sehrbrock,* DB 2010 Standpunkte Heft 9, S. 21 (21).

diese Arbeit verrichten.[497] Man kann also entweder jede ehemalige Leiharbeitskraft oder jede in einem beliebigen Zeitfenster tätige Leiharbeitskraft betrachten. Ebenso wie bei der Befristung kommt längerfristig Beschäftigten bei der letztgenannten Möglichkeit ein größeres Gewicht zu – von den kurzfristig Beschäftigten werden nur solche gezählt, die in dem relevanten Zeitfenster tätig sind. Je größer das ausschlaggebende Zeitfenster ist, desto mehr nähern sich die Werte an.[498]

Welche dieser Betrachtungsweisen die sachgerechtere darstellt, ist abhängig von der Frage, die beantwortet werden soll. Möchte eine arbeitssuchende Person wissen, wie groß das Risiko einer vorzeitigen Beendigung des Arbeitsverhältnisses in der Arbeitnehmer*innenüberlassung ist, so ist die auf alle beendeten Arbeitsverhältnisse bezogene Sichtweise relevant. Diese Person muss wohl damit rechnen, eine bei einem Verleihunternehmen gefundene Anstellung rasch wieder zu verlieren. Sie sollte also nicht unter der Perspektive eines dauerhaft gesicherten Einkommens große Kreditverbindlichkeiten eingehen. Möchte aber ein Entleihunternehmen wissen, wie viele der bei ihm tätigen Leiharbeitnehmer*innen Erfahrung mit dem Einsatz als Leiharbeitskraft haben, so liegt die Antwort in der zweiten Betrachtungsweise begründet.

Die Arbeitsplatzsicherheit ist an dieser Stelle von Interesse, weil sie den Erfolg der staatlichen Bemühungen zeigt, mithilfe der Arbeitnehmer*innenüberlassung neue dauerhafte, stabile Arbeitsplätze zu schaffen. Sie ist dabei auch als Schutzparameter ganz konkret relevant, weil sie für Leiharbeitnehmer*innen selbst wichtig ist.[499] Die Unsicherheit über das zukünftige Einkommen schafft für Menschen, die auf den Verkauf ihrer Arbeitskraft angewiesen sind, potentiell große Probleme. Sowohl langfristige Entscheidungen wie Kredite, Lebensplanung und Wahl des Lebensmittelpunkts als auch kurzfristige Investitionen wie ein Handyvertrag oder Urlaub sind bei vielen Lohnabhängigen insbesondere im Niedriglohnbe-

---

497 Bundesagentur für Arbeit, Entwicklungen in der Zeitarbeit, Juli 2022, S. 16 f.; Bundesagentur für Arbeit, Leiharbeitnehmer und Verleihbetriebe, Januar 2022, Tabellen 3.1, 3.2.

498 Bundesagentur für Arbeit, Dauer von Beschäftigungsverhältnissen, Juni 2016, S. 14. Das gilt zumindest, bis der beschriebene Effekt durch die Unsicherheit über das zukünftige Andauern der aktuell aktiven Leiharbeitsverhältnisse aufgehoben wird. Diese Grenze wird von den Daten der Bundesagentur für Arbeit nicht erreicht.

499 Vgl. *Erhardt,* in: Entgrenzte Arbeit, S. 116 (117); vgl. grundsätzlich Willis Towers Watson, HR-Management-Agenda, S. 15 f.; Orizon GmbH, Geld und Sicherheit, PM vom 01.02.2016, S. 1.

reich von der Frage bedingt, ob sie morgen, nächsten Monat, in drei, sechs oder zwölf Monaten noch über ein entsprechendes Arbeitseinkommen verfügen. Der Erfolg der rechtlichen Regulierung der Arbeitnehmer*innenüberlassung in Fragen der Arbeitsplatzsicherheit muss sich demnach an der Wahrscheinlichkeit messen lassen, mit der Leiharbeitskräfte nach einem Tag, einem Monat, drei, sechs oder zwölf Monaten ihre Anstellung verlieren. An dieser Stelle ausschlaggebend ist demnach nicht die bisherige Dauer aktueller Leiharbeitsverhältnisse, sondern die Dauer, die solchen Anstellungen bis zu ihrer Beendigung regelmäßig vergönnt ist. Nur wenn hier eine ernstzunehmende Zeitspanne beobachtet werden kann, darf davon ausgegangen werden, dass die Beschäftigten aus ihrer Anstellung Sicherheit beziehen – und damit tatsächlich bestehende Beschäftigungspotentiale zu sicheren und stabilen Arbeitsplätzen zusammengefasst wurden.

Die hierzu erhobenen Daten sprechen eine klare Sprache. Mehr als jedes vierte der im ersten Halbjahr 2021 beendeten Leiharbeitsverhältnisse bestand noch keinen Monat.[500] Knapp die Hälfte der beobachteten Beschäftigungsverhältnisse fand sein Ende nach weniger als drei Monaten.[501] In diesem Zeitrahmen greifen die tarifvertraglich vereinbarten, besonders kurzen Kündigungsfristen.[502] Mit 23 % dauerte nicht einmal jedes vierte der beendeten Arbeitsverhältnisse länger als zwölf Monate – das ist ein geringerer Anteil als die 27 % der Leiharbeitnehmer*innen, deren Anstellung bereits nach weniger als einem Monat endete.[503] Das Ende der Probezeit erreichten nur 37 % aller Leiharbeitnehmer*innen.[504] Die Schwelle von 18 Monaten, ab welcher vielleicht von einem stabilen Normalarbeitsverhältnis gesprochen werden könnte, überschritt in 2019 nur jeweils eins von acht beendeten Leiharbeitsverhältnissen.[505]

Diese enorme Fluktuation spiegelt sich auch in den Zahlen wider, die die Zugänge in Arbeitslosigkeit beschreiben. 12 % der zwischen Oktober 2020 und September 2021 arbeitslos gewordenen Menschen waren zuvor

---

500 Bundesagentur für Arbeit, Leiharbeitnehmer und Verleihbetriebe, Januar 2022, Tabelle 3.2. Spalte 2 Zeile 47.

501 Bundesagentur für Arbeit, Leiharbeitnehmer und Verleihbetriebe, Januar 2022, Tabelle 3.2. Spalten 2, 3, 4 Zeile 47.

502 Vgl. oben Erster Teil B. III. 2. b. 1), S. 143.

503 Bundesagentur für Arbeit, Leiharbeitnehmer und Verleihbetriebe, Januar 2022, Tabelle 3.2. Spalten 2, 7 Zeile 47.

504 Bundesagentur für Arbeit, Leiharbeitnehmer und Verleihbetriebe, Januar 2022, Tabelle 3.2. Zeile 26.

505 Bundesagentur für Arbeit, Entwicklungen in der Zeitarbeit, Juli 2020, S. 14.

in der Arbeitnehmer*innenüberlassung tätig – einer Branche, die nur 2,1 % der sozialversicherungspflichtig Beschäftigten stellt.[506]

Daraus ergibt sich ein eindeutiges Bild: Drei Viertel der Leiharbeitnehmer*innen verlieren ihre Anstellung binnen des ersten Jahres, knapp die Hälfte der Leiharbeitsverhältnisse endet außergewöhnlich abrupt bereits in den ersten drei Monaten. Wo andere Menschen sich um ihren Arbeitsplatz sorgen, haben Leiharbeitnehmer*innen sechsmal so viele Gründe, nicht auf die Zukunft zu vertrauen. In diesem Zusammenhang von gewährleisteter Arbeitsplatzsicherheit und stabiler Beschäftigung zu sprechen, hat mit der Realität nur wenig gemein.

c. Zusammenfassung und Bewertung

Die Arbeitsplatzsicherheit in der Arbeitnehmer*innenüberlassung stellt sich in einem spannenden Licht dar. Einerseits nutzt die deutsche Rechtsordnung die von der RL 2008/104/EG bereitwillig offen gelassenen Spielräume, um Leiharbeitsverhältnisse zu ganz normalen Arbeitsverhältnissen mit ganz normalem Kündigungsschutz zu erklären. Die sich aus der besonderen Drei-Personen-Konstellation ergebenden Schwierigkeiten sollen auf der Basis des regulären Kündigungsschutzes gelöst werden – und können tatsächlich auch gelöst werden. Gleichzeitig ist sich die Gesetzgebung der besonderen Dynamik der Arbeitnehmer*innenüberlassung und der daraus entstehenden besonderen Beschäftigungsrisiken bewusst. Um deren Verlagerung auf die Arbeitnehmer*innen vorzubeugen, wurde § 11 Abs. 4 AÜG ins Leben gerufen, der auch den Kündigungsschutz etwas modifiziert. Weitere Vorkehrungen wurden allerdings nicht getroffen, insbesondere wurde auch der Spielraum der Tarifparteien nicht begrenzt. Die Tarifverträge nutzen diesen Spielraum weniger einschneidend als bei den Vergütungsfragen, weichen aber doch im praktische relevanten Zeitfenster der Kündigungsfristen zu Ungunsten der Leiharbeitnehmer*innen vom gesetzlichen Standard ab. Eine gewisse Stringenz ist dem von der Legislative verfolgten Konzept nicht abzusprechen, beruht es doch auf der Annahme, Leiharbeit sei ein Job wie jeder andere.

Diese Prämisse trifft allerdings nicht zu. Im Ergebnis ist der den dynamischen Veränderungen in der Arbeitnehmer*innenüberlassung entspringende Kündigungsdruck in dieser Branche mit den Sorgen anderer Arbeit-

506 Bundesagentur für Arbeit, Entwicklungen in der Zeitarbeit, Januar 2022, S. 9, 18.

geber*innen nicht zu vergleichen. Soweit ein Verleihunternehmen sein Beschäftigungsrisiko nicht über ein rechtlich fragwürdiges Arbeitszeitkonto abwälzen kann, hat es in einsatzfreien Zeiten außergewöhnlich hohe Kosten, die durch eine Kündigung entfielen. So treffen in der Leiharbeit regelmäßig Arbeitgeber*innen mit einem unbedingten und finanziell wohlbegründeten Kündigungswillen auf Arbeitnehmer*innen, die tendenziell noch weniger wehrhaft sind, als das bei ihren stammbeschäftigten Kolleg*innen der Fall ist. Es liegt auf der Hand, dass der halbherzig verbesserte Kündigungsschutz diesem Druck nicht wirksam begegnen kann – das Ergebnis sind Kündigungsraten, die der Idee von Arbeitsplatzsicherheit Hohn sprechen.

Die dem zugrundeliegende formale Gleichheit im Kündigungsschutz hilft den in der Arbeitnehmer*innenüberlassung Beschäftigten demnach regelmäßig nicht weiter. Sie erinnert vielmehr an die von *Anatole France* ironisch gerühmte „majestätische [] Gleichheit des Gesetzes, das Reichen wie Armen gleicherweise verbietet, unter Brücken zu schlafen, auf der Straße zu betteln und Brot zu stehlen."[507] Eine tatsächliche Gleichheit im Kündigungsschutz würde aufgrund des in der Arbeitnehmer*innenüberlassung wesentlich größeren Kündigungsdrucks einen ebenso erweiterten Schutz erfordern, um so im Ergebnis zu einem vergleichbaren Niveau der Arbeitsplatzsicherheit zu gelangen. Das leistet das Recht aktuell nicht. Damit entstehen in der Leiharbeit kaum stabile und sichere Arbeitsverhältnisse. Die Legislative hat ihr Ziel, zahlreiche zusätzliche stabile Arbeitsplätze zu schaffen, bislang deutlich verfehlt.[508]

3. Zwischenergebnis

Die in der Arbeitnehmer*innenüberlassung herrschenden Arbeitsbedingungen sind nach alledem sowohl in finanzieller Hinsicht als auch im Hinblick auf die Arbeitsplatzsicherheit ausgesprochen prekär. Es ist darum nur formal richtig, wenn *Thüsing* den in Deutschland gültigen Rechtsrahmen der Leiharbeit als Mischung aus dem Arbeitgebermodell und dem Agenturmodell beschreibt und darauf abstellt, dass sowohl der Gleichstellungsgrundsatz gelte als auch eine Synchronisation von Bezahlung und

---

507 *France,* Die rote Lilie, S. 112.

508 Vgl. Entwurf eines Ersten Gesetzes für moderne Dienstleistungen am Arbeitsmarkt, BT-Drs. 15/25, S. 24.

Überlassung unzulässig sei.[509] Zwar geht die Rechtslage tatsächlich davon aus, dass das Entgelt von Leiharbeitnehmer*innen dem ihrer stammbeschäftigten Kolleg*innen entspricht. Ebenso korrekt ist auch, dass auf Leiharbeitsverhältnisse der übliche Kündigungsschutz Anwendung findet und damit theoretisch stabile Arbeitsverhältnisse gewährleistet werden sollen. Die Rechtslage verfolgt damit ein Konzept, wonach gut geschützte Leiharbeitnehmer*innen nicht zur Spaltung von Belegschaften, sondern allein zur Deckung vorübergehender Arbeitskraftbedarfe eingesetzt werden sollen.

In der Praxis versagen die rechtlichen Vorgaben aber vor diesem Ziel. Der Gleichstellungsgrundsatz hält eine derart breite Lücke bereit, dass die aus ihm erwachsenden Rechtsfragen mangels praktischer Anwendung nur mehr juristische Fingerspiele sind. Der Kündigungsschutz ist dem der Arbeitnehmer*innenüberlassung innewohnenden enormen Anreiz zur Verlagerung des Beschäftigungsrisikos in keiner Weise gewachsen und schafft es nur für einen kleinen Teil der Leiharbeitnehmer*innen, halbwegs stabile Arbeitsverhältnisse sicherzustellen. Die geschaffenen Arbeitsplätze sind demnach unsicher und schlecht bezahlt, das gewährleistete Schutzniveau ist ausgesprochen gering. Die Rechtswirklichkeit stützt damit die These von einer Mischung aus Arbeitgebermodell und Agenturmodell, allerdings im umgekehrten Sinne: Leiharbeitnehmer*innen in Deutschland können von ihrer Anstellung weder equal pay noch Arbeitsplatzsicherheit erwarten.[510]

C. Ergebnis erster Teil

Arbeitnehmer*innenüberlassung ist bereits auf rechtlicher Ebene ein außergewöhnliches Konstrukt und wartet in der praktischen Anwendung mit grundlegenden Besonderheiten auf. Sie ist in Deutschland weit verbreitet und findet in zahlreichen Branchen Anwendung. Leiharbeit wird von vielen Entleihunternehmen aus unterschiedlichen Gründen für Aufgaben mit unterschiedlichen Anforderungen nachgefragt.

Dabei zeigt sich, dass ein wesentlicher Schwerpunkt des Einsatzes auf Helfer*innentätigkeiten liegt. Dieser Fokus fügt sich hervorragend in die mit dem Einsatz von Leiharbeitskräften oftmals verfolgten Ziele ein: Flexibilität und Kostenvermeidung. Helfer*innen können von Entleihunter-

509 *Thüsing*, AÜG Einf. Rn. 29 f.

510 In diesem Sinne auch *Albers*, Regulierung in Frankreich, S. 319.

nehmen relativ problemlos an- und abgemeldet werden, ohne dass es langer Einarbeitungszeiten bedürfte oder beim Abmelden allzu viel Humankapital abflösse. Die gewonnene Flexibilität hat in diesem Bereich demnach einen relativ geringen Preis. Eventuell denkbare Leistungsnachteile der Leiharbeitnehmer*innen werden dabei regelmäßig durch den erhöhten Bewährungsdruck einer gefühlt permanenten Probezeit kompensiert; Leistungseinbußen gegenüber der Stammbelegschaft sind damit nicht zu erwarten.

Hinzu kommt, dass sich in den Einsatzbranchen oftmals vor allem in den niedrigeren Lohngruppen die Verhandlungsmacht der Gewerkschaften positiv zugunsten der Beschäftigten auswirkt – bei offener Konkurrenz zwischen beruflich gering Qualifizierten ließen sich die Löhne hier ansonsten ins Bodenlose drücken.[511] Die Arbeitnehmer*innenüberlassung mit ihrer praktisch überall Anwendung findenden eigenen Tarifordnung bietet den Entleihunternehmen hier die lukrative Möglichkeit, diesen Traum wahr werden zu lassen und den eigenen Tariflöhnen zu entgehen. Die Entgelte in der Leiharbeit sind so niedrig, dass sich der Rückgriff auf Leiharbeitskräfte häufig schon unabhängig von Fragen der Flexibilität rechnet.

Mithilfe der Arbeitnehmer*innenüberlassung aus der eigenen Tarifbindung auszusteigen und im Betrieb eine zweite, wesentlich tiefere Lohnlinie aufzubauen, belebt außerdem das Geschäft. Arbeitnehmer*innenüberlassung nach dem deutschen Modell ist für Arbeitgeber*innen ein doppeltes Glück: nicht nur wird auf diesem Wege ein Niedriglohnsektor geschaffen, der die eigenen Tariflöhne unterbietet; dieser Niedriglohnsektor spielt sich auch noch im eigenen Betrieb ab und setzt damit die Arbeitsbedingungen der Stammbeschäftigten unter Druck. Die durch die Tarifbindung unterbundene Konkurrenz innerhalb des Betriebs wird dadurch wieder entfacht. Die Beschäftigten werden in fragmentierte Gruppen gespalten, ihre Interessen gegeneinander ausgespielt und ihre vormals einheitlichen Tarifergebnisse gleichzeitig bedroht und unterlaufen. Zynischerweise geschieht das unter Mithilfe eben der Gewerkschaften, die die ursprünglichen Tariflöhne erkämpft haben und die Folgen einer scheinbaren Notwendigkeit zur Lohnkostensenkung nun bereitwillig externalisieren.

Weder die fragmentierende Wirkung noch die Bildung eines Niedriglohnsektors sind Teil der Gesetzesbegründung. Stattdessen wollte die Gesetzgebung den Einsatzunternehmen mit der Arbeitnehmer*innenüberlassung eine Möglichkeit zur Flexibilisierung bei vorübergehendem Arbeits-

511 Vgl. *Krause*, ZIAS 2014, 113 (149); *Promberger*, Topographie der Leiharbeit, S. 145.

kräftebedarf an die Hand geben und gleichzeitig zum Vorteil der Leiharbeitnehmer*innen vorhandene Beschäftigungspotentiale zu dauerhaften, fair bezahlten Arbeitsplätzen bündeln.

Flexibilität wurde tatsächlich geschaffen. Im Ergebnis wird Leiharbeit allerdings darüber hinaus auch in vielen Fällen eingesetzt, um schlicht allgemeine Beschäftigungsrisiken dauerhafter Arbeitsplätze auszulagern und diesen Vorteil durch die geringeren Lohnkosten gegenzufinanzieren. Hier spricht aus Sicht der Entleihunternehmen auch nichts dagegen, sind Leiharbeitskräfte doch auch mit dem diesbezüglichen Risikoaufschlag der Verleihunternehmen kaum oder gar nicht teurer als eigene Angestellte. Die Begrenzung auf akute Flexibilisierungsbedürfnisse funktioniert folglich nicht, gibt es hierzu doch schlicht keinen wirtschaftlichen Grund. Die Magie hinter diesem Zaubertrick verliert allerdings ihren Reiz mit der Erkenntnis, dass diese Einsparung nicht auf die besonderen Vorteile der Arbeitnehmer*innenüberlassung zurückgeht, sondern direkt aus dem Einkommen der Leiharbeitnehmer*innen finanziert wird. Diese Einkommen bleiben dramatisch weit hinter denen ihrer stammbeschäftigten Kolleg*innen zurück.

Auch das zweite Ziel, die Schaffung zusätzlicher stabiler Arbeitsplätze, muss angesichts der vernichtenden Beobachtungen zur Arbeitsplatzsicherheit als gescheitert betrachtet werden. Es spricht viel dafür, dass Verleihunternehmen ihre Arbeitskräfte oftmals nur für einen konkreten Einsatz anstellen und danach nicht bereit sind, das bis zu einem eventuellen nächsten Einsatz Kosten verursachende Beschäftigungsrisiko zu tragen. Eine dauerhafte Bündelung von Arbeitsmöglichkeiten und die damit erhoffte Entschärfung von Beschäftigungsrisiken findet regelmäßig nicht statt. Stattdessen werden im Ergebnis Menschen ohne einen wirksamen Kündigungsschutz und ohne eine den Einsatzbranchen entsprechende Entlohnung vorübergehend in eigentlich tarifgebundenen Unternehmen eingesetzt – und nach Ende der Beschäftigungsmöglichkeit wieder entlassen. Beschäftigungsrisiken werden dabei nur bei den Leiharbeitnehmer*innen selbst gebündelt. Ein gesellschaftlicher Mehrwert ist darin, von den sagenumwobenen Vorteilen eines Niedriglohnsektors im internationalen Wettbewerb, nicht zu erkennen.

Die Hinnahme dieser Zustände durch die Gesetzgebung ist insofern irritierend, als es ihrer gar nicht zwingend bedürfte, um die angegebenen Ziele zu erreichen. Auch bei equal pay und auch bei Annahme eines wirksamen Kündigungsschutzes könnten Verleihunternehmen immer noch vorübergehende Beschäftigungsmöglichkeiten bündeln, dadurch Beschäftigungsrisiken sowie Rekrutierungs- und Entlassungskosten senken und im Ergebnis günstiger flexible Arbeitskräfte bereitstellen, als das für einzelne Entleihunternehmen möglich wäre. Auch mit ordentlichen Arbeitsbedingungen ergäbe der Rückgriff auf Leiharbeitskräfte für Entleihunternehmen damit immer noch Sinn, um einem vorübergehenden Beschäftigungsbedarf zu begegnen. Die Nutzung von Leiharbeit im Rahmen der Kernfunktion fußt auf diesem Synergieeffekt und stellt sich wohl weniger preissensibel dar als die strategische Nutzung. Bei steigenden Überlassungspreisen würde zuerst letztere unattraktiv, sodass ihre aktuelle Popularität auf Preisspielräume innerhalb der Kernfunktion hindeutet. Es wäre also grundsätzlich möglich, Flexibilität zu gewährleisten und gleichzeitig dauerhafte, besser bezahlte Leiharbeitsverhältnisse zu schaffen.[512] Leiden würde zunächst vor allem die von der Kernfunktion nicht umfasste und von der Gesetzgebung offiziell nicht bezweckte strategische Nutzung.

Die Schutzeinbußen von Leiharbeitnehmer*innen gehen demnach aktuell erheblich über das Maß hinaus, welches zur Gewährleistung flexibler Arbeitskräfte und für eine volkswirtschaftlich sinnvolle Nutzung der Leiharbeit als notwendig anzunehmen wäre. Die Gesetzgebung hat zwar versucht, einen den Besonderheiten der Arbeitnehmer*innenüberlassung angemessenen gesetzlichen Schutz zu etablieren und die Leiharbeit auf ihre Kernfunktion zurückzuführen; dieses Vorhaben ist aber gescheitert. Die Arbeitsbedingungen in der Leiharbeit sind so schlecht, dass selbst eine von vorübergehenden Bedarfen losgelöste Nutzung für Entleihunternehmen wirtschaftlich Sinn ergibt. Die Leiharbeit übernimmt aktuell auf Basis ihres Fragmentierungspotentials – und damit auf Kosten der Beschäftigten – Aufgaben außerhalb ihrer Kernfunktion. Gleichzeitig schafft sie es nicht verlässlich, Beschäftigungsrisiken zu bündeln und Beschäftigungspotentiale zu dauerhaften Arbeitsplätzen zu vereinen. Stattdessen tut sie, wozu sie offiziell gar nicht bestimmt ist: Lohnabhängige spalten und Löhne senken.

---

512 Ebenso *Cantzler*, in: Zeitarbeit, S. 247 (256); *Schröpfer*, Intensität der Leiharbeitsnutzung, S. 243; *Kämmerer*, Der neue Rechtsrahmen, S. 49; *Nießen/Fabritius*, BB 2013, 375 (380); *Blanke*, DB 2010, 1528 (1531 f.); *Fuchs*, NZA 2009, 57 (62); *Grobys/Schmidt/Brocker*, NZA 2003, 777 (780); *Däubler*, KJ 2003, 17 (21); krit. *Stepien*, Berufsfreiheit, 33 f.; *Giesen*, ZfA 2016, 153 (180); *Rieble/Klebeck*, NZA 2003, 23 (23).

Zweiter Teil: „Achtung des Gesamtschutzes von Leiharbeitnehmer*innen“ in Deutschland

Die Untersuchung der Lage in der Arbeitnehmer*innenüberlassung in Deutschland hat offenbart, dass die Funktion der Leiharbeit aktuell nicht nur in der Bereitstellung flexibler Arbeitskräfte und der Bündelung vorübergehender Beschäftigungspotentiale besteht, sondern dass darüber hinaus auch eine von dieser Charakteristik unabhängige Nutzung zur dauerhaften Senkung von Lohnkosten stattfindet. Diese strategische Nutzung ist kein Teil der von der Legislative angestrebten Kernfunktion; sie wird erst durch die dramatisch schlechten Arbeitsbedingungen von Leiharbeitnehmer*innen möglich. Gleichzeitig liegt die Annahme nahe, dass dem gesetzgeberischen Ziel auch mit einem besseren Schutzniveau in der Leiharbeit weiterhin entsprochen werden könnte – im Hinblick auf die Schaffung dauerhafter Arbeitsplätze würde ein funktionierender Kündigungsschutz die Zielerreichung sogar stärker fördern.

Damit besteht aktuell eine Situation, in welcher Leiharbeitskräfte erhebliche Schutzeinbußen hinnehmen, um eine Funktion der Leiharbeit zu ermöglichen, die von der gesetzgeberischen Intention nicht umfasst ist und mit der angestrebten Kernfunktion nichts zu tun hat. Auf dieser Basis kann man sich des Eindrucks nicht erwehren, dass die Arbeitnehmer*innenüberlassung in Deutschland etwas aus dem Ruder gelaufen ist – was die für Jurist*innen naheliegende Frage provoziert, ob das denn mit höherrangigem Recht überhaupt vereinbar sein mag. Dabei fällt die Leiharbeitsrichtlinie RL 2008/104/EG ins Auge.

Art. 5 Abs. 3 der Leiharbeitsrichtlinie RL 2008/104/EG gewährt den Mitgliedstaaten die Möglichkeit, den Gleichstellungsgrundsatz tarifdispositiv auszugestalten und den Tarifparteien damit eine von der Gleichstellung abweichende Tarifierung der Leiharbeitsbranche zu erlauben. Die Norm ist damit die Grund- und Vorlage für die deutsche Regelung zur Gleichstellung. Die unionsrechtliche Ausnahmemöglichkeit steht allerdings unter der Bedingung, dass die vom Gleichstellungsgrundsatz abweichenden Tarifverträge den Gesamtschutz der Leiharbeitnehmer*innen achten müssen.

Die „Achtung des Gesamtschutzes“ ist damit auf europäischer Ebene das materielle Nadelöhr, durch welches alle Tarifverträge gehen müssen, die das vom Gleichstellungsgrundsatz geforderte Niveau auf der Basis von Art. 5 Abs. 3 RL 2008/104/EG unterschreitenden möchten. Dieser von der europäischen Legislative vorgesehenen Beschränkung der Abweichungsmöglichkeit kommt angesichts der besonderen Machtverhältnisse in der Arbeitnehmer*innenüberlassung, der zwiespältigen Interessen den Gewerkschaften und der gravierend schwachen Organisationsraten der Leiharbeitnehmer*innen eine zentrale Rolle beim Schutz von Leiharbeitskräften zu. Angesichts dieser Relevanz ist es verblüffend, dass sich im deutschen AÜG keine explizite Nennung des Gesamtschutzes findet. Die Rechtswissenschaft hat sich mit dem Begriff zwar auseinandergesetzt, allerdings ohne dass im diesbezüglichen Diskurs eine Entwicklung zu verzeichnen wäre oder die Diskussion wenigsten zu einer überzeugenden Systematisierung geführt hätte.[513]

Im Folgenden soll deshalb der Versuch unternommen werden, eine der Sprengkraft des Gebots gerecht werdende Auseinandersetzung mit der Frage zu leisten, was die „Achtung des Gesamtschutzes“ im Ergebnis bedeutet – und ob die deutsche Rechtslage dieser Anforderung gerecht wird.

A. Unionsrechtliches Gebot zur Achtung des Gesamtschutzes

Der Begriff des Gesamtschutzes lässt zunächst einmal eine Vielzahl an Interpretationen zu. Dementsprechend bilden die im Diskurs zur Bedeutung des Gebots zur „Achtung des Gesamtschutzes“ vertretenen Interpretationen ein ausgesprochen weites Spektrum ab. Dieses Spektrum soll im Folgenden strukturiert dargestellt werden. Darauf aufbauend werden die eingebrachten Argumente in einer eigenen Auslegung der Klausel untersucht, beurteilt und wesentlich ergänzt, um so zu einer überzeugenden Interpretation des von der Richtlinie aufgestellten Gebots zu gelangen.

I. Positionen in Literatur und Rechtsprechung

Die Palette aktueller Interpretationen des Merkmals „Achtung des Gesamtschutzes“ kann in weiten Teilen anhand zweier Parameter dargestellt werden: der Deutung des Wortteils „Gesamt“ und der Deutung des Wortteils „Schutz“. Aus der Verwendung des Wortteils „Gesamt“ wird gemeinhin

---

513 Das BAG hat den EuGH mit Beschl. v. 16.12.2020 – 5 AZR 143/19 (A) um eine diesbezügliche Vorabentscheidung ersucht. Damit steht zu erwarten, dass die Diskussion in naher Zukunft eine eindeutigere Grundlage erhalten wird.

geschlossen, dass eine gewissen Saldierung innerhalb eines zu bildenden Gesamtrahmens vorzunehmen sei. Das daraus entstehende Gesamtbild soll dann dem dem Wortteil „Schutz“ entnommenen Schutzniveau genügen. Der erste Wortteil betrifft damit den Betrachtungsrahmen, während der zweite Wortteil den materiellen Schutzgehalt vorgibt. Entlang der beiden Parameter ergibt sich für die Ansichten, die der Formulierung überhaupt irgendeinen materiellen Gehalt zumessen, ein Gitter möglicher Positionen. Das Raster hält bei einer grundsätzlichen Betrachtung für beide Parameter jeweils zwei Auffassung bereit; daraus ergeben sich vier denkbare und tatsächlich auch vertretene Standpunkte.

Aus der Verwendung des Wortteils „Gesamt“ wird von vielen Stimmen abgeleitet, dass sämtliche für den Schutz der Leiharbeitnehmer*innen relevanten Faktoren gemeinsam betrachtet und insgesamt saldiert werden sollen. Teilweise enthält diese Auffassung auch eine zeitliche Dimension, sodass die Betrachtung auch über einen Zeitraum hinweg gestreckt werden kann, innerhalb dessen die Bedingungen schwanken. Die Gegenauffassung hält eine gemeinsame Abwägung verschiedener Arbeitsbedingungen für unmöglich und verlangt stattdessen nur die Bildung eines Mittelwerts innerhalb einzelner Sachgruppen, wie er etwa auch beim Günstigkeitsprinzip im Rahmen des § 4 Abs. 3 TVG angewandt wird. Über eine sachgruppeninterne Saldierung entlang der Zeitachse geben die Vertreter*innen dieser Auffassung keine Auskunft; die Nähe zu § 4 Abs. 3 TVG legt diese Möglichkeit aber zumindest nahe.

Grundlegender ist der Streit um den Inhalt des zweiten Wortteils, um die Bedeutung des Wortes „Schutz“. Hierzu werden viele unterschiedliche Ansichten vertreten, die sich aber alle einer von zwei möglichen Perspektiven zuordnen lassen. Die eine Fraktion bildet den Schutzbegriff unabhängig von der konkret erbrachten Arbeit und damit auch unabhängig vom Gleichstellungsgrundsatz in einer Orientierung am Bedarf von Leiharbeitnehmer*innen. Die andere Fraktion lehnt ihn dagegen an die konkret erbrachte Arbeit und damit explizit an den Gleichstellungsgrundsatz an. Das von der erstgenannten Auffassung vertretene Verständnis des Wortes „Schutz“ kann in seiner Unabhängigkeit von der erbrachten Arbeit als absolut klassifiziert werden. Die zweitgenannte Auffassung fußt in Abgrenzung davon auf einem von der Tätigkeit abhängigen Schutzbegriff, der darum im Folgenden als relativ bezeichnet werden soll.[514]

---

514 Ähnlich mit Bezug auf vergleichbare Stammbeschäftigte *Seiwerth*, ZESAR 2021, 127 (129); *Hamann*, jurisPR-ArbR 29/2021 Anm. 3; *Seiwerth*, Gestaltungsfreiheit

Die Auseinandersetzung mit dem Schutzbegriff ist sowohl von grundlegenderer Natur als auch für die Beteiligten im Ergebnis relevanter. Sie bildet darum in der folgenden Darstellung den Rahmen, innerhalb dessen weiter gemäß dem Verständnis des Wortteils „Gesamt“ differenziert wird.

Dem voranzustellen ist eine knappe Schilderung einer vereinzelt vertretenen, im hier vorgeschlagenen Meinungsgitter nicht repräsentierten Auffassung, der zufolge die Nennung des Gesamtschutzes in der RL 2008/14/EG schlicht keine Rechtswirkung entfalten soll.

1. Programmsatzfunktion

Mehrere Autor*innen vertreten die Position, dass die von Art. 5 Abs. 3 RL 2008/104/EG formulierte Bedingung der Achtung des Gesamtschutzes lediglich einen Programmsatz ohne normative Wirkung darstelle.[515] Diese Einschätzung beruht im Wesentlichen auf zwei Prämissen: Zum einen legen die Vertreter*innen dieser Position Art. 153 Abs. 5 AEUV weit und damit die Kompetenzen der europäischen Union eng aus. Eine Verpflichtung der Tarifparteien zur Wahrung eines gewissen Schutzniveaus stehe aber sowohl im Zusammenhang mit Entgeltfragen als auch der Koalitionsfreiheit – und überschreite damit die derart eingeschränkte Kompetenz der europäischen Legislative.[516] Zum anderen gehe mit einer solchen Begrenzung der tariflichen Spielräume ein erheblicher Eingriff in die Tarifautonomie einher, der als unverhältnismäßige Tarifzensur bewertet wird.[517] Eine primärrechtskonforme Auslegung müsse darum ergeben, dass die Achtung des Gesamtschutzes nur ein wirkungsloser Appell sei.[518]

Diese Perspektive soll weiter durch einige in der Richtlinie selbst angelegte Beobachtungen gestützt werden. ErwGr 19 der RL 2008/104/EG verspricht, die Tarifautonomie unangetastet zu lassen. Das sei bei Annahme eines materiellen Gehalts der auf den Gesamtschutz bezogenen Vorga-

---

in Tarifverträgen, S. 436, 439; vgl. entsprechend zum Verhältnis von Mindestlohn und Sittenwidrigkeit *Boeck*, RdA 2018, 210.

515 *Löwisch/Rieble*, TVG § 1 Rn. 1075 ff.; *Rieble/Vielmeier*, EuZA 2011, 474 (499 ff.); im Ergebnis ebenso *Lembke*, DB 2011, 414 (417).

516 *Löwisch/Rieble*, TVG § 1 Rn. 1077; *Rieble/Vielmeier*, EuZA 2011, 474 (500).

517 *Löwisch/Rieble*, TVG § 1 Rn. 1076 f.; *Rieble/Vielmeier*, EuZA 2011, 474 (500 f.); zustimmend bezüglich der Verhältnismäßigkeit, aA bezüglich der Tarifzensur *Vielmeier*, Tarifzensur, S. 207 ff.

518 *Löwisch/Rieble*, TVG § 1 Rn. 1075 ff.; *Rieble/Vielmeier*, EuZA 2011, 474 (502).

be aber nicht möglich.[519] Art. 5 Abs. 4 RL 2008/104/EG spricht anders als der in Rede stehende Art. 5 Abs. 3 RL 2008/104/EG von der „Gewährleistung eines angemessenen Schutzniveaus“. Das bringe zum Ausdruck, dass die schlichte „Achtung des Gesamtschutzes“ minderwertig und im Ergebnis bedeutungslos sein müsse.[520] Außerdem könne nach Art. 5 Abs. 2 RL 2008/104/EG das Entgelt bei unbefristeten Arbeitsverhältnissen mit einer auch für überlassungsfreie Zeiten gesicherten Entgeltzahlung frei verhandelt werden; eine Begrenzung der tariflichen Abweichungsmöglichkeit erscheine vor diesem Bild nicht konsistent.[521]

Diese Ansicht hat sich in der deutschen Rechtswissenschaft bislang nicht durchsetzen können.

2. Absolutes Schutzverständnis

Größerer Beliebtheit erfreut sich ein Verständnis, welches von einem absoluten Schutzbegriff getragen ist. Die Achtung des Gesamtschutzes verlangt aus dieser Perspektive, dass die Tarifverträge in der Leiharbeit ein absolutes, von der konkreten Arbeit, Qualifikation und den Arbeitsbedingungen im Einsatzbetrieb unabhängiges Mindestschutzniveau nicht unterschreiten. Angestrebt wird damit nicht der Schutz einer der Arbeitsleistung verschiedener Leiharbeitnehmer*innen entsprechenden Gegenleistung, sondern ein Mindeststandart, der für alle Leiharbeitskräfte gleich ist.

Auf welchem Niveau dieser Mindestschutz konkret zu verorten ist, ist wiederum umstritten. Insbesondere unterscheiden sich die Vertreter*innen eines absoluten Schutzbegriffs in der Frage, ob bereits der allgemeine Arbeitnehmer*innenschutz inklusive der Regelungen des Tarifrechts genügt, oder ob die Richtlinie RL 2008/104/EG ein darüber hinausgehendes, speziell auf die Gefahren der Arbeitnehmer*innenüberlassung zugeschnittenes Schutzkonzept verlangt. Der Schutzbegriff bei Annahme eines absoluten Schutzverständnisses kann demnach weiter in einen unspezifischen und einen weiterreichenden, spezifisch an die Verhältnisse in der Leiharbeit angepassten Begriff unterschieden werden. Allein für die Vertreter*innen der letztgenannten Spielart stellt sich daneben die Frage, wie der Wortteil „Gesamt“ zu lesen ist.

---

519 *Löwisch/Rieble*, TVG § 1 Rn. 1075; *Rieble/Vielmeier*, EuZA 2011, 474 (501); *Lembke*, DB 2011, 414 (417).

520 *Löwisch/Rieble*, TVG § 1 Rn. 1075; *Rieble/Vielmeier*, EuZA 2011, 474 (501).

521 *Rieble/Vielmeier*, EuZA 2011, 474 (501 f.).

a. Unspezifische Angemessenheitsvermutung

Einige Stimmen entnehmen der Vorgabe zur Achtung des Gesamtschutzes zwar eine materielle Wirkung, begnügen sich aber mit einem absoluten Mindestschutzniveau und halten auch spezifisch auf die Arbeitnehmer*innenüberlassung bezogene Schutzmechanismen für entbehrlich.[522] Den Gesamtschutz in Deutschland sehen sie meist schon durch die Tatsache gewahrt, dass nur durch Tarifvertrag vom Gleichstellungsgrundsatz abgewichen werden darf. Die Einschätzung fußt dabei wesentlich auf der Angemessenheitsvermutung, welche Tarifverträgen aufgrund der Regelungen des Tarifrechts oftmals zugesprochen wird.[523]

Weil die kollektive Verhandlung von Arbeitsbedingungen die strukturelle Unterlegenheit der Lohnabhängigen überwinden kann, gehen viele Stimmen bei Tarifverhandlungen grundsätzlich von einer Gleichwertigkeit der Verhandlungsmacht aus.[524] Dieses Verhandlungsgleichgewicht soll dafür sorgen, dass die Interessen der dem Tarifwerk unterworfenen Parteien fair und angemessen berücksichtigt wurden.[525] Die daraus abgeleitete, bisweilen auch als Richtigkeitsgewähr, Richtigkeitsvermutung oder Richtigkeitschance benannte Angemessenheitsvermutung von Tarifverträgen wird auch im Zusammenhang mit dem Gesamtschutz von Leiharbeitskräften angeführt.[526] Das Verfahren der tariflichen Einigung soll nach dieser Auffassung automatisch dafür sorgen, dass die Interessen der Leiharbeitnehmer*innen gewahrt bleiben und ihr Gesamtschutz geachtet

522 Wiedemann TVG/*Jacobs*, Einl. Rn. 645; *Thüsing*, Arbeitsrechtlicher Diskriminierungsschutz, Rn. 874; Boemke/*Lembke*, AÜG § 9 Rn. 192; *Lembke*, DB 2011, 414 (417); *Lembke*, BB 2010, 1533 (1540); *Thüsing*, DB 2010, Standpunkte Heft 9, 17; *Grapperhaus*, ELLJ 2010, 406 (410); *Thüsing*, RdA 2009, 118 (118).

523 Wiedemann TVG/*Jacobs*, Einl. Rn. 645; *Thüsing*, Arbeitsrechtlicher Diskriminierungsschutz, Rn. 874; Boemke/*Lembke*, AÜG § 9 Rn. 192; *Lembke*, DB 2011, 414 (417); *Lembke*, BB 2010, 1533 (1540); *Thüsing*, DB 2010, Standpunkte Heft 9, 17; *Thüsing*, RdA 2009, 118 (118).

524 BAG, Urt. v. 21.05.2014 – 4 AZR 50/13, NZA 2015, 115 Rn. 29; Wiedemann TVG/*Jacobs*, Einl. Rn. 101; *Löwisch/Rieble*, TVG Grundl. Rn. 231 ff.

525 BVerfG, Urt. v. 11.07.2017 – 1 BvR 1571/15 u.a., NJW 2017, 2523 Rn. 148; BAG, Urt. v. 21.05.2014 – 4 AZR 50/13, NZA 2015, 115 Rn. 29; BAG, Urt. v. 20.02.2008 – 4 AZR 64/07, NZA 2008, 946 Rn. 44; Wiedemann TVG/*Jacobs*, Einl. Rn. 100 ff.

526 Vgl. zur Terminologie Däubler TVG/*J. Ulber*, Einl. Rn. 375.

wird.[527] Die Maßstäbe des Gleichstellungsgrundsatzes sind aus dieser Perspektive irrelevant.

Der zentrale Streitpunkt liegt damit – neben dem grundsätzlich absoluten Schutzbegriff – in der Anerkennung und Interpretation der Angemessenheitsvermutung in der Leiharbeit; hier gibt es erhebliche Meinungsverschiedenheiten.[528] Zusätzlich geht diese Ansicht von einer Lesart des Art. 5 Abs. 3 RL 2008/104/EG aus, wonach kein spezifischer, über den allgemeinen Standard hinausreichender Schutz gefordert ist.[529]

Irrelevant ist aus dieser Perspektive, wie weit die Kategorie „Gesamt" zu verstehen ist – bei Annahme einer Angemessenheitsvermutung gilt diese gleichermaßen für einzelne Arbeitsbedingungen, Sachgruppen und das Gesamtpaket. Auch diese Ansicht konnte bislang keine allzu große Gefolgschaft erreichen.

b. Spezifischer Mindestschutz

Ebenfalls noch von einem absoluten Verständnis des Schutzbegriffs getragen, aber mit weniger Vertrauen in die Angemessenheitsvermutung von Tarifverträgen oder höheren Anforderungen an den Schutz von Leiharbeitnehmer*innen stellt sich eine Ansicht dar, die einen leiharbeitsspezifischen Sonderschutz fordert.[530] Zentral für diese Fraktion ist, dass dem Staat

---

527 Wiedemann TVG/*Jacobs*, Einl. Rn. 645; Thüsing/*Mengel*, AÜG § 9 Rn. 50; *Lembke*, DB 2011, 414 (417); *Lembke*, BB 2010, 1533 (1540); *Thüsing*, DB 2010, Standpunkte Heft 9, 17; *Thüsing*, RdA 2009, 118 (118).

528 Vgl. dazu ausführlich unten Zweiter Teil B. II. 2., S. 278. Die Angemessenheitsvermutung für die Leiharbeit bezweifelnd *Hamann*, jurisPR-ArbR 29/2021 Anm. 3; *Corzelius*, Tarifdispositives Recht, S. 94; Ulber/*J. Ulber*, AÜG § 8 Rn. 375 f.; *Hamann/Klengel*, EuZA 2017, 485 (501); *Deinert*, RdA 2014, 65 (70); *Riechert*, NZA 2013, 303 (305); *Kothe*, in: FS Bepler, S. 287 (300); *Waltermann*, in: FS Bepler, S. 569 (581 f.); *Schüren/Wank*, RdA 2011, 1 (5); *D. Ulber*, Tarifdispositives Gesetzesrecht, S. 508; *Call*, NJ 2010, 89 (96); *Stütze*, Kontrolle der Entgelthöhe, S. 397 ff.; *Waltermannm*, NZA 2010, 482 (487); *Schlachter/Klauk*, AuR 2010, 354 (357); *J. Ulber*, AuR 2010, 412 (415); aA *Thüsing/Stiebert*, in: Der CGZP-Beschluss, S. 59 (74); *Rieble/Vielmeier*, EuZA 2011, 474 (501).

529 AA LAG Nürnberg, Urt. v. 20.02.2019 – 2 Sa 402/18 Rn. 62; EuArbRK/*Kolbe*, RL 2008/104/EG Art. 5 Rn. 21.

530 LAG Nürnberg, Urtl. v. 07.03.2019 – 5 Sa 230/18 Rn. 61 ff.; LAG Nürnberg, Urt. v. 20.02.2019 – 2 Sa 402/18 Rn. 57 ff.; EuArbRK/*Kolbe*, RL 2008/104/EG Art. 5 Rn. 23; *Hamann*, jurisPR-ArbR 29/2021 Anm. 3; Preis/Sagan/*Sansone*, Europäisches Arbeitrecht, § 12 Rn. 77 ff.; ErfK/*Wank*, 21. Aufl. 2021, AÜG § 8 Rn. 33; *Lembke/Stoffels*, in: FS Moll 2019, S. 377 (384 f.); Thüsing/*Mengel*, AÜG § 9

zwar ein spezifischer Schutzauftrag zugesprochen wird, dieser aber auf eine absolut bestimmte Untergrenze begrenzt ist. Streit herrscht allerdings darüber, ob dieser absolute Mindestschutz auf das Gesamtpaket aller Arbeitsbedingungen oder einzelne Sachgruppen bezogen werden muss.

Das enge Verständnis des Wortes „Schutz“ wird teilweise mit dem Hinweis auf die historische Entwicklung der RL 2008/104/EG begründet. In früheren Entwürfen forderte Art. 5 Abs. 3 anstatt der Achtung des Gesamtschutzes möglicherweise stärker die Gewährleistung eines angemessenen Schutzniveaus.[531] Zusätzlich wird in systematischer Hinsicht auf eben diese Formulierung in Art. 5 Abs. 4 RL 2008/104/EG und dem entsprechenden ErwGr. 17 verwiesen.[532] Daraus ergebe sich, dass die europäische Legislative den Tarifparteien einen weiten Spielraum belassen wollte.[533] Dieser Spielraum werde im Übrigen auch durch ErwGr. 19 der RL 2008/104/EG und Art. 28 GRCh gestützt.[534] Teilweise fußt die Überzeugung auch auf der These, dass die Gleichstellung mit vergleichbaren Beschäftigten im Einsatzbetrieb für Leiharbeitnehmer*innen bereits das Optimum darstelle; eine von Art. 5 Abs. 3 RL 2008/104/EG ermöglichte Abweichung könne darum nur nach unten stattfinden.[535] Den Gesamtschutz an den Gleichstellungsgrundsatz zu koppeln soll darum wohl schlicht keinen Sinn ergeben.[536]

Eine Schwierigkeit dieses absoluten Schutzbegriffs zeigt sich beim Sprung von der europäischen auf die bundesdeutsche Ebene: die Sittenwidrigkeit nach § 138 BGB verfolgt einen relativen Schutzbegriff und ver-

---

Rn. 50; *Ulrici*, AÜG § 8 Rn. 54; Urban-Crell/Germakowski/Bissels/*Hurst*, AÜG § 8 Rn. 16; *Sansone*, Gleichstellung, S. 546; hilfsweise *Thüsing*, RdA 2009, 118 (119).

531 Vorschlag der Europäischen Kommission vom 20.3.2002, KOM(2002) 149 endgültig, S. 23; dies als stärker gewichtend *Sansone*, Gleichstellung, S. 544; *Thüsing*, RdA 2009, 118 (118 f.).

532 *Franzen*, EuZA 2022, 3 (8); *Sansone*, Gleichstellung, S. 544.

533 *Sansone*, Gleichstellung, S. 544.

534 LAG Nürnberg, Urtl. v. 07.03.2019 – 5 Sa 230/18 Rn. 65; LAG Nürnberg, Urt. v. 20.02.2019 – 2 Sa 402/18 Rn. 61; Preis/Sagan/*Sansone*, Europäisches Arbeitrecht, § 12 Rn. 77; *Lembke/Stoffels*, in: FS Moll 2019, S. 377 (384).

535 LAG Nürnberg, Ur. v. 07.03.2019 – 5 Sa 230/18, Rn. 64; LAG Nürnberg, Urt. v. 20.02.2019 – 2 Sa 402/18, Rn. 60; ErfK/*Wank*, 21. Aufl. 2021, AÜG § 8 Rn. 34; Boemke/*Lembke*, AÜG § 9 Rn. 183; *Sansone*, Gleichstellung, S. 320; *Lembke*, BB 2005, 495 (498).

536 LAG Nürnberg, Urtl. v. 07.03.2019 – 5 Sa 230/18 Rn. 64; LAG Nürnberg, Urt. v. 20.02.2019 – 2 Sa 402/18 Rn. 60; ErfK/*Wank*, 21. Aufl. 2021, AÜG § 8 Rn. 34.

gleicht die vereinbarten Löhne mit den branchenüblichen.[537] Zwar hat das BAG zu § 138 BGB entschieden, dass Bezugspunkt für einen Vergleich der in Leiharbeitstarifverträgen vereinbarten Arbeitsbedingungen nicht die Arbeitsbedingungen in den Einsatzbranchen, sondern die in der Leiharbeit üblichen Arbeitsbedingungen seien.[538] Diese Einschätzung wurde aber nicht überall geteilt.[539] In der Folge wurde zur Leiharbeit teilweise vertreten, dass der Gesamtschutz aus der Richtlinie zwar absolut, die Sittenwidrigkeit nach § 138 BGB aber doch relativ zu den Arbeitsbedingungen der Einsatzbranchen zu bestimmen sei.[540] Das muss kein Problem sein. Nach dem Dafürhalten dieser Stimmen soll der eigentlich absolut zu verstehende Gesamtschutz nach Art. 5 Abs. 3 RL 2008/104/EG aber dadurch eine zweite, relative Komponente erhalten, die eine Abweichung von den Arbeitsbedingungen der Einsatzbetriebe nur um 1/3 zulässt.[541]

Diese spezielle Perspektive stellt eine Ausnahme dar. Grundsätzlich sind sich die Vertreter*innen eines absoluten Schutzverständnisses einig, dass eine absolute Absicherung nach unten genügt. Auf den Wert der geleisteten Arbeit oder die Arbeitsbedingungen im Entleihbetrieb kommt es ihnen damit nicht an; der Gleichstellungsgrundsatz wird vollständig obsolet. Einzig konkrete Anforderung an das Schutzniveau in den Tarifverträgen ist damit, dass es die allgemeinen, für alle Lohnabhängigen geltenden Vorgaben übersteigt.

Uneinigkeit herrscht allerdings bei der Interpretation des Wortteils „Gesamt". Teilweise wird vertreten, dass das Bezugsobjekt der Betrachtung das Gesamtpaket aller Arbeitsbedingungen sei.[542] Um einen leiharbeitsspezifischen Mindestschutz zu gewährleisten, könne es demnach schon genügen, wenige oder sogar nur eine zentrale Arbeitsbedingung nach unten abzusi-

---

537 BAG, Urt. v. 24.03.2004 – 5 AZR 303/03, NZA 2004, 971 (972); BAG, Urt. v. 21.06.2000 – 5 AZR 806/98, NZA 2000, 1050 (1051); *Boeck*, RdA 2018, 210 (210 f.).

538 BAG, Urt. v. 24.03.2004 – 5 AZR 303/03, NZA 2004, 971.

539 Vgl. dazu ausführlich unten Zweiter Teil B. II. 1. c., S. 274; LAG Baden-Württemberg, Urt. v. 06.12.2018 – 14 Sa 27/18 Rn. 41; *Corzelius*, Tarifdispositives Recht, S. 95 f.; Ulber/*J. Ulber*, AÜG § 8 Rn. 324; *Schmidt*, Tariffähigkeit christlicher Gewerkschaften, S. 296 ff.; *J. Ulber*, NZA 2009, 232 (237).

540 EuArbRK/*Rebhahn/Schörghofer*, 2. Aufl. 2018, RL 2008/104/EG Art. 5 Rn. 20.

541 EuArbRK/*Rebhahn/Schörghofer*, 2. Aufl. 2018, RL 2008/104/EG Art. 5 Rn. 20, in zweifelhafter Anlehnung an *Riechert*, NZA 2013, 303 (307), der aber von einem relativen Schutzbegriff aus argumentiert.

542 EuArbRK/*Kolbe*, RL 2008/104/EG Art. 5 Rn. 23; Preis/Sagan/*Sansone*, Europäisches Arbeitrecht, § 12 Rn. 77; *Sansone*, Gleichstellung, S. 544, 549; hilfsweise *Thüsing*, RdA 2009, 118 (119).

chern und die Regelung aller anderen Arbeitsbedingungen vollständig in das Ermessen der Tarifparteien zu stellen. Der Gesamtschutz ginge damit bereits über das allgemeine Niveau hinaus und soll, eine hinreichende Relevanz der betroffenen Arbeitsbedingung vorausgesetzt, ausreichend geachtet sein.[543] Vertreter*innen dieser Auffassung können in dieser Frage auf die Unterstützung durch andere Stimmen bauen, die zwar ein relatives Schutzverständnis anlegen, in der Frage des Bezugsobjekts aber ähnlich urteilen.[544]

Die Gegenauffassung entnimmt dem Wortteil „Gesamt" eine weniger umfassende Wirkung und stellt auf einen Sachgruppenvergleich ab, wie er auch nach dem Günstigkeitsprinzip bei der Anwendung von § 4 Abs. 3 TVG oder bei der tatsächlichen Anwendung des Gleichstellungsgebots nach § 8 Abs. 1 AÜG zum Einsatz kommt.[545] Der Schutzauftrag soll sich demnach auf alle Arbeitsbedingungen einzeln beziehen und nur eine Saldierung innerhalb einzelner Sachgruppen zulassen. Ein Mindestschutz bei nur einer zentralen Arbeitsbedingung genügt den Vertreter*innen dieser Ansicht demnach nicht, um den Gesamtschutz zu gewährleisten.[546] Stattdessen werden Mindestbedingungen für alle Arbeitsbedingungen gefordert.[547]

3. Relatives Schutzverständnis

Der von einem absoluten Schutzbegriff ausgehenden Gruppe steht die große Fraktion gegenüber, welche einen relativen Schutzbegriff annimmt. Sie eint, dass sie das von der RL 2008/104/EG bezweckte Schutzniveau nicht als eine für alle Leiharbeitnehmer*innen gleiche pauschale Untergrenze, sondern als grundsätzlich an der konkreten Arbeit konkreter Leiharbeitskräfte und dem Gleichstellungsgrundsatz orientiertes Mindestmaß

543 EuArbRK/*Kolbe*, RL 2008/104/EG Art. 5 Rn. 23; Urban-Crell/Germakowski/Bissels/*Hurst*, AÜG § 8 Rn. 16; *Sansone*, Gleichstellung, S. 544, 549; hilfsweise *Thüsing*, RdA 2009, 118 (119).

544 Vgl. *Waas*, ZESAR 2012, 7 (9); *Blanke*, DB 2010, 128 (1533).

545 Vgl. oben Erster Teil B. III. 1. a. 2) a), S. 72.

546 LAG Nürnberg, Urtl. v. 07.03.2019 – 5 Sa 230/18 Rn. 61 f.; LAG Nürnberg, Urt. v. 20.02.2019 – 2 Sa 402/18 Rn. 57 f.; ErfK/*Wank*, 21. Aufl. 2021, AÜG § 8 Rn. 33.

547 LAG Nürnberg, Urtl. v. 07.03.2019 – 5 Sa 230/18 Rn. 61 f.; LAG Nürnberg, Urt. v. 20.02.2019 – 2 Sa 402/18 Rn. 57 f.; ErfK/*Wank*, 21. Aufl. 2021, AÜG § 8 Rn. 33.

ansehen.[548] Über das endgültige Ausmaß dieser Orientierung herrscht allerdings auch auf der Basis eines relativen Schutzbegriffs keine Einigkeit.

Die für ein relatives Verständnis des von der RL 2008/104/EG geforderten Schutzes streitenden Stimmen stützen sich auf verschiedene Argumente und Vermutungen. Wegen des mäßig ergiebigen Wortlauts bewegt sich die Debatte vor allem auf der Ebene von Systematik und Telos.

Zentral aufgeführt wird das Ziel der Richtlinie, Leiharbeitnehmer*innen zu schützen.[549] Dabei kann diese Ansicht auf die Zielformulierung in Art. 2 RL 2008/104/EG verweisen.[550] Auch die ErwGr. 16 und 17 der RL 2008/104/EG sprechen nach Auffassung zahlreicher Stimmen für einen mitgliedstaatlich festgelegten spezifischen Schutzbereich.[551] Eine Reduktion des Gesamtschutzes auf ein vom Gleichstellungsgrundsatz unabhängiges Minimum könne aber diesen Schutz nicht hinreichend gewährleisten und würde die Klausel der „Achtung des Gesamtschutzes" weitgehend

---

548 LAG Baden-Württemberg, Urt. v. 06.12.2018 – 14 Sa 27/18 Rn. 39; ArbG Nürnberg, Urt. v. 11.09.2018, 15 Ca 4827/17 Rn. 19; ArbG Gießen, Urt. v. 14.2.2018 – 7 Ca 246/17 Rn. 47; Däubler TVG/*Däubler*, Einl. Rn. 80; *Bissels*, in: Tschöpe, ArbRHdB, Arbeitnehmerüberlassungsrecht Rn. 119; Thüsing/*Kock/Greiner*, AÜG § 8 Rn. 45; *Schüren*/Hamann, AÜG § 8 Rn. 138; Schüren/Hamann/*Brors*, AÜG Einl. Rn. 615; *Corzelius*, Tarifdispositives Recht, S. 84, 95 f.; *Bissels/Falter*, JurisPR-ArbR 16/2018, Anm. 3; *Wank*, BB 2018, 1909 (1915); *J. Ulber*, RdA 2018, 50 (54); *Däubler*, Überlegungen zu einer Klage, S. 10 ff.; *Seiwerth*, Gestaltungsfreiheit in Tarifverträgen, S. 434; *Hamann/Klengel*, EuZA 2017, 485 (501 f.); *J. Ulber*, AuR 2017, 238 (240); Ulber/*J. Ulber*, AÜG Einl. F. Rn. 64, § 8 Rn. 251, 283 ff.; *Röpke*, Die Gestaltbarkeit von Arbeitsbedingungen, S. 76, 153 ff., 294 f., 312; *Schrattbauer*, Arbeitskräfteüberlassung, S. 307; *B. Jahn*, Gleichstellung, S. 160 f.; Schlachter/*Nyström*, EU Labor Law, S. 271; *J. Ulber/Stang*, AuR 2015, 250 (254 f.); *Schindler*, in: Arbeitskräfteüberlassung, S. 13, (25); *Schmidt*, Tariffähigkeit christlicher Gewerkschaften, S. 300; *Fasholz*, Tariffähigkeit, S. 324; *Riechert*, NZA 2013, 303 (306 f.); *Zimmer*, NZA 2013, 289 (290 f.); *Kohte*, in: FS Bepler, S. 287 (300); *Nielebock*, in: FS Bepler, S. 455 (462); *Rödl/D. Ulber*, NZA 2012, 841 (844); *Waas*, ZESAR 2012, 7 (9 f.); European Commission, Report – Expert Group – Transposition of Directive 2008/104/EC, S. 24; *Mayer*, AuR 2011, 4 (4 ff.); *Blanke*, DB 2010, 1528 (1532 f.); *J. Ulber*, AuR 2010, 10 (14); *Hanau*, NZA 2010, 1 (3); *Düwell/Dahl*, DB 2009, 1070 (1073); *Hamann*, EuZA 2009, 287 (309); *Fuchs*, NZA 2009, 57 (61 ff.).

549 *Däubler*, Überlegungen zu einer Klage, S. 12; *Mayer*, AuR 2011, 4 (7).

550 *Röpke*, Die Gestaltbarkeit von Arbeitsbedingungen, S. 76, 153.

551 *Corzelius*, Tarifdispositives Recht, S. 81; *J. Ulber*, RdA 2018, 50 (54); *Däubler*, Überlegungen zu einer Klage, S. 11; *Röpke*, Die Gestaltbarkeit von Arbeitsbedingungen, S. 153; *Schmidt*, Tariffähigkeit christlicher Gewerkschaften, S. 299 f.; *Zimmer*, NZA 2013, 289 (290 f.); *Mayer*, AuR 2011, 4 (5 f.); *Blanke*, DB 2010, 1528 (1532); *Fuchs*, NZA 2009, 57 (61).

einer eigenen Funktion entkleiden.[552] Auch Art. 5 Abs. 2 RL 2008/104/EG würde seine eigenständige Funktion einbüßen.[553] Ausgangspunkt des Schutzes müsse darum vielmehr der in Art. 5 Abs. 1 RL 2008/104/EG etablierte Gleichstellungsgrundsatz sein; die Abweichungsmöglichkeit des Art. 5 Abs. 3 RL 2008/104/EG müsse als Ausnahme in Abhängigkeit von der zuvor etablierten Regel – der Gleichstellung – bestimmt werden.[554] Das ergebe sich im Übrigen auch aus dem Zusammenhang mit Art. 5 Abs. 5 RL 2008/104/EG. Hier werde deutlich, dass die Richtlinie ein dem Gleichstellungsgrundsatz ebenbürtiges Schutzniveau anstrebe, um die dauerhafte Umgehung der Gleichstellung zu verhindern.[555] Auch die europäische Kommission gehe davon aus, dass nur unter strengen Bedingungen bestimmte begrenzte Ausnahmen vom Gleichstellungsgebot des Art. 5 Abs. 1 RL 2008/104/EG zulässig seien.[556]

Die Sinnhaftigkeit einer solchen Interpretation zeige sich außerdem nicht zuletzt mit Blick auf Art. 31 GRCh.[557] Um Leiharbeitnehmer*innen nicht zu Beschäftigten zweiter Klasse zu degradieren, müsse sich auch eine alternative tarifliche Regelung am Gleichstellungsgrundsatz orientieren.[558] Dieses Argument deckt sich im Ergebnis mit der Forderung nach einem insgesamt fairen Lohngefüge.[559] Der bei der Tarifierung der Arbeitnehmer*innenüberlassung mit Art. 31 GRCh im Wettstreit stehende Art. 28 GRCh soll hinter der erstgenannten Norm zurückstehen, weil die Tarifverträge in der Leiharbeit in Deutschland regelmäßig nur durch arbeitsvertragliche Bezugnahmeklauseln und nicht normativ wirken.[560] Der auf die Tarifautonomie bezogene ErwGr. 19 RL 2008/104/EG wiederum soll nach Auffassung einzelner Stimmen nicht den wirksamen Gesamtschutz, sondern nur eine unmittelbare Tarifkontrolle durch den EuGH verhindern.[561] Er soll einem relativen Schutzbegriff damit nicht entgegenstehen.

---

552 *Däubler*, Überlegungen zu einer Klage, S. 12.
553 *Däubler*, Überlegungen zu einer Klage, S. 12.
554 *Corzelius*, Tarifdispositives Recht, S. 87; *Däubler*, Überlegungen zu einer Klage, S. 11; Ulber/*J. Ulber*, AÜG § 8 Rn. 284; *Zimmer*, NZA 2013, 289 (290 f.).
555 Schüren/Hamann/*Brors*, AÜG Einl. Rn. 615.
556 *Corzelius*, Tarifdispositives Recht, S. 81; *Däubler*, Überlegungen zu einer Klage, S. 10 f.; vgl. Europäische Kommission, COM(2014) 176 final, S. 2.
557 *Zimmer*, NZA 2013, 289 (290).
558 *Zimmer*, NZA 2013, 289 (290).
559 *Wank*, BB 2018, 1909 (1915).
560 *Zimmer*, NZA 2013, 289 (290).
561 *Corzelius*, Tarifdispositives Recht, S. 90; *Rödl/D. Ulber*, NZA 2012, 841 (844).

Auch die Vertreter*innen eines relativen Schutzbegriffs verweisen auf die Entstehungsgeschichte des Art. 5 Abs. 3 RL 2008/104/EG. Entgegen der Vorstellung des europäischen Parlaments sind die Tarifparteien auch in der verabschiedeten Version der Richtlinie an den Gesamtschutz gebunden; die Entstehung der Norm schließe damit eine Orientierung am Gleichstellungsgrundsatz gerade nicht aus.[562]

Wenngleich innerhalb dieser Fraktion Einigkeit über die genannten Argumente und den relativen Schutzbegriff bestehen dürfte, leiten verschiedene Stimmen doch eine unterschiedlich starke Bindung der Mitgliedstaaten und mittelbar auch der Tarifparteien ab.

Eine relativ breit vertretene Spielart der Ansicht vertritt, dass die Möglichkeit der Tarifdispositivität die Tarifparteien im Ergebnis allein zu einer Pauschalierung ermächtigen soll.[563] Insgesamt soll dadurch aber der Schutz der Leiharbeitnehmer*innen nicht abgesenkt werden.[564] Nachteile sollen also durch Vorteile ausgeglichen werden und die Pauschalierung letztendlich zu einem dem Gleichstellungsgrundsatz gleichwertigen Schutzniveau führen.[565]

Diese Interpretation wird teilweise dahingehend aufgeweicht, dass eine begrenzte Abweichung von dem nach dem Gleichstellungsgrundsatz gewährten Schutzniveau zulässig sei.[566] Als Anhaltspunkt dient etwa die

---

562 *Corzelius*, Tarifdispositives Recht, S. 81; *Hamann/Klengel*, EuZA 2017, 485 (500); Ulber/*J. Ulber*, AÜG Einl. F. Rn. 62; *Riechert*, NZA 2013, 303 (306 f.); *Mayer*, AuR 2011, 4 (6); *Sansone*, Gleichstellung, S. 544; *Blanke*, Rechtsgutachten Leiharbeit, S. 24; *Fuchs*, NZA 2009, 57 (61).

563 *J. Ulber*, AuR 2017, 238 (240); Ulber/*J. Ulber*, AÜG § 8 Rn. 285; *Nielebock*, in: FS Bepler, S. 455 (463); *Blanke*, DB 2010, 1528 (1532); *Fuchs*, NZA 2009, 57 (62).

564 Schüren/Hamann/*Brors*, AÜG Einl. Rn. 615; *Corzelius*, Tarifdispositives Recht, S. 84, 95 f.; *J. Ulber*, RdA 2018, 50 (54); *J. Ulber*, AuR 2017, 238 (240); Ulber/*J. Ulber*, AÜG Einl. F. Rn. 64, § 8 Rn. 251, 283 ff.; *J. Ulber/Stang*, AuR 2015, 250 (254 f.); *Schmidt*, Tariffähigkeit christlicher Gewerkschaften, S. 300; *Nielebock*, in: FS Bepler, S. 455 (462 f.); *Rödl/D. Ulber*, NZA 2012, 841 (844); *Blanke*, DB 2010, 1528 (1532 f.); *J. Ulber*, AuR 2010, 10 (14); *Fuchs*, NZA 2009, 57 (61 ff.).

565 Schüren/Hamann/*Brors*, AÜG Einl. Rn. 615; *Corzelius*, Tarifdispositives Recht, S. 84, 95 f.; *J. Ulber*, RdA 2018, 50 (54); *J. Ulber*, AuR 2017, 238 (240); Ulber/*J. Ulber*, AÜG Einl. F. Rn. 64, § 8 Rn. 251, 283 ff.; Schlachter/*Nyström*, EU Labor Law, S. 271; *J. Ulber/Stang*, AuR 2015, 250 (254 f.); *Schmidt*, Tariffähigkeit christlicher Gewerkschaften, S. 300; *Nielebock*, in: FS Bepler, S. 455 (462 f.); *Rödl/D. Ulber*, NZA 2012, 841 (844); European Commission, Report – Expert Group – Transposition of Directive 2008/104/EC, S. 24; *Blanke*, DB 2010, 1528 (1532 f.); *J. Ulber*, AuR 2010, 10 (14); *Fuchs*, NZA 2009, 57 (61 ff.).

566 *Wank*, BB 2018, 1909 (1915); *Däubler*, Überlegungen zu einer Klage S. 10 ff.; *Hamann/Klengel*, EuZA 2017, 485 (501 f.); *Röpke*, Die Gestaltbarkeit von Arbeits-

im Entstehungsprozess möglicherweise abgeschwächte Formulierung der schlichten „Achtung" des Gesamtschutzes.[567] Die meisten Autor*innen verzichten allerdings auf eine konkrete Beschränkung. Am Ende der dadurch entstanden Skala stehen Ansichten, die sich an der deutschen Rechtsprechung zu § 138 BGB orientieren und eine Abweichung bis zur Grenze der Sittenwidrigkeit grundsätzlich anerkennen.[568]

Einen anderen Weg gehen Stimmen, die zwar ebenfalls einen relativen Schutzbegriff anlegen, den Tarifparteien aber eine Abweichungsmöglichkeit in zeitlicher Hinsicht gewähren. Auf diesem Wege soll zwar weiterhin eine Orientierung am Schutzniveau des Gleichstellungsgrundsatzes erfolgen, es wird aber als vom gegebenen Spielraum umfasst angesehen, wenn eine zeitlich begrenzte Unterschreitung dieses Schutzniveaus erfolgt.[569] Damit werden theoretisch zwei verschiedene Grenzen der zulässigen Abweichung notwendig: eine weite für kurzfristige, später zu kompensierende Abweichungen und eine engere für das zu erreichende Endsaldo. Nur die letztgenannte Grenze betrifft im Ergebnis das Schutzniveau, während die Möglichkeit zur zeitlichen Saldierung sich auf die Deutung des Wortteils „Gesamt" stützt. Als Grenze während der Zeit der negativen Abweichung sehen Vertreter*innen dieser Auffassung absolute Schutzgrenzen wie eine Angemessenheitsvermutung oder ein Mindeststundenentgelt an.[570]

---

bedingungen, S. 76, 153 ff., 294 f., 312; *Schrattbauer*, Arbeitskräfteüberlassung, S. 307; B. *Jahn*, Gleichstellung, S. 160 f.; *Fasholz*, Tariffähigkeit, S. 324; *Zimmer*, NZA 2013, 289 (290 f.); *Waas*, ZESAR 2012, 7 (9 f.); *Mayer*, AuR 2011, 4 (4 ff.); *Düwell/Dahl*, DB 2009, 1070 (1073).

567 *Röpke*, Die Gestaltbarkeit von Arbeitsbedingungen, S. 152.

568 *Riechert*, NZA 2013, 303 (306 f.); *Hanau*, NZA 2010, 1 (3); *Hamann*, EuZA 2009, 287 (309); im Ergebnis ebenso EuArbRK/*Rebhahn/Schörghofer*, 2. Aufl. 2018, RL 2008/104/EG Art. 5 Rn. 20.

569 LAG Baden-Württemberg, Urt. v. 06.12.2018 – 14 Sa 27/18 Rn. 39; ArbG Nürnberg, Urt. v. 11.09.2018, 15 Ca 4827/17 Rn. 19; ArbG Gießen, Urt. v. 14.2.2018 – 7 Ca 246/17 Rn. 47; *Bissels*, in: Tschöpe, ArbRHdB, Arbeitnehmerüberlassungsrecht Rn. 119; Thüsing/*Kock/Greiner*, AÜG § 8 Rn. 45; *Schüren*/Hamann, AÜG § 8 Rn. 138; *Bissels/Falter*, JurisPR-ArbR 16/2018, Anm. 3; Däubler TVG/*Heuschmid*, 4. Aufl. 20016, § 1 Rn. 815.

570 Unter Bezugnahme auf die Angemessenheitsvermutung von Tarifverträgen ArbG Gießen, Urt. v. 14.2.2018 – 7 Ca 246/17 Rn. 47; *Bissels*, in: Tschöpe, ArbRHdB, Arbeitnehmerüberlassungsrecht Rn. 119; Thüsing/*Kock/Greiner*, AÜG § 8 Rn. 45; *Schüren*/Hamann, AÜG § 8 Rn. 138; *Bissels/Falter*, JurisPR-ArbR 16/2018, Anm. 3; unter Bezugnahme auf das in Deutschland geltende Mindeststundenentgelt nach § 3a Abs. 2 AÜG LAG Baden-Württemberg, Urt. v.

Ebenso wie die Vertreter*innen eines absoluten Schutzverständnisses lassen sich auch die für einen relativen Schutzbegriff streitenden Stimmen im Hinblick auf die Interpretation des Wortteils „Gesamt“ in zwei Gruppen unterteilen. Nach einer Auffassung sollen die erlaubten Saldierungen in den Tarifverträgen sich nur innerhalb einzelner Sachgruppen abspielen.[571] Dem widerspricht der andere Teil der Autor*innen und sieht die Möglichkeit des Art. 5 Abs. 3 RL 2008/104/EG vor allem darin, dass die Tarifparteien einen Ausgleich über alle Sachgruppen hinweg vereinbaren dürften.[572] Gerade hierin liege ihre Stärke und ihr Potential – während gleichzeitig die politische Vorstellung von Gleichstellung im Ergebnis erfüllt werde.[573] Daneben gibt es auch Stimmen, die eine Saldierung in zeitlicher Hinsicht befürworten.

4. Zusammenfassung

Insgesamt besteht damit ein weites Feld an Positionen, die zum Gehalt der Gesamtschutzklausel vertreten werden. Eine Ausnahmestellung nimmt die von wenigen Stimmen vertretene Ansicht ein, wonach die Vorgabe zur Achtung des Gesamtschutzes nur ein symbolisches Trostpflaster ohne materielle Wirkung sei. Alle anderen Äußerungen zu dieser Frage lassen sich strukturell danach unterteilen, ob sie ein absolutes oder ein relatives, an die konkrete Arbeit und den Gleichstellungsgrundsatz gekoppeltes Schutzverständnis vertreten. Neben diesem zentralen Faktor teilen sich die Auffassungen auch anhand der Frage, ob Bezugspunkt des Gesamtschutzes die einzelnen Arbeitsbedingungen als Sachgruppen oder alle Arbeitsbedingungen unterm Strich sind. Endgültig durchsetzen konnte sich bislang keine der genannten Perspektiven.

6.12.2018 – 14 Sa 27/18 Rn. 39; ArbG Nürnberg, Urt. v. 11.09.2018, 15 Ca 4827/17 Rn. 19.

571 *Corzelius*, Tarifdispositives Recht, S. 97; *Seiwerth*, Gestaltungsfreiheit in Tarifverträgen, S. 436; *Hamann/Klengel*, EuZA 2017, 485 (502); Ulber/*J. Ulber*, AÜG § 8 Rn. 242; *Nielebock*, in: FS Bepler, S. 455 (462).

572 *Röpke*, Die Gestaltbarkeit von Arbeitsbedingungen, S. 154; *Schmidt*, Tariffähigkeit christlicher Gewerkschaften, S. 300; *Waas*, ZESAR 2012, 7 (9); European Commission, Report – Expert Group – Transposition of Directive 2008/104/EC, S. 24; *Blanke*, DB 2010, 1528 (1533).

573 *Waas*, ZESAR 2012, 7 (9).

II. Kritik

Die im Folgenden zu entwickelnde eigene Auslegung der „Achtung des Gesamtschutzes“ hat die Aufgabe, die obig angeführten Argumente aufzunehmen, zu hinterfragen und zu ergänzen. So soll eine überzeugende Verortung des Merkmals innerhalb – oder auch außerhalb – des zur Bedeutung der Wortteile „Gesamt“ und „Schutz“ etablierten Gitters erreicht werden. Die Analyse soll sich dabei, ebenso wie das bei dem zu einer Entscheidung berufenen EuGH der Fall ist, anhand der europäischen Auslegungsmethodik entfalten.

Grundsätzlich gilt bei der Auslegung europäischer Richtlinien der auch in Deutschland übliche Auslegungskanon.[574] Ausgangspunkt der Interpretation ist regelmäßig der Wortlaut.[575] Dabei besteht die offensichtliche Schwierigkeit, dass unionsrechtliche Normen stets in 23 oder 24 verschiedenen Sprachen vorliegen, die dennoch eine einheitliche europäische Auslegung fordern.[576] Wie sich für das Primärrecht aus Art. 55 EUV, Art. 358 AEUV ergibt, sind alle Sprachfassungen gleich gewichtig und müssen bei der Auslegung berücksichtigt werden; das gilt auch für die Auslegung von Richtlinien.[577] Diese Sprachvielfalt verlangt eine autonome Auslegung des Unionsrecht, die im Ergebnis zu autonomen unionsrechtlichen Begrifflichkeiten führt.[578]

Unter anderem wegen der mit einer grammatikalischen Auslegung verbundenen Schwierigkeiten erhält die systematische Auslegung im europä-

---

574 *Riesenhuber,* in: Europäische Methodenlehre, § 10 Rn. 12; *Röpke,* Die Gestaltbarkeit von Arbeitsbedingungen, S. 150; *Brors*, AuR 2013, 108 (109); *Roth,* RabelsZ 2011, 787 (798); *Rüthers/Höpfner,* AcP 209 (2009), 1 (9); *Leisner,* EuR 2007, 689 (702); *Schlachter,* ZfA 2007, 249 (250 f.); *Franzen*, Privatrechtsangleichung, S. 445.

575 EuGH, Urt. v. 11.07.1985 – 107/84 – Kommission/Deutschland, Rn. 10; *Riesenhuber,* in: Europäische Methodenlehre, § 10 Rn. 13; *Hamann/Klengel,* EuZA 2017, 194 (205); *Roth,* RabelsZ 2011, 787 (799); *Rüthers/Höpfner,* AcP 209 (2009), 1 (9); *Leisner,* EuR 2007, 689 (702); *Colneric,* ZeuP 2005, 225 (226).

576 *Röpke,* Die Gestaltbarkeit von Arbeitsbedingungen, S. 150; *Brors*, AuR 2013, 108 (109); *Fleischer,* RabelsZ 2011, 700 (713); *Roth,* RabelsZ 2011, 787 (799); zum Schicksal des Englischen nach dem Austritt des United Kingdom vgl. Grabitz/Hilf/Nettesheim/*Dörr,* EUV Art. 55 Rn. 5.

577 EuGH, Urt. v. 06.10.1982 – Rs. 283/81 Slg. 1982 3415 – CILFIT, Rn. 18; *Riesenhuber,* in: Europäische Methodenlehre, § 10 Rn. 14; *Hamann/Klengel,* EuZA 2017, 194 (205); *Fleischer,* RabelsZ 2011, 700 (712 f.); *Roth,* RabelsZ 2011, 787 (799); *Rüthers/Höpfner,* AcP 209 (2009), 1 (10); *Colneric,* ZeuP 2005, 225 (226).

578 *Roth,* RabelsZ 2011, 787 (799); *Wendehorst,* RabelsZ 2011, 730 (760).

ischen Kontext eine besondere Bedeutung.[579] Systematische Erwägungen können sich sowohl auf den interpretierten Rechtsakt als auch andere Rechtsakte beziehen.[580] Gleiche Begriffe in gleichrangigen Rechtsakten derselben Gesetzgebung sind dabei grundsätzlich einheitlich, sprich gleich, auszulegen.[581] Auch das Primärrecht ist, ebenso wie allgemeine Rechtsprinzipien, bei der Auslegung einer Richtlinie zu beachten und in die Interpretation mit einzubeziehen.[582]

Neben die systematische Auslegung, und von dieser nicht immer sauber zu trennen, tritt die teleologische Auslegung.[583] Dabei ist es geboten, ein Auge auf eventuelle Zirkelschlüsse zu haben. Der Telos einer Norm darf sich offensichtlich nicht aus ihrer eigenen Auslegung, sondern muss sich aus dem Zusammenhang ergeben.[584] Die Literatur steht außerdem einer Folgenorientierung bei der Auslegung etwas kritisch gegenüber.[585] Stellt man eine solche Betrachtung aber in den Zusammenhang mit dem Gebot des effet utile, so dürfte man sich breiter Zustimmung sicher sein.[586]

Über die Zulässigkeit und den Stellenwert einer historischen Auslegung herrscht Uneinigkeit. Es darf aber mittlerweile als weitgehend anerkannt gelten, dass sie zumindest im Sekundärrecht rechtens ist – und zunehmend praktiziert wird.[587] Zwar gelten Äußerungen im Gesetzgebungsprozess als irrelevante Privatmeinungen, solange sie sich nicht im Normtext

---

579 EuGH, Urt. v. 10.09.2009 – C-199/08 – Erhard Eschig, Rn. 38; EuGH, Urt. v. 14.10.1999 – Rs. C-223/98, NJW 2000, 2337 Rn. 23; *Röpke*, Die Gestaltbarkeit von Arbeitsbedingungen, S. 150; *Brors*, AuR 2013, 108 (109); *Roth*, RabelsZ 2011, 787 (800); *Grundmann*, RabelsZ 2011, 882 (885); *Franzen*, Privatrechtsangleichung, S. 447; krit. *Rüthers/Höpfner*, AcP 209 (2009), 1 (12).

580 *Riesenhuber*, in: Europäische Methodenlehre, § 10 Rn. 22; *Grundmann*, RabelsZ 2011, 882 (889 ff.).

581 *Brors*, AuR 2013, 108 (109); *Grundmann*, RabelsZ 2011, 882 (894).

582 *Röpke*, Die Gestaltbarkeit von Arbeitsbedingungen, S. 150; *Brors*, AuR 2013, 108 (109); *Grundmann*, RabelsZ 2011, 882 (895), (899 f.).

583 EuGH, Urt. v. 10.09.2009 – C-199/08 – Erhard Eschig, Rn. 38; EuGH, Urt. v. 14.10.1999 – Rs. C-223/98, NJW 2000, 2337 Rn. 23; *Roth*, RabelsZ 2011, 787 (801).

584 *Rüthers/Höpfner*, AcP 209 (2009), 1 (7 f.).

585 *Fleischer*, RabelsZ 2011, 700 (723).

586 Vgl. *Roth*, RabelsZ 2011, 787 (806); *Schlachter*, ZfA 2007, 249 (252); *Colneric*, ZeuP 2005, 225 (228).

587 EuGH, Urt. v. 17.04.2008 – C-404/06 – Quelle AG, NJW 2008, 1433 Rn. 30 ff.; *Fleischer*, RabelsZ 2011, 700 (719); *Roth*, RabelsZ 2011, 787 (800); *Rüthers/Höpfner*, AcP 209 (2009), 1 (13 ff.); *Leisner*, EuR 2007, 689 (702); krit. *Corzelius*, Tarifdispositives Recht, S. 81; *Sansone*, Gleichstellung, S. 543.

niedergeschlagen haben.[588] Vieles findet sich aber tatsächlich im Normtext wieder. Für die konkreteste Ausformung denkbarer Indikatoren, die den Richtlinien vorangestellten Erwägungsgründe, ist ihre Bedeutsamkeit gemeinhin akzeptiert.[589]

Neben diesen vier üblichen Auslegungsmethoden steht dem EuGH aufgrund seines supranationalen Charakters auch die Möglichkeit der Rechtsvergleichung offen. Allerdings entspricht es der überwiegenden Auffassung, diese Perspektive allein zur Inspiration zu nutzen und aus ihre keine von den anderen Auslegungsmethoden unabhängigen Schlussfolgerungen zu ziehen.[590] Dieser Inspirationsquelle kommt im Folgenden keine eigenständige Bedeutung zu.

Es gilt nach alledem auch bei der Auslegung von Richtlinien, dass diese nach Wortlaut, Systematik, Telos und Historie auszulegen sind – unter Beachtung der aus den unterschiedlichen Sprachfassungen entstehenden Schwierigkeiten und Möglichkeiten. Dieser Weg soll auch hier beschritten werden, um der Bedeutung des in Art. 5 Abs. 3 RL 2008/104/EG aufgestellten Gebots zur „Achtung des Gesamtschutzes" auf die Schliche zu kommen.

1. Wortlaut

Der Wortlaut des Art. 5 Abs. 3 RL 2008/104/EG lässt grundsätzlich verschiedene Interpretationen davon zu, was mit „Achtung des Gesamtschutzes" gemeint sein könnte. Dennoch lassen sich den einzelnen Wortteilen einige Hinweise auf die intendierte Bedeutung entnehmen. Zentrales Untersuchungsobjekt ist dabei zunächst der Schutzbegriff. Eine Auseinandersetzung mit dem Wortteil „Gesamt" soll anschließend den dabei anzulegenden Betrachtungsrahmen erhellen und durch eine Interpretation des Wortes „Achtung" ergänzt werden, um eventuelle Spielräume zu begründen. Zu guter Letzt erwächst aus den zahlreichen Amtssprachen in der Legislatur der Europäischen Union nicht nur eine zusätzliche Schwierig-

588 EuGH, Urt. v. 17.04.2008 – C-404/06 – Quelle AG, NJW 2008, 1433 Rn. 32; EuGH, Urt. v. 26.02.1991 – C-292/89 Antonissen, EuZW 1991, 351 Rn. 18; *Corzelius*, Tarifdispositives Recht, S. 81; *Sansone*, Gleichstellung, S. 543.

589 EuGH, Urt. v. 10.9.2009 – C-199/08 – Erhard Eschig, Rn. 39; *Roth*, RabelsZ 2011, 787 (800); *Colneric*, ZeuP 2005, 225 (227 f.).

590 Vgl. *Fleischer*, RabelsZ 2011, 700 (714 f.); *Rüthers/Höpfner*, AcP 209 (2009), 1 (17); etwas offener *Grundmann*, RabelsZ 2011, 882 (888); *Colneric*, ZeuP 2005, 225 (229).

keit, sondern auch eine besondere Chance: der Blick auf andere Sprachfassungen kann die Betrachtungen der deutschen Formulierung um neue Perspektiven ergänzen und gefundene Urteile stärken oder schwächen.[591]

a. Bedeutung des Wortteils „Schutz"

Zur Bedeutung des Wortteils „Schutz" sind die obig benannten absoluten und relativen Positionen denkbar. Ein absolutes Verständnis knüpft an die Bedürfnislage von Leiharbeitnehmer*innen an und steht eher im Zusammenhang mit einer Existenzsicherung. Es lässt die erbrachte Arbeitsleistung und deren Wert vollständig außer Acht. Stattdessen orientiert es sich am Bedarf von Leiharbeitskräften und schützt, was es für ein vertretbares Minimum hält. Dabei muss das Verständnis von einem pauschalisierten Bedarf und mutmaßlich von einem Vollzeitarbeitsverhältnis ausgehen. Eine Festlegung der Untergrenze muss sich den Vorwurf der Willkürlichkeit gefallen lassen. Trotz dieser offensichtlichen Schwächen ist nicht zu bestreiten, dass ein solches absolutes Verständnis der Richtlinienvorgabe eine Absicherung nach unten und damit Schutz gegen eine Unterschreitung des festgelegten Minimums bedeuten würde. Mit Schutz wäre der Schutz der materiellen Lebensgrundlage von Leiharbeitnehmer*innen auf einem zu bestimmenden Mindestniveau gemeint.

Ein relatives Schutzverständnis knüpft dagegen zunächst an den von Art. 5 Abs. 1 RL 2008/104/EG aufgestellten Grundsatz der Gleichstellung an. Letztendlicher Bezugspunkt ist aber nicht einfach dieser Grundsatz als Prinzip, sondern der dem zugrundeliegende Bezug auf den objektiven Wert der Arbeitsleistung von Leiharbeitnehmer*innen. Dieser Wert ist, gerade in einer arbeitsteiligen Wirtschaft, ausgesprochen schwer zu beziffern.[592] Er findet sich aber für Einsatzzeiten, zumindest in einer Annäherung, im Preis der Arbeitskraft von Stammbeschäftigten in den Einsatzbetrieben wieder.[593] Bei der Bestimmung von Lohnwucher im Sinne des § 138 BGB etwa ist anerkannt, dass das für die ausgeübte Arbeit üblicherweise bezahlte Entgelt den bestimmenden Ausdruck des Werts der

591 Vgl. exemplarisch zur Auslegung des Begriffs der „Weltanschauung" in Art. 1 RL 2000/78/EG Däubler/Beck, AGG/*Däubler* § 1 Rn. 65 ff.; *Däubler*, NJW 2006, 2608.

592 Vgl. *Kronauer*, in: Arbeiterbewegung, S. 81 (88).

593 AA *Röpke*, Die Gestaltbarkeit von Arbeitsbedingungen, S. 127.

Arbeitsleistung bilden soll.[594] Derselbe Mechanismus trägt den Gleichstellungsgrundsatz. Ein relatives Schutzverständnis wäre demnach bestrebt, Leiharbeitnehmer*innen den Gegenwert ihrer Arbeit zu sichern, und würde sich dazu an die Arbeitsbedingungen in den Einsatzbetrieben anlehnen. Bezugspunkt des Merkmals wäre demnach nicht der Bedarf von Leiharbeitskräften, sondern die durch den Gleichstellungsgrundsatz konkretisierte Austauschgerechtigkeit beim Verkauf ihrer Arbeitskraft. Mit Schutz wäre der Schutz einer ihrer Arbeitsleistung entsprechenden, adäquaten Gegenleistung gemeint.

Derselbe Gedanke lässt sich beispielsweise auch beim Alimentationsprinzip für Richter*innen beobachten: auch dieses Prinzip enthält eine Schutzfunktion.[595] Um ihm gerecht zu werden, muss der Staat amtsangemessene Arbeitsbedingungen gewähren.[596] Bei der konkreten Bestimmung wenden die Gerichte den Blick zum privaten Sektor und auf die dort für vergleichbare Tätigkeiten erzielten Einkommen.[597] Gefordert ist also für Richter*innen ein relativer Schutz, der eine der jeweiligen Arbeitsleistung entsprechende Gegenleistung umfasst. In der Leiharbeit finden sich die Anhaltspunkte für den Wert der erbrachten Leistung auf demselben Weg – in den Arbeitsbedingungen der vergleichbaren Arbeitnehmer*innen in den Einsatzbetrieben.

Der von den Tarifverträgen zu wahrende Schutz bezieht sich also nach einem absoluten Schutzbegriff auf den Bedarf und nach einem relativen Schutzbegriff auf die Leistung von Leiharbeitnehmer*innen. Beide Deutungen betreffen den Schutz bestimmter Arbeitsbedingungen und dadurch grundsätzlich den Schutz von Leiharbeitskräften.

Der aus einem absoluten Verständnis erwachsende Schutz würde real allerdings nur zugunsten der unteren Lohngruppen wirken; für höhere Lohngruppen besteht bei realistischer Betrachtung keine Gefahr, unter das derart verortete Mindestniveau zu rutschen. Auf dem Papier bestünde der Mindestschutz gleichwohl auch für die oberen Lohngruppen – und ein

594 BAG, Urt. v. 18.04.2012 – 5 AZR 630/10, NZA 2012, 978 Rn. 11; BAG, Urt. v. 22.04.2009 – 5 AZR 436/08, NZA 2009, 837 Rn. 14; BGH, Beschl. v. 30.11.2009 – AnwZ (B) 11/08, NJW 2010, 1972 Rn. 17; MüKoBGB/*Armbrüster*, BGB § 138 Rn. 233; *Däubler*, NJW 2014, 1924 (1927).

595 BVerfG, Urt. v. 05.05.2015 – 2 BvL 17/09 ua, NJW 2015, 1935 Rn. 119; BVerfG, Urt. v. 14.02.2012 – 2 BvL 4/10, NVwZ 2012, 357 Rn. 158.

596 BVerfG, Urt. v. 14.02.2012 – 2 BvL 4/10, NVwZ 2012, 357 Rn. 145 f.; Epping/Hillgruber/*Hense*, GG Art. 33 Rn. 45.2.

597 BVerfG, Urt. v. 05.05.2015 – 2 BvL 17/09 ua, NJW 2015, 1935 Rn. 124; BVerfG, Urt. v. 27.09.2005 – 2 BvR 1387/02, NVwZ 2005, 1294 (1299).

streng formales Verständnis könnte Schutz auch unabhängig von tatsächlichen Gefahren definieren. Wesentlich näher liegt es allerdings, und hier verschwimmt die Grenze zu einer an Sinn und Zweck orientierten Auslegung, Schutz immer in Abhängigkeit von drohenden Gefahren zu betrachten. Der Duden etwa definiert Schutz als „etwas, was eine Gefährdung abhält oder einen Schaden abwehrt".[598] Schutz braucht seinem Wortsinne nach also Gefahr. Es ist darum auch möglich, aus einer erkannten Gefahr Rückschlüsse auf den Schutz zu ziehen. Die Gefahr bei einer tarifvertraglichen Abweichung vom Gleichstellungsgrundsatz liegt für die höheren Lohngruppen aber nicht in der Unterschreitung ihres absolut verstandenen Bedarfs, sondern in der Vorenthaltung von Arbeitsbedingungen, die ihrer Arbeitsleistung und dem Gedanken des Gleichstellungsgrundsatzes entsprechen. Dieser Gefahr kann ein absolutes Schutzverständnis nicht sinnvoll begegnen. Ein Schutz aber, der wesentliche Teile der zu schützenden Personen nicht vor den ihnen drohenden Gefahren schützt, verdient den Namen Schutz nicht.

Nimmt man an, dass sich der in Art. 5 Abs. 3 RL 2008/104/EG vorgeschriebene Gesamtschutz auf alle Leiharbeitnehmer*innen beziehen muss, so legt die Bedeutung des Wortes Schutz deshalb ein relatives Verständnis nahe. Wie nah dieser Schutz letztendlich am Gleichstellungsgrundsatz liegen muss, ergibt sich aus dem Wortlaut des Wortteils „Schutz" allerdings nicht. Eine zumindest stellenweise Unterschreitung aber ist in jedem Fall erlaubt; andernfalls läge keine Abweichung von dem als Mindeststandard formulierten Gleichstellungsgebots aus Art. 5 Abs. 1 RL 2008/104/EG vor.

Der Wortlaut streitet damit für einen relativen Schutzbegriff. Aus der nachfolgenden Untersuchung des Wortteils „Gesamt" könnten sich allerdings Argumente gegen die Prämisse eines auf alle Leiharbeitskräfte bezogenen Schutzes ergeben.

Im Wortlaut keine Stütze findet offensichtlich die Auffassung, der zufolge die Verpflichtung auf die Achtung des Gesamtschutzes nur eine leere Worthülse sei. Im Gegenteil enthält der Wortlaut eindeutig eine Forderung.

598 „Schutz" auf Duden online, https://www.duden.de/node/160841/revision/160877 zuletzt abgerufen am 25.01.2022.

b. Bedeutung des Wortteils „Gesamt"

Art. 5 Abs. 3 RL 2008/104/EG fordert nicht einfach Schutz, sondern die Achtung des *Gesamt*schutzes. Die Spezifizierung des Schutzgebots legt nahe, dass der Betrachtungsrahmen nicht bei einzelnen Arbeitsbedingungen einzelner Arbeitnehmer*innen verharren, sondern eine größere Perspektive einnehmen soll. Der Wortlaut fordert demnach ein Saldo, einen Mittelwert, eine Durchschnittsbetrachtung. Offen bleibt dabei, aus welchen Faktoren dieser Durchschnitt zu bilden ist – und welche Faktoren nicht zu saldieren sind.

Die in sachlicher Hinsicht vertretenen Positionen wurden bereits dargelegt: die durchschnittlichen Arbeitsbedingungen sollen entweder innerhalb von Sachgruppen oder insgesamt aus allen Arbeitsbedingungen gebildet werden. In diesem Zusammenhang wurde auch die Möglichkeit aufgebracht, Arbeitsbedingungen in zeitlicher Hinsicht zu saldieren. Zuletzt wurde außerdem auf die Frage hingewiesen, ob auch ein Durchschnitt aus den Arbeitsbedingungen unterschiedlicher Leiharbeitnehmer*innen, also in personeller Hinsicht gebildet werden dürfe.

Bezüglich der sachlichen Saldierung scheinen beide Varianten mit dem Wortlaut übereinzustimmen. Aus der Warte der grammatikalischen Auslegung passt vor allem der Vergleich über alle Sachgruppen hinweg zu dem Auftrag, eine Gesamtbetrachtung vorzunehmen. Doch auch eine Saldierung unterschiedlicher Arbeitsbedingungen innerhalb von Sachgruppen, also eine gemeinsame Auswertung etwa von Grundlohn und Zulagen, enthält ein gewisses saldierendes Element. Ein solches Wortlautverständnis kann sich unter anderem auch auf das vom BAG in Bezug auf den deutschen Gleichstellungsgrundsatz verwandte Vokabular stützen: Nach Auffassung der Richter*innen sei hier ein Gesamtvergleich vorzunehmen.[599] Gemeint ist damit eine sachliche Saldierung innerhalb von Sachgruppen und eine zeitliche Saldierung innerhalb einzelner Einsätze.[600] Die Bundesagentur für Arbeit stützt ebenfalls die These, dass beide Betrachtungsweisen mit dem Wort Gesamt assoziiert werden können. Sie nennt den sachgruppenübergreifenden Vergleich eine Gesamtschau, während der sach-

599 BAG, Urt. v. 23.11.2016 – 5 AZR 53/16, NZA 2017, 380 Rn. 25; BAG, Urt. v. 21.10.2015 – 5 AZR 604/14, NZA 2016, 422 Rn. 13; BAG, Urt. v. 23.03.2011 – 5 AZR 7/10, NZA 2011, 850 Rn. 35.

600 BAG, Urt. v. 23.11.2016 – 5 AZR 53/16, NZA 2017, 380 Rn. 25; BAG, Urt. v. 21.10.2015 – 5 AZR 604/14, NZA 2016, 422 Rn. 13; BAG, Urt. v. 23.03.2011 – 5 AZR 7/10, NZA 2011, 850 Rn. 35.

gruppeninterne Vergleich als Gesamtvergleich betitelt wird.[601] Diese in Bezug auf einen Vergleich getroffene Wortwahl passt ebenso gut bei Fragen des Gesamtschutzes. Insgesamt lassen sich damit beide zur sachlichen Saldierung vertretenen Perspektiven mit dem Wortlaut des Wortteils „Gesamt“ vereinbaren. Dennoch ist nicht zu übersehen, dass der „herauszoomende“, vom Einzelfall abstrahierende Effekt, und damit die Bedeutung eben jenes Wortteils, bei einem Sachgruppenvergleich insgesamt geringer ausfüllt, als bei einer weitergehenden sachlichen Saldierung.

Ebenfalls mit dem Wortsinn des Wortteils „Gesamt“ vereinbar ist es, die Durchschnittsbetrachtung entlang einer Zeitachse aufzuziehen. Nimmt man ein gegebenes Zeitfenster an, so lässt sich dafür unschwer eine Gesamtbetrachtung der Arbeitsbedingungen erstellen – und daraus ein Gesamtschutzniveau ableiten. Dabei ist es für eine grammatikalische Auslegung zunächst irrelevant, ob das Zeitfenster sich auf konkrete Einsätze oder das gesamt Arbeitsverhältnis bezieht.

Anspruchsvoller zu beurteilen ist, ob auch eine Saldierung der Arbeitsbedingungen unterschiedlicher Leiharbeitskräfte dazu führen kann, dass mit Recht anstatt von einem Schutz von einem Gesamtschutz gesprochen werden kann. Unzweifelhaft stellt auch eine gemeinsame Betrachtung verschiedener Personen eine Gesamtbetrachtung der Personengruppe dar. Tatsächlich ist aber das Bezugsobjekt des Wortteils „Gesamt“ explizit der Schutz, und nicht die Leiharbeitnehmer*innen. Hätte die Legislative den Durchschnitt aller in der Arbeitnehmer*innenüberlassung Beschäftigten gemeint, so hätte es sich angeboten, vom „Schutz der Leiharbeitnehmer*innen insgesamt“ zu sprechen und damit den Bezugspunkt zu wechseln. Damit liegt es aus grammatikalischer Perspektive näher, auf die Verwendung des Wortteils „Gesamt“ keine Gesamtbetrachtung in personeller Hinsicht zu stützen.[602]

Die grammatikalische Auslegung des Wortteils „Gesamt“ bringt also keine zwingende Aussage, aber doch einige Hinweise mit sich. In sachlicher Hinsicht scheint sowohl eine Saldierung innerhalb von Sachgruppen als auch über Sachgruppengrenzen hinweg möglich. Letzteres würde dem Wortlaut eine stärkere Bedeutung zumessen. Schlechte Arbeitsbedingungen in einer Sachgruppe könnten demnach durch bessere Arbeitsbedingungen in einer anderen Gruppe kompensiert werden.

---

601 Bundesagentur für Arbeit, Fachliche Weisungen AÜG 01.08.2019, Ziff. 8.1 Abs. 3.

602 Im Ergebnis ebenso *Seiwerth,* Gestaltungsfreiheit in Tarifverträgen, S. 433.

Wenig spricht dagegen, aus der Formulierung die Möglichkeit abzuleiten, ein durchschnittliches Schutzniveau über einen Zeitraum hinweg zu bilden. Besonders gute Arbeitsbedingungen können demnach schlechtere Arbeitsbedingungen zu einem anderen Zeitpunkt ausgleichen.

Zumindest nicht ausgeschlossen ist es, einen Durchschnitt der Arbeitsbedingungen verschiedener Leiharbeitnehmer*innen zu bilden; näher liegt es aber, dies nicht zu tun. Ein verbesserter Schutz einzelner Leiharbeitnehmer*innen kann es demnach eher nicht rechtfertigen, den Schutz anderer Kolleg*innen im Gegenzug zu senken. In der Folge bleibt auch das auf die Verbindung von Gefahr und Schutz zielende Argument zum Schutzbegriff intakt.

c. Bedeutung des Worts „Achtung"

Nach dem Willen der Richtlinie können die Tarifparteien nur von den Vorgaben des Gleichstellungsgrundsatzes abweichen, wenn ihre Tarifwerke den Gesamtschutz von Leiharbeitnehmer*innen achten. Die Vorgabe der „Achtung" ist nicht ganz eindeutig.

Teilweise wird im Hinblick auf den Wortlaut in Betracht gezogen, die Formulierung eher im Sinne des Wortes „Berücksichtigen" zu verstehen.[603] Die Vorgabe würde sich nach dieser Lesart in einer Pflicht der Tarifparteien erschöpfen, die Schutzbelange der Leiharbeitnehmer*innen nicht aus den Augen zu verlieren. Damit ginge nicht nur ein erheblicher Spielraum einher; der gesamte Charakter der Regelung würde sich ändern: das von den Tarifparteien gefundene Ergebnis stünde nicht länger im Mittelpunkt, stattdessen ginge es um den Entstehungsprozess des Tarifwerks. Das allerdings widerspräche dem eindeutigen Wortlaut des Art. 5 Abs. 3 RL 2008/104/EG, der explizit vorschreibt, dass die Tarifverträge selbst den Gesamtschutz achten müssen. Darüber hinaus muss ein solches Verständnis an der simplen Tatsache scheitern, dass sich die Wortsinne von „Achten" und „Berücksichtigen" erheblich unterscheiden.

Diese Perspektive zeigt aber gleichzeitig auf, was aus grammatikalischer Perspektive unter Achtung zu verstehen ist. Die Verpflichtung, etwas zu achten, ist mitnichten eine weiche Vorgabe, sondern – ähnlich wie im Zusammenhang mit der Menschenwürde in Art. 1 Abs. 1 Satz 2 GG – eine zwingende Aufgabe, die nach strikter Erfüllung verlangt. Verlangt wird,

---

603 *Röpke*, Die Gestaltbarkeit von Arbeitsbedingungen, S. 151; *Waas*, ZESAR 2012, 7 (9).

das Schutzgut zu bewahren und nicht anzutasten. Das Wort „Achtung“ bezieht sich auf ein zu erreichendes Ziel, nicht auf einen zu beschreitenden Weg. Es geht demnach nicht darum, den Gesamtschutz von Leiharbeitnehmer*innen bei der Schaffung von Tarifnormen zu berücksichtigen oder rücksichtsvoll abzuwägen; gefordert ist dessen Verwirklichung im Ergebnis. Auch ein auf dem Entstehungsprozess fußender Schutz von Leiharbeitnehmer*innen kann deshalb nur so weit anerkannt werden, als er sich tatsächlich auch im Ergebnis, im Tarifvertrag wiederfindet.

Die Formulierung der „Achtung“ bietet darüber hinaus auch einen Anhaltspunkt für das Verständnis des Schutzbegriffs. Etwas zu achten stellt sich gemeinhin passiver dar, als etwas zu schaffen. Wer etwas achtet, findet etwas vor und bewahrt es, während der Prozess des Schaffens eher bildende Elemente enthält und etwas Neues hervorbringt. Soll ein am Ausgangspunkt der Tarifverhandlungen gegebener Schutz geachtet, also bewahrt werden, so kann dies nur das vom Gleichstellungsgrundsatz geschaffene Schutzniveau meinen – damit ist ein relatives Schutzverständnis unabdingbar.

Die Wortlautauslegung des Gebots der „Achtung“ des Gesamtschutzes bringt demnach keine besonderen Spielräume für die Tarifparteien mit sich. Stattdessen fordert die Formulierung strikt ein bestimmtes Ergebnis: Die Bewahrung des Schutzes von Leiharbeitnehmer*innen. Damit deutet der Ausdruck gleichzeitig an, dass das zu erzielende Schutzniveau relativ zu begreifen ist. Für eine Unterschreitung des Schutzniveaus des Art. 5. Abs. 1 RL 2008/104/EG bleibt kein Raum.

d. Andere Sprachfassungen

Im Hinblick auf die Definition des Gesamtschutzes enthalten die dem Autor verständlichen Sprachfassungen leicht verschiedene Varianten. Auf Englisch wird die „overall protection“ angemahnt, auf Schwedisch der „övergripande skyddet“; beides lässt sich etwa mit „insgesamtem Schutz“ übersetzen, die schwedische Variante noch unmittelbarer mit „übergreifendem Schutz“. Auf Französisch wird die „protection globale“ vorgegeben, auf Italienisch die „protezione globale“ und auf Spanisch die „protección global“, gefordert ist hier also ein „Globalschutz“.[604] Andere Sprachfassungen stellen auf einen „generellen“ oder „allgemeinen“ Schutz ab, so etwa die portugiesische mit „protecção geral“, die rumänische mit „pro-

604 Vgl. *Däubler*, Überlegungen zu einer Klage, S. 10.

tecţia generală“, die maltesische mit „il-protezzjoni ġenerali“, die dänische mit „generelle beskyttelse“ und die niederländische mit der „algemene bescherming“.[605]

Gemein ist allen Varianten die Vorgabe, den Schutz von Leiharbeitnehmer*innen auf einer übergeordneten, allgemeineren Ebene zusammenfassend zu betrachten. Insbesondere in der englischen, schwedischen, französischen, italienischen und spanischen Sprachfassung kommt dabei stark das sachlich saldierende Element zum Ausdruck. Aus den auf einen allgemeinen oder generellen Schutz abzielenden Formulierungen lässt sich zusätzlich auch die Möglichkeit einer Durchschnittsbetrachtung in zeitlicher und vor allem personeller Hinsicht entnehmen.

Das in der deutschen Sprachfassung verwandte Wort „Achtung“ findet sich unmittelbar übersetzt nur in der niederländischen Version der Richtlinie wieder; Art. 5 Abs. 3 RL 2008/104/EG spricht hier von „inachtneming“. Ansonsten dominieren Formulierungen, die mit „respektieren“ übersetzt werden müssen: im Englischen (respecting), Spanischen (respeten), Italienischen (rispetto), Dänischen (respekteres), Maltesischen (jirrispettaw), Rumänischen (respectând) und Schwedischen (respekteras). Im Gegensatz dazu spricht die französische Version von „garantissant“, also davon, den Schutz zu garantieren.

Teilweise wird gemutmaßt, dass die auf den Ausdruck „respektieren“ aufbauenden Sprachfassungen für einen weiten Spielraum der Tarifparteien im Sinne einer schlichten Berücksichtigung sprächen, während die französische Version einen strengen Maßstab nahelege.[606] Offensichtlich unterscheiden sich beide Formulierungen. Dieser Unterschied betrifft aber nicht das – beides mal vorgegebene – Ziel, sondern die Perspektive auf den Weg dorthin. Die Vorgabe, den Gesamtschutz zu respektieren ist der deutschen Sprachfassung vergleichbar. Sie ist von der Perspektive geleitet, dass der zu erreichende Gesamtschutz durch den Gleichstellungsgrundsatz ursprünglich bereits gewährleistet ist. Die Tarifparteien müssten darum das Schutzniveau nicht neu schaffen, sondern nur bewahren. Sie sind aufgefordert, das bestehende Schutzniveau zu respektieren, es also in seiner Gesamtheit unangetastet zu lassen. Die französische Formulierung dagegen verlangt von den Tarifparteien nicht nur die Bewahrung des vorgefundenen Schutzniveaus, sondern unabhängig vom Ausgangspunkt eigenständige Bemühungen, um den Gesamtschutz zu garantieren. Diese

---

605 Vgl. *Däubler*, Überlegungen zu einer Klage, S. 10.

606 *Corzelius*, Tarifdispositives Recht, S. 79 f.; *Röpke*, Die Gestaltbarkeit von Arbeitsbedingungen, S. 151.

umfassendere Formulierung ändert aber nichts an dem zu erreichenden Ziel.

Im Ergebnis gilt damit großteils das bereits zur deutschen Sprachfassung Festgestellte. Auch andere Sprachfassungen fordern die Tarifparteien auf, in ihren Tarifwerken das durch den Gleichstellungsgrundsatz angelegte Schutzniveau beizubehalten. Dabei deuten etliche Versionen der Richtlinie die Möglichkeit an, eine Saldierung sowohl in sachlicher, zeitlicher als auch in personeller Hinsicht vorzunehmen.

e. Zusammenfassung

Die Vorgabe in Art. 5 Abs. 3 RL 2008/104/EG, eine Abweichung vom Gleichstellungsgrundsatz nur unter Achtung des Gesamtschutzes von Leiharbeitnehmer*innen zuzulassen, ist ihrem Wortlaut nach nicht ganz eindeutig und lässt unterschiedliche Deutungen zu. Nichtsdestotrotz bietet eine grammatikalische Auslegung einige Anhaltspunkte. Aufgrund der engen Beziehung der Worte „Schutz" und „Gefahr" legt der Wortlaut einen relativen, am Wert der Arbeitsleistung und damit auch am Gleichstellungsgrundsatz orientierten Schutzbegriff nahe. Dieses Ergebnis wird bestätigt durch die Verwendung des Wortes „Achtung", welches von einem vorhandenen Schutzniveau ausgeht und sich damit nur sinnvoll auf den Schutz des Gleichstellungsgrundsatzes beziehen kann. Da die Richtlinie die Achtung des *Gesamt*schutzes fordert, kann es den Tarifparteien aber problemlos gestattet werden, eine Saldierung in sachlicher und zeitlicher Hinsicht vorzunehmen. Der Blick auf andere Sprachfassungen stützt zusätzlich außerdem die Möglichkeit einer Saldierung in personeller Hinsicht, die deutsche Sprachfassung steht ihr eher entgegen.

Insgesamt legt der Wortlaut damit nahe, dass die Tarifparteien bei Nutzung der Ausnahmemöglichkeit zwar relativ frei in der konkreten Zusammensetzung des Schutzkonzepts sind, das Endergebnis aber insgesamt ein dem Gleichstellungsgrundsatz vergleichbares Schutzniveau bieten muss.

2. Systematik

Die Verpflichtung zur Achtung des Gesamtschutzes von Leiharbeitnehmer*innen ist sowohl inner- als auch außerhalb der Richtlinie eingebettet in andere Regelungen. Aus dem Verhältnis zu und dem Vergleich mit diesen Regelungen können sich gewichtige Erkenntnisse über die Bedeutung der Gesamtschutzklausel ergeben. Hierzu bestehen zahlreiche Anknüpfungspunkte. Zuvörderst sind die den Art. 5 Abs. 3 RL 2008/104/EG umgebenden Regelungen der Richtlinie selbst in den Blick zu nehmen. Anschließend kann sich der Blick weiten und das europäische Primärrecht sowie das restliche Sekundärrecht in die Analyse mit einbeziehen.

a. Anhaltspunkte innerhalb der Richtlinie

Innerhalb der Richtlinie betreffen vor allem der dem Reich der Teleologie zugehörige Art. 2 RL 2008/104/EG und der dem Gleichstellungsgrundsatz gewidmete Art. 5 RL 2008/104/EG den Schutz von Leiharbeitnehmer*innen. Zum systematischen Verständnis des Art. 5 Abs. 3 RL 2008/104/EG können damit insbesondere die anderen Absätze des Art. 5 RL 2008/104/EG beitragen.

1) Art. 5 Abs. 1 RL 2008/104/EG

Das einfachste systematische Argument ergibt sich im Zusammenhang mit Art. 5 Abs. 1 RL 2008/104/EG: Dieser stellt die grundsätzliche Regel der Gleichstellung auf, von welcher Art. 5 Abs. 3 RL 2008/104/EG dann abweicht. Wenn diese Abweichung von der – auf einen relativen Schutz zielenden – Regel aber allzu uferlos ermöglicht würde, so würde sich das Regel-Ausnahme-Verhältnis umkehren und die Ausnahme zur Regel werden.[607] Zum Schutz der in der Grundregel zum Ausdruck gekommenen grundsätzlichen Entscheidung der Legislative sind Ausnahmen, im europäischen ebenso wie im deutschen Recht, eng auszulegen, und dürfen insbesondere nicht über das zur Erreichung ihres Ziel erforderliche Maß hinausgehen.[608] Das stärkt die teleologische Auslegung.[609] Der damit geforderte Schwerpunkt auf der von der Gesetzgebung erdachten Grundregel löst außerdem das Problem, dass nicht gleichzeitig eine Ausnahme

607 *Seiwerth*, ZESAR 2021, 127 (129); Ulber/*J. Ulber*, AÜG § 8 Rn. 237, 284; *Corzelius*, Tarifdispositives Recht, S. 87; *Däubler*, Überlegungen zu einer Klage, S. 11.

608 EuGH, Urt. v. 17.12.2015 – C-605/14 – Virpi Komu ua, EuZW 2016, 198 Rn. 24; EuGH, Urt. v. 09.09.2003 – Rs. C-151/02 – Jaeger, NZA 2003, 1019 Rn. 89; *Herberger*, Ausnahmen, S. 14, 16, 62; Ulber/*J. Ulber*, AÜG § 8 Rn. 240a; *Colneric*, ZeuP 2005, 225 (228); krit. *Riesenhuber*, in: Europäische Methodenlehre, § 10 Rn. 62 ff.; *Franzen*, Privatrechtsangleichung, S. 449 f.

609 Im Ergebnis ebenso *Riesenhuber*, in: Europäische Methodenlehre, § 10 Rn. 63.

und eine Ausnahme dieser Ausnahme eng ausgelegt werden können: Die Einschränkung einer Ausnahme ist weit auszulegen, um damit gleichzeitig die Ausnahme eng auszulegen und die Grundregel zu fördern.[610] Vom Ausgangspunkt des Gleichstellungsgrundsatzes aus betrachtet, stellt das Gebot der Achtung des Gesamtschutzes eine Beschränkung der Ausnahme und damit eine erneute Annäherung an den ursprünglichen Grundsatz dar. Die Verpflichtung zur Achtung des Gesamtschutzes ist folglich zum Schutze des in Art. 5 Abs. 1 RL 2008/104/EG aufgestellten Grundsatzes weit auszulegen. Die geforderte Bewahrung des Gleichstellungsgrundsatzes macht dabei deutlich, dass auch der Gesamtschutz – wie sein Vorbild in Art. 5 Abs. 1 RL 2008/104/EG und vorbehaltlich eines anderweitig zwingenden teleologischen Ergebnisses – relativ zu wirken bestimmt ist. Über den Grad der zulässigen Abweichung allerdings gibt die Systematik an dieser Stelle keine Auskunft, sondern verweist auf das nach Sinn und Zweck erforderliche Maß.[611]

Es liegt außerdem nahe, aus der Wertentscheidung der europäischen Legislative in Art. 5 Abs. 1 RL 2008/104/EG auch eine vergleichbare Wertentscheidung für Art. 5 Abs. 3 RL 2008/104/EG abzuleiten. Offensichtlich ließ sich die Gesetzgebung bei der Gestaltung von Art. 5 Abs. 1 RL 2008/104/EG von der Perspektive leiten, dass zum Schutz von Leiharbeitnehmer*innen eine Gleichstellung notwendig sei – andernfalls wäre die daraus erwachsende Einschränkung wirtschaftlicher Freiheit kaum zu rechtfertigen gewesen.[612] Ist ein solches enormes Schutzbedürfnis aber erst einmal erkannt, so erschiene es widersprüchlich, in der ermöglichten Ausnahme ein anderes Schutzverständnis und ein geringeres Schutzbedürfnis vorauszusetzen. Um der europäischen Gesetzgebung kein widersprüchliches Verhalten zu unterstellen liegt deshalb die Annahme nahe, dass der Gesamtschutz in Art. 5 Abs. 3 RL 2008/104/EG nicht nur relativ verstanden werden soll, sondern auch ein der Gleichstellung tatsächlich ebenbürtiges Schutzniveau zu garantieren bestimmt ist.

Hinsichtlich der Möglichkeit, in den nach Art. 5 Abs. 3 RL 2008/104/EG zulässigen Tarifwerken zumindest im Hinblick auf einzelne Arbeitsbedingungen zum Nachteil der Leiharbeitskräfte vom Schutzniveau des Gleichstellungsgrundsatzes abzuweichen, ergibt sich aus systematischen Gesichts-

610 EuGH, Urt. v. 28.10.2010 – C-175/09 – AXA UK, Rn. 30; *Herberger*, S. Ausnahmen, 39.

611 Vgl. unten Zweiter Teil A. II. 3., S. 218.

612 Vgl. zum Verhältnis der Gleichstellung zu den wirtschaftlichen Freiheiten des Unionsrechts ausführlich unten Dritter Teil B. I., S. 332.

punkten ein eindeutiges Urteil. Das Gleichstellungsgebot des Art. 5 Abs. 1 RL 2008/104/EG ist als Mindestschutz ausgestaltet; eine Ermächtigung der Tarifparteien zur Abweichung ergibt damit nur Sinn, wenn Ihnen ein Unterschreiten der nach der Gleichstellung gebotenen Arbeitsbedingungen erlaubt wird. Zumindest stellenweise müssen die Tarifparteien also vergleichsweise schlechtere Arbeitsbedingungen vereinbaren dürfen. Diesem Sinn kann allerdings grundsätzlich unabhängig davon genügt werden, ob die Unterschreitung nur absolut begrenzt ist, der zu wahrende Gesamtschutz relativ angelegt und mit Spielraum versehen ist oder ein streng angewandter relativer Schutzbegriff nach Kompensation an anderer Stelle verlangt. Letztere Variante würde Art. 5 Abs. 3 RL 2008/104/EG allerdings nur einen gegenüber Art. 5 Abs. 1 RL 2008/104/EG erweiterten Spielraum gewähren, wenn die Kompensationsmöglichkeiten über die des Gleichstellungsgebots hinausreichen würden. Bereits nach Art. 5 Abs. 1 RL 2008/104/EG ist eine sachliche Saldierung innerhalb von Sachgruppen und eine zeitliche Saldierung innerhalb einzelner Einsatzzeiten möglich.[613] Da Art. 5 Abs. 3 RL 2008/104/EG gegenüber Art. 5 Abs. 1 RL 2008/104/EG ein Plus an Freiheit bieten soll, müsste bei einem streng an die Gleichstellung gekoppelten Gesamtschutzverständnis das Plus an den Wortteil „Gesamt" anknüpfen; hier müsste entweder eine sachliche Saldierung über Sachgruppen hinweg, eine zeitliche Saldierung über einzelne Einsätze hinweg oder eine personelle Saldierung ermöglicht werden. All diese Optionen wären vom Wortlaut gedeckt.

Auch das Gegenteil, die Verbesserung des nach dem Gleichstellungsgrundsatz eigentlich geforderten Schutzniveaus in den Tarifverträgen, ist offensichtlich möglich. Entgegen anderslautender Äußerungen stellt die Gleichstellung nicht das Optimum der für Leiharbeitnehmer*innen denkbaren Arbeitsbedingungen dar.[614] Das Beispiel Frankreich zeigt anschaulich auf, dass ein relativer Aufschlag auf die nach den Gleichstellungsvorgaben geschuldeten Arbeitsbedingungen problemlos möglich ist; das Gleiche gilt für einen absoluten Aufschlag als Risikoprämie.[615] Bereits heute enthalten die Manteltarifverträge von BAP/DGB und iGZ/DGB eine

---

613 EuArbRK/*Kolbe*, RL 2008/104/EG Art. 5 Rn. 2; *Schüren*/Hamann, AÜG § 8 Rn. 66; *Sansone*, Gleichstellung, S. 529 ff.; aA *Boemke*, RIW 2009, 177 (184).

614 Erstaunlich insofern LAG Nürnberg, Urt. v. 07.03.2019 – 5 Sa 230/18, Rn. 64; LAG Nürnberg, Urt. v. 20.02.2019 – 2 Sa 402/18, Rn. 60; ErfK/*Wank*, 21. Aufl. 2021, AÜG § 8 Rn. 34; Boemke/*Lembke*, AÜG § 9 Rn. 183; *Sansone*, Gleichstellung, S. 320; *Lembke*, BB 2005, 495 (498).

615 Art. L. 1251–32 code du travail; vgl. zur Rechtslage in Frankreich ausführlich unten Dritter Teil A., S. 328; *Albers*, Regulierung in Frankreich, S. 171; *Teubert*,

geringere Wochenstundenzahl als die Tarifvereinbarungen vieler Einsatzbranchen. Auch besteht überhaupt kein einleuchtender Grund, warum in der Arbeitnehmer*innenüberlassung bei Lohnfragen plötzlich Homöopathie statt Homo oeconomicus angesagt sein solle – mehr geht schließlich immer. Auch systematische Gründe stehen einer Besserstellung von Leiharbeitnehmer*innen gegenüber dem Schutzniveau des Art. 5 Abs. 1 RL 2008/104/EG nicht entgegen.

Der Blick auf Art. 5 Abs. 1 RL 2008/104/EG legt damit nahe, dass der in Art. 5 Abs. 3 RL 2008/104/EG angemahnte Gesamtschutz ebenso wie der schon mit der Grundregel verfolgte Schutz relativ zu verstehen ist. Das zulässige Maß der Abweichung bleibt allerdings unbestimmt. Um der Ausnahmebestimmung einen eigenen Mehrwert gegenüber der Grundregel zu sichern, ist es außerdem nötig, den Tarifparteien entweder bei der Frage des erzielten Schutzniveaus oder bei der Frage der Saldierung weitergehende Möglichkeiten einzuräumen. Dabei sind verschiedene Varianten denkbar.

2) Art. 5 Abs. 2 RL 2008/104/EG

Art. 5 Abs. 2 RL 2008/104/EG erlaubt ebenso wie Art. 5 Abs. 3 RL 2008/104/EG eine Abweichung vom Gleichstellungsgebot. Anders als die letztgenannte Norm aber verzichtet Art. 5 Abs. 2 RL 2008/104/EG auf die Voraussetzung, dass bei Nutzung der Ausnahme der Gesamtschutz geachtet werden müsse. Auch die Beteiligung der Tarifparteien fällt in dieser Variante schwächer aus. Stattdessen macht die Richtlinie die Ausnahme an dieser Stelle davon abhängig, dass die betroffenen Leiharbeitnehmer*innen unbefristet beschäftigt sind und auch in einsatzfreien Zeiten entlohnt werden. Auf der Tatbestandsebene bestehen damit, im Gegensatz zum allgemeinen Gesamtschutz bei Art. 5 Abs. 3 RL 2008/104/EG, sehr spezifische Voraussetzungen, die sich auf Arbeitsplatzsicherheit und Entgelt beziehen. Dem entspricht eine ebenso spezifische Rechtsfolge: nur in Bezug auf das Entgelt können Mitgliedstaaten von der Vorgabe des Gleichstellungsrundsatzes abweichen.

Angesichts dieser spezifischen Voraussetzungen ist es erstaunlich, wenn dem Gesamtschutzerfordernis in Art. 5 Abs. 3 RL 2008/104/EG vereinzelt jegliche Bedeutung mit dem Argument abgesprochen wird, dass die Ab-

---

Betriebsbedingte Kündigung, S. 70; *Schmidt*, Tariffähigkeit christlicher Gewerkschaften, S. 302; *Seigis*, Leiharbeiter im sozialen Abseits, S. 82.

weichung beim Entgelt bereits nach Art. 5 Abs. 2 RL 2008/104/EG ohne Angemessenheitskontrolle möglich sei.[616] Im Gegenteil zeigt die Norm, dass ein stellenweiser Dispens von der Gleichstellung nur im Gegenzug gegen Verbesserungen an anderer Stelle zulässig ist. Die Richtlinie geht offenbar davon aus, dass Leiharbeitnehmer*innen befristet beschäftigt werden können und dass sie während einsatzfreier Zeiten nicht zwingend entlohnt werden müssen. Gewährt eine mitgliedstaatliche Rechtsordnung aber in dieser Hinsicht einen gegenüber der Mindestvorgabe zusätzlichen Schutz, so entsteht ein Spielraum, um bei der Gleichstellung eine punktuelle, aber gewichtige Ausnahme zuzulassen.[617] Während die auszutauschenden Schutzkomponenten bei Art. 5 Abs. 2 RL 2008/104/EG von der Richtlinie bestimmt sind, ist der Ausgleich bei Art. 5 Abs. 3 RL 2008/104/EG in die Hände der Tarifparteien gelegt. Der Vergleich mit Art. 5 Abs. 2 RL 2008/104/EG legt dabei nahe, dass auch bei dieser Variante im Gegenzug für Verschlechterungen zwingend Verbesserungen zu vereinbaren sind. Das widerspricht der These von *Rieble/Vielmeier* diametral und stützt stattdessen die Annahme eines relativen, an den Gleichstellungsgrundsatz gebundenen Schutzbegriffs.

Ebenfalls nicht zutreffend ist auch die Idee, dass ein absoluter Schutzbegriff in Art. 5 Abs. 3 RL 2008/104/EG den Art. 5 Abs. 2 RL 2008/104/EG jeglicher Bedeutung berauben würde.[618] Tatsächlich enthält die letztgenannte Variante nach ihrem insoweit eindeutig offenen Wortlaut die Möglichkeit, das Entgelt zur Disposition der Arbeitsvertragsparteien zu stellen.[619] Nach Art. 5 Abs. 3 RL 2008/104/EG können dagegen nur die Tarifparteien zu einer solchen Festlegung ermächtigt werden. Angesichts des beispielsweise in Deutschland zu beobachtenden enormen Machtungleichgewichts zwischen Verleihunternehmen und Leiharbeitskräften kann das, je nach Interessenlagen innerhalb der Gewerkschaften, einen erheblichen Unterschied bedeuten.[620] Beide Varianten sind damit unabhängig vom Schutzbegriff hinreichend verschieden, um sinnvoll ne-

616 Vgl. *Rieble/Vielmeier*, EuZA 2011, 474 (501 f.).

617 EuArbRK/*Kolbe*, RL 2008/104/EG Art. 5 Rn. 14; *Riesenhuber*, Europäisches Arbeitsrecht, § 21 Rn. 22.

618 Vgl. *Däubler*, Überlegungen zu einer Klage, S. 12.

619 *Franzen*, EuZA 2022, 3 (12); EuArbRK/*Kolbe*, RL 2008/104/EG Art. 5 Rn. 17; *Schindler*, in: Arbeitskräfteüberlassung, S. 13, (26); aA Ulber/*J. Ulber*, AÜG Einl. F. Rn. 62; *Hamann*, EuZA 2009, 287 (308).

620 Vgl. Thüsing/*Kock/Greiner*, AÜG § 8 Rn. 46, die von „zuverlässigen Sozialpartnern" schreiben.

beneinander zu existieren.[621] Davon losgelöst steht der Vergleich mit Art. 5 Abs. 2 RL 2008/104/EG aus dem obig angeführten Grund einem absoluten Schutzbegriff entgegen.

Hinsichtlich des konkreten Regelungsinhalts des Art. 5 Abs. 2 RL 2008/104/EG stellt sich weiterhin die Frage, wie stark sich dieser in der Ausnahmemöglichkeit des Art. 5 Abs. 3 RL 2008/104/EG niederschlägt. Eine populäre Ansicht begreift Art. 5 Abs. 2 RL 2008/104/EG als spezielle, für Entgeltfragen in jeglicher Konstellation Geltung beanspruchende Norm.[622] Eine Abweichung vom Gleichstellungsgrundsatz in Entgeltfragen soll damit auch bei Nutzung der Ausnahmebestimmung Art. 5 Abs. 3 RL 2008/104/EG nur möglich sein, wenn ein unbefristetes Arbeitsverhältnis vorliegt und einsatzfreie Zeiten bezahlt werden. Aussagelogisch wäre die wirksame Übernahme des Beschäftigungsrisikos damit eine sowohl hinreichende als auch notwendige Bedingung, um Flexibilität in Entgeltfragen zu erlangen. Es soll sowohl gelten „wenn a, dann b“ als auch „wenn nicht a, dann nicht b“. Eine schwächere Spielart dieser Perspektive lehnt zwar eine echte Spezialität ab, erwägt aber eine Übertragung der Voraussetzung eines unbefristeten Arbeitsverhältnisses unter Hinweis auf ErwGr. 15 RL 2008/104/EG.[623] Auf diesem Wege findet der Streit Eingang in die Auslegung der Vorgabe, den Gesamtschutz von Leiharbeitnehmer*innen zu achten.

Eine andere Lesart dagegen sieht Art. 5 Abs. 2 und Abs. 3 RL 2008/104/EG als voneinander unabhängige Abweichungsmöglichkeiten an. Das macht das unbefristete Arbeitsverhältnis und die bezahlten einsatzfreien Zeiten nur zur hinreichenden, nicht aber zur notwendigen Bedingung. Damit gälte weiterhin „wenn a dann b“, die Negation aber soll nicht gelten.

Im Wortlaut der Norm findet sich kein Hinweis auf eine Spezialität des Art. 5 Abs. 2 RL 2008/104/EG.[624] In systematischer Hinsicht wird angeführt, dass die Vorgabe an Bedeutung verlieren würde, wenn sie nicht in

621 LAG Baden-Württemberg, Urt. v. 06.12.2018 – 14 Sa 27/18, Rn. 34.

622 Schüren/Hamann/*Brors*, AÜG Einl. Rn. 602; Ulber/*J. Ulber*, AÜG Einl. F. Rn. 63, § 8 Rn. 233, 239; *Zimmer*, NZA 2013, 289 (294); *Nielebock*, in: FS Bepler, S. 455 (460 f.); *Blanke*, DB 2010, 1528 (1531); aA LAG Baden-Württemberg, Urt. v. 06.12.2018 – 14 Sa 27/18, Rn. 31; Preis/Sagan/*Sansone*, Europäisches Arbeitsrecht, § 12 Rn. 76; aA *Waas*, ZESAR 2012, 7 (8); widersprüchlich insoweit *Düwell*, Stellungnahme vom 16.03.2011, BT-Ausschussdrucks. 17(11)431, S. 56 (57).

623 BAG, Vorlagebeschl. v. 16.12.2020 – 5 AZR 143/19 (A), Rn. 34.

624 LAG Baden-Württemberg, Urt. v. 06.12.2018 – 14 Sa 27/18, Rn. 35.

Art. 5 Abs. 3 RL 2008/104/EG hineingelesen würde.[625] Das kann nicht so recht überzeugen, weil die Rechtsfolge in Art. 5 Abs. 2 RL 2008/104/EG wie gesehen zwar sachlich enger ist, aber tiefer reicht und der Norm damit einen sinnvollen Anwendungsbereich erhält. Auch die Tatsache, dass den Tarifparteien im Hinblick auf das Entgelt ein weiterer Spielraum zugestanden wird, lässt sich gut mit deren Sachnähe begründen.[626] Der berechtigte Hinweis auf eine befürchtete Segmentierung des Arbeitsmarkts zielt letztlich auf die Differenz zwischen den in der Arbeitnehmer*innenüberlassung gewährten Arbeitsbedingungen und denen der Stammbelegschaften.[627] Um der Fragmentierung Einhalt zu gebieten braucht es aber nicht notwendigerweise den konkreten Tausch Entgelt-Beschäftigungsrisiko, ausschlaggebend ist nur, dass Einbußen kompensiert werden. Dazu genügt ein relativer Schutzbegriff ohne eine Verengung auf konkrete Gegenwerte. Es liegt folglich näher, Art. 5 Abs. 2 RL 2008/104/EG nicht als spezielle Norm zu betrachten, die auch bei der Anwendung von Art. 5 Abs. 3 RL 2008/104/EG zwingend zu beachten wäre.[628] Die wirksame Übernahme des Beschäftigungsrisikos ist darum keine notwendige Bedingung, wenn die Tarifparteien auf der Grundlage Art. 5 Abs. 3 RL 2008/104/EG auch in Bezug auf das Entgelt vom Gleichstellungsgrundsatz abweichende Bedingungen vereinbaren wollen.

Daneben steht aber weiterhin die Möglichkeit im Raum, den dem Ausgleich des Art. 5 Abs. 2 RL 2008/104/EG zugrundeliegenden Gedanken auch als hinreichende Bedingung zur Achtung des Gesamtschutzes auf Art. 5 Abs. 3 RL 2008/104/EG zu übertragen. Tatsächlich würde es einerseits widersprüchlich anmuten, wenn die Richtlinie in Art. 5 Abs. 2 RL 2008/104/EG eine Einbuße beim Schutz der Leiharbeitnehmer*innen gutheißen würde, dieselbe Einbuße den Tarifparteien gemäß Art. 5 Abs. 3 RL 2008/104/EG aber verbieten würde. Andererseits nimmt Art. 5 Abs. 2 RL 2008/104/EG nicht explizit für sich in Anspruch, den Gesamtschutz zu wahren. Damit ist es nicht zwingend, liegt aus systematischer Perspektive aber doch nahe, dass der Gesamtschutz im Rahmen des Art. 5 Abs. 3 RL 2008/104/EG grundsätzlich gewahrt bleibt, wenn Einbußen beim Ent-

---

625 *Blanke*, DB 2010, 1528 (1531); ebenfalls für Spezialität argumentierend Schüren/Hamann/*Brors*, AÜG Einl. Rn. 602.
626 Vgl. dazu *Nielebock*, in: FS Bepler, S. 455 (461).
627 Vgl. dazu *Nielebock*, in: FS Bepler, S. 455 (461).
628 Im Ergebnis ebenso LAG Baden-Württemberg, Urt. v. 06.12.2018 – 14 Sa 27/18, Rn. 31; *Hamann*, jurisPR-ArbR 29/2021 Anm. 3; Preis/Sagan/*Sansone*, Europäisches Arbeitsrecht, § 12 Rn. 76.

gelt durch ein unbefristetes Arbeitsverhältnis und eine tariflich geschaffene Vergütung einsatzfreier Zeiten kompensiert werden.[629]

Art. 5 Abs. 2 RL 2008/104/EG bietet folglich neben der abstrakten Erkenntnis, dass die Richtlinie Abschläge bei der Gleichstellung nur bei Kompensation an anderer Stelle zulässt, auch einen konkreten Vorschlag eines solchen Tauschgeschäfts. Dieser Tausch – Entgelt gegen Beschäftigungsrisiko – wird zwar nur als eine für sich stehende Abweichungsmöglichkeit dargestellt und entfaltet gegenüber den anderen Varianten des Art. 5 RL 2008/104/EG keine spezielle Wirkung. Sein Gedanke aber lässt sich wohl auf Art. 5 Abs. 3 RL 2008/104/EG übertragen.[630] Zumindest diese eine konkrete sachliche Saldierung über Sachgruppengrenzen hinweg scheint damit grundsätzlich möglich zu sein. Weiterführende Hinweise auf anderweitige sachgruppenübergreifende Saldierungen aber lassen sich auch aus dieser Erkenntnis nicht ableiten – das Problem, dass ein Aufwiegen verschiedener Sachgruppen nur schwer möglich ist, bleibt bestehen. Ob die europäische Legislative den Tarifparteien dabei dieselbe Freiheit zugestehen möchte wie die, die sie sich mit der Verrechnung von Beschäftigungssicherheit und Entgelt genommen hat, bleibt offen.

Art. 5 Abs. 2 RL 2008/104/EG enthält dazu noch einen weiteren Hinweis zur Auslegung des Gebots zur Achtung des Gesamtschutzes: Die augenscheinlich auch bei Anwendung des Gleichstellungsgebots nach Art. 5 Abs. 1 RL 2008/104/EG bestehende Möglichkeit, einsatzfreie Zeiten nicht zu vergüten, wirkt sich auch auf die im Rahmen des Gesamtschutzes denkbare und dem Wortlaut nach zulässige zeitliche Saldierung von Arbeitsbedingungen aus.

Fraglich ist dabei, ob und wie einsatzfreie Zeiten in die Bildung des Mittelwerts eingestellt werden. Einerseits offenbart Art. 2 RL 2008/104/EG den Plan, Verleihunternehmen als Arbeitgeber*innen anzuerkennen. Das deutet eigentlich darauf hin, dass den Verleihunternehmen, so wie es etwa aktuell in Deutschland vorgesehen ist, das Beschäftigungsrisiko zugewiesen werden soll. Auch für verleihfreie Zeiten müssten demnach eigentlich die durchschnittlichen, in Einsatzzeiten nach dem Gleichstellungsgrundsatz zu gewährenden Bedingungen angesetzt werden. Andererseits knüpft Art. 5 Abs. 2 RL 2008/104/EG Erleichterungen bei der Gleichstellung eben explizit an die Bezahlung zwischen den Einsätzen; diese Bezahlung ist im Umkehrschluss offenbar als Mindestbedingung nicht selbstverständlich. Wenn die gesamte Leiharbeitsrichtlinie nun für verleihfreien Zeiten entge-

629 Im Ergebnis ebenso Ulber/*J. Ulber*, AÜG § 8 Rn. 281.
630 AA *Waas*, ZESAR 2012, 7 (13).

gen der Zielvorstellung in ErwGr. 15 und Art. 2 RL 2008/104/EG keine eigene Regelung vorsieht, so muss es Mitgliedstaaten grundsätzlich möglich sein, die Entlohnung in einsatzfreien Zeiten nach eigenem Gutdünken zu regeln. Damit ist auch die Behandlung einsatzfreier Zeiten bei der Bildung des für den Gesamtschutz wesentlichen Mittelwerts von der jeweiligen Regelung in den Mitgliedstaaten abhängig.

Es ist demnach bei der Bewertung des Gesamtschutzes zu unterscheiden: Für Einsatzzeiten wird nach den bisherigen Erkenntnissen eine Orientierung am Gleichstellungsgrundsatz des Art. 5 Abs. 1 RL 2008/104/EG verlangt; für einsatzfreie Zeiten dagegen hält die Richtlinie keine eigene Regelung bereit. In dieser Hinsicht ist deshalb auf den vortariflichen gesetzlichen Zustand im einzelnen Mitgliedstaat zu blicken ist. Entscheidet sich ein Mitgliedstaat dazu, für einsatzfreie Zeiten keine Vergütung vorzuschreiben, so sind diese Zeiten auch bei der Bewertung des Gesamtschutzes mit einem Nulllohn in die zeitliche Saldierung einzustellen.[631] Bei Vereinbarung eines konstanten Lohns kann das Arbeitsentgelt für Einsatzzeiten in diesem Fall gegenüber der Gleichstellung gedrückt werden – vorausgesetzt, es bleibt insgesamt ein dem Schutzniveau des Art. 5 Abs. 1 RL 2008/104/EG vergleichbares Niveau erhalten. Diese Möglichkeit fußt zwar auf einer Verortung des Beschäftigungsrisikos bei den Leiharbeitnehmer*innen und widerspricht damit in Bezug auf Art. 2 RL 2008/104/EG der praktischen Wirksamkeit; es entspricht aber gleichzeitig dem Konzept von Richtlinien, den Mitgliedstaaten bei der Umsetzung Spielräume zuzugestehen. Schreibt ein Mitgliedstaat hingegen, so wie aktuell Deutschland, bereits unabhängig von der Tarifierung eine Vergütung einsatzfreier Zeiten vor, so ist diese außerhalb des Regelungsbereichs der Richtlinie getroffene Entscheidung auch bei der Betrachtung des Gesamtschutzes zu respektieren. Einsatzfreie Zeiten sind hier nicht mit einem Nulllohn, sondern gemäß der gesetzlichen Regelung in den Vergleich mit einzubeziehen. Die Tarifparteien können dann nur eventuelle darüber hinausreichende Vereinbarungen als Vorteile geltend machen, die eine Absenkung des Schutzniveaus an anderer Stelle erlauben.

Die Möglichkeit zur zeitlichen Saldierung umfasst demnach auch einsatzfreie Zeiten und bietet den Tarifparteien, eine entsprechende mitgliedstaatliche Gestaltung vorausgesetzt, die Option, für diese Zeiten bodenlos schlechte Arbeitsbedingungen einzurechnen. Damit schließt und konkretisiert sich der mit dem Tausch Entgelt gegen Beschäftigungsrisiko begonne-

---

631 Wohl grundsätzlich für einen Vergleich auf Basis eines Nulllohns EuArbRK/*Kolbe*, RL 2008/104/EG Art. 5 Rn. 21; Ulber/*J. Ulber*, AÜG § 8 Rn. 281, 285 f.

ne Kreis: Wo der Ausgleich nach Art. 5 Abs. 2 RL 2008/104/EG durch die Mitgliedstaaten erfolgt, bleibt die Richtlinie pauschal; wo der Ausgleich nach Art. 5 Abs. 3 RL 2008/104/EG durch die Tarifparteien erfolgt, fordert sie konkret die Achtung des Gesamtschutzes ein. Auch hiernach können wohl Entgelt und Beschäftigungsrisiko saldiert werden. Das dabei anzulegende Verhältnis ergibt sich aus dem Maß, in dem die tariflich vereinbarte Vergütung von Standzeiten über die mitgliedstaatlich vorgesehenen Mindestbedingungen hinausreicht.[632][633]

Die systematische Auslegung mit Blick auf Art. 5 Abs. 2 RL 2008/104/EG offenbart damit zweierlei. Zum einen zeigt die Norm, dass die Richtlinie eine Unterschreitung des vom Gleichstellungsgrundsatz gebotenen Schutzniveaus nur zulässt, wenn diese Unterschreitung an anderer Stelle kompensiert wird. Sie ist also auch an dieser Stelle von einem relativen Schutzgedanken getragen. Zum anderen macht die Richtlinie mit dem Gleichstellungsgrundsatz tatsächlich nur Vorgaben für Einsatzzeiten; die Reglementierung einsatzfreier Standzeiten legt sie in die Hände der Mitgliedstaaten. Das wirkt sich auch auf den Gesamtschutz aus. Er bleibt auch gewahrt, wenn bezahlte einsatzfreie Zeiten als tarifliche Errungenschaft gegenüber einem vom mitgliedstaatlichen Recht so vorgesehenen Nulllohn in die zeitlich gestreckte Gesamtbetrachtung eingestellt werden.

3) Art. 5 Abs. 4 RL 2008/104/EG

Aus dem Vergleich mit Art. 5 Abs. 4 RL 2008/104/EG folgern etliche Stimmen, dass die Vorgabe zur Achtung des Gesamtschutzes nicht allzu streng verstanden werde dürfe – schließlich sei die Formulierung des Art. 5 Abs. 4 RL 2008/104/EG, der die Gewährung eines angemessenen Schutzniveaus fordert, stärker zu verstehen.[634] Da aber auch das angemessene Schutzniveau des Art. 5 Abs. 4 RL 2008/104/EG, so lässt sich das Argument wohl

---

632 AA Ulber/*J. Ulber*, AÜG § 8 Rn. 285 f., der die Vergütung von Standzeiten immer als Vorteil anrechnen möchte.

633 Der interne Wettbewerb zwischen den Verleihunternehmen wird hierdurch nicht eingeschränkt, wenn der Bezugsrahmen alle Leiharbeitsverhältnisse und Standzeiten innerhalb eines Mitgliedstaats umfasst. Das wiederum ist von der Vorgabe der Richtlinie gedeckt, die Tarifierung „auf der geeigneten Ebene“ zuzulassen.

634 *Franzen*, EuZA 2022, 3 (8); Wiedemann TVG/*Jacobs*, Einl. Rn. 638; *Löwisch/Rieble*, TVG § 1 Rn. 1075; *Sansone*, Gleichstellung, S. 544; *Thüsing*, RdA 2009, 118 (118 f.); aA EuArbRK/*Kolbe*, RL 2008/104/EG Art. 5 Rn. 25; andersherum „Ge-

fortführen, nicht über dem nach dem Gleichstellungsgrundsatz geschuldeten Schutzniveau liegen müsse, müsse beim Gesamtschutz des Art. 5 Abs. 3 RL 2008/104/EG ein erheblicher Spielraum zur Unterschreitung eben dieses Niveaus gegeben sein. Diese Perspektive erscheint insofern schlüssig, als Art. 5 Abs. 4 RL 2008/104/EG mit der Voraussetzung eines *angemessenen* Schutzniveaus tatsächlich eine qualitative Vorgabe enthält, die in Art. 5 Abs. 3 RL 2008/104/EG nicht enthalten ist.

Mit diesem Unterschied geht allerdings ein weiterer Unterschied einher: das von Art. 5 Abs. 4 RL 2008/104/EG geforderte Schutzniveau ist mit einem unbestimmten Artikel versehen, der von Art. 5 Abs. 3 RL 2008/104/EG verlangte Gesamtschutz dagegen mit einem bestimmten Artikel. Es gibt demnach im Kosmos der Richtlinie verschiedene denkbare Schutzniveaus, aber nur einen Gesamtschutz. Damit entfällt für den Gesamtschutz die Notwendigkeit der Präzisierung; ein „angemessen" böte schlicht keinen Mehrwert. Aus dem Fehlen eines qualifizierenden Adjektivs kann darum keine Ermächtigung zur Vereinbarung eines geringeren Schutzes abgeleitet werden.[635]

Andersherum setzt die Richtlinie den Gesamtschutz als gegeben voraus, es gibt aber nur ein einziges von der Richtlinie konkret bestimmtes Schutzniveau: das des Gleichstellungsgrundsatzes nach Art. 5 Abs. 1 RL 2008/104/EG. Das deutet darauf hin, dass der Gesamtschutz eng an das Schutzniveau des Gleichstellungsgrundsatzes anzulehnen ist – ihm also ein relatives Schutzverständnis zugrunde liegt.

An dieser Stelle knüpft die systematische Auslegung an das Ergebnis der grammatikalischen Auslegung an. Art. 5 Abs. 3 RL 2008/104/EG ermöglicht es den Mitgliedstaaten, den Tarifparteien eine eigenständige Tarifierung der Arbeitnehmer*innenüberlassung zu erlauben. Die Grundlage des mitgliedstaatlichen Rechts aber bleibt der dennoch umzusetzende Gleichstellungsgrundsatz. Die Tarifverträge können dann zwar, vorbehaltlich der Achtung des Gesamtschutzes, auch Regelungen enthalten, die von der Gleichstellung abweichen. Ausgangspunkt sowohl von Art. 5 Abs. 3 RL 2008/104/EG als auch der mitgliedstaatlichen Umsetzung der Richtlinie ist aber die Gleichstellung. Damit darf die Richtlinie annehmen, dass auch die Tarifparteien vom selben Ausgangspunkt aus verhandeln und dann im Folgenden möglicherweise abweichende Regelungen verein-

---

samtschutz" als stärker gewichtend Schlachter/*Nyström*, EU Labor Law, S. 272; *Blanke*, Rechtsgutachten Leiharbeit, S. 96.

635 Im Ergebnis ebenso EuArbRK/*Kolbe*, RL 2008/104/EG Art. 5 Rn. 25; Schlachter/*Nyström*, EU Labor Law, S. 272.

baren. Das entspricht wohl auch der Realität, schwebt die Gleichstellung doch für den Fall einer ausbleibenden Einigung immer als Rückfalloption über den Verhandlungen. Der konkrete Schutz von Leiharbeitnehmer*innen wird sich darum in der Variante des Art. 5 Abs. 3 RL 2008/104/EG immer aus einer Modifikation der mitgliedstaatlichen Umsetzung des Gleichstellungsgrundsatzes ergeben. Der Gesamtschutz wird damit nicht von Null auf aufgebaut, sondern nur erhalten – und damit geachtet.

Nach Art. 5 Abs. 4 dagegen bedarf es keiner mitgliedstaatlichen Umsetzung des Gleichstellungsgrundsatzes. Die Abweichungsmöglichkeit ist zwar auf europäischer Ebene eben das – eine Ausnahme –, auf mitgliedstaatlicher Ebene aber kann die Rechtsordnung, vorbehaltlich der Gewährung eines angemessenen Schutzniveaus, eine vom Gleichstellungsgrundsatz losgelöste Regelung der Arbeitnehmer*innenüberlassung etablieren. Eine auf Art. 5 Abs. 4 RL 2008/104/EG aufbauende mitgliedstaatliche Regulierung stellt sich demnach nicht, wie das bei einer auf Art. 5 Abs. 3 RL 2008/104/EG fußenden Regulierung der Fall wäre, als Abweichung vom Gleichstellungsgrundsatz, sondern als Alternative zum Gleichstellungsgrundsatz dar. Dementsprechend modifiziert sie nicht ein auf mitgliedsstaatlicher Ebene bereits existentes Schutzniveau, sondern muss ein neues Schutzkonzept entwickeln. Damit korrespondiert der Unterschied zwischen dem schaffenden „Gewähren" des Art. 5 Abs. 4 RL 2008/104/EG und dem bewahrenden „Achten" des Art. 5 Abs. 3 RL 2008/104/EG.

Im Endeffekt wird sich auch ein alternatives Regelungskonzept an dem der Richtlinie zugrunde liegenden Gedanken der Austauschgerechtigkeit orientieren müssen.[636] Das ändert aber nichts an der Tatsache, dass das Schutzniveau des Art. 5 Abs. 4 RL 20098/104/EG auf der grünen Wiese geschaffen wird, während der Gesamtschutz des Art. 5 Abs. 3 RL 2008/104/EG dem ursprünglichen Gleichstellungsgrundsatz entspringt. Der Vergleich mit Art. 5 Abs. 4 RL 2008/104/EG stärkt damit das nach der grammatikalischen Auslegung gewonnene Verständnis und macht die starke Verbindung zwischen Gleichstellung und Gesamtschutz deutlich. Das deutet auf ein relatives Schutzverständnis hin.

Darüber hinaus enthält Art. 5 Abs. 4 RL 2008/104/EG eine weitere bemerkenswerte Komponente: Gemäß Art. 5 Abs. 4 Satz 2 RL 2008/104/EG kann es Teil der alternativen Reglementierung sein, dass Gleichstellung erst nach einer Wartezeit gewährt wird. Daraus könnte man ableiten, dass eine Wartezeit auch nach Art. 5 Abs. 3 RL 2008/104/EG von den Tarifpar-

---

636 Vgl. unten Zweiter Teil A. II. 3. a., S. 219.

teien vereinbart werden dürfte.[637] Dagegen spricht allerdings, dass diese Möglichkeit in Art. 5 Abs. 4 RL 2008/104/EG explizit angeführt wird, in Art. 5 Abs. 3 RL 2008/104/EG aber nicht. Besondere Gründe dafür sind nicht ersichtlich. Näher liegt darum der Umkehrschluss, dass nämlich den Tarifparteien die Vereinbarung eines solchen Senioritätsbonus gerade nicht erlaubt ist.[638] Das gilt freilich unabhängig vom Gesamtschutz.

Das abweichende Vokabular des Art. 5 Abs. 4 RL 2008/104/EG erklärt sich nach alledem aus der abweichenden Stoßrichtung der Norm. Es wertet die Vorgabe zur Achtung des Gesamtschutzes in Art. 5 Abs. 3 RL 2008/104/EG mitnichten ab, sondern betont im Gegenteil dessen große Nähe zum Gleichstellungsgrundsatz. Der Vergleich spricht damit für ein relatives Schutzverständnis, welches im Gesamtergebnis keine Abweichungen vom Schutzniveau des Art. 5 Abs. 1 RL 2008/104/EG zulässt.

4) Art. 5 Abs. 5 Satz 1 RL 2008/104/EG

Art. 5 Abs. 5 Satz 1 RL 2008/104/EG richtet zwei Verpflichtungen an die Mitgliedstaaten; eine davon fordert ausdrücklich, den Missbrauch der Ausnahmebestimmungen in Art. 5 Abs. 2–4 RL 2008/104/EG zu unterbinden.[639]

Im Zusammenhang mit Art. 5 Abs. 3 RL 2008/104/EG liegt dabei der Gedanke nahe, einen bewusst zum Nachteil der Leiharbeitnehmer*innen vom Gleichstellungsgrundsatz abweichenden Tarifabschluss der Gewerkschaften als eine solche missbräuchliche Anwendung der Ausnahmevorschrift einzuordnen. In der Tat drängt sich die Parallele zum Missbrauch der Vertretungsmacht im deutschen Vertretungsrecht auf. Auch im Zusammenhang mit Tarifverträgen kann von Kollusion gesprochen werden, wenn eine Tariföffnungsklausel zur kompensationslosen Unterschreitung gesetzlicher Standards genutzt wird.[640] Tatsächlich darf auch Art. 5 Abs. 3

---

637 Vgl. ArbG Nürnberg, Urt. v. 11.09.2018 – 15 Ca 4827/17, Rn. 19; ArbG Gießen, Urt. v. 14.02.2018 – 7 Ca 246/17, Rn. 47.

638 Ulber/*J. Ulber*, AÜG § 8 Rn. 248; aA im Ergebnis LAG Baden-Württemberg, Urt. v. 6.12.2018 – 14 Sa 27/18 Rn. 39; ArbG Nürnberg, Urt. v. 11.09.2018, 15 Ca 4827/17 Rn. 19; ArbG Gießen, Urt. v. 14.2.2018 – 7 Ca 246/17 Rn. 47; *Bissels*, in: Tschöpe, ArbRHdB, Arbeitnehmerüberlassungsrecht Rn. 119; Thüsing/*Kock/Greiner*, AÜG § 8 Rn. 45; *Schüren*/Hamann, AÜG § 8 Rn. 138; *Bissels/Falter*, JurisPR-ArbR 16/2018, Anm. 3.

639 EuGH, Urt. v. 14.10.2020 – C-681/18 – JH/KG, NZA 2020, 1463 Rn. 57.

640 Däubler TVG/*Peter/Rödl*, § 2 Rn. 56.

RL 2008/104/EG wohl die Hoffnung unterstellt werden, dass jeder vom Gleichstellungsgrundsatz abweichende Tarifvertrag beinahe automatisch im Sinne der Leiharbeitnehmer*innen sein müsse, weil sich andernfalls keine den Interessen eben dieser Personen verpflichtete Gewerkschaft finden lasse, die dem Tarifabschluss zustimmt. Dabei bietet die Möglichkeit einer eigenständigen Tarifierung der Arbeitnehmer*innenüberlassung hinreichend Vorteile, die zum beiderseitigen Nutzen der Beteiligten eingelöst werden können.[641] Nur wenn die Tarifverhandlungen für beide Seiten zu einem Mehrwert gegenüber der Gleichstellung führen, würden, so könnte man versucht sein zu denken, beide Seiten den Tarifabschluss wünschen und absegnen.

Die deutsche Rechtswirklichkeit zeigt anschaulich, dass das nicht zwingend der Fall ist.[642] Die Gewerkschaften sind vielfältigen Interessen verpflichtet und handeln darum nicht unbedingt im Interesse der Leiharbeitnehmer*innen. Schließen sie Tarifverträge, die weit überwiegend zum Nachteil der Leiharbeitskräfte vom Gleichstellungsgrundsatz abweichen, so verstoßen sie also gegen die dem Art. 5 Abs. 3 RL 2008/104/EG zugrundeliegende Hoffnung. Der Vorwurf des Rechtsmissbrauchs liegt nahe.

Eine enttäuschte Hoffnung allein macht allerdings noch keinen Rechtsmissbrauch. Eine missbräuchliche Anwendung liegt erst vor, wenn eine Ausnahmevorschrift zwar formell korrekt, aber in einer den Zielen der Richtlinie offensichtlich widersprechenden Weise genutzt wird.[643] Ob eine allein zum Nachteil der Leiharbeitnehmer*innen vom Gleichstellungsgrundsatz abweichende Tarifgestaltung den Zielen der Richtlinie offensichtlich widerspricht, ist eine im Rahmen der teleologischen Auslegung zu klärende Frage. An dieser Stelle ist aber bereits das erste Merkmal – die formell korrekte Nutzung der Ausnahmevorschrift – ausgesprochen fraglich. Tatsächlich hat die europäische Gesetzgebung die Gefahren der Tarifdispositivität wohl vorhergesehen. Darum hat sie, nimmt man mit den weit überwiegenden Meinungsäußerungen und den bisherigen Auslegungsfunden an, dass die Verpflichtung zur Achtung des Gesamtschutzes keine völlig hohle Phrase ist, die Gleichstellung nicht vollständig zur Disposition der Tarifparteien gestellt. Als Absicherung dient hier die Verpflichtung zur Achtung des Gesamtschutzes. Verbietet bereits diese Klausel aufgrund eines relativen Schutzbegriffs die für Leiharbeitnehmer*innen alleinig nachteilige Tarifgestaltung, so liegt bei derartigen Tarif-

641 Vgl. unten Zweiter Teil A. II. 3. b., S. 223.

642 Vgl. oben Erster Teil B. III. 1. b. 1), S. 86.

643 EuArbRK/*Kolbe*, RL 2008/104/EG Art. 5 Rn. 28.

werken eine Überschreitung der Ausnahmebestimmung und kein Rechtsmissbrauch vor. Fußt der Gesamtschutz dagegen auf einem absoluten Schutzniveau, so liegt es nahe, dass auch ein diesen Spielraum ausnutzendes Tarifwerk nicht rechtsmissbräuchlich wäre. Eine Art. 5 Abs. 5 Satz 1 RL 2008/104/EG unterfallende rechtsmissbräuchliche Tarifierung läge nur vor, wenn der Telos der Richtlinie einen strengen relativen Gesamtschutz von Leiharbeitnehmer*innen forderte, die Auslegung des Gesamtschutzes in Art. 5 Abs. 3 RL 2008/104/EG dagegen lediglich ergäbe, dass ein absolut verstandener Mindestschutz zu erhalten sei. Angesichts der Tatsache, dass dieselbe teleologische Überlegung in die Auslegung des Gesamtschutzes einfließt, ist das möglich, aber unwahrscheinlich. An dieser Stelle allerdings kann es nicht abschließend entschieden werden.

Art. 5 Abs. 5 Satz 1 RL 2008/104/EG hält demnach vorerst keine Anhaltspunkte zur Auslegung des Art. 5 Abs. 3 RL 2008/104/EG bereit.[644]

b. Anhaltspunkte im Primärrecht

Im Rang über der Richtlinie RL 2008/104/EG steht das europäische Primärrecht, es kann bei der Auslegung der Gesamtschutzklausel deshalb gewichtige Anhaltspunkte liefern. Diese Anhaltspunkte ergeben sich nicht erst bei einem Verstoß möglicher Auslegungen gegen das Primärrecht, sie entstehen bereits durch eine Ausstrahlung der grundsätzlichen Normen, die bei der Interpretation der Richtlinie zu berücksichtigen ist.[645] Diese Wirkung ist insbesondere bei den Grundrechten der Grundrechtecharta zu beobachten. Vorliegend interessieren in diesem Zusammenhang die zentral berührten Rechte aus Artt. 28 und 31 GRCh. Eine harte Grenze dagegen bildet die Kompetenzzuweisung an die Europäische Union in Art. 153 AEUV und dort insbesondere die Ausnahmebestimmung des Art. 153 Abs. 5 AEUV. Diesen beiden Bereichen widmet sich der folgende Abschnitt.

---

644 AA *Franzen*, EuZA 2022, 3 (10 f.), der dem Gesamtschutzerfordernis im Ergebnis wohl keine über Art. 5 Abs. 5 RL 2008/104/EG hinausreichende Bedeutung bemessen möchte.

645 *Willemsen/Sagan*, NZA 2011, 258 (260).

1) Artt. 28, 31 GRCh

Als Durchführung von Unionsrecht unterfiel der Erlass der Richtlinie RL 2008/104/EG Art. 51 Abs. 1 GRCh. Die Grundrechte der Charta waren deshalb damals zu beachten – und können heute Auskunft über die korrekte Auslegung erteilen. Der Vorzug ist dabei einer Auslegung zu geben, die die Anliegen der Charta im Wege der praktischen Konkordanz möglichst umfassend unterstützt.[646] Von zentraler Bedeutung sind in diesem Zusammenhang die in Art. 28 GRCh geschützte Tarifautonomie und der in Art. 31 Abs. 1 GRCh verankerte Schutz von Beschäftigten.

Die Richter*innen des EuGH haben in zahlreichen Urteilen betont, dass die Tarifautonomie des Art. 28 GRCh im Rahmen der europäischen Vorgaben ausgeübt werden müsse.[647] Daraus lässt sich an dieser Stelle – bis auf die Ahnung einer gewissen Geringschätzung – nichts Zwingendes ableiten, ohne zirkulär zu argumentieren.

Etwas grundsätzlicher argumentiert eine Auffassung, die in gesetzlichen Grenzen tarifdispositiver Normen keine Beeinträchtigung der Tarifautonomie sieht.[648] Der Regelungsauftrag der Tarifparteien im Rahmen tarifdispositiver Vorgaben soll sich nach dieser Ansicht nicht aus der Tarifautonomie selbst, sondern aus der staatlichen Delegation von Regelungsmacht ergeben.[649] Unabhängig von dieser umstrittenen dogmatischen Grundlagenfrage ist anzuerkennen, dass die bei Nutzung tarifdispositiver Schutznormen zu beobachtende tarifliche Unterschreitung gesetzlicher Schutzkonzepte nicht dem grundsätzlichen Gedanken der Tarifautonomie – der kollektiven Verhandlung zum Schutze der Beschäftigten – entspricht.[650] Es

646 Vgl. EuArbRK/*Schubert*, EUV Art. 6 Rn. 11; *Willemsen/Sagan*, NZA 2011, 258 (260).

647 EuGH, Urt. v. 13.9.2011 – C-447/09 – Lufthansa AG, NZA 2011, 1039 Rn. 47, m.w.N.; EuGH, Urt. v. 08.09.2011 – C-297/10, C-298/10 – Hennigs u.a., NZA 2011, 1100 Rn. 67.

648 *Zimmer*, NZA 2013, 289 (290); *Kohte*, in: FS Bepler, S. 287 (298 f.); *D. Ulber*, Tarifdispositives Gesetzesrecht, S. 320 ff.

649 *Corzelius*, Tarifdispositives Recht, S. 91; *Kohte*, in: FS Bepler, S. 287 (296 f.).

650 Schlachter/Heinig EnzEuR7/*Forst*, § 16 Rn. 37, 75: „Perversion des Tarifwesens"; vgl. Berg/*Kocher*/Schumann, TVG Teil 1 Rn. 130a; Ulber/*J. Ulber*, AÜG § 8 Rn. 251; *Bryde*, SR 2012, 2 (11); *Blanke*, Rechtsgutachten Leiharbeit, S. 93; zum deutschen Verständnis Däubler TVG/*Däubler*, Einl. Rn. 96; *D. Ulber*, Tarifdispositives Gesetzesrecht, 589; BVerfG, Beschl. v. 26.06.1991 – 1 BvR 779/85, NZA 1991, 809 (811): „Tarifautonomie ist darauf angelegt, die strukturelle Unterlegenheit der einzelnen Arbeitnehmer beim Abschluß von Arbeitsverträgen durch kollektives Handeln auszugleichen [...]".

liegt damit nahe, staatlichen Mindestschutz nicht als Eingriff anzusehen oder, letztlich dogmatisch überzeugender, die Tarifautonomie in diesen Fällen zumindest weniger stark zu gewichten.[651] Tatsächlich bleibt es den Tarifparteien nach allen denkbaren Auslegungen der Gesamtschutzklausel erlaubt, für die Leiharbeitnehmer*innen vorteilhaftere Arbeitsbedingungen zu verhandeln. Der zentrale Zweck der Tarifautonomie bleibt damit unangetastet.

Neben dieser materiellen Unterscheidung zwischen gegenüber dem Gesetz günstigeren und ungünstigeren Tarifverträgen ist bei der Auslegung der Richtlinie außerdem in prozeduraler Hinsicht mit einzubeziehen, ob die betrachtete Nutzung der Tarifautonomie die Zustimmung der Tarifunterworfenen erhält. Nur in diesem Fall kann davon gesprochen werden, dass der Tarifvertrag das Ergebnis kollektiv ausgeübter Privatautonomie sei.[652] Finden die Tarifverträge aufgrund einer freiwilligen Mitgliedschaft der Beschäftigten in der tarifschließenden Gewerkschaft Anwendung, so stärkt das das Anliegen der Tarifautonomie.[653] Finden sie dagegen nur kraft vertraglicher Bezugnahme Anwendung, so spricht das gegen eine starke Gewichtung.[654] Auf diesem Wege findet sich das Element der Legitimation durch Mitgliedschaft in der unionsrechtlichen Betrachtung wieder – ein Element, was auf bundesdeutscher Ebene vor allem im Zusammenhang mit der unten betrachteten Angemessenheitsvermutung Bedeutung erlangt.[655]

Angewandt auf die Gesamtschutzklausel des Art. 5 Abs. 3 RL 2008/104/EG bedeutet dies: Eine Beeinträchtigung der Tarifautonomie lässt sich nur sicher ausschließen, wenn der Vorgabe zur Achtung des Gesamtschutzes keine Bedeutung beigemessen oder zumindest kein leiharbeitsspezifischer Schutz verlangt wird. Sowohl bei einem darüber hinausreichenden absoluten als auch bei einem relativen Schutzbegriff bestehen für die Tarifparteien dagegen Untergrenzen, die in den Tarifwerken nicht unterschritten werden dürfen. Die von einem absoluten Schutzbegriff ausgehende Einschränkung wird dabei etwas geringer sein als die auf einem

---

651 *Corzelius*, Tarifdispositives Recht, S. 91; *Zimmer*, NZA 2013, 289 (290); *Kohte*, in: FS Bepler, S. 287 (296 f.); vgl. zum Verhältnis von Mindestlohn und Art. 9 Abs. 3 GG *Sansone/D. Ulber*, AuR 2008, 125 (129); vgl. zum Verhältnis von Art. 28 GRCh zu einer zwingenden Gleichstellungspflicht ausführlich unten Dritter Teil B. I. 1. b., S. 337.

652 Vgl. dazu BAG, Urt. v. 07.07.2010 – 4 AZR 549/08, NZA 2010, 1068 Rn. 22.

653 *Willemsen/Sagan*, NZA 2011, 258 (260).

654 *Zimmer*, NZA 2013, 289 (290).

655 Vgl. unten Zweiter Teil B. II. 2., S. 278.

relativen Schutzbegriff fußende. Unabhängig vom Schutzbegriff schwindet die Einschränkung außerdem umso mehr, je größer der den Tarifparteien zugesprochene Spielraum ist. Gleichzeitig aber wird sich ein den Gleichstellungsgrundsatz ablösender Tarifvertrag erst dann breiter aktiver Zustimmung von Leiharbeitnehmer*innen erfreuen, wenn er das nach dem Gleichstellungsgrundsatz gebotene Schutzniveau übersteigt. Dann aber kann der Gesamtschutzklausel nur noch Relevanz zukommen, wenn die Möglichkeiten der Saldierung allzu eng verstanden werden. Lässt man dagegen eine Saldierung in einem Maße zu, wie sie auch bei der Abwägung von Leiharbeitnehmer*innen zu beobachten wäre, so wirkt sich bei einer Überschreitung des Schutzniveaus der Gleichstellung die Gesamtschutzklausel nach keiner der zum Schutzbegriff vertretenen Auffassungen auf das Tarifergebnis aus. Andersherum gewendet wird die Vorgabe zur Achtung des Gesamtschutzes nur so lange relevant sein, wie die Tarifverträge ohne breite Zustimmung der Tarifunterworfenen geschlossen werden. In dieser Konstellation kommt der Tarifautonomie kein großes Gewicht zu.

Die geringste Auswirkung auf die Tarifautonomie hätte demnach eine Auslegung, welche der Klausel schlicht keine Wirkung entnehmen würde. Jede andere Auslegung ginge mit einer geringfügigen Beeinträchtigung von Art. 28 GRCh einher. Die Anerkennung eines weiten Regelungsspielraums kann diese Einschränkung weiter mildern.[656]

Die Gesamtschutzklausel des Art. 5 Abs. 3 RL 2008/104/EG betrifft nicht nur die Tarifautonomie, sondern vor allem auch die Arbeitsbedingungen von Leiharbeitnehmer*innen. Damit steht sie in einem engen Zusammenhang mit Art. 31 GRCh. Insbesondere die in Art. 31 Abs. 1 GRCh geforderten gesunden, sicheren und würdigen Arbeitsbedingungen sollen gemäß ErwGr. 1 RL 2008/104/EG durch die Richtlinie gewährleistet werden.

Im Hinblick auf den Gesundheitsschutz ist anerkannt, dass die Arbeit als Leiharbeitskraft überdurchschnittliche physische und psychische Belastungen mit sich bringt.[657] Von zentraler Bedeutung sind dabei eine man-

656 Vgl. LAG Nürnberg, Urtl. v. 07.03.2019 – 5 Sa 230/18 Rn. 65; LAG Nürnberg, Urt. v. 20.02.2019 – 2 Sa 402/18 Rn. 61; EuArbRK/*Kolbe*, RL 2008/104/EG Art. 5 Rn. 20; Preis/Sagan/*Sansone*, Europäisches Arbeitrecht, § 12 Rn. 77.

657 Techniker Krankenkasse, Gesundheitsreport 2020, S. 9 ff.; Institut DGB-Index Gute Arbeit, 02/2019 Risiko Leiharbeit, S. 4 ff.; *Barlen*, Zwischen zwei Arenen, S. 50 f.; *Hünefeld/Gerstenberg*, Arbeitsbedingungen von Leiharbeitnehmern im Fokus, S. 13; BAuA/BMAS, Sicherheit und Gesundheit 2016, S. 63 ff.; BAuA, Arbeitsbedingungen in der Zeitarbeit, S. 2; *Dütsch*, ZAF 2011, 299 (309 f.); *Bornewasser*, Psychologische Aspekte, S. 15 f.; vgl. dazu ausführlich unten Dritter Teil B. I. 1. b. 3) d) (1) (a), S. 353.

gelnde Wertschätzung für die eigene Arbeit, ständiger Bewährungsdruck, soziale Benachteiligung und Sorge um die eigene Zukunft.[658] Insgesamt dürfte insbesondere die Eigenwahrnehmung als Arbeitskraft zweiter Klasse der psychischen Gesundheit von Leiharbeitnehmer*innen kaum zuträglich sein. Es ist nicht zu verkennen, dass ein relativer Schutzbegriff für die Gesundheit von Leiharbeitnehmer*innen einen Mehrwert bietet, der bei allen anderen Interpretationen nicht gegeben ist.

Die bei einer Schlechterstellung drohende Wahrnehmung, Arbeitskraft zweiter Klasse zu sein, steht außerdem auch im Zusammenhang mit der in Art. 31 Abs. 1 GRCh geschützten Würde.[659] Es ist allerdings umstritten, ob die dabei geschützten Arbeitsbedingungen auch Entgeltfragen umfassen und insbesondere den Grundsatz von gleichem Entgelt für gleiche Arbeit beinhalten.[660]

Gegen ein solch weites Verständnis wird eingewandt, dass im Entstehungsprozess der Norm ein diese Aussage explizit enthaltender Abschnitt abgeändert wurde.[661] Darüber hinaus wird das Entgelt oftmals nur unter die in der Überschrift des Art. 31 GRCh genannten gerechten und angemessenen Arbeitsbedingungen subsumiert und damit von den im Normtext aufgeführten würdigen Arbeitsbedingungen abgegrenzt – ausschlaggebend soll aber nur der auf diese Weise eingehegte Normtext sein.[662] Zusätzlich wird darauf hingewiesen, dass die Europäische Union gemäß Art. 153 Abs. 5 AEUV auch gar keine Kompetenz zur Regulierung des Entgelts hat und die Arbeitsbedingungen in Art. 31 Abs. 1 GRCh im Sinne des Art. 153 Abs. 1 AEUV zu verstehen seien.[663] Aus all dem folge, dass Art. 31 GRCh keine Aussage zu Fragen des Entgelts treffe.[664]

---

658 *Barlen*, Zwischen zwei Arenen, S. 50 f.; *Dütsch*, ZAF 2011, 299 (310); *Bornewasser*, Psychologische Aspekte, S. 15 f.

659 *Zimmer*, NZA 2013, 289 (290).

660 EuArbRK/*Schubert*, GRCh Art. 31 Rn. 12 f.; NK-GRCh/*Hüpers/Reese*, Art. 31 Rn. 61 ff.; Stern/Sachs/*Lang*, GRCh Art. 31 Rn. 13.

661 EuArbRK/*Schubert*, GRCh Art. 31 Rn. 12 f.; Grabenwarter EnzEuR 2/*Rebhahn/Schörghofer*, § 21 Rn. 79; *Rieble/Picker*, ZfA 2014, 153 (160); *Frenz*, RdA 2011, 199 (200).

662 EuArbRK/*Schubert*, GRCh Art. 31 Rn. 12 f.; Grabenwarter EnzEuR 2/*Rebhahn/Schörghofer*, § 21 Rn. 79; *Frenz*, RdA 2011, 199 (200).

663 Grabenwarter EnzEuR 2/*Rebhahn/Schörghofer*, § 21 Rn. 79; *Rieble/Picker*, ZfA 2014, 153 (160).

664 EuArbRK/*Schubert*, GRCh Art. 31 Rn. 12 f.; *Jarass*, GRCh Art. 31 Rn. 7; Grabenwarter EnzEuR 2/*Rebhahn/Schörghofer*, § 21 Rn. 79; *Rieble/Picker*, ZfA 2014, 153 (160); *Frenz*, RdA 2011, 199 (200).

Die Gegenansicht nimmt an, dass Norm und Überschrift gemeinsam auszulegen seien und sich insbesondere die in der Überschrift angeführten gerechten und angemessenen Arbeitsbedingungen problemlos als Teilmenge der würdigen Arbeitsbedingungen verstehen ließen.[665] Dabei sei der Begriff der Arbeitsbedingungen nach Auskunft der Erläuterungen zu Art. 31 GRCh im Sinne des Art. 156 AEUV zu verstehen; Art. 156 AEUV klammere aber anders als Art. 153 AEUV das Entgelt gerade nicht aus.[666] Auch der Entstehungsprozess soll einem weiten Verständnis nicht entgegenstehen.[667] *Hüpers/Reese* wenden sich mit einer kleinteiligen Rekonstruktion gegen das historische Argument und nehmen an, dass die Lohnfrage in den heutigen Art. 31 Abs. 1 GRCh integriert wurde, wofür insbesondere auch die Überschrift ein Zeichen sei.[668] Auch die mangelnde Kompetenz der Europäischen Union in Entgeltfragen könne man nur als Problem begreifen, wenn man nicht zwischen abwehr- und leistungsrechtlichen Komponenten von Grundrechten trenne und deshalb Anwendungs- und Schutzbereich vermenge.[669] Zwar könne die Union nicht selbst unmittelbar das Entgelt von Beschäftigten regeln.[670] Das hindere sie aber nicht daran, den Schutz der Beschäftigten auch in Entgeltfragen als von der Grundrechtscharta geschütztes Ziel anzuerkennen und in die Abwägung mit anderen Grundrechten oder Grundfreiheiten einzustellen.[671] Insgesamt vertreten etliche Stimmen in der Literatur, dass die von Art. 31 Abs. 1 GRCh geforderten würdigen Arbeitsbedingungen Entgeltfragen nicht ausklammern, sondern mit umfassen müssen.[672] Auch die europäischen Gesetzgebungsorgane scheinen dieser Ansicht zu sein: Sie setzen sich im ersten Erwägungsgrund der RL 2008/104/EG das Ziel, entsprechend Art. 31 GRCh würdige Arbeitsbedingungen zu schaffen – und definieren anschließend diese Arbeitsbedingungen im Sinne der Richtlinie

665 NK-GRCh/*Hüpers/Reese*, Art. 31 Rn. 60; *Zimmer*, ZESAR 2018, 151 (152 f.); Stern/Sachs/*Lang*, GRCh Art. 31 Rn. 13.
666 NK-GRCh/*Hüpers/Reese*, Art. 31 Rn. 26, 66.
667 NK-GRCh/*Hüpers/Reese*, Art. 31 Rn. 15 ff., 61; Stern/Sachs/*Lang*, GRCh Art. 31 Rn. 13.
668 NK-GRCh/*Hüpers/Reese*, Art. 31 Rn. 15 ff.
669 NK-GRCh/*Hüpers/Reese*, Art. 31 Rn. 29, 66; *Zimmer*, ZESAR 2018, 151 (152); Stern/Sachs/*Lang*, GRCh Art. 31 Rn. 11.
670 NK-GRCh/*Hüpers/Reese*, Art. 31 Rn. 29.
671 NK-GRCh/*Hüpers/Reese*, Titel IV Vorbem. Rn. 30.
672 NK-GRCh/*Hüpers/Reese*, Art. 31 Rn. 66; *Zimmer*, ZESAR 2018, 151 (152 f.); Stern/Sachs/*Lang*, GRCh Art. 31 Rn. 13; *Brors*, AuR 2013, 108 (111); *Zimmer*, NZA 2013, 289 (290); *Hirdina*, NZA 2011, 325 (330); *Hanau*, NZA 2010, 1 (2).

in Art. 3 Abs. 1 lit. f) RL 2008/104/EG in einer Aufzählung, die auch das Arbeitsentgelt umfasst.[673]

Die Meinungsverschiedenheit um die Deutung der Entstehungsgeschichte des Art. 31 GRCh veranschaulicht die Probleme, die eine historische Auslegung gerade bei einem von vielen Interessen geprägten, international wirkenden Normtext mit sich bringt. Ihr kann darum keine allzu große Bedeutung beigelegt werden. Grundsätzlich irrelevant ist an dieser Stelle auch der Bezug auf die begrenzte Kompetenz der Europäischen Union, genügt doch die von der Kompetenz unabhängige Abwehrdimension bereits als Grund, um einen weiten Umfang der Garantie anzunehmen. Darüber hinaus ist außerdem, wie der nachfolgende Abschnitt zeigen wird, bereits die Reichweite der Kompetenzschranke in Art. 153 Abs. 5 AEUV umstritten.[674]

Gewichtige Anhaltspunkte finden sich dagegen im Wortlaut von Art. 31 Abs. 1 GRCh. In der Tat wirkt es ausgesprochen künstlich, alle Arbeitsbedingungen bis auf das Arbeitsentgelt als prägend für würdige Arbeitsbedingungen aufzufassen. Es wäre außerdem ausgesprochen widersprüchlich, das Merkmal gerechter und angemessener Arbeitsbedingungen mit dem Argument von den geschützten würdigen Arbeitsbedingungen auszunehmen, dass eben dieses Merkmal in der Überschrift der Norm genannt wird. Eine solche Deutung würde der in der Überschrift zum Ausdruck gekommenen Zweckbestimmung Hohn sprechen und die Formulierung gegen sich selbst wenden.

Es ist darum anzunehmen, dass auch das Entgelt vom Schutzbereich des Art. 31 Abs. 1 GRCh umfasst ist. Dabei liegt es nahe, würdige Arbeitsbedingungen zumindest auch mithilfe des im Arbeitsvölkerrecht üblichen und auf dem allgegenwärtigen Gleichheitsgrundsatz fußenden Gedankens von gleichem Lohn für gleiche Arbeit sowie unter Bezug auf die Austauschgerechtigkeit zu präzisieren.[675] Zwar ist auch für Art. 31 Abs. 1GRCh umstritten, ob sich würdige Arbeitsbedingungen relativ an den Arbeitsbedingungen vergleichbarer Beschäftigter oder absolut an

673 Vgl. EuGH, Urt. v. 14.10.2020 – C-681/18 – JH/KG, NZA 2020, 1463 Rn. 54; NK-GRCh/*Hüpers/Reese*, Art. 31 Rn. 63.

674 Vgl. dazu unten Zweiter Teil A. II. 2. b. 2), S. 203.

675 Vgl. Art. 23 Abs. 2 Allgemeine Erklärung der Menschenrechte; Art. 7 lit. a) UAbs. i) Internationaler Pakt über wirtschaftliche, soziale und kulturelle Rechte; NK-GRCh/*Hüpers/Reese*, Art. 31 Rn. 15–19, 61; *Zimmer*, ZESAR 2018, 151 (153 f.); Stern/Sachs/*Lang*, GRCh Art. 31 Rn. 13; krit. *Hirdina*, NZA 2011, 325 (330); *Hanau*, NZA 2010, 1 (2).

einem für alle gleichen Existenzminimum bemessen.[676] Ein Blick auf Art. 23 Abs. 2 der Allgemeinen Erklärung der Menschenrechte und Art. 7 lit. a) i) des Internationalen Pakts über wirtschaftliche, soziale und kulturelle Rechte der UN macht aber deutlich, dass der Grundsatz des gleichen Lohns für gleiche Arbeit ein populärer Bestandteil grundsätzlicher Normen des Arbeitsvölkerrechts ist. Der Begriff würdiger Arbeitsbedingungen bietet außerdem noch mehr als der des Gesamtschutzes Raum, um gesellschaftliche Erwartungen abzubilden. Es liegt dabei nahe, den Wert der Arbeitsleistung hier mit einzubeziehen, um nicht direkt zwei zentrale gesellschaftliche Gerechtigkeitserwartungen, die von Gleichbehandlung und die von Leistungsgerechtigkeit, zu enttäuschen.[677] Damit profitiert das Schutzziel des Art. 31 Abs. 1 GRCh eindeutig von einem relativen Schutzbegriff, der aber gleichzeitig gewisse Spielräume enthalten kann.

Aus der Warte des Art. 31 GRCh bietet sich demnach ein relatives Schutzverständnis an.

Die Auslegung der Gesamtschutzklausel vor den Anforderungen der GRCh bringt damit kein eindeutiges, in sich widerspruchsfreies Ergebnis. Art. 28 GRCh streitet eher für ein Verständnis des Gesamtschutzes, welches der Vorgabe möglichst geringe Anforderungen entnimmt. Art. 31 GRCh dagegen macht einen relativen Schutzbegriff stark und lässt hiervon nur begrenzte Abweichungen zu. Eingedenk der ausgesprochen schwachen Berührung von Art. 28 GRCh ist dem Arbeitnehmer*innenschutz in dieser Gegenüberstellung der Vorzug zu geben.[678] Die Berücksichtigung der Charta spricht damit insgesamt für einen relativen Schutzbegriff. Dabei bleibt aber unklar, ob vom Schutzniveau des Art. 5 Abs. 1 RL 2008/104/EG in begrenztem Umfang abgewichen werden kann.

2) Unionskompetenz trotz Art. 153 Abs. 5 AEUV

Teilweise wird die materielle Bedeutung der Gesamtschutzklausel mit dem Argument angezweifelt, dass jede andere Auslegung eine Überschreitung

---

676 Eher relativ vgl. NK-GRCh/*Hüpers/Reese*, Art. 31 Rn. 15–19, 61; *Zimmer*, ZESAR 2018, 151 (153f); Stern/Sachs/*Lang*, GRCh Art. 31 Rn. 13; eher absolut vgl. *Hirdina*, NZA 2011, 325 (330); *Hanau*, NZA 2010, 1 (2).

677 Vgl. *Kronauer*, in: Arbeiterbewegung, S. 81 (86 ff.); *Wolf*, in: Arbeiterbewegung, S. 157 (159 f.); Stern/Sachs/*Lang*, GRCh Art. 31 Rn. 13; *Zimmer*, NZA 2013, 289 (290); *Bornewasser*, in: Die neue Rolle der Zeitarbeit, S. 137 (150).

678 Im Ergebnis ebenso *Zimmer*, NZA 2013, 289 (290); aA Preis/Sagan/*Sansone*, Europäisches Arbeitrecht, § 12 Rn. 77.

der in Art. 153 Abs. 5 AEUV begrenzten Kompetenzen der Europäischen Union bedeuten würde.[679] Wolle man nämlich die Abweichungsmöglichkeit der Tarifparteien inhaltlich begrenzen, so interpretiere man Art. 5 Abs. 3 RL 2008/104/EG als eine Regelung von Entgelt und Tarifrecht, die nach dem Primärrecht unzulässig sei.

Der EuGH allerdings interpretiert Art. 153 Abs. 5 AEUV – mit Zustimmung der Literatur – insbesondere im Hinblick auf das Arbeitsentgelt ausgesprochen eng, um die Tragweite der vorstehenden Absätze nicht übermäßig zu beeinträchtigen.[680] Ziel der Vorschrift sei allein, eine unmittelbare Regelung des Entgelts durch europäische Organe, etwa mithilfe eines europaweiten Mindestlohns, zu verhindern.[681] Mittelbare Auswirkungen einer europäischen Vorgabe auf das Entgelt dagegen seien von Art. 153 Abs. 5 AEUV nicht gemeint.[682] Insbesondere im Zusammenhang mit Fragen der Gleichbehandlung sieht das Gericht darum keine Hürde für europäische Normen, schließlich werde nicht das Entgelt selbst vorgegebenen, sondern nur der Modus, nach dem dieses zu bestimmen sei.[683]

Legt man im Rahmen von Art. 5 Abs. 3 RL 2008/104/EG ein relatives Schutzverständnis an, so muss sich das tarifvertragliche Entgelt von Leiharbeitnehmer*innen, vorbehaltlich eines Ausgleichs an anderer Stelle, nach dem Entgelt der Einsatzbranchen richten. Die Richtlinie gäbe damit das Entgelt nicht selbst unmittelbar vor, sondern stellte nur eine die Lohnfindung betreffende Regelung auf – das Entgeltniveau selbst würde vor allem

---

679 *Löwisch/Rieble*, TVG § 1 Rn. 1077; *Rieble/Vielmeier*, EuZA 2011, 474 (500); *Wank*, RdA 2003, 1 (10); krit. auch Calliess/Ruffert/*Krebber* AEUV Art. 153 Rn. 11; noch weitergehend die Gültigkeit der Leiharbeitsrichtlinie bezweifelnd *Lembke/Stoffels*, in: FS Moll 2019, S. 377 (386 ff.).

680 EuGH, Urt. v. 15.04.2008 – C-268/06 – Impact, NZA 2008, 581 Rn. 122; EuGH, Urt. v. 13.09.2007 – C-307/05 – Del Cerro Alonso, NZA 2007, 1223 Rn. 39; EuArbRK/*Franzen*, AEUV Art. 153 Rn. 45, 47; Grabitz/Hilf/Nettesheim/*Benecke*, AEUV Art. 153 Rn. 103; Schlachter/Heinig EnzEuR 7/*Forst*, § 16 Rn. 35 f.

681 EuGH, Urt. v. 10.06.2010 – C-395, 396/08 – INPS, Rn. 37; EuGH, Urt. v. 15.04.2008 – C-268/06 – Impact, NZA 2008, 581 Rn. 123.

682 EuGH, Urt. v. 19.06.2014 – C-501/12 u.a. – Specht u.a., NZA 2014, 831 Rn. 33; EuGH, Urt. v. 15.04.2008 – C-268/06 – Impact, NZA 2008, 581 Rn. 125; EuGH, Urt. v. 13.09.2007 – C-307/05 – Del Cerro Alonso, NZA 2007, 1223 Rn. 41 ff.; SchlA des GA *Bot* EuGH C-501/12 vom 28.11.2013, Rn. 45; EuArbRK/*Franzen*, AEUV Art. 153 Rn. 45, 47; *Seiwerth*, ZESAR 2021, 127 (130); MHdB ArbR/*Oetker*, § 12 Rn. 47; *Hamann/Klengel*, EuZA 2017, 485 (496); aA Calliess/Ruffert/*Krebber* AEUV Art. 153 Rn. 11.

683 EuGH, Urt. v. 10.06.2010 – C-395, 396/08 – INPS, Rn. 36 ff.; EuGH, Urt. v. 15.04.2008 – C-268/06 – Impact, NZA 2008, 581 Rn. 126; EuGH, Urt. v. 13.09.2007 – C-307/05 – Del Cerro Alonso, NZA 2007, 1223 Rn. 42.

von den Tarifparteien der Einsatzbranchen bestimmt. Dieser Mechanismus entspricht letztlich dem des Gleichstellungsgrundsatzes aus Art. 5 Abs. 1 RL 2008/104/EG und dürfte nach der Rechtsprechung des EuGH trotz Art. 153 Abs. 5 AEUV zulässig sein.[684]

Bei einem absoluten Schutzverständnis stellt sich die Rechtslage weniger eindeutig dar. Auch hiernach gibt die Richtlinie selbst kein konkretes Entgeltniveau vor. Gleichzeitig liegt aber auf der Hand, dass sich auch ein absolut verstandener Gesamtschutz zum Arbeitsentgelt verhalten muss. Spricht man der Gesamtschutzklausel nicht jegliche Wirkung ab oder begnügt sich mit dem allgemeinen, für alle Beschäftigten geltenden Schutzniveau, so muss die im Gesamtschutz enthaltene Entgeltkomponente irgendwie bestimmt werden. Diese Bestimmung ist immer, egal ob sie konkret durch die Mitgliedstaaten oder die Tarifparteien erfolgt, am Ende unter Art. 5 Abs. 3 RL 2008/104/EG zu subsumieren. Mit Art. 153 Abs. 5 AEUV ist das nur vereinbar, wenn der Gesamtschutzbegriff der Richtlinie die Regelungsfrage nochmals weiterreicht und beispielsweise das Medianeinkommen eines Mitgliedstaats in Bezug nimmt. Soll der Regelung in Art. 5 Abs. 3 RL 2008/104/EG dagegen eine eigene materielle Bestimmung des Entgelts entnommen werden, so ergäbe sich in der Tat ein gewichtiger Konflikt mit der Zuständigkeitsbegrenzung des Art. 153 Abs. 5 AEUV. Da die Bestimmung eines absoluten Schutzniveaus in jedem Fall gleich willkürlich wäre, steht der erstgenannten Interpretationsmöglichkeit nichts entgegen. Nichtsdestotrotz schränkt Art. 153 Abs. 5 AEUV die möglichen Spielarten eines absolut verstandenen Gesamtschutzes ein.

Das in Art. 153 Abs. 5 AEUV enthaltene Verbot, das Arbeitsentgelt durch europäische Normen festzulegen steht einer materiellen Bedeutung der Gesamtschutzklausel demnach nicht entgegen. Insbesondere ein relativer Schutzbegriff kommt hiermit nicht in Konflikt; ein absoluter Schutzbegriff dagegen wäre nicht in allen denkbaren Formen zulässig.

Einfacher stellt sich das Verhältnis der Gesamtschutzklausel zur zweiten Vorgabe des Art. 153 Abs. 5 AEUV, der Zuständigkeitsausnahme für das Koalitionsrecht, dar. Es ist bereits umstritten, ob das dort aufgeführte

684 Im Ergebnis ohne Bezug zum Schutzbegriff ebenso B. *Jahn*, Gleichstellungsgrundsatz, S. 95 f.; *Röpke*, Die Gestaltbarkeit von Arbeitsbedingungen, S. 294; in Bezug auf den Gleichstellungsgrundsatz als Ganzes ebenso *Franzen*, EuZA 2022, 3 (16); EuArbRK/*Franzen*, AEUV Art. 153 Rn. 48; Preis/Sagan/*Sansone*, Europäisches Arbeitrecht, § 12 Rn. 10; *Hamann/Klengel*, EuZA 2017, 485 (496); krit. *Wank*, NZA 2003, 14 (18); aA Calliess/Ruffert/*Krebber* AEUV Art. 153 Rn. 11; *Klebeck*, Gleichstellung, S. 203 ff.; *Rieble/Klebeck*, NZA 2003, 1 (27); *Raab*, ZfA 2003, 389 (414); *Thüsing*, DB 2002, 2218 (2220).

Koalitionsrecht das Tarifvertragsrecht überhaupt umfasst. Etliche Stimmen argumentieren, dass das Tarifrecht aufgrund der geforderten engen Auslegung von Art. 153 Abs. 5 AEUV als Ausnahme und der getrennten Nennung von Tarif- und Koalitionsrecht an anderen Stellen nicht von Art. 153 Abs. 5 AEUV umfasst sei.[685] Das liegt nahe, kann an dieser Stelle aber dahinstehen. Tatsächlich wirkt sich die Gesamtschutzklausel in Art. 5 Abs. 3 RL 2008/104/EG nicht anders auf das Tarifvertragsrecht aus, als das bei anderen Regelungen, etwa dem Verbot der Kinderarbeit oder der Begrenzung der Arbeitszeit, der Fall ist.[686] Die Auswirkung auf das Tarifvertragsrecht ist unabhängig von dem angelegten Schutzbegriff nur mittelbarer Natur; unmittelbarer Regelungsgegenstand ist nicht das Tarifvertragsrecht, sondern die Arbeitsbedingungen von Leiharbeitnehmer*innen.[687] Etwaige Auswirkungen auf die Verhandlungen der Tarifparteien sind darum, wie oben geschehen, im Hinblick auf Art. 28 GRCh zu untersuchen; die Begrenzung des Art. 153 Abs. 5 AEUV tut hier nichts zur Sache.

Ein Widerspruch der Regelung in Art. 5 Abs. 3 RL 2008/104/EG zu Art. 153 Abs. 5 AEUV lässt sich demnach nicht nur mit einer Geringschätzung der Gesamtschutzklausel vermeiden. Auch ein relativer Schutzbegriff lässt sich mit der begrenzten Kompetenz der Europäischen Union vereinbaren. Gleiches gilt für einen absoluten Schutzbegriff, solange dieser in Entgeltfragen auf die Umstände in den Mitgliedstaaten weiterverweist.

c. Anhaltspunkte im Sekundärrecht

Auch das neben der RL 2008/104/EG bestehende europäische Sekundärrecht kann Anhaltspunkte für die Auslegung der Gesamtschutzklausel bieten. Dazu bedarf es eines Bindeglieds zwischen Art. 5 Abs. 3 RL 2008/104/EG und dem jeweils betrachteten Sekundärrecht. Dieses Bindeglied kann entweder darin bestehen, dass auch eine andere Norm den Begriff des Gesamtschutzes verwendet, dass sie ebenfalls die Arbeitnehmer*innenüberlassung betrifft oder dass sie einen vergleichbaren Rege-

---

685 EuArbRK/*Franzen*, AEUV Art. 153 Rn. 50; Grabitz/Hilf/Nettesheim/*Benecke*, AEUV Art. 153 Rn. 104; von der Groeben/Schwarze/Hatje/*Rose Langer*, AEUV Art. 153 Rn. 47; aA Calliess/Ruffert/*Krebber* AEUV Art. 153 Rn. 12; unklar insoweit *Rieble/Kolbe*, EuZA 2008, 453 (464 f.).

686 Vgl. *Röpke*, Die Gestaltbarkeit von Arbeitsbedingungen, S. 293 f.

687 *Röpke*, Die Gestaltbarkeit von Arbeitsbedingungen, S. 294.

lungsmechanismus wie Art. 5 Abs. 3 RL 2008/104/EG nutzt – oder dass gleich mehrere dieser Merkmale vorliegen.

Bezüglich des Wortlauts besteht vorliegend eine gewisse Besonderheit. Im Europäischen Recht gilt ebenso wie in der deutschen Rechtsordnung, dass gleiche Begriffe in gleichrangigen Rechtsakten derselben Gesetzgebung grundsätzlich einheitlich, also gleich, auszulegen sind.[688] Bei der Auslegung europäischer Normen kommt allerdings hinzu, dass sie stets in 23 oder 24 Sprachfassungen vorliegen – und jede dieser Sprachfassungen die gleiche Gültigkeit beansprucht.[689] Die Untersuchung kann sich darum nicht darauf beschränken, auf die Verwendung des Wortes „Gesamtschutz“ in anderen europäischen Rechtsakten zu blicken. Vielmehr ist anzuerkennen, dass auch jede Überschneidung in anderen Sprachversionen denselben Auslegungsgehalt bieten kann und darum zu betrachten ist. Es geht also vorliegend nicht nur um den „Gesamtschutz“, sondern ebenso um die „protection globale“, die „overall protection“, die „algemene bescherming“ und so weiter. Das sich daraus entwickelnde systematische Argument ist dann eines, welches klassischerweise von der Rechtswissenschaft des entsprechenden Landes eingeführt würde – die einheitliche autonome Auslegung des Unionsrechts gestattet aber natürlich, dieses Argument auch in einer deutschsprachigen Auseinandersetzung zu nutzen.

Dabei trägt der Anspruch, dass alle Sprachfassungen gleichberechtigt eine einheitliche Bedeutung der Terminologie schaffen, ein zweites Mal Früchte: ebenso wie bei der Leiharbeitsrichtlinie sind auch bei allen anderen Rechtsakten die unterschiedlichen Sprachfassungen austauschbar. Die Interpretation des Begriffs Gesamtschutz in einer anderen Norm kann darum ebenso gut auf Grundlage der deutschen Version vorgenommen werden – obwohl die deutsche Version dieser Norm den Begriff möglicherweise gar nicht enthält. Das Argument leidet darunter nicht stärker, als es bei einer auf einer Übereinstimmung zwischen verschiedenen Rechtsakten in deutscher Sprache fußenden Beobachtung der Fall wäre, wenn diese Übereinstimmung sich nicht in allen europäischen Amtssprachen wiederfindet.

Auf diesem Weg kann das argumentative Potential der zahlreichen Sprachfassungen genutzt werden, ohne sich, wie das etwa beim Vergleich

688 *Brors*, AuR 2013, 108 (109); *Grundmann*, RabelsZ 2011, 882 (894).

689 EuGH, Urt. v. 6.10.1982 – Rs. 283/81 Slg. 1982 3415 CILFIT, Rn. 18; *Hamann/Klengel*, EuZA 2017, 194 (205); *Fleischer*, RabelsZ 2011, 700 (712 f.); *Roth*, RabelsZ 2011, 787 (799); *Rüthers/Höpfner*, AcP 209 (2009), 1 (10); *Colneric*, ZeuP 2005, 225 (226).

der Sprachfassungen im Rahmen der Wortlautauslegung der Fall ist, der Gefahr fehlerhafter Übersetzungen auszusetzen. Stattdessen fußt die Untersuchung beinahe vollständig auf der Übersetzungsleistung der Europäischen Union selbst – sie kann deshalb auch die damit verbundene Kredibilität genießen. Der Anteil des Autors an der Übersetzung beschränkt sich auf die Identifikation des in den jeweiligen Sprachfassungen an Stelle des Gesamtschutzes verwandten Begriffs.

Rückschlüsse aus einer systematischen Auslegung unter Bezugnahme auf andere gleichrangige Rechtsakte sind grundsätzlich nur wertig, wenn diese Rechtsakte von denselben Organen beschlossen wurden, wie die zu interpretierende Norm.[690] In eine systematische Analyse des europäischen Sekundärrechts sind darum Richtlinien, Verordnungen und Beschlüsse einzubeziehen, die, ebenso wie die RL 2008/104/EG, im ordentlichen Gesetzgebungsverfahren vom Europäischen Rat, dem Europäischen Parlament und der Europäischen Kommission beschlossen wurden.

Dabei bestehen drei Einschränkungen: Erstens kann eine am Wortlaut startende Analyse keinen Anspruch auf Vollständigkeit erheben, weil sie mögliche Deklinationen der in den jeweiligen Sprachfassungen für das Wort „Gesamtschutz“ verwandten Wörter nicht verlässlich mitdenken kann. Das Vokabular der RL 2008/104/EG ist für die Durchsicht aller Rechtsakte deshalb nur im Falle der litauischen Sprachversion um den Singular erweitert worden; in allen anderen Fällen wurde auf eine Deklination verzichtet.[691] Zweitens fußen einzelne europäische Rechtsakte auf einem Vorschlag der Tarifparteien. Dabei ist nicht ganz klar, inwieweit sich die gesetzgebenden Organe deren Wortwahl zu eigen machen und wie sich das auf die systematische Auslegung auswirkt. Diese Zweifel sollen an dieser Stelle transparent gemacht, ansonsten aber übergangen werden. Drittens lässt nicht jeder Rechtsakt, der das Wort „Gesamtschutz“ beziehungsweise eine in anderen Sprachfassungen verwandte entsprechende Formulierung enthält, Rückschlüsse auf die Interpretation der Gesamtschutzklausel in Art. 5 Abs. 3 RL 2008/104/EG zu. Insbesondere Regulierungen im Zusammenhang mit dem europäischen Binnenmarkt tauchen

690 *Brors*, AuR 2013, 108 (109); *Grundmann*, RabelsZ 2011, 882 (894).

691 Andere Sprachfassungen beschreiben, soweit ersichtlich, den Gesamtschutz im Singular. Aus diesem Grund wurde der in der litauischen Sprachfassung verwandte Plural um den entsprechenden Singular ergänzt; hierauf wird an der entsprechenden Stelle im Text nochmal ausdrücklich hingewiesen.

darum im Verlauf der Interpretation kaum auf, obwohl auch hier an einigen Stellen das Vokabular der Leiharbeitsrichtlinie auftaucht.[692]

Im Folgenden sollen fünf systematische Argumente entwickelt werden, vier davon auf Basis einer mit Art. 5 Abs. 3 RL 2008/104/EG übereinstimmenden Terminologie. Im ersten Argument findet sich darüber hinaus eine enge strukturelle Verwandtschaft, im dritten wird auf eine zumindest mittelbare strukturelle Gemeinsamkeit abgestellt. Zu guter Letzt soll mit dem fünften Argument auch ein kurzer Blick auf die zweite zur Regulierung der Arbeitnehmer*innenüberlassung ergangene Richtlinie nicht fehlen.

1) Tariföffnungsklauseln

Die in Art. 5 Abs. 3 RL 2008/104/EG geschaffene Möglichkeit, den Arbeitnehmer*innenschutz der Richtlinie tarifdispositiv zu stellen, findet sich ebenso in Artt. 17 Abs. 2, 18 UAbs. 3 RL 2003/88/EG und in Art. 14 RL (EU) 2019/1152. Bei letztgenannter Norm entspricht das verwandte Vokabular außerdem in zehn Sprachfassungen dem in Art. 5 Abs. 3 RL 2008/104/EG für „Gesamtschutz" verwandten Wort.[693] In der englischen, französischen, maltesischen, polnischen[694] und rumänischen Sprachfassung stimmt darüber hinaus die gesamte Formulierung betreffend der „Achtung des Gesamtschutzes" in beiden Richtlinien genau über-

---

692 Namentlich sind das ErwGr. 1 RL 2015/2392 in der bulgarischen Sprachfassung („цялостната защита"); Art. 6 VO 2015/941 in der maltesischen Sprachfassung („protezzjoni ġenerali"); Art. 40 VO 607/2009 in der griechischen Sprachfassung („γενική προστασία"); ErwGr. 44 RL 2009/73 in der litauischen („bendros apsaugos„) und niederländischen („algemene bescherming") Sprachfassung; Art. 7 Abs. 2 RL 2004/83/EG in der portugiesischen Sprachfassung („protecção geral"); ErwGr. 26 RL 2003/54/EG in der niederländischen Sprachfassung („algemene bescherming"); Art. 1 Ziff. 1. lit. b) VO 1554/97 in der litauischen Sprachfassung („bendros apsaugos"); Anhang II Kapitel C Ziff. 5 RL 96/50/EG in der polnischen Sprachfassung („ogólnej ochrony"); ErwGr. Verordnung (EWG) Nr. 45/81 in der deutschen Sprachfassung („Gesamtschutz"); ErwGr. Abs. 3 VO (EWG) Nr. 3448/80 in der deutschen („Gesamtschutz") und tschechischen („celkové ochrany") Sprachfassung.

693 Namentlich sind das: Griechisch: „γενική προστασία"; Englisch: „overall protection"; Französisch: „protection globale"; Kroatisch: „opće zaštite"; Maltesisch: „protezzjoni ġenerali"; Niederländisch: „algemene bescherming"; Polnisch: „ogólnej ochrony"; Rumänisch: „protecţia generală"; Slowenisch: „splošnega varstva" und Schwedisch: „övergripande skyddet".

694 Dekliniert.

ein. Das spricht, ebenso wie der vergleichbare Mechanismus, dafür, das Gebot zur Achtung des Gesamtschutzes in Art. 5 Abs. 3 RL 2008/104/EG und Art. 14 RL (EU) 2019/1152 grundsätzlich gleich auszulegen.

Zwar läuft die Umsetzungsfrist der RL (EU) 2019/1152 erst zum 1. August 2022 ab, sodass hierzu bislang keine Rechtsprechung vorliegt; zwei Anhaltspunkte finden sich aber in der Richtlinie selbst. Zum einen lässt die Formulierung der deutschen Sprachfassung – „sofern der Schutz der Arbeitnehmer insgesamt gewahrt bleibt" – den Schluss zu, dass das von der Richtlinie geschaffene Schutzniveau erhalten bleiben solle. Insofern korrespondiert der Wortlaut in Art. 14 RL (EU) 2019/1152 mit dem in ErwGr. 16 RL 2008/104/EG. Zum anderen erkennt ErwGr. 38 RL (EU) 2019/1152 an, dass Tarifparteien die Ziele der Richtlinie auf anderen Wegen möglicherweise besser erreichen können und begründet damit die Tariföffnungsklausel – „solange dabei das generelle Schutzniveau für die Arbeitnehmer nicht abgesenkt wird". Die Tarifparteien dürfen das Schutzniveau der Richtlinie demnach in der Gesamtbetrachtung nicht unterschreiten.[695] Ankerpunkt ist damit eindeutig der von der Richtlinie bezweckte und gewährleistete Schutz von Beschäftigten.

Neben dieses gewichtige Argument hinsichtlich des geforderten Schutzniveaus tritt außerdem eine Auffälligkeit hinsichtlich des Wortteils „Gesamt": Im Rahmen der grammatikalischen Auslegung von Art. 5 Abs. 3 RL 2008/104/EG wurde die Möglichkeit zur personellen Saldierung noch kritisch bewertet, weil die Richtlinie nicht vom „Schutz der Leiharbeitnehmer*innen insgesamt", sondern vom „Gesamtschutz" spricht.[696] Art. 14 RL (EU) 2019/1152 verwendet nun in seiner deutschen Version eben diese Formulierung – und in zehn anderen Sprachfassungen die selbe Formulierung wie in Art. 5 Abs. 3 RL 2008/104/EG. Damit offenbart sich, dass aus der unterschiedlichen Formulierung nichts abgeleitet werden kann. Das Wortlautargument zur personellen Saldierung ist damit hinfällig.

Das Gesamtschutzverständnis in Art. 14 RL (EU) 2019/1152 deckt sich im Übrigen mit der Rechtsprechung zu Artt. 17 Abs. 2, 18 UAbs. 3 RL 2003/88/EG beziehungsweise der gleichlautenden Vorgängerrichtlinie RL 93/104/EG. Zwar gibt es hier keine terminologische Überschneidung mit Art. 5 Abs. 3 RL 2008/104/EG. Die Richtlinie stellt aber strukturell vergleichbar den selbstgeschaffenen Schutz von Beschäftigten zur Disposition

695 Im Ergebnis ebenso EuArbRK/*Kolbe*, RL (EU) 2019/1152, Art. 14 Rn. 1; zurückhaltend unter Verweis auf Art. 28 GRCh und die „Richtigkeitschance" von Tarifverträgen *Preis/Morgenbrodt*, ZESAR 2020, 409 (415).

696 Vgl. oben Zweiter Teil A. II. 1. b., S. 176.

der Tarifparteien, solange dieser Schutz durch gleichwertige Ausgleichsruhezeiten oder, in Ausnahmefällen, auf anderem Wege in angemessener Form erhalten bleibt. Dazu hat der EuGH entschieden, dass die Möglichkeit zur Abweichung vom Schutzniveau der Richtlinie als Ausnahme eng auszulegen sei.[697] Zwar bestünde für die Tarifparteien und für die nach Art. 17 Abs. 2 RL 2003/88/EG ebenfalls zur Abweichung ermächtigten Mitgliedstaaten ein Ermessensspielraum; die Ziele der Richtlinie müssten aber auch bei alternativen Regelungen stets ebenso wie nach der Grundregel erreicht werden.[698] Das macht deutlich, dass der zu erreichende „angemessene Schutz" sich am Schutz der Richtlinie vor der Abweichung orientieren und das derart vorgegebene Schutzniveau erreichen muss. Ermöglicht ein Mitgliedstaat bei der Umsetzung von Richtlinien also den Tarifparteien eine eigenständige Regelung, so findet diese nicht im luftleeren Raum statt, sondern nur innerhalb eines Rahmens, der von den Vorgaben der Richtlinie bestimmt ist.[699]

Hinzu kommt, dass dieser Maßstab, so verlangt es der übereinstimmende Wortlaut von Art. 17 Abs. 2 und Art. 18 UAbs. 3 RL 2003/88/EG, gleichermaßen an staatliche Abweichungen wie an tarifliche Abweichungen angelegt wird.[700] Der Arm des Unionsrechts reicht damit offensichtlich bis in die Tarifverträge hinein und kann hier materielle Anforderungen aufstellen.[701]

Überträgt man diese Erkenntnisse zu anderen Tariföffnungsklauseln auf Art. 5 Abs. 3 RL 2008/104/EG, so liegt auf der Hand, dass der Gesamtschutz dort auf einem von Art. 5 Abs. 1 RL 2008/104/EG vorgezeichneten relativen Schutzverständnis fußen muss. Auch die mit dieser Interpretation

---

697 EuGH, Urt. v. 21.10.2010 – C-227/09 – Accardo, NZA 2011, 215 Rn. 58; EuGH Urt. v. 14.10.2010 – C-428/09 – Union syndicale Solidaires Isère, Rn. 40; EuGH, Urt. v. 09.09.2003 – C-151/02 – Jaeger, NZA 2003, 1019, Rn. 89; zust. *Kohte*, in: FS Bepler, S. 287 (289).

698 EuGH Urt. v. 14.10.2010 – C-428/09 – Union syndicale Solidaires Isère, Rn. 59; EuArbRK/*Gallner*, RL 2003/88/EG, Art. 17 Rn. 10.

699 *Kohte*, in: FS Bepler, S. 287 (290).

700 EuArbRK/*Gallner*, RL 2003/88/EG, Art. 18 Rn. 8; Preis/Sagan/*D. Ulber*, Europäisches Arbeitrecht, § 7 Rn. 283.

701 Vgl. EuGH, Urt. v. 23.04.2020 – C-710/18, NZA 2020, 779; BAG, Beschl. v. 17.06.2020 – 10 AZR 210/19 (A), NZA 2020, 1551 Rn. 34; Däubler TVG/*Schiek*, Einl. Rn. 742 f.; *Hamann*, jurisPR-ArbR 18/2021 Anm. 1; *Corzelius*, Tarifdispositives Recht, S. 90 f.; *Kohte*, in: FS Bepler, S. 287 (290); Ulber/*J. Ulber*, AÜG § 8 Rn. 264; krit. im Hinblick auf eine Tarifkontrolle im Zusammenhang mit Art. 14 RL (EU) 2019/1152 EuArbRK/*Kolbe*, RL (EU) 2019/1152, Art. 14 Rn. 1; *Kolbe*, EuZA 2020, 35 (39).

einhergehende Einwirkung auf Tarifverträge ist dem Unionsrecht nicht fremd.

2) Bezugnahmen auf das Schutzniveau konkreter Richtlinien

Auf der Ebene einer rein sprachlichen Überschneidung finden sich etliche Rechtsakte, die das durch andere Rechtsakte in ihrer Gesamtheit geschaffene Schutzniveau in ihren ErwGr. mit derselben Terminologie in Bezug nehmen, die auch in Art. 5 Abs. 3 RL 2008/104/EG verwandt wird.[702] Es ist also durchaus üblich, das von europäischen Regularien geschaffene Schutzniveau als Gesamtschutz zu betiteln. Zwar machen all diese Beispiele, anders als Art. 5 Abs. 3 RL 2008/104/EG, den Verweis auf andere Rechtsakte explizit. Das erklärt sich aber schlicht mit dem Unterschied, dass in diesen ErwGr. eben auf andere Texte verwiesen wird.

Diese Notwendigkeit entfällt, wenn der Gesamtschutz sich auf den Regelungsgegenstand des Rechtsakts selbst bezieht. Das ist etwa in Art. 78 VO 2019/1896 beziehungsweise Art. 52 Abs. 5 der Vorgängernorm VO 2016/1624 und in Anhang I RL 2005/65/EG der Fall. Diese Normen entstammen europäischen Regularien zur Gefahrenabwehr – und enthalten in der deutschen Fassung die Begriffe „Gesamtgefahrenabwehr“ beziehungsweise „übergreifende Gefahrenabwehr“. Damit wird die vom jeweiligen Rechtsakt gewährleistete Gefahrenabwehr zusammengefasst und aus einer höheren Warte betrachtet. Die Normen teilen sich dabei in der griechischen beziehungsweise spanischen Fassung das Vokabular mit Art. 5 Abs. 3 RL 2008/104/EG.[703] Griechische und spanische Rechtswissenschaftler*innen könnten darum versucht sein, aus dieser Übereinstimmung abzuleiten, dass auch der Gesamtschutz des Art. 5 Abs. 3 RL 2008/104/EG sich aus den Schutzbestimmungen der RL 2008/104/EG bildet. Was auf Spanisch richtig ist, verliert dann auch seine Richtigkeit nicht, nur weil es auf Deutsch formuliert wird.

702 Namentlich sind das ErwGr. 7 RL 2002/15/EG in der zum Singular deklinierten litauischen Sprachfassung („bendroji apasauga“), ErwGr. 14 RL 95/61/EG in der dänischen („generelle beskyttelse“), griechischen („γενική προστασία“), niederländischen („algemene bescherming“) und portugiesischen („protecção geral“) Sprachfassung, ErwGr. 15 VO 1272/2008 in der ungarischen Sprachfassung („általános védelmének“), ErwGr. 14 VO 2019/2144 in der griechischen Sprachfassung („γενική προστασία“).

703 Vgl. Griechisch „γενική προστασία“, Spanisch „protección global“.

Der Blick auf Art. 78 VO 2019/1896 beziehungsweise Art. 52 Abs. 5 der Vorgängernorm VO 2016/1624 und Anhang I RL 2005/65/EG legt demnach nahe, dass der Gesamtschutz des Art. 5 Abs. 3 RL 2008/104/EG auf Basis der eigentlichen Regelungen der Leiharbeitsrichtlinie zu bilden ist – und sich damit mittels eines relativen Schutzverständnisses am Gleichstellungsgrundsatz des Art. 5 Abs. 3 RL 2008/104/EG orientieren soll. Diese Inbezugnahme eines vom europäischen Recht geschaffenen Schutzniveaus ist im Übrigen keine Seltenheit und häufig mit einem Vokabular verbunden, welches ebenfalls in Art. 5 Abs. 3 RL 2008/104/EG Verwendung findet.

3) Verschlechterungsverbote

Daneben lohnt sich auch ein Blick auf die in etlichen Richtlinien enthaltenen Verschlechterungsverbote.[704] Zwar lässt die gängige Interpretation dieser Klauseln als Transparenzklausel im Ergebnis nur eine eingeschränkte Rechtswirkung zu.[705] Nichtsdestotrotz lassen sich aus dem Vergleich mit den Regelungen zwei Dinge ableiten.

Zum einen gibt es auch an dieser Stelle in diversen Sprachfassungen Überschneidungen mit dem Wortlaut in Art. 5 Abs. 3 RL 2008/104/EG.[706] Das anstelle des Wortes „Gesamtschutz“ in anderen Sprachfassungen verwandte Vokabular kann also ebenfalls genutzt werden, um das zum Zeitpunkt der Richtlinienumsetzung bestehende Schutzniveau im mitgliedstaatlichen Recht zu beschreiben. Insofern ähnelt die Schlussfolgerung der letzten. Als Gesamtschutz wird hier lediglich nicht der durch einen europäischen Rechtsakt festgelegte Schutz definiert, sondern das durch

704 Auch die Leiharbeitsrichtlinie enthält in Art. 9 Abs. 2 ein solches Schlechterstellungsverbot. Diesbezüglich gibt es aber weder Rechtsprechung noch sprachliche Überschneidungen, sodass dieses konkrete Verbot hier nicht weiterhilft.

705 EuGH, Urt. v. 23.04.2009 – C 378/07 bis C 380/07 – Angelidaki, Rn. 133; EuGH, Urt. v. 22.11.2005 – C 144/04 – Mangold, NZA 2005, 1345 Rn. 52; EuArbRK/*Krebber*, RL 1999/70/EG, Anh. § 8 Rn. 3; Preis/Sagan/*Brose*, Europäisches Arbeitrecht, § 13 Rn. 211; *Kerwer*, EuZA 2010, 253 (261 f.).

706 Namentlich sind das Art. 20 RL (EU) 2019/1152 auf Niederländisch: „algemene bescherming“; Art. 3 Abs. 5 RL 2009/16/EG in der aktuell gültigen konsolidierten Fassung vom 21.12.2019 auf Maltesisch: „protezzjoni ġenerali„; Art. 9 Abs. 2 RL 2008/104/EG auf Niederländisch: „algemene bescherming“; ErwGr 12 RL 2002/65/EG auf Bulgarisch: „цялостната защита“; Kroatisch: „opće zaštite“; Niederländisch: „algemene bescherming“; Polnisch: „ogólnej ochrony“; Portugiesisch: „protecção geral“; Slowenisch: „splošnega varstva“.

eine nationale Rechtslage geschaffene Schutzniveau. Beides Mal aber ist ein vorgefundener, klar definierter Schutzrahmen gemeint. Meint der Gesamtschutz im Rahmen einer Verschlechterungsklausel das vor der Richtlinienumsetzung bestehende mitgliedstaatliche Schutzniveau, so meint der Gesamtschutz im Rahmen des Art. 5 Abs. 3 RL 2008/104/EG wohl auch das vor der Nutzung der Tariföffnungsklausel bestehende Schutzniveau – insbesondere also das des Art. 5 Abs. 1 RL 2008/104/EG und seiner mitgliedstaatlichen Umsetzung.

Zum anderen eröffnet der Blick auf Verschlechterungsverbote in anderen Richtlinien eine Parallele im Hinblick auf die Bedeutung des Wortteils „Gesamt". In seiner Rechtsprechung zum Verschlechterungsverbot des § 8 Abs. 3 Anh. RL 1999/70/EG hat der EuGH Grundsätze aufgestellt, die so auch auf andere Verschlechterungsverbote übertragen werden können. Aufgrund der oben dargestellten terminologischen Überschneidungen zwischen einzelnen Verschlechterungsverboten und Art. 5 Abs. 3 RL 2008/104/EG strahlen diese Überlegungen dann noch weiter bis in die Interpretation der Gesamtschutzklausel für Leiharbeitnehmer*innen aus.

Das Verschlechterungsverbot im Rahmen der Befristungs-Richtlinie soll nach Auffassung der Richter*innen am EuGH nur verletzt sein, wenn das bislang bestehende Schutzniveau in erheblichem Maße unterschritten wird[707] Ausschlaggebend dafür sei insbesondere, dass nicht nur ein kleiner Teil der von der Richtlinie geschützten Menschen von konkreten Nachteilen betroffen sei.[708] Mit dem „herauszoomenden", abstrahierenden Effekt des Wortteils „Gesamt" soll demnach eine gewisse Glättung von Einzelschicksalen und ein gewisser Spielraum für konkrete Verschlechterungen einher gehen, solange das Gesamtbild unberührt bleibt. Zusätzlich hat der EuGH anerkannt, dass Einbußen durch Verbesserungen an anderer Stelle kompensiert werden können.[709] Dabei wird allerdings von Seiten der Literatur auf die Schwierigkeiten hingewiesen, die sich aus einem Vergleich

---

707 EuGH, Urt. v. 24.06.2010 – C-98/09 – Sorge, NZA 2010, 805 Rn. 42 ff.; EuGH, Urt. v. 23.04.2009 – C 378/07 bis C 380/07 – Angelidaki, Rn. 142; zust. Schlachter/Heinig EnzEuR 7/*Kamanabrou*, § 15 Rn. 56; Preis/Sagan/*Brose*, Europäisches Arbeitrecht, § 13 Rn. 211 f.; *Greiner*, EuZA 2011, 74 (78 f.).

708 EuGH, Urt. v. 24.06.2010 – C-98/09 – Sorge, NZA 2010, 805 Rn. 43 f.; EuGH, Urt. v. 23.04.2009 – C 378/07 bis C 380/07 – Angelidaki, Rn. 141 f.

709 EuGH, Urt. v. 24.06.2010 – C-98/09 – Sorge, NZA 2010, 805 Rn. 47; EuGH, Urt. v. 23.04.2009 – C 378/07 bis C 380/07 – Angelidaki, Rn. 144; zust. Schlachter/Heinig EnzEuR 7/*Kamanabrou*, § 15 Rn. 56; Preis/Sagan/*Brose*, Europäisches Arbeitrecht, § 13 Rn. 212; *Kerwer*, EuZA 2010, 253 (263); *Koberski*, NZA 2005, 79 (82).

unterschiedlicher Schutzparameter ergeben.[710] Der Ausgleich solle sich darum nach dieser Auffassung, ähnlich wie beim Günstigkeitsprinzip im Rahmen des § 4 Abs. 3 TVG, nur innerhalb von Sachgruppen abspielen.[711]

Das überzeugt grundsätzlich. Innerhalb des Regelungskomplexes der Befristungen stellt das kein größeres Problem dar, bei der Übertragung auf andere Verschlechterungsverbote und der weiteren Übertragung auf die Gesamtschutzklausel des Art. 5 Abs. 3 RL 2008/104/EG allerdings ist die Grenze bei der Saldierung zu beachten.

Eine systematische Auslegung mithilfe einer Bezugnahme auf Verschlechterungsverbote in anderen Richtlinien legt damit nahe, den Gesamtschutz auf einem relativen Schutzverständnis aufzubauen, dabei aber vom konkreten Einzelfall zu abstrahieren und nur das Gesamtbild in den Blick zu nehmen.[712] Die damit einhergehende Saldierung ist gewünscht, in sachlicher Hinsicht aber wohl nur innerhalb von Sachgruppen möglich.[713] Eine geringfügige Unterschreitung des Schutzniveau des Art. 5 Abs. 1 RL 2008/104/EG scheint aus dieser Perspektive unschädlich zu sein.

4) Gleichlautende Zielbestimmungen

Ebenfalls im Hinblick auf verschiedene Saldierungsmöglichkeit interessant ist der Vergleich mit zahlreichen anderen Rechtsakten, die, großteils in ihren ErwGr. und dort als Zielbestimmung, ein Vokabular verwenden, welches gleichzeitig als Übersetzung des Wortes „Gesamtschutz" in Art. 5 Abs. 3 RL 2008/104/EG auftaucht.[714] Die in den deutschen Sprachfassun-

---

710 *Kerwer*, EuZA 2010, 253 (264); *Carabelli/Leccese*, Managerial Law 2005, 150 (171 f.).

711 *Kerwer*, EuZA 2010, 253 (264); *Carabelli/Leccese*, Managerial Law 2005, 150 (171 f.); krit. *Waas*, EuZW 2005, 583 (585); vgl. grundsätzlich zum Sachgruppenvergleich Däubler TVG/*Deinert*, § 4 Rn. 712 ff.; Wiedemann TVG/*Wank*, § 4 Rn. 516 ff.; *Däubler*, Tarifvertragsrecht, Rn. 204 ff.

712 AA *Seiwerth*, Gestaltungsfreiheit in Tarifverträgen, S. 433.

713 Im Ergebnis ebenso Ulber/*J. Ulber*, AÜG § 8 Rn. 242.

714 Namentlich sind das Art. 2 lit. b) Beschluss 2017/939 auf Slowenisch („splošnega varstva"); Art. 47 Abs. 3 VO 648/2012 auf Bulgarisch („цялостната защита"); ErwGr. 4 RL 2003/32/EG auf Maltesisch („protezzjoni ġenerali"), Polnisch („ogólnej ochrony"), Portugiesisch („protecção geral"), Rumänisch („protecţia generală"); ErwGr. 4, ErwGr 12 VO 1338/2001 auf Spanisch („protección global"), Tschechisch („celkové ochrany"), Englisch („overall protection"), Französisch („protection globale"), Italienisch („protezione globale"), Polnisch („ogólnej ochrony"), Slowakisch („všeobecnej ochrany"), Schwedisch („över-

gen der jeweiligen Rechtsakte verwandte Formulierung mäandert dabei zwischen „allgemeinem“, „globalem“ und „umfassendem“ Schutz. Die dem Umweltschutz und der Gefahrenabwehr zuzurechnenden Regelungsgegenstände der Mehrzahl dieser Normen bedingt, dass der bezweckte Schutz tatsächlich alle denkbaren Komponenten umfassen soll – also wahrhaft umfassend sein soll. Ein Schutz von Gewässern nur vor einigen Verunreinigungen hilft ebenso unzureichend wie ein Schutz vor Geldfälschung, der nur manche Geldscheine betrifft. Das Wortteil „Gesamt“ bedeutet in diesem Zusammenhang also nicht, dass der Schutz einzelner Komponenten des Schutzguts sinken darf, solange eine Kompensation erfolgt. Im Gegenteil verlangen diese Zielbestimmungen, dass jede einzelne Komponente geschützt wird.

Dieses Begriffsverständnis widerspricht den bislang gefundenen Ergebnissen und eröffnet damit eine Deutungsmöglichkeit des Wortteils „Gesamt“, die in den bislang erörterten Ansichten nicht enthalten ist.

5) RL 91/383/EWG

Zu guter Letzt ist auch das die Leiharbeitsrichtlinie RL 2008/104/EG thematisch ergänzende Regelungswerk, die RL 91/383/EWG, in die systematische Auslegung mit einzubeziehen. Gemäß Art. 2 RL 91/383/EWG bezweckt diese Richtlinie, Leiharbeitnehmer*innen im Hinblick auf Sicherheit und Gesundheitsschutz am Arbeitsplatz den Beschäftigten des Entleihunternehmens gleichzustellen. Art. 2 Abs. 2 RL 91/833/EWG stellt demnach ein auf Fragen von Sicherheit und Gesundheitsschutz am Arbeitsplatz begrenztes Gleichstellungsgebot auf.

Die Europäische Kommission mahnt aufgrund dieser Nähe zu Art. 5 RL 2008/104/EG an, dass auch Art. 5 Abs. 3 RL 2008/104/EG im Lichte der älteren Bestimmung auszulegen sei.[715] Tatsächlich ergänzen sich beide Richtlinien.[716] Art. 2 Abs. 2 RL 91/388/EWG ist aber nicht tarifdispositiv ausgestaltet; damit stellt sich hier auch die Frage nach einer Grenze der Tarifdispositivität nicht. Für die Auslegung des Gesamtschutzes bietet die RL 91/388/EWG demnach keinen Anhaltspunkt.

---

gripande skyddet“); ErwGr. Abs. 4 VO 563/91 auf Spanisch („protección global“), Französisch („protection globale“), Italienisch („protezione globale“); ErwGr. Abs. 8 RL 91/676/EWG auf Estnisch („üldist kaitset“).

715 Europäische Kommission, COM (2014) 176 final, S. 8.

716 EuArbRK/*Kolbe*, RL 2008/104/EG Art. 1 Rn. 8.

d. Zusammenfassung

Die systematische Auslegung der Gesamtschutzklausel des Art. 5 Abs. 3 RL 2008/104/EG kann sich nach alledem auf eine Vielzahl an Normen und Erwägungen stützen.

Der Blick auf die umgebenden Regelungen der Leiharbeitsrichtlinie selbst stützt dabei die gefundenen Ergebnisse der grammatikalischen Auslegung und konkretisiert sie weiter. Die Ausgestaltung von Art. 5 Abs. 1 RL 2008/104/EG als Mindestschutz macht deutlich, dass eine stellenweise Unterschreitung des vom Gleichstellungsgrundsatz geforderten Schutzniveaus möglich sein muss. Insofern steht die Deutung des Gesamtschutzes in einem gewissen Widerspruch zu der in zahlreichen anderen Richtlinien enthaltenen Bedeutung, wonach Gesamtschutz explizit den Schutz aller umfassten Komponenten meint. Die Begriffe nähern sich an, sobald man eine zeitliche Saldierungsmöglichkeit ins Spiel bringt. Ansonsten sticht an dieser Stelle das Argument aus Art. 5 Abs. 1 RL 2008/104/EG, weil die Regelung des Art. 5 Abs. 3 RL 2008/104/EG andernfalls jegliche Bedeutung verlöre. Daneben macht der Vergleich mit anderen Normen der Leiharbeitsrichtlinie vor allem klar, dass der Gesamtschutz auf einem relativen Schutzbegriff fußt und an die grundsätzliche Regelung des Gleichstellungsgrundsatzes anzulehnen ist. Dieser Grundsatz enthält aber gleichzeitig keine Regelung für einsatzfreie Zeiten, was der mitgliedstaatlichen Regulierung auch im Hinblick einer zeitlichen Saldierung erhebliche Relevanz zuweist. Anhaltspunkte für eine kulante Betrachtungsweise bei möglichen Unterschreitungen des vortariflichen Schutzniveaus ergeben sich aus der Richtlinie selbst nicht.

An dieser Auslegung rüttelt auch der Blick auf das europäische Primärrecht nicht. Die Bedeutung von Art. 28 GRCh ist sehr überschaubar, weil die Gesamtschutzklausel nur in Konstellationen relevant wird, in denen sich die Tarifautonomie gegen die Beschäftigten wendet und die Tarifwerke eine schwache Legitimation verbuchen müssen. Art. 31 GRCh dagegen profitiert von einer auf einem relativen Schutzbegriff fußende Sichtweise und ist im Ergebnis stärker als Art. 28 GRCh zu gewichten. Das Recht auf gerechte und angemessene Arbeitsbedingungen wäre aber auch bei der Anerkennung von Spielräumen nicht sofort betroffen. Kompetenzprobleme ergäben sich bei der Auslegung der Vorgabe maximal für einen absoluten Schutzbegriff, der die unmittelbare Regelung in europäische Hände legt.

Bezieht man auch das weitere europäische Sekundärrecht in die systematische Auslegung mit ein, so liegt es noch einmal näher, auf einen relativen Schutzbegriff aufzusetzen. Insbesondere in anderen Sprachfassungen gibt es zahlreiche Überschneidungen der jeweiligen Übersetzung von „Gesamtschutz“ in Art. 5 Abs. 3 RL 2008/104/EG mit dem Vokabular anderer Rechtsakte. Dabei ist auffällig, dass der „Gesamtschutz“ häufig als Sammelbegriff für das von konkreten Rechtsakten oder ganzen Rechtsordnungen geschaffene Schutzniveau verwandt wird – insbesondere im Zusammenhang mit Fragen der Abweichung von eben diesem Schutzniveau. Die Parallele zu Art. 5 Abs. 3 RL 2008/104/EG macht deutlich, dass der Gesamtschutz auch hier in Abhängigkeit von dem regelhaften Schutzniveau zu bilden ist – dem des Art. 5 Abs. 1 RL 2008/104/EG. Ein Blick auf den in etlichen Sprachfassungen von derselben Terminologie geprägten Art. 14 RL (EU) 2019/1152 und auf die zu den strukturell vergleichbaren Artt. 17, 18 RL 2003/88/EG ergangene Rechtsprechung macht klar, dass das die Erreichung des Schutzziels unter der Abweichung insgesamt nicht leiden darf. Der Vergleich mit Verschlechterungsverboten in anderen Richtlinien macht dabei gleichzeitig eine Perspektive stark, der zufolge kleinere Unterschreitungen des Schutzniveaus im Einzelfall unschädlich sind, solange der Schutz auf abstrakter Ebene gleichwertig bleibt.

Alles in allem ergibt die systematische Auslegung damit folgendes Bild: Der Gesamtschutz ist nur gewahrt, wenn das durchschnittliche Schutzniveau von Leiharbeitnehmer*innen dem Schutzniveau entspricht, welches ihnen bei Geltung des Gleichstellungsgrundsatzes nach Art. 5 Abs. 1 RL 2008/104/EG zugute käme. Diese Vorgabe umfasst allerdings nicht die einsatzfreien Zeiten. Es ist den Tarifparteien daher, eine entsprechende mitgliedstaatliche Gestaltung vorausgesetzt, im Ergebnis möglich, bei verstetigten Arbeitsbedingungen ein Schutzniveau zu vereinbaren, welches in Momenten der Überlassung leicht unter dem der Gleichstellung liegt.

3. Telos

Bei einer teleologischen Auslegung der Gesamtschutzklausel sind drei Ebenen zu unterschieden: Die insgesamt mit der RL 2008/104/EG verfolgten Ziele, der hinter der Ausnahmemöglichkeit des Art. 5 Abs. 3 RL 2008/104/EG stehende Sinn und der mit dem Gebot der Achtung des Gesamtschutzes verfolgte Zweck. Wenn sowohl die gesetzgebenden Organe als auch der Autor dieser Zeilen ihren Job zufriedenstellend gemacht haben, finden sich die mit der Ausnahmemöglichkeit an sich verfolgten Ziele ebenso wie die mit der Verpflichtung auf den Gesamtschutz verfolgten Ziele in den Zielen der Richtlinie als Ganzes wieder. Aus der Vereinbarkeit der denkbaren Auslegungen zur „Achtung des Gesamtschutzes“ mit den ermittelten Zielen können sich dann gewichtige Anhaltspunkte für oder gegen bestimmte Auffassungen ergeben.

a. Sinn und Zweck der Richtlinie RL 2008/104/EG

Art. 2 RL 2008/104/EG gibt eine eindeutige Auskunft über das mit der Richtlinie verfolgte Ziel. Dieses von den Verfasser*innen der Richtlinie im Singular formulierte Ziel besteht darin, „für den Schutz der Leiharbeitnehmer[*innen] zu sorgen und die Qualität der Leiharbeit zu verbessern“. Das soll erreicht werden, „indem die Einhaltung des Grundsatzes der Gleichbehandlung von Leiharbeitnehmern gemäß Artikel 5 gesichert wird und die Leiharbeitsunternehmen als Arbeitgeber anerkannt werden“. Unter der Überschrift „Ziel“ offenbart die Richtlinie demnach nicht nur das Ziel, sondern auch den zu dessen Erreichung einzuschlagenden Weg: über den Schutz von Arbeitsbedingungen und Arbeitsplatzsicherheit mittels Gleichstellung und Anstellung. Aus diesem Zusammenhang wird auch deutlich, dass mit der Qualität der Leiharbeit nicht die Wertigkeit der von Leiharbeitnehmer*innen erbrachten Arbeit, sondern ein Anspruch an die Beschäftigung als Leiharbeitskraft gemeint ist. Leiharbeit soll demnach „gute“ Arbeit sein. Diese Zielvorgabe findet sich auch in ErwGr. 23, der in der Richtlinie einen Rahmen zum Schutz von Leiharbeitnehmer*innen sieht und in ErwGr. 1, der den Wunsch offenbart, mit der Richtlinie die uneingeschränkte Einhaltung von Art. 31 GRCh zu gewährleisten. Gefordert ist damit konkret vor allem, das auch in der Arbeitnehmer*innenüberlassung gesunde, sichere und würdige Arbeitsbedingungen herrschen.[717] Mit Blick auf die besonderen Verhältnisse in der Leiharbeit liegt es nahe, hieraus insbesondere den Appell abzuleiten, dass auch Leiharbeitsverhältnisse dauerhaft bestehen und den Beschäftigten dauerhaft angemessene und stetige Arbeitsbedingungen bieten sollen.

Bei der Verfolgung dieses Ziels gibt Art. 2 RL 2008/104/EG zu bedenken, „dass ein angemessener Rahmen für den Einsatz von Leiharbeit festgelegt werden muss, um wirksam zur Schaffung von Arbeitsplätzen und zur Entwicklung flexibler Arbeitsformen beizutragen.“ Der Schutz von

717 Zur Frage, ob auch das Entgelt von Art. 31 Abs. 1 GRCh geschützt ist siehe oben Zweiter Teil A. II. 2. b. 1), S. 197. Im Rahmen der RL 2008/104/EG bejaht das wohl auch der EuGH, vgl. EuGH, Urt. v. 14.10.2020 – C-681/18 – JH/KG, NZA 2020, 1463 Rn. 54.

Leiharbeitnehmer*innen bleibt somit zwar als vorrangiges Ziel bestehen, bei dessen Umsetzung („wobei") soll aber auch Rücksicht auf andere Belange genommen werden. Als sekundäres Ziel wünscht die Richtlinie demnach, mit der Arbeitnehmer*innenüberlassung eine flexible Arbeitsform zu stärken und dabei zusätzliche Arbeitsplätze zu erschließen. Damit wird die Leiharbeit grundsätzlich als legitime Form der Beschäftigung anerkannt.[718] Insgesamt lässt sich der Zielbestimmung folglich entnehmen, dass die Arbeitnehmer*innenüberlassung als Beschäftigungsform beibehalten und gestärkt werden soll; im Zentrum der Richtlinie aber steht der Schutz der Leiharbeitnehmer*innen selbst.

Zusätzlich zu dieser expliziten Zielbestimmung enthält die RL 2008/104/EG auch an anderer Stelle Aussagen über die verfolgten Zwecke. ErwGr. 11 etwa legt nahe, dass die erhoffte Entwicklung der Leiharbeit als flexible Arbeitsform einem Flexibilisierungsinteresse sowohl auf Seiten der Entleihunternehmen als auch auf Seiten der Leiharbeitnehmer*innen dienen soll.[719] In diesem Lichte ist auch Art. 4 RL 2008/104/EG zu sehen, der Einschränkungen des Einsatzes von Leiharbeit mit einem Rechtfertigungserfordernis verbindet.[720] Auch Art. 5 Abs. 5 RL 2008/104/EG bezieht sich auf das Flexibilisierungspotential der Arbeitnehmer*innenüberlassung, allerdings in umgekehrter Stoßrichtung: wo kein Flexibilisierungsinteresse vorhanden und die Überlassung in der Folge nicht vorübergehend ist, müssen Mitgliedstaaten gegen eine solche missbräuchliche Nutzung einschreiten.[721]

Dabei wird die enge Verknüpfung zwischen der Leiharbeit und dem Flexibilisierungsinteresse von Entleihunternehmen deutlich. Unter diesem Eindruck kann auch das sekundäre Ziel etwas präzisiert werden: die Stärkung der Arbeitnehmer*innenüberlassung erfolgt nicht als Selbstzweck, sondern als flexible Arbeitsform, um flexiblen Arbeitskraftbedarfen gerecht zu werden. Auch die Schaffung zusätzlicher Arbeitsplätze ist in diesem Zusammenhang zu sehen – Entleihunternehmen, die mit dem Rückgriff auf Leiharbeitnehmer*innen kein Flexibilitätsbedürfnis stillen, sondern schlicht Dauerarbeitsplätze mit günstigeren Leiharbeitskräften

---

718 EuArbRK/*Kolbe*, RL 2008/104/EG Art. 2 Rn. 1.

719 AA *Röpke*, Die Gestaltbarkeit von Arbeitsbedingungen, S. 76; *Bors*, AuR 2013, 108 (112); denen zufolge mit der Vereinbarkeit von Beruf und Privatleben in ErwGr. 11 RL 2008/104/EG kein Flexibilitätsinteresse von Leiharbeitskräften, sondern ihr allgemeiner Schutz gemeint ist.

720 Vgl. EuArbRK/*Kolbe*, RL 2008/104/EG Art. 2 Rn. 1.

721 EuGH, Urt. v. 14.10.2020 – C-681/18 – JH/KG, NZA 2020, 1463 Rn. 63; Ulber/*J. Ulber*, AÜG Einl. F. Rn. 59; *Brors*, AuR 2013, 108 (112).

besetzen, schaffen offensichtlich keine zusätzlichen Stellen. Die grundsätzliche Anerkennung der Arbeitnehmer*innenüberlassung als legitime Beschäftigungsform fußt also auf ihrer vorübergehenden Verwendung zur Deckung flexibler Bedarfe. Der Rückgriff auf Leiharbeitskräfte allein zur Kostensenkung dagegen fußt weder auf einem schwankenden Bedarf noch schafft er zusätzliche Arbeitsplätze – er ist deshalb von den Zielbestimmungen der Richtlinie nicht umfasst.[722] Insofern besteht eine erhebliche Übereinstimmung mit dem von der deutschen Gesetzgebung verfolgten Kernbereich.[723]

Art. 6 RL 2008/104/EG ist von der Zielsetzung getragen, Leiharbeitnehmer*innen die Chance auf eine Festanstellung im Entleihunternehmen zu ermöglichen – angesprochen ist damit eine gewünschte Brückenfunktion der Leiharbeit.[724] Dieser Fokus auf eine dauerhafte Beschäftigung außerhalb der Leiharbeit zeigt gleichzeitig, dass das Leitbild der Rechtsetzung trotz der beschriebenen Akzeptanz gegenüber der Leiharbeit weiterhin das Normalarbeitsverhältnis ist.[725]

In ErwGr. 19 kommt die Vorstellung zum Ausdruck, dass die Richtlinie die Autonomie der Tarifparteien unberührt lasse. Das kann als Hinweis auf Art. 28 GRCh interpretiert werden, der von der Richtlinie ebenso wie von allen anderen europäischen Rechtsakten zu beachten ist. ErwGr. 8 verweist auf die Integrierten Leitlinien für Wachstum und Beschäftigung (2005–2008) und dabei auf das Ziel, Flexibilität in Verbindung mit Beschäftigungssicherheit zu fördern und die Segmentierung des Arbeitsmarkts zu verringern. Während Flexibilität und Beschäftigungssicherheit auch in Art. 2 RL 2008/104/EG genannt werden und vor allem die an der Arbeitnehmer*innenüberlassung beteiligten Akteur*innen betreffen, betrifft die zu mindernde Segmentierung des Arbeitsmarkts letztendlich alle Lohnabhängigen. Dabei kommt die Vorstellung zum Ausdruck, durch die mit dem Gleichstellungsgrundsatz erfolgte Angleichung der Arbeitsbedingungen von Leiharbeitskräften an die ihrer Kolleg*innen in den Einsatzbetrieben der Fragmentierung von Lohnabhängigen entgegen-

---

722 *Röpke*, Die Gestaltbarkeit von Arbeitsbedingungen, S. 73, 292; *Brors*, AuR 2013, 108 (112).

723 Vgl. dazu ausführlich oben Erster Teil B. I. 3. e., S. 52.

724 EuGH, Urt. v. 14.10.2020 – C-681/18 – JH/KG, NZA 2020, 1463 Rn. 51; EuArbRK/*Kolbe*, RL 2008/104/EG Art. 2 Rn. 4; *Hamann*, jurisPR-ArbR 18/2021 Anm. 1.

725 *Hamann*, jurisPR-ArbR 18/2021 Anm. 1.

zuwirken.[726] Geschützt werden sollen demnach neben den Leiharbeitnehmer*innen auch die Stammbeschäftigten – vor Unterbietung ebenso wie vor Ersetzung.[727]

Unklar bleibt, ob dieser Effekt auch gemeint ist, wenn die Richtlinie in Art. 4 Abs. 1 und ErwGr. 18 vom zu schützenden reibungslosen Funktionieren des Arbeitsmarkts spricht. Das ist durchaus denkbar. Letztendlich ist diese Zielvorgabe aber so wertungsoffen, dass ihr im Rahmen der teleologischen Auslegung keine tiefere Bedeutung beigemessen werden kann, ohne einem Zirkelschluss gefährlich nahe zu kommen.

Tatsächlichen Raum für eine mitgliedstaatliche Wertung bietet dagegen ErwGr. 16, der die Ausnahmemöglichkeit des Art. 5 Abs. 3 RL 2008/104/EG mit dem Zweck begründet, der „Vielfalt der Arbeitsmärkte und der Arbeitsbeziehungen auf flexible Weise gerecht zu werden“. Die Richtlinie strebt demnach keine für alle Mitgliedstaaten gleiche Lösung an.

Insgesamt beinhaltet die RL 2008/104/EG damit verschiedene Ziele, an denen eine teleologische Auslegung anknüpfen kann. Dabei ist zu beachten, dass zwischen den Zielen eine klare Hierarchie besteht: Vordringliches Ziel der Richtlinie ist der Schutz von Leiharbeitnehmer*innen und die Schaffung eines Systems, welches Leiharbeit als „gute Arbeit“ gestaltet.[728] Bei der Verfolgung dieses Ziels ist zweitens zu berücksichtigen, dass die Bemühungen die Arbeitnehmer*innenüberlassung nicht erdrosseln, sie also weiterhin Arbeitsplätze und Flexibilität bietet. Zumindest implizit findet sich dabei die Vorstellung, dass Leiharbeitnehmer*innen in eine

---

726 Theoretisch könnte die Segmentierung des Arbeitsmarkts auch durch ein Absenken der in den Entleihunternehmen gewährten Arbeitsbedingungen auf das Niveau der Arbeitnehmer*innenüberlassung gemindert werden. Tatsächlich ist nicht von der Hand zu weisen, dass die aus der aktuellen deutschen Rechtslage erwachsende Konkurrenz unter Lohnabhängigen auf die Arbeitsbedingungen der Stammbeschäftigten drückt – und damit die Segmentierung langfristig wieder mildert. Der Regelungsgegenstand der Richtlinie – die Leiharbeit – und der darin verankerte Gleichstellungsgrundsatz machen diese Deutung aber ausgesprochen unwahrscheinlich.

727 *Hamann*, jurisPR-ArbR 18/2021 Anm. 1; *Franzen*, ZfA 2016, 25 (35 f.); *Hamann/Klengel*, EuZA 2017, 194 (201 f.); Ulber/*J. Ulber*, AÜG Einl. F. Rn. 59; krit. EuArbRK/*Kolbe*, RL 2008/104/EG Art. 2 Rn. 3: „von nachrangiger Bedeutung“.

728 EuGH, Urt. v. 14.10.2020 – C-681/18 – JH/KG, NZA 2020, 1463 Rn. 58; Preis/Sagan/*Sansone*, Europäisches Arbeitrecht, § 12 Rn. 1; Ulber/*J. Ulber*, AÜG Einl. F. Rn. 57; *Sansone*, Gleichstellung, S. 449 f.; unklar EuArbRK/*Kolbe*, RL 2008/104/EG Art. 5 Rn. 28; EuArbRK/*Kolbe*, RL 2008/104/EG Art. 2 Rn. 1; aA *Röpke*, Die Gestaltbarkeit von Arbeitsbedingungen, S. 67, 292.

Festanstellung im Entleihunternehmen wechseln können. Nur mehr in den ErwGr. und damit außerhalb des normativ geltenden Teils der Richtlinie wird sodann auf der dritten Stufe gefordert, dass die Tarifautonomie gewahrt bleibt, die Segmentierung des Arbeitsmarkts schwindet, Stammbelegschaften geschützt werden und den Mitgliedstaaten Handlungsspielräume verbleiben, um den für sie richtigen Umgang mit Leiharbeit zu finden.[729]

b. Sinn und Zweck der Ausnahmemöglichkeit des Art. 5 Abs. 3 RL 2008/104/EG

Der auf die Ausnahmemöglichkeit des Art. 5 Abs. 3 RL 2008/104/EG bezogene ErwGr. 16 der Richtlinie gibt eine scheinbar eindeutige Auskunft über das mit der Ausnahme verfolgte Ziel: sie soll es ermöglichen, den unterschiedlichen Arbeitsmärkten und Arbeitsbeziehungen innerhalb der Union auf flexible Weise gerecht zu werden. Tatsächlich wird der durch die Norm geschaffene Spielraum der Mitgliedstaaten damit aber nur mit einem Bedarf nach Spielraum begründet. Der letztendliche Zweck der Ausnahme findet sich aber in den Zielen und Interessen, die einen Bedarf nach Spielraum begründen. Der ErwGr. 16 besagt damit nur, dass den Mitgliedstaaten mit Art. 5 Abs. 3 RL 2008/104/EG eine zusätzliche Handlungsmöglichkeit eröffnet werden soll, ohne über den Hintergrund dieser Möglichkeit aufzuklären. Eine teleologische Auslegung darf darum nicht bei einem abstrakten Bedarf nach unterschiedlichen Ausgestaltungen verharren, sondern muss die dahinterliegenden Ziele in den Blick nehmen. Dabei kommen die oben genannten allgemeinen Ziele der Richtlinie in Betracht.

Der von der RL 2008/104/EG an erster Stelle verfolgte Schutz der Leiharbeitnehmer*innen soll nach Auskunft des Art. 2 RL 2008/104/EG durch den Gleichstellungsgrundsatz und die Anerkennung der Verleihunternehmen als Arbeitgeber*innen verwirklicht werden. Die Ausnahmemöglichkeit des Art. 5 Abs. 3 RL 2008/104/EG öffnet den zum Schutz der Leiharbeitskräfte geschaffenen Gleichstellungsgrundsatz und scheint damit diesem Schutzzweck diametral zu widersprechen. Die in Deutschland zu beobachtende drastische Absenkung des Schutzniveaus unter Rückgriff

729 Im Hinblick auf die untergeordnete Bedeutung der Erwägungsgründe ebenso Schlachter/Heinig EnzEuR 7/*Forst*, § 16 Rn. 32.

auf eben jene Öffnungsklausel macht diesen Effekt anschaulich.[730] Es ist aber gleichzeitig auch denkbar, dass in Tarifverträgen Arbeitsbedingungen verhandelt werden, die Leiharbeitnehmer*innen besser schützen, als es der Gleichstellungsgrundsatz vermag. Neben einer quantitativen Steigerung liegt es in diesem Zusammenhang vor allem nahe, dass die Tarifparteien die mit der Gleichstellung einhergehenden Schwankungen ausgleichen – ohne die materiellen Arbeitsbedingungen im Durchschnittsergebnis abzusenken. Die daraus erwachsende Verstetigung insbesondere des Arbeitsentgelts käme der Qualität der Leiharbeit und damit dem Ziel der Richtlinie zugute.[731] Das gilt insbesondere für eine Glättung entlang der Zeitachse. Eine eigenständige, von den konkreten Einsatzbetrieben losgelöste Tarifierung würde aber darüber hinaus auch die Abhängigkeit der Leiharbeitnehmer*innen von ihren konkreten Einsatzbetrieben mildern – ihre Arbeitsbedingungen wären vor den Folgen einer willkürlichen Abmeldung durch Entleihunternehmen oder einer böswilligen Versetzung durch ihr Verleihunternehmen geschützt.[732] Stattdessen wären Leiharbeitskräfte nur mehr von dem dazu geschaffenen Kündigungsschutz im Verleihunternehmen abhängig. Die von Art. 2 RL 2008/104/EG anvisierte Anerkennung der Verleihunternehmen als Arbeitgeber*innen käme damit stärker zum Tragen.

Es liegt allerdings auf der Hand, dass sowohl der Schutz des Durchschnittsergebnisses als auch eine wirksame Verstetigung kein Automatismus, sondern bloße Möglichkeiten der Tarifdispositivität sind. Die Tarifdispositivität kann dem zentralen Ziel der Richtlinie also nur bei Beibehaltung des vom Gleichstellungsgrundsatz vorgegebenen materiellen Schutzniveaus dienen – unter Ausnutzung einer zeitlichen und personellen Saldierung. Andernfalls senkt die Möglichkeit der tariflichen Abweichung den gewünschten Schutz von Leiharbeitnehmer*innen.

Eine größere Nähe weist die Ausnahmemöglichkeit des Art. 5 Abs. 3 RL 2008/04/EG zum sekundären Ziel der Richtlinie auf: der Schaffung von Arbeitsplätzen und der Stärkung der Arbeitnehmer*innenüberlassung als flexibler Arbeitsform. Tatsächlich hält der Gleichstellungsgrundsatz, von dessen Befolgung die Ausnahmemöglichkeit befreit, für Verleihunternehmen drei Schwierigkeiten bereit: Erstens bildet er offensichtlich eine Untergrenze, unter welche Verleihunternehmen die Arbeitsbedingungen ihrer Angestellten nicht drücken dürfen. Er ist damit, aus der aktuellen

730 Vgl. zu den Arbeitsbedingungen in der Leiharbeit in Deutschland oben Erster Teil B. III. 1. b., S. 86; Erster Teil B. III. 2. b., S. 143.

731 Vgl. *Däubler*, KJ 2003, 17 (20).

732 Vgl. *Däubler*, KJ 2003, 17 (20).

deutschen Perspektive betrachtet, teuer. Zweitens bringt er erhebliche Unsicherheiten mit sich; zukünftige Personalkosten sind ausgesprochen schwer zu kalkulieren, wenn sie von externen Faktoren – in diesem Fall den Arbeitsbedingungen in den Entleihbetrieben – abhängig sind. Der Gleichstellungsgrundsatz behindert Verleihunternehmen also in ihrer Planung und ihrem Prognosebedürfnis. Drittens ist nicht zu leugnen, dass der Gleichstellungsgrundsatz einen erheblichen bürokratischen Mehraufwand mit sich bringt und vereinheitlichten Arbeitsbedingungen entgegensteht. Diese Faktoren machen das Engagement als Verleihunternehmen unattraktiv und die Arbeitnehmer*innenüberlassung teuer.

An dieser Stelle verspricht eine eigenständige Tarifierung Abhilfe. Ein von den Arbeitsbedingungen in den Einsatzbetrieben losgelöster Tarifvertrag würde den bürokratischen Aufwand erheblich senken und einigermaßen einheitlichen Arbeitsbedingungen den Weg bereiten. Er würde es ebenfalls ermöglichen, eine je nach Ausgestaltung mehr oder weniger sichere Prognose über zukünftige Personalkosten zu treffen. Und er gäbe den Verleihunternehmen vorbehaltlich der Achtung des Gesamtschutzes die Möglichkeit an die Hand, ihre Machtposition zu nutzen und das Niveau der Arbeitsbedingungen gegenüber dem in den Einsatzbetrieben zu drücken.

Damit liegt die Annahme nahe, dass die Richtlinie mit der Ausnahmemöglichkeit des Art. 5 Abs. 3 RL 2008/104/EG vor allem der Schaffung von Arbeitsplätzen in der Arbeitnehmer*innenüberlassung und der allgemeinen Stärkung dieser flexiblen Arbeitsform dienen soll.

Im Zusammenhang mit der Kosteneinsparung durch schlechtere Arbeitsbedingungen ist allerdings die Fokussierung der Richtlinie auf die Flexibilisierungsinteressen von Entleihunternehmen zu beachten. Es ist zu erwarten, dass der zusätzliche Flexibilitätsgewinn immer weiter sinkt, je tiefer der Preis der Arbeitnehmer*innenüberlassung fällt – je niedriger der Überlassungspreis sein muss, um aus Sicht des Entleihunternehmens einen Rückgriff auf Leiharbeit attraktiv zu machen, desto kleiner ist auch das damit befriedigte Flexibilitätsbedürfnis. Ein wirklich drängender Bedarf beispielsweise wird meist ohne Ansehung der Kosten gedeckt werden, ein schwächerer Bedarf kann dagegen vielleicht noch über Mehrarbeit der vorhandenen Arbeitskräfte aufgefangen werden, sodass die möglichen Kosten der Leiharbeitskraft mit möglichen Mehrarbeitszuschlägen abgewogen werden. Bei der strategischen Nutzung dann gibt es gar keinen tatsächlich schwankenden Bedarf mehr, sodass neben der Lohnkostenersparnis nur mehr eine abstrakte Unsicherheitskontrolle verbleibt. Mit jedem zusätzlichen, durch günstigere Überlassungskosten ermöglichten Leiharbeitseinsatz wird darum der zusätzliche Flexibilitätsgewinn für das Entleihunternehmen geringer. Gleichzeitig steigt der Nutzen im Hinblick auf die – von der Richtlinie nicht goutierte – schlichte Lohnkostenreduktion.[733] Der Grenznutzen der Ausnahmemöglichkeit des Art. 5 Abs. 3 RL 2008/104/EG bezüglich des sekundären Ziels der Richtlinie nimmt also ab, je erfolgreicher und weitgehender die Ausnahme genutzt wird.

Gleichzeitig fördert Art. 5 Abs. 3 RL 2008/104/EG auch einige nur in den Erwägungsgründen auftauchende Ziele. Wenn der Betrieb eines Verleihunternehmens einfacher und günstiger wird, profitieren davon mittelbar auch die Entleihunternehmen in ihrem Bedürfnis nach Flexibilität. Sie können zu günstigeren Preisen auf einen größeren Pool an Leiharbeitnehmer*innen zugreifen. Das darf allerdings nicht darüber hinwegtäuschen, dass hierdurch weniger die Möglichkeit der flexiblen Deckung eines Arbeitskräftebedarfs an sich, als vielmehr schlicht der Preis dieser Dienstleistung beeinflusst wird. Auch an dieser Stelle nimmt der von den Richtlinienzielen umfasste Grenznutzen einer weiteren Stärkung der Arbeitnehmer*innenüberlassung also stetig ab.

Offensichtlich erhalten auch die Tarifparteien durch Art. 5 Abs. 3 RL 2008/104/EG einen weiteren Spielraum in ihren Verhandlungen; die Begrenzung nach unten fällt vorbehaltlich der Frage des Gesamtschutzes weg. Dadurch steht zu erwarten, dass die Verhandlungsbereitschaft der Unternehmensseite und in der Folge das Ausmaß der Tarifierung in der Arbeitnehmer*innenüberlassung steigt. Es wird zwar vertreten, dass die Tarifautonomie bei tarifdispositivem Gesetzesrecht nicht so stark ins Gewicht falle, weil sie überhaupt erst dank der gesetzlichen Öffnung zum Zug komme.[734] Nichtsdestotrotz kommt die Ausnahmemöglichkeit des Art. 5 Abs. 3 RL 2008/104/EG zweifellos der Tarifautonomie des Art. 28 GRCh zugute.

Unklar ist dabei allerdings, ob diese Auswirkung von der Richtlinie überhaupt bezweckt ist.[735] Der auf die Tarifautonomie Bezug nehmende ErwGr. 19 stellt lediglich fest, dass die Richtlinie die Tarifautonomie nicht beeinträchtige. Nach einer überzeugenden Interpretation soll damit nur festgestellt werden, dass die Legislative weder ihre Kompetenzen über-

---

733 Vgl. zum Verhältnis von Flexibilitätsgewinn und Lohnkostenreduktion *Röpke*, Die Gestaltbarkeit von Arbeitsbedingungen, S. 70 ff.; *Nießen/Fabritius*, BB 2013, 375 (380).

734 *Corzelius*, Tarifdispositives Recht, S. 91; *Zimmer*, NZA 2013, 289 (290); *Kohte*, in: FS Bepler, S. 287 (296 ff.).

735 Bejahend *Hamann*, jurisPR-ArbR 29/2021 Anm. 3; *Hamann/Klengel*, EuZA 2017, 485 (499).

schreiten noch eine Inhaltskontrolle von Tarifverträgen unmittelbar durch den EuGH etablieren wolle.[736] Art. 5 Abs. 3 RL 2008/104/EG ist hierzu nicht nötig. Hintergrund der Regelung muss also nicht die Tarifautonomie sein; näher liegt es, die oben dargestellten Vorteile durch eine sachnahe und einheitliche Regelung als bestimmenden Faktor anzusehen.[737]

Wollte man Art. 5 Abs. 3 RL 2008/104/EG mit ErwGr. 19 in Verbindung bringen, so ergäbe sich außerdem ein gewisses Spannungsfeld zwischen dem nach ErwGr. 19 geforderten unbedingten Schutz der Tarifautonomie und der rein potentiellen Möglichkeit der Mitgliedstaaten, die Abweichungsmöglichkeit des Art. 5 Abs. 3 RL 2008/104/EG wahrzunehmen. Bestünde eine Verbindung zwischen beiden Aussagen, so wäre es stringenter, die Tarifdispositivität pauschal vorzugeben. Es liegt darum nahe, dass die Richtlinie die Tarifautonomie nur im Rahmen des Art. 9 Abs. 1 RL 2008/104/EG schützen möchte.[738] Notwendig wäre demnach nur, dass für Leiharbeitnehmer*innen günstigere Tarifverträge möglich sind. Da Art. 5 Abs. 1 RL 2008/104/EG nur Mindestarbeitsbedingungen vorschreibt, ist das bereits unabhängig von Art. 5 Abs. 3 RL 2008/104/EG der Fall. Folglich ist eher zu bezweifeln, dass die Ausnahmemöglichkeit des Art. 5 Abs. 3 RL 2008/104/EG dazu bestimmt ist, die Tarifautonomie zu schützen.

Die Möglichkeit der Mitgliedstaaten, den Gleichstellungsgrundsatz tarifdispositiv auszugestalten, zielt demnach vor allem darauf ab, das Geschäft der Verleihunternehmen zu erleichtern und damit die Leiharbeit als Arbeitsform zu stärken. Dadurch sollen neue Arbeitsplätze geschaffen werden. Dieser Effekt könnte durch eine Vereinfachung, eine gesteigerte Prognosefähigkeit und eine Vergünstigung der Leiharbeit erzielt werden. Hierbei ist aber im Hinblick auf Flexibilisierungsinteressen ein abnehmender Grenznutzen zu beachten. Mittelbar würden von diesen Effekten auch Entleihunternehmen profitieren, die die benötigte und von der Richtlinie

---

736 *Corzelius*, Tarifdispositives Recht, S. 90; *Rödl/D. Ulber*, NZA 2012, 841 (844).

737 In diesem Sinne grundsätzlich *Kohte*, in: FS Bepler, S. 287 (289).

738 Grundsätzlich ebenso *D. Ulber*, Tarifdispositives Gesetzesrecht, S. 320 ff., der in Mindestvorschriften keine Beeinträchtigung der Tarifautonomie sieht. Auch das BVerfG sieht die Aufgabe der Tarifautonomie darin, „die strukturelle Unterlegenheit der einzelnen Arbeitnehmer beim Abschluß von Arbeitsverträgen durch kollektives Handeln auszugleichen und damit ein annähernd gleichgewichtiges Aushandeln der Löhne und Arbeitsbedingungen zu ermöglichen", BVerfG, Beschl. v. 26.06.1991 – 1 BvR 779/85, NZA 1991, 809 (811). Diese Funktion wird durch den Gleichstellungsgrundsatz als Mindestvorschrift nicht beeinträchtigt.

ins Auge gefasste Flexibilität günstiger erhalten würden. Je nach Ausgestaltung käme eine eigenständige Tarifierung der Arbeitnehmer*innenüberlassung außerdem den Leiharbeitskräften zugute. Auch die Tarifautonomie kann von Art. 5 Abs. 3 RL 2008/104/EG profitieren; allerdings ist es entgegen der allgegenwärtigen Betonung dieses Grundrechts zweifelhaft, ob die Richtlinie den erweiterten Spielraum nach unten an dieser Stelle tatsächlich bezweckt.

c. Sinn und Zweck des Gebots zur Achtung des Gesamtschutzes

Der Sinn und Zweck der letztendlich zu interpretierenden Vorgabe, den Gesamtschutz von Leiharbeitnehmer*innen zu achten, ergibt sich aus dem Zusammenspiel der Ziele der Richtlinie mit denen der Ausnahmebestimmung in Art. 5 Abs. 3 RL 2008/104/EG. Der Vorzug ist dabei derjenigen Auslegung zu geben, welche die Ziele der Richtlinie am wirksamsten fördert, ohne dabei die Ziele der Ausnahmebestimmung aus den Augen zu verlieren.

Es liegt auf der Hand, dass die Verpflichtung auf den zu wahrenden Gesamtschutz primär dazu bestimmt ist, den Schutz von Leiharbeitnehmer*innen zu gewährleisten. Die Klausel weist damit eine starke, sowohl inhaltliche als auch sprachliche Nähe zum zentralen Ziel der Richtlinie auf.[739] Art. 2 RL 2008/104/EG kann allerdings nicht zur Konkretisierung des Gesamtschutzes zu Rate gezogen werden, weil die Norm wiederum auf Art. 5 RL 2008/104/EG verweist. Ein solches Argument wäre zirkulär. Es gibt daneben aber Anhaltspunkte in der Richtlinie, welche sich nicht auf Art. 5 RL 2008/104/EG als Ganzes beziehen und gleichzeitig Auskunft darüber geben können, was sich konkret hinter der Zweckbestimmung Schutz von Leiharbeitnehmer*innen verbirgt. Die dabei gefundene Erkenntnis erhellt dann im Wege der teleologischen Auslegung auch den Gehalt des „Gesamtschutzes" in Art. 5 Abs. 3 RL 2008/104/EG.

Zuvörderst stellt Art. 5 Abs. 1 RL 2008/104/EG ebenso wie ErwGr. 14 das primäre Schutzkonzept der Richtlinie vor: die Gleichstellung. Der Gleichstellungsgrundsatz bietet einen Schutz, der nicht auf ein absolutes Existenzminimum, sondern auf den in den Arbeitsbedingungen der vergleichbaren Stammbeschäftigten zum Ausdruck kommenden Wert der erbrachten Arbeitsleistung abzielt. Das von der europäischen Legislative vorgesehene grundsätzliche Konzept schützt also nicht den Bedarf von

739 Vgl. Ulber/*J. Ulber*, AÜG § 8 Rn. 251.

Leiharbeitskräften, sondern die Austauschgerechtigkeit. Abschläge sind dabei nicht vorgesehen. Diese Gestaltung indiziert, dass der von der Richtlinie verfolgte Schutz von Leiharbeitnehmer*innen auf einem relativen Verständnis fußt und den vollen Gegenwert der Arbeitsleistung umfassen soll. Wenn aber der von der Richtlinie bezweckte Schutz relativ zu verstehen ist, so liegt es recht nahe, auch den „Gesamtschutz“ des Art. 5 Abs. 3 RL 2008/104/EG relativ zu verstehen. Negativ formuliert heißt das, dass ein absolutes Verständnis des geforderten Schutzniveaus dem Schutzzweck der Richtlinie nicht genügt.

Auskunft über das von der Richtlinie als Ganzes verfolgte Schutzziel kann außerdem der in ErwGr. 1 angesprochene Art. 31 GRCh geben. Nach dem eindeutigen Wortlaut dieser Erwägung soll die Richtlinie dazu dienen, den Schutz der in Art. 31 GRCh geschaffenen Rechte sicherzustellen. Diese an anderer Stelle bereits ausführlich erörterte Norm fordert einen Schutz, der auch ein würdiges und damit nach richtigem Verständnis auch an der Austauschgerechtigkeit orientiertes Entgelt umfasst.[740] Das macht deutlich, dass die Richtlinie, ebenso wie Art. 31 Abs. 1 GRCh, einen Schutz von Leiharbeitnehmer*innen anstrebt, der ihre Arbeitsleistung in Bezug nimmt und anerkennt.

Zu guter Letzt findet sich auch außerhalb der Richtlinie ein Hinweis auf das Maß an Schutz, welches die Gesetzgebung schaffen wollte: in ErwGr. 6 RL (EU) 2018/957 verweist die Legislative darauf, dass sie den Grundsatz des gleichen Entgelts unter anderem in der Arbeitnehmer*innenüberlassung verankert habe und stellt den leiharbeitsrechtlichen Gleichstellungsgrundsatz dabei in eine Linie mit der Gleichstellung der Geschlechter sowie befristet und in Teilzeit tätiger Arbeitnehmer*innen. Dieser stets relative Schutz muss sich folglich auch im Schutzbegriff der Leiharbeitsrichtlinie wiederfinden.

Der Richtlinie muss damit ein grundsätzlich relatives Schutzverständnis unterstellt werden. Aus teleologischer Perspektive sollte dann das Gleiche für den Gesamtschutz in Art. 5 Abs. 3 RL 2008/104/EG gelten.

Ein Hinweis auf den Sinn und Zweck der Vorgabe, den Gesamtschutz zu achten, findet sich außerdem in dem auf die Ausnahmemöglichkeit des Art. 5 Abs. 3 RL 2008/104/EG bezogenen ErwGr. 16. Die dort verwandte Formulierung „sofern das Gesamtschutzniveau gewahrt bleibt“ schlägt in dieselbe Kerbe wie die Wortlautauslegung des in Art. 5 Abs. 3 RL 2008/104/EG verwandten Wortes „Achtung“ und der systematische Vergleich mit Art. 5 Abs. 4 RL 2008/104/EG. Der Gesamtschutz soll dem-

740 Vgl. dazu ausführlich oben Zweiter Teil A. II. 2. b. 1), S. 197.

nach nicht, wie etwa nach dem auf Art. 5 Abs. 4 RL 2008/104/EG bezogenen ErwGr. 17, aktiv gewährleistet werden, sondern einfach gewahrt, erhalten bleiben. Das, was bleiben soll, muss aber schon vor dem Tätigwerden der Tarifparteien vorhanden es. Es kann darum nur das (Singular) eine, konkret von der Richtlinie geschaffene Schutzniveau gemeint sein – das des Gleichstellungsgrundsatzes. Auch das spricht dafür, dass hinter der den Gesamtschutz betreffenden Vorgabe das Ziel steht, das bei Anwendung des Gleichstellungsgrundsatzes gegebene Schutzniveau zu erhalten. Gefordert ist damit ein relatives Schutzverständnis, welches eng an das Niveau der Gleichstellung gebunden ist.

Zu guter Letzt spricht für ein relatives Schutzverständnis außerdem, dass ein absolutes Schutzverlangen entweder wirkungslos oder kaum sinnvoll zu konkretisieren wäre. Wenn eine reine Existenzsicherung gewollt wäre, wäre das nicht leiharbeitsspezifisch. Eine unspezifische absolute Grenze ist zwar je nach Mitgliedstaat immer verschieden, aber immer gleich sinnlos: ist das nationale Existenzminimum hoch, so hilft der Gesamtschutz nicht darüber hinaus, ist es niedrig, so hilft er ebenso wenig. Gibt es in einem Mitgliedstaat kein anerkanntes Existenzminimum, so wird der Mitgliedstaat auch bei Leiharbeitnehmer*innen keine besonderen Vorkehrungen für nötig halten, um den absolut verstandenen Gesamtschutz zu verwirklichen. Ein nationales Existenzminimum gilt für alle Lohnabhängigen gleich und stellt keinen besonderen Wert für Leiharbeitnehmer*innen dar – die Klausel wäre damit wirkungslos.[741]

Eine leiharbeitsspezifische absolute Grenze müsste sich dagegen fragen lassen, warum das Existenzminimum von Leiharbeitskräften höher liegen soll, als das anderer Lohnabhängiger. Zwar ist die Schutzbedürftigkeit von Leiharbeitnehmer*innen regelmäßig erhöht, es besteht also ein höherer Bedarf an Schutz.[742] Der bei einem absoluten Verständnis von Schutz geschützte Bedarf ist aber nicht der Bedarf an Schutz, sondern der Bedarf an materieller Lebensgrundlage – und dieser Bedarf unterschiedet sich kaum von dem anderer Beschäftigter. Die Festlegung eines erhöhten materiellen Bedarfs wäre damit zwingend willkürlich und insofern inkonsistent, als der Bedarf von Leiharbeitskräften grundlos höher als der anderer, insbesondere anderer prekär beschäftigter Lohnabhängiger eingeschätzt würde.

Soll die den Gesamtschutz betreffende Vorgabe des Art. 5 Abs. 3 RL 2008/104/EG nicht jegliche Relevanz und Wirksamkeit verlieren,

---

741 In diese Richtung ebenso *Däubler*, Überlegungen zu einer Klage, S. 12.

742 Vgl. dazu ausführlich oben Erster Teil B. III. 1. c., S. 116; Erster Teil B. III. 2. c., S. 149.

so verbietet sich folglich ein absolutes Schutzverständnis. Bezugspunkt des Gesamtschutzes kann stattdessen nur das Schutzniveau des Gleichstellungsgrundsatzes sein; der Schutzzweck der Richtlinie steht dabei auch Abschlägen im Ergebnis entgegen.

Unabhängig vom Schutzniveau, welches durch die beschränkende Klausel des Art. 5 Abs. 3 RL 2008/104/EG angemahnt wird, könnte der von der Richtlinie bezweckte Schutz von Leiharbeitskräften aber von einer Saldierung der Arbeitsbedingungen profitieren. Die mit einer zeitlichen Gesamtbetrachtung einhergehende Aussicht auf stetige Arbeitsbedingungen bildet ohne Zweifel einen Mehrwert.[743] Stetige Arbeitsbedingungen machen aber letztendlich auch eine Saldierung zwischen verschiedenen Leiharbeitnehmer*innen notwendig. Ein solcher Mittelwert schafft zwar potentielle Gewinner*innen und Verlierer*innen und schadet damit dem Schutzniveau auf individueller Ebene. Er bringt aber gleichzeitig auch eine Unabhängigkeit von den Entleihunternehmen mit sich und kommt damit dem Schutz von Leiharbeitskräften auch zugute.[744] Eine Gesamtbetrachtung in sachlicher Hinsicht fördert den Schutz dagegen kaum. In Bezug auf den Wortteil „Gesamt" ließe sich der Schutzzweck der Richtlinie folglich hervorragend mit einer zeitlichen und zumindest teilweise mit einer personellen Saldierung in Einklang bringen; sachliche Saldierungen wären eher schutzneutral.

Damit ergibt sich im Hinblick auf den Schutzzweck folgendes Bild: Der grundsätzliche Fokus auf die Gleichstellung spricht dafür, dass der von der Richtlinie verfolgte Schutz von Leiharbeitnehmer*innen auf einem relativen, also an der Austauschgerechtigkeit orientierten Schutzbegriff fußt. Stellt man diesen Zweck in die Interpretation der Verpflichtung zur Achtung des Gesamtschutzes ein, so spricht das dafür, auch den Gesamtschutz relativ zu verstehen. Das passt auch zu einer entsprechenden, von ErwGr. 16 nahegelegten Auffassung bezüglich des Zwecks der Verpflichtung. Ein absoluter Schutzbegriff würde die Klausel dagegen jeglicher Relevanz und Wirksamkeit entkleiden. Der von der Richtlinie verfolgte Zweck, Leiharbeitnehmer*innen zu schützen, würde darum am erfolgreichsten verfolgt, wenn der Gesamtschutz relativ verstanden und eng an das Schutzniveau des Gleichstellungsgrundsatzes gebunden würde. Dabei ist eine zeitliche und personelle Saldierung dem Schutzzweck zuträglich.

---

743 Vgl. *Däubler*, KJ 2003, 17 (20).

744 Vgl. zu diesem Effekt *Däubler*, KJ 2003, 17 (20); vgl. zur Abhängigkeit vom Entleihunternehmen *Siebenhüter*, Integrationshemmnis Leiharbeit, 51; *Wassermann/Rudolph*, Betriebliche Mitbestimmung, S. 22.

Der zweite von der Richtlinie angestrebte Zweck – die Stärkung der Leiharbeit als flexibler Arbeitsform und die Schaffung von Arbeitsplätzen – profitiert, wie oben dargestellt, in dreierlei Hinsicht von der Möglichkeit einer tarifdispositiven Ausgestaltung des Gleichstellungsgrundsatzes. Fraglich ist darum, wie sich die unterschiedlichen Interpretationen des Gesamtschutzes auf diese drei für das Ziel relevanten Faktoren auswirken.

Die für deutsche Verleihunternehmen aktuell greifende Kostenersparnis durch Leiharbeitstarifverträge gegenüber den Verpflichtungen aus dem Gleichstellungsgrundsatz ist enorm.[745] Ein relatives, an die Austauschgerechtigkeit und das Schutzniveau des Gleichstellungsgrundsatzes gekoppeltes Schutzverständnis würde diese Einsparungen zunichtemachen. Die für Verleihunternehmen bei einem absoluten Schutzverständnis entstehenden Kosten sind offensichtlich abhängig von der konkreten Ausgestaltung der Untergrenze – und liegen in den allermeisten denkbaren Varianten unter denen eines relativen Schutzverständnisses. Noch billiger wird Leiharbeit nur, wenn man aus der Verpflichtung auf die Achtung des Gesamtschutzes gar keine materielle Wirkung ableitet oder sich mit den für alle Lohnabhängigen geltenden Schutzvorschriften begnügt. Die mit der Kostensenkung ermöglichte Stärkung von Leiharbeit und Schaffung von Arbeitsplätzen in diesem Zweig profitiert also von einem möglichst schwachen Schutzbegriff. Dabei darf allerdings nicht außer Acht gelassen werden, dass die Richtlinie die Förderung der Leiharbeit nur im Zusammenhang mit einem vorübergehenden Arbeitskräftebedarf bezweckt.[746] Das Potential billiger Arbeitskräfte unterfällt deshalb nur den Zielen, soweit die Entleihunternehmen damit nicht einfach ihre Lohnkosten senken möchte. Das relativiert angesichts des oben beschriebenen abnehmenden Grenznutzens zusätzlicher Leiharbeitseinsätze für Flexibilisierungsinteressen den Effekt eventueller Einsparungen bei den Verleihunternehmen.

Dem mithilfe eines Tarifvertrags zur Leiharbeit begegneten Prognosebedürfnis der Verleihunternehmen kann grundsätzlich unabhängig von dem konkreten Schutzniveau des Tarifvertrags genügt werden. Das gilt allerdings nur, wenn das Tarifwerk rechtstechnisch eine von den Arbeitsbedingungen in den einzelnen Einsatzbetrieben wirklich losgelöste statische Regelung trifft. Bei einem absoluten Schutzverständnis stellt das kein Problem dar; die tarifvertraglich mindestens zu gewährenden Arbeitsbedingungen sind hier sowohl inhaltlich als auch rechtstechnisch

---

745 Vgl. oben Erster Teil B. III. 1. b. 2), S. 111.

746 *Röpke*, Die Gestaltbarkeit von Arbeitsbedingungen, S. 73, 292; *Brors*, AuR 2013, 108 (112).

von den Arbeitsbedingungen der vergleichbaren Stammbeschäftigten unabhängig. Bei einem relativen Schutzverständnis besteht dagegen ein Spannungsfeld. Die präziseste Abbildung des vom Gleichstellungsgrundsatz vorgegebenen Schutzniveaus gelänge mit einer dynamischen Bezugnahme auf die Arbeitsbedingungen in den Einsatzbetrieben – also mithilfe eines tarifvertraglichen Gleichstellungsgrundsatzes. Das würde aber nicht nur die Ausnahmemöglichkeit des Art. 5 Abs. 3 RL 2008/104/EG ihrer Relevanz berauben, sondern auch die mit dem Gleichstellungsgrundsatz einhergehende Unsicherheit reproduzieren. Um die Vorhersehbarkeit auf Seiten der Verleihunternehmen mit einem Schutzniveau für die Leiharbeitnehmer*innen zu vereinbaren, welches dem Gleichstellungsgrundsatz entspricht, bedarf es demnach einer möglichst guten Prognose über die zu erwartenden Arbeitsbedingungen vergleichbarer Stammbeschäftigter. Die dabei verbleibenden Unsicherheiten können auf zwei Wegen gelöst werden: mit einer gewissen Fehlertoleranz zu Lasten der Beschäftigten oder mit einer Sicherheitszugabe durch bessere Arbeitsbedingungen zu Lasten der Verleihunternehmen. Beides scheint möglich, letzteres würde dem Schutzzweck der Richtlinie umfassender genügen.

In diesem Zusammenhang erhalten Möglichkeiten, die die Prognose erleichtern, eine gesteigerte Bedeutung. Eine solche Erleichterung ergäbe sich, wenn der nach Art. 5 Abs. 3 RL 2008/104/EG zu gewährende Gesamtschutz eine personelle Saldierung innerhalb von Tarifgruppen zuließe. Würde der Tarifvertrag alle Beschäftigten einer Tarifgruppe in einen Topf werfen und ihre nach dem Gleichstellungsgrundsatz zu erwartenden Arbeitsbedingungen saldieren, so könnte damit die größte Schwierigkeit der Prognose – die Unsicherheit ob der konkreten Einsatzstellen – weitgehend entschärft werden. Mithilfe einer solchen Saldierung könnten die Tarifparteien ein dem Gleichstellungsgrundsatz ebenbürtiges Gesamt-Schutzniveau schaffen, ohne allzu große Sicherheitszuschläge zu gewähren oder die Arbeitsbedingungen der Leiharbeitnehmer*innen unmittelbar an die im Einsatzbetrieb üblichen zu binden – und damit das Prognosebedürfnis der Verleihunternehmen zu verletzen. Andersherum gewendet: die teleologische Auslegung verlangt im Hinblick auf das Ziel, die Leiharbeit mithilfe von Planungssicherheit zu stärken, ein absolutes Schutzverständnis oder aber ein relatives Verständnis von Gesamtschutz, welches eine personelle Saldierung zulässt und gleichzeitig eine gewisse prognosebedingte Fehlertoleranz oder Sicherheitszugabe beinhaltet.

Das Gleiche gilt für das dritte Ziel der Ausnahmebestimmung des Art. 5 Abs. 3 RL 2008/104/EG, den Bürokratieabbau bei einheitlichen Arbeitsbedingungen. Auch dieser ist unabhängig vom konkreten Schutzniveau, schließt aber eine allzu dynamische Bezugnahme auf die Arbeitsbedingungen in den Einsatzbetrieben aus.

Das sekundäre Ziel der Richtlinie lässt sich bei der Auslegung des Gesamtschutzgebots demnach nur teilweise mit dem primären Ziel in Übereinstimmung bringen. Fordert das erste Ziel noch einen relativen Schutzbegriff, der möglichst eng am Schutzniveau des Gleichstellungsgrundsatz liegt, so sind zwei der drei Komponenten zur Stärkung der Leiharbeit auf eine statische Regelung der Arbeitsbedingungen von Leiharbeitskräften angewiesen – und damit auf eine Prognose der Tarifparteien, die bei einem relativen Schutzverständnis eine personelle Saldierung ebenso wie prognosebezogene Vorkehrungen notwendig macht. Doch selbst dann lässt sich die dritte Komponente der Stärkung der Leiharbeit nicht mit einem relativen Verständnis des Gesamtschutzes vereinbaren: die Kostensenkung durch schlechtere Arbeitsbedingungen ist, anders als die Planungssicherheit und der Bürokratieabbau, an das konkrete Schutzniveau gekoppelt. An dieser Stelle hat ein absoluter Schutzbegriff die Nase vorn. Er dient dem sekundären Ziel folglich am besten. Gleichwohl lässt auch ein relativer Schutzbegriff unter bestimmten Umständen die Erfüllung der anderen beiden, opferlosen Komponenten zu.

Wie obig festgestellt, ergibt sich das Potential der Ausnahmebestimmung des Art. 5 Abs. 3 RL 2008/104/EG im Hinblick auf Flexibilitätsgewinne vor allem aus der möglichen Kostensenkung. Mit der zunehmenden Kostensenkung einher geht aber der beschriebene Übergang von einer auf Flexibilität zielenden Nutzung hin zu einer auf Lohnkostenreduktion zielenden Nutzung. Nur die erste Nutzungsform wird von der Richtlinie bezweckt. Die Flexibilität der Entleihunternehmen unterliegt damit als Resultat der Förderung der Arbeitnehmer*innenüberlassung insgesamt denselben Bedingungen wie jenes Ziel – und demselben abnehmenden Grenznutzen. Es gilt auch hier: ein absoluter Schutzbegriff widerspricht dem primären Ziel, funktioniert aber sonst perfekt. Ein relativer Schutzbegriff funktioniert mit personeller Saldierung und Fehlertoleranz eingeschränkt.

Unklar ist dagegen der Effekt von Preisänderungen auf die Brückenfunktion der Leiharbeit. Einerseits bringt eine wegen niedriger Preise stark nachgefragte Arbeitnehmer*innenüberlassung viele Einsätze und damit viele potentielle Brücken mit sich. Andererseits führen viele dieser Brücken ins Nichts, wenn Dauerarbeitsplätze wegen der geringen Kosten dauerhaft mit Leiharbeitskräften besetzt werden. Hieraus lassen sich demnach keine eindeutigen Schlüsse zur Auslegung des angestrebten Gesamtschutzniveaus ziehen.

Die Richtlinie ist außerdem im Zusammenhang mit dem Bestreben ergangen, der Segmentierung des Arbeitsmarkts entgegenzuwirken. Diesem Ziel wird am besten mit einem relativen Schutzverständnis gedient, das eng an das Schutzniveau des Gleichstellungsgrundsatzes gekoppelt ist. Ein solcher Gesamtschutz vermeidet sowohl die Segmentierung des Arbeitsmarkts als auch die Fragmentierung innerhalb der Betriebe; im Ergebnis schützt er damit auch die Stammbelegschaften vor Verdrängung.

Insgesamt verfolgt die Verpflichtung zur Achtung des Gesamtschutzes ein eindeutiges Ziel: den Schutz von Leiharbeitnehmer*innen. Bezugspunkt ist dabei der Gleichstellungsgrundsatz. Dessen Schutzniveau müsste, ginge es allein nach diesem Zweck, von den Tarifparteien exakt abgebildet werden. Das sekundäre Ziel der Richtlinie und der vornehmliche Zweck der Ausnahmebestimmung des Art. 5 Abs. 3 RL 2008/104/EG aber könnte vollständiger erreicht werden, wenn der Vorgabe ein absoluter Schutzbegriff zugrunde gelegt oder ihr gar keine Bedeutung beigemessen würde. Die Einbuße durch einen relativ verstandenen Schutzauftrag an dieser Stelle schwindet allerdings, wenn den Tarifparteien eine personelle Saldierung erlaubt und die verbleibende Unsicherheit angemessen behandelt wird. Bis auf die unmittelbaren Kostenvorteile der Verleihunternehmen durch Kostennachteile der Leiharbeitnehmer*innen können folglich die erst- und zweitrangigen Ziele bei einem relativen Schutzverständnis gleichzeitig erfolgreich gefördert werden. Die Auswirkungen der verschiedenen Auslegungen auf die drittrangigen Ziele sind wenig eindeutig und ändern an dieser Perspektive nichts. Damit ist einem relativen Schutzbegriff der Vorzug zu geben.

d. Zusammenfassung

Alles in allem ergibt die teleologische Auslegung der Verpflichtung zur Achtung des Gesamtschutzes – insbesondere vor dem Bild der von der Richtlinie als Ganzes und der Ausnahmebestimmung des Art. 5 Abs. 3 RL 2008/104/EG verfolgten Ziele – ein weitgehend eindeutiges Ergebnis: Der sowohl von der Richtlinie als Ganzes als auch von der interpretierten Verpflichtung an erster Stelle verfolgte Schutz von Leiharbeitnehmer*innen ist relativ zu begreifen. In diesem Sinne ist auch der Gesamtschutz zu verstehen. Bezugspunkt ist kein Existenzminimum als absolute Untergrenze, sondern die im Gleichstellungsgrundsatz zum Ausdruck kommende Austauschgerechtigkeit. Geschützt wird nicht einfach eine materielle Lebensgrundlage, sondern eine der Arbeitsleistung von Leiharbeitnehmer*innen entsprechende Gegenleistung.

Die Mitgliedstaaten dürfen die Tarifparteien also nur zu einer eigenständigen Regelung der Arbeitsbedingungen in der Arbeitnehmer*innenüberlassung ermächtigen, wenn diese Regelung ein dem Gleichstellungsgrundsatz vergleichbares Schutzniveau gewährleistet. Soll dabei aber das mit der Ausnahmebestimmung des Art. 5 Abs. 3 RL 2008/104/EG verfolgte Ziel nicht übermäßig leiden und die Möglichkeit der tarifdispositiven Gestaltung nicht ihre Relevanz einbüßen, so muss das Ergebnis gleichzeitig eine zumindest halbwegs statische, eigenständige Tarifierung sein. Diese beiden Ziele lassen sich nur vereinbaren, wenn den Tarifparteien eine hinreichend akkurate Prognose gelingt. Es erscheint denkbar, in dieses „hinreichend“ eine gewisse Fehlertoleranz zu legen. Ebenso denkbar ist es, die durch Bürokratieabbau und Planungssicherheit gegenüber dem Gleichstellungsgrundsatz gewonnenen Potentiale zumindest teilweise in eine Art Sicherheitszugabe umzuwandeln, also in etwas bessere Arbeitsbedingungen, als es der Gleichstellungsgrundsatz bieten würde. Auch auf diesem Wege könnte das Schutzniveau trotz der mit Prognosen einhergehenden Unsicherheit gewährleistet bleiben, ohne die Vorteile einer eigenen Tarifierung der Arbeitnehmer*innenüberlassung zu verlieren.

Diese Sicherheitszugabe müsste konkret allerdings ausgesprochen groß sein, wenn sie allen Leiharbeitnehmer*innen zu jedem Zeitpunkt in allen Sachgruppen mindestens die nach dem Gleichstellungsgrundsatz zu erwartenden Arbeitsbedingungen sichern soll. Gleichzeitig ist der Spielraum für eine solche Zugabe praktisch durch die Vorteile der Tarifierung begrenzt; werden deren Vorteile überschritten, so schwindet der Anreiz für Verleihunternehmen und ihre Verbände, einen Tarifvertrag abzuschließen. Um die Notwendigkeit einer solchen Korrektur von Unschärfen zu verringern, legt die teleologische Auslegung der Klausel deshalb ein weites Verständnis des Wortteils „Gesamt“ nahe. Die größere Perspektive erleichtert die Vereinbarkeit der insgesamt verfolgten Ziele.

Die personelle Saldierung der Arbeitsbedingungen verschiedener Leiharbeitnehmer*innen widerspricht zwar einerseits zunächst dem zentralen Zweck der Richtlinie – dem Schutz von Leiharbeitskräften. Für eine Leiharbeitskraft, deren Schutz unter das Niveau der Gleichstellung fällt ist es ein schwacher Trost, dass diese Einbuße bei anderen Kolleg*innen kompensiert wird.[747] Die interpersonelle Gesamtbetrachtung ist aber gleich-

---

747 Vgl. zur insoweit parallelen Problematik des personellen Bezugspunkts beim Günstigkeitsvergleichs nach § 4 Abs. 3 TVG Däubler TVG/*Deinert*, § 4 Rn. 724 ff.

zeitig der Schlüssel, der den Tarifparteien eine akkurate Prognose über die nach dem Gleichstellungsgrundsatz zu erwartenden Arbeitsbedingungen ermöglicht, indem er die Betrachtung von der individuellen auf die kollektive Ebene hebt. Und nur mit einer akkuraten Prognose lässt sich gleichzeitig ein dem Gleichstellungsgrundsatz ebenbürtiges Schutzniveau erhalten und Planungssicherheit sowie Bürokratieabbau erreichen. Aus teleologischer Perspektive ist es also geboten, den Wortteil „Gesamt" weit zu verstehen, um dem Wortteil „Schutz" bei Beibehaltung der zentralen Vorteile der Ausnahmebestimmung gerecht zu werden. Konkret heißt das, dass die nach dem Gleichstellungsgrundsatz zu erwartenden Arbeitsbedingungen innerhalb einer Tarifgruppe saldiert werden können und alle Angehörigen der Tarifgruppe weitgehend unabhängig von ihrem konkreten Einsatzbetrieb die gleichen Arbeitsbedingungen erhalten.[748] Dabei scheint grundsätzlich ein halb-dynamisches Modell, welches zumindest noch nach der Zielbranche differenziert, ebenso denkbar wie ein komplett statisches Modell, welches bereits eine Prognose über die Anteile der auf Leiharbeitskräfte zugreifenden Branchen enthält.[749] Mit einem statischen Modell wächst allerdings der Abstand zur Gleichstellung stärker und bringt damit für viele Leiharbeitnehmer*innen größere Einbußen beim eigenen Schutz mit sich. Als Vorbild einer halb-dynamischen Tarifierung könnte beispielsweise die Struktur der in Deutschland geltenden Branchenzuschlagstarifverträge dienen – nur eben auf einem höheren Niveau, für alle Leiharbeitnehmer*innen und ohne zeitliche Einschränkungen.[750] Von einer solchen Loslösung vom konkreten Einsatzbetrieb können am Ende auch die Beschäftigten in der Arbeitnehmer*innenüberlassung profitieren, deren Arbeitsbedingungen nicht mehr so stark von der konkreten Einsatzstelle abhängen.[751]

Auch zeitliches Saldieren erleichtert die Prognose und fördert damit die Vereinbarkeit der verfolgten Ziele. Es hat darüber hinaus einen positiven Effekt auf den Schutz von Leiharbeitnehmer*innen – sie erhalten stetige Arbeitsbedingungen.[752] Die zeitliche Saldierung ist bereits denknotwendig in der personellen Gesamtbetrachtung enthalten, sodass hier keine

748 AA *Seiwerth*, Gestaltungsfreiheit in Tarifverträgen, S. 433.

749 Ähnlich Ulber/*J. Ulber*, AÜG § 8 Rn. 288, der eine Orientierung an den Tarifentgelten der spezifischen Entleihbranchen zulassen möchte, in die überwiegend Leiharbeitskräfte überlassen werden.

750 Vgl. zu den Branchenzuschlagstarifverträgen oben Erster Teil B. III. 1. b. 1) d), S. 103.

751 Vgl. zu diesem Effekt *Däubler*, KJ 2003, 17 (20).

752 Vgl. *Däubler*, KJ 2003, 17 (20).

weiteren Besonderheiten bestehen. Die systematische Auslegung im Zusammenhang mit Art. 5 Abs. 2 RL 2008/104/EG hat bereits ergeben, dass einsatzfreie Standzeiten in dieses Saldo in Abhängigkeit von der mitgliedstaatlichen Gestaltung auch mit unbegrenzt niedrigen Arbeitsbedingungen in die Rechnung eingestellt werden können.[753] Das widerspricht zwar vordergründig dem Schutzzweck der Richtlinie, entspricht aber letztlich dem Fokus des Art. 5 Abs. 1 RL 2008/104/EG auf Zeiten der Überlassung.

Sachliches Saldieren über die Grenzen von Sachgruppen hinweg wird von den Zielbestimmungen der Richtlinie grundsätzlich weder ge- noch verboten. Es kann allerdings von Gerichten nicht so recht kontrolliert werden. Die Kontrolle wäre zwar unnötig, wenn die Gewerkschaften nur die Interessen der Leiharbeitnehmer*innen im Blick hätten – sie würden in diesem Fall nur solche Tarifwerke unterzeichnen, die mindestens ein insgesamt dem Gleichstellungsgrundsatz ebenbürtiges Schutzniveau bieten. Diese Verpflichtung auf das Wohl der Leiharbeitnehmer*innen wäre aber nur wirksam, wenn die Gewerkschaft auf die Zustimmung der Leiharbeitskräfte angewiesen wäre. Eine solche Zustimmung erhalten Gewerkschaften idealerweise beim Eintritt von Beschäftigten in die Gewerkschaft; die Möglichkeit des Austritts bildet die Möglichkeit, die Zustimmung zu entziehen.[754]

Wenn aber, wie beispielsweise nach der aktuellen deutschen Rechtslage, die Tarifverträge zum weit überwiegenden Anteil nicht kraft Mitgliedschaft, sondern kraft vertraglicher Bezugnahme Anwendung finden, so besteht keine wirksame Möglichkeit der Leiharbeitnehmer*innen, der Verhandlungsführung ihrer Gewerkschaft die Zustimmung zu entziehen.[755] Die Möglichkeit, durch arbeitsvertragliche Bezugnahme auf Tarifverträge der Gleichstellungspflicht zu entgehen, blockiert demnach aktuell in Deutschland den tarifrechtlichen Mechanismus, welcher ein dem Gleichstellungsgrundsatz ebenbürtiges Schutzniveau in den Tarifwerken der Leiharbeit sicherstellen könnte.[756] Der Vorteil davon liegt in der einheitlichen Gestaltung der Arbeitnehmer*innenüberlassung. Der Preis dafür ist aber, dass der Staat sein eigenes Urteil an die Stelle des Urteils setzen muss, welches Leiharbeitnehmer*innen unter dieser Rechtslage nicht län-

---

753 Vgl. oben Zweiter Teil A. II. 2. a. 2), S. 185.

754 Vgl. BAG, Urt. v. 16.09.1993 – 2 AZR 697/92, NZA 1994, 221 (223); *Schlachter/Klauk*, AuR 2010, 354 (355); *Schüren*, in: FS Löwisch, S. 367 (371).

755 Vgl. *Schüren*, in: FS Löwisch, S. 367 (371).

756 *Waas*. ZESAR 2012, 7 (12); vgl. in diesem Zusammenhang ausführlich zur Angemessenheitsvermutung unten Zweiter Teil B. II. 2., S. 278.

ger fällen können.[757] Wer das – mit guten Gründen – bei einer sachlichen Durchschnittsbetrachtung über Sachgruppen hinweg nicht für möglich hält, muss bei einer solchen mitgliedstaatlichen Umsetzung von dieser Saldierung absehen.

Der Sinn und Zweck von Art. 5 Abs. 3 RL 2008/104/EG besteht demnach darin, durch die Einnahme einer größeren Perspektive den Verleihunternehmen Erleichterungen zu ermöglichen, ohne den Schutz der Leiharbeitnehmer*innen im Ergebnis einzuschränken. Die teleologische Auslegung verlangt darum nach einem relativen Schutzverständnis und einem dem Gleichstellungsgebot ebenbürtigen Schutzniveau. Dabei ist es aber möglich, dieses Schutzniveau durch personelles, zeitliches und potentiell auch sachliches Saldieren zu erreichen – in dieser Möglichkeit liegt der Kern der Ausnahmebestimmung begründet. Aufgabe der Tarifparteien in der Arbeitnehmer*innenüberlassung ist es nicht, den Preis der Arbeitskraft in den ihnen fremden Einsatzbranchen zu verhandeln. Stattdessen sollen sie auf dem vorgegebenen Niveau eine passende Mischung finden.[758] Die arbeitsmarktpolitische Entscheidung, die Arbeitnehmer*innenüberlassung nicht als Instrument zur Senkung von Lohnkosten, sondern als Mittel zur Befriedigung von Flexibilitätsbedarfen zu gestalten, ist bereits von der europäischen Gesetzgebung getroffen worden. An diese Entscheidung sind auch die Tarifparteien gebunden. Sie können demnach auf dem vorgefundenen Niveau der Gleichstellung abweichende Lösungen finden oder das Niveau übertreffen; sie können das Niveau aber nicht unterschreiten, ohne das Gebot zur Achtung des Gesamtschutzes zu missachten.

4. Entstehungsgeschichte

Die Richtlinie RL 2008/104/EG blickt ebenso wie die darin enthaltene Gesamtschutzklausel des Art. 5 Abs. 3 RL 2008/104/EG auf eine lange und wechselvolle Entstehungsgeschichte zurück. Auf diese Entstehungsgeschichte wurden in der Vergangenheit verschiedene Thesen für die Interpretation der Vorgabe zur Achtung des Gesamtschutzes gestützt. Diese Thesen sollen im Rahmen der historischen Auslegung überprüft und um weitere Anhaltspunkte ergänzt werden.

Zuvor ist es allerdings angezeigt, knapp die Chancen und Grenzen einer historischen Auslegung des europäischen Sekundärrechts darzustellen. Da-

757 Vergleichbar *Hamann/Klengel*, EuZA 2017, 485 (501 f.).
758 In diese Richtung ebenso *Waas*, ZESAR 2012, 7 (9).

ran anschließend braucht es als Grundlage der weiteren Betrachtung einen Abriss der Entstehungsgeschichte der Gesamtschutzklausel. Darauf aufbauend können dann die konkreten Hinweise der historischen Auslegung untersucht werden.

a. Chancen und Grenzen der historischen Auslegung

Der bei der historischen Auslegung betrachtete gesetzgeberische Wille ist der wesentliche Treiber bei der Entstehung neuer Normen. Er kann darum interessante Anhaltspunkte bereithalten, die dem Verständnis des Normtextes zugute kommen. Gleichzeitig besteht aber keine einhellige Meinung darüber, inwieweit Gesetzgebungsmaterialien als Ausdruck des gesetzgeberischen Willens in die Interpretation europäischer Normen mit einbezogen werden dürfen.[759] Die Richter*innen des EuGH haben in der Vergangenheit die historischen Begebenheiten oftmals aktiv erforscht, die vorbereitenden Arbeiten untersucht oder die ungenügenden Gesetzesmaterialien bedauert.[760] Dabei wurde aber auch betont, dass die Entstehungsgeschichte nur insofern relevant sei, als sie sich im konkreten Normtext niedergeschlagen hat.[761]

Die Erklärungen einzelner Mitgliedsstaaten etwa können für sich genommen als Rechtsauffassungen Dritter das Auslegungsergebnis nicht beeinflussen.[762] Führt die in der Äußerung zum Ausdruck kommende Position dagegen nachweisbar zu einer veränderten Position des zur Entscheidung berufenen Organs, so spricht nichts dagegen, diesen Hergang mit der gebotenen Vorsicht zu würdigen.[763] Die Erklärung erhält ihre potentielle

---

759 Vgl. dazu ausführlich *Leisner*, EuR 2007, 689; *Buck*, Auslegungsmethoden, S. 147 ff.

760 EuGH, Urt. v. 07.12.2010 – C-585/08, C-144/09 – Peter Pammer, NJW 2011, 505 Rn. 43; EuGH, Urt. v. 28.10.2010 – C-203/09 – Volvo Car, EuZW 2011, 24 Rn. 40; EuGH, Urt. v. 03.05.2007 – C-386/05 – Color Drack, EuZW 2007, 370 Rn. 18; EuGH, Urt. v. 10.03.2005 – C-336/03 – easyCar, NJW 2005, 3055 Rn. 20; EuGH, Urt. v. 18.04.1989 – 130/87 – Caisse de pension des employés privés, Rn. 16; EuGH v. 01.06.1961 Rs. 15/60 – Simon, Slg. 1961, 239 (262); EuGH v. 16.12.1960 Rs. 6/60 – Humblet, Slg. 1960, 1163 (1194 f.).

761 EuGH, Urt. v. 26.02.1991 – C-292/89 Rn. 18; EuGH, Urt. v. 15.04.1986 – 237/84, Rn. 16 f.

762 *Corzelius*, Tarifdispositives Recht, S. 81; *Sansone*, Gleichstellung, S. 543; *Franzen*, Privatrechtsangleichung, S. 451.

763 *Brors*, AuR 2013, 108 (109); *Rüthers/Höpfner*, AcP 209 (2009), 1 (14 f.); *Schlachter*, ZfA 2007, 249 (250); *Franzen*, Privatrechtsangleichung, S. 450 f.

Relevanz demnach nur aus der Tatsache, dass die normgebenden Organe sie in ihren Willen aufgenommen haben.[764] Gleiches gilt für die notwendige Verbindung zwischen Entstehungsgeschichte und endgültigem Gesetzestext. Nur wenn sich Meilensteine des Gesetzgebungsprozesses in den letztendlich verabschiedeten Normtext eingeprägt haben, sind sie auch bei dessen Auslegung zu berücksichtigen.[765] Regelmäßig findet sich die eindeutigste Überschneidung von Entstehungsgeschichte und Rechtsakt in den Erwägungsgründen; die historische Auslegung muss aber nicht auf ihre Rezeption begrenzt bleiben. Dabei sind auch e-contrario-Argumente denkbar und vom EuGH in der Vergangenheit zumindest angeführt worden, um anderweitig begründete Thesen zu stärken.[766]

Der mit der historischen Auslegung verbundene Blick auf die Gesetzgebungsmaterialien hat also durchaus seine Berechtigung, solange er die Rückbindung an den letztendlich verabschiedeten Normtext nicht missen lässt.

b. Abriss der Entstehung der Gesamtschutzklausel

Bereits lange vor Verabschiedung der Leiharbeitsrichtlinie gab es auf europäischer Ebene Bemühungen, die besonderen Gefahren der Arbeitnehmer*innenüberlassung durch eine europäische Richtlinie zu entschärfen. Der wohl erste – erfolglose – Entwurf für eine Richtlinie zur Leiharbeit wurde von der Kommission bereits im Jahre 1982 eingebracht.[767] Mit den Richtlinien RL 91/38/EWG und RL 96/71/EG wurden eine Dekade später zumindest erste Teilbereiche des Rechts der Arbeitnehmer*innenüberlassung auch auf europäischer Ebene geregelt. In den Jahren 2000 und 2001 dann unternahmen die europäischen Sozialpartner im Rahmen des sozialen Dialogs gemäß Art. 139 EGV[768] den Versuch, eine Rahmenvereinbarung zur Leiharbeit zu beschließen. Sie konnten sich allerdings nicht darüber einigen, ob die Arbeitsbedingungen von Leiharbeitskräften an

---

764 *Riesenhuber,* in: Europäische Methodenlehre, § 10 Rn. 34; *Franzen*, Privatrechtsangleichung, S. 452.

765 EuGH, Urt. v. 26.02.1991 – C-292/89 Rn. 18; EuGH, Urt. v. 15.04.1986 – 237/84, Rn. 16 f.

766 EuGH, Urt. v. 28.10.2010 – C-203/09 – Volvo Car, EuZW 2011, 24 Rn. 40; EuGH, Urt. v. 30.04.1998 – Rs. C-215/97 – Barbara Bellone, EuZW 1998, 409 Rn. 16; vgl. *Riesenhuber,* in: Europäische Methodenlehre, § 10 Rn. 34.

767 Richtlinienvorschlag der Kommission vom 30.04.1982, COM(82) 155 final.

768 Heute Art. 155 AEUV.

die im Einsatzbetrieb üblichen gekoppelt werden sollten. Am 21.05.2001 erklärten die Sozialpartner das Scheitern ihrer Verhandlungen.[769]

Im Frühjahr 2002 legte die Kommission einen Vorschlag für eine Richtlinie über die Arbeitsbedingungen von Leiharbeitnehmer*innen vor, der in seinen Grundzügen auf den bereits von den Sozialpartnern erörterten Entwürfen beruhte.[770] Der Kommissionsentwurf baute wesentlich auf die Gleichstellung von Leiharbeitskräften mit Stammbeschäftigten der Entleihunternehmen.[771] Gleichzeitig wurde den Mitgliedsstaaten im Entwurf aber die Möglichkeit eingeräumt, den Sozialpartnern den Abschluss von Tarifverträgen zu erlauben, die von diesem Grundsatz abweichen. Diese Ausnahmebestimmung stand unter dem Vorbehalt, dass „ein angemessenes Schutzniveau für die Leiharbeitnehmer[*innen] gewährleistet" sein müsse.[772] Die Gesamtschutzklausel betrat die Bühne der Leiharbeit also ursprünglich in einem Gewand, welches sich heute nur noch in Art. 5 Abs. 4 RL 2008/104/EG findet – einer anderen Ausnahmebestimmung, die im ersten Entwurf der Kommission noch gar nicht enthalten war.

Schon zu diesem Zeitpunkt äußerten die Delegationen in der Gruppe „Sozialfragen", die die Entscheidung des Rats maßgeblich vorbereiten sollte, mehrere auch heute noch aktuelle Bedenken zu der Formulierung dieser die Tarifdispositivität gestattenden Ausnahme. Im Hinblick auf die Vorgabe zur Gewährleistung eines angemessenen Schutzniveaus wurde um zusätzliche Erläuterungen gebeten und darauf hingewiesen, dass den Sozialpartnern dadurch scheinbar weniger Freiheit eingeräumt werde, als das normalerweise üblich sei.[773] Im Raum stand auch die Frage, wer dafür zuständig sein solle, Tarifverträge auf die Gewährleistung des angemessenen Schutzniveaus zu überprüfen.[774] Die österreichische Delegation

---

769 Vgl. ausführlich dazu *Ahlberg*, in: Transnational Labour Regulation, S. 191; außerdem *Blanke*, Rechtsgutachten Leiharbeit, S. 23 ff.; *Fuchs*, NZA 2009, 57 (58); Richtlinienvorschlag der Europäischen Kommission vom 20.3.2002, KOM(2002) 149 endgültig, S. 8 ff.

770 Vorschlag der Europäischen Kommission vom 20.3.2002, KOM(2002) 149 endgültig.

771 Vorschlag der Europäischen Kommission vom 20.3.2002, KOM(2002) 149 endgültig, S. 14, 16, 23.

772 Vorschlag der Europäischen Kommission vom 20.3.2002, KOM(2002) 149 endgültig, S. 23.

773 Beratungsergebnisse der Gruppe "Sozialfragen" vom 16.07.2002, 10586/02 SOC 339 CODEC 857 vom 24.07.2002, Fn. 5.

774 Beratungsergebnisse der Gruppe "Sozialfragen" vom 16.07.2002, 10586/02 SOC 339 CODEC 857 vom 24.07.2002, Fn. 6.

sprach sich außerdem dafür aus, „angemessen“ durch „vergleichbar“ zu ersetzen.[775]

Die Kommission stellte klar, dass sie die Situation ähnlich wie bei der Arbeitszeit-Richtlinie begreife.[776] Aus Gründen der Subsidiarität bestehe entgegen der Vorstellung der schwedischen Delegation keine Notwendigkeit, spezifischere Regelungen zu den denkbaren Tarifverträgen zu erlassen.[777] Damit lagen bereits in diesem frühen Stadium die wesentlichen Schwierigkeiten der Gesamtschutzklausel – damals noch auf ein angemessenes Schutzniveau bezogen – auf dem Tisch der Verhandler*innen.

Der vom Rat um eine Stellungnahme ersuchte Wirtschafts- und Sozialausschuss brachte die Sorge vor, dass das „angemessene Schutzniveau“ nicht hinreichend definiert sei und darum erst nach jahrelangem Rechtsstreit vom EuGH oder durch die EMRK verbindlich festgelegt werden könne.[778] Diese Rechtsunsicherheit gelte es zu vermeiden. Bezüglich der notwendigen Schärfung der Formulierung sprach sich der Ausschuss dafür aus, dass die günstigsten gesetzlich oder tarifvertraglich verankerten Bedingungen Anwendung finden sollten.[779]

Das Europäische Parlament war in seiner ersten Lesung des Richtlinienvorschlags zwar von derselben Sorge – der drohenden Rechtsunsicherheit – getrieben, ging aber den entgegengesetzten Weg und schlug vor, den Vorbehalt eines angemessenen Schutzniveaus ersatzlos zu streichen.[780] Damit sollte ausweislich der Argumentation des vorbereitenden Ausschusses für Beschäftigung und soziale Angelegenheiten verhindert werden, dass der EuGH einen Tarifvertrag zur Leiharbeit prüfen und aufheben könne.[781]

---

775 Beratungsergebnisse der Gruppe "Sozialfragen" vom 16.07.2002, 10586/02 SOC 339 CODEC 857 vom 24.07.2002, Fn. 6.

776 Beratungsergebnisse der Gruppe "Sozialfragen" vom 16.07.2002, 10586/02 SOC 339 CODEC 857 vom 24.07.2002, Fn. 6.

777 Beratungsergebnisse der Gruppe "Sozialfragen" vom 16.09.2002, 12222/02 SOC 395 CODEC 1132 vom 25. 09.2002, S. 10.

778 Stellungnahme des Wirtschafts- und Sozialausschusses vom 19.09.2002, ABl. C 61 vom 14.3.2003, S. 124 (128).

779 Stellungnahme des Wirtschafts- und Sozialausschusses vom 19.09.2002, ABl. C 61 vom 14.3.2003, S. 124 (128).

780 Ergebnisse der ersten Lesung des Europäischen Parlaments vom 21.11.2002, 14331/01 SOC 519 CODEC 1457 vom 20.11.2002, S. 20; vgl. Bericht des Ausschusses für Beschäftigung und soziale Angelegenheiten vom 23.10.2002, A5–0356/2002, S. 30 f.

781 Bericht des Ausschusses für Beschäftigung und soziale Angelegenheiten vom 23.10.2002, A5–0356/2002, S. 30 f.

Die Europäische Kommission übernahm in der Folge zwar andere Änderungsvorschläge des Parlaments zu Art. 5 Abs. 3 RL 2008/104/EG, bestand aber auf der Vorgabe, dass auch Tarifverträge zur Leiharbeit ein angemessenes Schutzniveau gewährleisten müssten.[782] Das stieß bei den Delegation aus Schweden, Dänemark, Finnland und den Niederlanden auf Kritik; sie bevorzugten wie das Parlament eine Streichung des Vorbehalts.[783] Bereits zuvor hatte der zuständige schwedische Minister im Rat erklärt, die gesamte Richtlinie blockieren zu wollen, wenn die Tarifautonomie nach seinem Verständnis nicht hinreichend geschützt würde.[784] Am 29.01.2003 brachte die schwedische Delegation[785] einen neuen Formulierungsvorschlag für Art. 5 Abs. 3 des Entwurfs ein, der die Möglichkeit vorsah, dass in Tarifverträgen alternative Regelungen vereinbart oder beibehalten werden können, die von denen des Art. 5 Abs. 1 des Entwurfs abweichen.[786] Ein Vorbehalt in Bezug auf das dabei zu erzielende Schutzniveau war in diesem Vorschlag nicht enthalten.[787]

Dieser Vorschlag konnte auf der Tagung des Ausschusses der Ständigen Vertreter (1. Teil) am 28.02.2003 trotz Zweifeln aus Luxemburg, Irland und dem Vereinigten Königreich die grundsätzliche Zustimmung aller Delegationen erlangen.[788] Damit schien die Frage nach der Gesamtschutzklausel vorläufig gelöst.

Ungeachtet dieses Verhandlungserfolgs konnte im weiteren Verlauf allerdings keine Einigkeit über die im damaligen Art. 5 Abs. 4 des Entwurfs vorgesehene Möglichkeit zur befristeten Abweichung vom Gleichstellungsgrundsatz erzielt werden. Mit dem Wechsel der Ratspräsident-

782 Geänderter Vorschlag der Kommission vom 28.11.2002, KOM(2002) 701 endgültig, S. 3 f., 12.

783 Beratungsergebnisse der Gruppe "Sozialfragen" vom 08.01.2003, 5332/03 SOC 14 CODEC 36 vom 16.01.2003, Fn. 19.

784 Vgl. *Ahlberg*, in: Transnational Labour Regulation, S. 191 (238).

785 Die Zuordnung der Aussagen zu einzelnen Delegationen ist im Originaldokument geschwärzt. Allerdings wurde diese Schutzmaßnahme im Nachfolgedokument Beratungsergebnisse der Gruppe "Sozialfragen" vom 11. 02.2003, 6316/03 SOC 65 CODEC 152 vom 14.02.2003 nicht weiter verfolgt. In diesem späteren Dokument finden sich exakt dieselben Aussagen wieder, sodass diese problemlos einzelnen Delegationen zugeordnet werden können.

786 Beratungsergebnisse der Gruppe "Sozialfragen" vom 29.01.2003, 5772/03 SPC 33 CODEC 91 vom 04.02.2003, S. 8.

787 Beratungsergebnisse der Gruppe "Sozialfragen" vom 29.01.2003, 5772/03 SPC 33 CODEC 91 vom 04.02.2003, S. 8.

788 Bericht des Ausschusses der Ständigen Vertreter (1. Teil) für den Rat vom 28.02.2003, 6892/03 SOC 99 CODEC 222, S. 2, 17; vgl. *Ahlberg*, in: Transnational Labour Regulation, S. 191 (243).

schaft versandeten die Verhandlungen.[789] Auch ein neuerlicher Anlauf im Jahr 2004 führte zu keinem Ergebnis.[790]

Erst im Oktober 2007 nahm die Gruppe „Sozialfragen" aufgrund eines neuen Anstoßes durch den portugiesischen Ratsvorsitz die Verhandlungen wieder auf.[791] Interessanterweise fußte die Ausnahmebestimmung für Tarifparteien in Art. 5 Abs. 3 des dabei verhandelten Entwurfs wieder auf der Formulierung des geänderten Richtlinienvorschlags der Kommission vom 28.11.2002.[792] Der am 28.02.2003 vorläufig erreichte Konsens über die Streichung der Gesamtschutzklausel wurde damit aufgegeben – zum Ärger der schwedischen, dänischen und finnischen Delegation, die die alte Formulierung bevorzugten.[793] Gleichzeitig macht dieser überschaubare Anteil von drei der nun insgesamt 27 Delegationen deutlich, dass der damalige Konsens in 2007 wohl nicht mehr galt.

Ohne nähere Begründung taucht dann im Entwurf vom 16.11.2007 das erste Mal die heute gültige Formulierung von der „Achtung des Gesamtschutzes" auf.[794] Gleichzeitig mit der veränderten Terminologie brachte dieser neue Entwurf erstmalig auch eine Veränderung in der Struktur des Vorbehalts mit sich. Bislang war stets vorgesehen worden, dass die Mitgliedstaaten die Tarifparteien zu abweichenden Tarifverträgen ermächtigen dürfen, solange der Schutz der Leiharbeitnehmer*innen gewährleistet ist. Dieser bislang auf die gesamte Ausnahme bezogene Vorbehalt wanderte nun „in die Ausnahme hinein"; Mitgliedstaaten durften nicht länger pauschal den Abschluss von Tarifverträgen ermöglichen, solange nur im Ergebnis der Schutz der Beschäftigten gewährleistet blieb. Stattdessen wurde mit der neuen Formulierung die Möglichkeit zur Einräumung der Normsetzungsbefugnis an die Tarifparteien selbst beschränkt. Der Vorbehalt, die Bedingung, bezog sich damit nicht mehr auf das beobachtbare Endergebnis, sondern auf die Ermöglichung der Normsetzung der

789 Vgl. *Ahlberg*, in: Transnational Labour Regulation, S. 191 (247 f.).

790 Vgl. *Ahlberg*, in: Transnational Labour Regulation, S. 191 (248 ff.).

791 Beratungsergebnisse der Gruppe "Sozialfragen" vom 12.09.2007, 12836/1/07 REV 1 SOC 315 CODEC 930 vom 2.10.2007.

792 Beratungsergebnisse der Gruppe "Sozialfragen" vom 23.10.2007, 14256/07 SOC 393 CODEC 1119 vom 30.10.2007, S. 15; vgl. Geänderter Vorschlag der Kommission vom 28.11.2002, KOM(2002) 701 endgültig, S. 12.

793 Beratungsergebnisse der Gruppe "Sozialfragen" vom 23.10.2007, 14256/07 SOC 393 CODEC 1119 vom 30.10.2007, Fn. 15.

794 Bericht der Gruppe "Sozialfragen" für den Ausschuss der Ständigen Vertreter (1. Teil) vom 16.11.2007, 15086/07 SOC 452 CODEC 1243, S. 5; Addendum zum Bericht der Gruppe "Sozialfragen" für den Ausschuss der Ständigen Vertreter (1. Teil) vom 16.11.2007, 15086/07 ADD 1 SOC 452 CODEC 1243, S. 12.

Tarifparteien – und damit auf das mitgliedstaatliche Umsetzungsgesetz. Das mag wie Haarspalterei wirken, und tatsächlich änderte sich dadurch wohl nichts an den konkreten Umsetzungspflichten der Mitgliedstaaten. Der Strukturwandel erlangt aber unter dem unten zu diskutierenden Gesichtspunkt der Tarifkontrolle erhebliche Bedeutung.[795] Richtigerweise befürchtete die deutsche Delegation in der Folge auch keinen unmittelbaren Eingriff in die Tarifautonomie durch die Europäische Union, sondern durch die die Gesamtschutzklausel umsetzenden Mitgliedstaaten.[796]

Trotz gewisser Vorbehalte wurde die Formulierung beibehalten. Am 22.05.2008 dann bekam Art. 5 Abs. 3 des Entwurfs seine endgültige Form.[797] In dieser Form wurde der Artikel am 15.09.2008 vom Rat förmlich angenommen und am 22.10.2008 vom Europäischen Parlament gebilligt.

Die Gesamtschutzklausel des Art. 5 Abs. 3 RL 2008/104/EG blick damit auf eine wechselvolle Geschichte zurück – eine Geschichte, in der sie zwei Mal beinahe untergegangen wäre. Ihre Existenz muss damit als Ergebnis eines ernstzunehmenden Aushandlungsprozesses angesehen werden.

c. Hinweise der historischen Auslegung

Diese beschriebenen Ereignisse geben zu großen Teilen die Rechtsauffassungen Dritter wieder. Soweit sie sich aber in der letztlich verabschiedeten Richtlinie verwirklicht haben, können sie bei der Auslegung der Gesamtschutzklausel wichtige Hinweise liefern.

In der Entstehungsgeschichte des Art. 5 Abs. 3 RL 2008/104/EG stehen insbesondere zwei Parameter im Fokus: Der Schutz von Leiharbeitnehmer*innen und der Schutz der Tarifautonomie. Beide Parameter sind im deutschen Diskurs Gegenstand historisch begründeter Argumentationen und sollen hier beleuchtet werden.[798] Daneben bietet der historische Un-

---

795 Vgl. dazu unten Zweiter Teil A. II. 4. c. 2), S. 250.

796 Vgl. Bericht des Ausschusses der Ständigen Vertreter (1. Teil) an den Rat (Beschäftigung, Sozialpolitik, Gesundheit und Verbraucherschutz) vom 29.11.2007, 15686/07 SOC 496 CODEC 1336, S. 7.

797 Vermerk des Vorsitzes für den Ausschuss der Ständigen Vertreter (1. Teil) vom 22.05.2008, 9687/08, SOC 300 CODEC 625, S. 12.

798 Vgl. LAG Nürnberg, Ur. v. 07.03.2019 – 5 Sa 230/18, Rn. 65; LAG Nürnberg, Urt. v. 20.02.2019 – 2 Sa 402/18, Rn. 60; Preis/Sagan/*Sansone*, Europäisches Arbeitrecht, § 12 Rn. 77; *Röpke*, Die Gestaltbarkeit von Arbeitsbedingungen, S. 75; *Sansone*, Gleichstellung, S. 542; *Thüsing*, RdA 2009, 118 (118 f.).

terbau der Richtlinie außerdem die Chance, die mithilfe der vorangegangen Auslegungsmethoden gewonnenen Anhaltspunkte daraufhin zu überprüfen, inwieweit sie der Intention der Gesetzgebung entsprechen.[799]

1) Gefordertes Schutzniveau

Im Hinblick auf den zentralen Parameter der Gesamtschutzklausel, den Schutz der Leiharbeitnehmer*innen, finden sich im Normgebungsprozess etliche Ansichten und Forderungen. Viele von ihnen konnten sich allerdings nicht durchsetzen. Diese gescheiterten Änderungsversuche sind nur mit Vorsicht in die Interpretation mit einzubeziehen, lässt sich hierbei doch eine Verbindung zum letztendlich verabschiedeten Text kaum zwingend herstellen.

Nicht durchsetzen konnte sich bereits zu Beginn des Verfahrens der Wirtschafts- und Sozialausschuss mit seinen beiden Anliegen.[800] Weder wurde der nach Art. 5 Abs. 3 des Entwurfs geforderte Schutz der Leiharbeitnehmer*innen präzisiert, noch wurde ein Günstigkeitsprinzip eingeführt. Daraus lässt sich vor allem ableiten, dass sich aus der Stellungnahme wenig ableiten lässt. Möglicherweise kann man aber in der Tatsache, dass die Stellungnahme des Wirtschafts- und Sozialausschusses keinerlei sichtbare Wirkung auf den Entwurf hatte, ein leises Indiz dafür sehen, dass ein Günstigkeitsprinzip nicht gewünscht war. Im Verbund mit der unwidersprochenen Aussage der Kommission, der zufolge aus Gründen der Subsidiarität keine spezifischere Regelung zu den verschiedenen denkbaren Tarifverträgen notwendig sei, ließe sich außerdem die Perspektive ableiten, dass den Mitgliedstaaten bei der Umsetzung ein gewisser Spielraum verbleiben sollte.[801]

Noch unsicherer sind die Indizien, die sich aus zwei anderen erfolglosen Änderungsvorschlägen ergeben. Die österreichische Delegation konnte sich mit dem Vorschlag, anstatt eines „angemessenen Schutzniveaus" lieber ein „vergleichbares Schutzniveau" zu fordern, nicht durchsetzen.[802]

---

799 Vgl. *Colneric*, ZeuP 2005, 225 (228).

800 Vgl. Stellungnahme des Wirtschafts- und Sozialausschusses vom 19.09.2002, ABl. C 61 vom 14.3.2003, S. 124 (128).

801 Vgl. zur Zurückhaltung der Kommission Beratungsergebnisse der Gruppe "Sozialfragen" vom 16.09.2002, 12222/02 SOC 395 CODEC 1132 vom 25. 09.2002, S. 10.

802 Vgl. Beratungsergebnisse der Gruppe "Sozialfragen" vom 16.07.2002, 10586/02 SOC 339 CODEC 857 vom 24.07.2002, Fn. 6.

Das könnte gegen einen allzu eng verstandenen relativen Schutzbegriff sprechen. Gleichzeitig konnte die schwedische Delegation aber dem Wunsch der luxemburgischen Delegation nach einer „safeguard clause“ nicht mit einem Verweis auf das allgemein geltende Arbeitnehmer*innenschutzrecht genügen.[803] Daraus ließe ableiten, dass der Gesamtschutz über die für alle Lohnabhängigen geltenden Schutzvorschriften hinausgehen soll. Beide Vorschläge und ihr jeweiliges Scheitern lassen sich aber auch auf anderen Wegen erklären, sodass hieraus kein gewichtiger Anhaltspunkt erwächst.

Neben diesen mit größter Vorsicht zu genießenden „passiven“ Anhaltspunkten bietet der tatsächliche Wandel der Gesamtschutzklausel zwei handfestere Hinweise.

Zum einen hat sich die Position, der zufolge die Abweichungsmöglichkeit der Tarifparteien keine materielle Schranke benötige, nicht durchgesetzt. Wenngleich an zwei Stellen des Normgebungsprozesses die Gesamtschutzklausel ersatzlos gestrichen wurde, haben sich die Organe doch immer wieder bewusst für diesen Vorbehalt entschieden. Damit liegt es aus historischer Perspektive ausgesprochen fern, in der Gesamtschutzklausel nur einen wirkungslosen Programmsatz zu sehen.[804]

Zum anderen hat die Formulierung des Vorbehalts den beschriebenen Wandel von der Gewährleistung eines angemessenen Schutzniveaus hin zur Achtung des Gesamtschutzes erfahren. Einige Stimmen im deutschen Schrifttum nehmen das Gebot zur Achtung des Gesamtschutzes als relativ schwächer wahr und entnehmen der Entstehungsgeschichte deshalb, dass das Gebot nicht allzu eng verstanden werden dürfe.[805] Dafür mag auch, wenngleich damit der Bereich der Rechtsauffassung Dritter erreicht ist,

---

803 Vgl. Bericht des Ausschusses der Ständigen Vertreter (1. Teil) für den Rat vom 28.02.2003, 6892/03 SOC 99 CODEC 222 Fn. 28.

804 Vgl. Begründung des Rates zum gemeinsamen Standpunkt (EG) Nr. 24/2008, ABl. C 254 E vom 07.10.2008, S. 43; ebenso *Franzen*, EuZA 2022, 3 (6 f.); *Hamann*, jurisPR-ArbR 29/2021 Anm. 3; *Corzelius*, Tarifdispositives Recht, S. 81; *Hamann/Klengel*, EuZA 2017, 485 (500); Ulber/*J. Ulber*, AÜG Einl. F. Rn. 62; *Riechert*, NZA 2013, 303 (306); *Zimmer*, NZA 2013, 289 (290); *Mayer*, AuR 2011, 4 (6); *Sansone*, Gleichstellung, S. 544; *Fuchs*, NZA 2009, 57 (61).

805 *Franzen*, EuZA 2022, 3 (9 f.); Schlachter/Heinig EnzEuR 7/*Forst*, § 16 Rn. 74; Wiedemann TVG/*Jacobs*, Einl. Rn. 638; *Röpke*, Die Gestaltbarkeit von Arbeitsbedingungen, S. 152; *Sansone*, Gleichstellung, S. 544; *Thüsing*, RdA 2009, 118 (118 f.); andersherum „Gesamtschutz“ grundsätzlich als stärker gewichtend Schlachter/*Nyström*, EU Labor Law, S. 272; *Blanke*, Rechtsgutachten Leiharbeit, S. 96.

sprechen, dass die skandinavischen Delegationen als zuvor lauteste Kritiker*innen des Vorbehalts den neuen Vorschlag explizit begrüßten.[806]

Dabei bleibt allerdings unklar, ob die neue Formulierung überhaupt als Reaktion auf diese Kritik zu lesen ist. Es erscheint zumindest unwahrscheinlich, dass der in der Begründung des Rates zum Gemeinsamen Standpunkt aufgeführte Wille, die Rolle der Sozialpartner hervorzuheben, ursächlich für die Änderung der Terminologie war.[807] Tatsächlich wurde die auf Art. 5 Abs. 3 des Entwurfs bezogene Abänderung 92 ausweislich der Begründung des Rates zum gemeinsamen Standpunkt nur entsprechend dem geänderten Kommissionsvorschlag übernommen.[808] Die Rolle der Sozialpartner wurde demnach gegenüber dem ersten Entwurf nur insofern gestärkt, als sie schon von Anfang an zu beteiligen sind und auch bereits bestehende Tarifverträge aufrechterhalten können.[809] Gleichzeitig hat der Rat es „für zweckmäßig erachtet, speziell darauf hinzuweisen, dass die Sozialpartner in ihren Vereinbarungen den ‚Gesamtschutz von Leiharbeitnehmern' achten müssen."[810] Eine einhegende Aussage über das geforderte Schutzniveau ist mit dem Verweis auf die Rolle der Sozialpartner also gerade nicht verbunden; im Gegenteil wird deren Verpflichtung zur Achtung des Gesamtschutzes explizit betont.

Als Anhaltspunkt für eine vermeintlich schwächere Vorgabe bleibt damit nur das Sprachgefühl. Diesbezüglich wurde aber bereits oben im Rahmen der grammatikalischen und systematischen Auslegung festgehalten, dass die unterschiedlichen Formulierungen nicht zwingend Gebote von unterschiedlicher Qualität enthalten müssen.[811] Stattdessen liegt es nahe, dass mit dem oben beschriebenen Strukturwandel auch ein Perspek-

---

806 Bericht der Gruppe "Sozialfragen" für den Ausschuss der Ständigen Vertreter (1. Teil) vom 16.11.2007, 15086/07 SOC 452 CODEC 1243, S. 6.

807 Vgl. Begründung des Rates zum gemeinsamen Standpunkt (EG) Nr. 24/2008, ABl. C 254 E vom 07.10.2008, S. 42; aA *Sansone*, Gleichstellung, S. 543 f.

808 Begründung des Rates zum gemeinsamen Standpunkt (EG) Nr. 24/2008, ABl. C 254 E vom 07.10.2008, S. 43; vgl. Geänderter Vorschlag der Kommission vom 28.11.2002, KOM(2002) 701 endgültig, S. 3; Ergebnisse der ersten Lesung des Europäischen Parlaments vom 21.11.2002, 14331/01 SOC 519 CODEC 1457 vom 20.11.2002, S. 20.

809 Vgl. Geänderter Vorschlag der Kommission vom 28.11.2002, KOM(2002) 701 endgültig.

810 Begründung des Rates zum gemeinsamen Standpunkt (EG) Nr. 24/2008, ABl. C 254 E vom 07.10.2008, S. 43.

811 Vgl. dazu ausführlich oben Zweiter Teil A. II. 1. c., S. 178; Zweiter Teil A. II. 2. a. 3), S. 191.

tivwechsel einherging – weg vom schaffenden „gewährleisten“, hin zum erhaltenden „achten“.

Angesichts der wechselvollen Geschichte der Gesamtschutzklausel drängt sich außerdem noch ein eher dem Reich der Spekulation zugehöriger Gedanke auf: Mit dem Wandel der Terminologie ging ein möglicherweise auch willkommener Bruch im Diskurs, eine Entfernung von den vorangegangenen sieben Jahren Verhandlungsgeschichte einher. Die Neuformulierung brachte die Chance auf eine neue Interpretation mit sich, und damit auch die Möglichkeit, dass alle Beteiligten eine für sie günstige Bedeutung in die neue Klausel hineinlegten. Es lässt sich nicht belegen, dass die damit einhergehende Verschiebung der Streitigkeit in die Zukunft ein Preis war, den die Beteiligten zu zahlen bereit waren, solange nur das endlose Kapitel Leiharbeit endlich geschlossen würde. Ebenso wenig lässt sich aber belegen, dass mit der neuen Formulierung eine Abwertung des gebotenen Schutzes bezweckt war. Aus der geänderten Terminologie lässt sich folglich kein sicheres Urteil über die Auslegung der Gesamtschutzklausel ableiten.

Im Hinblick auf den von Art. 5 Abs. 3 RL 2008/104/EG geforderten Gesamtschutz bietet die Entstehungsgeschichte damit vor allem eine Erkenntnis: die Vorgabe ist nicht zum Spaß da. Die Tarifparteien dürfen nur unter dem materiell wirksamen Vorbehalt des Gesamtschutzes zu einer eigenständigen Tarifierung der Arbeitnehmer*innenüberlassung ermächtigt werden. Alle weiteren Anhaltspunkte allerdings weisen eine so dünne Verbindung zum verabschiedeten Normtext auf, dass sie allenfalls als ausgesprochen leichtgewichtige Indizien behandelt werden dürfen.

2) Tarifkontrolle und Tarifautonomie

Neben dem der Regulierung von Leiharbeit stets immanenten Zielkonflikt zwischen Flexibilität und Schutz war in der Entstehungsgeschichte insbesondere der Konflikt zwischen Tarifautonomie und Schutz virulent. Die Rolle der Sozialpartner war dabei in zweierlei Punkten umstritten: einmal in prozessualer Hinsicht im Hinblick auf eine drohende Tarifkontrolle durch den EuGH, einmal in materieller Hinsicht im Hinblick auf den Regelungsspielraum der Tarifparteien.

Bereits zu Beginn des Normgebungsprozesses wurde in der Gruppe „Sozialfragen“ die Frage laut, wer denn dafür zuständig sei zu überprüfen, ob die Tarifverträge den Schutzvorgaben gerecht würden.[812] Der Ausschuss für Beschäftigung und soziale Angelegenheiten sprach sich dann ebenso wie das ihm folgende Europäische Parlament dafür aus, die Verpflichtung zur Gewährleistung eines angemessenen Schutzniveaus zu streichen.[813] Auf diesem Wege sollte verhindert werden, dass der EuGH Tarifverträge aufgrund unzureichenden Schutzes aufhebt.[814]

Unter Verweis auf ErwGr. 19 der RL 2008/104/EG wird daraus gefolgert, dass die Gesamtschutzklausel nicht zu einer Tarifkontrolle durch den EuGH führen dürfe.[815] Das ist allerdings in der heutigen Fassung und Struktur auch gar nicht vorgesehen; das Argument bleibt deshalb ohne jegliche Auswirkung auf die Interpretation des materiellen Gehalts der Gesamtschutzklausel. In den bis zum 16.11.2007 kursierenden Entwürfen bezog sich der Vorbehalt zur Gewährleistung eines angemessenen Schutzniveaus noch auf die Ausnahme als Ganzes und damit auf das beobachtbare Endergebnis. In dieser Fassung schien es tatsächlich noch denkbar, dass der EuGH konkrete Tarifverträge in den Blick nehmen und sein Urteil darüber fällen würde. Der Entwurf vom 16.11.2007 brachte dann aber die obig beschriebene strukturelle Änderung mit sich; der Vorbehalt wurde Teil der Möglichkeit, den Tarifparteien eine Normsetzungsbefugnis einzuräumen. Damit änderte sich der Bezugspunkt der Gesamtschutzklausel. Sie bezog sich nicht länger auf das Endergebnis, sondern nur mehr auf den mitgliedstaatlichen Akt der Ermöglichung der tariflichen Normsetzung.

Damit konnte und kann der EuGH bei der Überprüfung der korrekten mitgliedstaatlichen Umsetzung der Richtlinie nicht länger auf konkrete Tarifverträge zugreifen; sein Prüfungsumfang reduzierte sich auf die Frage, ob die Mitgliedstaaten die Einräumung von Normsetzungsmacht an die Tarifparteien so eng gehalten haben, dass diese nur solche Tarifverträge schließen können, die den Gesamtschutz der Leiharbeitnehmer*innen

---

812 Beratungsergebnisse der Gruppe "Sozialfragen" vom 16.07.2002, 10586/02 SOC 339 CODEC 857 vom 24.07.2002, Fn. 6.

813 Ergebnisse der ersten Lesung des Europäischen Parlaments vom 21.11.2002, 14331/01 SOC 519 CODEC 1457 vom 20.11.2002, S. 20; Bericht des Ausschusses für Beschäftigung und soziale Angelegenheiten vom 23.10.2002, A5–0356/2002, S. 30 f.

814 Bericht des Ausschusses für Beschäftigung und soziale Angelegenheiten vom 23.10.2002, A5–0356/2002, S. 30 f.

815 LAG Nürnberg, Ur. v. 07.03.2019 – 5 Sa 230/18, Rn. 65; LAG Nürnberg, Urt. v. 20.02.2019 – 2 Sa 402/18, Rn. 60; Preis/Sagan/*Sansone*, Europäisches Arbeitrecht, § 12 Rn. 77; *Röpke*, Die Gestaltbarkeit von Arbeitsbedingungen, S. 75; *Rödl/D. Ulber*, NZA 2012, 841 (844); *Sansone*, Gleichstellung, S. 542.

achten. Damit bleiben die konkreten Tarifverträge außen vor, eine Tarifkontrolle durch den EuGH ist unabhängig vom materiellen Gehalt der Gesamtschutzklausel ausgeschlossen.

Das schließt natürlich eine Kontrolle der auf Art. 5 Abs. 3 RL 2008/104/EG gestützten Tarifverträge durch die mitgliedstaatlichen Gerichte nicht aus.[816] Diese Kontrolle fußt allerdings im Idealfall nicht auf der Richtlinie, sondern auf den mitgliedstaatlichen Umsetzungsnormen. Der EuGH wiederum ist dazu berufen, diese Umsetzungsnormen zu begutachten und gegebenenfalls zu bemängeln.

Die mitgliedsstaatlichen Gerichte würden dann bei Durchsicht von in Frage stehenden Tarifverträgen keine – gemeinhin als unzulässig angesehene – Angemessenheitskontrolle vornehmen; stattdessen könnten sie sich auf das entsprechende Umsetzungsgesetz stützen und eine Rechtskontrolle durchführen.[817] Wohl in diesem Zusammenhang vertrat die Europäische Kommission während des Normgebungsprozesses die Position, dass eine spezifischere europäische Vorgabe nicht notwendig sei, weil die Mitgliedstaaten hier aktiv werden würden.[818] Die Entstehungsgeschichte mag dementsprechende von der Vorstellung geprägt gewesen sein, dass die Mitgliedstaaten die Bedingungen zur Achtung des Gesamtschutzes näher ausbuchstabieren würden. Nur auf diese Umsetzung bezieht sich dann die Kontrolle des EuGH.

Ungeachtet dieser prozessualen Seite der Gesamtschutzklausel wird von einigen Stimmen aus der Entstehungsgeschichte und unter Verweis auf ErwGr. 19 RL 2008/104/EG sowie Art. 28 GRCh abgeleitet, dass die Tarifautonomie der Tarifparteien nicht beeinträchtigt werden solle und die geforderte Achtung des Gesamtschutzes deshalb nur in ihren äußersten Grenzen überprüft werden dürfe.[819] Dagegen sprechen zahlreiche Überlegungen. Soweit Art. 28 GRCh betroffen ist, hat die entspre-

816 Ebenso *Corzelius*, Tarifdispositives Recht, S. 90; *Röpke*, Die Gestaltbarkeit von Arbeitsbedingungen, S. 76; *Rödl/D. Ulber*, NZA 2012, 841 (844); *Waas*, ZESAR 2009, 207 (211).

817 Ulber/*J. Ulber*, AÜG § 8 Rn. 371; vgl. dazu grundsätzlich Däubler TVG/*Nebe*, § 1 Rn. 152; *Stütze*, Kontrolle der Entgelthöhe, S. 442 ff.; 460; *Schlachter/Klauk*, AuR 2010, 354 (358).

818 Beratungsergebnisse der Gruppe "Sozialfragen" vom 16.09.2002, 12222/02 SOC 395 CODEC 1132 vom 25. 09.2002, S. 10.

819 LAG Nürnberg, Ur. v. 07.03.2019 – 5 Sa 230/18, Rn. 65; LAG Nürnberg, Urt. v. 20.02.2019 – 2 Sa 402/18, Rn. 61; EuArbRK/*Kolbe*, RL 2008/104/EG Art. 5 Rn. 20; Preis/Sagan/*Sansone*, Europäisches Arbeitrecht, § 12 Rn. 77; B. *Jahn*, Gleichstellungsgrundsatz, S. 161; *Sansone*, Gleichstellung, S. 544.

chende Auseinandersetzung im Rahmen der systematischen Auslegung bereits ergeben, dass Art. 28 GRCh gegenüber Art. 31 GRCh nur geringe Bedeutung zukommt.[820] Weiter wird zu Recht angeführt, dass ErwGr. 19 RL 2008/104/EG nicht isoliert betrachtet werden dürfe. In der Zusammenschau mit ErwGr. 16 und 17 RL 2008/104/EG ergebe sich dann relativ deutlich, dass ErwGr. 19 nur deutlich machen solle, dass weder eine Regelung des Tarifrechts noch eine unmittelbare Tarifkontrolle durch den EuGH gewollt sei.[821] Die geschaffene Erweiterung des Spielraums von Tarifparteien tut dabei nichts zur Sache. Nicht zuletzt ist zu beachten, dass die Tarifautonomie nach ErwGr. 19 RL 2008/104/EG in keiner Weise beeinträchtigt werden soll. Sieht man aber in der Gesamtschutzklausel eine Beeinträchtigung der Tarifautonomie, so bleibt diese Beeinträchtigung in ihren Grundzügen auch dann bestehen, wenn man statt eines relativen Schutzbegriffs ein absolutes Verständnis anlegt oder den Tarifparteien einen besonders großen Spielraum einräumt. Man müsste der Gesetzgebung also den Vorwurf einer außergewöhnlich unsauberen Formulierung entgegenhalten, wenn man ErwGr. 19 und die dahinterstehende Entstehungsgeschichte auf Art. 5 Abs. 3 RL 2008/104/EG beziehen wollte.

Die Annahme einer solchen Verbindung wäre im Übrigen auch historisch nicht korrekt. Tatsächlich ist ErwGr. 19 RL 2008/104/EG ausweislich der insoweit eindeutigen Dokumentation der Normgebungsgeschichte nicht etabliert worden, um die Tarifparteien vor einer Überprüfung ihrer Tarifwerke am Maßstab des Gesamtschutzes zu bewahren. Stattdessen hatte die deutsche Delegation den bis zuletzt umstrittenen Art. 4 RL 2008/104/EG kritisiert und vertreten, dass es den Mitgliedsstaaten nicht zustehe, „zu überprüfen, ob die in Tarifverträgen vorgesehenen Verbote und Einschränkungen aus Gründen des Allgemeininteresses gerechtfertigt sind."[822] Als Reaktion auf explizit diese Kritik wurde dann der heutige ErwGr. 19 unter der damaligen Nummer 19a in den Entwurf aufgenommen.[823] ErwGr. 19 RL 2008/104/EG ist folglich seiner Entstehungsgeschichte nach gerade nicht Ausdruck einer historischen Erwägung, der zu-

820 Vgl. dazu ausführlich oben Zweiter Teil A. II. 2. b. 1), S. 197.

821 *Corzelius*, Tarifdispositives Recht, S. 81, 90; *Rödl/D. Ulber*, NZA 2012, 841 (844).

822 Bericht des Ausschusses der Ständigen Vertreter (1. Teil) an den Rat (Beschäftigung, Sozialpolitik, Gesundheit und Verbraucherschutz) vom 29.11.2007, 15686/07 SOC 496 CODEC 1336, S. 4.

823 Bericht des Ausschusses der Ständigen Vertreter (1. Teil) an den Rat (Beschäftigung, Sozialpolitik, Gesundheit und Verbraucherschutz) vom 04.06.2008, 10064/08 SOC 323 CODEC 679, S. 9.

folge mit dem Gesamtschutzerfordernis des Art. 5 Abs. 3 RL 2008/104/EG keine Tarifkontrolle einhergehen solle.[824]

Auch ist es zumindest angreifbar, die den Hintergrund von ErwGr. 19 RL 2008/104/EG bildende Diskussion um Art. 4 RL 2008/104/EG mit der Diskussion um Art. 5 Abs. 3 RL 2008/104/EG gleichzusetzen und auf dieser Basis den Bezugspunkt des ErwGr. 19 RL 2008/104/EG rückwirkend zu erweitern.[825] Zwar geht es beides mal um Tarifautonomie und die staatliche Kontrolle von Tarifverträgen. Beim Gesamtschutz allerdings werden Arbeitsbedingungen nach unten abgesichert, während Art. 4 RL 2008/104/EG eher einem Deckel gleichkommt. Man müsste die Stoßrichtung der Koalitionsfreiheit – den Schutz von Lohnabhängigen – vollständig ignorieren, wenn man beides auf eine Stufe stellen wollte. Angesichts dieser entgegengesetzten Beschränkungen und der eindeutigen Entstehungsgeschichte des ErwGr. 19 RL 2008/104/EG liegt es näher, den geforderten unbedingten Schutz der Tarifautonomie im Zusammenhang mit Art. 4 und Art. 9 Abs. 1 RL 2008/104/EG zu sehen, hieraus aber keine Einschränkung für den Begriff und die Kontrolle des Gesamtschutzes abzuleiten. Das deckt sich im Übrigen auch mit den Ergebnissen der systematischen und teleologischen Auslegung.[826]

Es ist demnach richtig, dass in der Entstehungsgeschichte der Leiharbeitsrichtlinie die Autonomie der Sozialpartner ein zentrales Thema darstellte. Tatsächlich hat insbesondere der Strukturwandel im letztlich erfolgreichen Entwurf des Art. 5 Abs. 3 RL 2008/104/EG dazu beigetragen, dass eine Tarifkontrolle unmittelbar durch den EuGH nicht möglich ist. Gleichzeitig lässt sich aber aus der Entstehungsgeschichte und ihrer in dieser Hinsicht stärksten Materialisierung, dem ErwGr. 19 RL 2008/104/EG, nicht ableiten, dass eine Tarifkontrolle durch Mitgliedstaaten unzulässig oder nur in Bezug auf die äußersten Grenzen des Gesamtschutzes zulässig wäre.

---

824 AA EuArbRK/*Kolbe*, RL 2008/104/EG Art. 5 Rn. 20; *Röpke*, Die Gestaltbarkeit von Arbeitsbedingungen, S. 75.

825 Vgl. *Sansone*, Gleichstellung, S. 542 f.

826 Vgl. dazu ausführlich oben Zweiter Teil A. II. 2. b. 1), S. 197; Zweiter Teil A. II. 3 b., S. 223.

3) Weitere Anhaltspunkte

Der bei der Regulierung der Leiharbeit zentrale Zielkonflikt zwischen Flexibilität und Schutz der Beschäftigten spielte selbstverständlich auch im Normgebungsprozess eine wichtige Rolle.

In Bezug auf die letztendlich verabschiedete Fassung wurde oben im Rahmen der teleologischen Auslegung bereits festgehalten, dass die Richtlinie von einer Hierarchie der Ziele geprägt ist, in der dem Schutz der Leiharbeitnehmer*innen die höchste Priorität zukommt.[827] In diesem Zusammenhang ist interessant, dass der ursprüngliche Richtlinienentwurf mit einer Zielformulierung startete, die den Schutz von Leiharbeitnehmer*innen gleichwertig neben dem Bestreben anführte, einen geeigneten und die Beschäftigung fördernden Rahmen für die Leiharbeit aufzustellen.[828] Das stieß auf ein geteiltes Echo.[829] In ihrer Sitzung vom 16.09.2003 entschied die Gruppe „Sozialfragen“, die Formulierung des Richtlinienziels zurückzustellen, bis wesentliche Grundfragen des Entwurfs geklärt wären.[830] Aus diesem Vorgehen spricht die auch sachlich naheliegende Verknüpfung inhaltlicher Festlegungen mit der Zielformulierung in Art. 2 des Entwurfs. Nach einigen Entwicklungen konnten am 29.01.2003 die Diskussionen über die Zielformulierung erneut starten.[831] Dabei kam die Forderung auf, den Schutz von Leiharbeitnehmer*innen als primäres Ziel von den anderen Zielen abzusetzen.[832] Diese Forderung mündete in einer Umformulierung der Zielbestimmung, die dem Schutz von Leiharbeitskräften Priorität einräumte und der heutigen Fassung sehr ähnlich war.[833] Dieser grundlegende Wandel von einer Gleichordnung der Ziele hin zu einer Hierarchisierung konnte sich bis heute behaupten.

---

827 Vgl. oben Zweiter Teil A. II. 3. a., S. 219.

828 Richtlinienvorschlag der Europäischen Kommission vom 20.3.2002, KOM(2002) 149 endgültig, S. 21.

829 Beratungsergebnisse der Gruppe "Sozialfragen" vom 25.06.2002, 10425/02 SOC 335 CODEC 825 vom 11.07.2002, Fn. 5–8; vgl. *Ahlberg*, in: Transnational Labour Regulation, S. 191 (226).

830 Beratungsergebnisse der Gruppe "Sozialfragen" vom 16.09.2002, 12222/02 SOC 395 CODEC 1132 vom 25. 09.2002, Fn. 6.

831 Beratungsergebnisse der Gruppe "Sozialfragen" vom 29.01.2003, 5772/03 SPC 33 CODEC 91 vom 04.02.2003, Fn. 5–7.

832 Beratungsergebnisse der Gruppe "Sozialfragen" vom 29.01.2003, 5772/03 SPC 33 CODEC 91 vom 04.02.2003, Fn. 5.

833 Beratungsergebnisse der Gruppe "Sozialfragen" vom 11. 02.2003, 6316/03 SOC 65 CODEC 152 vom 14.02.2003, S. 8.

Damit bestätigt die Entstehungsgeschichte des Art. 2 RL 2008/104/EG, dass dem Schutz von Leiharbeitnehmer*innen eine gegenüber den anderen Zielen herausgehobene Stellung zukommen soll – schließlich ist die im Wortlaut zu beobachtende Hierarchisierung das Ergebnis einer aktiven Auseinandersetzung um die Ziele der Richtlinie.[834] Gleichzeitig stützt der Blick in die Geschichte die auf dieser Zielbestimmung fußende teleologische Auslegung und legt nahe, dass der mit dem Fokus auf Arbeitnehmer*inneninteressen einhergehende Wandel nicht nur in Art. 2 RL 2008/104/EG, sondern auch an anderer Stelle wirksam geworden ist. Er wertet damit, wenngleich auf einer abstrakten Ebene, den Schutz von Leiharbeitnehmer*innen im Vergleich mit Flexibilisierungsinteressen auf.

Eine potentielle Stütze in der Entstehungsgeschichte der Leiharbeitsrichtlinie könnte auch die im Rahmen der systematischen Auslegung gewonnen These finden, der zufolge die in Art. 5 Abs. 4 RL 2008/104/EG geforderte „Gewährleistung eines angemessenen Schutzniveaus“ keine höhere Anforderung stelle als die bekannte Gesamtschutzklausel des Art. 5 Abs. 3 RL 2008/104/EG.[835] Art. 5 Abs. 4 RL 2008/104/EG wurde erst relativ spät auf politischer Ebene vom slowenischen Vorsitz in den Entwurf eingebracht.[836] Dem Vorschlag vorangegangen war die beinahe seit Beginn der Verhandlungen beständig geäußerte Sorge des Vereinigten Königreichs und einer zunehmenden Anzahl anderer Delegationen, dass die bislang erörterten Ausnahmebestimmungen nicht für alle Mitgliedstaaten gleichermaßen vorteilhaft seien.[837] Diese Entwicklung legt es nahe, dass die „britische Ausnahme“ des Art. 5 Abs. 4 RL 2008/104/EG ebenso wirksam sein sollte wie die Ausnahme des Art. 5 Abs. 3 RL 2008/104/EG – und dass der auf den Schutz von Leiharbeitnehmer*innen bezogene Vorbehalt beides mal das gleiche Gewicht haben sollte. Allerdings ist dabei zu beachten, dass der heutige Art. 5 Abs. 4 RL 2008/104/EG im Ausschuss der Ständigen

---

834 Ebenso *Sansone*, Gleichstellung, S. 450; aA *Röpke*, Die Gestaltbarkeit von Arbeitsbedingungen, S. 67.

835 Vgl. dazu ausführlich oben Zweiter Teil A. II. 2. a. 3), S. 191.

836 Vermerk des Vorsitzes für den Ausschuss der Ständigen Vertreter (1. Teil) vom 22.05.2008, 9687/08, SOC 300 CODEC 625, S. 12; vgl. Bericht des Ausschusses der Ständigen Vertreter (1. Teil) an den Rat (Beschäftigung, Sozialpolitik, Gesundheit und Verbraucherschutz) vom 04.06.2008, 10064/08 SOC 323 CODEC 679, S. 2, 4 ff.

837 Bericht der Gruppe "Sozialfragen" für den Ausschuss der Ständigen Vertreter (1. Teil) vom 16.11.2007, 15086/07 SOC 452 CODEC 1243, S. 6; Beratungsergebnisse der Gruppe "Sozialfragen" vom 08.01.2003, 5332/03 SOC 14 CODEC 36 vom 16.01.2003, Fn. 19.

Vertreter (1. Teil) und damit auf politischer Ebene verhandelt wurde. Die damit einhergehende erhebliche Unsicherheit lässt es kaum zu, aus diesem Hergang seriös Anhaltspunkte herzuleiten. Damit gilt in diesem Fall, dass die Entstehungsgeschichte dem systematischen Argument nicht entgegensteht, es gleichzeitig aber auch nicht zusätzlich stützt.

Gleiches muss auch im Zusammenhang mit der nur in Art. 5 Abs. 4 RL 2008/104/EG, nicht aber in Art. 5 Abs. 3 RL 2008/104/EG aufgeführten Möglichkeit einer Wartefrist bis zur Gleichstellung gelten. Zwar ergibt sich aus den Gesetzesmaterialien, dass die Delegationen darüber sprachen, ob auch in Art. 5 Abs. 3 RL 2008/104/EG eine solche Möglichkeit vorgesehen werden solle.[838] Es ist aber nicht überliefert, aus welchem Grund diese Änderung unterblieb. Damit lassen sich auch diesem Hergang keine verlässlichen Anhaltspunkte entnehmen.

Insgesamt ergeben sich aus der Entstehungsgeschichte der Richtlinie demnach keine Widersprüche zu den bislang entwickelten Argumenten. Im Falle der Hierarchisierung der Richtlinienziele findet die Priorisierung des Schutzes von Leiharbeitnehmer*innen in der historischen Betrachtung sogar eine weitere Bestätigung.

d. Zusammenfassung

Die historische Auslegung der Gesamtschutzklausel in Art. 5 Abs. 3 RL 2008/104/EG ergibt damit ein wenig eindeutiges Bild. Die Schwierigkeiten der Auslegung entlang der Entstehungsgeschichte zeigen sich auch in diesem Fall. An vielen Stellen bleibt insbesondere unklar, aus welchen Gründen Änderungsanträge keinen Erfolg hatten, sodass sich keine verlässliche Verbindung zwischen dem historischen Ereignis und dem verabschiedeten Normtext herstellen lässt.

Ein wesentlicher Verdienst der historischen Auslegung liegt in der dadurch vereinfachten Strukturanalyse. Dabei wurde deutlich, dass der Sorge vor einer Kontrolle konkreter Tarifverträge durch den EuGH nicht auf materieller, sondern auf prozessualer Ebene begegnet wurde. Soweit sich im Schrifttum unter Verweis auf ErwGr. 19 RL 2008/104/EG auch gegen eine Tarifkontrolle durch mitgliedstaatliche Gerichte gewehrt wird, findet dieses Argument in der Entstehungsgeschichte keine Stütze. Die historische

838 Bericht des Ausschusses der Ständigen Vertreter (1. Teil) an den Rat (Beschäftigung, Sozialpolitik, Gesundheit und Verbraucherschutz) vom 04.06.2008, 10064/08 SOC 323 CODEC 679, S. 5.

Auslegung macht also vor allem klar, was nicht aus ihr abzuleiten ist: Die Vorgabe, den Gesamtschutz zu achten, kann nicht unter Verweis auf die Tarifautonomie eingeschränkt werden. Und der Wandel in der Terminologie von „angemessenem Schutzniveau" zu „Gesamtschutz" muss nicht bedeuten, dass die Anforderungen gesunken wären.

Daneben zeigt der Blick in die Geschichte, dass der Gesamtschutzklausel materielle Wirkung zukommt und der dadurch geförderte Schutz von Leiharbeitnehmer*innen bewusst als vordringliches Ziel der Richtlinie in Art. 3 RL 2008/104/EG aufgenommen wurde. Andere bereits entwickelte Argumente kann die historische Auslegung nicht verlässlich zusätzlich stützen; sie steht ihnen aber auch nicht entgegen.

III. Zwischenergebnis

Alles in allem gibt es folglich zahlreiche Anhaltspunkte, die eine Interpretation der Vorgabe, den Gesamtschutz der Leiharbeitnehmer*innen zu achten, ermöglichen. Diese Hinweise fügen sich in der ganz großen Mehrheit zu einem einheitlichen Bild zusammen und schaffen damit Klarheit über die konkrete Forderung, die von der Gesamtschutzklausel gestellt wird.

Bei der Zusammenführung der gefundenen Ergebnisse sind zwei Ebenen zu unterscheiden: Von zentralem Interesse sind offensichtlich die Arbeitsbedingungen von Leiharbeitnehmer*innen, die gewahrt sein müssen, um eine hinreichende Achtung ihres Gesamtschutzes annehmen zu können. Daran anschließend ist aber sowohl für die mitgliedsstaatliche Gesetzgebung als auch die nachfolgende Überprüfung der deutschen Umsetzung von Art. 5 Abs. 3 RL 2008/104/EG zusätzlich relevant, in welcher Form die festgestellten Anforderungen konkret umgesetzt werden müssen.

1. Inhaltliche Anforderungen der Gesamtschutzklausel

Im Hinblick auf den im Zentrum der Untersuchung stehenden Schutzbegriff kann auf Basis der erfolgten Untersuchung eine eindeutige Aussage getroffen werden: Der Gesamtschutz der Leiharbeitnehmer*innen ist vom Ausgangspunkt der Gleichstellung aus zu betrachten und zu entwickeln. Anhaltspunkte für diesen Standpunkt finden sich sowohl auf grammatikalischer als auch auf systematischer und teleologischer Ebene. Dem entgegenstehende durchschlagende Argumente finden sich dagegen, auch aus der historischen Perspektive, nicht. Die Gesamtschutzklausel fußt damit ohne Zweifel auf einem relativen Schutzbegriff. Die Figur des Rechtsmissbrauchs tut folgerichtig bei Art. 5 Abs. 3 RL 2008/104/EG nichts zur Sache.

Bereits der Wortlaut des Art. 5 Abs. 3 RL 2008/104/EG macht deutlich, dass der Ausgangspunkt für den Gesamtschutz in der Gleichstellung des Art. 5 Abs. 1 RL 2008/104/EG liegt. Das verwandte Wort der „Achtung" legt dabei nahe, dass dieses vorgefundene Schutzniveau von den Tarifparteien zu bewahren, und nicht nur zu berücksichtigen ist. Dieser Auftrag findet sich auch in anderen Sprachfassungen der Richtlinie wieder.

Eine starke Stütze findet diese Perspektive in der systematischen Auslegung mit Blick auf andere Richtlinien. Insbesondere der in zehn anderen Sprachfassungen mit Art. 5 Abs. 3 RL 2008/104/EG übereinstimmende Wortlaut in Art. 14 RL (EU) 2019/1152 macht deutlich, dass es um ein Bewahren des von der Richtlinie vorgegebenen Schutzniveaus geht. Blickt man auf die Rechtsprechung, die zu den in ihrer Struktur mit Art. 14 RL (EU) 2019/1152 und Art. 5 Abs. 3 RL 2008/104/EG vergleichbaren Artt. 17, 18 RL 2008/88/EG ergangen ist, so zeigt sich, dass auch in diesem Fall die alternative tarifvertragliche Ordnung den Schutzzweck ebenso gut erreichen muss, wie das nach der Grundregel der Fall wäre. In vergleichbarer Weise ergibt es auch im Rahmen der Leiharbeitsrichtlinie Sinn, die Ausnahmebestimmung des Art. 5 Abs. 3 RL 2008/104/EG im Lichte der Grundregel des Art. 5 Abs. 1 RL 2008/104/EG zu betrachten – und aus diesem Grund einen relativen Schutzbegriff anzunehmen. Auch die Ausnahme des Art. 5 Abs. 2 RL 2008/104/EG ist davon geprägt, dass der Verschlechterung gegenüber Art. 5 Abs. 1 RL 2008/104/EG eine Verbesserung gegenübersteht. Die enge Verbindung zur Gleichstellung wird darüber hinaus von der Tatsache gefordert, dass der nach Art. 5 Abs. 3 RL 2008/104/EG geforderte Gesamtschutz mit einem bestimmten Artikel versehen ist und damit ein konkret bezeichnetes Schutzniveau meint – diese Anforderung erfüllt nur die Gleichstellung.

In teleologischer Hinsicht ergibt es Sinn, dass der in Art. 5 Abs. 3 RL 2008/104/EG geforderte Gesamtschutz dem insgesamt zum Schutz der Leiharbeitnehmer*innen verfolgten Leitkonzept der Richtlinie folgt – und die Richtlinie als Ganzes ist von dem Gedanken der Austauschgerechtigkeit geprägt. Diese Austauschgerechtigkeit kommt im Gleichstellungsgrundsatz zum Ausdruck und muss sich darum ebenfalls in Form eines relativen Schutzbegriffs in Art. 5 Abs. 3 RL 2008/104/EG wiederfinden. Auch in ErwGr. 16 der RL 2008/104/EG findet sich diese Kopplung an das grundsätzlich geltende Schutzkonzept wieder: dieser auf die betrachtete

Ausnahme bezogene Ausdruck des gesetzgeberischen Willens fordert ein, dass der Gesamtschutz gewahrt bleiben müsse, also zu erhalten sei.

Ausgangspunkt ist darum stets das vor Nutzung der Ausnahme vorgefundene Schutzniveau – das der Gleichstellung in Art. 5 Abs. 1 RL 2008/104/EG. Dem kann nur mit einem relativen Schutzbegriff entsprochen werden.

Auch abseits dieser den Ausgangspunkt des Gesamtschutzbegriffs verdeutlichenden Anhaltspunkte ergeben sich aus der Richtlinie zahlreiche Argumente, die für einen relativ verstandenen Schutzbegriff streiten. Unter anderem der Blick auf die Entstehungsgeschichte macht klar, dass die Gesamtschutzklausel unter keinen Umständen als wirkungsloser Programmsatz verstanden werden darf. Das ist im Übrigen auch nicht von der Kompetenzordnung der Europäischen Union gefordert. Zusätzlich wäre ein absoluter Schutzbegriff auch weder sinnvoll noch wirksam, müsste er doch entweder ohne jeglichen Mehrwert bei allgemeingültigen Mindestbestimmungen verharren oder willkürlich aus der Luft gegriffen werden. Aus der vergleichenden Perspektive zahlreicher anderer Sprachen ergibt sich dagegen, dass mit „Gesamtschutz“ regelmäßig das von einer Richtlinie oder einem Mitgliedsstaat vor einer Anpassungsmaßnahme gebotene Schutzniveau gemeint ist – im Falle der Leiharbeit wäre das der Schutz nach Art. 5 Abs. 1 RL 2008/104/EG und der jeweiligen mitgliedstaatlichen Regelung zur Behandlung einsatzfreier Zeiten vor einer Tarifierung der Arbeitnehmer*innenüberlassung. Darüber hinaus ergibt sich aus dem Zusammenhang der Begriffe von Schutz und Gefahr, dass ein absolut verstandener Gesamtschutz seinen Namen kaum verdienen würde, weil er die meisten Leiharbeitskräfte nicht gegen die ihnen drohenden Gefahren schützen würde.

Gleichzeitig würde ein relativer Schutzbegriff den Leiharbeitnehmer*innen einen wesentlich umfassenderen Schutz zusprechen; geschützt wäre nicht nur das Existenzminimum, sondern die der eigenen Arbeitsleistung entsprechende Gegenleistung. Der Schutz von Leiharbeitnehmer*innen stellt, wie neben Art. 2 RL 2008/104/EG insbesondere auch dessen Entstehungsgeschichte zeigt, das primäre Ziel der Richtlinie dar. Auch der allgemein von der Richtlinie verfolgte Schutz ist, wie vor allem das dazu etablierte originäre Schutzkonzept des Art. 5 Abs. 1 RL 2008/104/EG zeigt, relativ zu begreifen. Dieses Ziel wäre bei Annahme eines relativen Schutzbegriffs bei der Gesamtschutzklausel auch in weiten Teilen mit dem nachrangigen Ziel der Stärkung der Arbeitnehmer*innenüberlassung vereinbar. Lediglich bei den aus reinen Kosteneinsparungen erwachsenden Vorteilen für das Wachstum der Leiharbeit schadet ein relativer Schutzbegriff dem Erreichen des sekundären Ziels. Dabei ist allerdings zu beachten, dass der Einsatz von Leiharbeitnehmer*innen allein zur Kostenreduzierung nicht von den an Flexibilitätsbedürfnissen orientierten Zielen der Richtlinie umfasst ist. Der zusätzliche von den Zielen umfasste Nutzen sinkender Überlassungspreise wird damit, weil eben die Kostenreduzierung allein nicht bezweckt ist, mit zunehmend fallenden Preisen immer geringer. Insgesamt macht damit der relative Schutzbegriff in Anbetracht der zumindest teilweisen Vereinbarkeit der zentralen Ziele und der von der Richtlinie vorgegebenen Rangordnung ebendieser Ziele auch unter dieser Perspektive das Rennen.

Neben dieser grundsätzlichen Festlegung auf einen relativen Schutzbegriff birgt die vorstehende Auslegung auch einige Hinweise zu der Frage, ob und gegebenenfalls wie weit vom Schutzniveau der Gleichstellung abgewichen werden darf, ohne den Gesamtschutz zu vernachlässigen. Der Blick auf den als Mindestschutz ausgestalteten Art. 5 Abs. 1 RL 2008/104/EG macht deutlich, dass zumindest eine stellenweise Unterschreitung der nach dem Gleichstellungsgebot geschuldeten Arbeitsbedingungen möglich sein muss. Auch der Vergleich mit den in vielen Sprachen auf der gleichen Terminologie fußenden Verschlechterungsverboten anderer Richtlinien legt nahe, dass es auf einzelne Arbeitsbedingungen und Einzelschicksale nicht bestimmend ankommen soll. Hinzu kommt, dass die Stärkung der Leiharbeit an sich nur erreichbar ist, wenn den Tarifparteien eine Prognose über die nach dem Gleichstellungsgrundsatz zu erwartenden Arbeitsbedingungen zugestanden wird; ein passgenaues Abbild wird dabei nicht zu schaffen sein, ohne die Vorteile von Planungssicherheit und Bürokratieabbau zu gefährden.

Diesen Gesichtspunkten ist gemein, dass sie sich auf einzelne Arbeitsbedingungen einzelner Beschäftigter beziehen. Flexibilität im Einzelfall kann allerdings nicht nur mithilfe eines weiten Spielraums und der pauschalen Akzeptanz einer möglichen Unterschreitung des vom Gleichstellungsgebot geschaffenen Schutzniveaus gewährleistet werden. Ebenso gut kann diesen Anforderungen genügt werden, wenn zwar im Einzelfall eine Unterschreitung des nach Art. 5 Abs. 1 RL 2008/104/EG eigentlich geschuldeten Schutzniveaus erlaubt, dafür aber an anderer Stelle eine Kompensation dieser Einbuße verlangt wird. So kann gleichzeitig einerseits der Schutz von Leiharbeitnehmer*innen gewahrt bleiben und andererseits vom Einzelfall abstrahiert, von der Gleichstellung abgewichen und Prognosebedürfnissen genügt werden. Dieses Ergebnis entspricht dem europäischen Ansatz der „Flexicurity".[839] Die schlüssigste Interpretation der Gesamtschutzklausel ergibt sich also, wenn beide Wortteile ernst genommen werden: der von den Tarifparteien zu achtende Schutz der Leiharbeitnehmer*innen muss dem Schutz des Gleichstellungsgrundsatzes ebenbürtig sein; gleichzeitig ist dieser Schutz aber nur in seiner Gesamtheit zu betrachten und muss nicht im Einzelfall dem der Gleichstellung entsprechen.

Damit finden sich in der Auslegung der Richtlinie keinerlei Hinweise, die auf eine Aufweichung des vom Gleichstellungsgrundsatz als Ankerpunkt gebotenen Schutzniveaus hindeuten. Im Gegenteil ist anzunehmen, dass der Gesamtschutz nur gewahrt ist, wenn ein dem Gleichstellungsgrundsatz vergleichbares Schutzniveau gewährleistet ist. Gleichzeitig besteht aber die Möglichkeit und der Bedarf, den Blick von der einzelnen Leiharbeitskraft ab- und dem größeren Rahmen zuzuwenden. Auf diesem Wege lässt sich der Schutz der Leiharbeitnehmer*innen mit den Vorteilen einer eigenständigen Tarifierung der Leiharbeit vereinbaren.

Auch im Hinblick auf die konkret möglichen Formen der Saldierung hält die Auslegung einige Anhaltspunkte bereit. Grundsätzlich denkbar erscheint eine Durchschnittsbetrachtung in sachlicher, zeitlicher und personeller Hinsicht.

Der Wortlaut von Art. 5 Abs. 3 RL 2008/104/EG steht einer sachlichen Saldierung insgesamt positiv gegenüber. Möglich ist es demnach auf jeden Fall, verschiedene Arbeitsbedingungen ähnlich wie beim Günstigkeitsvergleich im Rahmen des § 4 Abs. 3 TVG innerhalb von Sachgruppen gemeinsam zu betrachten und gegeneinander aufzuwiegen. Auch ein sachgruppenübergreifender Vergleich wäre vom Wortlaut noch gedeckt und entspräche grundsätzlich auch dem Ziel der Norm. Er steht aber bei der Umsetzung erheblichen Problemen gegenüber. Insbesondere im Zusammenhang mit den in zahlreichen Sprachen ähnlich formulierten Verschlechterungsverboten anderer Richtlinien wurde bereits ausgiebig diskutiert, dass einer solchen weitgehenden Saldierung erhebliche Hürden entgegenstehen. Können diese Hürden von der mitgliedsstaatlichen Umsetzung zufriedenstellend gelöst werden, so ist auch die sachgruppenübergreifende Saldierung zulässig; im gegenteiligen Fall allerdings müsste sich die Durchschnittsbetrachtung in sachlicher Hinsicht auf einzelne Sachgruppen beschränken.

Anhaltspunkte, die gegen eine zeitliche Durchschnittsbetrachtung sprechen, wurden nicht gefunden. Neben dem Wortlaut spricht insbesonde-

839 Vgl. Mitteilung der Kommission vom 26.06.2007, KOM(2007) 359 endgültig.

re der bezweckte Schutz von Leiharbeitnehmer*innen dafür, durch eine Verstetigung ihrer Arbeitsbedingungen für ein verlässliches Auskommen zu sorgen. Dabei legt der Vergleich mit Art. 5 Abs. 4 RL 2008/104/EG nahe, dass der dort vorgesehene Senioritätsbonus in Art. 5 Abs. 3 RL 2008/104/EG nicht vorgesehen ist. Eine solche Wartezeit könnte angesichts der regelmäßig kurzen Dauer von Überlassungen und Leiharbeitsverhältnissen im Übrigen auch nur geringe Auswirkungen haben, weil er zur Erreichung des Gesamtschutzniveaus später wieder auf gleichem Niveau kompensiert werden müsste. Zu beachten ist allerdings der Art. 5 Abs. 2 RL 2008/104/EG zu entnehmende Hinweis, dass die Behandlung einsatzfreier Zeiten von den Regelungen der Richtlinie nicht umfasst ist. Die Mitgliedstaaten können darum ein in dieser Hinsicht schwaches Schutzniveau vorsehen und den Tarifparteien damit mittelbar die Möglichkeit geben, mit einem verstetigten Entgelt Vorteile für die Beschäftigten zu vereinbaren, mit denen negative Abweichungen vom Gleichstellungsgrundsatz kompensiert werden können.

Die weitreichendste Möglichkeit der Saldierung betrifft die Durchschnittsbetrachtung in persönlicher Hinsicht. Schwer wiegen in diesem Zusammenhang die teleologischen Betrachtungen. Einerseits ist es dem Schutz von Leiharbeitnehmer*innen grundsätzlich abträglich, wenn ihre Arbeitsbedingungen sich nicht gemäß dem Gedanken der Austauschgerechtigkeit unmittelbar aus den für ihre Arbeit im Einsatzbetrieb üblichen Konditionen ergeben. Die bei einer personellen Saldierung mögliche Besserstellung einzelner Beschäftigter hilft den gegenüber dem Gleichstellungsgrundsatz schlechter gestellten Leiharbeitskräften unmittelbar nur wenig. Zwar werden sie dadurch weniger abhängig von ihrem konkreten Einsatzbetrieb und gewinnen auf diesem Weg ein wenig zusätzliche Freiheit; gleichwohl dürfte die Einbuße bei Betrachtung des individuellen Schicksals häufig überwiegen.

Gleichzeitig ist die Möglichkeit zur personellen Saldierung aber ein zentraler Faktor bei der Möglichkeit der Tarifparteien, durch eine eigenständige Tarifierung die Leiharbeit zu stärken und Flexibilisierungsinteressen gerecht zu werden – denn es lässt sich schlicht nicht vorhersagen, welche Leiharbeitskraft in welchen Betrieben eingesetzt werden wird. Ein dem Gleichstellungsgrundsatz für jede einzelne Leiharbeitskraft wirklich ebenbürtiges Schutzniveau ließe sich darum nur erreichen, wenn der Tarifvertrag letztlich den Gleichstellungsgrundsatz beinhalten würde. Der Nutzen einer eigenständigen Tarifierung wäre damit zunichte gemacht.

Grundsätzlich bekannt sind aber die in den Einsatzbranchen in den jeweiligen Entgeltgruppen durchschnittlich gewährten Arbeitsbedingungen.

Müssen die Tarifwerke lediglich diesen Durchschnittswerten ebenbürtig sein, so lässt sich ein insgesamt gleichwertiges Schutzniveau mit den Vorteilen einer eigenständigen Tarifierung vereinbaren. Dieses Ergebnis lässt sich aber nur um den Preis einer personellen Saldierung erhalten. Es ist dabei zu beachten, dass diese Saldierung nicht über das notwendige Maß hinausgeht. Saldierungen sind deswegen nur innerhalb von Entgeltgruppen vorzunehmen, um nicht ganze Entgeltgruppen zu Lasten von anderen Entgeltgruppen zu bevorteilen. Auch eine vereinbarte Abhängigkeit von der Einsatzbrachen würde die Arbeitsbedingungen näher an die nach dem Gleichstellungsgrundsatz geschuldeten Konditionen rücken und damit dem Schutz der Beschäftigten dienen – allerdings um den Preis einer eingeschränkteren Prognose. Schon heute wird in Deutschland eine solche Inbezugnahme der Konditionen der Einsatzbranche in den jeweiligen Lohngruppen im Rahmen der Branchenzuschlagstarifverträge praktiziert. Die dem zugrundeliegende „flexible Tarifierung" ließe sich bei Anerkennung der Möglichkeit einer personellen Saldierung problemlos übertragen, um Schutz und Flexibilität zu vereinbaren.

Zu guter Letzt spricht auch der Vergleich mit den terminologisch in vielen Sprachen vergleichbar gestalteten Verschlechterungsverboten in europäischen Richtlinien dafür, sich bei der Beurteilung des Gesamtschutzes vom Einzelschicksal zu lösen. Der EuGH hat in diesem Rahmen verschiedentlich deutlich gemacht, dass es nicht um den Einzelfall, sondern das größere Bild geht. Mit einer personellen Saldierung könnte das größere Bild des Gesamtschutzes der Gleichstellung ebenbürtig beibehalten werden, ohne dem Nutzen der eigenständigen Tarifierung zu widersprechen. Sie ist darum ebenso wie die sachliche und die zeitliche Saldierung als möglich anzuerkennen.

Die inhaltliche Anforderung der Gesamtschutzklausel des Art. 5 Abs. 3 RL 2008/104/EG lässt sich damit knapp zusammenfassen: Der Gesamtschutz der Leiharbeitnehmer*innen ist nur dann gewahrt, wenn sie insgesamt nicht schlechter gestellt werden, als das bei Geltung des Gleichstellungsgrundsatzes nach Art. 5 Abs. 1 RL 2008/104/EG der Fall wäre. Den Tarifparteien ist es dabei aber erlaubt, die nach dem Gleichstellungsgebot maßgeblichen Arbeitsbedingungen nur im Durchschnitt zu betrachten. Auf dieser Basis können sie gemäß der europäischen Vorgabe ermächtigt werden, einen den besonderen Bedingungen der Arbeitnehmer*innenüberlassung gerecht werdenden Mix aus Arbeitsbedingungen zu verhandeln. Lediglich das über alle Leiharbeitsverhältnisse hinweg zu beobachtende Schutzniveau muss sich dann mit dem Schutzniveau der Gleichstellung messen lassen. Auf diesem Wege handeln die Tarifparteien nicht den

Preis der Arbeitskraft in den ihnen fremden Einsatzbranchen aus, sondern kreieren nur auf dem abstrakt vorgegebenen Niveau eine den Besonderheiten der Leiharbeit angepasste Mischung.

2. Anforderungen an die Umsetzung der Gesamtschutzklausel

Das von der Gesamtschutzklausel geforderte Ziel ist damit eindeutig bestimmt – die Beibehaltung eines Schutzniveaus auf dem Level der Gleichstellung. Neben dieser materiellen Vorgabe ist im Laufe der Untersuchung aber auch die konkrete Umsetzungspflicht der Mitgliedstaaten bei Nutzung der Ausnahmemöglichkeit und die geforderte Form der Durchsetzung des Schutzgebots deutlich geworden.

Insbesondere die historische Auslegung hat mit dem beobachteten Strukturwandel zwischen den verschiedenen Entwürfen deutlich gemacht, dass Bezugspunkt der Gesamtschutzklausel nicht das Endergebnis, sondern die Einräumung von Normsetzungsmacht an die Tarifparteien durch die Mitgliedstaaten ist. Diese Möglichkeit der Mitgliedstaaten bezieht sich also nur auf solche Tarifvereinbarungen, die den Gesamtschutz der Leiharbeitnehmer*innen achten. Daraus ergibt sich, dass jegliche mitgliedstaatliche Tariföffnungsklausel eine entsprechende wirksame Begrenzung enthalten muss.[840] Aufgabe des EuGH ist in diesem Zusammenhang lediglich, das Bestehen und die Durchsetzung dieser Begrenzung zu kontrollieren. Diese mitgliedstaatliche Begrenzung bildet dann die rechtliche Vorgabe, deren Beachtung mitgliedstaatliche Gerichte bei der Kontrolle von Tarifverträgen überprüfen müssen – einer Kontrolle, die keine Angemessenheitskontrolle, sondern eine Rechtskontrolle wäre.[841] Mitgliedstaatliche Gerichte würden in keinem Fall untersuchen, ob die Tarifparteien die bestmögliche oder gerechteste Vereinbarung gefunden haben; sie müssten aber untersuchen, ob die Beschränkung in der ermächtigenden mitgliedstaatlichen Norm überschritten wurde.

---

840 Im Ergebnis ebenso *Corzelius*, Tarifdispositives Recht, S. 85; *J. Ulber*, RdA 2018, 50 (53f); *Wank*, BB 2018, 1909 (1915); *J. Ulber*, AuR 2017, 238 (240); Ulber/*J. Ulber*, AÜG Einl. F. Rn. 62, § 8 Rn. 240a, 252; *Schrattbauer*, Arbeitskräfteüberlassung, S. 307; *J. Ulber/Stang*, AuR 2015, 250 (254); *Kohte*, in: FS Bepler, S. 287 (299 f.); *Warneck*, Temporary agency work, S. 23; *Blanke*, DB 2010, 1528 (1532 f.); *J. Ulber*, AuR 2010, 412 (413); einschränkend Däubler TVG/*D. Ulber*, Einl. Rn. 664.

841 Ebenso Ulber/*J. Ulber*, AÜG § 8 Rn. 371.

Um diese Kontrolle zu erleichtern liegt es nahe, dass die Mitgliedstaaten die für eine Abweichung von der Gleichstellung geltenden Bedingungen konkret aufschlüsseln und den Gesamtschutz damit spezifizieren müssen.[842] Das käme nicht nur dem Erfordernis einer kontrollfähigen Begrenzung entgegen, sondern entspräche im Übrigen auch ihrer Pflicht, Richtlinien mit der erforderlichen Konkretheit, Bestimmtheit und Klarheit umzusetzen.[843] Doch auch wenn diese Konkretisierung nicht erfolgt, ändert das nichts an dem Charakter der gerichtlichen Prüfung als Rechtskontrolle – gibt es keine genaue Definition von Gesamtschutz im Gesetz, so ist die nähere Bestimmung, wie bei allen anderen Normen auch, eben durch die Gerichte zu leisten. Für die Annahme eines besonderen Spielraums der Tarifparteien ist dabei kein Platz. Auch das Zugeständnis einer Einschätzungsprärogative im Hinblick auf die Frage, ob ein Tarifwerk als ebenbürtig anzusehen ist, widerspräche dem Sinn der von der Richtlinie geforderten gesetzlichen Beschränkung der erteilten Normsetzungsbefugnis. Einzig das freie Urteil der in ihren eigenen Interessen betroffenen Leiharbeitskräfte könnte in dieser Hinsicht richtungsweisend sein.

Der Schlüssel zur richtigen Kontrolle der Gesamtschutzklausel liegt also in der richtigen mitgliedstaatlichen Umsetzung. Entscheidet sich ein Mitgliedstaat zur Nutzung der in Art. 5 Abs. 3 RL 2008/104/EG vorgesehenen Ausnahmemöglichkeit, so hat er den dazu vorgesehenen Rahmen in seiner Umsetzung zu beachten und zu konkretisieren. Die Einhaltung dieses Rahmens durch die Tarifparteien kann dann von den mitgliedstaatlichen Gerichten ebenso kontrolliert werden, wie das etwa bei Diskriminierungsverboten oder gesetzlichen Mindestlöhnen auch geschieht.

---

842 Im Ergebnis ebenso *Wank*, BB 2018, 1909 (1915); *J. Ulber*, AuR 2017, 238 (240); Ulber/*J. Ulber*, AÜG Einl. F. Rn. 63, § 8 Rn. 240a, 252; *Schrattbauer*, Arbeitskräfteüberlassung, S. 307; *J. Ulber/Stang*, AuR 2015, 250 (254); *Kohte*, in: FS Bepler, S. 287 (299 f.); *Blanke*, DB 2010, 1528 (1532 f.); *J. Ulber*, AuR 2010, 412 (413); aA *Waltermann*, NZA 2010, 482 (484 f.); *Boemke*, RIW 2009, 177 (183); *Waas*, ZESAR 2009, 207 (211); vgl. grundsätzlich Däubler TVG/*D. Ulber*, Einl. Rn. 664.

843 EuGH, Urt. v. 18.10.2001 – C-354/99, Rn. 27; EuGH, Urt. v. 04.12.1997 – Rs. C-207/96 – Kommission/Italien, Rn. 26; vgl. *Corzelius*, Tarifdispositives Recht, S. 85.

B. Schutzniveau in Deutschland

Auf Basis dieser eindeutigen bestimmten unionsrechtlichen Vorgabe ist es nun möglich, die Konformität des deutschen Rechts mit der Leiharbeitsrichtlinie zu bewerten. Auch die deutsche Rechtsordnung enthält Vorgaben, die bei einer tariflichen Unterschreitung der vom Gleichstellungsgrundsatz geforderten Arbeitsbedingungen zu beachten sind. Diese Schranken sind unter die festgestellten Anforderungen des unionsrechtlichen Gebots zur Achtung des Gesamtschutzes zu subsumieren. Betrachtungsobjekt ist dabei allein die staatliche Rechtsordnung; Tarifverträge können höchstens als Beispiel anschaulich die mögliche Wirkung derselben darstellen.

Das für Leiharbeitnehmer*innen in Deutschland staatlicherseits gewährleistete Schutzniveau ergibt sich aus dem Zusammenspiel verschiedener Schutzmaßnahmen. Diese Schutzmaßnahmen lassen sich danach unterteilen, ob sie sich spezifisch auf Leiharbeit beziehen oder von grundsätzlicher Natur sind, sich aber auch in der Leiharbeit schützend auswirken.

I. Spezifische Schutzmechanismen des AÜG

Die im AÜG verankerten, auf den Schutz von Leiharbeitskräften bezogenen spezifischen Schutzmechanismen im deutschen Recht sind größtenteils bereits im ersten Teil ausführlich dar-, und der Rechtswirklichkeit gegenübergestellt worden.[844] An dieser Stelle ist es nun möglich, den gesetzlichen Rahmen daraufhin zu untersuchen, ob er die Normsetzungsmacht der Tarifparteien im Hinblick auf die Arbeitsbedingungen hinreichend einschränkt, um nur solche Tarifwerke zuzulassen, die den Gesamtschutz der Leiharbeitnehmer*innen achten. Die mitgliedstaatliche Umsetzung von Art. 5 Abs. 3 RL 2008/104/EG ist nur dann unionsrechtskonform, wenn den Tarifparteien die Unterschreitung der vom Gleichstellungsgrundsatz geforderten Arbeitsbedingungen nur unter der Voraussetzung ermöglicht wird, dass ein insgesamt mindestens gleichwertiges Schutzniveau für die Leiharbeitskräfte gewahrt bleibt.

Als wesentlicher Baustein bei dem Versuch, den Schutz von Leiharbeitnehmer*innen auch trotz einer Aufweichung des Gleichstellungsgrundsatzes zu gewährleisten, gilt die Möglichkeit des § 3a AÜG, einen leiharbeits-

---

844 Vgl. oben Erster Teil B. III., S. 65.

spezifischen Mindestlohn zu etablieren.[845] Tatsächlich kann ein solcher Mindestlohn für all diejenigen Leiharbeitskräfte einen ernstzunehmenden Schutz darstellen, deren Entgelt bei einer Orientierung am Entgelt der vergleichbaren Stammbeschäftigten in den Einsatzbetrieben unter oder gerade auf Höhe dieses Mindestlohns liegen würde. Gemäß dem zur Definition der Gesamtschutzklausel gefundenen Ergebnis ist außerdem eine Durchschnittsbetrachtung verschiedener Personen derselben Entgeltgruppe möglich; damit könnte ein Mindestlohn sogar dann einen adäquaten Schutz der Angehörigen niedriger Lohngruppen darstellen, wenn die konkreten Vergleichsentgelte in den Einsatzbetrieben teilweise höher lägen. Für alle Lohngruppen dagegen, deren Entgelte bei einer Orientierung am Gleichstellungsgrundsatz über der festgelegten Lohnuntergrenze liegen, bleibt dieser Schutzmechanismus nutz- und wirkungslos. Tatsächlich hat die leiharbeitsspezifische Lohnuntergrenze den gesetzlichen Mindestlohn in Deutschland seit dessen Einführung noch nie um auch nur einen Euro übertroffen; die praktische Wirkung von § 3a AÜG blieb in der Vergangenheit damit sehr überschaubar.

Ungeachtet der geringen Auswirkung ist mit Blick auf das Unionsrecht aber vor allem von Belang, dass die Lohnuntergrenze nach § 3a AÜG nur auf einen Vorschlag der Tarifparteien hin vom Bundesministerium für Arbeit und Soziales geschaffen werden kann. Werden die Tarifparteien nicht in dieser Form tätig, so gibt es auch keine Lohnuntergrenze. Das zeigt die Abhängigkeit dieser Schutzbestimmung von den Tarifparteien – und widerspricht der Vorgabe des Art. 5 Abs. 3 RL 2008/104/EG, der nur eine von mitgliedstaatlicher Seite begrenzte Einräumung von Normsetzungsmacht an die Tarifparteien zulässt. Eben weil nicht erst das tatsächliche Endergebnis, sondern bereits die staatliche Ermöglichung abweichender Tarifverträge durch die Vorgabe zur Achtung des Gesamtschutzes beschränkt ist, kann es auf eine von den Tarifparteien abhängige Lohnuntergrenze nicht ankommen. § 3a AÜG ist darum aus unionsrechtlicher Perspektive irrelevant.

Angesichts des eindeutig relativen Schutzbegriffs in Art. 5 Abs. 3 RL 2008/104/EG kommt auch dem in § 8 Abs. 4 AÜG verankerten Anreiz zur schrittweisen Annäherung des Entgelts an das der vergleichbaren Stammbeschäftigten nur geringe Bedeutung zu. Mit dieser Vorschrift wird allein das Ausmaß der Unterschreitung des vom Gleichstellungsgrundsatz gebotenen Schutzniveaus gesteuert; eine Kompensation der Unterschrei-

---

845 EuArbRK/*Kolbe*, RL 2008/104/EG Art. 5 Rn. 23; Preis/Sagan/*Sansone*, Europäisches Arbeitrecht, § 12 Rn. 78; *Sansone*, Gleichstellung, S. 546.

tung durch anderweitige Vorteile gegenüber dem Gleichstellungsgrundsatz findet an dieser Stelle nicht statt. Die Vorschrift trägt darum nicht wesentlich dazu bei, ein der Gleichstellung ebenbürtiges Schutzniveau zu erreichen.

Gleiches gilt für die ebenfalls in § 8 Abs. 4 zum Ausdruck kommende zeitliche Begrenzung der Möglichkeit zur Unterschreitung des Gleichstellungsgrundsatzes. Unabhängig davon, dass die große Mehrheit der Überlassungsverhältnisse in Deutschland die dort formulierten Grenzen praktisch nie erreicht, bietet die Regelung auch keinen über die Gleichstellung hinausreichenden Vorteil, der die Nachteile kompensieren könnte. Die Norm schränkt damit die Abweichung nach unten etwas ein, enthält aber keine Vorgaben zum Ausgleich.

Einen auch in tatsächlicher Hinsicht beachtenswerten Schutz erhalten Leiharbeitnehmer*innen in Deutschland durch die Bestimmungen des § 11 Abs. 4 Satz 1 und 2 AÜG.[846] Der Staat verwehrt den Arbeits- und Tarifvertragsparteien an dieser Stelle, von grundsätzlich dispositiven Schutzvorschriften im Zusammenhang mit Kündigungsfristen und Annahmeverzugslohn abzuweichen.[847] Beide Regelungsfragen werden allerdings von der Leiharbeitsrichtlinie nicht behandelt und liegen außerhalb ihres Regelungsbereichs – die Vorgaben der Richtlinie beziehen sich nur auf die Zeiten der Überlassung.

Der durch § 11 Abs. 4 AÜG geschaffene Schutz kommt Leiharbeitnehmer*innen darum zwar zweifellos zugute; er hat aber keine unionsrechtliche Grundlage, auf die er aufsatteln könnte. § 11 Abs. 4 AÜG ist damit ebenso sehr Ausdruck der mitgliedstaatlichen Freiheit zur Regelung des Arbeitsrechts wie die Entgeltfortzahlung im Krankheitsfall, der Mutterschutz oder das Recht auf Bildungsurlaub. All diese Vorgaben schützen die Beschäftigten in der Arbeitnehmer*innenüberlassung, sie stehen aber außerhalb des Regelungsbereichs der Leiharbeitsrichtlinie und nehmen deshalb keinen Einfluss darauf, ob bei tariflichen Vereinbarungen ein dem Gleichstellungsgrundsatz ebenbürtiges Schutzniveau gewahrt bleibt. Vielmehr ist § 11 Abs. 4 AÜG Teil des vortariflichen Schutzniveaus und damit Teil jener Ausgangslage, an der sich jegliche tarifliche Abweichung messen lassen muss.

Ein Beitrag zum Gesamtschutz im Sinne einer Besserstellung gegenüber der grundsätzlichen Regelung der Gleichstellung ließe sich in § 11 Abs. 4 AÜG nur erblicken, wenn der Schutz als Kompensation der tariflichen

846 Ebenso *Hamann*, jurisPR-ArbR 29/2021 Anm. 3.

847 *Schüren*/Hamann, AÜG § 11 Rn. 114; Ulber/*J. Ulber*, AÜG § 11 Rn. 101.

Unterschreitung des vom Gleichstellungsgrundsatz geforderten Schutzniveaus ausgestaltet wäre. Würde § 11 Abs. 4 AÜG nur in Fällen Geltung beanspruchen, in denen eine tarifliche Unterschreitung der Vorgaben des Gleichstellungsgrundsatzes vereinbart ist, so stünde dem tariflich veranlassten Verlust an Rechten tatsächlich ein Aufwachsen von Rechten an anderer Stelle gegenüber. Dieser Tausch ließe sich dann in Anlehnung an Art. 5 Abs. 2 RL 2008/104/EG in ein Verhältnis setzen, um die Wahrung eines ebenbürtigen Schutzniveaus zu bewerten.[848] In seiner aktuellen Form aber koppelt § 11 Abs. 4 AÜG keinen eigenen Mehrwert an die tarifliche Abweichung vom Gleichstellungsgrundsatz, stattdessen ist der Schutz unabhängig von der Tarifdispositivität ausgestaltet. Auch diese Vorschrift trägt darum nicht dazu bei, die nach § 8 Abs. 2, 4 AÜG geschlossenen Tarifverträge auf die Achtung des Gesamtschutzes zu verpflichten.

Eher der Missbrauchsbekämpfung als dem Versuch der Wahrung des Gesamtschutzes zuzuordnen sind die Regelungen zur Begrenzung der Überlassungsdauer in § 1 Abs. 1b AÜG und die in § 8 Abs. 3 AÜG verankerte Drehtürklausel.

Die Überlassungshöchstdauer stößt vielen Leiharbeitnehmer*innen mutmaßlich eher auf, weil sie dadurch zu einem Wechsel des Einsatzbetriebs gezwungen werden. Im Hinblick auf den Gesamtschutz wesentlicher ist aber die Tatsache, dass die Regelung unabhängig von den Arbeitsbedingungen der Beschäftigten und einer eventuellen Tarifierung gilt. Eine Kompensation von tariflich bedingten Schutzeinbußen findet damit nicht statt.

Das Gleiche gilt für die Drehtürklausel. § 8 Abs. 3 AÜG schließt schlicht die Abweichung vom Gleichstellungsgrundsatz für einige Leiharbeitnehmer*innen aus. Damit ist es unmöglich, dass hieraus keine Kompensation für die Nachteile erwachsen kann, die mit der – ausgeschlossenen – Abweichung einhergehen. Auch diese Norm begrenzt demnach nur die Möglichkeiten zur Unterschreitung des von der Gleichstellung etablierten Schutzniveaus, ohne durch ein Aufwachsen an anderer Stelle zur Wahrung des Gesamtschutzes beizutragen.

Zu guter Letzt ist festzuhalten, dass in § 13b AÜG ein wertiges Zugangsrecht von Leiharbeitskräften zu den Gemeinschaftseinrichtungen und -diensten des Entleihunternehmens etabliert wurde. Dieses in Umsetzung von Art. 6 Abs. 4 RL 2008/104/EG geschaffene Recht ist aber nicht an die Unterschreitung der vom Gleichstellungsgrundsatz gebotenen Arbeitsbedingungen gekoppelt und dient nicht zu ihrem Ausgleich. Es macht

848 Vgl. dazu oben ausführlich Zweiter Teil A. II. 2. a. 2), S. 185.

vielmehr – der europäischen Vorgabe entsprechend – deutlich, dass die Gleichstellung in Fragen der sozialen Teilhabe auch tariflich nicht abbedungen werden kann. Ein Beitrag zur Achtung des Gesamtschutzes ist auch hierin nicht zu sehen.

Insgesamt zeigt sich damit, dass das AÜG die Möglichkeit zur tariflichen Abweichung vom Gleichstellungsgrundsatz an einigen Stellen nach unten begrenzt, wenngleich diese Begrenzungen oftmals praktisch wenig Wirkung entfalten. Von größerer Relevanz ist aber, dass im AÜG keinerlei Regelungen zur Kompensation von Einbußen vorgesehen sind, die mit einer Unterschreitung des vom Gleichstellungsgrundsatz geforderten Schutzniveaus einhergehen. Die Tarifparteien können damit in einem begrenzten Rahmen den Schutz von Leiharbeitskräften verschlechtern, sind aber an keiner Stelle aufgefordert, diesen Verlust durch Verbesserungen wieder auszugleichen. Angesichts der eindeutigen Anforderungen eines relativen Schutzbegriffs kommen die Regelungen des AÜG damit der Vorgabe zur begrenzten Normsetzungsermächtigung nicht hinreichend nach; das Gesetz sorgt nicht dafür, dass der Gesamtschutz im Sinne eines ebenbürtigen Schutzniveaus gewahrt bleibt.

II. Unspezifische Schutzmechanismen

Neben den spezifischen, auf die Arbeitnehmer*innenüberlassung zugeschnittenen Schutzmechanismen profitieren Leiharbeitskräfte auch von den üblichen, für alle abhängig Beschäftigten geltenden Schutzbestimmungen des deutschen Arbeitsrechts. Dabei sind im Hinblick auf die Kompetenz der Tarifvertragsparteien zur Unterschreitung des Gleichstellungsniveaus vor allem die Sittenwidrigkeitsgrenze des § 138 BGB, das Tarifrecht mit seinen Mechanismen zur Sicherung angemessener Tarifverträge und das Konzept einer Bindung der Tarifparteien an das von der Gesetzgebung verfolgte Schutzkonzept relevant.

1. Sittenwidrigkeitsgrenze

Insbesondere für Fragen der Entlohnung bietet § 138 BGB eine Untergrenze, auf welche sich auch Leiharbeitnehmer*innen berufen können. Die Norm verbietet solche Entgeltabreden als sittenwidrig, die von einem auffälligen Missverhältnis zwischen dem Wert der erbrachten Arbeitsleistung und der dafür erbrachten Vergütung geprägt sind, wenn dieses Missverhältnis auf eine Zwangslage oder eine verwerfliche Gesinnung einer Vertragspartei zurückgeführt werden kann.[849] Unwirksam ist dabei im Ergebnis regelmäßig eine Entgeltvereinbarung, die unter die Grenze von zwei Dritteln des den Wert der Arbeitsleistung markierenden marktüblichen Lohns fällt.[850]

a. Anwendbarkeit von § 138 BGB auf Tarifverträge

Es ist zwar bis heute nicht abschließend geklärt, ob diese Sittenwidrigkeitsgrenze auch auf insbesondere normativ wirkende Tarifverträge Anwendung findet; das BAG behilft sich aber mit einem Umweg über das Verfassungsrecht.[851] Die Richter*innen führen die Gerechtigkeitsanforderungen des § 138 BGB dabei auf Artt. 2 Abs. 1, 20 Abs. 1 GG zurück und wenden in der Folge die inhaltlichen Vorgaben auch auf Tarifverträge an.[852] Überzeugender dürfte sich die umgekehrte Wirkung begründen lassen: Zunächst einmal sind auch Tarifverträge nicht staatliche Normen, sondern privatrechtliche Vereinbarungen, die keiner Normkontrolle unterliegen – sie sollten deshalb unmittelbar an dem von der Rechtsprechung geschärften § 138 BGB gemessen werden.[853] Dabei können dann anschließend die Wertungen von Artt. 2 Abs. 1, 20 Abs. 1 GG unproblematisch mit einfließen. Im Ergebnis ergibt sich damit aus der Frage kein grundlegender Unterschied; die Anschlussfrage nach dem Maßstab der Sittenwidrigkeit von Tarifentgelten lässt sich grundsätzlich unter beiden Normen diskutieren.

---

849 ErfK/*Preis*, BGB § 612 Rn. 3; MüKoBGB/*Armbrüster*, BGB § 138 Rn. 205.

850 BAG, Urt. v. 19.08.2015 – 5 AZR 500/14, Rn. 27; BAG, Urt. v. 22.04.2009 – 5 AZR 436/08, NZA 2009, 837 Rn. 17; Däubler TVG/*Lakies/Rödl*, § 5 Anh. 1 Rn. 23; MüKoBGB/*Armbrüster*, BGB § 138 Rn. 233, 272; Wiedemann TVG/*Thüsing*, § 1 Rn. 30; Ulber/*J. Ulber*, AÜG § 1 Rn. 66; *Call*, NJ 2010, 89 (93f).

851 BAG, Urt. v. 24.03.2004 – 5 AZR 303/03, NZA 2004, 971 (973); vgl. *Röpke*, Die Gestaltbarkeit von Arbeitsbedingungen, S. 121; *Call*, NJ 2010, 89 (95).

852 BAG, Urt. v. 24.03.2004 – 5 AZR 303/03, NZA 2004, 971 (973); vgl. *Stütze*, Kontrolle der Entgelthöhe, S. 478.

853 MüKoBGB/*Armbrüster*, BGB § 138 Rn. 17; Thüsing/*Mengel*, AÜG § 9 Rn. 50; Ulber/*J. Ulber*, AÜG § 8 Rn. 324; *Löwisch/Rieble*, TVG Grundl. Rn. 178, § 1 Rn. 600, aA § 1 Rn. 603; *Röpke*, Die Gestaltbarkeit von Arbeitsbedingungen, S. 124; *Stütze*, Kontrolle der Entgelthöhe, S. 478 f.; Däubler TVG/*Schiek*, 3. Aufl. 2012, Einl. Rn. 321; *Call*, NJ 2010, 89 (95); *Otto*, in: FS Konzen, S. 663 (676 f.); *Gamillscheg*, Kollektives Arbeitsrecht I, S. 695; *Däubler*, Tarifvertragsrecht, Rn. 368; aA *Hamann*, Anmerkung zu BAG v. 24.3.2004, EzA § 138 BGB 2002 Nr. 2, 14 f.

b. Grenze eines zulässigen Missverhältnisses

Im Hinblick auf diesen Maßstab – das Verhältnis von Arbeitsleistung und Entgelt, welches noch tolerabel ist – werden im Wesentlichen zwei Standpunkte vertreten: entweder übernimmt man die für arbeitsvertragliche Vereinbarungen gefundenen Grundsätze, oder aber man geht eingedenk der besonderen Funktionsweise der Tarifbildung von anderen, neuen Grundsätzen aus.

Die Richter*innen des BAG haben den letztgenannten Weg eingeschlagen und sich in ihrer Prüfung auf die Frage beschränkt, ob die vereinbarten Entgelte einen Hungerlohn darstellen.[854] Begründet wird dieses zurückhaltende Prüfungsprogramm mit der grundgesetzlich verankerten Tarifautonomie und der postulierten Richtigkeitsgewähr von Tarifverträgen.[855] Der Begriff des Hungerlohns bleibt dabei unscharf. Einerseits legt der Wortlaut nahe, dass der Hungerlohn unabhängig vom Marktpreis der Arbeitskraft allein am Hunger, spricht am Bedarf von Lohnabhängigen bemessen werden soll. Im Ergebnis würde das bedeuten, dass nicht länger das Äquivalenzverhältnis, sondern eine absolute Untergrenze entscheidend sein soll.[856] Das bricht nicht nur mit der Handhabung von § 138 BGB, sondern steht auch in einem gewissen Spannungsverhältnis zu der im selben Urteil wenige Randnummern zuvor begründeten Ablehnung einer am Sozialhilfesatz oder an Pfändungsgrenzen orientierten absoluten Untergrenze. Darüber hinaus stellt auch das in Rede stehende Urteil klar, dass die Bewertung als Hungerlohn unter Berücksichtigung aller Umstände des Tarifvertrags und der erfassten Tätigkeit stattfinden müsse.[857] Vergleichsmaßstab soll darum letztendlich doch der Tariflohn des betreffenden Wirtschaftszweigs sein.[858] Damit ist die Hungerlohn-Entscheidung in einem Sinne zu verstehen, wonach zwar das Verhältnis von Leistung und Gegenleistung Betrachtungsobjekt bleibt, der Maßstab für eine Sittenwidrigkeit von Tariflöhnen aber unter die Grenze von zwei Dritteln des marktüblichen Entgelts gesenkt werden sollte.

Diese Auffassung würde allerdings dazu führen, dass den Tarifparteien Abschlüsse ermöglicht würden, die bei einer inhaltsgleichen arbeitsver-

---

854 BAG, Urt. v. 24.03.2004 – 5 AZR 303/03, NZA 2004, 971 (973).

855 BAG, Urt. v. 24.03.2004 – 5 AZR 303/03, NZA 2004, 971 (973) unter I. 2. b).

856 Mit dieser Interpretation *Röpke,* Die Gestaltbarkeit von Arbeitsbedingungen, S. 129.

857 BAG, Urt. v. 24.03.2004 – 5 AZR 303/03, NZA 2004, 971 (973) unter I 2. b).

858 BAG, Urt. v. 24.03.2004 – 5 AZR 303/03, NZA 2004, 971 (973) unter I. 2. c) aa).

traglichen Absprache von der Rechtsprechung nicht anerkannt werden. Eine solche Erlaubnis zu eigentlich sittenwidrigem Handeln erscheint, insbesondere in Anbetracht des Charakters von Tarifverträgen als privatrechtlicher Vereinbarung, widersprüchlich.[859] Auch der Verweis auf das Machtgleichgewicht zwischen den Tarifparteien kann die Anwendung von § 138 BGB nicht ausschließen, sind doch auch weite Teile des Privatrechts von der Annahme von Verhandlungsparität geleitet und dennoch der Kontrolle des § 138 BGB unterworfen.[860] Dazu kommt eine neue Rechtsunsicherheit und die Schwierigkeit, in derselben Sachfrage aus demselben Maßstab – dem Anstandsgefühl aller billig und gerecht Denkenden – eine zweite, abweichende Untergrenze abzuleiten.[861] Richtigerweise darf stattdessen aus dem Machtgleichgewicht der Tarifparteien zwar die Hoffnung abgeleitet werden, dass ein die zwei-Drittel-Grenze unterschreitender Exzess die absolute Ausnahme bleiben wird; die Prüfung an sich wird dadurch aber nicht hinfällig. Im Gegenteil ist auch bei Tarifverträgen eine Entgeltabrede sittenwidrig, die weniger als zwei Drittel des branchenüblichen Lohns verspricht.[862]

c. Feststellung des Werts der erbrachten Arbeitsleistung

Für den Schutz von Leiharbeitnehmer*innen absolut entscheidend ist damit die Frage, wo man den objektiven Wert ihrer Arbeitsleistung verortet. Auch das Vehikel der verkehrsüblichen Vergütung führt hier nicht zu eindeutigen Ergebnissen, weil es für die von Leiharbeitskräften erbrachten Tätigkeiten verschiedene, teilweise stark abweichende Entgeltniveaus gibt: die der Einsatzbranchen und das der Arbeitnehmer*innenüberlassung.[863]

Nach Auffassung des BAG soll die konkret ausgeübte Tätigkeit von Leiharbeitnehmer*innen für die Bestimmung des Werts ihrer Arbeitsleis-

---

859 Ebenso *Corzelius*, Tarifdispositives Recht, S. 95; *Röpke*, Die Gestaltbarkeit von Arbeitsbedingungen, S. 129 f.; *Stütze*, Kontrolle der Entgelthöhe, S. 481; *Call*, NJ 2010, 89 (95 ff.); *Otto*, in: FS Konzen, S. 663 (677).

860 *Röpke*, Die Gestaltbarkeit von Arbeitsbedingungen, S. 130; aA *Hamann*, Anmerkung zu BAG v. 24.3.2004, EzA § 138 BGB 2002 Nr. 2, 15.

861 *Call*, NJ 2010, 89 (97).

862 Ebenso *Röpke*, Die Gestaltbarkeit von Arbeitsbedingungen, S. 129 f.; *Stütze*, Kontrolle der Entgelthöhe, S. 481; *Call*, NJ 2010, 89 (97); *Otto*, in: FS Konzen, S. 663 (677).

863 Vgl. zur Lohnspanne zwischen Leiharbeitnehmer*innen und Stammbeschäftigten ausführlich oben Erster Teil B. III. 1. b. 2), S. 111.

tung nicht relevant sein. Eben weil es die Tätigkeit als Leiharbeitskraft mit sich bringe, in verschiedenen Branchen eingesetzt zu werden, soll der Bezugspunkt für den Wert der erbrachten Arbeit allein das Tarifniveau in der Arbeitnehmer*innenüberlassung selbst sein.[864] Das müsse umso mehr gelten, als neben dieser auf die Arbeitsleistung bezogenen Besonderheit auch weitere Eigenheiten der Leiharbeit bestünden, die einen Vergleich mit den Austauschverhältnissen der Einsatzbranchen unpassend erscheinen ließen. Dabei bringen die Richter*innen nicht nur die durch die Wechsel der Einsatzbetriebe geschaffenen Schwierigkeiten der Leiharbeitnehmer*innen, sondern auch das unternehmensseitige Risiko der Vergütung einsatzfreier Zeiten ins Spiel.[865] Zusätzlich wird auf den erhofften Brückeneffekt in die Normalbeschäftigung verwiesen und die Arbeit als Leiharbeitskraft als eine Art Probezeit abgewertet.[866] Zuletzt entnehmen die Richter*innen aus Erfurt auch der tarifdispositiven Ausgestaltung des Gleichstellungsgrundsatzes einen Hinweis auf eine unbegrenzte und vorrangige Abweichungskompetenz der Tarifparteien.[867] Insgesamt müsse demnach in Anbetracht der Unterschiede zwischen Leiharbeits- und Stammkräften ein Vergleich ihrer Entgelte ausscheiden; ausschlaggebend für ein eventuelles Missverhältnis zwischen Arbeitsleistung und Arbeitsentgelt soll darum nur das übliche Entgelt in der Arbeitnehmer*innenüberlassung sein.[868]

Dieses Verständnis bringt allerdings die erstaunliche Konsequenz mit sich, dass das für die Sittenwidrigkeit relevante Tatbestandsmerkmal der Zwangslage gleichzeitig angebracht wird, um die Ausnutzung eben dieser Zwangslage zu rechtfertigen. Die schwierige Position vieler Leiharbeitnehmer*innen auf dem Arbeitsmarkt führt dazu, dass sich die Beschäftigten notgedrungen in eine dauerhafte Probezeit begeben und den zusätzlichen Mühen einer ständig neuen Eingewöhnung in wechselnde Betriebe stellen. Diese Elemente der Ausbeutung einer Zwangslage sollen dann gleichzeitig dazu dienen, die Vergleichbarkeit mit Stammbeschäftigten auszuschließen und die Leiharbeitnehmer*innen als geschlossene Gruppe zu definieren, innerhalb derer jegliche Ausbeutung absolut durchschnittlich sein kann. Überspitzt könnte man von diesem Standpunkt auch vertreten,

864 BAG, Urt. v. 24.03.2004 – 5 AZR 303/03, NZA 2004, 971 (973).

865 BAG, Urt. v. 24.03.2004 – 5 AZR 303/03, NZA 2004, 971 (973) unter I. 2. c) aa).

866 BAG, Urt. v. 24.03.2004 – 5 AZR 303/03, NZA 2004, 971 (973) unter I. 2. c) aa).

867 BAG, Urt. v. 24.03.2004 – 5 AZR 303/03, NZA 2004, 971 (973) unter I. 2. c) aa).

868 BAG, Urt. v. 24.03.2004 – 5 AZR 303/03, NZA 2004, 971 (973) unter I. 2. c) aa); zust. *Röpke*, Die Gestaltbarkeit von Arbeitsbedingungen, S. 127; *Mohr*, BB 2008, 1065 (1067); *Hamann*, Anmerkung zu BAG v. 24.3.2004, EzA § 138 BGB 2002 Nr. 2, 20 f.

dass schlecht bezahlte saisonale Erntehelfer*innen nicht mit gut bezahlten dauerhaften Erntehelfer*innen verglichen werden dürften, weil letztere ja allein schon wegen ihrer schlechten Bezahlung und fragwürdigen Unterbringung nicht mit ihren bessergestellten Kolleg*innen vergleichbar seien. Aufgabe von § 138 BGB kann es aber nicht sein, derlei Zirkel hinzunehmen, sondern sie zu durchbrechen und das Ergebnis zu korrigieren.

Nichtsdestotrotz bestehen offensichtlich Unterschiede zwischen der Tätigkeit von Leiharbeitnehmer*innen und der ihrer stammbeschäftigten Kolleg*innen. Es erscheint sachgerecht, diesen Unterschieden bei der Ermittlung des Werts der Arbeitsleistung Rechnung zu tragen. Es darf aber nicht jeder Unterschied dazu führen, dass eine Vergleichbarkeit von Tätigkeiten abgelehnt wird – andernfalls wäre jeder Betrieb und jeder Arbeitsplatz mit seinen eigenen Besonderheiten der jeweils eigene, einzige verbleibende Vergleichsmaßstab, die Kontrolle über § 138 BGB würde vollständig entwertet. Stattdessen fordert § 138 BGB richtigerweise zunächst, so weit als möglich aus dem Vergleich mit anderen Lohnabhängigen belastbare Zahlen für den Wert der erbrachten Arbeitsleistung zu ermitteln.

Bei *Sandmann* findet sich in dieser Hinsicht ein interessanter Vorschlag. Seine Perspektive akzeptiert die vom BAG festgestellten Besonderheiten der Leiharbeit als so gravierend, dass die Vergleichbarkeit von Leih- und Stammkräften dadurch grundsätzlich unmöglich wird.[869] Gleichzeitig soll aber in Fällen, in denen diese Unterschiede schwinden – etwa, weil eine Leiharbeitskraft längerfristig für eine spezifische Position in einem spezifischen Entleihunternehmen angestellt wird – dann doch eine Vergleichbarkeit mit den dort angestellten Stammbeschäftigten gegeben sein.[870] *Sandmann* korrigiert also die Position des BAG in Fällen, in denen der Wechsel zwischen verschiedenen Einsatzbetrieben unwahrscheinlich, das unternehmerische Risiko von Standzeiten gering und der Einsatz über eine sinnvoll als Probezeit anzusehende Zeit hinausreichend ist.[871] Richtig daran ist, dass in diesen Fällen wirklich nichts mehr dagegen spricht, zur Feststellung des Werts der Arbeitsleistung an das für die konkrete Tätigkeit üblicherweise gezahlte Entgelt in den Einsatzbetrieben anzuknüpfen. Kritikwürdig ist aber die Beschränkung auf diese Fälle.

Die Feststellung der Vergleichbarkeit unabhängig von der Einsatzdauer fällt bei der Arbeitnehmer*innenüberlassung in zweierlei Hinsicht besonders leicht. Zum einen üben Leiharbeitnehmer*innen eben keinen eige-

869 *Sandmann,* in: FS Buchner 2009, S. 777 (783f).
870 *Sandmann,* in: FS Buchner 2009, S. 777 (784).
871 *Sandmann,* in: FS Buchner 2009, S. 777 (784).

nen, unabhängigen Job aus; das Tätigkeitsprofil ihrer konkreten Tätigkeit besteht vielmehr schon in den Einsatzbetrieben. Damit gibt es ganz klare Vorbilder, an deren Entlohnung angeknüpft werden kann. Insofern muss in der Leiharbeit ebenso wie bei Angestellten von Subunternehmen gelten, dass ausschlaggebend für den Wert der erbrachten Arbeitsleistung nicht die rechtliche Konstruktion, sondern die tatsächlich ausgeübte Arbeit ist.[872] Zum anderen ist diese Perspektive auch durch das Gesetz vorgezeichnet und abgesichert, hat doch die Gesetzgebung sowohl auf europäischer als auch bundesdeutscher Ebene mit dem Gleichstellungsgrundsatz die Vergleichbarkeit von Leiharbeitskräften und Stammbeschäftigten zur expliziten Grundlage ihrer Regulierung gemacht.[873]

Aus diesem Grund ist auch das Argument des BAG, das Gesetz würde die Tarifparteien grenzenlos ermächtigen, hinfällig. Im Gegenteil schafft § 8 Abs. 1 AÜG selbst einen Anhaltspunkt für den objektiven Wert der Arbeitsleistung von Leiharbeitnehmer*innen und einen Ausgangspunkt, von dem sich die Tarifparteien im Rahmen der gesetzlichen Grenzen entfernen dürfen.[874] Auch außerhalb der Arbeitnehmer*innenüberlassung wird tarifdispositives Gesetzesrecht eher als Anker denn als Freifahrtschein verstanden; an dieser Stelle kann nichts anderes gelten.[875] Ebenso wie das systematische Argument sind auch andere aufgeführte Besonderheiten kaum geeignet, die Vergleichbarkeit der Tätigkeiten von Leiharbeitnehmer*innen und Stammbeschäftigten zu negieren. Der erhoffte Brückeneffekt ist in der Praxis ausgesprochen überschaubar und außerdem kein Verdienst der Verleihunternehmen.[876] Ohnehin darf bezweifelt werden, ob eine potentiell ewige Probezeit mit vergleichsweise schlechten Arbeitsbedingungen dem Anstandsgefühl aller billig und gerecht Denkenden tatsächlich entspricht. Über das unternehmerische Risiko von Standzeiten ist von der Legislative mit § 11 Abs. 4 AÜG entschieden worden; in diesem Zusammenhang ist die Vergütung einsatzfreier Zeiten zu diskutieren. Für den objektiven Wert der vorliegend interessierenden Arbeitsleistung in Einsatzzeiten tut das unmittelbar nichts zur Sache.

---

872 Vgl. ArbG Bremen-Bremerhaven, Urt. v. 12.12.2007 – 9 Ca 9331/07.

873 *Call,* NJ 2010, 89 (98); *J. Ulber,* NZA 2009, 232 (237); grundsätzlich dazu *Däubler,* KJ 2003, 17 (18).

874 Ulber/*J. Ulber,* AÜG § 1 Rn. 66; *Röpke,* Die Gestaltbarkeit von Arbeitsbedingungen, S. 127.

875 Vgl. *Seiwerth,* Gestaltungsfreiheit in Tarifverträgen, S. 149.

876 *Hamann,* Anmerkung zu BAG v. 24.3.2004, EzA § 138 BGB 2002 Nr. 2, 20 f.; zum Brückeneffekt *Pasch,* Vorübergehende Überlassung, S. 35; *Barlen,* Zwischen zwei Arenen, S. 49 f.; *Lehmer/Ziegler,* IAB-Kurzbericht 13/2010.

Damit sprechen die entschieden besseren Gründe dafür, den im Zusammenhang mit § 138 BGB relevanten objektiven Wert der Arbeitsleistung von Leiharbeitnehmer*innen aus den Arbeitsbedingungen der vergleichbaren Beschäftigten in den Einsatzbetrieben abzuleiten.[877]

d. Zusammenfassung

§ 138 BGB schafft damit nach richtigem Verständnis eine Untergrenze, unter welche die tarifvertraglich vereinbarten Entgelte von Leiharbeitnehmer*innen nicht fallen dürfen. Die subjektiven Voraussetzungen dürften dabei selten in Frage stehen. Diese Untergrenze lässt allerdings nicht nur eine Unterschreitung des nach dem Gleichstellungsgrundsatz geschuldeten Entgelts um ein Drittel zu; sie hält außerdem ebenso wie die Schutzbestimmungen des AÜG keinerlei Mechanismen zur Kompensation dieser möglichen Verschlechterung bereit. § 138 BGB kann darum – richtig angewandt – die Einbuße gegenüber dem Gleichstellungsgrundsatz beschränken. Die Norm allein genügt aber bei Weitem nicht, um ein der Gleichstellung insgesamt ebenbürtiges Niveau zu garantieren. Auch § 138 BGB reicht damit nicht aus, um den von Art. 5 Abs. 3 RL 2008/104/EG geforderten Gesamtschutz von Leiharbeitnehmer*innen zu gewährleisten.

2. Tarifrecht als Garant angemessener Tarifverträge

Teilweise wird im Hinblick auf die Umsetzung von Art. 5 Abs. 3 RL 2008/104/EG vertreten, dass der Gesamtschutz von Leiharbeitnehmer*innen in Deutschland bereits ohne Ansehung der konkreten Regelung im AÜG oder der konkreten Tarifverträge gewährleistet sei, weil allen Tarifverträgen zwingend eine Richtigkeitsgewähr innewohnen würde.[878] Allein der von der Vorgaben des Tarifrechts strukturierte Prozess der Tarif-

877 Ebenso LAG Baden-Württemberg, Urt. v. 06.12.2018 – 14 Sa 27/18 Rn. 41; Ulber/*J. Ulber*, AÜG § 1 Rn. 66, § 8 Rn. 294, 324; *Corzelius*, Tarifdispositives Recht, S. 95 f.; *Schmidt*, Tariffähigkeit christlicher Gewerkschaften, S. 296 f.; *Riechert*, NZA 2013, 303 (308); *Call*, NJ 2010, 89 (98); *J. Ulber*, NZA 2009, 232 (237); aA BAG, Urt. v. 24. 3. 2004 – 5 AZR 303/03, NZA 2004, 971 (973f); *Röpke*, Die Gestaltbarkeit von Arbeitsbedingungen, S. 127; *Mohr*, BB 2008, 1065 (1067); *Hamann*, Anmerkung zu BAG v. 24.3.2004, EzA § 138 BGB 2002 Nr. 2, 20 f.

878 Wiedemann TVG/*Jacobs*, Einl. Rn. 645; Thüsing/*Mengel*, AÜG § 9 Rn. 50; *Lembke*, DB 2011, 414 (417); Boemke/*Lembke*, AÜG § 9 Rn. 192; *Lembke*, BB

aushandlung soll demnach schon garantieren, dass eine den Schutz von Leiharbeitnehmer*innen wahrende Regelung gefunden würde.[879] Sowohl der Schutz des Tarifrechts als auch das Ausmaß, in welchem daraus grundsätzliche Eigenschaften von Tarifverträgen abgeleitet werden können, sind allerdings seit dem Sprung der These von der Richtigkeitsgewähr vom individualrechtlichen zum kollektivrechtlichen Diskurs hoch umstritten.[880]

Grundsätzlich ist die These von der Richtigkeitsgewähr von Tarifverträgen attraktiv. Anders als Tarifverträgen leiden etwa Arbeitsverträge aufgrund des beobachtbaren Machtungleichgewichts zwischen Lohnabhängigen und Unternehmen an einem erheblichen Funktionsdefizit – regelmäßig gelingt es nicht beiden Vertragsparteien gleichermaßen, ihre Interessen einzubringen und durchzusetzen.[881] Aus diesem Grund hat die Gesetzgebung zum Schutz der Beschäftigten zahlreiche inhaltliche Grenzen für privatautonome Vereinbarungen entwickelt und damit die Verhandlungsfreiheit der Beteiligten eingeschränkt. Die These von der Richtigkeitsgewähr von Tarifverträgen besagt nun, dass der rechtliche Rahmen des Tarifrechts, insbesondere mit seinen Anforderungen an die Tariffähigkeit von Koalitionen, ein Machtgleichgewicht zwischen den Tarifparteien schaffe, welches vollständig genügen soll, um eventuellen Funktionsdefiziten vorzubeugen.[882] Insofern könne von dem als angemessen eingeschätzten Verfahren der Tarifaushandlung darauf geschlossen werden, dass auch das Ergebnis quasi automatisch angemessen sei.[883]

Insbesondere im Zusammenhang mit der tariflichen Regulierung der Arbeitnehmer*innenüberlassung kann man hier mit einem schlichten Ver-

---

2010, 1533 (1540); *Thüsing*, DB 2010, Standpunkte Heft 9, 17; *Thüsing*, RdA 2009, 118 (118).

879 Wiedemann TVG/*Jacobs*, Einl. Rn. 645; Thüsing/*Mengel*, AÜG § 9 Rn. 50; *Lembke*, DB 2011, 414 (417); Boemke/*Lembke*, AÜG § 9 Rn. 192; *Lembke*, BB 2010, 1533 (1540); *Thüsing*, DB 2010, Standpunkte Heft 9, 17; *Thüsing*, RdA 2009, 118 (118).

880 Däubler TVG/*D. Ulber*, Einl. Rn. 375; *Loth/D. Ulber*, NZA 2013, 130 (132); *Schüren/Zachert*, AuR 1988, 245 (246 ff.); *B. Preis*, ZfA 1972, 271 (285 ff.).

881 *Käppler*, NZA 1991, 745 (747).

882 BAG, Urt. v. 24.03.2004 – 5 AZR 303/03, NZA 2004, 971 (973f); BAG, Urt. v. 06.11.1996 – 5 AZR 334/95, NZA 1997, 778 (779); BAG, Urt. v. 06.09.1995 – 5 AZR 174/94, NZA 1996, 437 (439); Däubler TVG/*D. Ulber*, Einl. Rn. 376; Däubler TVG/*Nebe*, § 1 Rn. 151; *Stütze*, Kontrolle der Entgelthöhe, S. 326 ff., 369, 386; *Kocher*, NZA 2007, 600 (601); *Gamillscheg*, Kollektives Arbeitsrecht I, S. 695 f.; vgl. *Käppler*, NZA 1991, 745 (747 f.); *Zachert*, AuR 1988, 245 (249).

883 *B. Preis*, ZfA 1972, 271 (301 f.); vgl. Däubler TVG/*Nebe*, § 1 Rn. 151; *Kempen*/Zachert, TVG Grundl. Rn. 118; vgl. grundsätzlich zu diesem Mechanismus *Schmidt-Rimpler*, in: FS Raiser, S. 3 (11).

weis auf die Wirklichkeit Bedenken anmelden. Die Arbeitsbedingungen von Leiharbeitnehmer*innen weichen regelmäßig so weit von denen ihrer stammbeschäftigten Kolleg*innen – und damit auch von dem Idealbild und Ausgangspunkt der Gleichstellung nach § 8 Abs. 1 AÜG – ab, dass die ernsthafte und gleichberechtigte Berücksichtigung ihrer Interesse ebenso wie in der Folge die „Richtigkeit“ dieser Tarifabschlüsse stark bezweifelt werden muss.[884] Allein aus der Beobachtung dieser Tatsache wird teilweise bereits abgeleitet, dass die Richtigkeitsgewähr in der Arbeitnehmer*innenüberlassung offensichtlich nicht greife.[885]

Diese Beobachtung hat durchaus einiges für sich. Sie beruht aber auf der Prämisse, dass es objektiv richtige Arbeitsbedingungen gebe, die von den Tarifverträgen zur Leiharbeit nicht erreicht werden. Verfechter*innen der Richtigkeitsgewähr werden aber wohl darauf verweisen, dass es keine von vornherein objektiv richtigen Arbeitsbedingungen geben könne und man eben nur, insoweit zirkulär, auf Tarifabschlüsse schauen müsse, um dort „das Richtige“ vorzufinden.[886] Dagegen lässt sich zwar einwenden, dass sich mit § 8 AÜG, Art. 5 Abs. 1 RL 2008/104/EG, Art. 3 GG und Artt. 20, 31 GRCh durchaus Anhaltspunkte für ein angemessenes, oder zumindest die Interessen von Leiharbeitnehmer*innen berücksichtigendes Ergebnis bieten. Treffender ist aber bei der auf das Verfahren zielenden These von der Richtigkeitsgewähr ein Blick auf eben dieses Verfahren und die daraus ableitbaren Schlüsse. Im Hinblick auf den Gesamtschutz von Leiharbeitnehmer*innen kann in der Folge dann entschieden werden, ob die dem Tarifrecht zugeschriebene schützende Wirkung einfach nicht in dem behaupteten Maße gegeben ist, oder ob das eigentlich hinreichend schützende Tarifrecht im Falle der Arbeitnehmer*innenüberlassung bislang nicht streng genug angewandt wurde. Auf diesem Wege lässt sich dann die empirische Beobachtung der aktuell wirksamen Tarifverträge mit der verfahrensbezogenen Annahme einer Richtigkeitsgewähr in ein Verhältnis setzen.

Im Folgenden soll darum untersucht werden, wie es um mögliche Funktionsdefizite in der Tarifaushandlung bestellt ist, um herauszufinden, ob die These von der Richtigkeitsgewähr des Tarifvertrags haltbar ist. Anschließend soll die Reichweite des gefundenen Ergebnisses und der daraus

884 Vgl. dazu ausführlich oben Erster Teil B. III. 1. b. 2), S. 111; Erster Teil B. III. 2. b. 2), S. 144.

885 *Schüren/Wank*, RdA 2011, 1 (5).

886 BVerfG, Urteil v. 11.07.2017 – 1 BvR 1571/15 u. a., NZA 2017, 915 Rn. 146; *Ricken*, Autonomie und tarifliche Rechtsetzung, S. 147.

ableitbaren Schlüsse betrachtet und zu guter Letzt der Befund auf die Situation in der Arbeitnehmer*innenüberlassung angewandt werden.

a. Funktionsdefizite bei der Tarifaushandlung

Der im Hinblick auf den Gesamtschutz von Leiharbeitnehmer*innen geäußerte Verweis auf die Richtigkeitsgewähr von Tarifverträgen kann nur stichhaltig sein, wenn bei der Tarifaushandlung tatsächlich keine Funktionsdefizite vorliegen. Nur in diesem Fall liegt die Annahme tatsächlich nahe, dass von gewerkschaftlicher Seite einem Dispens von der Gleichstellungspflicht nur im Austausch gegen mindestens ebenbürtige, mutmaßlich gewichtigere Vorteile zugestimmt würde.

Der Erfinder der Richtigkeitsgewähr *Schmidt-Rimpler* selbst wollte seine These nicht auf Tarifverträge erstrecken, weil letztlich keine der beiden am Arbeitsverhältnis beteiligten Seiten auf die Leistung der jeweils anderen Partei – Arbeitsleistung und Entgelt – verzichten könne.[887] Richtigerweise ist der Verkauf der eigenen Arbeitskraft aber auch ohne Mitwirkung der Tarifparteien möglich; ihre Verhandlung erstreckt sich nur auf die ansonsten anderweitig bestimmte inhaltliche Festlegung der auszutauschenden Leistungen.[888] Zweifellos ist diese Verhandlung wesentlicher Bestandteil der gewerkschaftlichen Arbeit und ein vollständiger Verzicht würde für die Tarifparteien existenzbedrohende Auswirkungen nach sich ziehen. Nicht anders verhält es sich aber bei vielen anderen Anbieter*innen von Dienstleistungen. Es muss darum unterschieden werden zwischen dem – auch für Tarifparteien möglichen – Verzicht auf einen Vertragsschluss im Einzelfall und der grundsätzlichen Notwendigkeit, Verträge zu schließen. Erst wenn der Verzicht auch im Einzelfall nicht möglich ist, liegt ein die Richtigkeitsgewähr ausschließendes Funktionsdefizit vor. Das ist bei Tarifverhandlungen regelmäßig nicht der Fall.

Die Selbstbestimmung der Tarifparteien krankt daneben auch nicht stärker als die individuell verhandelnder Parteien an dem Druck, der durch Arbeitskampfmaßnahmen aufgebaut wird: auch bei entschlossenen Streiks verbleiben den Unternehmensverbänden eigene Einwirkungs- und Gestaltungsmöglichkeiten, Gleiches gilt im umgekehrten Fall.[889] Auch an dieser

---

887 *Schmidt-Rimpler*, in: FS Raiser, S. 3 (13); *Schmidt-Rimpler*, AcP 147 (1941), 130 (162); zust. *Waltermann*, in: FS Bepler, S. 569 (579).
888 Vgl. *Krämer*, Richtigkeitsgewähr des Tarifvertrags, S. 83.
889 Vgl. *Krämer*, Richtigkeitsgewähr des Tarifvertrags, S. 82.

Stelle drohen der Selbstbestimmung folglich keine unüberwindbaren Gefahren.

Von zentraler Bedeutung für die Annahme einer Richtigkeitsgewähr ist aber, ob das behauptete Machtgleichgewicht zwischen den Tarifparteien tatsächlich besteht.[890] Aus Art. 9 Abs. 3 GG wird gemeinhin die Pflicht des Staates abgeleitet, für Parität zu sorgen.[891] Diese Parität ist nach heute herrschender Auffassung auch materiell zu verstehen und müsste darum – den Erfolg der staatlichen Bemühungen vorausgesetzt – grundsätzlich dazu geeignet sein, ausgeglichene Verhandlungen zu ermöglichen.[892]

Der zentrale Baustein des Tarifrechts zur Gewährleistung von Parität liegt in den Anforderungen zur Tariffähigkeit.[893] Auf Seite der Beschäftigten dürfen nur solche Koalitionen überhaupt Tarifverträge schließen, die über die Koalitionseigenschaften hinaus auch über Durchsetzungskraft und eine gewisse organisatorische Leistungsfähigkeit verfügen.[894] Das auch als Merkmal der „sozialen Mächtigkeit" bezeichnete Erfordernis der Durchsetzungskraft soll sicherstellen, dass Arbeitnehmer*innenkoalitionen einen spürbaren Druck auf die Gegenseite aufbauen und damit die Berücksichtigung ihrer Interessen erkämpfen können.[895] Diese Durchsetzungskraft einer Vereinigung wird anhand einer Gesamtschau verschiedener Parameter bewertet; ausschlaggebend ist dabei die Anzahl und die Position ihrer Mitglieder in den Betrieben, ihre sachliche und personelle Ausstattung sowie etwaige bisherige Tarifabschlüsse.[896] Dem letztgenann-

---

890 Vgl. BVerfG, Urteil v. 11.07.2017 – 1 BvR 1571/15 u. a., NZA 2017, 915 Rn. 146; BAG, Urt. v. 06.11.1996 – 5 AZR 334/95, NZA 1997, 778 (779); BAG, Urt. v. 06.09.1995 – 5 AZR 174/94, NZA 1996, 437 (439); Däubler TVG/*Nebe*, § 1 Rn. 151; *Stütze*, Kontrolle der Entgelthöhe, S. 369; *Waltermann*, NZA 2010, 482 (487); *Kocher*, NZA 2007, 600 (601); *Gamillscheg*, Kollektives Arbeitsrecht I, S. 695 f.

891 BVerfG, Urteil v. 11.07.2017 – 1 BvR 1571/15 u. a., NZA 2017, 915 Rn. 147; Däubler/*Deinert*, AK § 20 Rn. 9; *Stütze*, Kontrolle der Entgelthöhe, S. 370.

892 Vgl. Däubler/*Deinert*, AK § 20 Rn. 9; *D. Ulber*, Tarifdispositives Gesetzesrecht, S. 503; *Stütze*, Kontrolle der Entgelthöhe, S. 387.

893 *Riechert*, NZA 2013, 303 (304); *D. Ulber*, Tarifdispositives Gesetzesrecht, S. 466.

894 BAG, Beschl. v. 28.03.2006 – 1 ABR 58/04, NZA 2006, 1112 Rn. 47; Däubler TVG/*Däubler*, Einl. Rn. 115; Däubler TVG/*Peter/Rödl*, § 2 Rn. 8; ErfK/*Franzen*, TVG § 2 Rn. 6, 11 ff.; Däubler/Hjort/Schubert/Wolmerath/*Hensche*, Arbeitsrecht, Art. 9 GG Rn. 85; *D. Ulber*, Tarifdispositives Gesetzesrecht, S. 463, 468, 474 f.; *Stütze*, Kontrolle der Entgelthöhe, S. 372 ff., 380.

895 BAG, Beschl. v. 28.03.2006 – 1 ABR 58/04, NZA 2006, 1112 Rn. 39; Däubler TVG/*Peter/Rödl*, § 2 Rn. 27 ff.; ErfK/*Franzen*, TVG § 2 Rn. 11 ff.

896 Däubler TVG/*Peter/Rödl*, § 2 Rn. 27 f.; ErfK/*Franzen*, TVG § 2 Rn. 12; *D. Ulber*, Tarifdispositives Gesetzesrecht, S. 466.

ten Merkmal wird nicht zu Unrecht eine Vermischung von Tatbestand und Rechtsfolge vorgeworfen.[897] Wichtiger ist in diesem Zusammenhang aber eine Einschränkung im Hinblick auf Tarifverträge, die tarifdispositives Gesetzesrecht abbedingen – hier kann wegen des herausgehobenen Interesses der Unternehmensseite am Abschluss nicht immer darauf geschlossen werden, dass zuvor erfolgreich Druck aufgebaut und damit die Durchsetzungsfähigkeit bewiesen wurde.[898]

Erfüllt eine Arbeitnehmer*innenkoalition diese sowie einige weitere, an dieser Stelle wenig relevante Anforderungen, so gilt sie als tariffähig und kann grundsätzlich wirksame Tarifverträge abschließen. Dabei ist zu bemerken, dass das Kriterium der sozialen Mächtigkeit – eine penible Anwendung vorausgesetzt – durchaus in der Lage ist, die Schlagkraft von Koalitionen abzubilden. In der Folge darf darum auch unterstellt werden, dass tariffähige Koalitionen regelmäßig eine wesentlich bessere Verhandlungsposition haben, als das bei individuellen Beschäftigten der Fall ist. Das Machtungleichgewicht zwischen Unternehmen und Lohnabhängigen setzt sich im Verhältnis der Tarifparteien also tatsächlich nicht unmittelbar fort.

Nichtsdestotrotz sind auch in diesem Verhältnis und auch unter den Bedingungen des aktuellen Tarifrechts Mechanismen zu beobachten, die ein wirklich ausgeglichenes Machtverhältnis im Einzelfall eher unwahrscheinlich erscheinen lassen. So stellt das Erfordernis der sozialen Mächtigkeit eine Schranke der Tarifautonomie dar, die zwar zur wirksamen Nutzung der Tarifautonomie erforderlich und gerechtfertigt ist, die aber gleichzeitig mit Augenmaß angelegt werden muss.[899] Dementsprechend genügt es der Rechtsprechung zur Annahme von Durchsetzungsfähigkeit, wenn erwartet werden kann, dass die Koalition von ihrem Gegenüber ernst genommen wird.[900] Damit wird nicht nur die offensichtliche Tatsache anerkannt, dass es verschiedene Qualitäten an Durchsetzungsfähigkeit gibt; die Anforderung selbst wird auch auf ein Maß zurechtgestutzt, welches eine gewisse Lücke zu dem erhofften Ergebnis des Machtgleichgewichts lässt.

---

897 Däubler TVG/*Peter/Rödl*, § 2 Rn. 28; ErfK/*Franzen*, TVG § 2 Rn. 12.

898 Däubler TVG/*Peter/Rödl*, § 2 Rn. 56 ff.; *D. Ulber*, Tarifdispositives Gesetzesrecht, S. 490; *Deinert*, NZA 2009, 1176 (1180); *Schüren*, NZA 2008, 453 (454 f.); zurückhaltender BAG, Beschl. v. 28. 3. 2006 – 1 ABR 58/04, NZA 2006, 1112 Rn. 61 ff.

899 Vgl. Däubler TVG/*Peter/Rödl*, § 2 Rn. 8; *Stütze*, Kontrolle der Entgelthöhe, S. 380.

900 BVerfG, Beschl. v. 20.10.1981 – 1 BvR 404/78, NJW 1982, 815 (816); BAG, Beschl. v. 28.03.2006 – 1 ABR 58/04, NZA 2006, 1112 Rn. 39.

Ein weiteres Problem ergibt sich aus der im Ergebnis überzeugenden Ablehnung einer partiellen Tariffähigkeit.[901] Weil eine Arbeitnehmer*innenkoalition nur ganz oder gar nicht tariffähig sein kann, kann sie auch in Branchen oder Regionen als tariffähig gelten, in denen sie eigentlich keine Durchsetzungsfähigkeit entwickelt hat. Das Machtgleichgewicht im konkreten Tarifkonflikt entsteht aber weitgehend unabhängig von der sozialen Mächtigkeit der Koalition in anderen Branchen oder Regionen aus der konkreten Durchsetzungsfähigkeit in der in Rede stehende Branche.[902] Das Tarifrecht nimmt also auch dort soziale Mächtigkeit an, wo möglicherweise keine Durchsetzungsfähigkeit gegeben ist.

An anderer Stelle wird zusätzlich angeführt, dass die Möglichkeit zum Ausweichen auf alternative Tarifpartner*innen bei einer geringen Kampfbereitschaft den Druck auf Gewerkschaften erhöhen kann, einer eigentlich nicht gewünschten Tarifeinigung zuzustimmen.[903] Hintergrund dieser Schwäche ist dann aber, mit Ausnahme des Regelungsbereichs von tarifdispositivem Recht, regelmäßig die fehlende soziale Mächtigkeit in der konkreten Branche.

Bei der Nutzung von Tariföffnungsklauseln allerdings kann sich ein Unterbietungswettbewerb zwischen unterschiedlichen Arbeitnehmer*innenkoalitionen entwickeln, der erhebliche Auswirkungen auf das Machtgleichgewicht zwischen den Tarifparteien haben kann – die erst durch einen Beschluss des BAG beendete Tarifgeschichte der CGZP in der Leiharbeit bietet hierfür drastisches Anschauungsmaterial.[904] Tarifdispositives Gesetzesrecht verändert darüber hinaus auch andersherum das Machtverhältnis: Wo nur eine Arbeitnehmer*innenkoalition zur Verfügung steht, muss diese Koalition gar kein eigenes Mobilisierungspotential vorweisen, es genügt bereits ein Verweis auf den andernfalls wirksamen gesetzlich

901 Vgl. BAG, Beschl. v. 28.03.2006 – 1 ABR 58/04, NZA 2006, 1112 Rn. 56; Däubler TVG/*Peter/Rödl*, § 2 Rn. 30 ff.; *Corzelius*, Tarifdispositives Recht, S. 41 f.; *Riechert*, NZA 2013, 303 (304); *Stütze*, Kontrolle der Entgelthöhe, S. 385; aA *Rieble/Löwisch*, TVG § 2 Rn. 23 ff.; *Rieble*, in: FS Wiedemann, S. 519 (529 ff.).

902 *Riechert*, NZA 2013, 303 (304).

903 Däubler TVG/*Nebe*, § 1 Rn. 154 f.; aA *Stütze*, Kontrolle der Entgelthöhe, S. 331.

904 BAG, Beschl. v. 14.12.2010 – 1 ABR 19/10, NZA 2011, 289; vgl. *Pant*, Regulierung der Arbeitnehmerüberlassung, S. 27; Däubler TVG/*Heuschmidt*, 4. Aufl. 2016, § 1 Rn. 811, 814; *Bepler*, in: FS Kempen, S. 109 (113); *Keller/Seifert*, Atypische Beschäftigung, S. 143; *Krause*, KJ 2013, 119 (125); *Sansone*, Gleichstellung, S. 44; *Stütze*, Kontrolle der Entgelthöhe, S. 395 ff.

vorgesehenen Zustand, um Zugeständnisse der Unternehmensseite zu erreichen.[905]

Diese unterschiedlichen Mechanismen und Fallkonstellationen machen deutlich, dass keineswegs in allen Verhandlungssituationen von einem Machtgleichgewicht zwischen den Tarifparteien auszugehen ist.[906] Im Gegenteil sind die Kapazitäten auf beiden Seiten des Verhandlungstischs wohl in jedem Fall anders ausgestaltet; gleichzeitig hält das Tarifrecht kein Werkzeug bereit, um im konkreten Einzelfall für ein Machtgleichgewicht zu sorgen. So setzen sich auch auf der Ebene von Tarifverhandlungen gesellschaftliche Machtverhältnisse fort; wer diese als „richtig" begreifen möchte, kommt um eine zirkuläre Argumentation kaum herum.

Gleichzeitig bringt das System der Tarifaushandlung allerdings auch zwei Vorteile gegenüber der individuellen Aushandlung mit sich, welche die Funktionsdefizite vergleichsweise geringer erscheinen lassen. Zum einen findet sich die strukturelle Unterlegenheit der Lohnabhängigen auf der kollektiven Ebene tatsächlich nicht unmittelbar wieder. Das kollektive Auftreten der Beschäftigten begrenzt den internen Wettbewerb, bringt damit die Abhängigkeit der Unternehmen von arbeitswilligen Angestellten zum Tragen und ermöglicht im Ergebnis die Entfaltung kollektiver Gegenmacht.[907] Zum anderen stellen die Bedingungen der Tariffähigkeit durchaus eine wirksame Begrenzung dar, indem sehr schwache Koalitionen von der Tarifaushandlung ausgeschlossen werden. Damit werden allzu weitreichende Disparitäten im Tarifgeschehen tatsächlich verhindert.

Insgesamt ist der Tarifaushandlung damit zu unterstellen, dass die Wahrscheinlichkeit für ein auf ebenbürtiger Interessenvertretung fußendes Ergebnis erheblich höher ist, als das in individuellen arbeitsvertraglichen Verhandlungen der Fall ist. Die Regelungen des Tarifrechts schaffen aber keinen Automatismus, der stets zu angemessenen oder ausgewogenen Ergebnissen führt. Um diese verschiedenen Möglichkeiten präzise abzubilden ist es darum sinnvoll, mit einem erheblichen Teil der Literatur

---

905 *Riechert*, NZA 2013, 303 (305).

906 Ebenso Däubler TVG/*Nebe*, § 1 Rn. 158; *Krämer*, Richtigkeitsgewähr des Tarifvertrags, S. 103 ff.; Däubler/Hjort/Schubert/Wolmerath/*Hensche*, Arbeitsrecht, Art. 9 GG Rn. 76; kritisch insbesondere bei Leiharbeit *Stütze*, Kontrolle der Entgelthöhe, S. 401.

907 BVerfG, Beschl. v. 26.06.1991 – 1 BvR 779/85, NZA 1991, 809 (811); BAG, Beschl. v. 28.03.2006 – 1 ABR 58/04, NZA 2006, 1112 Rn. 45; Däubler TVG/*D. Ulber*, Einl. Rn. 339, 378; *Corzelius*, Tarifdispositives Recht, S. 17; *Krämer*, Richtigkeitsgewähr des Tarifvertrags, S. 90; *D. Ulber*, Tarifdispositives Gesetzesrecht, S. 153 f.

statt von einer Richtigkeitsgewähr von einer „Richtigkeitschance“ zu sprechen.[908] Auch *Schmidt-Rimpler* selbst hat interessanterweise seine These später eingeschränkt und sie auf die Behauptung einer „Richtigkeitswahrscheinlichkeit“ begrenzt, aus sprachästhetischen Gründen aber an der ursprünglichen Terminologie festgehalten.[909] Eine ähnliche Entwicklung lässt sich auch in der Rechtsprechung des BAG feststellen; jüngere Urteile des vierten Senats sprechen in dem erörterten Zusammenhang nur mehr von einer „Angemessenheitsvermutung“.[910] Diese Terminologie wurde auch von der deutschen Gesetzgebung aufgegriffen und findet sich heute in § 4 Abs. 5 Satz 1 EntgTranspG wieder.[911] Der Begriff dürfte mit der vom BVerfG und anderen Teilen der Literatur so genannten „Richtigkeitsvermutung“ weitgehend deckungsgleich sein.[912]

Es scheint darum, dass sich ein zurückhaltenderes Verständnis darüber durchsetzt, welche Funktionsdefizite in der Tarifaushandlung bestehen und welche Schlüsse daraus abgeleitet werden können. Dabei ist anzuerkennen, dass Tarifverträge das strukturelle Problem von Individualvereinbarungen nicht teilen und ihnen deshalb eine größere Richtigkeitschance zukommt. Diese kann prozessual als Angemessenheitsvermutung wirksam werden. Ihr darf aber nicht allzu viel Gewicht beigemessen werden, um nicht ein Potential fälschlich als ein Faktum zu deuten.[913] Die pauschale Annahme, in Tarifverträgen würden die beteiligten Interessen stets zu einem ausgewogenen Ausgleich gebracht, ist darum falsch.

Das gilt auch und insbesondere in der Arbeitnehmer*innenüberlassung. Es kann bereits deshalb nicht überzeugen, wenn der Gesamtschutz von Leiharbeitnehmer*innen allein wegen der vermeintlichen Richtigkeitsgewähr von Tarifverträgen pauschal als gewahrt bewertet wird.

---

908 Däubler TVG/*D. Ulber*, Einl. Rn. 377; Däubler TVG/*Nebe*, § 1 Rn. 159; *Preis/Morgenbrodt*, ZESAR 2020, 409 (415); Däubler/Hjort/Schubert/Wolmerath/*Hensche*, Arbeitsrecht, Art. 9 GG Rn. 76; *Kempen*/Zachert, TVG Grundl. Rn. 118; *Loth/D. Ulber*, NZA 2013, 130 (132); *D. Ulber*, Tarifdispositives Gesetzesrecht, S. 463 f.; *Kocher*, NZA 2007, 600 (601); *Zachert*, AuR 1988, 245 (249).

909 *Schmidt-Rimpler*, in: FS Raiser, S. 3 (12).

910 BAG, Urt. v. 15.04.2015 – 4 AZR 796/13, NZA 2015, 1388 Rn. 58; BAG, Urt. v. 22.04.2009 – 4 AZR 111/08, NZA 2010, 105 Rn. 28; BAG, Urt. v. 10.12.2008 – 4 AZR 801/07, NZA-RR 2010, 7 Rn. 66; BAG, Urt. v. 20.02.2008 – 4 AZR 64/07, NZA 2008, 946 (950).

911 Wiedemann TVG/*Thüsing*, § 1 Rn. 240.

912 BVerfG, Urteil v. 11.7.2017 – 1 BvR 1571/15 u. a., NZA 2017, 915 Rn. 146; *Riechert*, NZA 2013, 303 (304); *Call*, NJ 2010, 89 (97).

913 Vgl. *Seiwerth*, Gestaltungsfreiheit in Tarifverträgen, S. 223.

b. Reichweite der Angemessenheitsvermutung

Um das Verhältnis zwischen dem Schutzbedürfnis von Leiharbeitnehmer*innen und dem vom Tarifrecht gewährten Schutz zu beleuchten, ist es weiter notwendig, die Reichweite der Angemessenheitsvermutung präzise zu bestimmen. Dabei ist entscheidend, für wen und wessen Interessen die Richtigkeitschance – und in der Folge die prozessual wirksame Angemessenheitsvermutung – abstrakt gelten kann. Die Bestimmung könnte dann zu einem Verständnis beitragen, warum die Arbeitsbedingungen von Leiharbeitnehmer*innen in Deutschland trotz der relativ guten Ausgangslage so schlecht sind.

Die Frage nach der abstrakten Reichweite der Angemessenheitsvermutung kann dabei am einfachsten unter der Prämisse von Parität diskutiert werden. Ist diese Parität im konkreten Fall gegeben, so spricht einiges dafür, dass beide Parteien ihre Interessen wirksam in den Aushandlungsprozess einbringen konnten und ein ausgewogenes Ergebnis gefunden wurde. Diese Mutmaßung gilt aber zunächst nur für die tatsächlich verhandelnden Parteien – im Falle von Tarifverhandlungen sind das die Tarifparteien. Es steht deshalb zu vermuten, dass, Parität vorausgesetzt, die Interessen der Tarifparteien in Tarifverträgen wirksam zum Ausdruck kommen. Damit ist allerdings noch nicht geklärt, ob dasselbe auch für die Interessen von Mitgliedern und Außenseiter*innen gilt.

Es ist zunächst eine schlichte Tatsache, dass das Verbandsinteresse nicht mit dem Interesse der Mitglieder identisch ist – allein schon, weil sich die Interessen der unterschiedlichen Mitglieder unterscheiden, teils sogar widersprechen.[914] Hinzu kommt, dass zu den unterschiedlichen Mitgliederinteressen weitere Verbandsinteressen hinzutreten können, die sich so bei den Mitgliedern selbst gar nicht wiederfinden.[915] Wenn die Angemessenheitsvermutung es also vermuten lässt, dass die Interessen der Tarifparteien in Tarifverträgen ausreichend berücksichtigt sind, so lässt das keinen unmittelbaren Schluss auf die Berücksichtigung der Interessen ihrer Mitglieder zu.

Im Hinblick auf die aus diesem Grund interessante Ausdehnung der Richtigkeitschance auch auf die Mitglieder der Verbände werden im Großen und Ganzen zwei Argumentationslinien angebracht. Zum einen wird

914 Däubler TVG/*Nebe*, § 1 Rn. 153; *Krämer*, Richtigkeitsgewähr des Tarifvertrags, S. 159; *Löwisch/Rieble*, TVG Grundl. Rn. 233; Däubler TVG/*Schiek*, 3. Aufl. 2012, Einl. Rn. 212; *Wiedemann*, in: FS Dieterich, S. 661 (675).

915 Däubler TVG/*Nebe*, § 1 Rn. 156; *Wiedemann*, in: FS Dieterich, S. 661 (675).

angeführt, dass die Mitglieder ihrem Verband selbstbestimmt und willentlich beigetreten seien, woraus man eine Legitimation der Interessenvertretung und eine Unterwerfung unter den Tarifabschluss ableiten könne.[916] Zum anderen wird darauf verwiesen, dass die Interessen von Mitgliedern sich aufgrund des demokratischen Aufbaus der Verbände und der gegebenen Mitwirkungsmöglichkeiten im Verbandsinteresse wiederfänden.[917] Diese Möglichkeit, individuelle Interessen auch im Verband durchzusetzen, werde vom Tarifrecht mit der vorgeschrieben Gegner*innenunabhängigkeit, dem teilweisen Gleichlauf von Verantwortung und Betroffenheit und der spezifischen Tarifzuständigkeit konkreter Verbände tatsächlich gefördert.[918] Beide Argumentationsstränge können daneben auf die Möglichkeit zum Austritt aus dem Verband verweisen – einmal als Entzug der Legitimation, einmal als Drohkulisse zur Durchsetzung der eigenen Interessen.[919]

Diese Perspektiven können nur in den Ansätzen überzeugen. Zwar besteht durchaus die Möglichkeit, mithilfe der binnendemokratischen Mechanismen Einfluss auf die Entscheidungen der Verbände zu nehmen; diese Wege sind aber langwierig, aufwendig und anspruchsvoll.[920] Auch die unmittelbarste Beteiligung im Rahmen von Urabstimmungen vor Streiks und nach Tarifverhandlungen ist nicht unabhängig von den Organen

---

916 BVerfG, Beschl. v. 14.06.1983 – 2 BvR 488/80, NJW 1984, 1225; BAG, Urt. v. 25.02.1998 – 7 AZR 641/96, NZA 1998, 715 (716); *Corzelius*, Tarifdispositives Recht, S. 33 f.; *Röpke*, Die Gestaltbarkeit von Abeitsbedingungen, S. 95; *Stütze*, Kontrolle der Entgelthöhe, S. 333; *Picker*, in: FS 50 Jahre BAG, S. 795 (825 f.); *Schüren*, in: FS 50 Jahre BAG, S. 877 (879); aA *Krämer*, Richtigkeitsgewähr des Tarifvertrags, S. 139 f.

917 BAG, Urt. v. 16.09.1993 – 2 AZR 697/92, NZA 1994, 221 (223); *Kempen*/Zachert, TVG Grundl. Rn. 120; *Schlachter/Klauk*, AuR 2010, 354 (355); *Schüren*, in: FS Löwisch, S. 367 (371); *Ricken*, Autonomie und tarifliche Rechtsetzung, S. 149; *Schliemann*, ZTR 2000, 199 (203); krit. Däubler TVG/*Däubler*, Einl. Rn. 145; *Krämer*, Richtigkeitsgewähr des Tarifvertrags, S. 147 f., 161; *Schüren*, RdA 1988, 138 (144 f.).

918 *Corzelius*, Tarifdispositives Recht, S. 33 f.; *Krämer*, Richtigkeitsgewähr des Tarifvertrags, S. 141.

919 *Stütze*, Kontrolle der Entgelthöhe, S. 332; *Schlachter/Klauk*, AuR 2010, 354 (355); *Schüren*, in: FS Löwisch, S. 367 (371); *Schliemann*, ZTR 2000, 199 (203); krit. Däubler TVG/*Däubler*, Einl. Rn. 145; *Krämer*, Richtigkeitsgewähr des Tarifvertrags, S. 143, 158 f.; *Kempen*/Zachert, TVG Grundl. Rn. 120.

920 *Krämer*, Richtigkeitsgewähr des Tarifvertrags, S. 144; weitergehend keine wirksame Mitbestimmung annehmend Däubler TVG/*Däubler*, Einl. Rn. 145; *Schüren*, RdA 1988, 138 (144 f.).

der Verbände.[921] Hinzu kommt in diesen Fällen, dass regelmäßig eine Mehrheit von 75 % benötigt wird, um einen Streik zu beginnen oder ein Tarifergebnis abzulehnen.[922] Das zeigt nicht nur das Problem einer in ihrer Interessendurchsetzung nicht erfolgreichen Minderheit innerhalb der Verbände auf, es lässt es in diesem Fall auch zu, dass selbst eine Mehrheit ihre Interessen nicht wirksam einbringen kann. Dabei wird deutlich, dass die Verbände schon nach ihrer eigenen Satzung nicht immer die in einem Mehrheitsbeschluss geäußerten Interessen ihrer Mitglieder vertreten wollen. Es kann darüber hinaus ein Konflikt im Hinblick auf die teilweise aus dem Beitritt abgeleitete Unterwerfungserklärung entstehen, wenn einzelne Mitglieder in einer Urabstimmung erfolglos gegen ein konkretes Tarifergebnis stimmen.[923]

Überhaupt ist die Beitrittserklärung nicht nur von zweifelhaftem Inhalt, sondern oftmals aus Mangel an Alternativen auch nicht so frei und selbstbestimmt, wie man das gerne hätte. Wer auf den Beitritt zu einer in der betreffenden Branche zentralen Gewerkschaft verzichtet oder aus ihr austritt, entscheidet sich damit häufig gleichzeitig automatisch gegen jegliche kollektive Interessenvertretung.[924] Der Beitritt bleibt zwar willentlich, die Legitimation der Tarifabschlüsse leidet aber unter dieser „Friss-oder-stirb“-Problematik.

Am deutlichsten wirken sich die Defizite in der Legitimation der Interessenvertretung und der Repräsentation von Interessen auf verbandsinterne Minderheiten aus. Der demokratische Entscheidungsprozess innerhalb der Verbände kann dazu führen, dass widerstreitende Interessen nicht – wie im Konzept der Richtigkeitsgewähr vorgesehen – durch Annäherung einem Ausgleich zugeführt werden, sondern sich schlicht die stärkere Seite durchsetzt.[925] Minderheiten innerhalb der Verbände haben deshalb regelmäßig kaum eine Chance, ihre Interessen im Verband – und damit auch in den ausgehandelten Tarifverträgen – tatsächlich durchzusetzen.[926] Das gilt insbesondere auch für die zahlenmäßig im DGB kaum relevanten Leiharbeitnehmer*innen.[927] Die fehlende Durchsetzungsmöglichkeit innerhalb

921 *Krämer*, Richtigkeitsgewähr des Tarifvertrags, S. 144.
922 WSI, Tarifglossar zu Urabstimmung, https://www.wsi.de/de/tarifglossar-15286.htm, zuletzt abgerufen am 25.01.2022.
923 Vgl. *D. Ulber*, Tarifdispositives Gesetzesrecht, S. 443.
924 *Krämer*, Richtigkeitsgewähr des Tarifvertrags, S. 158 f.
925 *Krämer*, Richtigkeitsgewähr des Tarifvertrags, S. 147 f.
926 Däubler TVG/*Däubler*, Einl. Rn. 145; *Krämer*, Richtigkeitsgewähr des Tarifvertrags, S. 144 f., 162.
927 *Corzelius*, Tarifdispositives Recht, S. 32.

der Struktur von Verbänden führt häufig dazu, dass die Interessen von Minderheiten zu Gunsten der Mehrheit zurückstehen müssen oder geopfert werden.[928] Das Gleichheitsgebot kann dieses Problem mildern, aber nicht vollständig lösen. Die in der Folge sinkenden Anreize für bestimmte Gruppen zum Eintritt in den Verband können dieses Ungleichgewicht nochmals reproduzieren und verschärfen.[929]

In Anbetracht dieser strukturellen Umstände liegt es fern, die für das Interesse der Verbände angenommene Angemessenheitsvermutung auf die Interessen ihrer Mitglieder auszuweiten. Eine auf die verbandsinterne Entscheidungsfindung bezogene Angemessenheitsvermutung besteht gerade nicht.[930] Das Tarifrecht bietet keine hinreichende Garantie für die These, dass die Interessen der Verbandsmitglieder bei der Aushandlung von Tarifverträgen wirklich als Kollektivinteresse wirksam werden. Damit verbietet es sich, die für Verbände und ihr Kollektivinteresse bestehende Richtigkeitschance auch für Ihre Mitglieder und deren Interessen anzunehmen – letztere partizipieren schlicht nicht ausreichend sicher an den Vorteilen des Systems zur Aushandlung von Tarifverträgen.[931]

Dieses Ergebnis muss umso deutlicher für die Frage gelten, inwieweit die Richtigkeitschance der Tarifparteien auch für Außenseiter*innen wirkt, die erst aufgrund einer arbeitsvertraglichen Bezugnahme in den Genuss der tariflichen Regelungen gelangen. Diesen Personen kann nicht unterstellt werden, dass sie gewerkschaftliches Handeln legitimiert oder sich durch Beitritt einem Tarifvertrag unterworfen hätten.[932] Eine Einflussnahme auf das Tarifergebnis hat noch weniger stattgefunden, als das bei Mitgliedern der Fall ist.[933] Auch die Möglichkeit eines Austritts als Ausdruck der eigenen Unzufriedenheit besteht für Außenseiter*innen nicht oder nicht mehr. Insgesamt gibt es für Außenseiter*innen, von der arbeits-

---

928 Däubler TVG/*D. Ulber*, Einl. Rn. 380; Däubler TVG/*Nebe*, § 1 Rn. 153; *Krämer*, Richtigkeitsgewähr des Tarifvertrags, S. 147 f.; *D. Ulber*, Tarifdispositives Gesetzesrecht, S. 465; *Wiedemann*, in: FS Dieterich, S. 661 (674); *Schüren*, AuR 1988, 245 (246 f.).

929 Däubler TVG/*Nebe*, § 1 Rn. 157.

930 Ebenso *Löwisch/Rieble*, TVG Grundl. Rn. 235.

931 Däubler TVG/*Nebe*, § 1 Rn. 153; *Seiwerth*, Gestaltungsfreiheit in Tarifverträgen, S. 223; *Krämer*, Richtigkeitsgewähr des Tarifvertrags, S. 162; *Waltermann*, RdA 2014, 86 (89); aA Wiedemann TVG/*Thüsing*, § 1 Rn. 248; *Löwisch/Rieble*, TVG Grundl. Rn. 179; *D. Ulber*, Tarifdispositives Gesetzesrecht, S. 509; *Stütze*, Kontrolle der Entgelthöhe, S. 337.

932 *Stütze*, Kontrolle der Entgelthöhe, S. 335; *Schüren*, RdA 1988, 138 (147); aA Legitimation durch den Arbeitsvertrag *Schliemann*, ZTR 2000, 199 (203f).

933 *Stütze*, Kontrolle der Entgelthöhe, S. 335; *Schlachter/Klauk*, AuR 2010, 354 (355).

vertraglichen Bezugnahmeklausel abgesehen, keine unmittelbare Verbindung zu den ihre Arbeitsbedingungen prägenden Gewerkschaften, Tarifverhandlungen und Tarifverträgen.

Diese Unabhängigkeit der Tarifaushandlung vom Willen und den Interessen der Außenseiter*innen ist dabei kein Fehler, sondern genau so im Tarifsystem vorgesehen – es sollen nur die Interessen der Tarifparteien verhandelt werden, die Interessen Dritter sind dabei völlig irrelevant.[934] Deshalb kann sich das als Richtigkeitschance gefasste Vertrauen auf eine angemessene Berücksichtigung und Abwägung von Interessen nur auf die Interessen der Tarifparteien beziehen; andere Interessen sind nicht Teil der Abwägung.[935] Eine Richtigkeitschance im Sinne einer bewussten Berücksichtigung und Durchsetzung ihrer Interessen kann es für Dritte deshalb nicht geben.[936]

Außenseiter*innen können darum nur darauf hoffen, dass ihre Interessen aufgrund einer Übereinstimmung mit den Interessen anderer organisierter Beschäftigter quasi zufällig mit-geschützt werden.[937] Die darauf aufbauende Idee der „virtual representation“ geht davon aus, dass ein gegebenes Vertrauen in die Angemessenheit eines Tarifvertrags unabhängig von der Mitgliedschaft der gebundenen Personen bestehen bleibt.[938]

---

934 Wiedemann TVG/*Thüsing*, § 1 Rn. 248; *Seiwerth*, Gestaltungsfreiheit in Tarifverträgen, S. 223; *Löwisch/Rieble*, TVG § 1 Rn. 9; *Krämer*, Richtigkeitsgewähr des Tarifvertrags, S. 164 f.; *Riechert*, NZA 2013, 303 (305); *D. Ulber*, Tarifdispositives Gesetzesrecht, S. 509; *Stütze*, Kontrolle der Entgelthöhe, S. 337; *Schüren*, in: FS Löwisch, S. 367 (371); *Ricken*, Autonomie und tarifliche Rechtsetzung, S. 148; *Schüren*, AuR 1988, 245 (246 f.); aA BAG, Urt. v. 24. 9. 2008 – 6 AZR 76/07, NZA 2009, 154 Rn. 49; *B. Preis*, ZfA 1972, 271 (302).

935 *Seiwerth*, Gestaltungsfreiheit in Tarifverträgen, S. 223; *Krämer*, Richtigkeitsgewähr des Tarifvertrags, S. 165 f.; *Schüren*, in: FS Löwisch, S. 367 (371); *Ricken*, Autonomie und tarifliche Rechtsetzung, S. 147.

936 Wiedemann TVG/*Thüsing*, § 1 Rn. 248; *Seiwerth*, Gestaltungsfreiheit in Tarifverträgen, S. 223; *Löwisch/Rieble*, TVG § 1 Rn. 9; *Krämer*, Richtigkeitsgewähr des Tarifvertrags, S. 164; *Riechert*, NZA 2013, 303 (305); *D. Ulber*, Tarifdispositives Gesetzesrecht, S. 509; *Stütze*, Kontrolle der Entgelthöhe, S. 337; *Sandmann*, in: FS Buchner 2009, S. 777 (782); *Schüren*, in: FS Löwisch, S. 367 (371); *Ricken*, Autonomie und tarifliche Rechtsetzung, S. 148 f.; *Schüren*, AuR 1988, 245 (246 f.); aA BAG, Urt. v. 24. 9. 2008 – 6 AZR 76/07, NZA 2009, 154 Rn. 49; *B. Preis*, ZfA 1972, 271 (302).

937 *Röpke*, Die Gestaltbarkeit von Abeitsbedingungen, S. 97; *Schüren*, AuR 1988, 245 (246 ff.).

938 *Stütze*, Kontrolle der Entgelthöhe, S. 335; *Schüren*, in: FS 50 Jahre BAG, S. 877 (884); *Schüren*, RdA 1988, 138 (144 f.); *Ely*, Democracy and distrust, S. 83 ff. Geschaffen wurde der Begriff im Streit um die ausbleibende Repräsentation der nordamerkanischen Kolonien im britischen Parlament, vgl. *Ely*, Democracy and

Diese These fußt auf der richtigerweise abzulehnenden Annahme, dass jedem Tarifvertrag die Vermutung inhärent sei, dass er die Interessen aller Mitglieder der Tarifparteien angemessen zum Ausdruck brächte. Folglich teilt die Idee der faktischen Repräsentation auch die Probleme dieser Annahme, insbesondere im Hinblick auf die Interessen von Minderheiten. Denn auch eine faktische Repräsentation wird nur wirksam, wenn Mitglieder mit einem gleichen Set an Interessen sich innerhalb des Verbands durchsetzen und ihr Interesse als Kollektivinteresse in die Verhandlungen einbringen. In zahlreichen Fällen sind es aber kaum repräsentierte Beschäftigtengruppen wie Teilzeitkräfte, Saisonarbeiter*innen oder Leiharbeitnehmer*innen, die unter einer arbeitsvertraglichen Bezugnahme auf für sie ungünstige Tarifverträge leiden – die Stellvertretung kommt in diesen Fällen kaum wirksam in den Verbänden an.[939] Das ist kein Zufall, sondern kausal verknüpft: eine schwache Repräsentation führt zu schlechten Tarifabschlüssen, schlechte Tarifabschlüsse führen zu Austritten, Austritte führen zu einer schwachen Repräsentation, und so weiter – eine potenzierte und sich selbst erhaltende Minderheitenproblematik. Wer als Leiharbeitskraft aus Protest gegen diese Tarifabschlüsse aus der Gewerkschaft ausgetreten ist, hat das Machtpotential der eigenen Beschäftigtengruppe weiter gesenkt, ohne der Tarifbindung zu entkommen. Der Austritt bleibt formal zwar möglich, wer aber aus Protest gegen die Tarifpolitik austritt, wird dann einfach „faktisch" und ohne jegliche Einwirkungsmöglichkeit weiter-"repräsentiert". Minderheiten, deren Arbeitsbedingungen unabhängig von ihrer Mitgliedschaft von tariflichen Bestimmungen definiert werden, sind damit maximal handlungsunfähig – das Gegenteil von Selbstbestimmung.

Dieses bei Mitgliedern ebenso wie bei Außenseiter*innen auftauchende Problem macht gleichzeitig anschaulich, dass es sich auch bei der Richtigkeitschance für die Interessen von Außenseiter*innen letztlich vor allem um eine fortgesetzte Minderheitenproblematik handelt.[940]

Die Schwierigkeiten erhalten obendrein im Anwendungsbereich von tarifdispositivem Arbeitnehmer*innenschutzrecht eine weitere Komponente. Die Interessen der Außenseiter*innen sind vom Kollektivinteresse der Gewerkschaften nicht oder nur zufällig umfasst; sie zählen nicht als zu

---

distrust, S. 83; oder als „imaginary representation" bei *Jenyns,* The objections to the taxation, S. 8.

939 Vgl. BAG, Urt. v. 24.03.2004 – 5 AZR 303/03, NZA 2004, 971; BAG, Urt. v. 29.01.1987 – 2 AZR 109/86, NZA 1987, 627; *Schüren,* RdA 1988, 138 (148).

940 AA *Schüren,* in: FS 50 Jahre BAG, S. 877 (885).

erhaltende Beitragszahler*innen und haben kein Stimmgewicht. Das Interesse der Unternehmen an einer Aufweichung des Schutzniveaus aber kann unvermindert in die Verhandlungen eingebracht werden. Auch eine „virtual representation“ kann in diesem Fall nicht verhindern, dass das verbandspolitische Gewicht der betroffenen Interessen nicht dem tatsächlichen Gewicht der Abweichung vom gesetzlichen Schutzstandart entspricht. Wenn von einer Mehrheit nur die Hälfte zählt, wird sie rasch zur Minderheit; wenn von einer Minderheit nur die Hälfte zählt, wird sie verbandspolitisch schnell irrelevant. Es ist darum tatsächlich zum beiderseitigen Gewinn, wenn sich Gewerkschaften die Rechte von Außenseiter*innen zu einem Preis abkaufen lassen, der über den verbandspolitischen Kosten, aber unter dem Nutzen für die Unternehmen liegt – nirgends wird die Begrenzung der Richtigkeitschance auf die Interessen der Verbände so deutlich wie hier. Von einer automatischen angemessenen Durchsetzung von Außenseiter*inneninteressen kann nicht die Rede sein.

Diese Schwierigkeiten machen deutlich, dass das Konzept der „virtual representation“ stark davon abhängig ist, dass eine wirksame Repräsentation stattfindet – andernfalls setzen sich die Schwierigkeiten bei der Repräsentation von Minderheiten in verschärfter Form fort. Die allein faktische Repräsentation senkt das verbandsinterne Machtpotential und verschärft damit insbesondere Schwierigkeiten bei der Durchsetzung eigener Interessen; zu dieser Schwierigkeit kommen dann für Minderheiten noch die auch für Mitglieder bestehenden Probleme bei der Durchsetzung hinzu.

Zumindest letzteres Problem ließe sich aber entschärfen, wenn die übereinstimmenden Interessen und damit die Gruppe der faktischen Repräsentant*innen nicht als gegeben hingenommen, sondern aktiv gestaltet würde. Dieses aktive Element findet sich auch bei *Ely*. Ihm zufolge funktioniert die faktische Repräsentation „[...] by tying the interests of those without political power to the interests of those with it [...]“.[941] Man könnte hier im Falle von Minderheiten bei der Empirie stehenbleiben, festhalten, dass die Interessen von Außenseiter*innen zwar mit denen von einigen Verbandsangehörigen übereinstimmen, diese Mitglieder aber keine wirkliche Macht innehaben, und anerkennen, dass die Voraussetzungen der „virtual representation“ in diesen Fällen schlicht nicht gegeben sind. Eine wirksame „virtual representation“ ließe sich aber auch durch die aktive Verknüpfung der Interessen von Randgruppen mit Mehrheitsinteressen innerhalb der Gewerkschaft herstellen. In Teilen geschieht genau das auch durch die Bindung der Tarifparteien an das Gleichbehandlungsgebot und

941 *Ely*, Democracy and distrust, S. 83.

– interessanterweise – den Gleichstellungsgrundsatz in der Leiharbeit. Diese aktive Verknüpfung von Personengruppen, die gerade nicht zwingend dieselben Interessen verfolgen, scheint für *Ely* die faktische Repräsentation zu sichern. So erklären sich die angeführten Beispiele, denen zufolge eine faktische Repräsentation von Angehörigen anderer Staaten dadurch erreicht wird, dass ihnen zwingend dieselben Rechte zu gewähren sind, wie sie auch für Staatsangehörige bestehen.[942] Auch der Schutz einzelner Banken vor einer erdrosselnden Besteuerung soll dadurch erreicht werden, dass das Recht eine einheitliche Besteuerung von ihrem Eigentum und sonstigem Privateigentum verlangt.[943] In beiden Fällen werden bis dahin ungenügend geschützte Minderheiten aktiv unter den Schutzschirm des Souveräns, der Wähler*innen gestellt. In diesem Sinne kann eine wirksame faktische Repräsentation von Außenseiter*innen in Tarifverhandlungen nur stattfinden, wenn ihre Arbeitsbedingungen an die Arbeitsbedingungen der Mehrheit der Verbandsangehörigen gekoppelt werden. Das ist in Deutschland nicht immer der Fall.

Eine Richtigkeitschance für in Bezug genommene tarifliche Arbeitsbedingungen von Außenseiter*innen kann sich darum nicht auf die Mechanismen des Tarifrechts stützen. Denkbar wäre allein, anstatt dem Tarifvertrag der arbeitsvertraglichen Bezugnahmeklausel eine Richtigkeitschance zu unterstellen.[944] In den dieser Klausel zugrundliegenden Aushandlungsprozess fließen tatsächlich nur die Interessen der Leiharbeitskraft und des Verleihunternehmens ein; in dieser Hinsicht ist die Berücksichtigung der Interessen also wesentlich besser als im Tarifvertrag. Allerdings fehlt in diesem individualarbeitsvertraglichen Aushandlungsprozess offensichtlich das Machtgleichgewicht, um sich gegen die Bezugnahme zu wehren.[945] Auch auf diesem Wege lässt sich deshalb keine Richtigkeitschance für Außenseiter*innen begründen.

Alles in allem gibt es demnach auch bei Annahme einer Parität zwischen den Tarifparteien keine Richtigkeitschance, die eine angemessene Berücksichtigung der Interessen von Verbandsmitgliedern und Außenseiter*innen erwarten lassen würde. Die Angemessenheitsvermutung bezieht sich allein auf die Interessen der an der Tarifaushandlung unmittelbar beteiligten Verbände.

---

942 *Ely*, Democracy and distrust, S. 83.

943 *Ely*, Democracy and distrust, S. 85 f.

944 Vgl. *Krämer*, Richtigkeitsgewähr des Tarifvertrags, S. 197.

945 *Krämer*, Richtigkeitsgewähr des Tarifvertrags, S. 197 f.; *Sandmann*, in: FS Buchner 2009, S. 777 (782).

c. Bedeutung der Angemessenheitsvermutung für die Leiharbeit

Angesichts der voraussetzungsvollen Annahme einer Richtigkeitschance für Tarifverträge und der auf die Interessen der Verbände beschränkten Aussagekraft überrascht es nicht, dass Leiharbeitnehmer*innen in Deutschland trotz der überwältigenden Tarifbindung nicht von ihrer gewerkschaftlichen Vertretung profitieren.

Richtig ist, dass das Tarifrecht auch in der Arbeitnehmer*innenüberlassung eine wichtige Schranke darstellt, um unseriöse Gewerkschaften davon abzuhalten, die Tariföffnungsklausel des § 8 Abs. 2 AÜG zu nutzen.[946] Einen ersten Beleg dieser These hat der Beschluss des BAG zur Tariffähigkeit der CGZP geliefert.[947] Die soziale Mächtigkeit der DGB-Tarifgemeinschaft aber dürfte sich aktuell hinreichend aus der Kampfbereitschaft der Stammkräfte in den Einsatzbetrieben ergeben – damit ist anzunehmen, dass ihre Tarifverträge nicht an einer mangelnden Tariffähigkeit scheitern.[948]

Das Tarifrecht ist demnach auch bei richtiger Anwendung nicht immer in der Lage, einen wirksamen Schutz für verbandsinterne Minderheiten und Außenseiter*innen zu bieten. Am Beispiel der Arbeitnehmer*innenüberlassung lässt sich deutlich beobachten, wohin eine fehlende mitgliedschaftliche Legitimation des gewerkschaftlichen Handelns führt – bereits die Mitgliederstruktur lässt hier eine ausreichende Berücksichtigung der Interessen von Leiharbeitnehmer*innen unwahrscheinlich erscheinen.[949] Wer die geringen Organisationsraten in der Leiharbeit als Abstimmung gegen die Tarifverträge begreift, dürfte der Gemütslage vieler Leiharbeitskräfte zwar nahe kommen.[950] Gleichzeitig belegt die Wirkungslosigkeit dieser Tatsache aber auch, dass die Beschäftigten in der Arbeitnehmer*innenüberlassung aktuell kaum handlungsfähig sind – es fehlt schlicht eine wirksame Exit-Option.[951] Damit liegt auf der Hand, dass es in der Leihar-

---

946 LAG Nürnberg, Urt. v. 20.02.2019 – 2 Sa 402/18, Rn. 61; ErfK/*Wank*, 21. Aufl. 2021, AÜG § 8 Rn. 34; krit. *Corzelius*, Tarifdispositives Recht, S. 31 f.

947 BAG, Beschl. v. 14.12.2010 – 1 ABR 19/10, NZA 2011, 289.

948 *Schüren*, in: FS 50 Jahre BAG, S. 877 (882 ff.).

949 *Corzelius*, Tarifdispositives Recht, S. 92 f.; *Waltermann*, in: FS Bepler, S. 569 (581 f.); *D. Ulber*, Tarifdispositives Gesetzesrecht, S. 505; *Schlachter/Klauk*, AuR 2010, 354 (355).

950 *Corzelius*, Tarifdispositives Recht, S. 108; in einem anderen Zusammenhang *Rieble*, in: FS Wiedemann, S. 519 (139).

951 *Waas*, ZESAR 2012, 7 (12).

beit im Hinblick auf die Interessen der Beschäftigten weder Richtigkeitschance noch Angemessenheitsvermutung geben kann.[952]

d. Zusammenfassung

Vor diesem Hintergrund wird deutlich, dass es zur Wahrung des Gesamtschutzes von Leiharbeitnehmer*innen nicht mit einem Verweis auf das Tarifrecht und die daraus vermeintlich erwachsende Richtigkeitsgewähr getan sein kann – ohne Richtigkeitsgewähr und Richtigkeitschance für die Interessen der Beschäftigten kann es auch keinen darauf fußenden Gesamtschutz geben. Der Vorteil der tariflichen Regelung liegt für die Arbeitnehmer*innenüberlassung vor allem in der Tatsache, dass Beschäftigte nicht zum Gewerkschaftsbeitritt gezwungen werden können – insofern ist die Wahl zwischen Gleichstellung und normativer Tarifgeltung tatsächlich frei. Wenn Mitglieder die Tarife wollten, würden diese dadurch zwar auch nicht „richtig", die individuelle freie Wahlmöglichkeit würde aber den Gesamtschutz gewährleisten. Das gilt allerdings nur bei der normativen Bindung. Der heute weit überwiegenden Geltung der Tarifverträge aufgrund arbeitsvertraglicher Bezugnahmeklauseln wohnt dagegen weder ein freiwilliger Verzicht auf das Recht der Gleichstellung noch eine Richtigkeitschance inne, die zur Wahrung des Gesamtschutzes beitragen könnte. Auch das Tarifrecht schützt Leiharbeitnehmer*innen folglich nicht ausreichend.

3. Bindung an das gesetzgeberische Schutzkonzept

Neben die ausdrücklichen Schranken des AÜG könnte außerdem eine der Tariföffnungsklausel immanente ungeschriebene Grenze treten, die eine allgemeine Bindung der Tarifparteien an das gesetzgeberische Schutzkon-

---

952 *Hamann*, jurisPR-ArbR 29/2021 Anm. 3; *Corzelius*, Tarifdispositives Recht, S. 94; *Hamann/Klengel*, EuZA 2017, 485 (501); Ulber/*J. Ulber*, AÜG § 8 Rn. 375 f.; *Deinert*, RdA 2014, 65 (70); *Riechert*, NZA 2013, 303 (305); *Kothe*, in: FS Bepler, S. 287 (300); *Waltermann*, in: FS Bepler, S. 569 (581 f.); *Schüren/Wank*, RdA 2011, 1 (5); *D. Ulber*, Tarifdispositives Gesetzesrecht, S. 508; *Call*, NJ 2010, 89 (96); *Stütze*, Kontrolle der Entgelthöhe, S. 397 ff.; *Waltermannm*, NZA 2010, 482 (487); *Schlachter/Klauk*, AuR 2010, 354 (357); *J. Ulber*, AuR 2010, 412 (415); aA *Thüsing/Stiebert*, in: Der CGZP-Beschluss, S. 59 (74); *Rieble/Vielmeier*, EuZA 2011, 474 (501).

zept fordert. Die Begrenzung des Regelungsspielraums von Tarifparteien im Zusammenhang mit tarifdispositivem Gesetzesrecht wird von zahlreichen Stimmen in unterschiedlicher Schärfe angenommen; ihnen gemein ist die Perspektive, dass auch die gesetzliche Gestattung tarifvertraglicher Abweichungen von Arbeitnehmer*innenschutzrecht nicht dazu ermächtigen soll, den gesetzlichen Schutzgedanken völlig außer Acht zu lassen.[953] Auf dieser Perspektive aufbauend wird auch für die Arbeitnehmer*innenüberlassung eine Bindung der Tarifparteien an das von der Gesetzgebung verfolgte Schutzkonzept – die Gleichstellung – gefordert.[954] Erhebliche Teile der Literatur allerdings lehnen die Annahme eines tariffesten Kerns von § 8 Abs. 2, 4 AÜG ab.[955]

Richtigerweise kann eine immanente Begrenzung des Regelungsspielraums von Tarifparteien bei der Nutzung tarifdispositiver Normen weder pauschal angenommen noch pauschal ausgeschlossen werden. Der dem jeweiligen Arbeitnehmer*innenschutzrecht zugrundeliegende Schutzgedanken ist stattdessen nur dann für die Tarifparteien bindend, wenn sich aus der Auslegung der Norm ein entsprechender Regelungswille der Legislative ergibt.[956] Aus diesem Grund ist § 8 Abs. 2, 4 AÜG daraufhin zu untersuchen, ob die Tarifparteien bei der Abweichung vom Gleichstel-

953 Däubler TVG/*Heuschmidt*, 4. Aufl. 2016, § 1 Rn. 814; Jacobs/*Krause*/Oetker/Schubert, Tarifvertragsrecht § 1 Rn. 144; Gesetzesentwurf zur Änderung des Arbeitnehmerüberlassungsgesetzes, BT-Drs. 17/4804, S. 9; *Riechert*, NZA 2013, 303 (304); *Kothe*, in: FS Bepler, S. 287 (299); *Schlachter/Klauk*, AuR 2010, 354 (359); *Fuchs*, NZA 2009, 57 (62); Wiedemann TVG/*Wiedemann*, 7. Aufl. 2007, Einl. Rn. 388; *Schüren*, JbArbR 41 (2004), 49 (59 ff.); *Schüren/Behrend*, NZA 2003, 521 (525); *Däubler*, KJ 2003, 17 (18).

954 LAG Hamburg Urt. v. 24.03.2009 – H 2 Sa 164/08; Ulber/*J. Ulber*, AÜG § 8 Rn. 261; Gesetzesentwurf zur Änderung des Arbeitnehmerüberlassungsgesetzes, BT-Drs. 17/4804, S. 9; *Riechert*, NZA 2013, 303 (304); *Waltermann*, in: FS Bepler, S. 569 (577); *Schlachter/Klauk*, AuR 2010, 354 (359); *Waltermannm*, NZA 2010, 482 (486 f.); *Fuchs*, NZA 2009, 57 (62); *Schüren*, JbArbR 41 (2004), 49 (59 f.); *Schüren*, in: FS 50 Jahre BAG, S. 877 (886); *Schüren/Behrend*, NZA 2003, 521 (525); *Däubler*, KJ 2003, 17 (18); erwägend Däubler TVG/*D. Ulber*, Einl. Rn. 670.

955 Wiedemann TVG/*Jacobs*, Einl. Rn. 641; *Löwisch/Rieble*, TVG § 1 Rn. 1076; *Röpke*, Die Gestaltbarkeit von Arbeitsbedingungen, S. 156; Boemke/*Lembke*, AÜG § 9 Rn. 230; *Thüsing*, Arbeitsrechtlicher Diskriminierungsschutz, Rn. 873; *Sansone*, Gleichstellung, S. 348 ff.; *Guenoub*, Equal pay, S. 177; *Thüsing/Lembke*, ZfA 2007, 87 (96); *Böhm*, DB 2003, 2598 (2598); *Raab*, ZfA 2003, 389 (409).

956 Däubler TVG/*D. Ulber*, Einl. Rn. 670; Wiedemann TVG/*Jacobs*, Einl. Rn. 641; *Löwisch/Rieble*, TVG § 1 Rn. 1074; *Röpke*, Die Gestaltbarkeit von Arbeitsbedingungen, S. 135; *Kempen*/Zachert, TVG Grundl. Rn. 377; Jacobs/*Krause*/Oetker/Schubert, Tarifvertragsrecht § 1 Rn. 144; *Sansone*, Gleichstellung, S. 348; *Guenoub*, Equal pay, S. 168.

lungsgrundsatz völlig frei, oder aber an den grundsätzlichen Gedanken der Gleichstellung gebunden sein sollen. In letzterem Fall ergäbe sich ein zusätzlicher Schutz für die Beschäftigten, der der geforderten Gewährleistung des Gesamtschutzes dienen könnte.

a. Wortlaut

Der Wortlaut von § 8 Abs. 2, 4 AÜG enthält zwei Grenzen, die von den Tarifparteien zu beachten sind: in § 8 Abs. 2 AÜG wird auf die Mindeststundenentgelte nach § 3a AÜG verwiesen und in § 8 Abs. 4 AÜG die Möglichkeit zur Abweichung vom Gleichstellungsgebot in zeitlicher Hinsicht begrenzt.[957] Neben diesen expliziten Vorgaben findet sich im Wortlaut aber kein Hinweis auf eine der Norm immanente Grenze, die die Tarifparteien auf die Beachtung des gesetzgeberischen Schutzkonzepts verpflichten könnte.[958] Im Gegenteil erhalten die begrenzenden Vorgaben von § 8 Abs. 2, 4 AÜG eine umso größere Bedeutung, wenn daneben keine Bindung an die Gleichstellung gefordert wird.[959]

Gegen eine pauschale Bindung spricht insbesondere § 8 Abs. 4 Satz 2 AÜG. Diese Norm verspricht im Tausch gegen die stufenweise Annäherung an die Gleichstellung eine Befreiung von der maximalen Dauer der Abweichung. Wenn eine über die Dauer von 15 Monaten gestreckte, langsam stärker werdende Heranführung an das gesetzgeberische Schutzkonzept der Gleichstellung aber die schutzintensivere von zwei Möglichkeit ist, legt das nahe, dass nach der anderen Möglichkeit – § 8 Abs. 4 Satz 1 AÜG – mindestens eine sehr weite Emanzipation vom gesetzgeberischen Schutzkonzept zulässig sein soll. Das schließt eine grundsätzliche Bindung an das Schutzkonzept nicht zwingend aus, erfordert dann aber eine lockere Handhabung der Bindung und die Anerkennung eines weiten Gestaltungsspielraums für die Tarifparteien.

---

957 Vgl. oben Erster Teil B. III. 1. a. 2) b) (2), S. 81; Erster Teil B. III. 1. a. 2) c), S. 83.

958 Wiedemann TVG/*Jacobs*, Einl. Rn. 620, 643; *Seiwerth*, Gestaltungsfreiheit in Tarifverträgen, S. 423; *Röpke*, Die Gestaltbarkeit von Arbeitsbedingungen, S. 136; *Thüsing*, Arbeitsrechtlicher Diskriminierungsschutz, Rn. 873; *Bock*, Tarifdispositives Arbeitnehmerschutzrecht, S. 141, 155; *Guenoub*, Equal pay, S. 169.

959 Vgl. *Seiwerth*, Gestaltungsfreiheit in Tarifverträgen, S. 423.

b. Systematik

In systematischer Hinsicht ist zunächst der Kontext innerhalb des AÜG selbst von Interesse. Argumentatives Potential liegt dann vor allem in einem vergleichenden Blick auf andere tarifdispositiv ausgestaltete Normen des Arbeitnehmer*innenschutzes. Zu guter Letzt verlangen auch Überlegungen im Zusammenhang mit der Angemessenheitsvermutung von Tarifverträgen und Art. 9 Abs. 3 GG nach Beachtung.

1) Anhaltspunkte aus dem AÜG

Während die grammatikalische Auslegung von § 8 Abs. 2, 4 AÜG keinen Anhaltspunkt für eine Bindung an das Schutzkonzept der Gleichstellung bietet, zeigt der Blick auf andere Regelungsgrenzen wie § 3a AÜG, dass diese durchaus eindeutig festgeschrieben wurden. Dieser Unterschied lässt sich aus Sicht der Befürworter*innen eines begrenzten Regelungsspielraums damit erklären, dass eine Bindung der Dispositionsnorm eben schon immanent sei und deswegen nicht extra aufgeführt werden müsse. Etwas überzeugender scheint es aber, aus diesem Unterschied eher ein Indiz gegen die Annahme einer immanenten Grenze abzuleiten.[960] Das gilt umso mehr, als die exakte Bestimmung der in Frage stehenden Grenze in jedem Fall herausfordernd wäre, sodass sich eine explizite Regelung durchaus angeboten hätte.[961]

Für die Annahme einer immanenten Grenze spricht allerdings, dass es widersprüchlich erscheint, in § 8 Abs. 1 AÜG das erhebliche Schutzbedürfnis der Leiharbeitnehmer*innen anzuerkennen und die Gleichstellung als passendes Schutzinstrument zu identifizieren, nur um dann anschließend den ergriffenen Schutzauftrag in blindem Vertrauen in die Hände der Tarifparteien zu legen.[962] Näher liegt es, die Ausnahme möglichst eng zu begreifen und die Regel so weit beizubehalten, wie dadurch der Zweck der Ausnahme nicht geschädigt wird.[963] Die teleologische Auslegung gewinnt hierdurch zusätzliches Gewicht. Es ist allerdings darauf zu achten, dass

960 *Röpke*, Die Gestaltbarkeit von Arbeitsbedingungen, S. 137.

961 Vgl. *Röpke*, Die Gestaltbarkeit von Arbeitsbedingungen, S. 170 f., 175; *D. Ulber*, Tarifdispositives Gesetzesrecht, S. 499.

962 Däubler TVG/*Heuschmidt*, 4. Aufl. 2016, § 1 Rn. 814; *Riechert*, NZA 2013, 303 (304); krit. *Seiwerth*, Gestaltungsfreiheit in Tarifverträgen, S. 176.

963 *Röpke*, Die Gestaltbarkeit von Arbeitsbedingungen, S. 138.

die bewusste Entscheidung der Gesetzgebung zur tarifdispositiven Ausgestaltung nicht durch eine untergeschobene Bindung an das Schutzkonzept konterkariert wird.[964]

Keine weiteren Erkenntnisse ergeben sich aus § 11 Abs. 1 Satz 2 Nr. 2 AÜG.[965] Hier wird keine materielle Aussage über Leistungen getroffen.[966] Darüber hinaus behandelt diese Norm quasi komplementär zu § 8 Abs. 1 AÜG die verleihfreien Zeiten und betrifft damit schon ihrem Anwendungsbereich nach nicht die für die Gleichstellung relevanten Einsatzzeiten. Aus diesem Grund kann auch aus § 11 Abs. 4 Satz 2 AÜG keine dem Grundsatz der vollen Entgeltfortzahlung im EFZG vergleichbare Festlegung abgeleitet werden. Andererseits lässt sich aber auch aus dem politischen Streit über den Gleichstellungsgrundsatz nicht ableiten, dass dieser sowieso kein Teil des gesetzlichen Schutzkonzepts sei.[967] Im Gegenteil fußt der Schutz von Leiharbeitnehmer*innen nach der Konzeption des AÜG in § 8 Abs. 1 AÜG offensichtlich ganz zentral auf der Gleichstellung.[968]

Nur teilweise überzeugen kann zuletzt auch die Annahme, dass die Drehtürklausel des § 8 Abs. 3 AÜG ihren Sinn verlieren würde, wenn die Tarifparteien allzu eng an das Schutzkonzept der Gleichstellung gebunden würden.[969] Auch bei einer engen Bindung an das gesetzgeberische Schutzkonzept würde durch diese Klausel bei der zentralen Gruppe der überdurchschnittlich gut vergütenden Unternehmen der Anreiz zur formellen Ausgliederung der Stammbelegschaft auf Leiharbeitsunternehmen verhindert. Es trifft allerdings zu, dass die Drehtürklausel umso wirkmächtiger wird, je lockerer eine Bindung an das gesetzgeberische Schutzkonzept gehandhabt wird. Das spricht eher gegen eine allzu enge Bindung an den Gleichstellungsgrundsatz.

Insgesamt ergibt der Blick auf die umgebenden Regelungen des AÜG damit kein eindeutiges Bild. Die in anderen Fragen eindeutigen Vorgaben an die Tarifparteien sprechen ebenso wie § 8 Abs. 3 AÜG eher gegen eine Bindung an das Schutzkonzept, die Annahme eines widerspruchslosen Verhaltens seitens der Gesetzgebung legt eine solche Bindung angesichts

---

964 Vgl. *Seiwerth*, Gestaltungsfreiheit in Tarifverträgen, S. 176 f.; *Säcker/Oetker*, Grundlagen und Grenzen der Tarifautonomie, S. 238.

965 AA *Schüren*, JbArbR 41 (2004), 49 (61); *Schüren/Behrend*, NZA 2003, 521 (525).

966 *Sansone*, Gleichstellung, S. 349; *Bock*, Tarifdispositives Arbeitnehmerschutzrecht, S. 155; *Guenoub*, Equal pay, S. 168.

967 So aber *Hanau*, ZIP 2003, 1573 (1577).

968 *Schüren*, JbArbR 41 (2004), 49 (60); Entwurf eines Ersten Gesetzes für moderne Dienstleistungen am Arbeitsmarkt, BT-Drs. 15/25, S. 24.

969 So aber *Riechert*, NZA 2013, 303 (306).

der erkannten Schutzpflicht hingegen eher nahe. Beide Anhaltspunkte sind dabei wenig belastbar, sodass der weiteren Auslegung größte Bedeutung zukommt.

2) Parallele zu § 4 Abs. 4 EFZG

Weitere Erkenntnisse könnten sich aus der Behandlung ähnlicher Fragen in anderen Arbeitnehmer*innenschutzgesetzen ergeben. Auch der Grundsatz der Entgeltfortzahlung im Krankheitsfall etwa erfährt in § 4 Abs. 4 EFZG eine Öffnung für die Tarifparteien – sie werden ermächtigt, eine andere Bemessungsgrundlage zu vereinbaren. Dabei sind sie aber nach einhelliger Meinung stets an den Grundsatz der vollen Entgeltfortzahlung gebunden.[970] Für die Begrenzung sind drei Begründungen denkbar.

Teilweise wird die Bindung darauf gestützt, dass der Regelungsspielraum nach dem Wortlaut der Norm eben nur die Bemessungsgrundlage umfasse, der Grundsatz der vollständigen Entgeltfortzahlung also explizit nicht zur Disposition der Tarifparteien gestellt werde.[971] Das erscheint allerdings nicht zwingend. Denkbar wäre nach dem Wortlaut etwa auch, dass als Bemessungsgrundlage nur einzelne Vergütungsbestandteile vereinbart und die Entgeltfortzahlung damit erhebliche beschädigt würde.[972] Die Richter*innen des BAG stellen darum stattdessen darauf ab, dass der Grundsatz der vollen Entgeltfortzahlung aus § 3 Abs. 1 Satz 1 i.V.m. § 4 Abs. 1 EFZG folge.[973] Weil die Abweichungsbefugnis des § 4 Abs. 4 EFZG sich aber nicht auf § 3 Abs. 1 EFZG beziehe, sei der der Grundsatz vor dem Zugriff der Tarifparteien geschützt.[974] Der begrenzte Spielraum zur Abweichung wird hiernach also auf den begrenzten Anwendungsbereich

970 BAG, Urt. v. 20.8.2014 – 10 AZR 583/13, NZA 2015, 58 Rn. 23 f.; BAG, Urt. v. 24. 3. 2004 – 5 AZR 346/03, NZA 2004, 1042 (1044); BAG, Urt. v. 13. 3. 2002 – 5 AZR 648/00, NZA 2002, 744; *Schmitt/Küfner-Schmitt*, EFZG § 4 Rn. 197; *Röpke*, Die Gestaltbarkeit von Arbeitsbedingungen, S. 139; *Bock*, Tarifdispositives Arbeitnehmerschutzrecht, S. 153.

971 *Röpke*, Die Gestaltbarkeit von Arbeitsbedingungen, S. 139 f.; Boemke/*Lembke*, AÜG § 9 Rn. 230; *Sansone*, Gleichstellung, S. 350 f.; *Hanau*, ZIP 2003, 1573 (1577).

972 *Schüren*, JbArbR 41 (2004), 49 (60); *Schüren/Behrend*, NZA 2003, 521 (525).

973 BAG, Urt. v. 24.03.2004 – 5 AZR 346/03, NZA 2004, 1042 unter II. 3. b) aa).

974 BAG, Urt. v. 24.03.2004 – 5 AZR 346/03, NZA 2004, 1042 unter II. 3. b) aa); zust. *Schmitt/Küfner-Schmitt*, EFZG § 4 Rn. 186; *Seiwerth*, Gestaltungsfreiheit in Tarifverträgen, S. 151 f.; 298; *Bock*, Tarifdispositives Arbeitnehmerschutzrecht, S. 152 f.

der Tariföffnungsklausel gestützt. In jüngeren Urteilen allerdings kommt diese eindeutige Bezugnahme auf § 3 Abs. 1 EFZG nicht mehr zum Ausdruck, sodass man auch versucht sein könnte, den angemahnten Schutz der Substanz der Entgeltfortzahlung als Berufung auf eine dem tarifdispositiven Recht immanente Grenze zu verstehen.[975]

Diese letzte Begründung kann allerdings nur greifen, wenn die beiden erstgenannten Ansätze versagen. Die vom BAG auch heute noch angeführte Berufung auf § 12 EFZG legt dagegen nahe, dass die Richter*innen die Beschränkung weiterhin auf § 3 Abs. 1 EFZG und nicht auf eine immanente Schranke des § 4 EFZG stützen wollen – andernfalls hätte es einer expliziten Abgrenzung von früheren Entscheidungen bedurft. Der begrenzte Handlungsspielraum der Tarifparteien wird demnach mit der dem Wortlaut nach begrenzten Tarifdispositivität begründet. Eine immanente Schranke braucht es dafür nicht – die Schranke resultiert vielmehr aus dem in einer anderen, nicht tarifdispositiven Norm verankerten Schutzkonzept.

Überträgt man dieses Ergebnis auf § 8 AÜG, so folgt daraus keine Begrenzung für die Abweichung vom Gleichstellungsgrundsatz. § 8 Abs. 2 AÜG lässt, anders als § 4 Abs. 4 EFZG im Hinblick auf § 3 Abs. 1 EFZG, explizit eine Abweichung von § 8 Abs. 1 AÜG zu. Neben § 8 Abs. 1 besteht aber keine weitere Norm, die den Gleichstellungsgrundsatz zwingend vorschreiben würde. Der Regelungsspielraum der Tarifparteien würde erst überreizt, wenn ein Tarifvertrag in nicht tarifdispositive Normen wie etwa § 11 Abs. 4 Satz 2 AÜG übergreifen würde.[976] Die zu § 4 Abs. 4 EFZG ergangene Rechtsprechung lässt sich mithin nicht auf § 8 Abs. 2, 4 AÜG übertragen.[977]

---

975 Vgl. BAG, Urt. v. 27.04.2016 – 5 AZR 229/15, NZA 2016, 1214 Rn. 25; BAG, Urt. v. 20.08.2014 – 10 AZR 583/13, NZA 2015, 58 Rn. 23 f.

976 Vgl. zur zwingenden Wirkung von § 11 Abs. 4 AÜG *Schüren*/Hamann, AÜG § 11 Rn. 114; Ulber/*J. Ulber*, AÜG § 11 Rn. 101; *Klengel*, jurisPR-ArbR 36/2016 Anm. 4; *Hanau/Hoff*, NZA 2015, 1169 (1171).

977 Ebenso *Röpke*, Die Gestaltbarkeit von Arbeitsbedingungen, S. 139 f.; Boemke/*Lembke*, AÜG § 9 Rn. 230; *Sansone*, Gleichstellung, S. 350 f.; *Bock*, Tarifdispositives Arbeitnehmerschutzrecht, S. 155; *Guenoub*, Equal pay, S. 174; *Hanau*, ZIP 2003, 1573 (1577); aA *Schüren*, JbArbR 41 (2004), 49 (59); *Schüren/Behrend*, NZA 2003, 521 (525).

3) Parallele zu § 13 Abs. 1 BUrlG, § 19 Abs. 1 BetrAVG

Auf vergleichbaren Pfaden wandelt die Rechtsprechung auch in Fragen, die die Reichweite der von § 13 Abs. 1 BUrlG versprochenen Tarifdispositivität betreffen. Auch in dieser Materie dürfen die Tarifparteien nicht von allen Normen des Gesetzes abweichen. Das BAG schränkt allerdings auch bei dieser eigentlich tarifdispositiven Norm die Spielräume zur Abweichung erheblich ein und begründet diese Einschränkung mit der These, dass andernfalls – ähnlich wie bei § 3 Abs. 1 EFZG – mittelbar in zwingende Normen eingegriffen würde.[978] Nach Auffassung der Richter*innen finden sich in den §§ 4–11 BUrlG jeweils Splitter der §§ 1–3 BUrlG, in deren Regelungsgehalt nicht eingegriffen werden darf.[979]

Vergleichbares wird für die Reichweite des § 19 Abs. 1 BetrAVG angenommen: eigentlich ist § 2 BetrAVG tarifdispositiv, weil sich aber ein mittelbarer Eingriff in den zwingenden § 1b BetrAVG verbiete und dieser in einem engen Zusammenhang mit § 2 BetrAVG stehe, sei auch an dieser Stelle der Gestaltungsspielraum eingeschränkt.[980]

Es ergibt sich also im Ergebnis tatsächlich eine Schranke bei der Abweichung von eigentlich tarifdispositiven Normen. Diese Schranke fußt aber nicht auf einer immanenten Bindung an das Schutzkonzept der tarifdispositiven Norm, sondern auf der inhaltlichen Überschneidung mit anderen, nicht dispositiven Normen.

In § 8 Abs. 2 wird hingegen gerade die Abweichung von der grundsätzlichen Norm des § 8 Abs. 1 gestattet; eine Überschneidung mit anderen, nicht dispositiven Normen gibt es nicht. Darum lässt sich der Meinungs-

978 BAG, Urt. v. 05.08.2014 – 9 AZR 77/13, NZA 2015, 625 Rn. 19; vgl. Neumann/Fenski/*Kühn*, BUrlG § 13 Rn. 14; *Seiwerth*, Gestaltungsfreiheit in Tarifverträgen, S. 298; *Bock*, Tarifdispositives Arbeitnehmerschutzrecht, S. 147; *Sansone*, Gleichstellung, S. 351.

979 BAG, Urt. v. 05.08.2014 – 9 AZR 77/13, NZA 2015, 625 Rn. 19; BAG, Urt. v. 15.01.2013 – 9 AZR 465/11, NZA-RR 2013, 585 Rn. 20; BAG, Urt. v. 26.06.2001 – 9 AZR 347/00, NZA 2002, 680 (681); BAG, Urt. v. 22.02.2000 – 9 AZR 107/99, NZA 2001, 268 (270 f.); vgl. *Seiwerth*, Gestaltungsfreiheit in Tarifverträgen, S. 151 ff.; *Bock*, Tarifdispositives Arbeitnehmerschutzrecht, S. 147 ff.

980 BeckOK ArbR/*Clemens*, BetrAVG § 19 Rn. 8; ErfK/*Steinmeyer*, BetrAVG § 19 Rn. 2; Höfer BetrAVG I/*Höfer*, Betriebsrentengesetz § 19 Rn. 11 f.; Blomeyer/*Rolfs*/Otto, BetrAVG § 19 Rn. 15; *Bock*, Tarifdispositives Arbeitnehmerschutzrecht, S. 157.

stand zu § 13 BUrlG, § 19 BetrAVG ebenso wenig auf § 8 Abs. 2 AÜG übertragen, wie das bei § 4 Abs. 4 EFZG der Fall ist.[981]

4) Parallele zu §§ 7, 12 ArbZG

Auch das ArbZG lässt in §§ 7, 12 ArbZG eine Unterschreitung des gesetzlich vorgesehen Schutzniveaus durch Tarifvertrag zu. Den zahlreichen dort verankerten Tariföffnungsklauseln ist gemein, dass sie sich, genau wie § 4 Abs. 4 EFZG, § 19 Abs. 1 BetrAVG und § 8 Abs. 2, 4 AÜG, nur auf spezifische Vorschriften beziehen und eine nur diesbezügliche Abweichung gestatten. Zusätzlich enthält die Mehrzahl der in §§ 7, 12 ArbZG enthaltenen Öffnungsklauseln aber auch explizite Grenzen für die Abweichung, die entweder, wie in § 7 Abs. 1 Nr. 3, Nr. 5, Abs. 8, 12 Satz 1 Nr. 1, Nr. 4 ArbZG, eine spezifische zahlenmäßige Beschränkung oder, wie in § 7 Abs. 1 Nr. 2, Abs. 2, 2a, ArbZG, eine abstrakte Verpflichtung auf eine angemessene Dauer oder den Gesundheitsschutz darstellen. In diesen Fällen begrenzt die tarifdispositive Norm selbst ausdrücklich ihre Reichweite, sodass es keiner ungeschriebenen immanenten Bindung an das Schutzkonzept bedarf. Diese Normen zeigen stattdessen auf, dass es der Gesetzgebung problemlos möglich ist, eine gewünschte Begrenzung der Tarifdispositivität explizit festzuschreiben.[982] Das Fehlen einer solchen expliziten, auf die materiellen Arbeitsbedingungen bezogenen Grenze in § 8 Abs. 2, 4 AÜG spricht aus dieser Perspektive eher gegen die Annahme einer immanenten Bindung an das Schutzkonzept.[983]

Etwas anderes könnte sich nur ergeben, wenn auch die ihrem Wortlaut nach nicht begrenzten Abweichungskompetenzen gemeinhin unter Berufung auf die Achtung des Schutzkonzepts beschnitten würden. Bei § 7 Abs. 1 Nr. 1 lit. a) ArbZG wird zwar eine Begrenzung auf 13 oder 14 Stunden diskutiert; als Argument dient hier aber nicht ein immanentes Schutzkonzept, sondern die mittelbare Auswirkung auf § 5 Abs. 1 ArbZG.[984] Für § 7 Abs. 1 Nr. 4 lit. a) ArbZG wird keine Grenze im Regelungsspielraum

---

981 Ebenso *Röpke*, Die Gestaltbarkeit von Arbeitsbedingungen, S. 139 f.; *Sansone*, Gleichstellung, S. 351; *Bock*, Tarifdispositives Arbeitnehmerschutzrecht, S. 155; *Guenoub*, Equal pay, S. 174.

982 *Röpke*, Die Gestaltbarkeit von Arbeitsbedingungen, S. 145.

983 *Röpke*, Die Gestaltbarkeit von Arbeitsbedingungen, S. 145.

984 ErfK/*Roloff*, ArbZG § 7 Rn. 3; *Baeck/Deutsch/Winzer*, ArbZG § 7 Rn. 55; *Neumann*/Biebl, ArbZG § 7 Rn. 19.

angenommen.[985] Die den Tarifparteien im Rahmen von § 7 Abs. 1 Nr. 4 lit. b) ArbZG gewährte Freiheit verdeutlicht im Gegenteil sogar die zulässige Emanzipation von der gesetzlichen Konzeption: unterscheiden sich in §§ 3, 6 ArbZG die geforderten Ausgleichszeiträume für Tag- und Nachtarbeit noch erheblich, so sind die Tarifparteien in beiden Fällen nur an die einheitliche Schranke des § 7 Abs. 8 ArbZG gebunden.[986]

Eine Besonderheit ergibt sich allerdings nach einhelliger Auffassung des Schrifttums im Zusammenhang mit der Regelung in § 12 Satz 1 Nr. 2 ArbZG. Hier wird der Gestaltungsspielraum der Tarifparteien unter Verweis auf den – im Wortlaut nicht angeführten – Gesundheitsschutz eingeschränkt und eine allzu weite Dehnung des Ausgleichszeitraums als unwirksam gebrandmarkt.[987] Als Grundlage dieser Beschränkung soll wahlweise die Benennung des Gesundheitsschutzes als Gesetzeszweck in § 1 Nr. 1 ArbZG oder ein andernfalls drohender Verstoß gegen Art. 31 Abs. 2 GRCh dienen.[988] Die letztgenannten primärrechtskonforme Auslegung macht anschaulich, dass eine Bindung an das gesetzgeberische Schutzkonzept durchaus als Weg begriffen werden kann, um den Vorgaben des europäischen Rechts zu genügen. Auch die Bezugnahme auf die Zielbestimmung ist insofern aufschlussreich, als § 1 Nr. 1 ArbZG keine unmittelbare materielle Wirkung entfaltet.[989] Die Norm kann darum nicht, wie das im Rahmen von § 4 Abs. 4 EFZG, § 13 Abs. 1 BUrlG oder § 19 Abs. 1 BetrAVG geschieht, als materiell wirksame, zwingende Norm begriffen werden, in welche auch auf Basis von § 12 Satz 1 Nr. 2 ArbZG nicht eingegriffen werden dürfe. Sie kann stattdessen nur im Rahmen der teleologischen Auslegung herangezogen werden, um so durch Auslegung der Tariföffnungsklausel eine Begrenzung der Abweichungsbefugnis zu erhalten. Bei § 12 Satz 1 Nr. 2 ArbZG wird also tatsächlich entgegen dem Wortlaut der Norm eine immanente Bindung an das gesetzgeberische

---

985 ErfK/*Roloff*, ArbZG § 7 Rn. 7; *Baeck/Deutsch/Winzer*, ArbZG § 7 Rn. 55, 77; *Neumann*/Biebl, ArbZG § 7 Rn. 29.

986 ErfK/*Roloff*, ArbZG § 7 Rn. 7; *Baeck/Deutsch/Winzer*, ArbZG § 7 Rn. 78; *Neumann*/Biebl, ArbZG § 7 Rn. 30.

987 ErfK/*Roloff*, ArbZG § 12 Rn. 3; *Baeck/Deutsch/Winzer*, ArbZG § 12 Rn. 14; *Anzinger/Koberski*, ArbZG § 12 Rn. 15; Buschmann/*J. Ulber*, ArbZG § 12 Rn. 6; *Neumann*/Biebl, ArbZG § 12 Rn. 6.

988 Mit Bezug auf § 1 Nr. 1 ArbZG *Baeck/Deutsch/Winzer*, ArbZG § 12 Rn. 14; *Anzinger/Koberski*, ArbZG § 12 Rn. 15; Buschmann/*J. Ulber*, ArbZG § 12 Rn. 6; *Neumann*/Biebl, ArbZG § 12 Rn. 6; mit Bezug auf Art. 31 Abs. 2 GRCh ErfK/*Roloff*, ArbZG § 12 Rn. 3.

989 ErfK/*Roloff*, ArbZG § 1 Rn. 4; *Baeck/Deutsch/Winzer*, ArbZG § 1 Rn. 6; *Neumann*/Biebl, ArbZG § 1 Rn. 3.

Schutzkonzept angenommen – einmal auf Basis einer unionsrechtskonformen, einmal auf Basis einer teleologischen Auslegung.

Das lässt sich nicht unmittelbar auf § 8 Abs. 2, 4 AÜG übertragen. Es relativiert aber die Beobachtung, dass die Legislative in anderen Fällen die gewünschte Bindung an das Schutzkonzept explizit geregelt hat. Das ArbZG macht damit deutlich das beides geht: eine ausdrückliche Verpflichtung auf das Schutzkonzept ebenso wie eine im Wortlaut nicht enthaltene, aber durch Auslegung ermittelte Bindung an den Schutzgedanken der tarifdispositiven Norm.

5) Parallele zu § 622 Abs. 4 BGB

Auch das Kündigungsschutzrecht enthält mit § 622 Abs. 4 BGB eine Tariföffnungsklausel. Sie bezieht sich nur auf § 622 Abs. 1–3 BGB, ist aber ansonsten ihrem Wortlaut nach unbeschränkt. Das hat, im Verbund mit einer relativ eindeutigen Gesetzesbegründung, die Richter*innen des BAG dazu bewogen, den Tarifparteien einen erheblichen Gestaltungsspielraum zuzusprechen.[990]

Insbesondere muss ein Tarifvertrag demnach nicht das Modell einer nach Betriebszugehörigkeit gestaffelten Kündigungsfrist übernehmen.[991] Es sei nach Auffassung des Gerichts nicht zu begründen, warum ein aus dem Wortlaut und dem erklärten Willen der Gesetzgebung gefundenes Ergebnis durch ein darüber schwebendes Leitbild konterkariert werden solle.[992] Das betont den Vorrang der Auslegung im Einzelfall. In diese Auslegung haben die Richter*innen des BAG allerdings an anderer Stelle auch die staatlichen Schutzpflichten aus Art. 12 GG mit einbezogen und damit argumentiert, dass die Kündigungsschutzbestimmungen nur zu konkretisieren, nicht aber vollständig auszuschalten seien.[993]

---

990 BAG, Urt. v. 24.10.2019 – 2 AZR 158/18, NZA-RR 2020, 199 Rn. 30 f.; BAG, Urt. v. 23.04.2008 – 2 AZR 21/07, NZA 2008, 960 Rn. 21 ff.

991 BAG, Urt. v. 24.10.2019 – 2 AZR 158/18, NZA-RR 2020, 199 Rn. 30 f.; BAG, Urt. v. 23.04.2008 – 2 AZR 21/07, NZA 2008, 960 Rn. 21 ff.; zust. ErfK/*Müller-Glöge*, BGB § 622 Rn. 22; Ascheid/Preis/Schmidt/*Linck*, BGB § 622 Rn. 81; DDZ/*Callsen*, BGB § 622 Rn. 18; aA KR/*Spilger*, BGB § 622 Rn. 246; *Kempen*/Zachert, TVG Grundl. Rn. 377; Jacobs/*Krause*/Oetker/Schubert, Tarifvertragsrecht § 1 Rn. 144; *Wiedemann*, Anm. zu BAG AP BGB § 622 Nr. 10.

992 BAG, Urt. v. 23.04.2008 – 2 AZR 21/07, NZA 2008, 960 Rn. 23.

993 BAG, Urt. v. 18.10.1994 – 1 AZR 503/93, NZA 1995, 1064 unter I. 3. b); zust. DDZ/*Callsen*, BGB § 622 Rn. 18; *Oetker*, ZfA 2001, 287 (308).

Die Rechtsprechung zu § 622 Abs. 4 BGB lehrt damit dreierlei: widerspricht erstens die Annahme einer immanenten Bindung an das gesetzgeberische Schutzkonzept dem in der Auslegung gefundenen Ergebnis, so ist eine solche Grenze grundsätzliche abzulehnen. Davon ist zweitens auszugehen, wenn sich im Wortlaut und den Gesetzgebungsmaterialien keine Hinweise auf eine Beschränkung finden. Bei der Auslegung ist drittens aber auch das Grundgesetz als Rechtsquelle zu beachten. Eine Auslegung mit Blick auf staatliche Schutzpflichten kann damit – ebenso wie bei § 12 Satz 1 Nr. 2 ArbZG der Blick auf das europäische Recht – durchaus zur Anerkennung einer immanenten Bindung führen.

Der Vergleich mit § 8 Abs. 2, 4 AÜG zeigt zunächst erhebliche Überschneidungen zwischen beiden Normen. Beide beziehen sich nur auf einzelne Rechtssätze, sind darüber hinaus aber ihrem Wortlaut nach nicht beschränkt.[994] Und in beiden Fällen wird die tarifdispositiv gestellte Norm nicht von anderen, zwingenden Normen überlagert. Daraus ließe sich ableiten, dass sich der vom BAG für § 622 Abs. 4 BGB anerkannte weite Gestaltungsspielraum auch in der Arbeitnehmer*innenüberlassung wiederfinden müsse.[995] Diese Haltung verkennt allerdings, dass die Gesetzesbegründung zu § 622 Abs. 4 BGB explizit einen weiten Spielraum der Tarifparteien fordert und darauf vertraut, dass die Tarifparteien den Schutzinteressen der Beschäftigten ausreichend Rechnung tragen werden.[996] Die Gesetzesbegründung zur Einführung des tarifdispositiven Gleichstellungsgrundsatzes formuliert dagegen wesentlich zurückhaltender; die Gesetzesbegründung zur Reform 2011 geht sogar von einer Bindung an den der Regelung zugrunde liegenden Schutzgedanken aus.[997] Das zu § 622 Abs. 4 BGB gefunden Ergebnis lässt sich darum im Hinblick auf den Wortlaut übertragen; bei dem für die Richter*innen des BAG zentralen Willen der Gesetzgebung aber besteht keine hinreichende Ähnlichkeit. Bis auf den abstrakten Hinweis auf verfassungsrechtliche Pflichten lässt sich deshalb aus der Parallel zu § 622 Abs. 4 BGB für die Auslegung von § 8 Abs. 2, 4 AÜG wenig ableiten.

---

994 *Röpke,* Die Gestaltbarkeit von Arbeitsbedingungen, S. 140.

995 In diesem Sinne *Röpke,* Die Gestaltbarkeit von Arbeitsbedingungen, S. 141; *Sansone,* Gleichstellung, S. 351.

996 Entwurf eines Gesetzes zur Vereinheitlichung der Kündigungsfristen von Arbeitern und Angestellten, BT-Drs. 12/4902, S. 9.

997 Entwurf eines Ersten Gesetzes für moderne Dienstleistungen am Arbeitsmarkt, BT-Drs. 15/25, 24; Gesetzesentwurf zur Änderung des Arbeitnehmerüberlassungsgesetzes, BT-Drs. 17/4804, S. 9.

6) Parallele zu § 14 Abs. 2 Satz 3 TzBfG

§ 14 Abs. 2 Satz 3 TzBfG bezieht sich nur auf § 14 Abs. 2 Satz 1, hält ansonsten aber ebenso wie § 12 Satz 1 Nr. 2 ArbZG und § 622 Abs. 4 BGB keine weitere Beschränkung bereit. Nichtsdestotrotz hat das BAG entschieden, dass die Abweichungsbefugnis der Tarifparteien in Fragen der sachgrundlosen Befristung durchaus begrenzt ist.[998] Dabei kann sich das Gericht allerdings, anders als bei § 4 Abs. 4 EFZG, § 13 Abs. 1 BUrlG oder § 19 Abs. 1 BetrAVG nicht auf einen drohenden mittelbaren Eingriff in andere, nicht tarifdispositive Normen berufen. Die einzige hierfür in Frage kommende Vorschrift ist § 14 Abs. 1 TzBfG; sie regelt aber die sachlich begründete Befristung und damit eine andere Regelungsfrage.

Dennoch argumentieren die Richter*innen mit § 14 Abs. 1 TzBfG. Sie nutzen die Norm dabei aber zur Auslegung von § 14 Abs. 2 Satz 3 TzBfG und finden auf diesem Weg keine externe, sondern eine immanente Schranke. Die Richter*innen aus Erfurt weisen darauf hin, dass sich in systematischer Hinsicht ein erheblicher Widerspruch zu der auch für Tarifparteien zwingenden Begrenzung sachlicher Gründe für eine Befristung ergäbe, wenn daneben die sachgrundlose Befristung grenzenlos zulässig wäre.[999] Das mache gleichzeitig deutlich, dass eine unbeschränkte Dispositionsbefugnis bei § 14 Abs. 2 Satz 3 TzBfG dem Sinn und Zweck der Regelung widersprechen würde.[1000] Zusätzlich führen die Richter*innen des BAG Art. 12 GG und die mit § 14 TzBfG umgesetzte RL 1999/70/EG ins Feld, um eine Beschränkung des tarifvertraglichen Spielraums als Notwendigkeit für eine verfassungs- und richtlinienkonforme Lösung zu präsentieren.[1001] Im Ergebnis landet das Gericht damit bei einer ungeschriebenen, dem § 14 Abs. 2 Satz 3 TzBfG immanenten Bindung an das von der Legislative verfolgte Schutzkonzept.

---

998 BAG, Urt. v. 17.04.2019 – 7 AZR 410/17, NZA 2019, 1223 Rn. 19 ff.; BAG, Urt. v. 15.08.2012 – 7 AZR 184/11, NZA 2013, 45 Rn. 23 ff.; zust. ErfK/*Müller-Glöge*, TzBfG § 14 Rn. 101b; DDZ/*Wroblewski*, TzBfG § 22 Rn. 23; Boemke/*Lembke*, AÜG § 9 Rn. 230 f.; *Francken*, NZA 2013, 122 (123 ff.); aA Wiedemann TVG/*Jacobs*, Einl. Rn. 626;ff *Hamann*, NZA 2019, 424 (426 f.); *Frieling/Münder*, NZA 2017, 766 (767 ff.).

999 BAG, Urt. v. 17.04.2019 – 7 AZR 410/17, NZA 2019, 1223 Rn. 21; BAG, Urt. v. 15.08.2012 – 7 AZR 184/11, NZA 2013, 45 Rn. 24.

1000 BAG, Urt. v. 15.08.2012 – 7 AZR 184/11, NZA 2013, 45 Rn. 24.

1001 BAG, Urt. v. 17.04.2019 – 7 AZR 410/17, NZA 2019, 1223 Rn. 25 ff.; BAG, Urt. v. 15.08.2012 – 7 AZR 184/11, NZA 2013, 45 Rn. 25 ff.

Aufgrund der besonderen Umstände des TzBfG lässt sich das derart gefundene Ergebnis nicht vollständig auf § 8 Abs. 2, 4 AÜG übertragen. Die systematischen Umstände sind andere, weil es neben § 8 Abs. 1 AÜG keine weitere Norm gibt, die durch eine allzu starke Abweichung konterkariert würde.[1002] Damit entfällt das darauf bezogene teleologische Argument. Auch ein Verstoß gegen das Untermaßverbot des Art. 12 GG liegt eher fern. Ins Auge springt allerdings das Argument der richtlinienkonformen Auslegung – ein Ansatz, der am Ende der Untersuchung des in Deutschland gewährten Schutzniveaus zu diskutieren sein wird. Zu guter Letzt lässt sich der Rechtsprechung nochmal ausdrücklich entnehmen, dass aus dem Fehlen einer ausdrücklichen Begrenzung des Spielraums nicht notwendigerweise ein unbegrenzter Spielraum folgen soll.[1003]

Eine Anerkennung ungeschriebener immanenter Grenzen bei tarifdispositivem Recht findet sich demnach in § 12 Satz 1 Nr. 2 ArbZG, § 622 Abs. 4 BGB und § 14 Abs. 2 Satz 3 TzBfG. Gleichzeitig machen aber die zu § 622 Abs. 4 BGB ergangenen Entscheidungen auch deutlich, dass die Rechtsprechung keineswegs immer von einer solchen Grenze ausgeht. Die Regelungen des ArbZG zeigen in diesem Zusammenhang, dass es der Legislative durchaus möglich ist, auf Wunsch eine explizite Grenze in Tariföffnungsklauseln zu verankern. Die Regelungen des EFZG, BUrlG und BetrAVG zeigen außerdem, dass auch mit der Verankerung des Schutzgedankens in anderen, nicht tarifdispositiv gestellten Normen ein wirksamer Schutz des gesetzgeberischen Anliegens möglich ist.

Im AÜG ist allerdings weder die Tariföffnungsklausel selbst beschränkt noch der Gleichstellungsgrundsatz außerhalb von § 8 Abs. 1 AÜG in einer zwingenden Norm festgeschrieben worden. Das spricht vor dem Bild der anderen tarifdispositiven Arbeitnehmer*innenschutznormen eher gegen die Annahme einer immanenten Bindung an das gesetzgeberische Schutzkonzept. Eine insbesondere aus der Verfassung, dem europäischen Primär- und Sekundärrecht oder dem gesetzgeberischen Willen resultierende Notwendigkeit könnte diese Tendenz aber ohne größere Hürden in ihr Gegenteil verkehren.

1002 Im Ergebnis ebenso *Röpke*, Die Gestaltbarkeit von Arbeitsbedingungen, S. 143.

1003 BAG, Urt. v. 17.04.2019 – 7 AZR 410/17, NZA 2019, 1223 Rn. 20.

7) Angemessenheitsvermutung von Tarifverträgen

Ein weiter systematischer, gegen die Annahme eines begrenzten Regelungsspielraums der Tarifparteien gerne erhobener Einwand fußt auf der – in diesen Fällen häufig als Richtigkeitsgewähr formulierten – Angemessenheitsvermutung, die Tarifverträgen zukomme.[1004] Weil die Tarifparteien nach dieser Auffassung quasi automatisch ein faires Gesamtpaket verhandeln, bedürfe es daneben keiner Bindung an das gesetzgeberische Schutzkonzept.[1005] Das vorstehende Kapitel hat allerdings gezeigt, dass insbesondere im Zusammenhang mit tarifdispositivem Arbeitnehmer*innenschutzrecht keine sinnvolle Vermutung dahingehend bestehen kann, dass die Interessen der durch arbeitsvertragliche Bezugnahmeklauseln an den Tarifvertrag gebundenen Lohnabhängigen angemessen berücksichtigt würden.[1006] Die Regelungen des Tarifrechts machen deshalb eine Bindung der Tarifparteien an das gesetzgeberische Schutzkonzept keineswegs obsolet. Das gilt auch und insbesondere in der Arbeitnehmer*innenüberlassung.

8) Art. 9 Abs. 3 GG

Die bei tarifdispositiven Gesetzesnormen im Raum stehende potentielle Bindung der Tarifparteien an das Schutzkonzept der Gesetzgebung wird außerdem immer wieder im Zusammenhang mit Art. 9 Abs. 3 GG diskutiert. Dabei sind zwei verschiedene Argumentationen zu unterscheiden.

Zum einen wird von einigen Stimmen davor gewarnt, dass eine Bindung an das gesetzgeberische Schutzkonzept nicht zu einer Tarifzensur führen dürfe, indem Gerichte die Angemessenheit der tariflichen Regelung beurteilen.[1007] Dem ist vollständig zuzustimmen. Ergibt aber die Auslegung einer Tariföffnungsklausel, dass der gewährte Gestaltungsspielraum beschränkt ist, so ist die Überprüfung der Einhaltung dieser Vorgabe keine Angemessenheits-, sondern eine Rechtskontrolle. Richter*innen überprü-

---

1004 *Röpke*, Die Gestaltbarkeit von Arbeitsbedingungen, S. 147; *Thüsing*, Arbeitsrechtlicher Diskriminierungsschutz, Rn. 873; Boemke/*Lembke*, AÜG § 9 Rn. 231; *Thüsing/Lembke*, ZfA 2007, 87 (96).

1005 *Thüsing*, Arbeitsrechtlicher Diskriminierungsschutz, Rn. 873; Boemke/*Lembke*, AÜG § 9 Rn. 231; *Thüsing/Lembke*, ZfA 2007, 87 (96).

1006 Vgl. oben Zweiter Teil B. II. 2., S. 278.

1007 Boemke/*Lembke*, AÜG § 9 Rn. 231; *Riechert*, NZA 2013, 303 (306); *Bock*, Tarifdispositives Arbeitnehmerschutzrecht, S. 146; *Guenoub*, Equal pay, S. 177; *Otto*, in: FS Konzen, S. 663 (671).

fen in diesem Fall nicht, ob die Tarifparteien das beste oder gerechteste Ergebnis gefunden haben; sie überprüfen lediglich, ob sie sich innerhalb der von der Ermächtigungsnorm gezogenen Grenzen bewegt haben. Das ist keine Tarifzensur, sondern der schlichte Vollzug staatlicher Normen. Er wäre nur verfassungswidrig, wenn die Beschränkung des tariflichen Gestaltungsspielraums insgesamt gegen Art. 9 Abs. 3 GG verstieße. Das ist nicht der Fall.

Zum anderen wird darauf verwiesen, dass es durchaus Mühe bereiten kann, die Reichweite einer ungeschriebenen immanenten Bindung an das gesetzgeberische Schutzkonzept konkret zu bestimmen.[1008] Diese Schwierigkeit besteht bereits bei expliziten generalklauselartigen Schranken wie dem Gesundheitsschutz in § 7 Abs. 2, 2a ArbZG; sie verstärkt sich aber naturgemäß bei ungeschriebenen Schranken.[1009] Daraus wird teilweise auf der beschreibenden Ebene eine erschwerte Handhabbarkeit einer solchen Grenze in § 8 Abs. 2, 4 AÜG angenommen und in der Folge die Wirksamkeit dieser Bindung bezweifelt.[1010] Aus diesem Grund soll eine verfahrensbezogene Kontrolle der vom Gleichstellungsgrundsatz abweichenden Tarifverträge letztlich der ergebnisbezogenen Schranke durch eine Bindung an das gesetzgeberische Schutzkonzept als effizienter vorzuziehen sein.[1011] Auf verfassungsrechtlicher Ebene wird auf Basis dieser Wertung dann die Erforderlichkeit der mit der Annahme einer solchen Schranke einhergehenden Beeinträchtigung von Art. 9 Abs. 3 GG bezweifelt.[1012]

Das überzeugt nicht, solange sich die verfahrensbezogene Kontrolle auf das Statuskontrollverfahren nach § 97 ArbGG beschränkt und damit nur die Tariffähigkeit in den Blick nimmt.[1013] Die Ausführungen zur Angemessenheitsvermutung von Tarifverträgen haben deutlich gezeigt, dass auch tariffähige und tarifzuständige Tarifparteien unter der aktuellen Rechtslage nicht notwendigerweise im Sinne von Leiharbeitnehmer*innen handeln.[1014] Der verfahrensbezogene Schutz des § 97 ArbGG ist darum

---

1008 *Röpke,* Die Gestaltbarkeit von Arbeitsbedingungen, S. 170 f., 175; *D. Ulber*, Tarifdispositives Gesetzesrecht, S. 499.

1009 *D. Ulber*, Tarifdispositives Gesetzesrecht, S. 499.

1010 *Röpke,* Die Gestaltbarkeit von Arbeitsbedingungen, S. 170 f., 175; *D. Ulber*, Tarifdispositives Gesetzesrecht, S. 499.

1011 *Röpke,* Die Gestaltbarkeit von Arbeitsbedingungen, S. 175; *D. Ulber*, Tarifdispositives Gesetzesrecht, S. 499; aA *Seiwerth*, Gestaltungsfreiheit in Tarifverträgen, S. 439.

1012 *Röpke,* Die Gestaltbarkeit von Arbeitsbedingungen, S. 174.

1013 In diesem Sinne *Röpke,* Die Gestaltbarkeit von Arbeitsbedingungen, S. 168 ff.

1014 Vgl. oben Zweiter Teil B. II. 2., S. 278.

zum Schutz von Leiharbeitnehmer*innen wesentlich ungeeigneter, als eine immanente Bindung an den Gleichstellungsgrundsatz.[1015] Eine wirksame verfahrensbezogene Kontrolle der Tarifinhalte könnte nur gewährleistet sein, wenn die tatsächlich betroffenen Personen über ihre Anwendung entscheiden könnten – die Leiharbeitnehmer*innen selbst. Entfiele die arbeitsvertragliche Bezugnahmemöglichkeit als Möglichkeit zum Dispens von der Gleichstellungspflicht, so könnten die Beschäftigten in der Arbeitnehmer*innenüberlassung tatsächlich mittels ihrer freiwilligen Mitgliedschaft in den tarifschließenden Gewerkschaften frei über die Geltung der Tarifverträge entscheiden. In diesem Fall entstünde mit der Entscheidungsfreiheit der potentiell Tarifunterworfenen tatsächlich ein Kontrollverfahren, welches ein der Bindung an den Schutzgedanken ebenbürtiges oder sogar überlegenes Schutzniveau garantieren würde. Diese Entscheidungsfreiheit setzt allerdings eine abweichende gesetzliche Gestaltung voraus, die dann wiederum zu weniger einheitlichen Arbeitsbedingungen in der Arbeitnehmer*innenüberlassung führen würde – und damit nicht ebenso geeignet zur Erreichung der anderen mit § 8 Abs. 2, 4 AÜG verfolgten Ziele wäre. Aus diesem Grund wäre die Annahme einer immanenten Bindung an das gesetzgeberische Schutzkonzept in § 8 Abs. 2, 4 AÜG zur Erreichung der verfolgten Ziele durchaus erforderlich und verstieße nicht gegen Art. 9 Abs. 3 GG.

Die Annahme einer immanenten Bindung der Tarifparteien an das Schutzkonzept der Gesetzgebung in § 8 Abs. 2, 4 AÜG scheitert demnach nicht an Art. 9 Abs. 3 GG.

Alles in allem zeigt die systematische Auslegung damit vor allem, was es nicht gibt: eine pauschale immanente Bindung an das gesetzgeberische Schutzkonzept bei der Abweichung von tarifdispositiven Normen. Während der Wortlaut des § 8 Abs. 2, 4 AÜG eher gegen eine solche Bindung spricht, macht der Vergleich mit anderen tarifdispositiven Arbeitnehmer*innenschutznormen deutlich, dass eine solche Bindung auch ohne eine Anknüpfung im Wortlaut nicht per se ausgeschlossen ist – es für ihre Annahme aber guter Gründe bedarf. Die bei den verglichenen Normen zum Tragen gekommenen Gründe finden sich in dieser Form im AÜG nicht wieder. Die systematische Auslegung spricht damit ebenfalls eher gegen die Annahme einer ungeschriebenen immanenten Bindung an das gesetzgeberische Schutzkonzept, ohne diese jedoch zwingend auszuschließen.

1015 AA *Röpke*, Die Gestaltbarkeit von Arbeitsbedingungen, S. 173.

c. Telos

In teleologischer Hinsicht sind bei der Auslegung von § 8 Abs. 2, 4 AÜG verschiedene Ziele zu berücksichtigen. Um Zirkelschlüsse zu vermeiden, müssen sich diese Ziele aus einer grammatikalischen, systematischen oder historischen Interpretation des Gesetzes ergeben.[1016] Von zentraler Bedeutung sind in diesem Zusammenhang die in den Gesetzesbegründungen geäußerten Vorstellungen der Legislative.

Nach Auskunft der Gesetzesbegründung bei Einführung der tarifdispositiven Gleichstellungspflicht sollte die Tariföffnungsklausel den Parteien in der Arbeitnehmer*innenüberlassung die geforderte Flexibilität ermöglichen sowie eine Vereinheitlichung und Pauschalierung von Arbeitsbedingungen fördern.[1017] Insgesamt ging es damit, ähnlich wie bei anderen Tariföffnungsklauseln, um die Schaffung von Spielraum, der eine Anpassung der starren gesetzlichen Vorgabe an branchenbezogene Erfordernisse ermöglichen sollte.[1018] Teilweise wird vertreten, dass die Legislative dabei bewusst auf eine Absenkung des Lohnniveaus durch die Tarifparteien spekuliert habe, weil sie sich insbesondere hiervon ein Sinken der Arbeitslosenzahlen erhofft habe.[1019] Das ist denkbar, aber nicht belegt.

Belegt ist hingegen die Hoffnung der Legislative, die Arbeitslosigkeit durch eine Zusammenfassung und Umverteilung von Überstunden zu neuen sozialversicherungspflichtigen Beschäftigungsverhältnissen zu senken.[1020] Ebenfalls in der Gesetzesbegründung hinterlegt ist der Anspruch, Leiharbeitnehmer*innen für die ihnen abgeforderte Flexibilität zu honorieren und die Arbeitnehmer*innenüberlassung mithilfe der Tarifparteien zu einem allgemein anerkannten Bereich der deutschen Wirtschaft zu machen, der durch Qualität, Flexibilität und soziale Sicherheit Standards

---

1016 *Seiwerth*, Gestaltungsfreiheit in Tarifverträgen, S. 175.

1017 Entwurf eines Ersten Gesetzes für moderne Dienstleistungen am Arbeitsmarkt, BT-Drs. 15/25, S. 38; vgl. *Röpke*, Die Gestaltbarkeit von Arbeitsbedingungen, S. 80 ff., 147; *Riechert*, NZA 2013, 303 (306); *Fuchs*, NZA 2009, 57 (62); *Guenoub*, Equal pay, S. 175.

1018 *Seiwerth*, Gestaltungsfreiheit in Tarifverträgen, S. 428; *Riechert*, NZA 2013, 303 (304); *Bock*, Tarifdispositives Arbeitnehmerschutzrecht, S. 146, 153.

1019 *Guenoub*, Equal pay, S. 176; *Schüren*, NZA 2007, 1231 (1232); krit. *Fuchs*, NZA 2009, 57 (62).

1020 Entwurf eines Ersten Gesetzes für moderne Dienstleistungen am Arbeitsmarkt, BT-Drs. 15/25, S. 23 f.; vgl. *Seiwerth*, Gestaltungsfreiheit in Tarifverträgen, S. 428; *Guenoub*, Equal pay, S. 176.

setzt.[1021] Das klingt, auch wenn man die politische Natur der Gesetzesbegründung bedenkt, nicht nach einer Absenkung des Vergütungsniveaus. Im Gegenteil liest sich die Gesetzesbegründung so, als sei allein durch die Vereinheitlichung und Pauschalierung bei einer bereits ihrer Konzeption nach zur Senkung von Arbeitslosigkeit geeigneten Beschäftigungsform ein Abbau an Arbeitslosigkeit zu erwarten. In diesem Sinne findet sich in der Gesetzesbegründung die ausdrückliche Annahme, dass tarifvertragliche Abweichungen nur bei Gewährleistung eines angemessenen Schutzniveaus zustande kämen.[1022]

Das ist im Übrigen auch insofern konsequent, als in der vom Bundestag ursprünglich beschlossenen Fassung noch gar keine Möglichkeit des Dispenses durch arbeitsvertragliche Bezugnahme auf abweichende Tarifverträge vorgesehen war.[1023] Aus diesem Grund stand zum Zeitpunkt, als die Gesetzesbegründung verfasst wurde, tatsächlich zu erwarten, dass nur Tarifverträge mit einem mindestens ebenbürtigen Schutzniveau eine Rolle spielen würden – verschlechternde Tarifverträge hätten schlicht keine Zustimmung bei den Beschäftigten gefunden und wären damit mangels normativer Bindung irrelevant geblieben. Die der Tariföffnungsklausel ihre überragende Bedeutung verschaffende Möglichkeit der arbeitsvertraglichen Bezugnahme auf einen vom Gleichstellungsgrundsatz abweichenden Tarifvertrag wurde erst in letzter Sekunde im Vermittlungsausschuss aufgenommen.[1024] Bis zu diesem Zeitpunkt war der Gesetzgebungsprozess von der begründeten Erwartung geleitet, dass ein Absenken des Schutzniveaus nicht zu erwarten sei. Daraus lässt sich ableiten, dass auch der Sinn und Zweck der Tariföffnungsklausel – zumindest bis kurz vor Vollendung des Gesetzgebungsprozesses – nicht in der Ermöglichung von Lohnsenkungen, sondern in der Gestattung einer Vereinheitlichung gesehen wur-

---

1021 Entwurf eines Ersten Gesetzes für moderne Dienstleistungen am Arbeitsmarkt, BT-Drs. 15/25, S. 24.

1022 Entwurf eines Ersten Gesetzes für moderne Dienstleistungen am Arbeitsmarkt, BT-Drs. 15/25, S. 24; dem Gewicht beimessend. *Seiwerth*, Gestaltungsfreiheit in Tarifverträgen, S. 425; *Bock*, Tarifdispositives Arbeitnehmerschutzrecht, S. 155; *Waltermannm*, NZA 2010, 482 (486); *Guenoub*, Equal pay, S. 175; krit. Wiedemann TVG/*Jacobs*, Einl. Rn. 640; *Sansone*, Gleichstellung, S. 350.

1023 Entwurf eines Ersten Gesetzes für moderne Dienstleistungen am Arbeitsmarkt, BT-Drs. 15/25, S. 19; Beschlussempfehlung des Ausschusses für Wirtschaft und Arbeit vom 13.11.2002, BT-Drs. 15/77, S. 34.

1024 Beschlussempfehlung des Vermittlungsausschusses vom 17.12.2002, BT-DRs. 15/201, S. 2; vgl. *Lembke/Stoffels*, in: FS Moll 2019, S. 377 (390); *Sansone*, Gleichstellung, S. 364; *Lembke/Distler*, NZA 2006, 952 (955); *Reim*, ZTR 2003, 106 (109).

de. Diese Vereinheitlichung ist aber auch bei Annahme einer immanenten Bindung an das gesetzgeberische Schutzkonzept möglich – bei gleichzeitiger Wahrung des ebenfalls bezweckten Schutzes der Beschäftigten.

Der bei Schaffung der Tariföffnungsklausel in § 8 Abs. 2, 4 AÜG ursprünglich verfolgte Sinn und Zweck stützt damit eine Auslegung, die eine Bindung an das von der Legislative implementierte Schutzkonzept als immanente Schranke enthält. Es gibt keine Anhaltspunkte dafür, dass sich diese Zielbestimmung anlässlich der nachfolgenden Reform 2011 gewandelt hat. Im Gegenteil liegt der Fokus der nächsten Gesetzesbegründung nochmal stärker auf dem Schutz der Beschäftigten.[1025] Die Gesetzgebung ging hierbei explizit davon aus, dass Tarifverträge in der Arbeitnehmer*innenüberlassung den Schutzgedanken der Gleichstellung beachten müssen.[1026] Zusätzlich wird die Reform 2011 explizit als Umsetzungsgesetz der RL 2008/104/EG bezeichnet.[1027] Bezweckte die Legislative aber die Umsetzung der Leiharbeitsrichtlinie, so bezweckte sie damit mittelbar auch den Erhalt des dort aufgeführten Gesamtschutzes von Leiharbeitnehmer*innen. Damit steht die Zielsetzung der Tariföffnungsklausel auch nach 2011 weiterhin unter der Prämisse eines ausreichenden, an der Gleichstellung orientierten Schutzes der Leiharbeitnehmer*innen.

Dieser Zielkanon erfuhr sodann im Zuge der jüngsten Reform eine kleine Veränderung. Mit Blick auf den neu geschaffenen § 8 Abs. 4 AÜG betont die Gesetzgebung hier den für die Tarifparteien geschaffenen Gestaltungsspielraum.[1028] Das stützt die im Rahmen der grammatikalischen Auslegung gefundene Erkenntnis bezüglich der Möglichkeit einer Unterschreitung des Gleichstellungsniveaus und nimmt gleichzeitig diese Möglichkeit in den Reigen der Zielvorstellung mit auf. Die Gesetzgebung verabschiedet sich dabei nicht ausdrücklich von der angenommenen Bindung der Tarifparteien an das Schutzkonzept, ihre Zielvorstellung verlangt aber, dass diese Bindung nicht allzu eng ausfallen soll.

Insgesamt spricht der Telos von § 8 Abs. 2, 4 AÜG in seiner heutigen Form für die Annahme einer immanenten Bindung an das Schutzkonzept.

1025 Gesetzesentwurf zur Änderung des Arbeitnehmerüberlassungsgesetzes, BT-Drs. 17/4804, S. 7; vgl. *Seiwerth*, Gestaltungsfreiheit in Tarifverträgen, S. 428.

1026 Gesetzesentwurf zur Änderung des Arbeitnehmerüberlassungsgesetzes, BT-Drs. 17/4804, S. 9.

1027 Gesetzesentwurf zur Änderung des Arbeitnehmerüberlassungsgesetzes, BT-Drs. 17/4804, S. 5.

1028 Gesetzesentwurf zur Änderung des Arbeitnehmerüberlassungsgesetzes, BT-Drs. 18/9232, S. 24.

Diese Bindung sollte allerdings gleichzeitig eine zumindest teilweise Unterschreitung des Schutzniveaus der Gleichstellung zulassen.

d. Entstehungsgeschichte

Zu guter Letzt ist auch der historische Werdegang der Tariföffnungsklausel des § 8 Abs. 2, 4 AÜG zu betrachten und auf seine Vereinbarkeit mit der Annahme einer Bindung an das gesetzgeberische Schutzkonzept hin abzuklopfen.

Im ursprünglichen Entwurf von 2002 gab es keine Notwendigkeit für eine solche Bindung, weil der Schutz der Leiharbeitnehmer*innen aufgrund der fehlenden Möglichkeit einer arbeitsvertraglichen Bezugnahme bereits von den Beschäftigten selbst gewährleistet werden konnte.[1029] Ob sie während des Vermittlungsverfahrens, welches die Bezugnahmemöglichkeit etablierte, hinzugedacht wurde, ist nicht überliefert. Man könnte aber erwarten, dass sie in diesem Fall ihren Weg in den Gesetzestext gefunden hätte. Das spricht eher gegen eine Bindung.

Im Zuge der Reform 2011 dann ergeben sich widersprüchliche Anhaltspunkte. Einerseits ging die Legislative selbst von einer Verpflichtung der Tarifparteien zur Beachtung des gesetzgeberischen Schutzgedankens und einer wirksamen Umsetzung von Art. 5 Abs. 3 RL 2008/104/EG aus.[1030] Daraus lässt sich ableiten, dass das Schutzniveau auch bei einer tarifvertraglichen Abweichung vom Gleichstellungsgrundsatz tendenziell erhalten bleiben sollte.[1031] Anderseits waren der Gesetzgebung die derzeit in der Leiharbeit herrschenden Bedingungen durchaus bekannt – das Medianentgelt in der Leiharbeit etwa war 2010 nur gut halb so hoch, wie das aller sozialversicherungspflichtig Vollzeitbeschäftigten.[1032] Nichtsdestotrotz verweist die Gesetzesbegründung auf die vermeintliche Richtigkeitsgewähr

---

1029 Vgl. oben Erster Teil B. III. 1. a. 2) b) (1), S. 79; Entwurf eines Ersten Gesetzes für moderne Dienstleistungen am Arbeitsmarkt, BT-Drs. 15/25, S. 19; Beschlussempfehlung des Ausschusses für Wirtschaft und Arbeit vom 13.11.2002, BT-Drs. 15/77, S. 34.

1030 Gesetzesentwurf zur Änderung des Arbeitnehmerüberlassungsgesetzes, BT-Drs. 17/4804, S. 9.

1031 *Seiwerth*, Gestaltungsfreiheit in Tarifverträgen, S. 426; *Röpke*, Die Gestaltbarkeit von Arbeitsbedingungen, S. 147; *Raab*, ZfA 2003, 389 (409); *Reim*, ZTR 2003, 106 (110); aA Jacobs/*Krause*/Oetker/Schubert, Tarifvertragsrecht § 1 Rn. 144.

1032 Bundesagentur für Arbeit, Zeitarbeit in Deutschland, Juli 2011, 20 f.

von Tarifverträgen, und trotz der außergewöhnlich erheblichen Unterschreitung des von den Gleichstellung vorgesehenen Schutzniveaus in der Arbeitnehmer*innenüberlassung sah sich die Gesetzgebung nicht in der Pflicht, eine gesetzliche Klarstellung im Hinblick auf die Bindung an das Schutzkonzept zu verabschieden.[1033] Stattdessen beschränkte sich die diesbezügliche Neuerung darauf, mit § 3a eine Lohnuntergrenze zu etablieren, die lediglich einen absoluten, aber keinen relativen, dem Schutzkonzept der Gleichstellung und der europäischen Vorgabe entsprechenden Schutz bietet.[1034]

Möglicherweise hat die Legislative im Nachgang des ersten CGZP-Beschlusses des BAG darauf vertraut, dass es in Zukunft auch ohne explizite Bindung an das gesetzgeberische Schutzkonzept zu entsprechenden Tarifabschlüssen kommen würde.[1035] Ein solches Vertrauen stünde allerdings im Widerspruch zu der Einführung von § 3a AÜG. Näher liegt es darum, dass die in der Gesetzesbegründung angenommene Bindung an den Schutzgedanken schlicht ausgesprochen locker verstanden wurde. Offenbar ging die Gesetzgebung dabei davon aus, dass die Regelungen insgesamt trotzdem den Gesamtschutz der Leiharbeitnehmer*innen gewährleisten würden.

Das änderte sich auch im Rahmen der jüngsten Reform nicht; stattdessen betonte die Legislative in diesem Zusammenhang den Gestaltungsspielraum der Tarifparteien.[1036]

Aus historischer Warte ist folglich eher davon auszugehen, dass die Legislative die Tarifparteien bei der Abweichung von der Gleichstellung nur locker an dieses Schutzkonzept binden wollte – und darum bewusst auf eine explizite Regelung verzichtet hat.

1033 Gesetzesentwurf zur Änderung des Arbeitnehmerüberlassungsgesetzes, BT-Drs. 17/4804, 9; vgl. *Röpke*, Die Gestaltbarkeit von Arbeitsbedingungen, S. 147 f.

1034 *Röpke*, Die Gestaltbarkeit von Arbeitsbedingungen, S. 137; vgl. dazu ausführlich oben Erster Teil B. III. 1. a. 2) d), S. 85; Zweiter Teil B. I., S. 267.

1035 Vgl. zur CGZP BAG, Beschl. v. 14.12.2010 – 1 ABR 19/10, NZA 2011, 289; Däubler TVG/*Heuschmidt/Klug*, § 1 Rn. 817; *Pant*, Regulierung der Arbeitnehmerüberlassung, S. 27; *Bepler*, in: FS Kempen, S. 109 (113); *Keller/Seifert*, Atypische Beschäftigung, S. 143; *Krause*, KJ 2013, 119 (125); *Sansone*, Gleichstellung, S. 44; *Stütze*, Kontrolle der Entgelthöhe, S. 395 ff.

1036 Gesetzesentwurf zur Änderung des Arbeitnehmerüberlassungsgesetzes, BT-Drs. 18/9232, S. 24.

e. Zusammenfassung

Die Auslegung des § 8 Abs. 2, 4 AÜG ergibt damit insgesamt kein eindeutiges Ergebnis. Der Wortlaut der Norm spricht ebenso wie die systematischen Anhaltspunkte eher gegen eine immanente Bindung an das gesetzgeberische Schutzkonzept; Sinn und Zweck dagegen fordern eher eine solche Bindung ein und decken sich dabei zumindest in Teilen mit der historischen Auslegung, die zwar gegen eine enge Bindung spricht, aber ebenfalls eine lockere Bindung nahelegt. Damit sind verschiedene Ergebnisse denkbar.

Eine nach allen Auslegungsmethoden zulässige Interpretation könnte den Tarifparteien einen weiten Gestaltungsspielraum insbesondere auch zur Unterschreitung des von § 8 Abs. 1 AÜG geforderten Schutzniveaus zusprechen, sie aber gleichzeitig auf eine Orientierung an dem gesetzgeberischen Schutzgedanken der Gleichstellung verpflichten. Auch eine enge Bindung an das Schutzkonzept wäre, wie unter anderem der Vergleich mit § 14 Abs. 2 Satz 3 TzBfG zeigt, grundsätzlich denkbar und entspräche insbesondere dem Telos der Norm; die besseren Argumente sprechen aber gegen eine allzu enge Bindung.

Die Annahme einer lockeren Bindung hätte allerdings zur Folge, dass sich diese Schranke neben den anderen im AÜG und in § 138 BGB verankerten Schranken praktisch kaum auswirken würde und damit letztendlich weitgehend bedeutungslos wäre. Das erscheint aber gleichzeitig so unsinnig, dass für die These, die Gesetzgebung hätte absichtlich eine praktisch irrelevante Grenze für die Tarifparteien integrieren wollen, diese Grenze aber trotzdem nicht ausdrücklich verankert, besonders deutliche Anhaltspunkte vorliegen müssten. Das ist nicht der Fall.

Die besten Gründe sprechen deshalb letztendlich dafür, in § 8 Abs. 2, 4 AÜG keine immanente Bindung an das von der Gesetzgebung in § 8 Abs. 1 AÜG verfolgte Schutzkonzept anzunehmen.[1037] Es steht zu vermu-

---

1037 Im Ergebnis ebenso *Seiwerth*, ZESAR 2021, 127 (128); Wiedemann TVG/*Jacobs*, Einl. Rn. 641; *Löwisch/Rieble*, TVG § 1 Rn. 1076; *Röpke*, Die Gestaltbarkeit von Arbeitsbedingungen, S. 156; Boemke/*Lembke*, AÜG § 9 Rn. 230; *Thüsing*, Arbeitsrechtlicher Diskriminierungsschutz, Rn. 873; *Sansone*, Gleichstellung, S. 348 ff.; *Guenoub*, Equal pay, S. 177; *Thüsing/Lembke*, ZfA 2007, 87 (96); *Böhm*, DB 2003, 2598 (2598); *Raab*, ZfA 2003, 389 (409); aA LAG Hamburg Urt. v. 24.3.2009 – H 2 Sa 164/08; Ulber/*J. Ulber*, AÜG § 8 Rn. 261; Gesetzesentwurf zur Änderung des Arbeitnehmerüberlassungsgesetzes, BT-Drs. 17/4804, S. 9; *Riechert*, NZA 2013, 303 (304); *Waltermann*, in: FS Bepler, S. 569 (577); *Schlachter/Klauk*, AuR 2010, 354 (359); *Waltermannm*, NZA 2010, 482

ten, dass die Legislative die Unterschreitung des von der Gleichstellung vorgegebenen Schutzniveaus spätestens seit 2011 bewusst hingenommen und zur Begrenzung allein auf die explizit im AÜG verankerten Schranken vertraut hat – der Telos leidet an dieser Stelle, verbietet diese Interpretation aber nicht. Die beobachtbare erhebliche Unterschreitung des von der Gleichstellung vorgesehenen Schutzniveaus in den vorherrschenden Tarifverträgen zu Leiharbeit ist demnach keine Folge einer unvollständigen Durchsetzung von Bundesrecht. Im Gegenteil nutzen die Tarifparteien dabei eine politisch gewollte Freiheit zur Schlechterbehandlung. Es gibt im deutschen Recht der Arbeitnehmer*innenüberlassung, anders als im unionsrechtlichen Vorbild, schlicht keine, weder geschriebene noch ungeschriebene, Verpflichtung zur Achtung des Gesamtschutzes.

III. Zwischenergebnis

Sowohl die Interpretation der leiharbeitsspezifischen Schutzmechanismen als auch die Interpretation der unspezifischen Schutzmechanismen machen anschaulich, dass Leiharbeitnehmer*innen in Deutschland keineswegs völlig ungeschützt sind. Das AÜG selbst hält mehrere Ansätze bereit, um ein allzu starkes Absinken der Arbeitsbedingungen unter das vom Gleichstellungsgrundsatz vorgesehene Schutzniveau zu verhindern und die Schlechterstellung von Leiharbeitskräften damit etwas einzugrenzen. Zusätzlich schafft bei richtiger Anwendung auch § 138 BGB eine Untergrenze, unter welche die Entgelte in der Arbeitnehmer*innenüberlassung nicht fallen dürfen. All diesen Maßnahmen gemein ist aber, dass sie die Verschlechterung gegenüber der Gleichstellung ab einem gewissen Punkt zwar verbieten, sie gleichzeitig aber keinerlei Handhabe oder Perspektive bereithalten, um eine Besserstellung gegenüber der Gleichstellung zu fordern und damit einen Ausgleich für die zugelassenen Verschlechterungen zu schaffen.

Ein solcher, die Orientierung an der Gleichstellung bedingender Mechanismus, könnte sich nur aus einer Gestaltung des Tarifrechts, die tatsächlich zu einer auf Leiharbeitnehmer*innen bezogenen Angemessenheitsvermutung führt, oder aus einer immanenten Bindung an das gesetzgeberische Schutzkonzept ergeben. Beides ist nicht der Fall. Aufgrund der Mög-

---

(486 f.); *Fuchs,* NZA 2009, 57 (62); *Schüren,* JbArbR 41 (2004), 49 (59 f.); *Schüren,* in: FS 50 Jahre BAG, S. 877 (886); *Schüren/Behrend,* NZA 2003, 521 (525); *Däubler,* KJ 2003, 17 (18).

lichkeit einer arbeitsvertraglichen Bezugnahme auf vom Gleichstellungsgrundsatz abweichende Tarifverträge ist die für Beschäftigte sowieso schon zweifelhafte Angemessenheitsvermutung in der Leiharbeit widerlegt. Von dieser Seite entsteht den Leiharbeitnehmer*innen kein wirksamer Schutz. Eine Bindung der Tarifparteien an den Gedanken der Gleichstellung ließe sich zwar § 8 Abs. 2, 4 AÜG entnehmen; die etwas besseren Gründe sprechen aber gegen eine solche Annahme.

Damit besteht im gesamten Bundesrecht keine einzige Vorschrift, die eine Besserstellung gegenüber dem Niveau der Gleichstellung und damit eine Kompensation nachteiliger Abweichungen verlangt. Den Tarifparteien wird eine Unterschreitung des Gleichstellungsniveaus erlaubt, ohne dafür im Gegenzug eine Aufwertung an anderer Stelle zur Bedingung zu machen. Tarifverträge zur Leiharbeit in Deutschland müssen damit im Ergebnis kein der Gleichstellung ebenbürtiges Schutzniveau aufweisen. Ein solches ebenbürtiges Schutzniveau wäre aber notwendig, um den Gesamtschutz von Leiharbeitnehmer*innen zu achten.[1038]

Das AÜG ermächtigt die Tarifparteien nach alledem zu einer eigenständigen, von § 8 Abs. 1 AÜG abweichenden Tarifierung der Leiharbeit, ohne diese Ermächtigung auf solche Tarifverträge zu begrenzen, die den Gesamtschutz der Leiharbeitnehmer*innen achten. Das widerspricht dem festgestellten Inhalt von Art. 5 Abs. 3 RL 2008/104/EG und stellt ein Umsetzungsdefizit dar. Die festgestellte Rechtslage ist damit unionsrechtswidrig.

IV. Unionsrechtskonforme Auslegung

Dieser Widerspruch zwischen der Leiharbeitsrichtlinie und ihrer Umsetzung in das bundesdeutsche Recht stellt einen Verstoß gegen die unionsrechtliche Umsetzungspflicht aus Art. 288 Abs. 3 AEUV dar. Abhilfe könnte an dieser Stelle eine richtlinienkonforme Auslegung schaffen.

Die Verpflichtung zur richtlinienkonformen Auslegung ergibt sich aus unionsrechtlicher Perspektive aus Art. 288 Abs. 3 AEUV in Verbindung mit Art. 4 Abs. 3 EUV. Die fordert von allen mitgliedstaatlichen Organen, die Auslegung von nationalem Recht so weit wie möglich am Wortlaut und Zweck einschlägiger europäischer Richtlinien auszurichten, um das

1038 Vgl. oben Zweiter Teil A. III. 1., S. 258.

von der Richtlinie geforderte Ergebnis zu erreichen.[1039] Aus der Perspektive der deutschen Verfassung ergibt sich dieselbe Pflicht aus Art. 20 Abs. 3, Art. 23 Abs. 1 GG.[1040] Adressat dieser Pflicht sind auch die nationalen Gerichte.[1041] Die richtlinienkonforme Auslegung kann allerdings nur greifen, wenn erstens der nach mitgliedsstaatlichen Auslegungsmethoden gefundene Gehalt nationalen Rechts den nach unionsrechtlichen Auslegungsmethoden ermittelten Anforderungen der Richtlinie nicht gerecht wird und zweitens eine andere Auslegung der nationalen Norm zulässig wäre, die gleichzeitig dem Unionsrecht entspräche.[1042] Diese Anforderungen zeigen, dass die unionsrechtskonforme Auslegung keine Auslegung im eigentlichen Sinne, sondern vielmehr die Umsetzung einer interpretatorischen Vorrangregeln im Rahmen eines nachgeordneten Harmonisierungsvorgangs ist.[1043]

Die Voraussetzungen für eine richtlinienkonforme Auslegung von § 8 Abs. 2, 4 AÜG liegen vor.[1044] In der untersuchten Frage einer immanenten Bindung an das gesetzgeberische Schutzkonzept finden sich sowohl in der teleologischen als auch in der historischen Auslegung von § 8 Abs. 2, 4 AÜG deutliche Hinweise für eine solche Bindung der Tarifparteien. Der systematische Vergleich mit § 12 Satz 1 Nr. 2 ArbZG, § 622 Abs. 4 BGB und § 14 Abs. 2 Satz 3 TzBfG zeigt darüber hinaus, dass eine solche ungeschriebene Bindung im deutschen Recht nicht ungewöhnlich ist. Die auf Basis der im Hinblick auf Bundesrecht üblichen Auslegungsmethoden

---

1039 EuGH, Urt. v. 12.12.2013 – C-425/12 – Portgás, EuZW 2014, 189 Rn. 34; EuGH, Urt. v. 19.01.2010 – C-555/07 – Kücükdeveci, NZA 2010, 85 Rn. 47 f.; EuGH, Urt. v. 04.07.2006 – C-212/04 – Adeneler, NJW 2006, 2465 Rn. 111; *Roth/Jopen*, in: Europäische Methodenlehre, § 13 Rn. 3; *Seiwerth*, Gestaltungsfreiheit in Tarifverträgen, S. 183; *Rüthers/Höpfner*, AcP 209 (2009), 1 (25); ohne Bezug auf Art. 4 Abs. 3 AEUV EuArbRK/*Höpfner*, AEUV Art. 288 Rn. 42.

1040 *Roth/Jopen*, in: Europäische Methodenlehre, § 13 Rn. 43; *Seiwerth*, Gestaltungsfreiheit in Tarifverträgen, S. 345.

1041 EuGH, Urt. v. 12.12.2013 – C-425/12 – Portgás, EuZW 2014, 189 Rn. 34; EuGH, Urt. v. 19.01.2010 – C-555/07 – Kücükdeveci, NZA 2010, 85 Rn. 47 f.; EuGH, Urt. v. 04.07.2006 – C-212/04 – Adeneler, NJW 2006, 2465 Rn. 111; *Roth/Jopen*, in: Europäische Methodenlehre, § 13 Rn. 4; *Seiwerth*, Gestaltungsfreiheit in Tarifverträgen, S. 183; *Rüthers/Höpfner*, AcP 209 (2009), 1 (25).

1042 EuArbRK/*Höpfner*, AEUV Art. 288 Rn. 44 f.; *Seiwerth*, Gestaltungsfreiheit in Tarifverträgen, S. 180; *Rüthers/Höpfner*, AcP 209 (2009), 1 (22).

1043 *Roth/Jopen*, in: Europäische Methodenlehre, § 13 Rn. 22, 47 ff.; *Seiwerth*, Gestaltungsfreiheit in Tarifverträgen, S. 180; *Rüthers/Höpfner*, AcP 209 (2009), 1 (21 f.).

1044 AA ohne Bezug zur immanenten Bindung an das gesetzgeberische Schutzkonzept *Franzen*, EuZA 2022, 3 (19).

gezogene Schlussfolgerung, dass etwas bessere Gründe gegen die Annahme einer solchen Bindung sprechen, hindert die richtlinienkonforme Auslegung nicht. Im Gegenteil zeigt das knappe Auslegungsergebnis, dass in dieser Frage ein erheblicher Entscheidungsspielraum besteht. Deutsche Gerichte sind nach Art. 288 Abs. 3 AEUV verpflichtet, diesen Entscheidungsspielraum im Sinne der Leiharbeitsrichtlinie RL 2008/104/EG zu nutzen.

Darum liegt die Annahme nahe, dass in § 8 Abs. 2, 4 eine immanente Grenze besteht, die die Tarifparteien auf eine Orientierung am gesetzgeberischen Schutzkonzept verpflichtet. Auf diesem Wege kann der Beschränkung in Art. 5 Abs. 3 RL 2008/104/EG, nur solche Tarifverträge zuzulassen, die den Gesamtschutz der Leiharbeitnehmer*innen achten, Genüge getan werden.

Zweifelhaft erscheint dabei allerdings zunächst, ob eine für die Unionsrechtskonformität ausreichend starke Bindung noch von den Auslegungsergebnissen gedeckt ist – schließlich fordert die Achtung des Gesamtschutzes einen der Gleichstellung insgesamt ebenbürtigen Schutz. Tatsächlich verlieren insbesondere die Unterschiede zwischen den beiden Gestaltungsalternativen in § 8 Abs. 4 AÜG ihre Kontur, wenn in beiden Fällen eine enge Orientierung an der Gleichstellung gefordert ist. Nichtsdestotrotz bleibt die Regelung auch bei einer dem europäischen Vorbild entsprechenden Bindung an das gesetzgeberische Schutzkonzept sinnvoll, betrifft sie doch die individuelle Ebene einzelner Leiharbeitnehmer*innen, während der Gesamtschutz auf einer abstrakteren Ebene die durchschnittlich gewährten Arbeitsbedingungen betrifft.[1045] § 8 Abs. 4 AÜG kommt auch nach einer richtlinienkonformen Auslegung die Funktion zu, zu bestimmen, wie weit und lang die Tarifparteien im Rahmen des vom Gesamtschutzerfordernis begrenzten abstrakten Spielraums konkret zu Lasten einzelner Leiharbeitskräfte von der Gleichstellung abweichen dürfen. Das bleibt unabhängig vom konkreten Grad der Bindung an das Schutzkonzept sinnvoll.

Für die Zulässigkeit einer den europäischen Vorgaben entsprechenden, in der Durchschnittsbetrachtung engen Bindung an das gesetzgeberische Schutzkonzept spricht außerdem, dass die Legislative selbst ausdrücklich davon ausging, mit ihrer Rechtssetzung die von europäischer Seite vorgeschriebene Wahrung des Gesamtschutzes von Leiharbeitnehmer*innen zu garantieren.[1046] Es bedarf also nicht einmal des Hinweise des BVerfG,

---

1045 Vgl. oben Zweiter Teil A. III. 1., S. 258.

1046 Gesetzesentwurf zur Änderung des Arbeitnehmerüberlassungsgesetzes, BT-Drs. 17/4804, S. 9.

dass im Zweifel bei zur Umsetzung von Richtlinien ergangenem Recht davon auszugehen sei, dass die Gesetzgebung nicht gegen ihre Umsetzungspflicht aus Art. 288 Abs. 3 AEUV verstoßen wollte.[1047] Dem Umsetzungswillen der Legislative darf bei der richtlinienkonformen Auslegung erhebliche Bedeutung eingeräumt werden.[1048] Darüber hinaus war nach der ursprünglichen Konzeption der Tariföffnungsklausel mangels Bezugnahmemöglichkeit tatsächlich zu erwarten, dass die Tarifabschlüsse das Schutzniveau der Gleichstellung eher übertreffen würden. Eine enge immanente Grenze des Gestaltungsspielraums entspricht im Ergebnis diesem Gedanken.

Insgesamt sind die im Laufe der Auslegung von § 8 Abs. 2, 4 AÜG gefundenen Argumente gegen eine enge Bindung an das gesetzgeberische Schutzkonzept nicht so stark, dass sie eine entsprechende Auslegung als unzulässig erscheinen ließen. Damit ist § 8 Abs. 2, 4 AÜG richtigerweise unionsrechtskonform dahingehend auszulegen, dass er für den Dispens von der Gleichstellungspflicht nur solche Tarifverträge zulässt, die insgesamt ein der Gleichstellung mindestens ebenbürtiges Schutzniveau bieten – und damit den Gesamtschutz achten.

C. *Ergebnis zweiter Teil*

Die zum Gebot zur Achtung des Gesamtschutzes ergangene Untersuchung hat gezeigt, dass sich die hinsichtlich seines Gehalt vertretenen Positionen sinnvoll systematisieren und auf Grundlage dieses Systems in einen fruchtbaren Austausch bringen lassen. Dabei hat die Interpretation von Art. 5 Abs. 3 RL 2008/104/EG eindeutig ergeben, dass der Schutzbegriff der Gesamtschutzklausel ein relativer ist und sich auf die erbrachte Arbeitsleistung von Leiharbeitnehmer*innen bezieht. Auf dieser Grundlage lässt sich Art. 5 Abs. 3 RL 2008/104/EG eine scharfe Forderung entnehmen: die auf Basis dieser Norm erlaubte Öffnung des Gleichstellungsgrundsatzes für eine abweichende Tarifierung darf nur solche Tarifverträge zulassen, die ein der Gleichstellung insgesamt mindestens ebenbürtiges Schutzniveau gewährleisten. Mithilfe umfassender Saldierungsmöglichkeiten kann nach diesem Konzept der Nutzen der Leiharbeit gesteigert werden, ohne

1047 Vgl. BVerfG, Nichtannahmebeschl. v. 26.09.2011 – 2 BvR 2216/06, NJW 2012, 669 Rn. 51; eine vergleichbare Annahme findet sich auch beim EuGH, Urt. v. 05.10.2004 – C-397/01 bis C-403/01 – Pfeiffer, NJW 2004, 3547 Rn. 112.

1048 *Roth/Jopen*, in: Europäische Methodenlehre, § 13 Rn. 45, 70.

den Schutz der Leiharbeitnehmer*innen selbst zu beeinträchtigen. Den Mitgliedsstaaten kommt dabei die Aufgabe zu, ihre Ermächtigungsnorm hinreichend eng zu gestalten, um eine Achtung des Gesamtschutzes zu garantieren.

Vor diesen Anforderungen versagt die deutsche Rechtsordnung zunächst. Die Regelungsgrenzen des AÜG beschränken ebenso wie § 138 BGB die Abweichung lediglich nach unten, ohne die zur Kompensation notwendige Verbesserung gegenüber der Gleichstellung zu behandeln. Die Mechanismen des Tarifrechts können keinen verlässlichen Schutz gewährleisten, weil der Dispens von der Gleichstellung auch über eine arbeitsvertragliche Bezugnahme von Tarifverträgen möglich ist. Zuletzt ergab außerdem die Auslegung von § 8 Abs. 2, 4 AÜG, dass die leicht besseren Gründe gegen die Annahme einer immanenten Bindung an das gesetzgeberische Schutzkonzept und damit gegen eine Verpflichtung auf ein der Gleichstellung zumindest angenähertes Schutzniveau sprechen.

Im Ergebnis lässt sich das darin angelegte Umsetzungsdefizit allerdings über eine richtlinienkonforme Auslegung vermeiden. Die bei der ursprünglichen Ablehnung einer immanenten Bindung festgestellten Spielräume ermöglichen es, mittels dieser Bindung die von der Richtlinie geforderte Achtung des Gesamtschutzes in § 8 Abs. 2, 4 AÜG hineinzulegen und die Tarifparteien auf ein der Gleichstellung ebenbürtiges Schutzniveau zu verpflichten. Das ist zwar zunächst unter den zulässigen nicht das beste Auslegungsergebnis, es ist aber das einzig unionsrechtskonforme und damit letztlich doch der überzeugendste Ausgang der Interpretation. Die hohen Anforderungen an einen von der Gleichstellungspflicht abweichenden Tarifvertrag im europäischen Recht gelten damit letztendlich auch im Bundesrecht.

Diese Schere zwischen der Richtlinienvorgabe und der richtlinienkonformen Auslegung einerseits und der eher schlanken Gestaltung des AÜG und seiner wohl herrschenden Auslegung entlang des bundesdeutschen Auslegungskanons andererseits macht deutlich, dass die im ersten Teil beschriebene deutsche Rechtswirklichkeit wenig mit dem auf europäischer Ebene vorgesehenen Konzept der Leiharbeit zu tun hat. Die Union sieht das Potential der Arbeitnehmer*innenüberlassung vor allem in der Schaffung von Arbeitsplätzen und der Bereitstellung flexibler Arbeit, ohne damit eine Fragmentierung des Arbeitsmarkts zu befördern.[1049] Die Rolle der Tarifparteien besteht hiernach vor allem in einer Vereinheitlichung der Arbeitsbedingungen, um das Geschäft der Verleihunternehmen prognos-

1049 Vgl. oben Zweiter Teil A. III. 3. a., S. 219.

tizierbar und damit handhabbar zu machen.[1050] Die deutsche Rechtswirklichkeit zeigt dagegen auf Basis der aktuell wohl herrschenden Auslegung des AÜG, dass Leiharbeit zwar ursprünglich zur Bündelung von Beschäftigungsmöglichkeiten geschaffen wurde, tatsächlich aber wesentlich zur Fragmentierung der Lohnabhängigen genutzt wird.[1051] Tarifverträge spielen hierbei eine zentrale Rolle, um die Arbeitsbedingungen der Beschäftigten gegenüber der Gleichstellung teils massiv zu verschlechtern und damit eine zweite Lohnlinie innerhalb der Entleihbranchen zu etablieren.[1052]

Die deutsche Rechtsordnung nimmt in diesem Spannungsfeld eine ambivalente Rolle ein. Einerseits deckt sich die von politischer Seite angemahnte Beschränkung auf die Kernfunktion der Leiharbeit in weiten Teilen mit der Idee der Leiharbeitsrichtlinie; andererseits findet sich diese Beschränkung nicht hinreichend deutlich in den konkreten Normen des AÜG wieder, um dieser Vorstellung tatsächlich zwingend gerecht zu werden.[1053] Die Ambivalenz des deutschen Rechts zeigt sich dabei besonders eindrücklich in der Möglichkeit, ihm wahlweise entweder eine Legitimation für die herrschenden Verhältnisse oder eine – ungeschriebene – Beschränkung im Sinne der Gesamtschutzes zu entnehmen. Verfolgt man konsequent die hier vorgeschlagene richtlinienkonforme Auslegung, so stellen sich die tatsächlichen Verhältnisse in der deutschen Arbeitnehmer*innenüberlassung als Folge einer ungenügenden Rechtsdurchsetzung dar. Die in Deutschland aktuell geltenden Leiharbeitstarifverträge halten großteils verschlechternde Abweichungen vom Gleichstellungsgrundsatz bereit; die teils enthaltenen Besserstellungen wiegen diese Nachteile nicht auf.[1054] Die Tarifwerke schaffen also in der übergroßen Mehrheit kein der Gleichstellung ebenbürtiges Schutzniveau. Damit verstoßen sie gegen die Anforderungen des richtlinienkonform ausgelegten § 8 Abs. 2, 4 AÜG. Sie können in der Folge keinen wirksamen Dispens von der Gleichstellungspflicht des § 8 Abs. 1 AÜG bewirken; auch die arbeitsvertragliche Bezugnahme auf diese Tarifwerke entbindet Verleihunternehmen nicht von der Gleichstellungspflicht. Damit dürfte im Großteil der aktuell bestehenden Leiharbeitsverhältnisse in Deutschland ein Anspruch auf Gleichstellung gemäß § 8 Abs. 1 AÜG bestehen. Die Schere besteht in diesem Fall nicht zwischen der europäischen und der nationalen Rechtsordnung, sondern

---

1050 Vgl. oben Zweiter Teil A. III. 2. b., S. 196.
1051 Vgl. oben Erster Teil C., S. 151.
1052 Vgl. oben Erster Teil B. III. 1. b., S. 86.
1053 Vgl. oben Zweiter Teil B. III., S. 319.
1054 Vgl. oben Erster Teil B. III. 1. b., S. 86.

zwischen der europäischen und nationalen Rechtsordnung einerseits und der deutschen Rechtswirklichkeit andererseits. Das vermeintliche Umsetzungsdefizit ist hauptsächlich ein Durchsetzungsdefizit.

Auf politischer Ebene besteht damit akuter Handlungsbedarf. Die Tatsache, dass sich die Bindung der Tarifparteien an das Konzept und Schutzniveau der Gleichstellung nicht explizit in § 8 Abs. 2, 4 AÜG wiederfindet, schafft Rechtsunsicherheit und ist insgesamt unbefriedigend. Darüber hinaus ist die Legislative in der Pflicht, europäische Richtlinien klar und eindeutig umzusetzen.[1055] Das ist bislang nicht geschehen. Das Abwälzen der Bestimmung des geforderten Gesamtschutzes auf Richter*innen durch die insofern wenig hilfreiche Legislative stellt ein Umsetzungsdefizit dar, das von der richtlinienkonformen Auslegung zwar praktisch kompensiert, aber nicht aufgehoben werden kann.

Damit besteht für die Gesetzgebung die Pflicht und Chance, sich für eine der unterschiedlichen Möglichkeiten zur Sicherstellung des Gesamtschutzes zu entscheiden. Die Legislative könnte entweder die europäischen Vorgaben zur Achtung des Gesamtschutzes konkretisieren und der Rechtsprechung ebenso wie den Rechtsanwender*innen damit klare Vorgaben an die Hand zu geben. Oder sie könnte die Möglichkeit zur Befreiung von der Gleichstellungspflicht durch arbeitsvertragliche Bezugnahme auf abweichende Tarifverträge aufheben, den Dispens an die normative Tarifbindung der Arbeitsvertragsparteien koppeln und so mit verfahrensbezogenen Mitteln den notwendigen Schutz durch eine freiwillige Unterwerfung von Leiharbeitnehmer*innen nur unter ihnen günstige Tarifergebnisse gewährleisten.

Sie könnte allerdings alternativ auch, und davon handelt der anschließende Teil, schlicht die Tariföffnungsklausel in § 8 AÜG streichen und eine zwingende Gleichstellung in der Leiharbeit einführen.

1055 EuGH, Urt. v. 18.10.2001 – C-354/99, Rn. 27; EuGH, Urt. v. 04.12.1997 – Rs. C-207/96 – Kommission/Italien, Rn. 26; *Corzelius*, Tarifdispositives Recht, S. 85.

Dritter Teil: Zwingende Gleichstellung als Richtlinienumsetzung

Nachdem der erste Teil gezeigt hat, dass die dramatisch prekären Arbeitsbedingungen von Leiharbeitnehmer*innen irritierend deutlich von den gesetzgeberischen Zielen abweichen, hat der zweite Teil den daraus erwachsenden politischen Handlungsbedarf auch in rechtlicher Hinsicht begründet. Die Zustände in der Leiharbeit müssen sich darum zeitnah ändern.

Zur Umsetzung der Richtlinienvorgaben in Art. 5 RL 2008/104/EG bleiben der Legislative im Wesentlichen drei Möglichkeiten. Sie könnte erstens, wie der vorstehende Teil ausführlich dargelegt hat, die Abweichungsbefugnis der Tarifparteien auf solche Tarifwerke beschränken, die den Gesamtschutz von Leiharbeitnehmer*innen achten. Sie könnte zweitens die unionsrechtliche Ermächtigungsnorm wechseln, in Zukunft auf Art. 5 Abs. 2 RL 2008/104/EG abstellen und nur mehr beim Entgelt und für unbefristet beschäftigte Leiharbeitskräfte eine Abweichung von der Gleichstellungspflicht zulassen. Oder sie könnte drittens die Gleichstellungspflicht festschreiben, ohne diesbezügliche Ausnahmen zuzulassen – also eine zwingende Gleichstellungspflicht etablieren.

Dieser letzte Weg würde nicht nur der unionsrechtlichen Umsetzungspflicht genügen und den Schutz von Leiharbeitnehmer*innen stärken, sondern gleichzeitig auch die charakteristische Kompetenz der Arbeitnehmer*innenüberlassung zur Zusammenfassung von anteiligen Beschäftigungsmöglichkeiten stärker herausstellen. Dabei würde die Leiharbeit als Flexibilisierungsinstrument erhalten, ihre fragmentierende Wirkung aber eingefangen. Eine solche Reform würde die strategische Nutzung zur Senkung von Lohnkosten unattraktiv machen und insgesamt die von der Gesetzgebung favorisierte Orientierung auf die Kernfunktion begünstigen. Eine zwingende Gleichstellungspflicht entspräche damit sowohl der unionsrechtlichen Vorgabe als auch den bislang geäußerten Zielsetzungen der deutschen Legislative. Gleichzeitig wäre sie weniger komplex sowie leichter um- und durchzusetzen als eine Verpflichtung abweichender Tarifverträge auf die Achtung des Gesamtschutzes.

Um also neben dem aufgezeigten Missstand auch eine Perspektive zu entwickeln, soll im Folgenden untersucht werden, ob die in anderen europäischen Staaten erreichte tatsächliche Gleichstellung auch in

Deutschland gesetzlich vorgeschrieben werden könnte. Dabei sollen insbesondere die bei einer entsprechenden politischen Beschlussfassung zu erwartenden Einwände antizipiert und bewertet werden. Nach einem grundsätzlichen Überblick hinsichtlich der Möglichkeit einer zwingenden Gleichstellung ist hierzu ihre Vereinbarkeit mit höherrangigem Recht zu prüfen. Im Rahmen dieser Prüfung ist einmal mehr auf die Beobachtungen des ersten Teils zurückzugreifen. Die daraus erwachsenden Überlegungen hinsichtlich der praktischen Folgen einer solchen gesetzlichen Gestaltung sollen dann im abschließenden Abschnitt zusammengefasst und als denkbarer Ausblick beleuchtet werden.

A. Überblick zur Möglichkeit einer zwingenden Gleichstellungspflicht

Dass tatsächliche Gleichstellung praktisch möglich ist, zeigt die Regulierung der Arbeitnehmer*innenüberlassung in etlichen anderen Rechtsordnungen.[1056] Nach einem Bericht der Europäischen Kommission haben im Jahr 2014 lediglich zwölf der damals 28 EU-Mitgliedstaaten von den Ausnahmemöglichkeiten der Richtlinie Gebrauch gemacht.[1057] Der Umkehrschluss macht deutlich, dass die Mehrzahl der von der Leiharbeitsrichtlinie erfassten Länder eine zwingende Gleichstellungspflicht etabliert hat.

Das hierzulande populärste Beispiel für eine tatsächliche Durchsetzung des Gleichstellungsgrundsatzes ist Frankreich.[1058] In Frankreich ist bereits im Überlassungsvertrag zwischen Verleih- und Entleihunternehmen das Entgelt anzugeben, welches vergleichbare Stammkräfte im Einsatzbetrieb

---

1056 *Albers,* Regulierung in Frankreich, S. 122 f.; *Cantzler,* in: Zeitarbeit; S. 247 (252); *Håkansson/Isidorsson,* in: Fragmentierte Belegschaften, S. 99 (103); *Kämmerer,* Der neue Rechtsrahmen, S. 19 ff.; *Absenger et al.*, WSI-Report Nr. 32 10/2016, S. 18; *Franzen,* RdA 2015, 141 (148); *Voss/Vitols,* WSI-Mitt. 2013, 580 (582 f.); *Wetzel/Weigand,* Schwarzbuch Leiharbeit, S. 104 f.; *Vanselow/Weinkopf,* Zeitarbeit in europäischen Ländern, S. 18; *Mitlacher,* Sozialer Fortschritt 2005, 97 (102).

1057 Europäische Kommission, COM(2014) 176 final, S. 7 ff.

1058 *Albers,* Regulierung in Frankreich; *Kämmerer,* Der neue Rechtsrahmen, S. 21; *Cantzler,* in: Zeitarbeit; S. 247 (252); *Absenger et al.*, WSI-Report Nr. 32 10/2016, S. 18; *Franzen,* RdA 2015, 141 (148); *Teubert,* Betriebsbedingte Kündigung, S. 70; *Schmidt,* Tariffähigkeit christlicher Gewerkschaften, S. 302; *Seigis,* Leiharbeiter im sozialen Abseits, S. 80 ff.; *Blanke,* DB 2010, 1528 (1529 f.); *Fuchs,* NZA 2009, 57 (62); *Vanselow/Weinkopf,* Zeitarbeit in europäischen Ländern, S. 16; *Thüsing,* DB 2002, 2218 (2223).

nach Ablauf ihrer Probezeit erhalten.[1059] Dieses Entgeltniveau darf dann von der Vergütung der Leiharbeitnehmer*innen nicht unterschritten werden.[1060] Der Entgeltbegriff umfasst dabei, ähnlich wie in Deutschland, alle mit dem Arbeitsplatz verbundenen Leistungen inklusive eventueller Prämien, Zulagen und Sachleistungen.[1061] Anders als in Deutschland gibt es aber keine Ausnahme von diesem Gleichstellungsgrundsatz.[1062]

Im Gegenteil gewährt die französische Rechtslage Leiharbeitnehmer*innen, die nur befristet tätig waren und nicht von ihrem Entleihunternehmen übernommen wurden, einen zusätzlichen Prekaritätszuschlag in Höhe von 10 % des gesamten Bruttoentgelts, welches während des Einsatzes verdient wurde.[1063] Dieser Zuschlag soll die mit der mangelnden Arbeitsplatzsicherheit einhergehende Unsicherheit kompensieren.[1064] Er findet sich in vergleichbarer Form ebenso bei anderen befristeten Arbeitsverhältnissen.[1065]

Die französische Rechtsordnung erkennt allerdings nicht nur diese Parallele unterschiedlicher prekärer Arbeitsverhältnisse, sie reagiert zusätzlich noch auf strukturelle Unterschiede: Bei der Kündigung befristeter Arbeitsverhältnisse innerhalb der Probezeit wird außerhalb der Arbeitnehmer*innenüberlassung kein Prekaritätszuschlag fällig.[1066] Bei den oftmals nur kurz andauernden Leiharbeitsverhältnissen ist dagegen nicht nur die gesetzlich vorgesehene Probezeit kürzer; der Prekaritätszuschlag ist außerdem selbst bei einer Kündigung während der Probezeit fällig.[1067] Der obig zitierte *Anatole France* hätte sein helle Freude.

Finanziell erhalten Leiharbeitnehmer*innen in Frankreich demnach mindestens ein dem Gleichstellungsgrundsatz entsprechendes Gehalt; befristet Beschäftigte in der Arbeitnehmer*innenüberlassung erhalten außerdem oftmals bei Ende ihres Vertrags zusätzlich 10 % der verdienten Lohnsumme als Prekaritätszuschlag ausbezahlt. Bis 2015 galt in Frankreich ein

---

1059 Art. L. 1251–43 Nr. 6 code du travail.

1060 Art. L. 1251–18, 1251–15 code du travail.

1061 *Albers*, Regulierung in Frankreich, S. 123.

1062 *Albers*, Regulierung in Frankreich, S. 122; *Kämmerer*, Der neue Rechtsrahmen, S. 21; *Absenger et al.*, WSI-Report Nr. 32 10/2016, S. 18.

1063 Art. L. 1251–32 code du travail.

1064 *Albers*, Regulierung in Frankreich, S. 171; *Teubert*, Betriebsbedingte Kündigung, S. 70; *Seigis*, Leiharbeiter im sozialen Abseits, S. 82.

1065 Art. L. 1243–8 code du travail.

1066 Art. L. 1242–11 code du travail.

1067 Zur begrenzt dispositiven Probezeit Art. L. 1251–14 code du travail; zu den engen Ausnahmen beim Prekaritätszuschlag Art. L. 1251–33 code du travail.

Synchronisationsgebot, sodass ausnahmslos alle Leiharbeitskräfte befristet beschäftigt waren und regelmäßig um den Preis der Arbeitsplatzsicherheit in den Genuss dieses Zuschlags kamen.[1068] Im Jahr 2015 wurde der Bestand der Leiharbeitsverhältnisse allerdings probeweise von den konkreten Einsätzen entkoppelt und auch unbefristete Anstellungen wurden zugelassen; 2018 wurde diese Änderung dauerhaft in das Gesetz integriert.[1069] Seitdem ist es möglich, dauerhaft als Leiharbeitskraft beim selben Verleihunternehmen angestellt zu sein und in aufeinander folgenden, verschiedenen Entleihunternehmen eingesetzt zu werden.[1070] Die Arbeitsbedingungen richten sich dabei primär nach dem Gleichstellungsgrundsatz und ansonsten nach den üblichen, für unbefristete Arbeitsverhältnisse geltenden Vorschriften.[1071]

In etlichen europäischen Ländern geht die auf equal pay fußende Einkommenssituation von Leiharbeitnehmer*innen einher mit einer ausgesprochen prekären Arbeitsplatzsicherheit.[1072] Daraus leiten einige Stimmen ab, dass die jeweiligen Rechtsordnungen dem Agenturmodell zuzurechnen seien – und darum für die das Arbeitgebermodell verfolgenden Kodifikationen keine Aussagekraft hätten.[1073] Die Zuordnung zum Agenturmodell mag in etlichen Fällen eine treffende Kategorisierung sein. Dabei gilt es aber nicht aus den Augen zu verlieren, dass die Kategorisierung aus der Beobachtung tatsächlicher Umstände entstanden ist und diese nicht bedingt, sondern vielmehr von ihnen abgeleitet ist. Die Unterteilung in Agentur- und Arbeitgebermodell kann demnach helfen, aktuelle Systeme zu beschreiben; sie ist aber nicht geeignet, um Grenzen der denkbaren Gesetzgebung aufzuzeigen. Es gibt darum mitnichten den Grundsatz, dass eine Rechtsordnung in der Arbeitnehmer*innenüberlassung nur entweder

---

1068 *Albers*, Regulierung in Frankreich, S. 38 ff.

1069 Art. L. 1251–58–1 bis L. 1251–58–8 code du travail; vgl. zur alten Rechtslage *Albers*, Regulierung in Frankreich, S. 39 f.

1070 Art. L. 1251–58–1 code du travail.

1071 Art. L. 1251–58–4, 1251–18, 1251–43 Nr. 6 code du travail; Art. L. 1251–58–2 code du travail.

1072 *Franzen*, RdA 2015, 141 (148); *Teubert*, Betriebsbedingte Kündigung, S. 14, 70.

1073 *Riesenhuber*, Europäisches Arbeitsrecht, § 21 Rn. 23; *Franzen*, RdA 2015, 141 (148); *Stolz*, in: Zeitarbeit, S. 343 (346); *Cellier*, Stellungnahme vom 11.10.2016, Ausschussdrs. 18(11)761neu, S. 6 (7); *Pfeiffer*, in: Zukunft Zeitarbeit, S. 115 (125 f.); *Göhner*, DB 2010 Standpunkte Heft 9, 19 (20); *Klebeck*, Gleichstellung, S. 194 f.

eine am Gleichstellungsgebot orientierte Vergütung oder eine wirksame Arbeitsplatzsicherheit gewährleisten könne.[1074]

Das in Frankreich praktizierte Konzept zeigt anschaulich auf, dass die Grenzen zwischen Agentur- und Arbeitgebermodell nicht zwingend sind. Galt vormals die französische Rechtsordnung mit ihrem historisch gewachsenen Synchronisationsgebot noch als Prototyp des Agenturmodells, so lässt die aktuelle Rechtslage auch die dem Arbeitgebermodell zuzurechnende dauerhafte Anstellung mit aufeinander folgenden Überlassungen zu. Die Begrenzung des Prekaritätszuschlags auf befristet angestellte Leiharbeitnehmer*innen erscheint dabei als sachgerechte Differenzierung entlang unterschiedlich ausgeprägter Beschäftigungsrisiken und folgt damit der Unterscheidung in Agentur- und Arbeitgebermodell. Gleichzeitig bildet der Gleichstellungsgrundsatz aber eine Untergrenze, die auch in der am Arbeitgebermodell orientierten Variante dauerhafter Anstellung zwingend zu beachten ist. Damit widerspricht die französische Rechtsordnung der Auffassung, die die Verbindung von unbefristeter Anstellung und equal pay als systemwidrig ablehnt.

Auf der anderen Seite verdeutlicht das in Deutschland angewandte Konzept, dass es praktisch möglich ist, weder eine am Gleichstellungsgebot orientierte Bezahlung noch eine wirksame Arbeitsplatzsicherheit zu gewährleisten.[1075]

Die Bandbreite denkbarer Regelungen ist demnach groß. Es mag gute Gründe geben, entweder Entlohnung oder Arbeitsplatzsicherheit stärker in den Fokus zu rücken; im Endeffekt ist aber die Reglementierung beider Parameter jeweils für sich Ausdruck politischer Machtverhältnisse. Der Preis der Arbeitskraft hat viele Stellschrauben, die oftmals unabhängig voneinander gedreht werden – und gedreht werden dürfen.

B. Zulässigkeit einer zwingenden Gleichstellungspflicht

Es scheint, als habe die deutsche Legislative den zur Gleichstellung von Leiharbeitnehmer*innen erforderlichen Schritt eigentlich bereits getan:

1074 In diese Richtung aber *Franzen,* EuZA 2022, 3 (10); EuArbRK/*Kolbe,* RL 2008/104/EG Art. 5 Rn. 14; *Franzen,* RdA 2015, 141 (147); *Stolz,* in: Zeitarbeit, S. 343 (346); *Cellier,* Stellungnahme vom 11.10.2016, Ausschussdrs. 18(11)761neu, S. 6 (7); *Pfeiffer,* in: Zukunft Zeitarbeit, S. 115 (125 f.); *Göhner,* DB 2010 Standpunkte Heft 9, S. 19 (20).

1075 Vgl. dazu ausführlich oben Erster Teil B. III., S. 65.

§ 8 Abs. 1 AÜG verpflichtet Verleihunternehmen bereits heute, ihren Angestellten mindestens die Arbeitsbedingungen zu gewähren, die auch die Stammarbeitskräfte in den Einsatzbetrieben erhalten. Diese grundsätzliche Pflicht zur Gleichstellung enthält allerdings in § 8 Abs. 2, 4 AÜG die bekannte Ausnahme. Deren durchschlagende und beinahe alle Leiharbeitsverhältnisse betreffende Wirkung hat die obige Untersuchung der Rechtswirklichkeit veranschaulicht: der Gleichstellungsgrundsatz findet wegen seiner Tarifdispositivität beinahe keine Anwendung.[1076] Die Gesetzgebung müsste demnach, um tatsächliche Gleichstellung zu erhalten, schlicht die Ausnahmemöglichkeit streiche. Der dadurch auch praktisch wieder auflebende Gleichstellungsgrundsatz ist bereits heute im Gesetz enthalten. Die dabei entstehende Gleichstellungspflicht wäre insofern zwingend, als nicht länger zu Lasten der Leiharbeitnehmer*innen von ihr abgewichen werden dürfte. Eine Besserstellung hingegen bliebe weiter möglich. Allein der Einfachheit halber soll im Folgenden nicht von einer „einseitig zwingenden", sondern schlicht von einer „zwingenden Gleichstellungspflicht" gesprochen werden; damit soll keine zweiseitig zwingende Wirkung verbunden sein.

Im Hinblick auf die Ausgestaltung gesellschaftlicher Verhältnisse verfügt die Legislative über erheblichen Spielraum; sie muss sich als originär Recht setzende Instanz nur wenigen übergeordneten Rechtsquellen beugen. Bei der Umsetzung einer zwingenden Gleichstellungspflicht in der Arbeitnehmer*innenüberlassung sind die deutschen Gesetzgebungsorgane allein an einige unionsrechtliche Vorgaben und den verfassungsrechtlichen Rahmen des Grundgesetzes gebunden. Diese Bestimmungen sind darum daraufhin zu untersuchen, ob sie einer zwingenden Gleichstellungspflicht entgegenstünden.

I. Unionsrechtliche Zulässigkeit einer zwingenden Gleichstellungspflicht

Das Unionsrecht stellt in drei Regelungswerken Anforderungen an das Vorhaben, auf bundesdeutscher Ebene eine zwingende Gleichstellungspflicht zu etablieren. Die Grundrechtecharta stellt mannigfaltige Ansprüche an Regulierungen im Bereich des Unionsrechts. Neben die Charta treten die Grundfreiheiten des Vertrags über die Arbeitsweise der Union, die auf ihrer Durchsetzung bestehen. Zu guter Letzt müsste eine solche Regelung auch mit der Leiharbeitsrichtlinie kompatibel sein.

1076 Vgl. oben Erster Teil B. III. 1. b. 2), S. 111.

Der ebenfalls dem Anwendungsbereich nach einschlägige Schutz der Koalitionsbetätigungsfreiheit aus Art. 11 EMRK dagegen schränkt die Möglichkeiten der Gesetzgebung nicht unmittelbar weiter ein. Gemäß der Vorgabe des Art. 52 Abs. 3 GRCh bilden die in der Grundrechtecharta verbürgten Rechte mindestens das von der EMRK gewährleistete Schutzniveau ab.[1077] Die von Art. 11 EMRK garantierte Koalitionsfreiheit findet ihre Entsprechung in Art. 12 GRCh.[1078] Der im Folgenden unter anderem zu prüfende Art. 28 GRCh wiederum stellt für die in Rede stehende Koalitionsfreiheit die spezielle oder zumindest spezifische Ausprägung des Art. 12 GRCh dar.[1079] Die Norm ist darum ebenso gehalten, das Schutzniveau des Art. 11 EMRK nicht zu unterschreiten.[1080] Damit erübrigt sich eine gesonderte Prüfung der EMRK; stattdessen sind die vom EGMR entwickelten Grundsätze in die Auslegung der Charta mit einzubeziehen.[1081]

1. Vereinbarkeit mit der Grundrechtecharta

Fände die Grundrechtecharta bei der Etablierung einer zwingenden Gleichstellungspflicht in der deutschen Arbeitnehmer*innenüberlassung Anwendung, so müsste sich das Vorhaben mit den Vorgaben der Charta vereinbaren lassen. Dabei sind drei grundsätzliche Anliegen der Charta zu unterscheiden: die Koalitionsfreiheit, die wirtschaftlichen Freiheiten der Beteiligten und der Gleichheitssatz.

1077 *Streinz/Michl*, GRCh Art. 52 Rn. 31; Calllies/Ruffert/*Kingreen*, GRCh Art. 52 Rn. 21.

1078 NK-GRCh/*Hüpers/Reese*, Art. 28 Rn. 58; Calllies/Ruffert/*Kingreen*, GRCh Art. 52 Rn. 25; von der Groeben/Schwarze/Hatje/*Lembke*, GRCh Art. 28 Rn. 2.

1079 EuArbRK/*Schubert*, GRCh Art. 12 Rn. 10, Art. 28 Rn. 13; *Jarass* GRCh, Art. 28 Rn. 5; Schwarze/*Knecht*, Art. 12 Rn. 5; von der Groeben/Schwarze/Hatje/*Augsberg*, GRCh Art. 12 Rn. 2; *Schlachter*, Verbot der Altersdiskriminierung, S. 40; *Thüsing/Traut*, RdA 2012, 65 (65); für Idealkonkurrenz NK-GRCh/*Hüpers/Reese*, Art. 28 Rn. 58; Schwarze/*Holoubek*, GRCh Art. 28 Rn. 10, Däubler/*Heuschmid* AK § 11 Rn. 5; von der Groeben/Schwarze/Hatje/*Lembke*, GRCh Art. 28 Rn. 2.

1080 EuArbRK/*Schubert*, GRCh Art. 28 Rn. 9; Däubler/*Heuschmid* AK § 11 Rn. 13; *Brameshuber*, EuZA 2016, 46 (51 f.); *Weichselbaum*, DRdA 2011, 103 (110); aA *Junker*, ZfA 2013, 91 (131).

1081 EuArbRK/*Schubert*, GRCh Art. 28 Rn. 13; *Brameshuber*, EuZA 2016, 46 (52); *Schmidt*, Tariffähigkeit christlicher Gewerkschaften, S. 261; aA *Junker*, ZfA 2013, 91 (131).

a. Anwendbarkeit der Grundrechtecharta

Um die deutsche Regulierung der Arbeitnehmer*innenüberlassung begrenzen zu können, müsste die Charta zunächst überhaupt auf dieses Vorhaben anwendbar sein. Gemäß Art. 51 Abs. 1 Satz 1 GRCh gelten ihre Regelungen für die Mitgliedstaaten ausschließlich bei der Durchführung des Unionsrechts. Dementsprechend sind die Grundrechte der Charta auf solche gesetzlichen Regelungen anwendbar, die entweder zur Umsetzung europäischer Vorgaben beschlossen wurden oder Bereiche regeln, zu denen bereits spezifische unionsrechtliche Bestimmungen vorliegen.[1082]

Beide Varianten weisen zwar gewisse Probleme und Unschärfen auf.[1083] Bezüglich der grundsätzlichen Gleichstellung von Leiharbeitnehmer*innen mit ihren im Einsatzunternehmen angestellten Kolleg*innen wirken sich diese Probleme aber nicht aus: Mit dem Gleichstellungsgrundsatz als zentralem Element der Leiharbeitsrichtlinie ist eben diese Frage ausdrücklich unionsrechtlich geprägt, die grundsätzliche Gleichstellung im deutschen AÜG entspricht eindeutig der Vorgabe des Art. 5 Abs. 1 RL 2008/104/EG. Der Gleichstellungsgrundsatz im AÜG führt damit zweifellos Unionsrecht durch. Die Charta findet grundsätzlich Anwendung.

Komplexer zu bestimmen ist allerdings die Reichweite dieser Einschätzung. Die Mitgliedstaaten der Europäischen Union sind ausnahmslos verpflichtet, den Gleichstellungsgrundsatz der RL 2008/104/EG umzusetzen; sie haben aber gemäß Art. 5 Abs. 2–4 RL 2008/104/EG ein gewisses Ermessen bei der Ausgestaltung möglicher Ausnahmen. Die generelle Einführung des Gleichstellungsgrundsatzes ist damit zwar eindeutig Durchführung von Unionsrecht. Auch die weiterführende Gestaltung potentieller Ausnahmen ist nur innerhalb der von der Richtlinie bestimmten Grenzen möglich; sie ist aber nicht endgültig unionsrechtlich determiniert. Auch die Einführung einer zwingenden Gleichstellungspflicht wäre darum nicht vollständig unionsrechtlich determiniert. Ein solcher Schritt wäre demnach zwar grundsätzlich eine Durchführung von Unionsrecht, allerdings unter Nutzung eines verbliebenen Ermessensspielraums.

Ob auch die Umsetzung einer Richtlinie mit derlei Ermessensspielräumen die Vorgaben der Grundrechtecharta beachten muss, ist umstritten.

1082 EuGH, Urt. v. 10.07.2014 – C-198/13 – Hernández, EuZW 2014, 795 Rn. 37; EuGH, Urt. v. 06.03.2014- C-206/13 – Siragusa, NvwZ 2014, 57 Rn. 25; EuGH, Urt. v. 08.05.2013 – C-87/12 – Ymeraga, Rn. 41; EuArbRK/*Schubert*, GRCh Art. 51 Rn. 22; *Streinz/Michl*, GRCh Art. 51 Rn. 11 ff.

1083 *Streinz/Michl*, GRCh Art. 51 Rn. 14; *Bäcker*, EuR 2015, 389 (393).

Gegen eine solche Bindung wird angeführt, dass andernfalls kaum lösbare Konflikte zwischen europäischen und nationalen Grundrechtsregimen drohten.[1084] Der EuGH lässt bei der Ausfüllung von Ermessensspielräumen auch die parallele Anwendung mitgliedstaatlicher Grundrechte zu.[1085] Die Parallelität zweier Grundrechtskataloge könne dann zwar zu einem doppelten Grundrechtsschutz führen; spätestens in multipolaren Konstellationen aber auch den wirksamen Grundrechtsschutz senken und auf jeden Fall verkomplizieren.[1086] Um Widersprüche und Kompetenzkonflikte zu vermeiden, müsse es darum eine möglichst klare Grenze zwischen den Anwendungsbereichen der jeweiligen Regime geben.[1087] Zusätzlich verweisen Vertreter*innen dieser Auffassung auf den Wortlaut des Art. 51 Abs. 1 Satz 1 GRCh, der ein engeres Verständnis fordere.[1088]

Auch das BVerfG hat in seiner Entscheidung zur Antiterrordatei reklamiert, dass nicht jeder sachliche Bezug zu einer unionsrechtlichen Regelung für die Anwendbarkeit der Charta genügen könne.[1089] Gleichwohl ist der Urteilsbegründung nicht eindeutig zu entnehmen, ob ein Ermessensspielraum bei der Umsetzung von Richtlinien die Anwendung europäischer Grundrechte ausschließen soll. Zwar merken die Richter*innen des BVerfG an, dass für die Antiterrordatei keine inhaltlichen Vorgaben aus der europäischen Union bestünden und legen damit nahe, dass solche Rahmenvorgaben für die Anwendbarkeit der Charta genügen würden.[1090] Nur einen Satz zuvor wird allerdings darauf Wert gelegt, dass die Errichtung einer Antiterrordatei nicht unionsrechtlich determiniert sei.[1091] In jedem Fall ist das Urteil Ausdruck des Spannungsfelds und Teil der Kommunikation zwischen den Gerichten. Der EuGH hat dann auch im darauffolgenden Urteil in der Rechtssache *Siragusa* klargestellt, dass die Charta nicht schon dann Anwendung finden soll, wenn der geregelte Sachbereich nur mittelbare Auswirkungen auf unionsrechtlich geregelte Materien hat

1084 Calllies/Ruffert/*Kingreen*, GRCh Art. 51 Rn. 14; *Kingreen*, EuR 2013, 446 (452 f.).

1085 EuGH, Urt. v. 26. 2. 2013 – C-617/10 – Åkerberg Fransson, NJW 2013, 1415 Rn. 29.

1086 Calllies/Ruffert/*Kingreen*, GRCh Art. 51 Rn. 14; *Huber*, NJW 2011, 2385 (2387).

1087 Calllies/Ruffert/*Kingreen*, GRCh Art. 51 Rn. 14; *Kingreen*, EuR 2013, 446 (452 f.); *Huber*, NJW 2011, 2385 (2387); *Ziegenhorn*, NVwZ 2010, 803 (807 f.).

1088 *Junker*, ZfA 2013, 91 (106).

1089 BVerfG, Urt. v. 24.04.2013 – 1 BvR 1215/07, NJW 2013, 1499 Rn. 91.

1090 BVerfG, Urt. v. 24.04.2013 – 1 BvR 1215/07, NJW 2013, 1499 Rn. 90.

1091 BVerfG, Urt. v. 24.04.2013 – 1 BvR 1215/07, NJW 2013, 1499 Rn. 90.

oder beide Bereiche lediglich benachbart sind.[1092] Dennoch dürfte das Verständnis von der notwendigen Tiefe des Zusammenhangs zwischen Unionsrecht und mitgliedstaatlicher Maßnahme beim BVerfG und EuGH weiterhin differieren.

Der überwiegende Teil der Literatur geht gemeinsam mit dem EuGH davon aus, dass auch die Umsetzung von Richtlinien mit Ermessensspielräumen den Unionsgrundrechten genügen müsse.[1093] Begründet wird diese Position mit der Grundrechtsbindung europäischer Rechtsakte: Auch die in Richtlinien vorgesehenen Ermessensspielräume müssten von europäischer Seite grundrechtskonform gestaltet werden, diese Anforderung schlage dann auf die mitgliedstaatliche Umsetzung durch.[1094] Teilweise sollen kommende Konfliktfälle sodann mit einem Anwendungsvorrang der Unionsgrundrechte gelöst werden.[1095] Andere Stimmen fordern anstatt einer starren Kollisionsregel ein beidseitiges Bemühen um Konkordanz und wo möglich eine materielle Abstimmung zwischen Grundrechten der Union und der Mitgliedstaaten.[1096]

Letztlich überzeugt es, die Grundrechtecharta auch auf Umsetzungsmaßnahmen mit Ermessensspielräumen anzuwenden. Für dogmatische Betrachtungen bietet die hier behandelte Leiharbeitsrichtlinie passendes Anschauungsmaterial: Die Europäische Union ist nach Auskunft des Art. 51 Abs. 1 GRCh stets an die Grundrechtecharta gebunden; das gilt auch, wenn sie den Mitgliedstaaten bei der Umsetzung des selbst geschaffenen Gleichstellungsgrundsatzes einen Ermessensspielraum einräumen möchte. Die in Art. 5 Abs. 2–4 RL 2008/104/EG enthaltenen Möglichkeiten zur gesetzlichen Abweichung vom Gleichstellungsgrundsatz sind darum nur wirksam, soweit sie mit der Charta im Einklang stehen. Rechtsanwender*innen müssen also bei der Auslegung der Ausnahmemöglichkeiten des Art. 5 Abs. 2–4 RL 2008/104/EG eine grundrechtschartakonfor-

---

1092 EuGH, Urt. v. 06.03.2014- C-206/13 – Siragusa, NvwZ 2014, 57 Rn. 24.

1093 EuGH, Urt. v. 09.03.2017 – C-406/15 – Milkova, NZA 2017, 439 Rn. 52 f.; EuGH, Beschl. v. 08.05.2014 – C-329/13 – Stefan, NVwZ 2014, 865 Rn. 34; EuGH, Urt. v. 27.06.2006 – C-540/03 – Parlament/Rat, NVwZ 2006, 1033 Rn. 104 f.; EuArbRK/*Schubert*, GRCh Art. 51 Rn. 23; *Jarass* GRCh, Art. 51 Rn. 26; *Streinz/Michl*, GRCh Art. 51 Rn. 26; *Bäcker*, EuR 2015, 389 (393); *Lindner*, EuZW 2007, 71 (72 ff.); *Szczekalla*, NVwZ 2006, 1019 (1020); abgestuft *Ohler*, NVwZ 2013, 1433 (1437 f.).

1094 EuArbRK/*Schubert*, GRCh Art. 51 Rn. 23; *Szczekalla*, NVwZ 2006, 1019 (1020).

1095 EuGH, Urt. v. 26.02.2013 – C-399/11 – Melloni, NJW 2013, 1215 Rn. 57 ff.; EuArbRK/*Schubert*, GRCh Art. 51 Rn. 24; NK-GRCh/*Schwerdtfeger*, Art. 51 Rn. 54; *Streinz/Michl*, GRCh Art. 51 Rn. 26.

1096 *Kirchhof*, NVwZ 2014, 1537 (1541).

me Auslegung anstreben – und das Umsetzungsgesetz dementsprechend gestalten. Die in der Leiharbeitsrichtlinie verwandte Kombination aus determinierter Grundregel und mit Ermessen versehender Abweichungsmöglichkeit macht damit deutlich, dass auch eine nicht abschließend determinierte unionsrechtliche Vorgabe für die mitgliedstaatliche Umsetzung eine Bindung an die Grundrechtecharta mit sich bringt.

Das Beispiel begründet außerdem, dass im nicht anders zu lösenden Konfliktfall die europäischen Grundrechte Vorrang genießen. Die mitgliedstaatlichen Grundrechte kommen wie gehabt erst bei der Ausfüllung des von europäischer Seite offengelassenen Spielraums zu Anwendung. Den Rahmen des Spielraums bildet dabei aber nicht nur der unmittelbar umzusetzende europäische Rechtsakt, sondern auch die Charta. Gleichzeitig kann von der Charta aber auch genau das erwartet werden: Spielraum zu lassen.

Demnach findet die Charta richtigerweise auch auf solche mitgliedstaatlichen Umsetzungsnormen Anwendung, in denen Ermessensspielräume aus dem zugrundeliegenden europäischen Rechtsakt genutzt werden.

Die RL 2008/104/EG lässt den Mitgliedstaaten bei der Umsetzung des vorgeschriebenen Gleichstellungsgrundsatzes Ermessensspielräume. Wollten die deutschen gesetzgebenden Organe eine zwingende Gleichstellungspflicht etablieren, so setzten sie die RL 2008/104/EG unter Ausfüllung der in ebenjener Richtlinie gewährten Spielräume um. Diese Spielräume konnten von der europäischen Legislative aber nur in einem Maße etabliert werden, welches mit der Grundrechtecharta in Einklang steht. Demnach fände die Grundrechtecharta auch auf ein Gesetzesvorhaben Anwendung, welches sämtliche Ausnahmemöglichkeiten bezüglich der Gleichstellungspflicht in der Arbeitnehmer*innenüberlassung streicht.

b. Art. 28 GRCh

Eine zwingende Gleichstellungspflicht in der Arbeitnehmer*innenüberlassung würde in Überlassungszeiten nur noch solche tariflichen Vereinbarungen zulassen, die in allen Belangen eine Besserstellung gegenüber der Gleichstellung enthalten. Eine personelle Saldierung wäre dabei vollständig ausgeschlossen, eine sachliche Saldierung wäre nur innerhalb von Sachgruppen möglich und auch die zeitliche Saldierung könnte nur innerhalb einzelner Einsätze genutzt werden. Eine zwingende Gleichstellungspflicht hätte darum noch stärker als eine unionsrechtskonforme Auslegung des aktuellen Überlassungsrechts zur Folge, dass die aktuellen

Tarifverträge zur Leiharbeit während der Überlassungszeiten kaum Anwendung fänden. Wesentliche Zeiten von Leiharbeitsverhältnissen wären damit einer leiharbeitsinternen Tarifierung nur mehr noch eingeschränkter zugänglich. Das könnte als Eingriff in den Schutzbereich des Art. 28 GRCh aufgefasst werden. Ein solcher Eingriff wäre nur zulässig, wenn er gemäß Art. 52 Abs. 1 GRCh gerechtfertigt wäre.

1) Schutzbereich

Art. 28 GRCh gewährleistet auf europäischer Ebene das Recht auf Kollektivverhandlungen. Nach überzeugender herrschender Auffassung schafft die Norm nicht nur einen Grundsatz, sondern ein Grundrecht.[1097]

In persönlicher Hinsicht umfasst der Schutzbereich des Grundrechts sowohl Arbeitnehmer*innen und Arbeitgeber*innen als auch ihre jeweiligen Koalitionen.[1098] Der Schutz für Arbeitgeber*innen besteht nicht nur zugunsten von natürlichen Personen, sondern umfasst ebenso juristische Personen.[1099] Damit sind sowohl Verleihunternehmen als auch Leiharbeitnehmer*innen geschützt.

Als Organisation im Sinne des § 28 GRCh gilt mindestens jeder gegnerunabhängige, freiwillige Zusammenschluss zum Schutz der Interessen der jeweiligen Mitglieder mit einem Mindestmaß an interner Willensbildung.[1100] Eine alternative Definition entnimmt dem Bezug des Art. 28 GRCh auf das mitgliedstaatliche Recht eine Beschränkung des persönlichen Schutzbereichs und fasst mindestens all jene Organisationen unter die Norm, die nach mitgliedstaatlichem Recht Tarifverträge aushandeln und abschließen können.[1101] Die nach Art. 9 Abs. 3 GG geschützten Gewerkschaften fallen in jedem Fall unter Art. 28 GRCh.[1102] Auch die

1097 EuArbRK/*Schubert*, GRCh Art. 28 Rn. 2; *Jarass* GRCh, Art. 28 Rn. 2; Däubler/*Heuschmid* AK § 11 Rn. 16; Schwarze/*Holoubek*, GRCh Art. 28 Rn. 22, von der Groeben/Schwarze/Hatje/*Lembke*, GRCh Art. 28 Rn. 5; *Junker*, EuZA 2014, 1 (9); *Herresthal*, EuZA 2011, 3 (14); aA Calliess/Ruffert/*Krebber*, GRCh Art. 28 Rn. 3.

1098 EuArbRK/*Schubert*, GRCh Art. 28 Rn. 16; *Jarass* GRCh, Art. 28 Rn. 10 f.; Schwarze/*Holoubek*, GRCh Art. 28 Rn. 13 ff.

1099 Schwarze/*Holoubek*, GRCh Art. 28 Rn. 14.

1100 EuArbRK/*Schubert*, GRCh Art. 28 Rn. 20; Däubler/*Heuschmid* AK § 11 Rn. 39; *Schlachter*, Verbot der Altersdiskriminierung, S. 47.

1101 *Jarass* GRCh, Art. 28 Rn. 11; von der Groeben/Schwarze/Hatje/*Lembke*, GRCh Art. 28 Rn. 8.

1102 NK-GRCh/*Hüpers/Reese*, Art. 28 Rn. 30; Däubler/*Heuschmid* AK § 11 Rn. 37.

deutschen Arbeitgeber*innenverbände sind von beiden Definitionen umfasst. Damit bewegen sich sowohl Verleihunternehmen und Leiharbeitnehmer*innen als auch die in der Arbeitnehmer*innenüberlassung tätigen Gewerkschaften und Unternehmensverbände im persönlichen Schutzbereich des Art. 28 GRCh.

In sachlicher Hinsicht schützt Art. 28 GRCh nach seinem Wortlaut das Recht, Tarifverträge auf den geeigneten Ebenen auszuhandeln und zu schließen sowie bei Interessenkonflikten kollektive Maßnahmen zur Verteidigung eigener Interessen zu ergreifen. Würde die deutsche Gesetzgebung eine zwingende Gleichstellungspflicht in der Leiharbeit etablieren, so wäre für Zeiten der Überlassung das Verhandeln und der Abschluss von Tarifverträgen eingeschränkt, ohne dass die dazu ergriffenen kollektiven Maßnahmen unmittelbar betroffen wären. Vorliegend interessiert darum nur die Reichweite dieses ersten Teils des Grundrechts, ohne dass es auf die dabei angewandten konkreten kollektiven Maßnahmen ankäme.

Teilweise wird vertreten, dass Art. 28 GRCh aufgrund des Verweises auf die mitgliedstaatlichen Rechtsordnungen im Normtext keinen eigenen sachlichen Gewährleistungsbereich habe.[1103] Der sachliche Schutzbereich richte sich vielmehr stets nach dem mitgliedstaatlichen Recht, vorliegend demnach nach Art. 9 Abs. 3 GG.[1104] Als moderate Spielart dieser Auffassung wird vertreten, dass Art. 28 GRCh zwar keine eigenen Rechte schaffe, aber doch verhindere, dass einzelne Mitgliedstaaten die Tarifautonomie völlig abschaffen.[1105] Zu einem ähnlichen Ergebnis gelangt man, wenn man die einschränkende Klausel des Art. 28 GRCh gemeinsam mit Art. 52 Abs. 1 GRCh und dem Grundsatz des Vorrangs des Unionsrechts betrachtet und damit in Art. 28 GRCh zumindest eine unionsweit einheitliche Wesensgehaltsgarantie erblickt.[1106] Diese Stimmen verstehen die Formu-

---

1103 Calliess/Ruffert/*Krebber*, GRCh Art. 28 Rn. 3; Stern/Sachs/*Rixen*/*Scharl*, GRCh Art. 28 Rn. 12; *Waltermann*, EuZA 2015, 15 (21); *Thüsing*/*Traut*, RdA 2012, 65 (70); *Krebber*, RdA 2009, 224 (234 f.).

1104 *Waltermann*, EuZA 2015, 15 (21 f.).

1105 *Junker*, EuZA 2014, 1 (10); *Junker*, ZfA 2013, 91 (132); *Rebhahn*, in: GS Heinze 2005, S. 649 (654 f.); *Schmitz*, EuR 2004, 691 (705); *Losch*/*Radau*, NVwZ 2003, 1440 (1444); aA *Krebber*, RdA 2009, 224 (234).

1106 EuArbRK/*Schubert*, GRCh Art. 28 Rn. 22 f.; *Brameshuber*, EuZA 2016, 46 (49 f.); *Schubert*, ZfA 2013, 1 (15); *Zwanziger*, RdA 2009, Sonderbeilage Heft 5; 10 (17).

lierung als Ausgestaltungsvorbehalt, der den Mitgliedstaaten in gewissen Grenzen die konkrete Ausgestaltung der Koalitionsfreiheit überlässt.[1107]

Der EuGH scheint dagegen der Ansicht zu sein, dass das von Art. 28 GRCh gewährleistete Grundrecht einen von der mitgliedstaatlichen Rechtslage unabhängigen Schutzbereich habe, der dann aber gemäß der einzelstaatlichen Rechtsvorschriften und Gepflogenheiten eingeschränkt werden könne.[1108] Nach dieser Konzeption gibt es einen autonomen Schutzbereich des Art. 28 GRCh, der dann aber sowohl über Art. 52 Abs. 1 GRCh als auch über den Passus der mitgliedstaatliche Rechtsnormen und Gepflogenheiten beschränkt werden darf.[1109] Ob für den EuGH damit, wie teilweise vorgeschlagen wird, ein grundsätzlich eingeschränkter, bei schwerwiegenden Eingriffen aber doch wieder strenger Prüfungsmaßstab einhergehen soll, ergibt sich aus der Rechtsprechung nicht.[1110]

Am anderen Ende des Spektrums gibt es auch Stimmen, die den Bezug auf mitgliedstaatliche Besonderheiten als politisch motivierte, im Ergebnis leere Formel auffassen und unter Bezugnahme auf den Grundsatz der einheitlichen Anwendung des Unionsrechts und die praktische Wirksamkeit eine eigene Bedeutung der Formulierung negieren.[1111]

Tatsächlich ergibt sich im Regelfall der Schutzbereich des Art. 28 GRCh aber bereits aus der engen Verbindung mit Art. 12 GRCh und Art. 11 EMRK.[1112] Im Ergebnis kann deshalb regelmäßig dahinstehen, ob der Refrain des Art. 28 einen eigenen, unionsweit einheitlichen Schutzbereich verhindern möchte.[1113]

Der in Rede stehende Art. 28 GRCh ist zwar, anders als Art. 12 GRCh, in den Erläuterungen zu Art. 52 GRCh nicht als Entsprechung des Art. 11 EMRK genannt. Das erklärt sich jedoch historisch aus der Tatsache, dass

---

1107 *Schubert,* ZfA 2013, 1 (15); *Zwanziger,* RdA 2009, Sonderbeilage Heft 5; 10 (17).

1108 EuGH, Urt. v. 18.12.2007 – C-341/05 – Laval, NZA 2008 159 Rn. 91; EuGH, Urt. v. 11.12.2007 – C-438/05 – Viking Line, EuZW 2008, 246 Rn. 44; zust. *Jarass* GRCh, Art. 52 Rn. 80; *Temming,* ZESAR 2008, 231 (239); kritisch *Engels,* ZESAR 2008, 475 (479).

1109 *Temming,* ZESAR 2008, 231 (239).

1110 In diesem Sinne *Jarass* GRCh, Art. 52 Rn. 80.

1111 Däubler/*Heuschmid* AK § 11 Rn. 45; *Schlachter,* Verbot der Altersdiskriminierung, S. 49 f.; Lenz/Borchardt/*Wolffgang,* GRCh Art. 52 Rn. 31.

1112 EuArbRK/*Schubert,* GRCh Art. 28 Rn. 23; Däubler/*Heuschmid* AK § 11 Rn. 13; *Brameshuber,* EuZA 2016, 46 (52); *Schlachter,* Verbot der Altersdiskriminierung, S. 49 f.; *Schubert,* ZfA 2013, 1 (14 f.); *Weichselbaum,* DRdA 2011, 103 (110); aA *Junker,* ZfA 2013, 91 (131).

1113 So auch *Weichselbaum,* DRdA 2011, 103 (110).

der EGMR bei Abfassung des Entwurfs der Charta noch nicht entschieden hatte, dass Art. 11 EMRK das Recht auf Kollektivverhandlungen umfasse.[1114] Art. 28 GRCh als spezielle oder zumindest spezifische Ausformung des Art. 12 GRCh wird aber von dessen Verweis auf Art. 11 EMRK miterfasst.[1115] Umgekehrt verweist darüber hinaus die Erläuterung zu Art. 28 GRCh auf Artikel 11 EMRK.

Insgesamt ist dabei zu beachten, dass die Erläuterungen weder verbindlich noch abschließend sind.[1116] Das ließe sich auch mit dem Ziel der Kohärenz zwischen EMRK und GRCh nicht vereinbaren, will die Charta nach Auskunft ihrer Erläuterung zu Art. 52 GRCh doch dynamisch den stets aktuellen Schutzstandart der EMRK gewährleisten. Es genügt daher, dass beide Grundrechtsregime denselben Lebensbereich schützen, um gemäß Art. 52 Abs. 3 GRCh die gefundenen Grundsätze aus dem Kosmos der EMRK auf den der GRCh zu übertragen.[1117] Sowohl Art. 11 EMRK als auch Art. 28 GRCh betreffen den Bereich der Tarifverhandlungen.[1118]

Das Schutzniveau des Art. 11 EMRK ist folglich sowohl über das Bindeglied Art. 12 GRCh als auch aufgrund desselben geschützten Lebensbereichs gemäß dem Kohärenzgebot des Art. 52 Abs. 3 GRCh als Mindestmaß bei der Anwendung von Art. 28 GRCh abzubilden.[1119] Gleichzeitig gibt es keine Anhaltspunkte dafür, dass der Schutzbereich der GRCh in dieser Frage größer als der der EMRK sein sollte. Der vorliegend interessierende Schutzbereich bei der Aushandlung und dem Abschluss von Tarifverträgen entspricht also dem des Art. 11 EMRK.

In der bahnbrechenden Entscheidung der Rechtssache *Demir* und *Baykara* hat der EGMR entschieden, dass der Schutzbereich des Art. 11 EMRK nicht nur irgendeine Interessenvertretung von Arbeitnehmer*innen, sondern explizit ein Recht auf Kollektivverhandlungen mit dem Ziel, Tarif-

---

1114 *Schlachter,* Verbot der Altersdiskriminierung, S. 50; *Schubert,* ZfA 2013, 1 (20).

1115 Däubler/*Heuschmid* AK § 11 Rn. 13; *Weichselbaum,* DRdA 2011, 103 (110).

1116 Däubler/*Heuschmid* AK § 11 Rn. 13; *Brameshuber,* EuZA 2016, 46 (51).

1117 Däubler/*Heuschmid* AK § 11 Rn. 13; *Brameshuber,* EuZA 2016, 46 (52).

1118 EGMR, Urt. v. 12.11.2008 – 34503/97 – Demir u. Baykara, NZA 2010, 1425; EuArbRK/*Schubert,* EMRK Art. 11 Rn. 22; EuArbRK/*Schubert,* GRCh Art. 28 Rn. 27.

1119 EuArbRK/*Schubert,* GRCh Art. 28 Rn. 9, 23; Däubler/*Heuschmid* AK § 11 Rn. 13; *Brameshuber,* EuZA 2016, 46 (52); *Schlachter,* Verbot der Altersdiskriminierung, S. 49 f.; *Schubert,* ZfA 2013, 1 (14 f.); *Weichselbaum,* DRdA 2011, 103 (110); aA *Junker,* ZfA 2013, 91 (131).

verträge abzuschließen, enthält.[1120] Folglich umfasst auch der sachliche Schutzbereich des entsprechenden Art. 28 GRCh das Verhandeln um und den Abschluss von Tarifverträgen.[1121]

Wollte die deutsche Gesetzgebung eine zwingende Gleichstellungspflicht in der Arbeitnehmer*innenüberlassung etablieren, so wäre der Verhandlungsspielraum der Tarifparteien in der Leiharbeit betroffen; sie müssten in ihren Tarifwerken für Überlassungszeiten die einschränkenden Vorgaben des Gleichstellungsgrundsatzes beachten. Eine entsprechende Gesetzesänderung würde folglich den sachlichen Schutzbereich von Art. 11 EMRK und damit auch den sachlichen Schutzbereich des hier in Rede stehenden Art. 28 GRCh berühren.

Die Einführung einer zwingenden Gleichstellungspflicht in der Leiharbeit fiele damit sowohl für die Leiharbeitnehmer*innen und Verleihunternehmen als auch für ihre jeweiligen Koalitionen in den Schutzbereich des Art. 28 GRCh.

2) Eingriff

Offen bleibt damit bislang, ob eine zwingende Gleichstellungspflicht in der Arbeitnehmer*innenüberlassung einen Eingriff in die in Art. 28 GRCh garantierte Koalitionsfreiheit von Leiharbeitskräften, Verleihunternehmen, Gewerkschaften und Arbeitgeber*innenverbänden darstellen würde.

Ein Eingriff in Art. 28 GRCh liegt bei allen staatlichen Maßnahmen vor, die das geschützte Verhalten entweder verbieten oder unmittelbar erschweren.[1122] Wie gezeigt schützt Art. 28 GRCh auch die Verhandlung und den Abschluss von Tarifverträgen.

Würde eine zwingende Gleichstellungspflicht bestehen, so müssten die Tarifwerke zur Leiharbeit ihren Geltungsbereich entweder auf überlassungsfreie Zeiten beschränken oder für Einsatzzeiten Arbeitsbedingungen enthalten, die für jede einzelne tarifunterworfene Leiharbeitskraft für jeden Einsatz mindestens das Niveau von equal pay und equal treatment

---

1120 EGMR, Urt. v. 12.11.2008 – 34503/97 – Demir u. Baykara, NZA 2010, 1425; vgl. EuArbRK/*Schubert*, EMRK Art. 11 Rn. 22; *Bröhmer*, in: Dörr/Grote/Marauhn, EMRK/GG, Kap. 19 Rn. 108.

1121 EuArbRK/*Schubert*, GRCh Art. 28 Rn. 27; *Jarass* GRCh, Art. 28 Rn. 6; von der Groeben/Schwarze/Hatje/*Lembke*, GRCh Art. 28 Rn. 10.

1122 EuArbRK/*Schubert*, GRCh Art. 28 Rn. 50; *Jarass* GRCh, Art. 28 Rn. 12.

erreichen. Dadurch würde der mögliche Inhalt von Tarifverträgen erheblich eingeschränkt und die Tarifparteien in ihrer Verhandlungsfreiheit beschnitten. Bereits die heute geltenden Rahmenbedingungen in der Leiharbeit greifen schon unabhängig von den Vorgaben zum Gesamtschutz mit den vorgeschriebenen Mindestentgelten nach § 3a AÜG, der nach § 8 Abs. 4 AÜG befristeten Abweichungsmöglichkeit und der Höchstüberlassungsdauer des § 1 Abs. 1b AÜG in die Koalitionsfreiheit ein.[1123] Dasselbe würde umso mehr für eine zwingende Gleichstellungspflicht gelten. Verleihunternehmen und ihre Verbände könnten bei einer zwingenden Gleichstellungspflicht ihre Interessen gegenüber den Beschäftigten und deren Gewerkschaften nur noch deutlich erschwert durchsetzen, müssten sie doch auf eine Tarifierung von Überlassungszeiten verzichten oder mit der Mindestgrenze von equal pay und equal treatment leben. Ihre Koalitionsfreiheit würde in diesem Sinne beschränkt. Für die Verbände käme hinzu, dass sie einen erheblichen Mitgliederschwund zu befürchten hätten, wenn sie die Verleihunternehmen nicht länger durch eine eindeutig vorteilhafte Tarifierung unterstützen könnten. Auch das stellt einen Eingriff in die Koalitionsfreiheit dar.

Fraglich ist allerdings, ob damit auch ein Eingriff in die Koalitionsfreiheit von Leiharbeitnehmer*innen und ihren Gewerkschaften vorläge. Von Art. 28 GRCh geschützt ist nur die Verfolgung und Verwirklichung eigener Interessen.[1124] Diese Interessen wären durch eine zwingende Gleichstellungspflicht vordergründig nicht negativ betroffen; den Beschäftigten und ihrer gewerkschaftlichen Vertretung würde lediglich ein Mindestschutz gewährt, auf den sie ihre Verhandlungsfreiheit aufsetzen könnten. Allerdings würde mit einer solchen Gleichstellungspflicht das verhandelbare Spielfeld praktisch kleiner werden. Die Gewerkschaften könnten beispielsweise bei der Entlohnung in Einsatzzeiten keine Abstriche mehr machen, um in einsatzfreien Zeiten bessere Konditionen zu erhandeln. Auch die Bereitschaft der Arbeitgeber*innenverbände zum Abschluss von Tarifverträgen würde unter einer solchen Neuregelung wohl erheblich leiden; in der Folge könnten weitere Tarifabschlüsse ausbleiben und auch die letzten verbliebenen Leiharbeitnehmer*innen aus den Gewerkschaften

---

1123 EuArbRK/*Schubert*, GRCh Art. 28 Rn. 108; *Kämmerer*, Der neue Rechtsrahmen, S. 40 f.; *Baeck/Winzer/Hies*, NZG 2016, 415 (419); *Zimmermann*, BB 2016, 53 (55); aA bezüglich Mindestentgelt und Befristung der Ausnahmemöglichkeit vermutlich *Kohte*, in: FS Bepler, S. 287 (298 f.).

1124 EuArbRK/*Schubert*, GRCh Art. 28 Rn. 29 f.; *Schlachter*, Verbot der Altersdiskriminierung, S. 46; *Schubert*, ZfA 2013, 1 (18 f.); vgl. Art. 12 GRCh.

austreten. Es ist außerdem nicht auszuschließen, dass ein erhöhtes Lohnniveau in der Arbeitnehmer*innenüberlassung Arbeitsplätze bedrohen würde.

Es ist darum durchaus denkbar, dass ein zwingender Gleichstellungsgrundsatz nicht nur im Interesse der Leiharbeitnehmer*innen und ihrer Koalition wäre; auch sie wären in ihrer Interessenverfolgung potentiell eingeschränkt. Darum läge auch für sie ein Eingriff in ihre Koalitionsfreiheit vor, wenn die Gesetzgebung eine zwingende Gleichstellungspflicht etablieren würde.

Eine zwingende Gleichstellungspflicht würde demnach vor allem in die Koalitionsfreiheit der Verleihunternehmen und ihrer Verbände eingreifen. Daneben ist aber auch ein weniger gravierender Eingriff in die Koalitionsfreiheit der Leiharbeitnehmer*innen und ihrer Gewerkschaften anzunehmen.

3) Rechtfertigung

Eine zwingende Gleichstellungspflicht in der Leiharbeit dürfte nur eingeführt werden, wenn die Eingriffe in die Koalitionsfreiheit gerechtfertigt wären. Darum soll im Folgenden zunächst gezeigt werden, welche Anforderungen an eine solche Rechtsfertigung gestellt werden. Im Anschluss sind dann eben diese Anforderungen auf die Situation in der Arbeitnehmer*innenüberlassung anzuwenden.

a) Schrankenvorbehalte

Es ist umstritten, welche Schranken und Schranken-Schranken für das Grundrecht der Koalitionsfreiheit aus Art. 28 GRCh gelten. Im Großen und Ganzen werden im juristischen Diskurs vier Möglichkeiten gehandelt, die an die Diskussion zum Schutzbereich anschließen.

Denkbar ist zum einen, die Bezugnahme des Art. 28 GRCh auf einzelstaatliche Rechtsvorschriften und Gepflogenheiten so zu verstehen, dass die mitgliedstaatliche Regulierung der Koalitionsfreiheit unbeschränkt möglich ist, weil erst die einzelstaatliche Regulierung die Grenzen der Koalitionsfreiheit festlegt.[1125] Diese Perspektive hat den Reiz, dass sie einen Konflikt mit der Kompetenzordnung der Union vermeidet, indem sie die Regulierung der Koalitionsfreiheit weitgehend aus dem Unionsrecht fernhält.[1126] Art. 28 GRCh wird dazu degradiert, als Scharnier die mitgliedstaatlichen Regelungen zur Koalitionsfreiheit auf europäischer Ebene etwa in der Abwägung mit den Grundfreiheiten nutzbar zu machen.[1127] Eine eigene Auswirkung auf die Rechtsschöpfung der Mitgliedstaaten ist hiernach ausgeschlossen, definiert doch eben diese Rechtsschöpfung erst den Schutzbereich des Art. 28 GRCh.[1128] Dementsprechend kann es nach dieser Auffassung bereits denknotwendig keinen Eingriff durch Mitgliedstaaten geben; damit erübrigt sich auch eine Schrankenbestimmung. Der mitgliedstaatlichen Gesetzgebung wären hiernach keine Grenzen gesetzt.

Nimmt man dagegen an, dass der Verweis des Art. 28 GRCh auf die einzelstaatlichen Rechtsvorschriften und Gepflogenheiten praktisch keine Wirkung entfalte, so besteht ein autonomer Schutzbereich und es kommt die zentrale Schrankenbestimmung der Charta zum Tragen. Es gilt dann für eine Einschränkung der Koalitionsfreiheit grundsätzlich der qualifizierte Gesetzesvorbehalt des Art. 52 Abs. 1 GRCh.[1129] Demnach müsste der Eingriff auf einem Gesetz beruhen, den Wesensgehalt der Koalitionsfreiheit bewahren, den von der Union anerkannten dem Gemeinwohl dienenden Zielsetzungen oder den Erfordernissen des Schutzes der Rechte und Freiheiten anderer tatsächlich entsprechen und verhältnismäßig sein.

Die Rechtsprechung des EuGH versucht sich scheinbar an einem Spagat: Art. 28 GRCh wird ein autonomer Schutzbereich zuerkannt, dessen Schranken sich aus Art. 52 Abs. 1 GRCh ergeben. Gleichzeitig wird aber auch die Vorbehaltsklausel als Schrankenbestimmung und damit mitgliedstaatliches Recht als Schranke des Grundrechts angesehen.[1130] Art. 28 GRCh wäre damit zwei Schranken unterworfen, von denen wohl jede ein-

1125 Calliess/Ruffert/*Krebber*, GRCh Art. 28 Rn. 3; Stern/Sachs/*Rixen/Scharl*, GRCh Art. 28 Rn. 12; *Waltermann*, EuZA 2015, 15 (21); *Thüsing/Traut*, RdA 2012, 65 (70); *Krebber*, RdA 2009, 224 (234 f.).

1126 Stern/Sachs/*Rixen/Scharl*, GRCh Art. 28 Rn. 12; *Thüsing/Traut*, RdA 2013, 65 (70).

1127 Stern/Sachs/*Rixen/Scharl*, GRCh Art. 28 Rn. 12; *Thüsing/Traut*, RdA 2013, 65 (70).

1128 *Waltermann*, EuZA 2015, 15 (21); *Thüsing/Traut*, RdA 2013, 65 (70); *Krebber*, RdA 2009, 224 (235).

1129 Däubler/*Heuschmid* AK § 11 Rn. 43 ff.; *Schlachter*, Verbot der Altersdiskriminierung, S. 49; *Schubert*, ZfA 2013, 1 (20).

1130 EuGH, Urt. v. 18.12.2007 – C-341/05 – Laval, NZA 2008 159 Rn. 91; EuGH, Urt. v. 11.12.2007 – C-438/05 – Viking Line, EuZW 2008, 246 Rn. 44.

zelne genügen würde, um einen Eingriff zu rechtfertigen.[1131] Im Ergebnis wäre damit kein zwischen den beiden vorgenannten Ansichten verortetes Schutzniveau erreicht, sondern die Schranke des Art. 52 Abs. 1 GRCh für die mitgliedstaatliche Rechtssetzung praktisch irrelevant. Mitgliedstaaten könnten sich bei jeglichen Eingriffen auf die Vorbehaltsklausel als Schranke berufen, die keinen weiteren Schranken-Schranken unterliegt. Vielfach wird darum in einer milderen Variante dieser Auffassung angenommen, dass der Vorbehalt des mitgliedstaatlichen Rechts keine eigene unmittelbare Schranke bilde, sondern vielmehr in die Schranke des Art. 52 Abs. 1 GRCh zu integrieren sei.[1132] Im Ergebnis soll das zu einer mehr oder minder abgeschwächten Prüfung der Verhältnismäßigkeit und einem erheblichen Gestaltungsspielraum der Mitgliedstaaten führen.[1133]

Zu guter Letzt wird darauf hingewiesen, dass das Kohärenzgebot des Art. 52 Abs. 3 Satz 1 GRCh nicht nur für den Schutzbereich der Charta-Grundrechte, sondern auch für die Rechtfertigung etwaiger Eingriffe gelte.[1134] Auch die Beschränkung des Art. 28 GRCh dürfe darum nicht lockerer gehandhabt werden, als das für den entsprechenden Art. 11 EMRK vorgesehen sei.[1135] Die Koalitionsfreiheit des Art. 11 EMRK darf gemäß Art. 11 Abs. 2 EMRK nur auf gesetzlicher Grundlage und nur dann eingeschränkt werden, wenn die Einschränkung in einer demokratischen Gesellschaft notwendig ist für die nationale oder öffentliche Sicherheit, zur Aufrechterhaltung der Ordnung oder zur Verhütung von Straftaten, zum Schutz der Gesundheit oder der Moral oder zum Schutz der Rechte und Freiheiten anderer. Ebenso wie in der vorgenannten Ansicht können auch hier zwei Varianten unterschieden werden: teilweise wird vertreten, dass die Schranke des Art. 11 EMRK unmittelbar Anwendung finde, teilweise wird die Schranke in die Auslegung von Art. 51 Abs. 1 GRCh integriert.[1136]

1131 *Temming*, ZESAR 2008, 231 (240).

1132 EuArbRK/*Schubert*, GRCh Art. 28 Rn. 54; *Jarass*, GRCh Art. 28 Rn. 14, 16.

1133 *Jarass*, GRCh Art. 28 Rn. 16, Art. 52 Rn. 80; *Rebhahn*, in: GS Heinze 2005, S. 649 (655).

1134 EuArbRK/*Schubert*, GRCh Art. 28 Rn. 57; Däubler/*Heuschmid* AK § 11 Rn. 53; *Brameshuber*, EuZA 2016, 46 (59); *Schlachter*, Verbot der Altersdiskriminierung, S. 49 f.; *Fütterer*, EuZA 2011, 505 (515); *Molthagen*, Verhältnis der EU-Grundrechte zur EMRK, S. 170.

1135 EuArbRK/*Schubert*, GRCh Art. 28 Rn. 57; Däubler/*Heuschmid* AK § 11 Rn. 53; *Brameshuber*, EuZA 2016, 46 (60); *Schlachter*, Verbot der Altersdiskriminierung, S. 49 f.; *Schubert*, ZfA 2013, 1 (18 f.); *Fütterer*, EuZA 2011, 505 (515).

1136 Vgl. EuArbRK/*Schubert*, GRCh Art. 28 Rn. 57; Däubler/*Heuschmid* AK § 11 Rn. 52; beide für die Integration.

Überzeugen kann, ebenso wie bei der Untersuchung des Schutzbereichs von Art. 28 GRCh, nur eine Auffassung, die dem Kohärenzgebot des Art. 52 Abs. 3 GRCh ausreichend Rechnung trägt. Es gilt darum für jede Auffassung, dass die für das Grundrecht geltende Schrankenregelung in keinem Fall hinter der des Art. 11 EMRK zurückbleiben darf. Keine der drei erstgenannten Auffassungen reicht an die spezifische Zielvorgabe des Art. 11 EMRK heran, sie sind darum zwingend um die Schrankenbestimmung des Art. 11 Abs. 2 EMRK zu ergänzen.

Ob neben dieser Schranke eine kumulativ zu erfüllende, eigenständige Schrankenbestimmung aus Art. 52 Abs. 1 GRCh Beachtung fordert, muss nur entschieden werden, wenn das von Art. 52 Abs. 1 GRCh gewährte Schutzniveau über dem des Art. 11 EMRK liegt. Beide Normen sehen einen qualifizierten Gesetzesvorbehalt vor, dessen Schranken-Schranken sich sowohl auf das mit dem Eingriff verfolgte Ziel als auch auf die Verhältnismäßigkeit des Eingriffs beziehen.

Die Formulierungen bezüglich des etwaige Einschränkungen legitimierenden Ziels differieren. Art. 52 Abs. 1 GRCh lässt insbesondere einen Eingriff zugunsten von Zielsetzungen zu, die von der Union als dem Gemeinwohl dienend angesehen werden. Der EuGH legt diese Zielbestimmungen weit aus.[1137] Art. 11 EMRK akzeptiert Einschränkungen, die in einer demokratischen Gesellschaft notwendig sind für die nationale oder öffentliche Sicherheit, zur Aufrechterhaltung der Ordnung oder zur Verhütung von Straftaten, zum Schutz der Gesundheit oder der Moral. In diesem Vergleich ist die EMRK spezifischer und etwas enger als die Charta.[1138] Neben diesem Gemeinwohlvorbehalt lassen beide Regime auch eine Einschränkung zum Schutz der Rechte und Freiheiten anderer zu; insofern verlaufen die Vorgaben also parallel. Die Zielvorgabe des Art. 52 Abs. 1 GRCh ist damit teilweise weiter und teilweise identisch; sie hat deshalb neben der des Art. 11 Abs. 2 Satz 1 EMRK keine eigenständige Bedeutung.

Das Erfordernis der verhältnismäßigen Einschränkung findet sich in Art. 52 Abs. 1 GRCh explizit; aber auch Eingriffe in Art. 11 EMRK müssen verhältnismäßig sein.[1139] Das ergibt sich aus der Schranken-Schranke des Art. 11 Abs. 2 Satz 1 EMRK, wonach Eingriffe in die Koalitionsfreiheit in

1137 NK-GRCh/*Schwerdtfeger*, Art. 52 Rn. 36; *Lenaerts*, EuR 2012, 3 (10).
1138 Däubler/*Heuschmid* AK § 11 Rn. 53; *Däubler*, AuR 2001, 380 (383).
1139 EuArbRK/*Schubert*, EMRK Art. 1 Rn. 46, 50 f.; NK-EMRK/*Daiber*, Art. 11 Rn. 33.

einer demokratischen Gesellschaft notwendig sein müssen.[1140] Die EMRK bleibt damit auch an dieser Stelle nicht hinter dem Schutz der Charta zurück.

Art. 52 Abs. 1 GRCh schafft des Weiteren als Schranken-Schranke die Anforderung, dass der Eingriff den Wesensgehalt des Grundrechts achten müsse. In der EMRK dagegen gibt es zumindest keine explizite Wesensgehaltsgarantie; es ist unklar, ob eine solche besteht.[1141] Der EGMR hat in mehreren Entscheidungen festgestellt, dass die besondere Schranke des Art. 11 Abs. 2 Satz 2 EMRK für Staatsbedienstete keine Eingriffe in den Wesensgehalt des Grundrechts gestatte.[1142] Das muss erst recht für die weniger Eingriffe gestattende Schranke des Art. 11 Abs. 2 Satz 1 EMRK gelten. Andererseits hat der EGMR auch mehrfach entschieden, dass unter erschwerten Bedingungen auch in den Kernbereich der Koalitionsfreiheit eingegriffen werden dürfe.[1143] Diese Schwierigkeit zeigt auf, dass wirksam zwischen Kernbereich/core of trade-union activity einerseits und Wesensgehalt/very essence oft the right to organise andererseits unterschieden werden muss. Der Wesensgehalt ist demnach nur eine Teilmenge des weiter verstandenen Kernbereichs, nur in letzteren darf teilweise eingegriffen werden. Damit gilt auch für Art. 11 EMRK eine Wesensgehaltsgarantie.[1144] Auch an dieser Stelle gleichen sich folglich die Schranken-Schranken in GRCh und EMRK.

Sowohl Art. 11 EMRK als auch GRCh gehen damit für das Recht der Koalitionsfreiheit von einem qualifizierten Gesetzesvorbehalt aus, der weitgehend gleich gestalteten Schranken-Schranken unterliegt. Lediglich die von der EMRK zugelassenen Ziele einer Einschränkung sind etwas begrenzter als die der GRCh. Gemäß dem Kohärenzgebot von Art. 52

1140 EGMR, Urt. v. 09.04.2002 – 51346/99 – Cisse/Frankreich, Rn. 53; EGMR, Urt. v. 18.01.2001 – 27238/95 – Chapman/United Kingdom, Rn. 115.

1141 Für eine Garantie NK-EMRK/*Daiber*, Art. 11 Rn. 22; *Schlachter*, Verbot der Altersdiskriminierung, S. 49 f.; nur für einzelne Grundrechte *Grabenwarter/Pabel*, EMRK, § 18 Rn. 15.

1142 EGMR, Urt. v. 12.11.2008 – 34503/97 – Demir and Baykara/Türkei, NJOZ 2010, 1897 Rn. 97; EGMR, Urt. v. 20.11.2018 – 44873/09 – Ognevenko/Russland Rn. 59.

1143 EGMR, Urt. v. 080.4.2014 – 31045/10 – RMT/Vereinigtes Königreich, NJOZ 2015, 1744 Rn. 87; EGMR, Urt. v. 04.04.2017 – 35009/05 – Tek Gida İş Sendikasi/Türkei Rn. 36.

1144 Im Ergebnis ebenso *Broeksteeg*, in: Theory and Practice, S. 834.

Abs. 3 GRCh sind Einschränkungen von Art. 28 GRCh folglich an dieser spezifischeren Schrankenbestimmung zu messen.[1145]

Der obig geschilderte Streit muss demnach an dieser Stelle nicht abschließend entschieden werden; die Bindung an das Schutzniveau der EMRK gemäß Art. 52 Abs. 3 GRCh enthebt die Vorbehaltsklausel in Art. 28 GRCh ihrer Relevanz. Rein technisch bleibt allerdings interessant, ob die Schranke des Art. 11 Abs. 2 EMRK neben die der Charta tritt und diese praktisch verdrängt, oder ob die Vorgabe der EMRK in die Auslegung des Art. 52 Abs. 1 GRCh einfließt. Der Telos von Art. 52 Abs. 1 GRCh als allgemeine Schrankenbestimmung der Charta spricht gegen ein Verständnis, nach dem bei vielen Grundrechten die praktisch relevante Rechtfertigung direkt unter den Vorgaben der EMRK stattfindet und Art. 52 Abs. 1 GRCh kaum entscheidende Anwendung findet.[1146] Dazu kommt, dass der Wortlaut des Art. 52 Abs. 3 GRCh von der Bedeutung und Tragweite der Charta-Grundrechte spricht und damit eine Auslegung der Charta unter Einbeziehung der aus der EGMR stammenden Grundsätze verlangt. Bestimmender Teil der Bedeutung und Tragweite der Grundrechte ist aber unstrittig die Schranke eben dieser Rechte – damit gilt der als Auslegungsleitsatz zu verstehende Integrationsauftrag auch für Art. 51 Abs. 1 GRCh. Die Schrankenbestimmung des Art. 11 Abs. 2 Satz 1 EMRK ist darum in die Schranke des Art. 52 Abs. 1 GRCh hineinzulegen.

Damit gilt für die Rechtfertigung von Eingriffen in Art. 28 GRCh die Schranke des Art. 52 Abs. 1 GRCh in einer Auslegung, die den Mindestanforderungen des Art. 11 EMRK gerecht wird. Es bedarf demnach zur Rechtfertigung einer Beschränkung der Koalitionsfreiheit einer gesetzlichen Regelung, die den Wesensgehalt des Grundrechts unangetastet lässt und die für die nationale oder öffentliche Sicherheit, zur Aufrechterhaltung der Ordnung oder zur Verhütung von Straftaten, zum Schutz der Gesundheit oder der Moral oder zum Schutz der Rechte und Freiheiten anderer notwendig und insgesamt verhältnismäßig ist.

b) Gesetzliche Regelung

Sowohl Art. 28 GRCh als Art. 11 Abs. 2 EMRK fordern, dass sämtliche Einschränkung der Koalitionsfreiheit gesetzlich vorgesehen sein müssen.

1145 Abstrakt betrachtend ebenso *Molthagen*, Verhältnis der EU-Grundrechte zur EMRK, S. 170.

1146 Däubler/*Heuschmid* AK § 11 Rn. 52.

Es bedarf damit stets einer abstrakt-generellen Regelung, die hinreichend zugänglich, bestimmt und vorhersehbar ist.[1147]

Strichen die deutschen Gesetzgebungsorgane die aktuell in § 8 Abs. 2, 4 AÜG enthaltene Ausnahme vom Gleichstellungsgrundsatz, so bliebe nur mehr § 8 Abs. 1 AÜG zurück, der die Gleichstellung mit den Stammkräften im Einsatzbetrieb anordnet. Die im AÜG enthaltenen Normen sind zweifellos ein zugängliches materielles Gesetz. Der Gleichstellungsgrundsatz müsste außerdem, trotz der in der praktischen Anwendung potentiell schwierigen Bestimmungen des Vergleichsentgelts, hinreichend bestimmt und vorhersehbar sein.[1148] Auch der EGMR erkennt an, dass die Folgen einer gesetzlich geregelten Handlung oftmals nicht mit absoluter Sicherheit vorhersehbar sein können und spricht den Gerichten für diese Fälle die Aufgabe zu, verbliebene Auslegungszweifel zu beseitigen.[1149] Eine spezifischere gesetzliche Definition des Gleichstellungsgrundsatzes wäre bei der Vielzahl denkbarer Fälle kaum sinnvoll zu leisten. Stattdessen hat das BAG in der Vergangenheit etwa bei der Definition des Entgeltbegriffs zu einer Konkretisierung beigetragen.[1150] Etwaige weitere Unsicherheiten bei der konkreten Anwendung des Gleichstellungsgrundsatzes dürften in Zukunft ebenfalls von den Gerichten geklärt werden; dabei sind die Grundzüge schon heute klar und viele Probleme aus dem Antidiskriminierungsrecht bekannt.[1151] Darüber hinaus zeigt etwa die tägliche Praxis in Frankreich, dass eine Durchsetzung des Gleichstellungsgrundsatzes durchaus möglich ist.[1152] Die dortigen Regelungen fußen auf derselben unionsrechtlichen Grundlage wie die hierzulande aktuell tarifdispositiven und in Zukunft potentiell zwingend geltenden Vorgaben. Erkenntnisse zur bestimmten und vorhersehbaren Gleichstellung lassen sich damit relativ problemlos übertragen. Eine im Einzelfall aufwändige Rechtsanwendung

1147 EGMR, Urt. v. 30.01.2018 – 69317/14 – Sekmadienis Ltd./Litauen, GRUR Int. 2018, 589 Rn. 64; EuGH, Urt. v. 17.12.2015 – C-419/14 – WebMindLicenses Kft., DStRE 2016, 547 Rn. 81; EuArbRK/*Schubert*, EMRK Art. 1 Rn. 47 f.; EuArbRK/*Schubert*, GRCh Art. 52 Rn. 40; NK-GRCh/*Schwerdtfeger*, Art. 52 Rn. 30 ff.; Däubler/*Heuschmid* AK § 11 Rn. 49; *Streinz/Michl*, GRCh Art. 52 Rn. 12.

1148 Vgl. oben Erster Teil B. III. 1. a. 2) a), S. 72.

1149 EGMR, Urt. v. 20.05.1999 – 25390/94 – Rekvényi/Ungarn, NVwZ 2000, 421 Rn. 34.

1150 BAG, Urt. v. 19.02.2014 – 5 AZR 1046/12, Rn. 36; BAG, Urt. v. 13.03.2013 – 5 AZR 294/12, NZA 2012, 1226 Rn. 27.

1151 Vgl. oben Erster Teil B. III. 1. a. 2) a), S. 72.

1152 Vgl. oben Dritter Teil A., S. 328.

macht ein Gesetz noch nicht unbestimmt. Damit ist § 8 Abs. 1 AÜG hinreichend bestimmt und in seiner Rechtsfolge vorhersehbar.

Sollte sich die Gesetzgebung dazu durchringen, eine zwingende Gleichstellung in der Arbeitnehmer*innenüberlassung etablieren zu wollen, so würde diese Gleichstellungspflicht durch § 8 Abs. 1 AÜG gesetzlich angeordnet. Damit geschähe der Eingriff in Art. 28 GRCh durch eine hinreichend zugängliche, bestimmte und vorhersehbare gesetzliche Regelung.

c) Wesensgehalt unverletzt

Eine zwingende Gleichstellungspflicht in der Leiharbeit dürfte dabei nicht in den Wesensgehalt der Koalitionsfreiheit eingreifen. Unsicherheit besteht darüber, ob die Charta den Wesensgehalt ihrer Grundrechte relativ in Abhängigkeit vom Eingriffszweck oder davon unabhängig absolut verstanden wissen möchte.[1153] Die Tatsache, dass die Wesensgehaltsgarantie in Art. 52 Abs. 1 GRCh gesondert neben dem Verhältnismäßigkeitsgrundsatz aufgeführt wird spricht eindeutig für ein absolutes Verständnis – ein relatives Verständnis hätte neben dem Erfordernis der Verhältnismäßigkeit keine eigene Funktion.[1154] Das mag auch den EuGH überzeugt haben, der einen Eingriff in den Wesensgehalt mittlerweile gesondert vor der Verhältnismäßigkeit prüft.[1155]

Demnach darf ein Eingriff nicht das Grundrecht als solches infrage stellen und vollständig seiner Substanz berauben, soll es nicht in seinem Wesensgehalt leiden.[1156] Sowohl Verleihunternehmen und ihre Koalition als auch Leiharbeitskräfte und ihre gewerkschaftliche Vertretung wären durch eine zwingende Gleichstellungspflicht nicht gehindert, sich gemäß ihrer Interessen zu formieren, in Tarifverhandlungen zu treten und Ta-

---

1153 EuArbRK/*Schubert,* GRCh Art. 52 Rn. 45; NK-GRCh/*Schwerdtfeger,* Art. 52 Rn. 34.

1154 Ebenso *Jarass,* GRCh Art. 52 Rn. 28; NK-GRCh/*Schwerdtfeger,* Art. 52 Rn. 34; *Streinz/Michl,* GRCh Art. 52 Rn. 14; Calliess/Ruffert/*Kingreen,* GRCh Art. 52 Rn. 64; aA EuArbRK/*Schubert,* GRCh Art. 52 Rn. 45; Schwarze/*Becker,* GRCh Art. 52 Rn. 7.

1155 EuGH, Urt. v. 08.04.2014 – C-293/12, C-594/12 – Digital Rights Ireland Ldt, NJW 2014, 2169 Rn. 39 f.; EuGH, Urt. v. 22.01.2013 – C-283/11 – Sky Österreich GmbH, EuZW 2013, 347 Rn. 49.

1156 EuGH, Urt. v. 27.05.2014 – C-129/14 PPU – Zoran Spasic, NJW 2014, 3007 Rn. 58; *Jarass,* GRCh Art. 52 Rn. 29; NK-GRCh/*Schwerdtfeger,* Art. 52 Rn. 34; von der Groeben/Schwarze/Hatje/*Terhechte,* GRCh Art. 52 Rn. 7; *Lenaerts,* EuR 2012, 3 (9).

rifverträge zu vereinbaren. Zwar müssten sie die Vorgabe des Gleichstellungsgrundsatzes beachten, was den Spielraum nach unten erheblich verengen würde. Auch würde der Abschluss von Tarifverträgen dadurch wohl wesentlich unwahrscheinlicher, würde doch auf Seiten der Verleihunternehmen mit der gesetzlichen Gleichstellungspflicht das Interesse an tariflicher Regulierung erheblich sinken. Diese praktischen Auswirkungen greifen aber nicht in den Wesensgehalt der Koalitionsfreiheit ein, sondern erschweren lediglich ihre Ausübung. Weder wird die Möglichkeit zum Zusammenschluss und zur Verhandlung von Tarifverträgen ihrer Substanz beraubt, noch die Koalitionsfreiheit als solche infrage gestellt.

Damit würde durch eine gesetzlich vorgeschriebene zwingende Gleichstellungspflicht in der Arbeitnehmer*innenüberlassung nicht der Wesensgehalt der Koalitionsfreiheit aus Art. 28 GRCh verletzt.

d) Verhältnismäßigkeit

Wollte die Legislative eine zwingende Gleichstellungspflicht etablieren, so müsste der damit verbundene Eingriff in die Koalitionsfreiheit von Leiharbeitnehmer*innen, Verleihunternehmen und ihren jeweiligen Koalitionen verhältnismäßig sein.

(1) Legitimes Ziel

Die von Art. 52 Abs. 1, 3 GRCh integrierte Schranken-Schranke des Art. 11 Abs. 2 Satz 1 EMRK legt fest, dass in die Koalitionsfreiheit nur eingegriffen werden darf, wenn damit der Erhalt der nationalen oder öffentlichen Sicherheit, die Aufrechterhaltung der Ordnung, die Verhütung von Straftaten, der Schutz der Gesundheit oder der Moral oder der Schutz der Rechte und Freiheiten anderer bezweckt wird. Der EGMR hat diese einzelnen Ziele nicht eingehend definiert, weshalb sich hieraus nach einhelliger Auffassung trotz der geforderten engen Auslegung praktisch keine allzu enge Bindung der Konventionsstaaten ergibt.[1157]

1157 EGMR, Urt. v. 01.07.2014 – 43835/11 – S.A.S./Frankreich, Rn. 114: „The Court's practice is to be quite succinct when it verifies the existence of a legitimate aim within the meaning of the second paragraphs of Articles 8 to 11 of the Convention."; EuArbRK/*Schubert*, EMRK Art. 1 Rn. 49; Karpenstein/Mayer/*Pätzold*, EMRK Art. 8 Rn. 96; *Schabas*, ECHR, S. 512; *Grabenwarter/Pabel*,

(a) Mögliche Ziele der Gleichstellung

Die erstmalige Einführung des Gleichstellungsgrundsatzes in § 10 Abs. 5 AÜG a.F. wurde von den Regierungsfraktionen damit begründet, dass bei längeren Überlassungen eine enge Beziehung der Leiharbeitskräfte zum Einsatzbetrieb entstünde und es deshalb nicht gerechtfertigt sei, den Leiharbeitnehmer*innen nicht die gleichen Arbeitsbedingungen zu gewähren wie ihren im Entleihunternehmen angestellten Kolleg*innen.[1158] Im Fokus stand damals folglich der Schutz der Leiharbeitskräfte vor einer Übervorteilung durch eine vergleichsweise schlechtere, gegen den Gedanken der Austauschgerechtigkeit verstoßende Behandlung. Richtigerweise ist allerdings anzunehmen, dass das Leistungsniveau von Leiharbeitnehmer*innen regelmäßig nicht erst nach längerer Einsatzdauer dem ihrer stammbeschäftigten Kolleg*innen entspricht.[1159] Das Ziel einer der Austauschgerechtigkeit entsprechenden Behandlung lässt sich darum unabhängig von der Überlassungsdauer anführen.

Auch die kurz darauf erfolgte tarifdispositive Ausdehnung des Gleichstellungsgrundsatzes auf beinahe alle Überlassungszeiten wurde damit begründet, dass hierdurch den hohen Anforderungen an Leiharbeitnehmer*innen Rechnung getragen würde.[1160] Die Gesetzesbegründung bezieht sich explizit auf den Schutz von Leiharbeitskräften und etabliert den Grundsatz „gleicher Lohn für gleiche Arbeit".[1161] Auch hier scheint demnach durch, dass mit dem Gleichstellungsgrundsatz das Ziel verfolgt wird, den Leiharbeitnehmer*innen einen Schutz vor einer unangemessen schlechten, weil hinter ihren Leistungen zurückbleibenden, Entlohnung zu gewähren. Die Legislative hielt den Gleichstellungsgrundsatz dabei für so wirkmächtig, dass alle anderen Beschränkungen der Leiharbeit mit seiner Einführung aufgehoben werden sollten.[1162]

EMRK, § 18 Rn. 13; *Marauhn/Thorn*, in: Dörr/Grote/Marauhn, EMRK/GG, Kap. 16 Rn. 89.

1158 Entwurf eines Gesetzes zur Reform der arbeitsmarktpolitischen Instrumente (Job – AQTIV – Gesetz), BT-Drs. 14/6944, S. 53 f.

1159 Vgl. dazu ausführlich oben Erster Teil II., S. 59.

1160 Entwurf eines Ersten Gesetzes für moderne Dienstleistungen am Arbeitsmarkt, BT-Drs. 15/25, S. 24.

1161 Entwurf eines Ersten Gesetzes für moderne Dienstleistungen am Arbeitsmarkt, BT-Drs. 15/25, S. 38.

1162 Entwurf eines Ersten Gesetzes für moderne Dienstleistungen am Arbeitsmarkt, BT-Drs. 15/25, S. 38.

Auch in seiner heutigen Fassung bezweckt das AÜG ausweislich der Gesetzesbegründung, den Leiharbeitskräften berufliche Sicherheit und faire Löhne zu gewährleisten.[1163] Gleichzeitig soll die Stellung von Leiharbeitnehmer*innen insgesamt verbessert und einer Verdrängung von Stammbeschäftigten entgegengewirkt werden.[1164]

Wollte die Legislative zukünftig eine zwingende Gleichstellungspflicht einführen, so wäre auch dieses Vorhaben aller Voraussicht nach von den in früheren Gesetzesänderungen zum Ausdruck gekommenen Zielsetzungen geleitet: Der Schutz sowohl der Stammbeschäftigten vor Verdrängung als auch der von Leiharbeitnehmer*innen vor unangemessen schlechten Arbeitsbedingungen.

Darüber hinaus ließe sich als Ziel einer zwingenden Gleichstellungspflicht auch der Gesundheitsschutz von Leiharbeitnehmer*innen anführen. Sowohl die physische als auch die psychische Gesundheit der Beschäftigten wird in der Arbeitnehmer*innenüberlassung überdurchschnittlich belastet.[1165] Eine erste Untersuchung stellt für Leiharbeitnehmer*innen etwa ein deutlich erhöhtes Risiko fest, an COVID-19 zu erkranken.[1166] Als mögliche Ursache physischer Belastungen wird vermutet, dass körperlich belastende Tätigkeiten von Entleihunternehmen eher den schnell wechselnden Leiharbeitskräften zugewiesen werden.[1167] Das lässt sich auf den Infektionsschutz übertragen; insbesondere dürfte Leiharbeitskräften oftmals die Verhandlungsmacht fehlen, um wirksame Schutzmaßnahmen im Einsatzbetrieb durchzusetzen. Die psychischen Belastungen sollen von mangelnder Wertschätzung für die eigene Arbeit, Bewährungsdruck, sozialer Benachteiligung und beständiger Sorge um die eigene Zukunft herrühren.[1168] Negative Auswirkungen auf das physische und psychische Wohlbefinden hat außerdem wohl der überdurchschnittlich hohe Anteil an

---

1163 Gesetzesentwurf zur Änderung des Arbeitnehmerüberlassungsgesetzes, BT-Drs. 18/9232, S. 14; vgl. oben Erster Teil B. I. 3. e., S. 52.

1164 Gesetzesentwurf zur Änderung des Arbeitnehmerüberlassungsgesetzes, BT-Drs. 18/9232, S. 14 f.

1165 Techniker Krankenkasse, Gesundheitsreport 2020, S. 9 ff.; Institut DGB-Index Gute Arbeit, 02/2019 Risiko Leiharbeit, S. 4 ff.; *Barlen*, Zwischen zwei Arenen, S. 50 f.; *Hünefeld/Gerstenberg*, Arbeitsbedingungen von Leiharbeitnehmern im Fokus, S. 13; BAuA/BMAS, Sicherheit und Gesundheit 2016, S. 63 ff.; BAuA, Arbeitsbedingungen in der Zeitarbeit, S. 2; *Dütsch*, ZAF 2011, 299 (309 f.); *Bornewasser*, Psychologische Aspekte, S. 15 f.

1166 *Möhner/Wolik*, Dtsch. Ärztebl. Int. 2020, 641 (642).

1167 *Dütsch*, ZAF 2011, 299 (310).

1168 *Barlen*, Zwischen zwei Arenen, S. 50 f.; *Dütsch*, ZAF 2011, 299 (310); *Bornewasser*, Psychologische Aspekte, S. 15 f.

Leiharbeitnehmer*innen, die in Nacht- und Schichtarbeit tätig sind.[1169] Es liegt nahe, dass die Legislative diesen Gesundheitsgefahren mit einer zwingenden Gleichstellungspflicht zumindest teilweise gegensteuern könnte.

Zusätzlich würde durch eine wirksame Gleichstellung der Fragmentierung von Belegschaften innerhalb der Betriebe Einhalt geboten. Das liegt auch im kollektiven Interesse der Stammbelegschaften und kommt ihrer Koalitionsfreiheit zugute.[1170] Besteht keine Gleichstellungspflicht, so kann durch die Möglichkeit eines Ausweichens auf potentiell günstigere Leiharbeitskräfte erheblicher Druck auf die Arbeitsbedingungen und Tarifabschlüsse von Stammbeschäftigten ausgeübt werden.[1171] Bei einer zwingenden Gleichstellungspflicht hingegen könnten Stammkräfte und Leiharbeitnehmer*innen nicht mehr in Konkurrenz zueinander gesetzt und gegeneinander ausgespielt werden; stattdessen gälte auch praktisch gleicher Lohn für gleiche Arbeit. Damit entstünde ein für das Funktionieren der Tarifautonomie zentrales gemeinsames Interesse an der gemeinsamen Verhandlung der gemeinsamen Arbeitsbedingungen.[1172] Erst das umfassende Kartell von Beschäftigten begrenzt den Wettbewerb zwischen Lohnabhängigen, bringt damit die Abhängigkeit der Unternehmen von arbeitswilligen Angestellten zum Tragen und ermöglicht im Ergebnis die Entfaltung kollektiver Gegenmacht.[1173] Der durch die Aufspaltung der Arbeitgeber*innenrolle zwischen die Lohnabhängigen getriebene Keil würde durch die Gleichstellungspflicht überwunden. Dadurch würde es den Stammkräften in den Einsatzbetrieben möglich, ihre Koalitionsfreiheit ef-

---

1169 Techniker Krankenkasse, Gesundheitsreport 2020, S. 10; Institut DGB-Index Gute Arbeit, 02/2019 Risiko Leiharbeit, S. 5.

1170 Ulber/*J. Ulber*, AÜG § 8 Rn. 122; *Klebeck*, Gleichstellung, S. 102; vgl. BAG, Beschl. v. 10.7.2013 – 7 ABR 91/11, Rn. 42, 50.

1171 BAG, Beschl. v. 10.07.2013 – 7 ABR 91/11, NZA 2013, 1296 Rn. 50; *Kronauer*, in: Arbeiterbewegung, S. 81 (90); *Pasch*, Vorübergehende Überlassung, S. 27 f.; *Nielebock*, in: Unsichere Arbeits- und Lebensbedingungen, S. 111 Rn. 2; *Krause*, KJ 2013, 119 (123); *Sehrbrock*, DB 2010 Standpunkte Heft 9, 21 (22); *Berg*, JbArbR 46 (2009), 69 (75); *Holst/Nachtwey/Dörre*, Funktionswandel von Leiharbeit, S. 25, 48; *Weinkopf/Vanselow*, (Fehl-)Entwicklungen, S. 15 f.; *Flecker/Papouschek/Gavroglu*, in: The transformation of work, S. 45 (59); DGB Bundesvorstand, Ratgeber Zeitarbeit, S. 7.

1172 Vgl. *Krause*, ZIAS 2014, 113 (149).

1173 BVerfG, Beschl. v. 26.06.1991 – 1 BvR 779/85, NZA 1991, 809 (811); BAG, Beschl. v. 28.03.2006 – 1 ABR 58/04, NZA 2006, 1112 Rn. 45; Däubler TVG/*D. Ulber*, Einl. Rn. 339, 378; *Corzelius*, Tarifdispositives Recht, S. 17; *Krämer*, Richtigkeitsgewähr des Tarifvertrags, S. 90; *D. Ulber*, Tarifdispositives Gesetzesrecht, S. 153 f.

fektiv zu nutzen und einheitliche Arbeitsbedingungen für alle im Betrieb tätigen Arbeitskräfte zu verhandeln.

Heutzutage wird zwar in vielen Arbeitsverträgen tarifgebundener Unternehmen auf Tarifverträge Bezug genommen, um die Anreize für einen Gewerkschaftsbeitritt zu senken; dadurch wird die innerbetriebliche Konkurrenz unabhängig von der Gewerkschaftszugehörigkeit wirksam aufgehoben. Für die mit denselben Aufgaben betrauten Leiharbeitskräfte funktioniert dieser Mechanismus aber ohne Gleichstellung nicht. Anders als von Art. 9 Abs. 3 GG vorgesehen ist es Gewerkschaften darum ohne zwingende Gleichstellungspflicht kaum möglich, innerbetriebliche Konkurrenz wirksam zu überwinden, um die strukturelle Unterlegenheit Lohnabhängiger auszugleichen.[1174] Dadurch geraten andersherum die Arbeitsbedingungen aller Lohnabhängigen unter Druck und die Gefahr einer Verdrängung vom eigenen Arbeitsplatz wächst.[1175] Die Gleichstellung ist hier das wesentliche Scharnier, um die wirksame Anwendung der Koalitionsfreiheit, die einheitliche Durchsetzung von Tarifergebnissen und damit die Arbeitsplätze und Arbeitsbedingungen der Stammbeschäftigten zu schützen.

Eine zwingende Gleichstellungspflicht in der Leiharbeit würde demnach nicht nur einen Eingriff in die Koalitionsfreiheit darstellen, sondern gleichzeitig die individuelle und kollektive Koalitionsfreiheit der Stammarbeitskräfte und ihrer Gewerkschaften stärken.

Auch abseits von kollektiven Verhandlungen und auch für Nicht-Gewerkschaftsmitglieder würde eine zwingende Gleichstellungspflicht branchenspezifische Arbeitsmärkte ebenso wie den allgemeinen Arbeitsmarkt vor einem Unterbietungswettbewerb mit den potentiell günstigeren Bedingungen der Leiharbeit schützen. Dadurch würde der Verdrängung fester Arbeitsplätze in den Entleihunternehmen durch Leiharbeitnehmer*innen Einhalt geboten. In diesem Sinne hat auch der EuGH festgestellt, dass die Arbeitnehmer*innenüberlassung erhebliche Auswirkungen auf den Arbeitsmarkt haben kann – und dass es durchaus im Allgemeininteresse liegen kann, durch eine Regulierung der Leiharbeit für gedeihliche Verhältnisse auf dem Arbeitsmarkt zu sorgen.[1176] Dieser Gedanke findet sich ebenfalls in Art. 4 Abs. 1 der RL 2008/104/EG, in welchem das reibungslose Funktionieren des Arbeitsmarktes als richtlinienkonformes Ziel einer Einschränkung anerkannt wird. Auch der Schutz des Arbeitsmarkts ließe

---

1174 Vgl. dazu grundsätzlich BVerfG, Beschl. v. 26.06.1991 – 1 BvR 779/85, NZA 1991, 809 (811).

1175 Vgl. BAG, Beschl. v. 10.07.2013 – 7 ABR 91/11, NZA 2013, 1296 Rn. 50.

1176 EuGH, Urt. v. 17.12.1981 – C 279/80, Rn. 18 f.

sich demnach als Ziel einer zwingenden Gleichstellungspflicht anführen. Dabei kann sowohl der Schutz des jeweils branchenspezifischen Lohnniveaus zugunsten der dort Beschäftigten als auch der des allgemeinen Lohnniveaus zugunsten aller Lohnabhängigen bezweckt werden.

Neben diesen Interessen von Verleihunternehmen, Leiharbeitnehmer*innen und Stammbeschäftigten könnte eine zwingende Gleichstellungspflicht in der Arbeitnehmer*innenüberlassung auch das öffentliche Interesse an ausgeglichenen Sozialkassen und soliden Staatsfinanzen bedienen. Die aktuell zu beobachtenden niedrigen Löhne in der Leiharbeit führen zu geringen Beiträgen in die Sozialkassen und kargen Einkommenssteuereinkünften.[1177] Aktuell sind 4 % der Leiharbeitnehmer*innen sogar auf ergänzende Leistungen aus der Grundsicherung angewiesen, weil ihr Arbeitsentgelt nicht einmal zur Deckung des Existenzminimums genügt – bei drei Viertel davon trotz Vollzeitanstellung.[1178] Wer im Erwerbsleben als Leiharbeitskraft nur ein geringes Einkommen erzielt, muss außerdem im Alter mit einer spärlichen Rente rechnen, die gegebenenfalls durch steuerfinanzierte Transferleistungen aufgestockt werden muss.[1179] Die geringen Entgelte in der Leiharbeit belasten demnach sowohl die Sozialkassen als auch das staatliche Budget.[1180] Mit der Einführung einer zwingenden Gleichstellungspflicht in der Arbeitnehmer*innenüberlassung könnte die Gesetzgebung steigende Löhne und damit ein Ende dieser mittelbaren Subvention bezwecken.

(b) Qualifikation dieser Ziele

Um einen Eingriff in Art. 28 GRCh rechtfertigen zu können, müssten diese Ziele den gehobenen Anforderungen des in Art. 52 Abs. 1, 3 GRCh hineinzulesenden Art. 11 Abs. 2 Satz 1 EMRK genügen. In die Rechtfertigung dürfen demnach nur Ziele eingestellt werden, die der nationalen

1177 *Absenger* et al., WSI-Report Nr. 32 10/2016, S. 7; *Wetzel/Weigand*, Schwarzbuch Leiharbeit, S. 15, 34; *Schüren/Wank*, RdA 2011, 1 (10). Zu den Einkommen in der Leiharbeit vgl. oben Erster Teil B. III 1. b. 2), S. 111.

1178 Bundesagentur für Arbeit, Entwicklungen in der Zeitarbeit, Januar 2022, S. 23.

1179 *Wetzel/Weigand*, Schwarzbuch Leiharbeit, S. 15; *Keller/Seifert*, Atypische Beschäftigung, S. 147; *Waltermann*, NZA 2010, 482 (486).

1180 *Absenger* et al., WSI-Report Nr. 32 10/2016, S. 7; *Wetzel/Weigand*, Schwarzbuch Leiharbeit, S. 15; *Keller/Seifert*, Atypische Beschäftigung, S. 133, 142, 147; *Matecki*, in: Zukunft Zeitarbeit, S. 65 (67 f.); *Schüren/Wank*, RdA 2011, 1 (10); *Waltermann*, NZA 2010, 482 (485 f.).

oder öffentlichen Sicherheit, der Aufrechterhaltung der Ordnung, der Verhütung von Straftaten, dem Schutz der Gesundheit oder der Moral oder dem Schutz der Rechte und Freiheiten anderer dienen. Der Schutz der Gesundheit von Leiharbeitnehmer*innen ist von der Zielbestimmung der Norm gedeckt. Auch die individuelle und kollektive Koalitionsfreiheit der Stammkräfte in den Einsatzbetrieben unterfällt problemlos der Zielvariante von „Rechten und Freiheiten anderer". Offen bleibt damit, ob der Schutz der Leiharbeitnehmer*innen vor vergleichsweise schlechten Arbeitsbedingungen, der Schutz der Stammkräfte vor Verdrängung und der Schutz ihrer Position auf dem Arbeitsmarkt sowie der Schutz des allgemeinen Lohnniveaus und der Schutz von Sozialkassen und Steuergeldern als legitime Ziele verfolgt werden dürfen.

Der Schutz der Leiharbeitnehmer*innen könnte als Schutz der Rechte und Freiheiten anderer von Art. 51 Abs. 1, 3, Art. 11 Abs. 2 Satz 1 EMRK als legitimes Ziel anerkannt werden. Grundlage hierfür wäre, dass Leiharbeitskräfte ein Recht auf angemessene Arbeitsbedingungen haben, welches gegenüber der Koalitionsfreiheit in Stellung gebracht werden könnte.

Art. 31 Abs. 1 GRCh gewährt ein Recht auf würdige Arbeitsbedingungen. Dabei bezieht sich der mit dieser Norm geschaffene Schutz von Arbeitsbedingungen nach richtigem Verständnis auch auf Entgeltfragen. Andernfalls müsste man einen zentralen Parameter beim Schutz von Lohnabhängigen künstlich ausklammern. Dafür geben Systematik und Historie nichts her, der Wortlaut spricht deutlich für die Einbeziehung.[1181] Es ist darum anzunehmen, dass auch das Entgelt vom Schutzbereich des Art. 31 Abs. 1 GRCh umfasst ist. Dabei liegt es nahe, den Begriff der würdigen Arbeitsbedingungen zumindest auch mithilfe des im Arbeitsvölkerrecht bekannten, auf dem allgegenwärtigen Gleichheitsgrundsatz fußenden Gedankens vom gleichen Lohn für gleiche Arbeit und unter Bezug auf die Austauschgerechtigkeit zu präzisieren.[1182] Alles andere würde den in der Arbeitswelt vorherrschenden Gedanken der Leistungsgerechtigkeit ignorieren, mit elementaren Gleichheitsvorstellungen brechen, die Existenz

---

1181 Vgl. dazu ausführlich oben Zweiter Teil A. II. 2. b. 1), S. 197.

1182 Vgl. Art. 23 Abs. 2 Allgemeine Erklärung der Menschenrechte; Art. 7 lit. a) UAbs. i) Internationaler Pakt über wirtschaftliche, soziale und kulturelle Rechte; NK-GRCh/*Hüpers/Reese*, Art. 31 Rn. 15–19, 61; *Zimmer*, ZESAR 2018, 151 (153f); Stern/Sachs/*Lang*, GRCh Art. 31 Rn. 13; krit. *Hirdina*, NZA 2011, 325 (330); *Hanau*, NZA 2010, 1 (2).

von Arbeitnehmer*innen zweiter Klasse akzeptieren und damit insgesamt gewichtige Gerechtigkeitserwartungen enttäuschen.[1183]

Der mit einer zwingenden Gleichstellungspflicht verfolgte Schutz der Arbeitsbedingungen von Leiharbeitnehmer*innen würde also den in Art. 31 GRCh verbürgten Schutz der Rechte von Beschäftigten bezwecken – und damit die Rechte Dritter im Sinne des Art. 52 Abs. 1, 3 GRCh, Art. 11 EMRK schützen. Folglich würde eine solche Gesetzesänderung mit dem Schutz von Leiharbeitskräften ein Ziel verfolgen, welches von Art. 52 Abs. 1, 3 GRCh, Art. 11 EMRK als grundsätzlich zulässig angesehen wird, um einen Eingriff in Art. 28 GRCh zu rechtfertigen.

Neben dem Recht auf würdige Arbeitsbedingungen aus Art. 31 Abs. 1 GRCh könnte eine zwingende Gleichstellungspflicht auch die von Art. 15 GRCh geschützte Berufsfreiheit der Leiharbeitnehmer*innen verwirklichen. Das BVerfG etwa sieht auf bundesdeutscher Ebene die Gewährleistung zumutbarer Arbeitsbedingungen als vom Schutzbereich des insofern vergleichbaren Art. 12 Abs. 1 GG umfasst an.[1184] Auch Art. 15 GRCh enthält grundsätzlich Schutzpflichten für die Mitgliedstaaten.[1185] In Bezug auf das Verhältnis von Beschäftigten und Unternehmen erfahren diese Schutzpflichten aber in den Artt. 27–32 GRCh eine Konkretisierung.[1186] Es liegt darum nahe, dass der Schutz angemessener Arbeitsbedingungen im europäischen Primärrecht vor allem durch Art. 31 GRCh gewährleistet wird. Eine zwingende Gleichstellungspflicht zum Schutz der Leiharbeitnehmer*innen könnte sich darum wohl nicht auf die Durchsetzung der Rechte aus Art. 15 GRCh beziehen.

Der Schutz vor vergleichsweise schlechten Arbeitsbedingungen könnte aber zusätzlich zu seiner umstrittenen Anerkennung in Art. 31 Abs. 1 GRCh als Teil der von Art. 12 Abs. 1 GG geschützten Berufsfreiheit ein Recht anderer sein, welches von Art. 52 Abs. 1, 3, Art. 11 Abs. 2 Satz 1 EMRK als legitimes Ziel des Eingriffs in Art. 28 GRCh anerkannt wird.

1183 Vgl. *Westerheide*, in: Arbeitskonflikte, S. 286 (290); *Kronauer*, in: Arbeiterbewegung, S. 81 (86 ff.); *Wolf*, in: Arbeiterbewegung, S. 157 (159 f.); Stern/Sachs/*Lang*, GRCh Art. 31 Rn. 13; *Zimmer*, NZA 2013, 289 (290); *Bornewasser*, in: Die neue Rolle der Zeitarbeit, S. 137 (150).

1184 BVerfG, Beschl. v. 23.11.2006 – 1 BvR 1909/06, NZA 2007, 85 (87); BVerfG, Beschl. v. 29.12.2004 – 1 BvR 2583/03, 1 BvR 2283/03, 1 BvR 2504/03, NZA 2005, 153 (155); zust. ErfK/*Schmidt*, GG Art. 12 Rn. 34.

1185 *Jarass*, GRCh Art. 15 Rn. 12; NK-GRCh/*Bernsdorff*, Art. 15 Rn. 16; *Streinz*, GRCh Art. 15 Rn. 12.

1186 EuArbRK/*Schubert*, GRCh Art. 15 Rn. 20; *Jarass*, GRCh Art. 15 Rn. 12; *Streinz*, GRCh Art. 15 Rn. 12.

Voraussetzung dafür ist allerdings, dass auch mitgliedstaatlich garantierte Rechte als Belang anerkannt werden, zu dessen Schutz in die Grundrechte der Charta eingegriffen werden darf. Eben das wird von einigen Stimmen bestritten.[1187] Vertreter*innen dieser Auffassung streben wahlweise eine Homogenität zwischen den beiden Alternativen in Art. 52 Abs. 1 Satz 2 GRCh oder zwischen Art. 52 Abs. 1 Satz 1 und 2 GRCh an.[1188] Ein enges Verständnis der Schrankenbestimmung soll außerdem der begrenzten Zuständigkeit der Europäischen Union entsprechen.[1189]

Zumindest letzteres Argument kann allerdings nicht verfangen. Wer die Einschränkbarkeit eines europäischen Grundrechts begrenzt, bindet damit zwar formal auch die europäische Gesetzgebung stärker an das Grundrecht, erschwert gleichzeitig aber seine Einschränkung durch die Mitgliedstaaten. Im Ergebnis wird damit nur die mitgliedstaatliche Abweichung vom Unionsrecht erschwert, ist doch die Union selbst auch mit einem weiteren Verständnis der Schranke schon aufgrund des Prinzips der begrenzten Einzelermächtigung gehindert, Rechte außerhalb ihres Zuständigkeitsbereichs zu schaffen. Mitgliedstaaten sollten dagegen gerade nicht davon abgehalten werden, Rechte aus ihrem eigenen Zuständigkeitsbereich zu schützen. Das wäre bei einem engen Verständnis aber nur möglich, wenn diese Rechte über einzelne Scharnier-Normen auf die europäische Ebene transponiert würden. Sauberer ist es da, auch mitgliedstaatliche Rechte und Freiheiten als legitime Ziele einer Einschränkung europäischer Grundrechte anzuerkennen.

Auch ein Gleichlauf der Formulierung „Rechte und Freiheiten" in Art. 52 Abs. 1 Satz 1 und 2 GRCh ist nicht notwendig, bezieht sich doch Satz 1 der Norm explizit auf zu schützende Garantien der Charta, während Satz 2 davon verschiedene, den Grundrechten entgegenstehende Rechte und Freiheiten in Bezug nimmt. Allein das Argument einer strukturellen Homogenität innerhalb der Alternativen des Art. 52 Abs. 1 Satz 2 GRCh hat seinen Reiz. Bedenkt man aber den Unterschied zwischen abstrakten Gemeinwohlzielen und konkreten Rechten, so lässt sich eine Differenzierung durchaus begründen.

Für die Anerkennung mitgliedstaatlicher Rechte und Freiheiten als legitime Eingriffsziele spricht außerdem der Wortlaut der Norm. Das Wort „oder" trennt eindeutig zwischen beiden Alternativen des Art. 52 Abs. 1

1187 *Jarass*, GRCh Art. 52 Rn. 31 f.; NK-GRCh/*Schwerdtfeger*, Art. 52 Rn. 36; Stern/Sachs/*Krämer*, GRCh Art. 52 Rn. 46 f.

1188 *Jarass*, GRCh Art. 52 Rn. 32; Stern/Sachs/*Krämer*, GRCh Art. 52 Rn. 46.

1189 Stern/Sachs/*Krämer*, GRCh Art. 52 Rn. 46.

Satz 2 GRCh, das Erfordernis „von der Union anerkannt[en]“ bezieht sich ersichtlich nur auf die erste Variante. Im Verbund mit dem begrenzten Zuständigkeitsbereich der Union und der daraus folgenden begrenzten Normierung von Rechten sprechen folglich die besseren Gründe dafür, auch den Schutz mitgliedstaatlicher Rechte und Freiheiten als legitimes Ziel eines Eingriffs in die Garantien der Charta anzusehen.[1190]

Es ist kein Grund ersichtlich, warum für die Schranken-Schranke des Art. 11 Abs. 2 Satz 1 EMRK etwas anderes gelten sollte. Grundsätzlich ist Art. 12 Abs. 1 GG demnach ein Recht, zu dessen Durchsetzung auch Art. 28 GRCh eingeschränkt werden darf.

Das BVerfG hat in seiner Billigung des Gleichstellungsgrundsatzes in der Arbeitnehmer*innenüberlassung ausgeführt, dass Art. 12 Abs. 1 GG auch das Interesse der Leiharbeitnehmer*innen an zumutbaren Arbeitsbedingungen schütze.[1191] An anderer Stelle hat das Gericht aus Art. 12 Abs. 1 GG eine staatliche Schutzpflicht abgeleitet, der zufolge der Staat in arbeitsrechtlichen Verhandlungssituationen mit einem einseitigen Übergewicht durch staatliche Regelungen den Grundrechtsschutz sichern müsse.[1192] Ein solches Ungleichgewicht ist in der Arbeitnehmer*innenüberlassung regelmäßig gegeben und als Ursache für die verhältnismäßig schlechten Arbeitsbedingungen ernst zu nehmen. Damit stellt auch die aus Art. 12 Abs. 1 GG entspringende Berufsfreiheit der Leiharbeitnehmer*innen ein Recht dar, dessen Schutz gemäß Art. 52 Abs. 1, 3 GRCh, Art. 11 EMRK als legitimes Ziel anzuerkennen ist.

Neben der Koalitionsfreiheit von Stammbeschäftigten und ihren Gewerkschaften und dem Gesundheitsschutz von Leiharbeitnehmer*innen ist demnach auch der Schutz angemessener Arbeitsbedingungen in der Arbeitnehmer*innenüberlassung ein Ziel, dessen Verfolgung gemäß Art. 52 Abs. 1, 3 GRCh, Art. 11 Abs. 2 Satz 1 EMRK zur Rechtfertigung des Eingriffs in Art. 28 GRCh dienen kann. Insoweit deckt sich die Analyse mit den Vorgaben in Art. 4 Abs. 1 der RL 2008/104/EG, die den Schutz von Leiharbeitnehmer*innen als legitimes Ziel von Einschränkungen auffassen.

1190 Im Ergebnis ebenso EuArbRK/*Schubert*, GRCh Art. 52 Rn. 49; Schwarze/*Becker*, GRCh Art. 52 Rn. 5; *Jarass*, GRCh 3. Aufl. 2016 Art. 52 Rn. 32.

1191 BVerfG, Beschl. v. 29.12.2004 – 1 BvR 2583/03, 1 BvR 2283/03, 1 BvR 2504/03, NZA 2005, 153 (155); zust. Ulber/*J. Ulber*, AÜG § 8 Rn. 115; krit. *Lembke*, BB 2005, 495 (499).

1192 BVerfG, Beschl. v. 15.07.1998 – 1 BvR 1554/89, 1 BvR 963, 964/94, NZA 1999, 194 (197); BVerfG, Beschl. v. 07.02.1990 – 1 BvR 26/84, NZA 1990, 389 (390).

Fraglich bleibt, ob auch der Schutz der Stammbeschäftigten vor Verdrängung durch günstigere Leiharbeitnehmer*innen ein Ziel ist, das den Anforderungen der Art. 52 Abs. 1, 3 GRCh, Art. 11 Abs. 2 Satz 1 EMRK gerecht wird. Grundsätzlich ist es nicht nur üblich, sondern eine tragende Säule des Kapitalismus, dass sich Lohnabhängige als konkurrierende Anbieter*innen von Arbeitskraft gegenseitig unterbieten. Der daraus resultierende Druck ist darum kein Verstoß gegen die öffentliche Ordnung, sondern im Gegenteil konstituierender Inhalt der aktuellen öffentlichen Ordnung.

Ein von der Verfassungsordnung zentral vorgesehener Ausgleichsmechanismus für die strukturelle Unterlegenheit abhängig Beschäftigter bei der Verhandlung von Arbeitsbedingungen ist allerdings die oben angeführte Koalitionsfreiheit, mit deren Hilfe die Konkurrenz von Lohnabhängigen und damit das Ungleichgewicht in der Verhandlungsmacht gemildert werden kann.[1193] Neben dieser kollektiven Perspektive zusätzlich die individuelle Berufsfreiheit ins Spiel zu bringen, mag vordergründig an der Problemanalyse vorbeigehen. Tatsächlich ist aber anerkannt, dass sich staatliche Maßnahmen gegen einen Verdrängungswettbewerb über die Lohnkosten nicht nur auf das Sozialstaatsprinzip des Art. 20 Abs. 1 GG, sondern auch die Berufsfreiheit stützen lassen.[1194] So sollen etwa durch eine staatlich verlangte Tariftreueerklärung die Arbeitsplätze in tarifgebundenen Unternehmen gegen den Wettbewerb aus solchen Unternehmen geschützt werden, die keine Tariflöhne bezahlen.[1195] Auch der Schutz von Arbeitsplätzen vor der günstigeren Konkurrenz und damit der Schutz vor Verdrängung und einem sinkenden Lohnniveau ist damit von Art. 12 Abs. 1 GG umfasst.

Folglich liegt auch für den Schutz der Stammbeschäftigten vor Verdrängung und sinkender Entlohnung ein Recht vor, dessen Schutz die Gesetzgebung als Ziel einer zwingenden Gleichstellungspflicht anstreben dürfte.

Offen bleibt damit nur, ob auch das Allgemeininteresse an einem stabilen Arbeitsmarkt mit einem angemessenen Lohnniveau sowie der Schutz von Sozialkassen und Staatshaushalt als legitime Ziele im Sinne der Art. 51 Abs. 1, 3, GRCh, Art. 11 Abs. 2 Satz 2 EMRK in die Rechtfertigung des

1193 BVerfG, Beschl. v. 14.11.2018 1 BvR 1278/16, NZA 2019, 112 Rn. 7; BVerfG, Beschl. v. 26.06.1991 – 1 BvR 779/85, NZA 1991, 809 (811); Däubler TVG/*Däubler*, Einl. Rn. 96.

1194 BVerfG, Beschl. v. 20.03.2007 – 1 BvR 1047/05, NZA 2007, 609 Rn. 36 f.; BVerfG, Beschl. v. 11.07.2006 – 1 BvL 4/00, NZA 2007, 42 Rn. 87 f.; *Kämmerer*, Der neue Rechtsrahmen, S. 48.

1195 BVerfG, Beschl. v. 11.07.2006 – 1 BvL 4/00, NZA 2007, 42 Rn. 87.

Eingriffs in Art. 28 GRCh eingeführt werden dürfen. Im deutschen Verfassungsrecht ist ebenso wie auf europäischer Ebene anerkannt, dass die finanzielle Stabilität des Systems der sozialen Sicherung ein Gemeinwohlbelang von großer Bedeutung ist.[1196] Ebenso ist sowohl auf deutscher als auch auf europäischer Ebene anerkannt, dass der Schutz vor Verwerfungen am Arbeitsmarkt im Allgemeininteresse liegen kann.[1197] Die Eingriffszwecke des Art. 11 Abs. 2 Satz 1 EMRK listen allerdings nur einige spezifische Gemeinwohlbelange auf. Das Allgemeininteresse an stabilen Arbeitsmärkten und stabilen Sozialkassen und Staatsfinanzen ließe sich dabei maximal unter die öffentliche Ordnung subsumieren.

Über die Bedeutung dieser Zielbestimmung herrscht Unklarheit. Teilweise wird ähnlich wie im deutschen Gefahrenabwehrrecht angenommen, dass die öffentliche Ordnung die Gesamtheit der geschriebenen und ungeschriebenen Rechtsnormen umfasse.[1198] Nach anderer, engerer Auffassung soll diese Zielbestimmung eher als ordre public-Vorbehalt zu verstehen sein.[1199] Der EGMR hat wiederholt festgestellt, dass der Schutz demokratischer Strukturen und verfassungsrechtlicher Grundlagen von der öffentlichen Ordnung im Sinne des Art. 11 Abs. 2 Satz 1 EMRK umfasst sei – allerdings ohne den Begriff abschließend zu definieren.[1200] Damit unterstützt der Gerichtshof die zweitgenannten Ansicht, ohne die erstgenannte auszuschließen.

Sowohl das deutsche System der Sozialversicherungen als auch der dabei geltende Grundsatz der Finanzierung durch Beitragszahler*innen gemäß ihrer Arbeitseinkommen entspringen dem Sozialstaatsprinzip des Art. 20 Abs. 1 GG.[1201] Auch die steuerfinanzierte Grundsicherung im Alter fußt auf dem Grundrecht auf Gewährleistung eines menschenwürdigen Exis-

1196 EuGH, Urt. v. 16.05.2006 – C-372/04 – Watts, Rn. 103; BVerfG, Beschl. v. 20.03.2007 – 1 BvR 1047/05, NZA 2007, 609 Rn. 37; BVerfG, Beschl. v. 11.07.2006 – 1 BvL 4/00, NZA 2007, 42 Rn. 89; BVerfG, Beschl. v. 03.04.2001 – 1 BvL 32/97, NZA 2001, 777 (779).

1197 EuGH, Urt. v. 17.12.1981 – C 279/80, Rn. 18 f.; BVerfG, Beschl. v. 06.10.1987 – 1 BvR 1086/82 u. a., NJW 1988, 1195 (1196).

1198 *F. Fischer*, EMRK Art. 11 Rn. 3.

1199 *Schabas*, ECHR, S. 513; *Marauhn/Thorn*, in: Dörr/Grote/Marauhn, EMRK/GG, Kap. 16 Rn. 92.

1200 EGMR, Urt. v. 12.04.2011 – 12967/07 – Republican Party of Russia/Russland, Rn. 101; EGMR, Urt. v. 07.06.2007 – 71251/01 – Parti Nationaliste Basque/Frankreich – Rn. 43.

1201 BVerfG, Beschl. v. 27.05.1970 – 1 BvL 22/63, 27/64, NJW 2970, 1675 (1676); BVerfG, Beschl. v. 02.05.1967 – 1 BvR 578/63, NJW 1967, 1411 (1414); BVerfG, Urt. v. 10.05.1960 – 1 BvR 190, 363, 401, 409, 471/58, NJW 1960, 1099.

tenzminimums aus Art. 1 Abs. 1 i. V. m. Art. 20 Abs. 1 GG.[1202] Damit kann sowohl das System der Sozialversicherungen als auch die Grundsicherung im Alter als Ausfluss der verfassungsrechtlichen Grundlagen und damit als Teil des ordre public begriffen werden. Zu ihrem Schutz dürfen die entsprechenden Rahmenbedingungen gestaltet werden. Allein der Schutz des Lohnniveaus beziehungsweise der Stabilität am Arbeitsmarkt lässt sich nicht unter der öffentlichen Ordnung fassen.

Folglich wäre der Schutz von Sozialkassen und Staatsfinanzen als Schutz der öffentlichen Ordnung von Art. 11 Abs. 2 Satz 1 EMRK anzuerkennen. Diese Einschätzung ist nicht zwingend, drängt sich in Anbetracht der üblicherweise knappen Prüfung des legitimen Ziels durch den EGMR aber doch auf.[1203] Die Legislative könnte sich demnach bei der Einführung einer zwingenden Gleichstellungspflicht in der Arbeitnehmer*innenüberlassung darauf berufen, dass sie mit dem Schutz der finanziellen Stabilität des Systems der sozialen Sicherung und der Staatsfinanzen den Schutz der öffentlichen Ordnung im Sinne des Art. 11 Abs. 2 Satz 1 EMRK bezwecke.

Daneben ist zu beachten, dass auch das Allgemeininteresse immer auf dem, oftmals rechtlich geschützten, Interesse der die Allgemeinheit bildenden Menschen fußt. Der EGMR hat in diesem Sinne etwa auch den Umweltschutz als mittelbaren Schutz der Rechte anderer anerkannt.[1204] Es liegt nahe, dieselbe mittelbare Auswirkung beim Schutz von Sozialkassen, Staatsfinanzen und Arbeitsmarkt inklusive Lohnniveau für Sozialversicherungsbeitragszahler*innen, Steuerzahler*innen und Lohnabhängige anzunehmen. Durch die bei einer zwingenden Gleichstellungspflicht in der Arbeitnehmer*innenüberlassung mutmaßlich höheren Löhne und damit auch höheren Einkommenssteuern, Sozialversicherungsbeiträgen und Rentenansprüchen von Leiharbeitnehmer*innen müssten alle anderen Sozialversicherungsbeitragszahler*innen und Steuerzahler*innen die genannten Besonderheiten der Arbeitnehmer*innenüberlassung nicht länger kompensieren und könnten geringere Beiträge und Steuern leisten. Geschützt würde damit ihre Eigentumsgarantie aus Art. 14 GG.[1205] Ebenfalls würde ein Unterbietungswettbewerb auf dem Arbeitsmarkt erschwert

1202 BSG, Urt. v. 23.03.2010 – B 8 SO 17/09 R, NvwZ-RR 2010, 983 (985); BVerfG, Urt. v. 09.02.2010 – 1 BvL 1/09 u.a., NJW 2010, 505 (507).

1203 Zur knappen Prüfung vgl. EGMR, Urt. v. 01.07.2014 – 43835/11 – S.A.S./Frankreich, Rn. 114; EuArbRK/*Schubert*, EMRK Art. 1 Rn. 49; *Grabenwarter/Pabel*, EMRK, § 18 Rn. 13; *Marauhn/Thorn*, in: Dörr/Grote/Marauhn, EMRK/GG, Kap. 16 Rn. 89.

1204 EGMR, Urt. v. 18.01.2001 – 27238/95 – Chapman/United Kingdom, Rn. 82.

1205 Vgl. BVerfG, Beschl. v. 18.01.2006 – 2 BvR 2194/99, NJW 2006, 1191 Rn. 34.

und damit das allgemeine Lohnniveau aller Lohnabhängigen geschützt. Der Arbeitsmarkt würde in der Folge gutbezahlte Arbeit vermitteln. Die Sicherung eines geordneten Arbeitsmarktes ist ebenso wie die einer stabilen arbeits- und sozialversicherungsrechtlichen Situation von Beschäftigten ein wichtiges Gemeinschaftsgut.[1206] Zu schützendes Recht Dritter ist dabei die dahinterstehende Berufsfreiheit aller Lohnabhängigen.[1207]

Auch das Allgemeininteresse an ausgeglichenen Sozialkassen und Staatsfinanzen ebenso wie an einem stabilen Arbeitsmarkt und angemessenen Lohnniveau lässt sich damit auf Rechte anderer zurückführen – Eigentumsgarantie und Berufsfreiheit eines erheblichen Anteils der in Deutschland arbeitenden oder lebenden Menschen. Auch diese Zielbestimmungen könnten demnach Rechte anderer vorweisen, deren Schutz sie bezwecken. Damit genügen auch sie der Schranken-Schranke des Art. 52 Abs. 1, 3 GRCh, Art. 11 Abs. 2 Satz 1 EMRK.

Nach alledem könnten die gesetzgebenden Organe in Deutschland mit einer zwingenden Gleichstellungspflicht in der Leiharbeit einen bunten Strauß an Zielen verfolgen: Der Schutz der Leiharbeitnehmer*innen vor unangemessenen Löhnen und Arbeitsbedingungen sowie der Schutz ihrer Gesundheit, der Schutz der Stammbeschäftigten vor Verdrängung sowie der Schutz ihrer Tarifautonomie und der ihrer gewerkschaftlichen Vertretung, der Schutz branchenspezifischer Arbeitsmärkte und ihres Lohnniveaus sowie der Schutz des allgemeinen Arbeitsmarkts und Lohnniveaus und zu guter Letzt der Schutz der finanziellen Stabilität von Sozialkassen und Staatsfinanzen. All diese Ziele genügen der Vorgabe der Art. 52 Abs. 1, 3 GRCh, Art. 11 Abs. 2 Satz 2 EMRK und können darum in die Rechtfertigung eines Eingriffs in die Koalitionsfreiheit durch eine zwingende Gleichstellungspflicht eingeführt werden.

(2) Geeignetheit

Diese mit einer zwingenden Gleichstellungspflicht potentiell verfolgten Ziele können allerdings nur zur Rechtfertigung des Eingriffs in die Koalitionsfreiheit herangezogen werden, wenn die tatsächliche Gleichstellung von Leiharbeitnehmer*innen überhaupt ein geeignetes Mittel zu ihrer Verfolgung ist. Das Erfordernis der Geeignetheit wird vom EuGH als Teil

---

1206 BVerfG, Beschl. v. 06.10.1987 – 1 BvR 1086/82 u. a., NJW 1988, 1195 (1196).

1207 Vgl. BVerfG, Beschl. v. 20.03.2007 – 1 BvR 1047/05, NZA 2007, 609 Rn. 36 f.; BVerfG, Beschl. v. 11.07.2006 – 1 BvL 4/00, NZA 2007, 42 Rn. 87 f.

der Verhältnismäßigkeit geprüft und ergibt sich aus der Formulierung „tatsächlich entsprechen“ in Art. 51 Abs. 1 Satz 2 GRCh.[1208] Der EGMR dagegen prüft die Geeignetheit eines Eingriffs entweder nur implizit oder als Teil des legitimen Ziels.[1209] Dennoch legen die Gerichte im Ergebnis vergleichbare Maßstäbe an.[1210]

Als geeignet gilt jede Maßnahme, die zur Erreichung des angestrebten Ziels beiträgt.[1211] Sie muss allerdings versuchen, die Ziele in kohärenter und systematischer Weise zu erreichen; insbesondere Ausnahmeregelungen können dabei die Kohärenz beeinträchtigen.[1212]

Der Schutz der Leiharbeitnehmer*innen vor verhältnismäßig schlechten Arbeitsbedingungen würde durch eine zwingende Gleichstellungspflicht gefördert.[1213] Die Gleichstellungspflicht stellt lediglich eine Absicherung nach unten dar und kann auf arbeitsvertraglicher wie tarifvertraglicher Basis überschritten werden.[1214] Nimmt man an, dass der Wert der im Einsatzbetrieb erbrachten Arbeitsleistung seinen Ausdruck annäherungsweise im Entgelt der vergleichbaren Stammbeschäftigten findet, so schützt eine Gleichstellungspflicht die Leiharbeitnehmer*innen wirksam in ihrem Bestreben, der Austauschgerechtigkeit entsprechende Arbeitsbedingungen zu enthalten.[1215] Zwar könnte das Ende der Tarifdispositivität mittelbar dazu führen, dass die Tarifbindung erheblich abnimmt und in der Folge in überlassungsfreien Zeiten die Arbeitsbedingungen der Leiharbeitnehmer*innen eher leiden. Dieser negative Effekt dürfte aber angesichts der mäßig ambitionierten Regelung verleihfreier Zeiten in aktuellen Tarifverträgen, der subsidiären Geltung des MiLoG und dem Verbot der Verlage-

---

1208 EuGH, Urt. v. 08.04.2014 – C-293/12, C-594/12 – Digital Rights Ireland Ldt, NJW 2014, 2169 Rn. 46; EuGH, Urt. v. 12.07.2001 – Rs. C-189/01 – H. Jippes u.a., NVwZ 2001, 1145 Rn. 81; NK-GRCh/*Schwerdtfeger*, Art. 52 Rn. 45; Calliess/Ruffert/*Kingreen*, GRCh Art. 52 Rn. 68.

1209 EGMR, Urt. v. 27.09.1999 – 31417/96 – Lustig-Prean u. Becket/GBR, Rn. 67; *Grabenwarter/Pabel*, EMRK, § 18 Rn. 15.

1210 EuArbRK/*Schubert*, GRCh Art. 52 Rn. 50; *Streinz/Michl*, GRCh Art. 52 Rn. 18.

1211 EuGH, Urt. v. 27.05.2014 – C-129/14 PPU – Zoran Spasic, NJW 2014, 3007 Rn. 64; EuGH, Urt. v. 05.10.1994 – Rs. C-280/93 – Deutschland/Rat, NJW 1995, 945 Rn. 86; EuArbRK/*Schubert*, GRCh Art. 52 Rn. 50; *Jarass*, GRCh Art. 52 Rn. 37; *Streinz/Michl*, GRCh Art. 52 Rn. 18.

1212 EuGH, Urt. v. 05.07.2017 – C-190/16 – Fries, EuZW 2017, 729 Rn. 48; EuGH, Urt. v. 21.07.2011 – C-159/10, C-160/10 – Fuchs, Rn. 85 f.; *Jarass*, GRCh Art. 52 Rn. 38; NK-GRCh/*Schwerdtfeger*, Art. 52 Rn. 39.

1213 Grundsätzlich zustimmend, aber wegen denkbarer Arbeitsplatzverluste aA *Klebeck*, Gleichstellung, S. 120; krit. *Kämmerer*, Der neue Rechtsrahmen, S. 47.

1214 Vgl. oben Erster Teil B. III. 1. a. 2) a), S. 72.

1215 Vgl. oben Zweiter Teil B. II. 1. c., S. 274.

rung des Annahmeverzugsrisikos in § 11 Abs. 4 AÜG kaum ins Gewicht fallen.[1216] Eine Gleichstellungspflicht wäre damit ein geeignetes Mittel, um die Arbeitsbedingungen von Leiharbeitnehmer*innen zu schützen.

Hinzu kommt, quasi als Schutz zukünftiger Stammbelegschaften vor Verdrängung, dass die mit einer zwingenden Gleichstellungspflicht zu erwartende Rückführung der Arbeitnehmer*innenüberlassung auf ihre Kernfunktion zu einem Anstieg fester Anstellungen in Entleihunternehmen führen dürfte. Heutige Leiharbeitnehmer*innen würden damit geschützt, indem sie zumindest teilweise von Entleihunternehmen übernommen würden – und damit die dort üblichen Arbeitsbedingungen erhielten.

Weniger eindeutig stellt sich die Auswirkung einer solchen Maßnahme auf die gesundheitliche Belastung von Leiharbeitnehmer*innen dar. Die aus mangelnder Wertschätzung und finanzieller Unsicherheit entspringenden psychischen Belastungen würden durch die Verbesserungen der Gleichstellung wohl entschärft. Die physischen Belastungen durch den Einsatz auf besonders anstrengenden oder riskanten Arbeitsplätzen dagegen könnten auch bei Geltung des Gleichstellungsgrundsatzes fortdauern – Hintergrund hiervon sind nicht die Arbeitsbedingungen, sondern die mangelnde Fürsorge durch die Geschäftsleitungen der Einsatzbetriebe. Daran würde sich auch durch eine Gleichstellungspflicht voraussichtlich nichts ändern. Zum Schutz der Gesundheit von Leiharbeitskräften wäre die Gleichstellung damit nur in Teilen geeignet.

Dagegen wäre eine zwingende Gleichstellungspflicht gut geeignet, um der Verdrängung von Stammbeschäftigten durch Leiharbeitnehmer*innen entgegenzuwirken.[1217] Auch mit Geltung der Gleichstellungspflichten böte sich den Entleihunternehmen bei der Nutzung von Leiharbeit weiterhin der Vorteil der besonderen Flexibilität. Für diese Flexibilität müssen Entleihunternehmen aber die Verleihunternehmen heute ebenso wie in Zukunft vergüten – zusätzlich zur Übernahme der Lohnkosten. Mit einer zwingenden Gleichstellungspflicht würden diese Lohnkosten gegenüber der heutigen, unionsrechtswidrigen Handhabung in vielen Fällen erheblich steigen und damit auch die Preise für die Überlassung von Arbeitskräften in die Höhe treiben.[1218] Erst auf diesem Wege würde die neben den

---

1216 Zur Entgelthöhe in aktuellen Tarifverträgen der Leiharbeit vgl. oben Erster Teil B. III. 1. b. 1) c), S. 201; zum MiLoG vgl. BeckOK ArbR/*Greiner*, MiLoG, § 1 Rn. 81; zum Annahmeverzugsrisiko vgl. oben Erster Teil B. III. 1. b. 1) a), S. 89.

1217 Krit. auf Grundlage von zweifelhaften Zahlen *Kämmerer*, Der neue Rechtsrahmen, S. 48 ff.

1218 Vgl. zum Unionsrecht oben Zweiter Teil, S. 155.

Lohnkosten wohl größte Komponente des Überlassungsentgelts deutlich werden: die Prämie für die Übernahme des Beschäftigungsrisikos sowie des Rekrutierungs- und Entlassungsaufwands durch das Verleihunternehmen. Sie könnte nicht länger durch außergewöhnlich niedrige Lohnkosten kompensiert werden.

Der dadurch gestiegene Preis der Arbeitnehmer*innenüberlassung würde zwar weiterhin einen Rückgriff auf die Arbeitnehmer*innenüberlassung attraktiv erscheinen lassen, wenn im Entleihunternehmen ein vorübergehender Bedarf an Arbeitskräften besteht. Es steht zu vermuten, dass die sich im Rahmen der Kernfunktion bewegenden Nutzungsformen weniger preissensibel sind, weil sie die charakteristischen Vorteile der Leiharbeit nutzen und nicht allein von der Lohndifferenz profitieren.[1219] Die aktuell aber zentral auf der Lohndifferenz aufbauende strategische Nutzung würde durch eine zwingende Gleichstellung ihren Sinn weitgehend verlieren.[1220] Gerade in diesen Fällen einer von Schwankungen des Arbeitskräftebedarfs entkoppelten Nutzung aber findet der Einsatz von Leiharbeitnehmer*innen auf Dauerarbeitsplätzen statt. Indem eine zwingende Gleichstellungspflicht die Arbeitnehmer*innenüberlassung an dieser Stelle wirtschaftlich unattraktiv macht, schützt sie die Stammbeschäftigten vor Verdrängung.

Auch zum Schutz der Tarifautonomie von Stammbeschäftigten und ihrer gewerkschaftlichen Vertretung wäre eine zwingende Gleichstellungspflicht geeignet. Die Gleichstellung würde die Fragmentierung der Belegschaften überwinden und die innerbetriebliche Konkurrenz abschwächen. Tarifgebundenen Entleihunternehmen wäre es nicht möglich, eine zweite Entgeltlinie im Betrieb aufzubauen und damit die eigenen Tarife zu unterlaufen. Schon heute ist der Einsatz von Leiharbeitskräften als Streikbrecher*innen gemäß § 11 Abs. 5 AÜG verboten, um die Tarifautonomie der Stammbelegschaften zu sichern.[1221] Eine zwingende Gleichstellungspflicht würde die Interessen von Leiharbeitnehmer*innen und Stammbeschäftig-

1219 Vgl. BVerfG, Urt. v. 04.04.1967 – 1 BvR 84/65, NJW 1967, 974 unter III. 4; *Cantzler*, in: Zeitarbeit, S. 247 (256); *Schröpfer*, Intensität der Leiharbeitsnutzung, S. 243; *Kämmerer*, Der neue Rechtsrahmen, S. 49; *Nießen/Fabritius*, BB 2013, 375 (380); *Blanke*, DB 2010, 1528 (1531 f.); *Fuchs*, NZA 2009, 57 (62); *Grobys/Schmidt/Brocker*, NZA 2003, 777 (780); *Däubler*, KJ 2003, 17 (21); vgl. dazu ausführlich oben Erster Teil B. I. 3. e., S. 52.

1220 Vgl. oben Erster Teil B. I. 3. c., S. 46.

1221 Vgl. BVerfG, Beschl. v. 19.06.2020 – 1 BvR 842/17, NZA 2020, 1186 Rn. 32.

ten weiter zusammenführen, die kollektive Durchsetzung ihrer Interessen stärken und damit der Tarifautonomie zur Wirksamkeit verhelfen.[1222]

Auch der Schutz branchenspezifischer Arbeitsmärkte und der Erhalt des dort üblichen Lohnniveaus würden von einer zwingenden Gleichstellungspflicht profitieren. Leiharbeitnehmer*innen könnten nicht länger unterhalb des im Einsatzbetrieb üblichen Entgeltniveaus eingesetzt werden; es würden keine vergleichsweise billigeren Arbeitskräfte auf die branchenspezifischen Arbeitsmärkte drängen. Eine zwingende Gleichstellungspflicht würde stattdessen die Löhne der innerhalb eines Betriebs eingesetzten Leiharbeitnehmer*innen dynamisch an das Lohnniveau und die besonderen Verhältnisse des Betriebs anpassen. Der Einsatz von Leiharbeitnehmer*innen hätte folglich bei tatsächlicher Gleichstellung vordergründig keine Auswirkungen auf den Arbeitsmarkt und das Lohnniveau einer Branche, der aktuell zu beobachtende Unterbietungswettbewerb wäre gestoppt.

Für Arbeitsplätze mit hohen Beschäftigungsrisiken dürfte zwar aufgrund der für Verleihunternehmen charakteristischen Stärke bei der Zusammenfassung von Beschäftigungsrisiken und Rekrutierungs- wie Entlassungskosten die von den Entleihunternehmen an die Verleihunternehmen zu bezahlende Prämie für die Übernahme der Arbeitgeber*innenrolle geringere Kosten mit sich bringen als eine eigene Anstellung.[1223] Auch bei tatsächlicher Gleichstellung dürfte der Einsatz von Leiharbeitnehmer*innen auf „wackeligen" und in diesem Sinne tendenziell vorübergehenden Arbeitsplätzen damit weiterhin günstiger sein und die Arbeitsbedingungen der Stammbeschäftigten etwas unterbieten. Das entspricht aber der Verortung solcher Arbeitsplätze an der Kante zum vorübergehenden Bedarf und damit am Rande der Kernfunktion von Leiharbeit. Das insgesamte Lohnniveau innerhalb der Branche aber bliebe weitgehend stabil und würde nicht wesentlich durch innerbetriebliche Konkurrenz unter Druck gesetzt. Eine zwingende Gleichstellungspflicht in der Arbeitnehmer*innenüberlassung wäre damit auch unabhängig von der Koalitionsfreiheit dazu geeignet, das Verhandlungsgleichgewicht und das Lohnniveau von Stammbeschäftigten zu schützen.

Auch das Lohnniveau auf dem allgemeinen Arbeitsmarkt würde durch eine zwingende Gleichstellungspflicht gestützt; die Gefahr einer Abwärtsspirale auf Basis eines Unterbietungswettbewerbs zwischen Stammbeschäftigten und Leiharbeitnehmer*innen wäre gebannt. Das Entgelt vieler Leih-

1222 Vgl. *Kronauer*, in: Arbeiterbewegung, S. 81 (90); *Krause*, ZIAS 2014, 113 (149).
1223 Vgl. zur Arbeitsplatzsicherheit oben Erster Teil B. III. 2. b. 2), S. 144.

arbeitnehmer*innen würde gegenüber der aktuellen Rechtswirklichkeit erheblich steigen.[1224] Das dadurch gestiegene Medianeinkommen würde zwar die rechnerische Grenze des Niedriglohnsektors etwas anheben; dennoch würden insgesamt weniger Leiharbeitnehmer*innen und damit auch insgesamt weniger Menschen Einkünfte unterhalb dieser relativen Grenze aufweisen. In der Folge würde der Lohndruck nicht nur im Niedriglohnsektor, sondern in allen Lohngruppen sinken. Der Preis der Arbeitskraft würde steigen, die Spreizung des Lohnniveaus würde sinken. Insofern macht der Vergleich mit der aktuellen Situation anschaulich, dass eine zwingende Gleichstellungspflicht geeignet ist, um das Lohnniveau gegen die Gefahren eines fragmentierten Arbeitsmarkts zu schützen.

Offen bleibt dabei, ob eine Gleichstellungspflicht auch dem Schutz des Arbeitsmarktes an sich zuträglich wäre. Diese Frage lässt sich nur in Abhängigkeit von dem Verständnis davon beantworten, was der schützenswerte Teil des Arbeitsmarkts ist. Versteht man den perfekten Arbeitsmarkt als wertfreies Scharnier, um möglichst unmittelbar Angebot und Nachfrage von Arbeitskraft zusammenzubringen, so erleichtert das günstige Angebot von Arbeitskraft die rasche und kleinteilige Deckung der Nachfrage. Soll der Arbeitsmarkt dagegen „gute Arbeit" vermitteln, müssen die Marktmechanismen diesem Ziel angepasst werden. Diese Entscheidung ist eine politische. Entscheidet sich die Gesetzgebung dazu, die zweite Variante zu verfolgen, so wäre eine zwingende Gleichstellungspflicht in der Arbeitnehmer*innenüberlassung hierzu geeignet: Der Unterbietungswettbewerb auf dem Arbeitsmarkt wäre gezähmt, Arbeitsplätze würden nicht mehr um jeden Preis besetzt, sondern nur zu Bedingungen, die in der jeweiligen Einsatzbranche verhandelt und möglicherweise als „gut" anerkannt wurden. Es gibt demnach ein Verständnis vom Schutz des Arbeitsmarkts, welches als legitimes Ziel anzuerkennen wäre und zu dessen Verfolgung die Gleichstellung geeignet wäre.

Auch zum Schutz von Sozialkassen und Staatsfinanzen wären die infolge der Gleichstellung gesicherten und gegenüber der aktuellen Handhabung gestiegenen Löhne geeignet. Die Sozialversicherungsbeiträge und die Rentenansprüche von Leiharbeitnehmer*innen würden gemeinsam mit den Einkommen steigen und damit die Sozialkassen ebenso wie die Staatskasse entlasten. Davon würden potentiell alle anderen Beitrags- und Steuerzahler*innen profitieren.

1224 Vgl. zur aktuellen Entgeltdifferenz zwischen Leiharbeitnehmer*innen und Stammbeschäftigten oben Erster Teil B. III. 1. b. 2), S. 111.

Eine zwingende Gleichstellungspflicht in der Leiharbeit wäre damit geeignet, bis auf Teile des Gesundheitsschutzes von Leiharbeitnehmer*innen alle aufgeführten Ziele zu fördern.

(3) Erforderlichkeit

Diese Ziele können den durch eine zwingende Gleichstellungspflicht erfolgenden Eingriff in die Koalitionsfreiheit nur rechtfertigen, wenn der Eingriff zu ihrer Erreichung erforderlich ist. Es genügt demnach nicht die absolute Wirksamkeit der Geeignetheit allein; die zwingende Gleichstellungspflicht muss auch im Vergleich zu anderen denkbaren Maßnahmen ihre relative Wirksamkeit beweisen.

Weder EuGH noch EGMR trennen konsequent zwischen Erforderlichkeit und Angemessenheit.[1225] Zumindest der EuGH unterscheidet aber teilweise zwischen der Frage nach einem milderen Mittel und der Abwägung der betroffenen Rechtsgüter.[1226] Unabhängig davon bietet es sich um der Klarheit und Verständlichkeit willen in Anlehnung an die deutsche Grundrechtsdogmatik zur Strukturierung an, Erforderlichkeit und Angemessenheit des Eingriffs getrennt zu betrachten. Erforderlich im Hinblick auf die verfolgten Ziele ist ein Eingriff nur dann, wenn es keine anderen Maßnahmen gibt, die einen weniger tiefen Eingriff darstellen und gleichzeitig genauso wirksam den mit dem Eingriff verfolgten Zielen dienen würden.[1227]

Vereinzelt wird vertreten, dass eine Gleichstellung für Leiharbeitnehmer*innen keinen über den aktuellen Schutz hinausreichenden Mehrwert biete und darum nicht erforderlich sei.[1228] Das ist insofern besonders

---

1225 EuGH, Urt. v. 09.11.2010 – C-92, 93/09 – Schecke, EuZW 2010, 939 Rn. 79; EGMR, Urt. v. 07.12.1976 – 5493/72 – Handyside/United Kingdom, Rn. 58; vgl. EuArbRK/*Schubert*, GRCh Art. 52 Rn. 51; NK-GRCh/*Schwerdtfeger*, Art. 52 Rn. 39; *Grabenwarter/Pabel*, EMRK, § 18 Rn. 15; krit. dazu *Streinz/Michl*, GRCh Art. 52 Rn. 19; Generalanwalt beim EuGH (Saugmandsgaard Øe), Schlussantrag vom 19.07.2016 – C-203/15, C-698/15, Rn. 223.

1226 EuGH, Urt. v. 22.01.2013 – C-283/11 – Sky Österreich GmbH, EuZW 2013, 347 Rn. 50; EuGH, Urt. v. 11.07.1989 – 265/87 – Schräder, Rn. 21.

1227 EuGH, Urt. v. 22.01.2013 – C-283/11 – Sky Österreich GmbH, EuZW 2013, 347 Rn. 54 f.; EuGH, Urt. v. 11.07.1989 – 265/87 – Schräder, Rn. 21; *Jarass*, GRCh Art. 52 Rn. 39; Calliess/Ruffert/*Kingreen*, GRCh Art. 52 Rn. 69.

1228 *Kämmerer*, Der neue Rechtsrahmen, S. 47, 51; Stellungnahme der BRAK vom 20.06.2016, Ausschussdrs. 18(11)761neu, S. 86 (90); *Henssler*, RdA 2016, 18 (24); *Hirdina*, NZA 2011, 325 (330).

erstaunlich, als diese Stimmen keineswegs eine unionsrechtskonforme einschränkende Auslegung von § 8 Abs. 2, 4 AÜG vornehmen und von den Tarifverträgen zur Leiharbeit ein der Gleichstellung insgesamt ebenbürtiges Schutzniveau verlangen – Bezugspunkt soll stattdessen die aktuelle Rechtswirklichkeit sein. Als Grundlage dieser in Anbetracht der außerordentlichen Lohndifferenz überraschenden Auffassung sollen wahlweise die Branchenzuschlagstarifverträge oder die Richtigkeitsgewähr dienen, die gemeinhin Tarifverträgen zugesprochen wird.[1229] Die aktuell gültigen Branchenzuschläge sind offensichtlich zum Schutz der Leiharbeitskräfte nicht ebenso gut geeignet, liegt doch das dort vereinbarte Entgelt stets unter equal pay und ist darüber hinaus an besondere Voraussetzungen geknüpft.[1230] Auch die Richtigkeitsgewähr ist im Falle der Arbeitnehmer*innenüberlassung ausgesprochen zweifelhaft, zudem kann das Argument an sich schon nicht überzeugen.[1231] Wollte man aus dem Bestehen tariflicher Regelungen stets ableiten, dass ein davon abweichender staatlicher Schutz nicht erforderlich sei, so dürfte es insgesamt kein für Tarifparteien zwingendes Arbeitnehmer*innenschutzrecht geben. Das wäre aber aufgrund der vielfältigen innerhalb der Gewerkschaft aufeinandertreffenden Interessen und Überzeugungen nicht sachgerecht – wie nicht zuletzt das vorliegende Beispiel der Arbeitnehmer*innenüberlassung zeigt. Hier kann kaum sinnvoll bestritten werden, dass eine zwingende Gleichstellung einen insgesamt weitergehenden Schutz als die aktuelle Tariflage böte.[1232] Sie wäre darum unabhängig von der vermeintlichen Richtigkeitsgewähr der Tarifwerke zum Schutz von Leiharbeitnehmer*innen erforderlich.

Wesentlich fundiertere Zweifel an der Erforderlichkeit einer zwingenden Gleichstellungspflicht ergeben sich aber aus der im zweiten Teil festgestellten Pflicht zur unionsrechtskonformen Auslegung von § 8 Abs. 2, 4 AÜG. Nimmt man auf Basis des Gesamtschutzerfordernisses in Art. 5 Abs. 3 RL 2008/104/EG richtigerweise an, dass vom Gleichstellungsgrundsatz abweichende Tarifverträge ein insgesamt der Gleichstellung ebenbür-

---

1229 *Kämmerer*, Der neue Rechtsrahmen, S. 45 ff.; Stellungnahme der BRAK vom 20.06.2016, Ausschussdrs. 18(11)761neu, S. 86 (90); vgl. zur Lohndifferenz oben Erster Teil B. III. 1. b. 2), S. 111.

1230 Vgl. oben Erster Teil B. III. 1. b. 1) d), S. 103.

1231 Vgl. zur Richtigkeitsgewähr ausführlich oben Zweiter Teil B. II. 2., S. 278.

1232 AA *Kämmerer*, Der neue Rechtsrahmen, S. 46: „[...] wird anzunehmen sein, dass diese Verträge [die Tarifverträge, Anm. d. Verf.] den Interessen der Leiharbeitnehmer dann noch besser entsprechen als die bis jetzt dispositive gesetzliche Regelung." Zu den Arbeitsbedingungen in der Arbeitnehmer*innenüberlassung vgl. oben Erster Teil B. III., S. 65.

tiges Niveau erhalten müssen, so stellt sich die aktuelle Rechtswirklichkeit als Folge einer unzureichenden Rechtsdurchsetzung dar.[1233]

Alternativ zur Einführung einer zwingenden Gleichstellungspflicht könnte die Gesetzgebung darum auch auf eine wirksame Rechtsdurchsetzung hinwirken und auf diesem Weg ein der Gleichstellung insgesamt ebenbürtiges Schutzniveau erreichen. Diese Herangehensweise hätte den Vorteil, dass den Tarifparteien aufgrund der vom Unionsrecht zugestandenen Saldierungsmöglichkeiten ein etwas größerer Handlungsspielraum verbliebe. Der Eingriff in die Tarifautonomie wäre damit tatsächlich milder.

Diese Alternative müsste allerdings zum Schutz der Leiharbeitnehmer*innen ebenso geeignet sein. Dagegen spricht in technischer Hinsicht, dass die Bestimmung des der Gleichstellung entsprechenden Schutzniveaus nicht ganz einfach und darum mit einer gewissen Rechtsunsicherheit verbunden ist. Aus dieser Schwierigkeit entstehen außerdem neue Hürden bei der Rechtsdurchsetzung. Der bezweckte Schutz von Leiharbeitnehmer*innen wäre also bei dieser Variante aufwendiger zu erreichen, der Erfolg wäre unsicherer. Hinzu kommt in materieller Hinsicht, dass der mit einer unionsrechtskonformen Auslegung von § 8 Abs. 2, 4 AÜG erreichte Schutz dem einer zwingenden Gleichstellungspflicht eben nur insgesamt ebenbürtig ist, ihm aber nicht vollständig entspricht. Mit einer zwingenden Gleichstellungspflicht wird für jeden Einsatz jeder Leiharbeitskraft eine der Austauschgerechtigkeit entsprechende Vergütung sichergestellt; bei einer von der Gleichstellungspflicht abweichenden und ihr nur insgesamt ebenbürtigen Tarifierung gibt es aufgrund der unionsrechtlich erlaubten Saldierungsmöglichkeiten stets Gewinner*innen und Verlierer*innen. Zum Schutze dieser von der Saldierungsmöglichkeit benachteiligten Leiharbeitnehmer*innen wäre eine wirksame Rechtsdurchsetzung deshalb nicht ebenso so gut geeignet wie eine zwingende Gleichstellungspflicht. Die zwingende Ausgestaltung der Gleichstellungspflicht wäre folglich zum Schutz von Leiharbeitnehmer*innen erforderlich.

Auch der Schutz vor psychischen Belastungen aufgrund mangelnder Wertschätzung lässt sich ohne eine zwingende Gleichstellungspflicht nur bedingt erreichen. Die Zukunftsangst vieler Leiharbeitskräfte könnte zwar mit einer verbesserten Arbeitsplatzsicherheit und einer konsequenten Durchsetzung der unionsrechtlichen Gesamtschutzbestimmung gemildert werden. Das Gefühl sozialer Benachteiligung und mangelnder Wertschätzung lässt sich aber nicht unabhängig von den Arbeitsbedingungen der

1233 Vgl. dazu ausführlich oben Zweiter Teil C., S. 323.

konkreten im Einsatzunternehmen angestellten Kolleg*innen beseitigen – die psychische Belastung entsteht hier explizit aus der relativen Schlechterstellung. Diese bliebe auch bei Annahme eines der Gleichstellung insgesamt ebenbürtigen Schutzniveaus in den Tarifverträgen teilweise erhalten. Eine zwingende Gleichstellungspflicht ist darum auch zum Schutz der psychischen Gesundheit von Leiharbeitnehmer*innen erforderlich.

Hinsichtlich der Verdrängung von Stammbeschäftigten gilt zunächst das zum Schutz von Leiharbeitnehmer*innen gesagte entsprechend: auch eine konsequente Durchsetzung des unionsrechtlich gebotenen Gesamtschutzes würde schon zu erhöhten Überlassungspreisen führen und damit den Anreiz zur Substitution von Stammkräften durch Leiharbeitskräfte erheblich eindämmen. Aufgrund der abstrakteren Perspektive eines insgesamt ebenbürtigen Schutzniveaus könnte dabei aber das im einzelnen Entleihunternehmen vorherrschende Entgeltniveau nicht ebenso präzise abgebildet werden, wie das bei einer zwingenden Gleichstellungspflicht der Fall wäre. Insbesondere für überdurchschnittlich gut entlohnende Entleihunternehmen bliebe damit ein Anreiz zur strategischen Nutzung der Arbeitnehmer*innenüberlassung erhalten; die Maßnahme wäre darum weniger wirksam.

Der Verdrängung von Stammbeschäftigten könnte aber auch auf anderem, unmittelbarem Wege entgegengewirkt werden: indem schlicht der Einsatz von Leiharbeitnehmer*innen auf dauerhaft vorhandenen Arbeitsplätzen verboten wird. Eine strenge Beschränkung der Leiharbeit auf vorübergehende Arbeitsbedarfe würde den Stammbeschäftigten in einigen Fällen tatsächlich sogar einen besseren Schutz vor Verdrängung bieten. So gab es in der Vergangenheit immer wieder Entleihunternehmen, die ihre Verleihunternehmen zur Gewährung von equal pay verpflichteten und trotz der dadurch höheren Kosten an einem dauerhaften Einsatz von Leiharbeitskräften festhielten.[1234]

Allerdings birgt eine solche Beschränkung auf vorübergehende Arbeitsbedarfe nicht nur erhebliche Rechtsunsicherheit, sie ist auch nicht unbedingt gleich geeignet oder milder. Auch ein Verbot des Einsatzes von Leiharbeitnehmer*innen auf Dauerarbeitsplätzen gefährdet die Anstellung von Beschäftigten des Einsatzunternehmens, weil Unternehmen nicht zwingend eine Personalpolitik der unteren Linie fahren, sondern vorübergehende Ausfälle eigener Angestellter regelmäßig durch das Vorhalten

1234 Vgl. *Krause*, KJ 2013, 119 (127); *Krause*, Tarifverträge zur Begrenzung, 35; *Wetzel/Weigand*, Schwarzbuch Leiharbeit; IG Metall München, PM v. 19.11.2007; vgl. weiter dazu oben Erster Teil B. III. 1. b. 1) f), S. 106.

einer Personalreserve kompensieren. Diese Beschäftigten könnten aber auch bei einer Einschränkung des Einsatzes von Leiharbeitskräften auf vorübergehende Bedarfe verdrängt werden. Ob der Schutz vor Verdrängung im Ergebnis stärker wäre, hängt deshalb davon ab, wie eng und wie rechtssicher ein dauerhafter Bedarf von einem vorübergehenden Bedarf abgegrenzt wird.

Eine solche Einschränkung wäre außerdem wohl nicht milder, würde sie doch den potentiellen Einsatzbereich der Arbeitnehmer*innenüberlassung durch eine harte Grenze verengen und damit erheblich in die Berufsfreiheit von Leiharbeitnehmer*innen, Verleihunternehmen und Entleihunternehmen eingreifen. Dabei wäre der Eingriff umso tiefer, je enger der vorübergehende Bedarf gefasst würde. Eine Begrenzung des Einsatzes von Leiharbeitnehmer*innen auf eng verstandene vorübergehende Arbeitsplatzbedarfe könnte also ebenso geeignet sein, würde dann aber einen tiefen Eingriff in die Berufsfreiheit darstellen. Andersherum könnte durch ein weites Verständnis des vorübergehenden Bedarfs der Eingriff in die Berufsfreiheit gemildert werden – dann wäre aber die Maßnahme potentiell nicht mehr ebenso geeignet wie eine zwingende Gleichstellungspflicht. Bei der Abwägung zwischen diesem Eingriff in die Berufsfreiheit und dem vorliegend diskutierten Eingriff in die Koalitionsfreiheit steht den gesetzgebenden Organen ein Beurteilungsspielraum zu.[1235]

Es wäre darum nicht zu bemängeln, wenn die Legislative den Eingriff in die Koalitionsfreiheit zugunsten des Schutzes der Stammbeschäftigten vor Verdrängung als erforderlich erachtete.

Es ist auch keine mildere Maßnahme denkbar, die einen ebenso guten Schutz der Koalitionsfreiheit von Stammbelegschaften und ihrer Gewerkschaften gewährleisten könnte. Die Strahlkraft einer staatlich verordneten Gleichstellung entsteht gerade aus der Verbindung von Interessen von Stamm- und Leiharbeitskräften, um auf diesem Wege über die Fragmentierung im Betrieb hinwegzukommen. Erst die Überwindung dieser Spaltung macht ein kollektives Handeln aller im Betrieb Beschäftigten möglich. Dabei ist die zwingende Gleichstellung präziser, als es ein nur insgesamt vergleichbares Schutzniveau wäre. Bis auf ein Verbot der Arbeitnehmer*innenüberlassung gibt es darum keine Maßnahme, die zum Schutz der individuellen und kollektiven Koalitionsfreiheit der Stammbeschäftigten ebenso geeignet wäre. Ein Verbot aber stellte keine mildere Maßnahme dar.

1235 Vgl. EuArbRK/*Schubert*, GRCh Art. 52 Rn. 53; NK-GRCh/*Schwerdtfeger*, Art. 52 Rn. 43.

Wendet man sich allerdings von konkreten Leiharbeitnehmer*innen, Stammbeschäftigten und Einsatzbetrieben ab und den branchenspezifischen Arbeitsmärkten ebenso wie dem allgemeinen Arbeitsmarkt, den Sozialkassen und dem Bundeshaushalt zu, so bringt die damit verbundene abstraktere Perspektive auch einen neuen Blick auf die Erforderlichkeit einer zwingenden Gleichstellungspflicht mit sich. In materieller Hinsicht würde die konsequente Um- und Durchsetzung der Richtlinienvorgaben in Art. 5 Abs. 3 RL 2008/104/EG die letztgenannten, von einzelnen Leiharbeitsverhältnissen unabhängigen Ziele ebenso erfolgreich fördern – schließlich fordert die Gesamtschutzklausel in Art. 5 Abs. 3 RL 2008/104/EG eine Ebenbürtigkeit, die sich auf diesen von den einzelnen Saldierungen unabhängigen Ebenen zur Gleichartigkeit auswächst. In materieller Hinsicht könnte die Legislative darum auch einfach ihrem Regelungsauftrag aus der Leiharbeitsrichtlinie konkreter nachkommen und die auf Basis einer unionsrechtskonformen Auslegung schon heute bestehende Rechtslage konsequent durchsetzen.

Dabei ist allerdings die oben angeführte technische Schwierigkeit bei der praktischen Durchsetzung einer auf ebenbürtige Tarifverträge begrenzten Tariföffnungsklausel zu beachten. Die konkrete Bestimmung des zu erreichenden Schutzniveaus ist komplex und bedingt eine erhebliche Rechtsunsicherheit; die tatsächliche Durchsetzung kann dadurch erschwert werden. Es ist darum nicht auszuschließen, dass die konsequente Verpflichtung vom Gleichstellungsgrundsatz abweichender Tarifverträge auf ein der Gleichstellung ebenbürtiges Schutzniveau in der Praxis weniger erfolgreich wäre, als die einfachere und eindeutigere zwingende Gleichstellungspflicht.

Der grundsätzlich beim Schutz von Gemeinschaftsgütern gewährte Beurteilungs- und Prognosespielraum der Gesetzgebung umfasst nach Auffassung des BVerfG auch die Einschätzung der Erforderlichkeit und ist erst überschritten, wenn die Erwägungen der gesetzgebenden Organe vernünftigerweise nicht als Grundlage für die angegriffenen Maßnahmen dienen können.[1236] Das lässt sich übertragen, denn auch EuGH und EGMR gestehen den Mitgliedstaaten regelmäßig, insbesondere bei der Koalitionsfreiheit, einen weiten Beurteilungsspielraum zu.[1237] Es dürfte darum noch von der Einschätzungsprärogative der Gesetzgebung umfasst sein, einen

1236 BVerfG, Beschl. v. 20.03.2007 – 1 BvR 1047/05, NZA 2007, 609 Rn. 45; BVerfG, Beschl. v. 12.12.2006 – 1 BvR 2576/04, NJW 2007, 979 Rn. 62.

1237 EuGH, Urt. v. 17.10.2013 – C-101/12 – Schaible, Rn 47 f.; EGMR, Urt. v. 09.07.2013 – 2330/09 – Sindicatul „Pastorul Cel Bun“/Rumänien, Rn. 133;

grundlegenden Ansatz zu wählen und die in ihrer Wirkung sichere und absehbare zwingende Gleichstellung der von Rechtsunsicherheit geprägten Begrenzung der Tariföffnungsklausel als besser geeignet vorzuziehen.

Damit wäre eine zwingende Gleichstellungspflicht auch erforderlich, um branchenspezifische Arbeitsmärkte und das dortige Lohnniveau ebenso wie den allgemeinen Arbeitsmarkt, das dort herrschende Lohnniveau, die Sozialkassen und den Bundeshaushalt im bestmöglichen Maße zu schützen.

Der Eingriff in die Koalitionsfreiheit würde neben Leiharbeitnehmer*innen auch Stammbeschäftigte sowie ihre gewerkschaftliche Vertretung und das Allgemeininteresse in jeweils spezifischen Belangen schützen. Keines dieser Ziele könnte mit milderen Mitteln ebenso gut erreicht werden. Damit wäre der Eingriff insgesamt erforderlich.

(4) Angemessenheit

Nach alledem sprechen außerordentlich gewichtige Gründe dafür, eine zwingende Gleichstellungspflicht in der Arbeitnehmer*innenüberlassung einzuführen. Um den Eingriff in die Koalitionsfreiheit rechtfertigen zu können, müssten sie aber auch in einem angemessenen Verhältnis zum Eingriff stehen.

Zur Prüfung der Angemessenheit sind die Nachteile des Eingriffs dem Gewicht der damit verfolgten Ziele gegenüberzustellen.[1238] Stehen, wie vorliegend, auf beiden Seiten der Abwägung auch geschützte Individualrechte auf dem Spiel, so muss der Schutz dieser Rechte so weit als möglich in Einklang gebracht und ein angemessenes Gleichgewicht hergestellt werden.[1239] Bei dieser Wertung gestehen EuGH und EGMR den Mitgliedstaaten einen Beurteilungsspielraum zu.[1240]

Auf Seiten der Verleihunternehmen und ihrer Koalitionen wäre der Eingriff durch eine zwingende Gleichstellungspflicht erheblich. Sie würden

NK-GRCh/*Schwerdtfeger*, Art. 52 Rn. 42 f.; NK-EMRK/*Daiber*, Art. 11 Rn. 34; *Schlachter*, EuR 2016, 478 (485).

1238 *Streinz/Michl*, GRCh Art. 52 Rn. 20; *Grabenwarter/Pabel*, EMRK, § 18 Rn. 16.

1239 EuGH, Urt. v. 22.01.2013 – C-283/11 – Sky Österreich, MMR 2013, 265 Rn. 60; *Jarass*, GRCh Art. 52 Rn. 43; *Streinz/Michl*, GRCh Art. 52 Rn. 20.

1240 EuGH, Urt. v. 17.10.2013 – C-101/12 – Schaible, Rn 47 f.; EGMR, Urt. v. 23.10.2010 – 425/03 – Obst/Deutschland, Rn. 42; EuArbRK/*Schubert*, GRCh Art. 52 Rn. 53; EuArbRK/*Schubert*, EMRK Art. 1 Rn. 51; NK-EMRK/*Daiber*, Art. 11 Rn. 34; *Grabenwarter/Pabel*, EMRK, § 18 Rn. 20.

in der Verhandlung der Arbeitsbedingungen beträchtlich eingeschränkt, wären sie doch für einen Großteil der zu vergütenden Arbeitsstunden an das Mindestgebot von equal pay und equal treatment gebunden. Das ist für Verleihunternehmen insofern besonders gravierend, als die Machtverhältnisse in der Leiharbeit eine besonders deutliche Unwucht zu ihren Gunsten haben.[1241] Dieser Vorteil könnte bei einer zwingenden Gleichstellungspflicht kaum wirksam werden und die Verleihunternehmen ebenso wie ihre Verbände deutlich einschränken. Die aktuell zu beobachtenden Differenzen zwischen den Entgelten inner- und außerhalb der Arbeitnehmer*innenüberlassung machen anschaulich, welch massive Einbußen die zwingende Gleichstellung für Verleihunternehmen mit sich brächte.[1242] Diese wiegen umso schwerer, als Personalkosten einen wesentlichen Teil der Kosten von Verleihunternehmen ausmachen. Die Verleihunternehmen hätten darüber hinaus den Nachteil, dass sie zwar in vielen Fällen zur Zahlung von Tariflöhnen entsprechend der Einsatzbranchen verpflichtet wären, an deren Verhandlung aber nicht teilnehmen könnten und auch nicht von der sich aus einem Tarifabschluss ergebenden Friedenspflicht profitieren würden.

Als Folge einer zwingenden Gleichstellungspflicht ginge für die Verleihunternehmen außerdem der Anreiz zum Abschluss von Tarifverträgen verloren. Die Organisationsraten in der Leiharbeit legen nahe, dass auch von Seiten der Gewerkschaft in naher Zukunft kein diesbezüglicher Druck aufgebaut werden würde. Es steht damit zu erwarten, dass das Tarifgeschehen in der Arbeitnehmer*innenüberlassung komplett zum Erliegen käme. Für die Verleihunternehmen gäbe es keinen Grund mehr, sich innerhalb von Koalitionen zu organisieren – sie würden ihre Koalitionsfreiheit kaum noch nutzen und hätten keine Chance, ihre kollektive Kraft sinnvoll zur Verfolgung ihrer Interessen zu entfalten. Damit hätten die Arbeitgeber*innenverbände einen außerordentlichen Mitgliederschwund zu befürchten; die kollektive Interessenvertretung in der Arbeitnehmer*innenüberlassung würde insgesamt erheblich leiden.

Weniger dramatisch würde sich eine zwingende Gleichstellungspflicht auf die Koalitionsfreiheit von Leiharbeitnehmer*innen und ihren Gewerkschaften auswirken. Sie könnten theoretisch von der Basis der Gleichstellung ausgehen und von da aufwärts ihre Interessen vertreten. Die Bedingungen in den Einsatzbetrieben dürften problemlos überboten werden. Den Gewerkschaften würde aus dieser Perspektive lediglich ein Vor-

---

1241 Vgl. oben Erster Teil III. 1. b. 2), S. 111.
1242 Vgl. oben Erster Teil III. 1. b. 2), S. 111.

sprung gewährt. Allerdings würden sie ihr aktuell bestes Argument zum Abschluss von Tarifverträgen einbüßen: Können die Gewerkschaften den Unternehmensverbänden keinen Dispens von der Gleichstellungspflicht in Aussicht stellen, so sind sie darauf zurückgeworfen, die Gegenseite durch kollektive Maßnahmen zur Verhandlung zu zwingen. Das ist angesichts der aktuellen Organisationsrate eher unwahrscheinlich; von einem ausgeglichenen Machtverhältnis am Verhandlungstisch kann ohne die Tarifdispositivität des Gleichstellungsgrundsatzes keine Rede sein. In der Folge fände auch auf Seiten der Leiharbeitnehmer*innen keine relevante kollektive Interessenwahrnehmung mehr statt. Die Anreize für Leiharbeitnehmer*innen, sich gewerkschaftlich zu organisieren, blieben damit ausgesprochen überschaubar. Für Leiharbeitskräfte wäre es einfacher, mittelbar an den Tarifabschlüssen in den Einsatzbranchen zu partizipieren; der Anreiz zur Organisierung würde weiter schwinden.

Dieser Tiefpunkt in der gewerkschaftlichen Organisation innerhalb der Arbeitnehmer*innenüberlassung läge allerdings nur unwesentlich unter der heute zu beobachtenden Bedeutungslosigkeit.[1243] Aktuell leiden Leiharbeitskräfte so sehr unter dem gewerkschaftlichen Handeln, dass hierin teilweise ein Eingriff in die positive Koalitionsfreiheit von Gewerkschaften oder Leiharbeitnehmer*innen gesehen wird.[1244] Mag das auch ein etwas paternalistisches Verständnis der Koalitionsfreiheit offenbaren, so stimmt es doch, dass Leiharbeitnehmer*innen in Sachen interessengerecht gelebter Tarifautonomie gerade nicht allzu viel zu verlieren haben. Sollte sich aber in Zukunft etwas an den Machtverhältnissen in der Arbeitnehmer*innenüberlassung ändern, so wäre der Interessenwahrnehmung durch eine zwingende Gleichstellungspflicht keine Grenze gesetzt. Einen Anreiz zum Gewerkschaftsbeitritt gäbe es in Zukunft ebenso wie heute allerdings erst, wenn Arbeitsbedingungen verlangt würden, die über denen des Gleichstellungsgrundsatzes liegen. Insgesamt stellte sich der Eingriff in die Koalitionsfreiheit der Leiharbeitnehmer*innen und ihrer Gewerkschaften demnach als eher milde dar.

Diese Eingriffe würden als zentralen Nutzen einen elementaren Schutzschirm für Leiharbeitnehmer*innen aufspannen. Ihnen würde durch eine

1243 Vgl. *Pant*, Regulierung der Arbeitnehmerüberlassung, S. 33; Böhm/Hennig/*Popp*, Zeitarbeit, Rn. 888 ff.; *D. Ulber*, Tarifdispositives Gesetzesrecht, S. 505; *Waltermann*, NZA 2010, 482 (483); *Rieble*, in: Zukunft der Zeitarbeit, S. 65 (70).

1244 *Lembke/Stoffels*, in: FS Moll 2019, S. 377 (391 f.); *Bayreuther*, BB 2010, 309 (313); *Blanke*, DB 2010, 1528 (1531); aA *Seiwerth*, ZESAR 2021, 127 (128 f.); Ulber/*J. Ulber*, AÜG § 8 Rn. 112.

zwingende Gleichstellungspflicht das Recht eingeräumt, für ihre der Leistung der Stammbeschäftigten ebenbürtige Leistung eine den Arbeitsbedingungen der Stammkräfte ebenbürtige Gegenleistung zu erhalten.[1245] Sie würden damit von den Verleihunternehmen Arbeitsbedingungen erhalten, die dem Wert der erbrachten Arbeitsleistung und den Anforderungen der Austauschgerechtigkeit entsprechen. Damit würde ein Schutzbedürfnis befriedigt, welches aufgrund der Strukturen in der Arbeitnehmer*innenüberlassung außergewöhnlich groß ist – die strukturelle Machtasymmetrie des Arbeitsmarkts wirkt sich auf Leiharbeitnehmer*innen besonders deutlich aus, ohne staatliche Hilfe ist es ihnen kaum möglich, ihre Interessen im Rahmen des Leiharbeitsvertrags wirksam durchzusetzen. Die aktuelle Rechtswirklichkeit zeigt anschaulich, dass die meisten Leiharbeitnehmer*innen der Übermacht der Verleihunternehmen weitgehend ausgeliefert sind. Zwar ist heute durch die umfassende Tarifierung in allen Leiharbeitsverhältnissen bereits ein Schutzniveau erreicht, welches sich neben den historisch schlechten Tarifabschlüssen der CGZP durchaus sehen lassen kann. Diese christlichen Tarifabschlüsse entstammen allerdings der vorletzten Dekade und sind damit schlechtes Vergleichsmaterial. Auch heute noch arbeitet außerdem entgegen der unionsrechtlichen Vorgaben die Mehrzahl der Beschäftigten in der Arbeitnehmer*innenüberlassung zu Arbeitsbedingungen, die erheblich unter denen ihrer vergleichbaren Kolleg*innen in den Einsatzbetrieben liegen – ohne dass es dafür eine tragende Rechtfertigung gäbe.[1246] In der Folge leiden viele Leiharbeitnehmer*innen, zusätzlich zu ihrer schlechten Arbeitsplatzsicherheit, unter wirtschaftlich ausgesprochen prekären Verhältnissen.[1247] Mit der Einführung einer zwingenden Gleichstellungspflicht würde die Legislative den Beschäftigten eine der Austauschgerechtigkeit entsprechende Vergütung bescheren und damit ihre Rechte aus Art. 31 GRCh, Art. 12 Abs. 1 GG schützen. Der Zugewinn gegenüber der aktuell praktizierten Schlechterstellung wäre in Anbetracht der erheblichen Entgeltdifferenz und dem bislang insgesamt niedrigen Schutzniveau erheblich.

1245 Vgl. zum Leistungsniveau in der Arbeitnehmer*innenüberlassung oben Erster Teil B. II., S. 59.

1246 Vgl. oben Erster Teil B., III. 1. b 2), S. 111; vgl. zum Leistungsniveau in der Leiharbeit oben Erster Teil B. II., S. 59.

1247 64 % der Leiharbeitnehmer*innen erzielen Entgelte im Niedriglohnbereich, Bundesagentur für Arbeit, Leiharbeitnehmer und Verleihbetriebe, Januar 2022, Tabelle 6.1 Spalte 8 Zeile 12.

In der Konsequenz würde auch der Gesundheitsschutz von Leiharbeitskräften etwas verbessert. Dieser Nutzen bleibt allerdings überschaubar und in der Abwägung von untergeordneter Bedeutung.

Neben den Belangen der Leiharbeitnehmer*innen stünde bei der Einführung einer zwingenden Gleichstellungspflicht vor allem die fragmentierende Wirkung der Arbeitnehmer*innenüberlassung im Fokus: Mit der Überwindung der Spaltung von Belegschaften würde das zentrale Strukturmerkmal der Leiharbeit eingehegt. Die künstliche Aufspaltung der Arbeitgeber*innenrolle in der Leiharbeit würde sich nicht länger auf die Arbeitsbedingungen der Beschäftigten auswirken. Damit wäre der Weg frei für eine gemeinsame, kollektive Interessenwahrnehmung von Stammbelegschaften und Leiharbeitskräften. Statt gegenseitiger Konkurrenz und Verdrängung wäre es mithilfe der Gleichstellung möglich, die Arbeitsbedingungen aller in einem Betrieb, in einem Unternehmen oder in einer Branche Tätigen gemeinsam und geschlossen zu verhandeln.[1248] Dadurch würde die Tarifautonomie der Stammbeschäftigten und ihrer Gewerkschaften geschützt und die Spaltung in konkurrierende Subjekte aufgehoben. Die Lohnfindung in den Einsatzbranchen könnte gemäß der von Art. 28 GRCh, Art. 9 Abs. 3 GG vorgesehenen kollektiven Verhandlung vonstattengehen, ohne einen Unterbietungswettbewerb mit Leiharbeitskräften zu fürchten.

Gleichzeitig würden damit Stammbeschäftigte vor Verdrängung geschützt und in ihrer Berufsfreiheit gesetzlich abgesichert.

Auch der Arbeitsmarkt würde durch eine Gleichstellungspflicht vor einem Unterbietungswettbewerb durch die Arbeitnehmer*innenüberlassung geschützt und würde umfassender von Tarifergebnissen der jeweiligen Branchen strukturiert, sodass auch das Lohnniveau stabil bliebe. Es steht der demokratisch gewählten Legislative zu zu entscheiden, ob sie den Arbeitsmarkt in dieser Form gestalten möchte. Strebt sie das an, so ist das entsprechende Funktionieren des Arbeitsmarkts als gewichtiger Belang aller Lohnabhängigen in die Rechtfertigung mit einzubeziehen.

1248 Es ist umstritten, in welchen Fällen Leiharbeitskräfte für einen Tarifvertrag der Einsatzbranche im herkömmlichen Sinne streiken dürfen (Thüsing/*Mengel*, AÜG § 11 Rn. 51; Ulber/*J. Ulber*, AÜG § 11 Rn. 151). Sie dürfen aber unabhängig davon nach § 11 Abs. 5 AÜG die Arbeit im bestreikten Einsatzbetrieb verweigern. Ungeachtet potentieller dogmatischer Unterschiede ist der gemeinsame Aufbau von Gegenmacht damit praktisch möglich – und läge bei Geltung einer zwingenden Gleichstellungspflicht auch im Interesse der Leiharbeitskräfte.

Es mutet darüber hinaus seltsam an, dass Beschäftigte außerhalb der Arbeitnehmer*innenüberlassung aktuell mit ihren Sozialversicherungsbeiträgen und Steuern die günstigen Löhne der Leiharbeitnehmer*innen querfinanzieren, nur um dann von eben diesen günstigen Löhnen in der eigenen Verhandlungsposition unter Druck gesetzt zu werden. Für eine solide Finanzierung des Systems der sozialen Sicherung ist es darum sinnvoll, dass alle Mitglieder gemäß ihrer Wertschöpfung Beiträge leisten – diese Wertschöpfung kann in der Arbeitnehmer*innenüberlassung am ehesten durch die Löhne der vergleichbaren Stammbeschäftigten bestimmt werden. Auch die finanzielle Stabilität des Systems der sozialen Sicherung und des Staatshaushalts spricht folglich als gewichtiges Argument für eine zwingende Gleichstellungspflicht in der Arbeitnehmer*innenüberlassung.

Die in die Abwägung eingelegten Schutzgüter lassen sich nicht vollständig vereinen; es ist darum notwendig, ein angemessenes Gleichgewicht herzustellen. Insgesamt wiegen die Belange der Leiharbeitnehmer*innen angesichts der ohne staatlichen Schutz drohenden dramatisch schlechten Arbeitsbedingungen schwer. Daneben kommt der fragmentierenden Wirkung der Arbeitnehmer*innenüberlassung zentrale Bedeutung zu: die für die wirksame Nutzung der Tarifautonomie zentrale Möglichkeit zur gemeinsamen Verhandlung der gemeinsamen Arbeitsbedingungen wird durch die Trennung der Leiharbeitnehmer*innen vom Verhandlungstisch der Einsatzbranchen erheblich eingeschränkt. Dadurch wird der Aufbau kollektiver Gegenmacht erschwert und die vom Grundgesetz vorgesehene Methode kollektiver Lohnfindung behindert. Die Gleichstellung stellt an dieser Stelle wieder einheitliche Interessen innerhalb der Betriebe her und verhilft damit der Koalitionsfreiheit der Stammbeschäftigten zur Wirksamkeit. Dieser für den gesamten Arbeitsmarkt relevante Mechanismus ist gemeinsam mit dem Schutzbedürfnis der Leiharbeitnehmer*innen als wichtiger anzuerkennen als die bei Verleihunternehmen zu verzeichnende Einschränkung durch die Vorgabe, für Zeiten der Überlassung die im Einsatzbetrieb gewährten Arbeitsbedingungen nicht zu unterschreiten.

Den Tarifparteien in der Arbeitnehmer*innenüberlassung bleibt auf diesem Wege noch einiges an Spielraum, der aktuell allein aufgrund der Schwäche der Gewerkschaften nicht genutzt wird. Diese Schwäche darf den Verleihunternehmen und ihren Koalitionen aber nicht in dem Sinne zusätzlich zum Vorteil gereichen, dass der Eingriff in ihre Koalitionsfreiheit stärker gewichtet würde. Hinzu kommt, dass die Tarifautonomie ursprünglich geschaffen wurde, um der Interessenverfolgung von Beschäftigten zu dienen.[1249] Die Koalitionsfreiheit der Unternehmen ist damit eher als Recht auf eine kollektive Reaktion auf Tarifforderungen zu verstehen, und nicht so sehr als Recht auf die Initiierung von Tarifverhandlungen. Solange die Gewerkschaften keine eigenen Forderungen stellen, nimmt darum auch die Koalitionsfreiheit der Unternehmen als reaktives Instrument kein großes Gewicht ein. Verleihunternehmen und ihre Verbände können sich darum nur eingeschränkt darauf berufen, dass mit einer zwingenden Gleichstellungspflicht kaum noch Tarifabschlüsse erzielt werden würden.

Darüber hinaus ist es keineswegs so, dass den Beteiligten in der Arbeitnehmer*innenüberlassung mit dem Gleichstellungsgrundsatz irgendwelche beliebigen Arbeitsbedingungen aufoktroyiert würden; vielmehr tritt die Nähe der Leiharbeitnehmer*innen zu ihren Einsatzunternehmen und den dort geltenden Bedingungen bereits heute auf vielfältige Weise zu Tage.[1250] Es ließe sich in Anbetracht dieser Nähe sogar vertreten, dass eine Festlegung der Arbeitsbedingungen während der Überlassung durch Tarifparteien, die nicht die Einsatzbranche repräsentieren, sachwidrig sei. So kommt es eigentlich weder der Gesetzgebung noch den Tarifpartner*innen der Leiharbeit zu, über den Preis der Arbeitskraft in den Einsatzbranchen zu befinden. Diese Entscheidung liegt bei den grundsätzlich dafür zuständigen, sachnahen und legitimierten Tarifparteien eben dieser Einsatzbranchen. Die Leiharbeit mit ihrer unabhängigen Tarifordnung weicht aktuell von dieser Perspektive ab. Der Gleichstellungsgrundsatz in der Arbeitnehmer*innenüberlassung teilt insofern die Ästhetik, die auch dem Verweis auf die öffentliche Sicherheit im Gefahrenabwehrrecht innewohnt: Er erkennt an, dass der Regelungsauftrag für eine Regelungsmaterie nicht bei ihm selbst liegt und nimmt stattdessen dynamisch eine Entscheidung der dazu Berufenen in Bezug. So wie im PolG nicht die Zuordnung von Eigentum geregelt ist, ist auch der Preis der Arbeitskraft in der Metallindustrie eigentlich nicht von den Tarifparteien der Arbeitnehmer*innenüberlassung zu regeln. Ihnen verbleibt nach dieser Perspek-

---

1249 Schlachter/Heinig EnzEuR 7/*Forst*, § 16 Rn. 37, 75; Ulber/*J. Ulber*, AÜG § 8 Rn. 251; *Bryde*, SR 2012, 2 (11); *Blanke*, Rechtsgutachten Leiharbeit, S. 93; zum deutschen Verständnis Däubler TVG/*Däubler*, Einl. Rn. 96; Däubler TVG/*D. Ulber*, Einl. Rn. 374; *D. Ulber*, Tarifdispositives Gesetzesrecht, S. 153 f.; 589; BVerfG, Beschl. v. 26.06.1991 – 1 BvR 779/85, NZA 1991, 809 (811): „Tarifautonomie ist darauf angelegt, die strukturelle Unterlegenheit der einzelnen Arbeitnehmer beim Abschluß von Arbeitsverträgen durch kollektives Handeln auszugleichen [...]“.

1250 Vgl. oben Erster Teil A., S. 34.

tive in Überlassungszeiten nur der Verweis auf die Arbeitsbedingungen vergleichbarer Stammbeschäftigter und ansonsten die Regelung der die Leiharbeit prägenden Besonderheit – der Zeiten ohne Überlassung. Diese Zeiten bleiben aber vom Gleichstellungsgrundsatz unberührt.

Die prekäre Lage der Leiharbeitnehmer*innen und die grundlegenden Auswirkungen einer Fragmentierung im Betrieb lassen es vor diesem Bild als angemessen erscheinen, sowohl die Arbeitsvertragsparteien als auch die Tarifvertragsparteien der Arbeitnehmer*innenüberlassung in ihren Verhandlungen zwingend an das Mindestmaß des Gleichstellungsgrundsatzes zu binden.

Damit wäre der Eingriff in die Koalitionsfreiheit gerechtfertigt. Art. 28 GRCh steht einer zwingenden Gleichstellungspflicht in der Leiharbeit folglich nicht entgegen.[1251]

c. Art. 16 GRCh

Wo der Eingriff in die Koalitionsfreiheit auch aufgrund der Schwäche der Gewerkschaften als mäßig bewertet wird, steht für die Verleihunternehmen eine andere Freiheit im Fokus: die der freien Verhandlung von Verträgen und damit ihre unternehmerische Freiheit. Ohne staatliche Regulierung wären sie nicht auf die Koalitionsfreiheit angewiesen, um ihre Interessen beim Abschluss von Arbeitsverträgen durchzusetzen; folglich erweist sich eine zwingende Gleichstellungspflicht vor allem in Bezug auf die unternehmerische Freiheit aus Art. 16 GRCh als wirksam. Das gilt, zumindest mittelbar, auch für die Entleihunternehmen. Die gesetzgebenden Organe müssten darum bei der Einführung einer zwingenden Gleichstellungspflicht begründen können, dass ein Eingriff in den Schutzbereich gerechtfertigt wäre.

1) Schutzbereich

Die in Art. 16 GRCh gewährte unternehmerische Freiheit ist ebenso wie die Koalitionsfreiheit nicht nur Grundsatz, sondern Grundrecht.[1252] Das

---

1251 Im Ergebnis ebenso EuArbRK/*Schubert*, GRCh Art. 28 Rn. 108; *Heuschmid/Klauk*, SR 2012, 84 (90).

1252 EuArbRK/*Schubert*, GRCh Art. 16 Rn. 2; *Jarass*, GRCh Art. 16 Rn. 2; aA NK-GRCh/*Bernsdorff*, Art. 16 Rn. 8.

Verhältnis von Art. 16 GRCh zu Art. 15 GRCh ist umstritten.[1253] Es liegt nahe, eine alleinige Geltung des Art. 16 GRCh für selbstständige unternehmerische Tätigkeiten zumindest dann anzunehmen, wenn die in Rede stehende Beschränkung nicht den Teil der unternehmerischen Freiheit betrifft, der der Persönlichkeitsverwirklichung von Unternehmer*innen dient.[1254] Im Verhältnis zu den Grundfreiheiten sind erhebliche Überschneidungen festzustellen; in diesem Maße stehen beide Gewährleistungen nebeneinander.[1255]

Interessant ist, dass der Verweis des Art. 16 GRCh auf das mitgliedstaatliche Recht in der wissenschaftlichen Diskussion, anders als das für den insofern gleichlautenden Art. 28 GRCh der Fall ist, soweit ersichtlich nicht als Problem des Schutzbereichs diskutiert wird.[1256] Im Ergebnis ist es aufgrund der Nähe der unternehmerischen Freiheit zu der ohne einen solchen Vorbehalt gewährleisteten Berufsfreiheit, aufgrund der weit zurückreichenden historischen Ursprünge des Grundrechts und dem effet utile-Grundsatz tatsächlich überzeugend, trotz der einschränkenden Formulierung einen autonomen unionsrechtlichen Schutzbereich anzunehmen.

In persönlicher Hinsicht schützt das Grundrecht sowohl natürliche als auch juristische Personen des Privatrechts.[1257] Grundsätzlich können sich damit sowohl Entleihunternehmen als auch Verleihunternehmen auf Art. 16 GRCh berufen.

Der sachliche Schutzbereich von Art. 16 GRCh betrifft die Ausübung einer Wirtschafts- und Geschäftstätigkeit und meint damit das selbstständige Anbieten von Gütern und Dienstleistungen am Markt.[1258] Das setzt eine Erwerbsabsicht oder zumindest Entgeltlichkeit voraus.[1259] Von der

---

1253 EuArbRK/*Schubert*, GRCh Art. 15 Rn. 6 ff; *Jarass*, GRCh Art. 15 Rn. 4.

1254 Vgl. EuArbRK/*Schubert*, GRCh Art. 15 Rn. 7; *Jarass*, GRCh Art. 15 Rn. 4; *Streinz*, GRCh Art. 15 Rn. 7; Calliess/*Ruffert*, GRCh Art. 15 Rn. 4; *Wollenschläger*, EuZW 2015, 285 (287).

1255 EuGH, Urt. v. 30.04.2014 – C-390/12 – Pfleger, EuZW 2014, 597 Rn. 60; *Jarass*, GRCh Art. 16 Rn. 7; von der Groeben/Schwarze/Hatje/*Wollenschläger*, GRCh Art. 15 Rn. 16, Art. 16 Rn. 5; Grabenwarter EnzEuR 2/*Grabenwarter*, § 14 Rn. 51; aA EuArbRK/*Schubert*, GRCh Art. 16 Rn. 5; Calliess/*Ruffert*, GRCh Art. 15 Rn. 26 f., Art. 16 Rn. 7.

1256 Vgl. zu dieser Diskussion oben Dritter Teil B. I. 1. b. 1), S. 338.

1257 *Pasch*, Vorübergehende Überlassung, 99; Grabenwarter EnzEuR 2/*Grabenwarter*, § 14 Rn. 35; *Sasse*, EuR 2012, 628 (629, 653); *Schwarze*, EuZW 2001, 517 (518 f.).

1258 EuArbRK/*Schubert*, GRCh Art. 16 Rn. 8; *Jarass*, GRCh Art. 16 Rn. 8.

1259 *Jarass*, GRCh Art. 16 Rn. 8; NK-GRCh/*Bernsdorff*, Art. 16 Rn. 11; Grabenwarter EnzEuR 2/*Grabenwarter*, § 14 Rn. 29.

unternehmerischen Freiheit umfasst ist dann die wirtschaftliche Betätigung inklusive der Vertragsfreiheit und der Entscheidung über die Art und Weise der Unternehmensführung.[1260] Als Teil der Vertragsfreiheit ist insbesondere die freie Wahl von Geschäftspartner*innen und die Freiheit, den Preis einer Leistung festzulegen, geschützt.[1261] Für Tarifverhandlungen hat der EuGH in diesem Zusammenhang entschieden, dass Art. 16 GRCh auch eine wirksame Einflussnahme auf die zukünftigen Arbeitsbedingungen schütze.[1262] Ebenfalls geschützt sind potentiell sensible Geschäftsunterlagen und Geschäftsgeheimnisse.[1263]

In den Erläuterungen des Konvents wird außerdem auf die Wettbewerbsfreiheit als Teil von Art. 16 GRCh Bezug genommen. Teile des Schrifttums stehen der Interpretation der Wettbewerbsfreiheit als subjektivem Recht kritisch gegenüber und tendieren eher zu einer Lesart als Grundsatz.[1264] Dieses Verständnis kann sich auf eine zurückhaltende Rechtsprechung des EuGH stützen, der die Wettbewerbsfreiheit in der Vergangenheit teilweise explizit als Grundsatz bezeichnete.[1265] In jüngeren Urteilen allerdings sieht der Gerichtshof den freien Wettbewerb als vom Schutz des Art. 16 GRCh umfasst an.[1266] Das legt eine Ausgestaltung als subjektives Recht zumindest recht nahe. Es soll darum angenommen wer-

---

1260 EuArbRK/*Schubert*, GRCh Art. 16 Rn. 8; *Jarass*, GRCh Art. 16 Rn. 10; NK-GRCh/*Bernsdorff*, Art. 16 Rn. 12 ff.

1261 EuGH, Urt. v. 22.01.2013 – C-283/11 – Sky Österreich, EuZW 2013, 347 Rn. 43; EuGH, Urt. v. 05.10.1999 – C-240/97 – Spanien/Kommission, Rn. 99; EuArbRK/*Schubert*, GRCh Art. 16 Rn. 10; *Jarass*, GRCh Art. 16 Rn. 10.

1262 EuGH, Urt. v. 21.12.2016 – C-201/15 – AGET Iraklis, NJW 2017, 1723 Rn. 68; EuGH, Urt. v. 18.07.2013 – C-426/11 – Alemo-Herron, EuZW 2013, 747 Rn. 33.

1263 EuGH, Beschl. v. 23.09.2004 – C-435/02 und C-103/03 – Springer, EuZW 2004, 764 Rn. 47 ff.; *Jarass*, GRCh Art. 16 Rn. 10; Grabenwarter EnzEuR 2/*Grabenwarter*, § 14 Rn. 33.

1264 Grabitz/Hilf/Nettesheim/*Mayer*, EUV Nach Art. 6 Rn. 196; NK-GRCh/*Bernsdorff*, Art. 16 Rn. 15; *Streinz*, GRCh Art. 16 Rn. 6; aA Calliess/*Ruffert*, GRCh Art. 16 Rn. 2; von der Groeben/Schwarze/Hatje/*Wollenschläger*, GRCh Art. 16 Rn. 1; Grabenwarter EnzEuR 2/*Grabenwarter*, § 14 Rn. 32; *Frenz*, EuZW 2006, 748 (751).

1265 EuGH, Urt. v. 07.02.1985 – 240/83 – ADBHU Rn. 9; Grabitz/Hilf/Nettesheim/*Mayer*, EUV Nach Art. 6 Rn. 196; NK-GRCh/*Bernsdorff*, Art. 16 Rn. 15; *Streinz*, GRCh Art. 15 Rn. 5.

1266 EuGH, Urt. v. 21.12.2016 – C-201/15 – AGET Iraklis, NJW 2017, 1723 Rn. 67; EuGH, Urt. v. 22.01.2013 – C-283/11 – Sky Österreich, EuZW 2013, 347 Rn. 42.

den, dass sich Wirtschaftsteilnehmer*innen auch in Belangen des freien Wettbewerbs auf Art. 16 GRCh berufen können.

Eine zwingende Gleichstellungspflicht in der Arbeitnehmer*innenüberlassung würde erhebliche Auswirkungen auf die Vertragsbeziehung von Leiharbeitnehmer*innen zu ihren Verleihunternehmen und damit auf deren gesamtes Geschäftsmodell haben. Dieses Geschäftsmodell sieht in aller Regel das von einer Erwerbsabsicht geleitete Anbieten von Dienstleistungen am Markt vor. Damit wäre der Schutzbereich für die Verleihunternehmen betroffen.

Auch die Entleihunternehmen sind regelmäßig mit Gewinnerzielungsabsicht auf dem Güter- oder Dienstleistungsmarkt tätig. Für sie würde sich aus einer Gleichstellungspflicht unmittelbar nur die Pflicht ergeben, Auskunft über die Arbeitsbedingungen vergleichbarer Beschäftigter im Einsatzbetrieb zu geben. Diese Information mag potentiell sensibler Natur sein und damit den Schutzbereich des Art. 16 GRCh berühren. Vor allem aber würde eine Gleichstellungspflicht mittelbar die Überlassungskosten in die Höhe treiben und damit die unternehmerische Entscheidung zum Einsatz von Leiharbeitnehmer*innen beeinflussen. Daneben würde es den Entleihunternehmen durch eine Gleichstellungspflicht erschwert, ihre Marktmacht im Sinne des freien Wettbewerbs auszunutzen, um die Überlassungsentgelte unter die Personalkosten eigener Angestellter zu drücken. Im internationalen Wettbewerb wiederum wären Entleihunternehmen durch steigende Überlassungskosten belastet. Auch aus diesen Gründen ist der Schutzbereich des Art. 16 GRCh für die Entleihunternehmen eröffnet.

2) Eingriff

Ein Eingriff in die unternehmerische Freiheit liegt vor, wenn eine staatliche Maßnahme eine Einschränkung der geschützten unternehmerischen Aktivitäten bezweckt oder unmittelbar bewirkt.[1267] Bedeutend schwieriger als Eingriff zu qualifizieren sind mittelbare Auswirkungen staatlichen Handelns.[1268] Als Grundrechtsbeschränkung sind nur solche mittelbaren Folgen staatlichen Handelns zu klassifizieren, die entweder bezweckt wur-

---

1267 EuArbRK/*Schubert*, GRCh Art. 16 Rn. 12; *Jarass*, GRCh Art. 16 Rn. 13.

1268 Vgl. EuArbRK/*Schubert*, GRCh Art. 16 Rn. 12; *Jarass*, GRCh Art. 16 Rn. 14; von der Groeben/Schwarze/Hatje/*Wollenschläger*, GRCh Art. 15 Rn. 29 f.; kritisch gegenüber dieser Unterscheidung Calliess/*Ruffert*, GRCh Art. 15 Rn. 11.

den oder bedeutsam sind und hinreichend direkt verursacht wurden.[1269] Das trifft auf schlichte ökonomische Einbußen häufig nicht zu.[1270] Für Marktorganisationen etwa hat der EuGH entschieden, dass die sich aus einer bestimmten Marktorganisation zu einem bestimmten Zeitpunkt ergebenden Vorteile für einzelne Wirtschaftsakteur*innen nicht von Art. 16 GRCh geschützt sind.[1271] In anderen Fällen aber haben die Richter*innen des Gerichtshof einen Eingriff in die unternehmerische Freiheit angenommen, wenn die Wettbewerbsstellung von Unternehmen erheblich unter einer staatlichen Entscheidung litt.[1272] In jedem Fall kann die Charta nur die Rahmenbedingungen des Wettbewerbs, nicht den daraus entstehenden Umsatz oder die Position auf dem Markt schützen.[1273]

Für die Verleihunternehmen würde eine zwingende Gleichstellungspflicht zweifellos einen erheblichen Eingriff in ihre unternehmerische Freiheit bedeuten. Sie wären durch die Vorgaben bezüglich der Arbeitsbedingungen ihrer Angestellten stark und unmittelbar in ihrer Vertragsfreiheit beschränkt.[1274] Die dadurch zu erwartenden höheren Kosten würden die Verleihunternehmen allgemein bei der Ausübung ihrer unternehmerischen Tätigkeit behindern. In dieser Hinsicht ist auch eine erschwerte Kalkulation und der organisatorische Aufwand zu beachten, den eine Gleichstellungspflicht für die Verleihunternehmen unmittelbar mit sich brächte. Soweit allerdings der Markt für Arbeitnehmer*innenüberlassung im Ergebnis geschmälert würde liegt darin kein zusätzlicher Eingriff – der Umsatz an sich ist nicht als Teil der unternehmerischen Freiheit geschützt.

Eine Gleichstellungspflicht würde über den Eingriff in die Vertragsfreiheit und die allgemeine freie Gestaltung der unternehmerischen Aktivität hinaus den freien internen Wettbewerb unter den Verleihunternehmen

---

1269 EuGH, Beschl. v. 23.09. 2004 – C-435/02 und C-103/03 – Springer, EuZW 2004, 764 Rn. 49; EuGH, Urt. v. 28.04.1998 – C-200/96 – Metronome Musik, EuZW 1998, 406 Rn. 28; *Jarass*, GRCh Art. 16 Rn. 14; von der Groeben/Schwarze/Hatje/*Wollenschläger*, GRCh Art. 15 Rn. 29.

1270 Von der Groeben/Schwarze/Hatje/*Wollenschläger*, GRCh Art. 15 Rn. 30.

1271 Vgl. EuGH, Urt. v. 21.05.1987 – 133 – 136/85 – Rau, GUR Int 1987, 583 Rn. 18; EuGH, Urt. v. 27.09.1979 – 230/78 – Eridania, Rn. 5, 22; von der Groeben/Schwarze/Hatje/*Wollenschläger*, GRCh Art. 15 Rn. 30.

1272 EuGH, Beschl. v. 23.09.2004 – C-435/02 und C-103/03 – Springer, EuZW 2004, 764 Rn. 53; EuGH, Urt. v. 05.10.1994 – Rs. C-280/93 – Deutschland/Rat, NJW 1995, 945 Rn. 81.

1273 EuGH, Urt. v. 05.10.1994 – Rs. C-280/93 – Deutschland/Rat, NJW 1995, 945 Rn. 79; von der Groeben/Schwarze/Hatje/*Wollenschläger*, GRCh Art. 15 Rn. 30.

1274 *Kämmerer*, Der neue Rechtsrahmen, S. 42; *Grobys/Schmidt/Brocker*, NZA 2003, 777 (778).

ändern. Auch das Verhältnis von Kosten der Arbeitnehmer*innenüberlassung zu Kosten einer eigenen Anstellung von Arbeitskräften durch die Entleihunternehmen und damit der externe Wettbewerb würden sich wandeln. Verleihunternehmen mit einem Fokus auf Helfer*innentätigkeiten würden voraussichtlich stärker unter einer zwingenden Gleichstellungspflicht leiden als das bei Anbieter*innen der Fall wäre, die aktuell weniger von der Differenz zwischen den Arbeitsbedingungen inner- und außerhalb der Leiharbeit profitieren.[1275] Für alle Verleihunternehmen würde die Möglichkeit eingeschränkt, durch die Senkung ihrer Personalkosten Wettbewerbsvorteile inner- wie außerhalb der Branche zu erzielen. Erkennt man den freien Wettbewerb als von Art. 16 GRCh geschütztes Gut an, so liegt auch in dieser unmittelbaren Beschränkung ein Eingriff.

Damit brächte eine zwingende Gleichstellungspflicht erhebliche Eingriffe in die unternehmerische Freiheit der Verleihunternehmen mit sich.

Ein unmittelbarer Eingriff in die unternehmerische Freiheit der Entleihunternehmen läge nur vor, wenn die offenzulegenden Informationen über die Arbeitsbedingungen vergleichbarer Stammbeschäftigter als sensible Daten anzusehen wären. Zu § 79 BetrVG hat das BAG entschieden, dass Gehaltsdaten der Konkurrenz helfen können und darum im Einzelfall als Geschäftsgeheimnis zu schützen sind.[1276] Regelmäßig dürfte die Mitteilung der im Einsatzbetrieb üblichen Arbeitsbedingungen an Verleihunternehmen und Leiharbeitnehmer*innen aber keine relevanten Implikationen mit sich bringen. Dennoch ist nicht auszuschließen, dass Entleihunternehmen in manchen Situationen ein Interesse daran haben, ihre Gehaltsdaten nicht allzu weit zu streuen. In diesen Fällen kann die Offenlegungspflicht darum potentiell sensible Daten betreffen und als Eingriff gewertet werden.

Soweit Entleihunternehmen durch eine zwingende Gleichstellungspflicht in ihrer unternehmerischen Entscheidung zum Einsatz von Leiharbeitskräften beeinflusst würden, liegt nur eine mittelbare Folge vor.[1277] Allerdings wäre eben diese erhoffte Rückführung auf die Kernfunktion Teil der Zielsetzung eines solchen Reformvorhabens. Dieser finale Zugriff

1275 AA entgegen der verfügbaren Daten scheinbar *Kämmerer*, Der neue Rechtsrahmen, S. 43 f. Vgl. näher dazu unten Dritter Teil B. II. 3. c., S. 433.

1276 BAG, Beschl. v. 26.02.1987 – 6 ABR 46/84, NZA 1988, 63 (64); grundsätzlich ist ein berechtigtes wirtschaftliches Interesse notwendig, vgl. BGH, Urt. v. 01.07.1960 – I ZR 72/59, GRUR 1961, 40 (43); BAG, Urt. v. 16.03.1982 – 3 AZR 83/79, NJW 1983, 134.

1277 *Kämmerer*, Der neue Rechtsrahmen, S. 42.

auf die Einsatzentscheidung der Entleihunternehmen stellt einen Eingriff in ihre unternehmerische Freiheit dar.

Soweit dagegen die Wettbewerbsposition der Entleihunternehmen durch den nur mehr kostenaufwendigeren Zugriff auf die Arbeitnehmer*innenüberlassung mittelbar eingeschränkt würde, liegt darin kein Eingriff begründet. Die Auswirkungen einer zwingenden Gleichstellungspflicht in dieser Hinsicht wären nicht bezweckt und voraussichtlich eher mäßig bedeutsam.

Demnach würde eine zwingende Gleichstellungspflicht auch in die unternehmerische Freiheit der Entleihunternehmen, insbesondere die freie Entscheidung zum Einsatz von Leiharbeitskräften, eingreifen.

3) Rechtfertigung

Diese Eingriffe stünden der Einführung einer zwingenden Gleichstellungspflicht entgegen, wenn sie nicht gerechtfertigt werden könnten. Es ist darum, ebenso wie bei der obig untersuchten Koalitionsfreiheit, auszuwerten, welche Anforderungen die Charta an eine solche Rechtfertigung stellt und ob eine Gesetzesreform diesen Anforderungen genügen könnte.

a) Schrankenvorbehalte

Die unternehmerische Freiheit des Art. 16 GRCh wird nach eigenem Bekunden „nach dem Unionsrecht und den einzelstaatlichen Rechtsvorschriften und Gepflogenheiten“ anerkannt. Daraus lässt sich, ebenso wie das bei der Koalitionsfreiheit und dem dort gleichlautenden Vorbehalt getan wird, eine zusätzliche Schranke ableiten.[1278] Tatsächlich wird dem Refrain in Art. 16 GRCh aber insgesamt wesentlich weniger Bedeutung beigemessen, als das bei Art. 28 GRCh zu beobachten ist. Zwar gibt es auch bezüglich der unternehmerischen Freiheit Stimmen, die in dem Verweis auf die einzelstaatlichen Rechtsvorschriften und Gepflogenheiten eine zweite Schranke für das Grundrecht erkennen.[1279] Diese Schranke soll aber nach allen ersichtlichen Äußerungen immer in die Schranke des

---

1278 Vgl. oben Dritter Teil B. I. 1. b. 3) a), S. 344.

1279 NK-GRCh/*Bernsdorff*, Art. 16 Rn. 16; *Streinz*, GRCh Art. 16 Rn. 9; einschränkend „keine eigentständige Bedeutung“ EuArbRK/*Schubert*, GRCh Art. 16 Rn. 14.

Art. 52 Abs. 1 GRCh integriert werden und an dieser Stelle maximal für einen weiteren Regelungsspielraum sorgen.[1280] Aufgrund des Grundsatzes der einheitlichen Anwendung des Unionsrechte, wegen der praktischen Wirksamkeit des europäischen Primärrechts und unter Hinzunahme der Nähe des Art. 16 GRCh zur ohne einen solchen Vorbehalt gewährleisteten Berufsfreiheit des Art. 15 GRCh überzeugt es, den Verweis auf das mitgliedstaatliche Recht nicht als eigenständige zusätzliche Schranke der unternehmerischen Freiheit zu begreifen. Der Refrain schlägt sich darum richtigerweise erst in der Prüfung der Verhältnismäßigkeit nieder; die Gesetzgebung hat bei der hier notwendigen Abwägung einen erheblichen Spielraum.

Der mit einer zwingenden Gleichstellungspflicht einhergehende Eingriff in die unternehmerische Freiheit von Verleih- und Entleihunternehmen müsste darum auf einer gesetzlichen Grundlage beruhen, dürfte den Wesensgehalt des Grundrechts nicht verletzen und müsste vor allem verhältnismäßig sein.

b) Gesetzliche Regelung

Eine zwingende Gleichstellungspflicht würde sich aus § 8 Abs. 1 AÜG ergeben. Diese Norm stellt eine hinreichend zugängliche, bestimmte und vorhersehbare gesetzliche Regelung dar.[1281] Damit läge eine den Anforderungen genügende gesetzliche Regelung vor.

c) Wesensgehalt unverletzt

Der Eingriff in die unternehmerische Freiheit kann nur gerechtfertigt sein, wenn er nicht den Wesensgehalt des Grundrechts beeinträchtigt. Ein Eingriff darf das Grundrecht demnach nicht als solches infrage stellen und vollständig seiner Substanz berauben.[1282]

1280 EuGH, Urt. v. 22.01.2013 – C-283/11 – Sky Österreich, EuZW 2013, 347 Rn. 45 ff.; EuArbRK/*Schubert*, GRCh Art. 16 Rn. 14; *Jarass*, GRCh Art. 16 Rn. 20; NK-GRCh/*Bernsdorff*, Art. 16 Rn. 16; *Streinz*, GRCh Art. 16 Rn. 9; Calliess/*Ruffert*, GRCh Art. 16 Rn. 6; von der Groeben/Schwarze/Hatje/*Wollenschläger*, GRCh Art. 16 Rn. 1; *Schwarze*, EuZW 2001, 517 (519).

1281 Vgl. oben Dritter Teil B. I. 1. b. 3) b), S. 349.

1282 EuGH, Urt. v. 27.5.2014 – C-129/14 PPU – Zoran Spasic, NJW 2014, 3007 Rn. 58; *Jarass*, GRCh Art. 52 Rn. 29; NK-GRCh/*Schwerdtfeger*, Art. 52 Rn. 34;

In der Rechtssache *Alemo-Herron* hat der EuGH entschieden, dass eine erhebliche Einschränkung der Vertragsfreiheit den Wesensgehalt der unternehmerischen Freiheit beeinträchtigen könne.[1283] Das könne insbesondere der Fall sein, wenn ein Unternehmen aufgrund eines Betriebsübergangs dauerhaft und dynamisch an Kollektivabschlüsse gebunden sei, die es selbst nicht beeinflussen könne.[1284] Konsequent angewandt würde dieser Gedanke aber nicht nur das Schicksal dynamischer Bezugnahmeklauseln im Betriebsübergang, sondern auch die Allgemeinverbindlicherklärung von Tarifverträgen nach § 5 TVG, den gesetzlichen Mindestlohn oder gar das Verbot von Kinderarbeit als Eingriff in den Wesensgehalt der unternehmerischen Freiheit in Frage stellen. Gleiches gilt für eine Gleichstellungspflicht in der Leiharbeit.

Diese Rechtsprechung hat viel Kritik erfahren.[1285] In der Tat ist die Bezugnahme des Gerichtshofs auf die Wesensgehaltsgarantie nur schwer verständlich. Sie lässt sich nur rechtfertigen, wenn man den Wesensgehalt von Grundrechten fälschlicherweise relativ begreift und ihm damit neben dem Erfordernis der Verhältnismäßigkeit keine eigene Funktion zuweist.[1286] Fasst man den Wesensgehalt von Grundrechten dagegen absolut als immer gleichen Kern der Gewährleistung auf, so vermag die Entscheidung nicht zu überzeugen. Angesichts der Tatsache, dass auch marktwirtschaftliches Handeln immer innerhalb von Rahmenbedingungen stattfindet, wirkt ein solch weites Verständnis des Wesensgehalts geradezu weltfremd. Zweifellos greifen die Regelungen zum Betriebsübergang in die unternehmerische Freiheit ein. Sie machen die unternehmerische Betätigung aber genauso wenig unmöglich wie der Kündigungsschutz, das Verbot der Kinderarbeit oder, um im Bilde des Betriebsübergangs zu bleiben, Indexmietverträge und veränderte TÜV-Vorschriften für die übernommenen Maschinen.[1287] An anderer Stelle hat der Gerichtshof den

---

von der Groeben/Schwarze/Hatje/*Terhechte*, GRCh Art. 52 Rn. 7; *Lenaerts*, EuR 2012, 3 (9).

1283 EuGH, Urt. v. 18.07.2013 – C-426/11 – Alemo-Herron, EuZW 2013, 747 Rn. 35.

1284 EuGH, Urt. v. 18.07.2013 – C-426/11 – Alemo-Herron, EuZW 2013, 747 Rn. 34.

1285 LAG Berlin-Brandenburg, Urt. v. 03.12.2014 – 24 Sa 1126/14 – Rn. 81; ErfK/*Preis*, BGB § 613a Rn. 127b; *Eylert/Schinz*, RdA 2017, 140 (144, 147); *Hartmann*, EuZA 2015, 203 (209); *Kainer*, EuZA 2014, 230 (235); *Jacobs/Frieling*, EuZW 2013, 737 (739); *Heuschmid*, AuR 2013, 500 (500 f.).

1286 Vgl. oben Dritter Teil B. I. 1. b. 3) c), S. 351.

1287 Das Beispiel der Indexmietverträge ist *Heuschmid*, AuR 2013, 500 (500 f.) entlehnt.

Wesensgehalt der unternehmerischen Freiheit eben darauf begrenzt: die schlichte Möglichkeit zur Ausübung der unternehmerischen Tätigkeit als solcher.[1288] Das überzeugt, wäre andernfalls doch eine wirksame Regulierung der Wirtschaft kaum möglich und der Wesensgehalt kaum enger als der Schutzbereich.

Dabei bleibt es richtig, dass Unternehmen Möglichkeiten zur Verfolgung ihrer Interessen benötigen. Diese Interessenverfolgung kann im Fall des Betriebsübergangs allerdings im Rahmen der Due-Diligence-Prüfung vor der privatautonomen Entscheidung zur Übernahme erfolgen – Erwerber*innen müssen eben abschätzen, wie sich die Regulierung bezüglich des übernommenen Maschinenparks oder die Inhalte der übernommenen Arbeitsverträge in Zukunft ändern werden, genau so wie Unternehmen auch die Konjunktur, ihre Absatzchancen und die Entwicklung des Arbeitsmarkts hervorzusagen versuchen.[1289] Die unternehmerische Tätigkeit als solche wird dadurch noch nicht unmöglich. Folgerichtig hat der EuGH in einem späteren Urteil auch dynamische Bezugnahmeklauseln im Betriebsübergang als konform mit dem Wesensgehalt der unternehmerischen Freiheit angesehen, weil im Notfall (Änderungs-)Kündigungen ausgesprochen werden könnten.[1290]

Für Verleihunternehmen ergäben sich mit einer zwingenden Gleichstellungspflicht teilweise ähnliche Auswirkungen. Für Zeiten der Überlassung müssten sie Arbeitsbedingungen gewähren, die von den Arbeits- und Tarifvertragsparteien der Einsatzbetriebe und -branchen ohne ihre Beteiligung verhandelt wurden. Diese gesetzlich vorgeschriebene dynamische Bindung an fremde Vereinbarungen entspricht grob der möglichen Gemengelage beim Betriebsübergang. Der Eingriff in die unternehmerische Freiheit der Verleihunternehmen ist einerseits etwas milder, weil er nicht das ganze Arbeitsverhältnis, sondern nur die Überlassungszeiten betrifft. Verleihunternehmen sind aber bemüht, überlassungsfreie Zeiten zu minimieren, sodass dieser Vorteil mit zunehmendem geschäftlichen Geschick schwindet. Andererseits ist der Eingriff auch etwas tiefer, haben doch Verleihunternehmen nicht einmal die theoretische Möglichkeit, die Arbeitsbedingungen einvernehmlich oder einseitig abzusenken. Ihnen bleibt in diese

---

1288 EuGH, Urt. v. 22.01.2013 – C-283/11 – Sky Österreich, EuZW 2013, 347 Rn. 49; EuGH, Urt. v. 06.09.2012 – C-544/10 – Deutsches Weintor, EuZW 2012, 828 Rn. 57 f.

1289 Ebenso *Heuschmid,* AuR 2013, 500 (500 f.); aA *Hartmann,* EuZA 2015, 203 (213f).

1290 EuGH, Urt. v. 27.04.2017 – C-680/15, C-681/15 – Asklepios Kliniken, NZA 2017, 571 Rn. 24.

Richtung nur die Option, ihre Angestellten in Betrieben mit günstigen Arbeitsbedingungen einzusetzen und dadurch mittelbar die Ansprüche ihrer Leiharbeitskräfte zu senken – oder sie parallel zu den Betrachtungen beim Betriebsübergang zu kündigen.

Gleichzeitig ist aber nicht zu verkennen, dass für Einsatzbetriebe mit hohem Lohnniveau auch die erbrachte Arbeit regelmäßig wertvoller ist – es dürfte darum auch Verleihunternehmen oftmals möglich sein, diese größere Wertschätzung mit einem gestiegenen Überlassungspreis abzuschöpfen. Die gestiegenen Lohnkosten könnten damit regelmäßig weitergereicht werden. Wo das nicht möglich ist, müssten Verleihunternehmen ihre Kund*innenakquise anpassen.

Nichts davon aber führt dazu, dass die unternehmerische Tätigkeit der Verleihunternehmen als solche – die Überlassung von Arbeitskräften gegen Entgelt – unmöglich würde. Ein erschwerter Geschäftsbetrieb stellt ebenso wie eine auf Überlassungszeiten bezogene Untergrenze bei der Vertragsfreiheit die unternehmerische Freiheit an sich nicht in Frage. Das gilt umso mehr, als das Alleinstellungsmerkmal der Leiharbeit – die Senkung von Beschäftigungsrisiken und Rekrutierungs- sowie Entlassungskosten durch Bündelung vorübergehender Beschäftigungsmöglichkeiten – unabhängig von der konkreten Lohnhöhe funktioniert. Folglich würde auch eine zwingende Gleichstellungspflicht für die Verleihunternehmen den Wesensgehalt des Art. 16 GRCh nicht beeinträchtigen.

Für die Entleihunternehmen stellt sich der Eingriff nicht so gravierend dar; ihre unternehmerische Tätigkeit würde eher am Rande berührt und nicht unmöglich gemacht. Auch aus ihrer Perspektive würde der Wesensgehalt der unternehmerischen Freiheit nicht beeinträchtigt.

d) Verhältnismäßigkeit

Der Eingriff müsste aber nicht nur den Wesensgehalt der unternehmerischen Freiheit achten, sondern auch insgesamt in Relation zu den damit verfolgten Zielen verhältnismäßig sein.

Wie obig dargestellt, könnte die Gesetzgebung mit einer zwingenden Gleichstellungspflicht eine Vielzahl legitimer Ziele verfolgen.[1291] Zuvörderst würde die wirksame Gleichstellung Leiharbeitnehmer*innen schützen, insbesondere ihre aktuell oftmals dramatisch schlechten Arbeitsbedingungen aufbessern und den Gesundheitsschutz in der Leiharbeit nach

1291 Vgl. dazu ausführlich oben Dritter Teil B. I. 1. b. 3) d) (1) (a), S. 353.

vorne bringen.[1292] Daneben käme die mit einer Gleichstellungspflicht einhergehende Überwindung der durch die Fragmentierung geschaffenen Konkurrenz zwischen Leiharbeitnehmer*innen und Stammbeschäftigten auch den letztgenannten zugute. Direkt bei den Entleihunternehmen angestellte Beschäftigte würden durch eine Gleichstellungspflicht vor Verdrängung geschützt und, ebenso wie ihre gewerkschaftliche Vertretung, in ihrer Tarifautonomie gestärkt. Branchenspezifische Arbeitsmärkte und das dortige Lohnniveau würden ebenso wie der gesamte deutsche Arbeitsmarkt und das allgemeine Lohnniveau geschützt, stabilisiert und gestärkt. Zuletzt würde eine zwingende Gleichstellungspflicht in der Leiharbeit auch die finanzielle Stabilität der Sozialkassen fördern und den Staatshaushalt entlasten.

Diese Ziele sind sämtlich entweder von der Union als dem Gemeinwohl dienend anerkannt oder Teil des Schutzes von Rechten und Freiheiten anderer.[1293] Sie genügen damit der Vorgabe des Art. 52 Abs. 1 Satz 2 und dürfen in die Rechtfertigung des Eingriffs in Art. 16 GRCh eingeführt werden.

Eine zwingende Gleichstellungspflicht in der Leiharbeit würde diese Ziele auch tatsächlich fördern.[1294] Gleichzeitig gibt es kein milderes Mittel, um diese Ziele ebenso wirksam zu verfolgen.[1295] Die zwingende Gleichstellungspflicht wäre demnach sowohl geeignet als auch erforderlich.

Um eine Verletzung der unternehmerischen Freiheit durch eine zwingende Gleichstellungspflicht feststellen oder ausschließen zu können, ist nur mehr ausschlaggebend, ob die verfolgten Ziele in einem angemessenen Verhältnis zum Eingriff stehen. Zur Prüfung der Angemessenheit sind die Nachteile des Eingriffs dem Gewicht der damit verfolgten Ziele gegenüberzustellen.[1296] Stehen, wie vorliegend, auf beiden Seiten der Abwägung auch geschützte Individualrechte auf dem Spiel, so muss der Schutz dieser Rechte so weit wie möglich in Einklang gebracht und ein

1292 Vgl. zu den Arbeitsbedingungen oben Erster Teil B. III, S. 65; vgl. zum Gesundheitsschutz oben Dritter Teil B. I. 1. b. 3) d) (1) (a), S. 353.

1293 Vgl. dazu ausführlich oben Dritter Teil B. I. 1. b. 3) d) (1) (b), S. 357.

1294 Vgl. dazu ausführlich oben Dritter Teil B. I. 1. b. 3) d) (2), S. 365.

1295 Vgl. dazu ausführlich oben Dritter Teil B. I. 1. b. 3) d) (3), S. 371.

1296 EuGH, Urt. v. 05.07.2017 – C-190/16 – Fries, EuZW 2017, 729 Rn. 78; *Jarass*, GRCh Art. 52 Rn. 41; *Streinz/Michl*, GRCh Art. 52 Rn. 20.

angemessenes Gleichgewicht hergestellt werden.[1297] Bei dieser Wertung gesteht der EuGH den Mitgliedstaaten einen Beurteilungsspielraum zu.[1298]

Auf Seiten der Verleihunternehmen hätte eine zwingende Gleichstellungspflicht gewaltige Auswirkungen. Ihnen wäre die Möglichkeit genommen, die Arbeitsbedingungen ihrer Angestellten für weite Strecken des Arbeitsverhältnisses frei zu verhandeln. Stattdessen wären sie gezwungen, fremde Verhandlungsergebnisse in Bezug zu nehmen; die eigene Verhandlungsmacht wäre weitgehend nutzlos. Gegenüber den aktuell zu beachtenden niedrigen Löhnen würde eine solche Pflicht zu außerordentlichen Mehrbelastungen für die Verleihunternehmen führen.[1299] Diese Belastungen könnten zumindest teilweise über einen gesteigerten Überlassungspreis an die Entleihunternehmen weitergereicht werden. Wo das nicht möglich ist, würde aber entweder die finanzielle Stabilität von Verleihunternehmen oder ihr Umsatz eingeschränkt. Es ist denkbar, dass die Mehrbelastungen für einzelne Verleihunternehmen existenzbedrohende Ausmaße annehmen könnten.[1300]

Dennoch bliebe auch mit einer zwingenden Gleichstellungspflicht der spezifische Vorteil der Arbeitnehmer*innenüberlassung bestehen: Verleihunternehmen könnten weiterhin anteilige Beschäftigungsmöglichkeiten zusammenfassen und dadurch Beschäftigungsrisiken ebenso wie Rekrutierungs- und Entlassungskosten senken; die Gewährleistung von Flexibilität würde bei ihnen regelmäßig weniger Kosten verursachen als bei den Entleihunternehmen.[1301] Die unternehmerische Tätigkeit als Verleihunternehmen wäre damit weiterhin möglich und wirtschaftlich sinnvoll.[1302] Es

---

1297 EuGH, Urt. v. 22.01.2013 – C-283/11 – Sky Österreich, EuZW 2013, 347 Rn. 60; EuGH, Urt. v. 06.09.2012 – C-544/10 – Deutsches Weintor, EuZW 2012, 828 Rn. 47.; *Jarass*, GRCh Art. 52 Rn. 43; *Streinz/Michl*, GRCh Art. 52 Rn. 20.

1298 EuGH, Urt. v. 05.07.2017 – C-190/16 – Fries, EuZW 2017, 729 Rn. 64; EuGH, Urt. v. 17.10.2013 – C-101/12 – Schaible, Rn 47 f.; EuArbRK/*Schubert*, GRCh Art. 52 Rn. 53.

1299 Vgl. oben Erster Teil B. III. 1. b., S. 86.

1300 *Kämmerer*, Der neue Rechtsrahmen, S. 44.

1301 *Blanke*, DB 2010, 1528 (1531 f.); *Fuchs*, NZA 2009, 57 (62); *Mitlacher*, Sozialer Fortschritt 2005, 97 (100 ff.).

1302 *Cantzler*, in: Zeitarbeit, S. 247 (256); *Schröpfer*, Intensität der Leiharbeitsnutzung, S. 243; *Kämmerer*, Der neue Rechtsrahmen, S. 49; *Nießen/Fabritius*, BB 2013, 375 (380); *Blanke*, DB 2010, 1528 (1531 f.); *Fuchs*, NZA 2009, 57 (62); *Mitlacher*, Sozialer Fortschritt 2005, 97 (100 ff.); *Grobys/Schmidt/Brocker*, NZA 2003, 777 (780); *Däubler*, KJ 2003, 17 (21); krit. *Stepien*, Berufsfreiheit, 33 f.; *Giesen*, ZfA 2016, 153 (180); *Rieble/Klebeck*, NZA 2003, 23 (23).

wäre den Verleihunternehmen auch, wie von Art. 16 GRCh gefordert, weiterhin möglich, ihre Interessen zu verfolgen. Diese Interessenverfolgung würde gegenüber den Leiharbeitskräften für Zeiten der Überlassung eingeschränkt; sie könnte aber weiterhin in den sonstigen Beziehungen zu den Angestellten, im Kontakt mit den Entleihunternehmen, in der Einsatzplanung oder der Akquise von Arbeitnehmer*innen und Aufträgen stattfinden.

Hinzu kommt, dass sich die wirtschaftlichen Mehrbelastungen für die Verleihunternehmen parallel zu der Relevanz der verfolgten Ziele bewegen. Je größer etwa die Entgeltdifferenz zwischen Stammbeschäftigten und Leiharbeitnehmer*innen ist, desto größer werden die Mehrbelastungen für die Verleihunternehmen, desto gewichtiger wird aber ebenfalls der Schutz der verfolgten Ziele. Die Höhe der aktuellen Entgeltdifferenz kann darum keine einseitige Auswirkung auf das Gleichgewicht zwischen Eingriff und Schutzgut entfalten. Damit verliert auch der potentiell existenzbedrohende Charakter einer zwingenden Gleichstellungspflicht seinen Schrecken – hiervon bedroht wären vor allem Verleihunternehmen, die momentan besonders stark auf Kosten ihrer von der Rechtsordnung ebenfalls zu schützenden Angestellten wirtschaften und dadurch gewachsene Tarifgefüge in den Einsatzbranchen besonders deutlich gefährden. Diese Tatsache darf im Rahmen des Beurteilungsspielraums gewichtet werden.

Ebenfalls nicht von der Hand zu weisen ist das Problem, dass eine zwingende Gleichstellungspflicht mit der dadurch notwendigen Ermittlung des Vergleichsentgelts einen beträchtlichen bürokratischen Aufwand mit sich bringen würde. Allerdings würde diese Schwierigkeit auch bei Streichung des § 8 Abs. 2, 4 AÜG weiterhin durch die Vermutung des § 8 Abs. 1 Satz 2 AÜG eingehegt.[1303] Dieser zusätzlichen, die freie Unternehmensführung belastende Aufgabe könnte also durch Kenntnis der wesentlichen Tarifwerke weitgehend Genüge getan werden. Der damit verbundene Eingriff weist darum nur eine überschaubare Tiefe auf.

Eine zwingende Gleichstellungspflicht nähme außerdem Einfluss auf den internen Wettbewerb zwischen Verleihunternehmen und auf den externen Wettbewerb von Verleihunternehmen mit anderen Formen der Bereitstellung von Arbeitskraft. Der interne Wettbewerb würde allerdings nur insofern leiden, als besonders geschickt verhandelnden Verleihunternehmen die Möglichkeit genommen würde, durch selbst für die Leiharbeit außergewöhnlich schlechte Arbeitsbedingungen einen Wettbewerbsvorteil zu erhaschen. Das stellt zwar eine ernstzunehmende Beschränkung

1303 Vgl. oben Erster Teil B. III. 1. a. 2) a), S. 72.

der Handlungsfähigkeit dar, der Blick auf die aktuelle Rechtswirklichkeit zeigt aber, dass diese Einschränkung keine großen Probleme verursacht. Schon heute müssen Verleihunternehmen aufgrund der Vorgaben des § 8 AÜG mindestens die in den Tarifverträgen zur Leiharbeit vereinbarten Arbeitsbedingungen gewähren, wenn sie vom Gleichstellungsgrundsatz abweichen möchten. Weil in den allermeisten Leiharbeitsverträgen auf diese Tarifwerke Bezug genommen wird, findet der interne Wettbewerb auch aktuell kaum über die Senkung von Lohnkosten statt. Eine zwingende Gleichstellungspflicht würde demnach gegenüber der aktuellen Rechtslage keinen großen Effekt auf den internen Wettbewerb entfalten; weiterhin würden die meisten Verleihunternehmen für vergleichbare Arbeit vergleichbare Löhne bezahlen. Diese Einschränkung erscheint erträglich.

Im externen Wettbewerb jedoch würden Verleihunternehmen durch eine Gleichstellungspflicht erhebliche Einbußen erleiden. Anders als Anbieter*innen von Werkverträgen oder die Entleihunternehmen selbst, könnten sie die von ihnen gewährten Arbeitsbedingungen nur begrenzt selbst aushandeln. Dadurch würde die von ihnen angebotene Dienstleitung im Ergebnis oftmals teurer. Für Entleihunternehmen verschlösse sich mit einer zwingenden Gleichstellungspflicht die Möglichkeit zur mittelbaren Tarifflucht, sodass es zumindest für Dauerarbeitsplätze regelmäßig attraktiver sein dürfte, auf eigene Arbeitskräfte zu vertrauen. Verleihunternehmen würden dadurch im Wettbewerb um den Einsatz auf Dauerarbeitsplätzen häufiger das Nachsehen haben, die Arbeitnehmer*innenüberlassung müsste sich vor allem auf ihre Kernfunktion zurückziehen. Es läge damit ein gewisser Eingriff in den freien Wettbewerb vor, der aber gleichzeitig den zentralen Wettbewerbsvorteil der Leiharbeit unangetastet ließe.

Daneben würde auch die unternehmerische Freiheit der Entleihunternehmen beeinträchtigt. Dem Eingriff durch die Offenlegungspflicht kann allerdings kein allzu großes Gewicht beigemessen werden. Zum einen ist zweifelhaft, ob in der Praxis die Arbeitsbedingungen vergleichbarer Stammbeschäftigter tatsächlich abgerufen werden oder die Beteiligten schlicht mit der Vermutungswirkung des § 8 Abs. 1 Satz 2 AÜG und in der Folge mit den Bedingungen der Branchentarifverträge vorliebnehmen. Zum anderen sind die betriebsinternen Arbeitsbedingungen in den meisten Fällen wenig sensibel. Da die Daten gleichzeitig nur einem sehr begrenzten Personenkreis zugänglich gemacht werden müssen, stellt sich die Offenlegungspflicht nur als milder Eingriff dar.

Gewichtiger wäre die bezweckte mittelbare Auswirkung auf die Entscheidung der Entleihunternehmen, zur Deckung ihres Arbeitskräftebedarfs auf Leiharbeitnehmer*innen zurückzugreifen. Für viele Unternehmen stellt die Inanspruchnahme der Arbeitnehmer*innenüberlassung einen wesentlichen Baustein bei der Kontrolle von Unsicherheiten, bei der Kostenreduzierung oder bei der Deckung kurzfristiger Arbeitskraftbedarfe dar.[1304] Die dem zugrunde liegende unternehmerische Entscheidung würde die Legislative durch Einführung einer zwingenden Gleichstellungspflicht bewusst beeinflussen.

Dabei ist allerdings zu beachten, dass der Einsatz von Leiharbeitskräften keineswegs verboten oder auf vorübergehende Bedarfe beschränkt würde. Es wäre Entleihunternehmen weiterhin ohne weiteres möglich, Leiharbeit als Teil ihrer Personalstrategie zu nutzen. Die zwingende Gleichstellungspflicht würde an dieser Stelle lediglich mittelbar für einen Anstieg der Überlassungspreise sorgen und damit die Rahmenbedingungen der unternehmerischen Entscheidung verändern. Darin ist ein erheblicher, nicht aber besonders schwerer Eingriff in Art. 16 GRCh zu sehen.

Diesen Eingriffen in die unternehmerische Freiheit von Entleih- und vor allem Verleihunternehmen stehen außerordentlich gewichtige Ziele auf individueller, kollektiver und gesamtgesellschaftlicher Ebene gegenüber. Die durchschlagende Wirkung, die eine zwingende Gleichstellungspflicht auf den Schutz der Leiharbeitnehmer*innen, den Schutz der Stammbeschäftigten und den ihrer Tarifautonomie, das Funktionieren der Arbeitsmärkte und die Stabilität der Systeme der sozialen Sicherung hätte, wurde bereits bei der Rechtfertigung des Eingriffs in die Koalitionsfreiheit dargelegt.[1305] Betont sei an dieser Stelle nur nochmals die ohne einen angemessenen Schutz ausgesprochen prekäre Lage vieler Leiharbeitnehmer*innen und die strukturell fragmentierende Wirkung der Leiharbeit.

Die potentiellen Ziele einer zwingenden Gleichstellungspflicht lassen sich mit dem Erhalt der unternehmerischen Freiheit von Verleih- und Entleihunternehmen nicht vollständig in Einklang bringen. Die aktuelle Situation beweist, dass die momentane Rechtslage in ihrer praktischen Rechtsanwendung vor dem selbstgesteckten Ziel versagt, die Leiharbeit auf ihre Kernfunktion zurückzuführen und gute Arbeitsbedingungen für die Beschäftigten zu schaffen. Stattdessen leiden nicht nur die Leiharbeitnehmer*innen unter dem Zustand der Branche, gleichzeitig werden auch sämtliche Rahmenbedingungen des Arbeitsmarkts in Mitleidenschaft gezogen.

1304 Vgl. oben Erster Teil B. I 1. und 3., S. 37, 43.
1305 Vgl. dazu ausführlich oben Dritter Teil B. I. 1. b. 3) d) (4), S. 377.

Lassen sich die angeführten Ziele mit der unternehmerischen Freiheit schon nicht vollständig in Einklang bringen, so ließe eine zwingende Gleichstellungspflicht doch wenigsten das zentrale Wesensmerkmal der Leiharbeit – die Zusammenfassung vorübergehender Beschäftigungsmöglichkeiten – unberührt. Die Gleichstellungspflicht schafft keine harten Grenzen für die Arbeitnehmer*innenüberlassung, sondern dreht vor allem an der Preisschraube. Die Spielräume von Entleih- und Verleihunternehmen werden beschnitten, ohne dass ihre Freiheit im Kern betroffen wäre. Eine wirksame Gleichstellung würde damit Probleme korrigieren, die sich aus der besonders abhängigen Situation vieler Leiharbeitnehmer*innen und deren Eingliederung in fremde Betriebe ergeben und ließe gleichzeitig den wirtschaftlich sinnvollen Betrieb eines Verleihunternehmens weiterhin zu. In der Arbeitnehmer*innenüberlassung könnten auf diesem Wege weiterhin Beschäftigungsrisiken sowie Rekrutierungs- und Entlassungskosten gebündelt werden; vorübergehende Bedarfe wären weiterhin kostengünstig abgedeckt. Die gesamtgesellschaftlich interessante Funktion der Leiharbeit bliebe damit erhalten, während die der Zielverwirklichung entgegenstehenden Mechanismen eingeschränkt würden. Die unternehmerische Freiheit im festgestellten Maße zu beschneiden, erscheint vor diesem Bild als ausgesprochen angemessen.

Damit wäre der Eingriff in Art. 16 GRCh verhältnismäßig. Die unternehmerische Freiheit von Verleih- und Entleihunternehmen steht der Einführung einer zwingenden Gleichstellungspflicht durch die deutsche Gesetzgebung nicht entgegen.

d. Art. 15 GRCh

Wollte die Gesetzgebung eine zwingende Gleichstellungspflicht in der Leiharbeit einführen, so ergäben sich daraus nicht nur Auswirkungen auf die Vertragsfreiheit der Verleihunternehmen, sondern auch auf die der Leiharbeitnehmer*innen. Ihnen wäre es, ebenso wie schon unter der geltenden Rechtslage, verwehrt, in ihren Arbeitsverträgen für Überlassungszeiten schlechtere Arbeitsbedingungen als die nach dem Gleichstellungsgrundsatz geschuldeten zu vereinbaren.

Die Vertragsfreiheit von Arbeitnehmer*innen wird als Teil der Berufsfreiheit von Art. 15 Abs. 1 GRCh geschützt.[1306] Eine zwingende Gleichstellungspflicht würde es Leiharbeitnehmer*innen unmöglich machen, ihre Arbeitskraft grenzenlos billig zu verkaufen und damit unmittelbar in ihre Vertragsfreiheit eingreifen.

Mittelbar würde durch eine zwingende Gleichstellungspflicht außerdem der Umsatz durch Leiharbeit wohl etwas schrumpfen und in der Folge für einige Lohnabhängige der Zugang zum Leiharbeitsmarkt erschwert. Darin könnte man einen Eingriff in die Berufsfreiheit erblicken. Näher liegt es, die schwindende Arbeitsmarktperspektive in der Leiharbeit direkt auf die mit einer zwingenden Gleichstellungspflicht einhergehende eingeschränkte Vertragsfreiheit zurückzuführen und darum nicht als zusätzlichen Eingriff zu werten. Tatsächlich entstünden bei einer zwingenden Gleichstellungspflicht weniger Arbeitsplätze in der Arbeitnehmer*innenüberlassung, eben weil es den Beschäftigten unmöglich würde, ihre Arbeitskraft allzu billig zu verkaufen.

Auch abseits von diesen Auswirkungen auf die Konkurrenz zwischen Lohnabhängigen könnte eine zwingende Gleichstellungspflicht vielen Leiharbeitnehmer*innen praktisch die Vereinbarung eines stetigen, auch in verleihfreien Zeiten auskömmlichen Entgelts erschweren. Dieser Nachteil gegenüber der aktuellen Rechtslage fußt aber nicht auf einer derzeit geschützten Vertragsfreiheit der Leiharbeitnehmer*innen, sondern auf der momentanen tarifdispositiven Ausgestaltung des Gleichstellungsgrundsatzes. Richtigerweise ist dieser Einschnitt damit unter den obig geprüften Art. 28 GRCh zu subsumieren.[1307] Gegenüber einer hypothetischen Rechtslage ganz ohne Gleichstellung wiederum sind für verleihfreie Zeiten ohne eine Verschiebung der Verhandlungsmacht kaum Unterschiede zu erwarten. In einsatzfreien Zeiten ist die Berufsfreiheit der Leiharbeitnehmer*innen demnach nicht betroffen.

Der Eingriff in die Vertragsfreiheit der Leiharbeitnehmer*innen durch eine zwingende Gleichstellungspflicht würde den oben erörterten Zielen dienen.[1308] Insbesondere würde durch sie ein erhöhter Schutz der Leiharbeitnehmer*innen selbst erreicht. Die aktuell zu beobachtenden Arbeitsbedingungen in der Arbeitnehmer*innenüberlassung machen anschaulich,

---

1306 EuGH, Urt. v. 16.12.1992 – C-132/91, C-138/91, C-139/91 – Katsikas, Rn. 32; LAG Berlin-Brandenburg, Urt. v. 03.12.2014 – 24 Sa 1126/14 –, Rn. 85; *Elking*, Der „Nichtvertragliche Arbeitgeber“, S. 282.

1307 Vgl. oben Dritter Teil B. I. 1. b., S. 337.

1308 Vgl. dazu ausführlich oben Dritter Teil B. I. 1. b. 3) d) (1), S. 352.

dass ein entsprechendes Schutzbedürfnis besteht.[1309] Die Vertragsfreiheit der Leiharbeitnehmer*innen dagegen bleibt momentan häufig ein theoretisches Recht; praktisch werden die Arbeitsbedingungen in den meisten Fällen von den Tarifverträgen diktiert. Ließe die Rechtslage neben der Tariföffnungsklausel auch eine arbeitsvertragliche Abweichung vom Gleichstellungsgrundsatz zu, so würde die Machtasymmetrie im Verbund mit dem Zwang zum Verkauf der eigenen Arbeitskraft ebenfalls zu Arbeitsvertragsabschlüssen führen, bei denen nur wenige Leiharbeitnehmer*innen über ihre Vertragsfreiheit jubeln würden. Vor diesem Bild erscheint der Eingriff in die Berufsfreiheit der Leiharbeitskräfte durch eine zwingende Gleichstellungspflicht als ausgesprochen verhältnismäßig.

Damit stünde auch Art. 15 GRCh der Einführung einer zwingenden Gleichstellungspflicht in der Arbeitnehmer*innenüberlassung nicht entgegen.

e. Art. 20 GRCh

Vereinzelt wird gemutmaßt, dass eine zwingende Gleichstellungspflicht gegen den Gleichheitsgrundsatz verstoßen könne.[1310] Ein Verstoß gegen Art. 20 GRCh liegt vor, wenn Mitgliedstaaten bei der Durchführung von Unionsrecht zum Nachteil einer geschützten (juristischen) Person vergleichbare Sachverhalt in unterschiedlicher Weise oder unterschiedliche Sachverhalte gleichbehandeln, ohne dass die (Un-)Gleichbehandlung auf einem objektiven und angemessenen Kriterium beruht.[1311]

Ein möglicher Verstoß gegen den Gleichheitsgrundsatz durch eine Gleichstellungspflicht kann auf zwei verschiedene Weisen vermutet werden: Zum einen wird angeführt, dass die Legislative mit der Gleichstellung von Leiharbeitnehmer*innen zwei unterschiedliche Sachverhalte gleich behandele; moniert wird also eine Gleichbehandlung von Ungleichem.[1312] Zum anderen wird ein Verstoß in der Tatsache erblickt, dass andere Beschäftigte nicht in den Genuss kommen, von anderen Beteiligten aus-

---

1309 Vgl. oben Erster Teil B. III., S. 65.

1310 *Hirdina*, NZA 2011, 325 (330); *Rieble/Klebeck*, NZA 2003, 23 (29); aA *Grobys/Schmidt/Brocker*, NZA 2003, 777 (782).

1311 EuGH, Urt. v. 17.10.2013 – C-101/12 – Schaible, Rn. 77; EuGH, Urt. v. 16.12.2008 – C-127/07 – Arcelor Atlantique et Lorraine, EuZW 2009, 263 Rn. 47; *Jarass*, GRCh Art. 20 Rn. 8 ff.

1312 *Rieble/Klebeck*, NZA 2003, 23 (29).

gehandelte Arbeitsbedingungen als Mindestbedingungen zu erhalten.[1313] Kritisiert wird hiernach eine Ungleichbehandlung von Gleichem.

Die erstgenannte Argumentation leidet bereits daran, dass die Legislative mit den Arbeitsbedingungen der Stammbeschäftigten nur peripher zu tun hat. Die Arbeitsbedingungen in den Einsatzbetrieben werden stattdessen regelmäßig von den Arbeits- und Tarifvertragsparteien der Einsatzbranchen verhandelt und sind nur am Rande durch staatliche Vorschriften eingegrenzt. Sie werden damit nicht von der Gesetzgebung behandelt und entstammen nicht derselben Quelle wie die vom Gleichstellungsgrundsatz geförderten Arbeitsbedingungen der Leiharbeitnehmer*innen. Es ist demnach bereits zweifelhaft, ob überhaupt eine gleiche Behandlung beider Sachverhalte durch die Legislative vorliegt.

Die zweitgenannte Ansicht benennt eine tatsächliche Ungleichbehandlung; schließlich werden andere Beschäftigte vom Staat nicht ebenso geschützt, wie das bei Leiharbeitnehmer*innen bei Geltung einer zwingenden Gleichstellungspflicht der Fall wäre. Zwar begegnet der Staat auch Problemen in anderen Branchen bereits etwa mithilfe des Mindestlohns oder der Allgemeinverbindlicherklärung von Tarifverträgen und schafft damit auch an anderen Stellen differenzierte Schutzmechanismen. Eine zwingende Gleichstellungspflicht geht aber darüber hinaus. Das bedeutet auch, dass andere Arbeitgeber*innen nicht im selben Maße wie Verleihunternehmen eingeschränkt würden. Diese Ungleichbehandlung ist allerdings nur rechtfertigungsbedürftig, wenn die Situation der Beschäftigten in der Leiharbeit mit denen außerhalb der Leiharbeit vergleichbar wäre. Angesichts der in der Arbeitnehmer*innenüberlassung aufgespaltenen Arbeitgeber*innenrolle, den wechselnden Einsatzorten, der häufig neuen Eingliederung und Einarbeitung in eine fremde Arbeitsorganisation, der außergewöhnlich schwachen Arbeitsplatzsicherheit und der besonderen Machtasymmetrie ist bereits das zweifelhaft. Gleichzeitig herrschen aber auch in vielen anderen Branchen zumindest zweifelhafte Arbeitsbedingungen und berechtigte Ängste vor der Konkurrenz durch andere Lohnabhängige. Nimmt man deshalb eine grundsätzliche Vergleichbarkeit an, so sind die Unterschiede in die Rechtfertigung einzustellen.

Auch wenn man in der Gleichstellung von Leiharbeitnehmer*innen mit ihren Kolleg*innen im Einsatzbetrieb eine Gleichbehandlung von Ungleichem oder eine Ungleichbehandlung von Gleichem erblicken möchte, so wäre diese doch aufgrund der besonderen Verhältnisse und Mechanismen in der Arbeitnehmer*innenüberlassung gerechtfertigt.

1313 *Hirdina*, NZA 2011, 325 (330); *Rieble/Klebeck*, NZA 2003, 23 (29).

In der Leiharbeit kommt zu den über alle Branchen hinweg wirkenden Marktmechanismen eine weitere Ursache für die herrschenden Bedingungen hinzu: die Überlassung an und Wertschöpfung in fremden Betrieben, wodurch die Arbeitskräfte der Einsatzbranchen fragementiert und in ihrer Interessenvertretung gespalten werden. Die durch die Aufspaltung der Arbeitgeber*innenrolle geschaffene strukturelle Fragmentierung von Belegschaften ist der Grund, warum Leiharbeitnehmer*innen nicht das für ihre Wertschöpfung üblicherweise bezahlte Entgelt erhalten und warum Stammbelegschaften aus Angst vor Verdrängung an kollektiver Durchsetzungskraft verlieren. Diese Auswirkungen zeigen gleichzeitig die Relevanz einer tariflichen Strukturierung des Arbeitsmarkts und die Notwendigkeit, die Fragmentierung durch Leiharbeit auch um der Tarifautonomie willen einzudämmen. Dieser im Wesen der Arbeitnehmer*innenüberlassung angelegte besondere Mechanismus unterscheidet die Leiharbeit von allen anderen Beschäftigungsverhältnissen. Gleichzeitig ist es möglich, diese folgenreiche Spaltung der Lohnabhängigen durch eine zwingende Gleichstellungspflicht qua staatlicher Anordnung präzise zu überbrücken. Damit liegen hinreichend gewichtige Unterschiede und Gründe vor, um Leiharbeitnehmer*innen und Verleihunternehmen anders als andere Arbeitsvertragsparteien zu behandeln.

Gleichzeitig schafft die partielle Arbeitgeber*innenrolle der Entleihunternehmen mit dem zentralen Direktionsrecht und die Eingliederung der Leiharbeitnehmer*innen in den Einsatzbetrieb auch eine Nähe zwischen Leiharbeitskräften und Stammarbeitnehmer*innen, die auch eine Gleichbehandlung von Stamm- und Leiharbeitskräften gut begründen könnte.[1314] Der Gesetzgebung steht es aufgrund ihrer Einschätzungsprärogative frei, diese Besonderheiten ernst zu nehmen und mit einer Gleichstellungspflicht zu reagieren.

Nach alledem kann in der Gleichstellung von Leiharbeitnehmer*innen kein Verstoß gegen den Gleichheitsgrundsatz liegen. Auch Art. 20 GRCh steht damit einer zwingenden Gleichstellungspflicht nicht entgegen.

f. Zwischenergebnis

Wollten die gesetzgebenden Organe eine zwingende Gleichstellungspflicht einführen, so wären sie dabei an die Vorgaben der Grundrechtecharta gebunden. Es konnte festgestellt werden, dass eine solche Gesetzesänderung

1314 Vgl. oben Erster Teil A., S. 34.

mit teils erheblichen Eingriffen in die Garantien der Charta einherginge. Betroffen wären namentlich die Tarifautonomie von Verleihunternehmen, Leiharbeitnehmer*innen und ihren jeweiligen Verbänden, die unternehmerische Freiheit von Verleih- und Entleihunternehmen, die Berufsfreiheit von Leiharbeitnehmer*innen sowie am Rande der Gleichheitsgrundsatz. Dabei rufen die Einschnitte in die Tarifautonomie von Verleihunternehmen und ihren Vereinigungen und die Beschränkung der unternehmerischen Freiheit von Verleihunternehmen die stärksten Bedenken hervor.

Mit diesen Bedenken einher geht ein erhöhtes Rechtfertigungsbedürfnis. Dabei ist im Rahmen der Angemessenheitsprüfung zu beachten, dass die Nachteile für die Tarifautonomie in der Leiharbeit und für die unternehmerische Freiheit der Verleihunternehmen zwar beträchtlich wären, das Alleinstellungsmerkmal der Arbeitnehmer*innenüberlassung von einer zwingenden Gleichstellungspflicht aber unberührt bliebe. Auch mit einer solchen Pflicht wäre es den Verleihunternehmen möglich, flexibel Arbeitskräfte zur Verfügung zu stellen und die damit einhergehenden Beschäftigungsrisiken und Rekrutierungs- wie Entlassungskosten durch Bündelung zu senken. Auch die Tarifparteien der Arbeitnehmer*innenüberlassung könnten weiterhin sowohl für einsatzfreie Zeiten als auch für Zeiten im Einsatzbetrieb die Arbeitsbedingungen verhandeln; bei letzterem wäre lediglich eine Untergrenze eingezogen. Die Eingriffe in die Grundrechte wären demnach zwar erheblich, ließen aber dennoch eine sinnvolle Ausübung der Grundrechte zu.

Demgegenüber stehen Ziele, die durch eine zwingende Gleichstellungspflicht außerordentlich gefördert würden. Es hat sich gezeigt, dass mithilfe der Gleichstellung die größten Probleme der Arbeitnehmer*innenüberlassung an ihrer strukturellen Wurzel angepackt werden können: der Fragmentierung der Lohnabhängigen. Die Überwindung dieser in vielerlei Hinsicht künstlichen Spaltung zwischen Leiharbeitskräften und Stammbeschäftigten würde die besondere Machtasymmetrie in der Arbeitnehmer*innenüberlassung relativieren und nicht nur die Lohnabhängigen in Verleih- und Entleihunternehmen schützen, sondern gleichzeitig auf stringente Weise strukturell das Tarifsystem, den Arbeitsmarkt und die Sozialkassen stabilisieren.

In Anbetracht dieser hochrangigen Ziele wären die teils beträchtlichen Eingriffe in Grundrechtsposition allesamt gerechtfertigt. Die Grundrechtecharta steht der Einführung einer zwingenden Gleichstellungspflicht folglich nicht entgegen.

2. Vereinbarkeit mit den Grundfreiheiten

Neben der Grundrechtecharta sind es aus europäischer Perspektive vor allem die Grundfreiheiten der Europäischen Union, die die Mitgliedstaaten in ihrer Gesetzgebung binden. Sie müssten mitbedacht werden, wollte die Gesetzgebung eine zwingende Gleichstellungspflicht in der Arbeitnehmer*innenüberlassung etablieren.

In diesem Zusammenhang ist insbesondere denkbar, dass auch ausländische Verleihunternehmen bei Einsätzen in Betrieben innerhalb der Bundesrepublik an ein deutsches Gleichstellungsgebot gebunden wären – und damit die grenzüberschreitende Überlassung nach Deutschland an Attraktivität einbüßen würde. Darin könnte eine Verletzung der Dienstleistungsfreiheit aus Art. 56 AEUV liegen. Der besondere Charakter der Leiharbeit sorgt außerdem dafür, dass von einer Gleichstellungspflicht die Arbeitnehmer*innenfreizügigkeit aus Art. 45 AEUV potentiell betroffen wäre.

a. Art. 56 AEUV

Eine zwingende Gleichstellungspflicht würde vor allem Überlassungen innerhalb der Bundesrepublik betreffen und, wie gezeigt, die unternehmerische Freiheit von deutschen Verleihunternehmen einschränken. Sie könnte aber daneben auch die Überlassung durch ausländische Verleihunternehmen an Betriebe innerhalb Deutschlands tangieren und damit Wettbewerbsvorteile ausländischer Anbieter*innen von Arbeitnehmer*innenüberlassung zunichtemachen. Läge darin eine Beschränkung der Dienstleistungsfreiheit des Art. 56 AEUV, so stünde ein die Gleichstellung von Leiharbeitskräften etablierendes Gesetzesvorhaben unter erheblichem Rechtsfertigungsdruck.

1) Anwendungsbereich

Vom Anwendungsbereich der Dienstleistungsfreiheit umfasst sind grenzüberschreitende Dienstleistungen, also selbstständige entgeltliche Tätigkeiten am Markt, denen ein grenzüberschreitendes Element innewohnt.[1315] In persönlicher Hinsicht schützt Art. 56 AEUV Unionsbürger*innen so-

---

1315 EuArbRK/*Krebber*, AEUV Art. 56 Rn. 2; Streinz/*Müller-Graff*, AEUV Art. 56 Rn. 14 f.

wohl in ihrer aktiven als auch passiven Dienstleistungsfreiheit.[1316] Ebenso geschützt sind juristische Personen mit dem in Art. 54 AEUV geforderten Unionsbezug.[1317]

Die grenzüberschreitende Arbeitnehmer*innenüberlassung innerhalb der Europäischen Union ist eine Dienstleistung der Verleihunternehmen und darum vom Anwendungsbereich des Art. 56 AEUV umfasst.[1318] Der für die Grenzüberschreitung notwendige Inlandsbezug ist gegeben, wenn ein nicht in Deutschland ansässiges Verleihunternehmen seine Beschäftigten auf deutschem Staatsgebiet einsetzt.[1319] Wollen Verleihunternehmen aus anderen Mitgliedstaaten Leiharbeitskräfte in einem deutschen Entleihbetrieb einsetzen, so können sie sich folglich auf den Schutz der Dienstleistungsfreiheit berufen.

2) Beschränkung

Eine zwingende Gleichstellungspflicht träfe Verleihunternehmen aus anderen Mitgliedstaaten nicht strenger als deutsche Verleihunternehmen, eine gegen Art. 56 AEUV verstoßende Diskriminierung von Verleihunternehmen aus anderen Mitgliedstaaten läge damit nicht vor. Die Dienstleistungsfreiheit fordert aber nicht nur eine Gleichbehandlung in- und ausländischer Sachverhalte, sie fordert den Abbau jeglicher Handelshemmnisse.[1320] Es liegt demnach schon eine rechtfertigungsbedürftige Beschränkung der Dienstleistungsfreiheit vor, wenn eine Maßnahme etwa der Gesetzgebung die Leistungserbringung weniger attraktiv zu machen geeignet ist.[1321]

1316 Streinz/*Müller-Graff*, AEUV Art. 56 Rn. 44; Calliess/Ruffert/*Kluth*, AEUV Art. 57 Rn. 38 ff.

1317 Streinz/*Müller-Graff*, AEUV Art. 56 Rn. 56; Calliess/Ruffert/*Kluth*, AEUV Art. 57 Rn. 42.

1318 EuGH, Urt. v. 10.02.2011 – C-307, 308, 309/09 – Vicoplus, NZA 2011, 283 Rn. 27; EuGH, Urt. v. 17.12.1981 – RS 279/80 – Webb, NJW 1982, 1203; Schüren/Hamann/*Brors*, AÜG Einl. Rn. 658; Ulber/*J. Ulber*, AÜG Einl. F. Rn. 15; *Wilde*, Arbeitnehmerüberlassung im Binnenmarkt, S. 38.

1319 *Brors*, DB 2013, 2087 (2088 f.).

1320 EuGH, Urt. v. 25.07.1991 – Rs C-76/90 – Säger, NJW 1991, 2693 Rn. 12; Streinz/*Müller-Graff*, AEUV Art. 56 Rn. 84 ff.; Calliess/Ruffert/*Kluth*, AEUV Art. 57 Rn. 59 ff.; *Wilde*, Arbeitnehmerüberlassung im Binnenmarkt, S. 74.

1321 EuGH, Urt. v. 28.03.1996 – C 272/94 – Guiot, Rn. 10; EuGH, Urt. v. 30.11.1995 – Rs. C-55/94 – Gebhard, NJW 1996, 579 Rn. 37; Streinz/*Müller-Graff*, AEUV Art. 56 Rn. 85 f.; Calliess/Ruffert/*Kluth*, AEUV Art. 57 Rn. 62.

Die grenzüberschreitende Überlassung von Leiharbeitnehmer*innen nach Deutschland kann durch eine zwingende Gleichstellungspflicht nur an Attraktivität einbüßen, wenn auch Verleihunternehmen aus anderen Mitgliedstaaten bei Einsätzen in Deutschland an ein solches Gesetz gebunden wären. Fände in arbeitsrechtlichen Belangen dagegen weiterhin das Statut des Herkunftslands Anwendung, so ergäbe sich aus einer Gleichstellungspflicht keine Auswirkung auf die Dienstleistungserbringung durch ausländische Verleihunternehmen.

Für die Anwendbarkeit deutscher equal-pay-Vorschriften gibt es mehrere Anknüpfungspunkte. Die Regelungen des Art. 8 Rom-I-VO lassen in vielen Fällen eine Anknüpfung sowohl an das Arbeitsrecht des Entsendestaats als auch an das des Empfängerstaats zu.[1322] Besteht allerdings eine engere Verbindung zu Deutschland und gleichzeitig ein schwächerer Schutz der Leiharbeitnehmer*innen im Arbeitsvertragsrecht des Entsendestaats, so wäre die zwingende Anwendung einer deutschen Gleichstellungspflicht durch Art. 8 Abs. 1 Satz 2 Rom-I-VO auch gegen eine anderslautende Rechtswahl abgesichert.[1323] Damit bestünde zumindest eine vereinzelte Bindung ausländischer Verleihunternehmen an eine zukünftige zwingende Gleichstellungspflicht.

Neben diese Fälle tritt die Bindung aller in Deutschland eingesetzten Leiharbeitnehmer*innen an den Gleichstellungsgrundsatz als Eingriffsnorm nach Art. 9 Rom-I-VO. Die überwiegende Ansicht sah die Arbeitsbedingungen von entsandten Leiharbeitnehmer*innen schon immer als von Art. 3 Abs. 1 UAbs. 1 lit. d) RL 96/71/EG, § 2 Abs. 1 Nr. 4 AEntG umfasst und die nationale Rechtsgrundlage des Gleichstellungsgrundsatzes darum als Eingriffsnorm im Sinne des Art. 9 Rom-I-VO an.[1324] Diese Perspektive wird nun von Art. 3 Abs. 1b der reformierten RL 96/71/EG bestätigt. Staatliche Vorgaben bezüglich der Arbeits- und Beschäftigungsbedingungen von Leiharbeitnehmer*innen sind nach dem Willen der RL 96/71/EG auf

---

1322 *Schüren/Hamann/Brors,* AÜG Einl. Rn. 639 ff.; *Thüsing,* AÜG Einf. Rn. 51; *Bayreuther,* DB 2011, 706 (708 f.); *Franzen,* EuZA 2011, 451 (456); *Sansone,* Gleichstellung, S. 148 f.; *Boemke,* BB 2005, 266 (269 f.).

1323 *Schüren/Hamann/Brors,* AÜG Einl. Rn. 641; *Thüsing,* AÜG Einf. Rn. 57; *Bayreuther,* DB 2011, 706 (708 f.); *Franzen,* EuZA 2011, 451 (456).

1324 Däubler TVG/*Lakies,* § 5 TVG Anhang 2 § 2 AEntG Rn. 8; ErfK/*Wank,* 21. Aufl. 2021, AÜG Einl. Rn. 57; Henssler/Willemsen/Kalb/*Tillmanns,* Arbeitsrecht, AEntG § 2 Rn. 5; *Thüsing,* AÜG Einf. Rn. 62; Ulber/*J. Ulber,* AÜG Einl. F. Rn. 5, 84 f., 96, 100; *Bayreuther,* DB 2011, 706 (709); *Sansone,* Gleichstellung, S. 151 f.; *Boemke,* BB 2005, 266 (270); aA ErfK/*Franzen,* AEntG § 2 Rn. 3; Schüren/Hamann/*Brors,* AÜG Einl. Rn. 658; *Franzen,* EuZA 2011, 451 (466).

alle im Inland eingesetzten Leiharbeitskräfte anzuwenden.[1325] Eine richtlinienkonforme Auslegung des § 2 Abs. 1 Nr. 4 AEntG muss darum ebenfalls fordern, dass der Gleichstellungsgrundsatz unabhängig vom Arbeitsvertragsstatut für alle in Deutschland tätigen Leiharbeitnehmer*innen gilt. Im Übrigen ist diese Rechtsfolge schon unmittelbar von Art. 9 Rom-I-VO gefordert – zeigt doch die obige Untersuchung der mit einer Gleichstellungspflicht erreichbaren Ziele, dass die Gleichstellung von Leiharbeitnehmer*innen weit mehr als nur ihrem Schutz dient.[1326] Für die Anwendung von Art. 9 Rom-I-VO genügt es, wenn eine Vorschrift zumindest auch öffentliche Gemeinwohlinteressen verfolgt.[1327] Diese Bedingung wäre mit dem Schutz von Arbeitsmarkt, Lohnniveau, Tarifstruktur, Sozialkassen und Staatshaushalt problemlos erfüllt.

Eine von der deutschen Legislative eingeführte zwingende Gleichstellungspflicht würde darum alle Verleihunternehmen aus anderen Mitgliedstaaten binden, die ihre Arbeitskräfte in Betrieben innerhalb der Bundesrepublik einsetzen.

Diese Bindung an einen deutschen Gleichstellungsgrundsatz wäre grundsätzlich geeignet, aufgrund der damit einhergehenden potentiell höheren Lohn- und Verwaltungskosten die Entsendung von Leiharbeitnehmer*innen nach Deutschland weniger attraktiv zu machen. Verleihunternehmen wären gezwungen, sich über die deutsche Rechtslage ebenso wie über die im Einsatzbetrieb herrschenden Bedingungen zu informieren und diese Arbeitsbedingungen selbst zu gewährleisten. Wettbewerbsvorteile durch eine abweichende heimische Rechtsordnung oder ein geringeres Lohnniveau wären damit passé. Mit einer zwingende Gleichstellungspflicht ginge folglich eine Beschränkung der Dienstleistungsfreiheit einher.

3) Rechtfertigung

Diese Beschränkung der Dienstleistungsfreiheit stünde der Gleichstellungspflicht nicht entgegen, wenn sie gerechtfertigt wäre. Teilweise wird vertreten, dass die Rechtsfertigungsanforderungen bei Beschränkungen

1325 EuArbRK/*Krebber*, RL 96/71/EG Art. 3 Rn. 19 f.

1326 Vgl. oben Dritter Teil B. I. 1. b. 3) d) (1) (a), S. 353.

1327 BAG, Urt. v. 18.04. 2012 – 10 AZR 200/11, NZA 2012, 1152 Rn. 14; BGH, Urt. v. 13.12.2005 – XI ZR 82/05, NJA 2006, 762 Rn. 26 ff.; ErfK/*Schlachter*, Rom I-VO Art. 3- Art. 9 Rn. 21.

der Dienstleistungsfreiheit auf dem Gebiet der Arbeitnehmer*innenüberlassung von Art. 4 RL 2008/104/EG konkretisiert würden.[1328] Dem ist der EuGH nicht gefolgt.[1329] Das insgesamt eher fragwürdige Urteil überzeugt in dieser Frage, weil die RL 2008/104/EG den Mitgliedstaaten erhebliche Spielräume belässt und damit nicht abschließend ist. Zutreffend ist dagegen, dass die Handhabung der Dienstleistungsfreiheit im Zusammenhang mit Entsendungen eine abschließende Regelung in der RL 96/71/EG erfahren hat.[1330] Ausschlaggebend wäre demnach die Vereinbarkeit einer zwingenden Gleichstellungspflicht mit der RL 96/71/EG. Der EuGH hat allerdings auch schon in Entsendefällen eine Rechtfertigung unabhängig von der RL 96/71/EG geprüft, sodass eine solche Prüfung zusätzlich auch an dieser Stelle Not tut.[1331]

Es liegt sehr nahe, dass eine zwingende Gleichstellungspflicht für Verleihunternehmen aus anderen Mitgliedstaaten bei Einsätzen in deutschen Betrieben mit der RL 96/71/EG vereinbar wäre. Der neu geschaffene Art. 3 Abs. 1b RL 96/71/EG verlangt explizit, dass die mitgliedstaatliche Umsetzung des in Art. 5 RL 2008/104/EG vorgeschriebenen Gleichstellungsgrundsatzes auch für in Deutschland eingesetzte Leiharbeitnehmer*innen ausländischer Verleihunternehmen greifen solle. Unter dem Vorbehalt der – unten zu prüfenden – Vereinbarkeit einer zwingenden Gleichstellungspflicht mit der RL 2008/104/EG ergäbe sich damit eine Übereinstimmung mit der RL 96/71/EG.[1332] Nach richtigem Verständnis wäre damit auch die Beschränkung der Dienstleistungsfreiheit gerechtfertigt.

Um die Beschränkung unmittelbar am Maßstab der Dienstleistungsfreiheit zu rechtfertigen, müsste eine zwingende Gleichstellungspflicht der allgemeinen Verbotseinschränkung des Art. 56 AEUV entsprechen. Gemeinhin müssen staatliche Maßnahmen, die die Dienstleistungsfreiheit beschränken, in nichtdiskriminierender Weise angewandt werden und

---

1328 GA Szpunar, Schlussantrag vom 20.11.2014 – C-533/13 – AKT, Rn. 88 ff.; EU-RArbRK/*Kolbe*, RL 2008/104/EG Art. 4 Rn. 1; *Pasch*, Vorübergehende Überlassung, S. 92.

1329 EuGH, Urt. v. 17.3.2015 – C-533/13 – AKT, NZA 2015, 423 Rn. 28 ff.

1330 Vgl. EuGH, Urt. v. 18.12.2007 – C-341/05 – Laval, NZA 2008, 159 Rn. 81; EuGH, Urt. v. 03.04.2008 – C-346/06 – Rüffert, NZA 2008, 537 Rn. 34; EuArbRK/*Krebber*, AEUV Art. 56 Rn. 24; Streinz/*Müller-Graff*, AEUV Art. 56 Rn. 101; *Wilde*, Arbeitnehmerüberlassung im Binnenmarkt, S. 81 f.; *Franzen*, EuZA 2011, 451 (459); *Klumpp*, NJW 2008, 3473 (3475).

1331 EuGH, Urt. v. 03.04.2008 – C-346/06 – Rüffert, NZA 2008, 537 Rn. 36 ff.; vgl. *Däubler*, NZA 2014, 694 (697).

1332 Vgl. zur Vereinbarkeit mit der RL 2008/104/EG unten Dritter Teil B. I. 3., S. 416.

aus zwingenden Gründen des Allgemeininteresses gerechtfertigt, zu ihrer Erreichung geeignet, erforderlich und angemessen sein.[1333] Dabei ist insbesondere zu beachten, dass das Allgemeininteresse nicht bereits durch die Rechtsvorschriften des Entsendestaats befriedigt sein darf.[1334]

Eine zwingende Gleichstellungspflicht träfe inländische Verleiher ebenso wie solche aus anderen Mitgliedstaaten bei der Überlassung von Arbeitskräften nach Deutschland. Die Gesetzesreform würde folglich weder unmittelbar noch mittelbar diskriminieren.

Als zwingendes Allgemeininteresse vom EuGH anerkannt sind unter anderem der Arbeitnehmer*innenschutz,[1335] der Schutz gedeihlicher Verhältnisse auf dem Arbeitsmarkt,[1336] der Schutz vor Sozialdumping,[1337] der Schutz der autonomen Ordnung des Arbeitslebens durch Koalitionen,[1338] der Schutz von Grundrechten,[1339] die Kohärenz des Steuersystems,[1340] die Wahrung des finanziellen Gleichgewichts des Systems der sozialen Sicherheit[1341] und der Gesundheitsschutz.[1342] Nicht anerkannt sind rein wirtschaftliche Gründe.[1343]

Die mit einer zwingenden Gleichstellungspflicht verfolgbaren Ziele sind oben ausführlich dargestellt worden.[1344] Im Einzelnen liegt der Schutz der

---

1333 EuGH, Urt. v. 09.07.1997 – C-34/95, C-35/95, C-36/95 – de Agostini, Rn. 54; EuGH, Urt. v. 12.12.1996 – C-3/95 – Reisebüro Broede, Rn. 28; EuGH, Urt. v. 30.11.1995 – Rs. C-55/94 – Gebhard, NJW 1996, 579 Rn. 37; EuArbRK/*Krebber*, AEUV Art. 56 Rn. 9 f.; Streinz/*Müller-Graff*, AEUV Art. 56 Rn. 99; *Däubler*, NZA 2014, 694 (697 ff.).

1334 EuGH, Urt. v. 12.12.1996 – C-3/95 – Reisebüro Broede, Rn. 28; EuGH, Urt. v. 26.02.1991 – C-180/89 – Kommission/Italien, Rn. 17; EuArbRK/*Krebber*, AEUV Art. 56 Rn. 10; Streinz/*Müller-Graff*, AEUV Art. 56 Rn. 113.

1335 EuGH, Urt. v. 28.03.1996 – C 272/94 – Guiot, Rn. 21.

1336 EuGH, Urt. v. 17.12.1981 – RS 279/80 – Webb, NJW 1982, 1203.

1337 EuGH, Urt. v. 18.12.2007 – C-341/05 – Laval, NZA 2008, 159 Rn. 103.

1338 EuGH, Urt. v. 03.04.2008 – C-346/06 – Rüffert, NZA 2008, 537 Rn. 41; vgl. Streinz/*Müller-Graff*, AEUV Art. 56 Rn. 107; aA EuArbRK/*Krebber*, AEUV Art. 56 Rn. 9.

1339 EuGH, Urt. v. 14.10.2004 – C-36/02 – Omega Spielhallen, EuZW 2004, 753 Rn. 35.

1340 EuGH, Urt. v. 23.01.2014 – C-296/12 – Europäische Kommission/Königreich Belgien, Rn. 35.

1341 EuGH, Urt. v. 16.05.2006 – C-372/04 – Watts, Rn. 103.

1342 EuGH, Urt. v. 08.03.2001 – C-405/98 – Gourmet International Products, EuR 2001, 416 Rn. 40.

1343 EuGH, Urt. v. 24.01.2002 – C-164/99 – Portugaia Construções, NZA 2002, 207 Rn. 26; EuArbRK/*Krebber*, AEUV Art. 56 Rn. 9; Streinz/*Müller-Graff*, AEUV Art. 56 Rn. 108.

1344 Vgl. oben Dritter Teil B. I. 1. b. 3) d) (1) (a), S. 353.

Leiharbeitskräfte sowohl als Arbeitnehmer*innenschutz als auch als Schutz vor Sozialdumping im Allgemeininteresse. Auch ihr Gesundheitsschutz ist darunter zu subsumieren. Der Schutz von Stammbeschäftigten vor Verdrängung weist zwar eine wirtschaftliche Komponente auf; er dient aber gleichzeitig auch dem Arbeitnehmer*innenschutz, dem Schutz vor Sozialdumping und insbesondere gedeihlichen, weil mit Beschäftigungssicherheit einhergehenden, Verhältnissen auf dem Arbeitsmarkt. Gleiches gilt für den Schutz des Arbeitsmarkts. Auch der Schutz des Lohnniveaus in seiner branchenspezifischen wie allgemeinen Form weist nicht nur eine wirtschaftliche Dimension auf; er bringt auch eine Verbesserung der Lebens- und Arbeitsbedingungen mit sich, wie sie von Art. 151 AEUV als Allgemeininteresse gefordert wird.[1345] Auch die mit einer zwingenden Gleichstellungspflicht einsetzende Stärkung der Tarifautonomie dient sowohl der autonomen Ordnung des Arbeitslebens durch Koalitionen als auch dem Schutz der vertretenen Arbeitnehmer*innen. Ebenso ist der Schutz der Stabilität der Sozialkassen als Allgemeininteresse anerkannt. Allein der Schutz der Staatsfinanzen vor einer Belastung durch staatliche Aufstockungsleistungen hat starke wirtschaftliche Züge. Aber auch hier gibt es nicht nur die Perspektive des „verlorenen“ Geldes, sondern die Frage nach der Kohärenz: Die mittelbare Subventionierung von Verleihunternehmen durch staatliche Leistungen ist eben nicht nur teuer, sondern stößt auch an die Grenzen der Beitrags- und Verteilungsgerechtigkeit. Insofern ist auch die Kohärenz des Steuersystems betroffen.

Es gibt damit einen bunten Strauß zwingender Allgemeininteressen, zu deren Durchsetzung die Beschränkung der Dienstleistungsfreiheit erfolgen könnte.

Auch bezüglich der Geeignetheit einer zwingenden Gleichstellungspflicht zur Erreichung der genannten Ziele kann weitgehend nach oben verwiesen werden.[1346] In den meisten Fällen grenzüberschreitender Überlassungen nach Deutschland findet allerdings weiterhin das Sozialrecht des Entsendestaats Anwendung.[1347] In der Folge profitieren die deutschen Systeme der sozialen Sicherheit regelmäßig nicht von den Sozialversicherungsbeiträgen entsandter Leiharbeitnehmer*innen. Auch die Belastungen des deutschen Staatshaushalts sind bei Entsendungen nach Deutschland weniger wahrscheinlich. Damit ist eine zwingende Gleichstellungspflicht

1345 Vgl. EuGH, Urt. v. 18.12.2007 – C-341/05 – Laval, NZA 2008, 159 Rn. 103 ff.

1346 Vgl. oben Dritter Teil B. I. 1. b. 3) d) (2), S. 365.

1347 Schüren/Hamann/*Brors*, AÜG Einl. Rn. 684 ff.; Ulber/*J. Ulber*, AÜG Einl. F Rn. 34 f.; *Bayreuther*, DB 2011, 706 (708).

zum Schutz von Sozialversicherungssystemen und Staatsfinanzen bei Einsätzen von Leiharbeitnehmer*innen aus anderen Mitgliedstaaten nicht geeignet. Zur Erreichung der anderen Ziele jedoch wäre eine solche Maßnahme durchaus geeignet.

Zur strukturellen Stärkung von gedeihlichen Arbeitsmärkten, Tarifautonomie und in der Folge auch der Position von Stammbeschäftigten ist die zwingende Gleichstellungspflicht erforderlich.[1348] Die Regulierung im Entsendestaat allein kann hier nicht die Fragmentierung von Leih- und Stammarbeitnehmer*innen durchbrechen und deshalb nicht den gewünschten strukturellen Effekt erzielen. Sie ist folglich weniger geeignet und macht eine deutsche Regelung erforderlich.[1349]

Der Schutz der Leiharbeitnehmer*innen allerdings wird in allen Mitgliedstaaten bereits über die jeweiligen Umsetzungsnormen zur RL 2008/104/EG gewährleistet. Entsandte Leiharbeitnehmer*innen sollten darum eigentlich stets schon durch das Heimatstatut des Entsendestaats geschützt sein.[1350] Ob darüber hinaus ein zusätzlicher Schutz durch die deutsche Rechtsordnung erforderlich ist, erscheint, gerade vor dem mit der Dienstleistungsfreiheit einhergehenden Verbot der Doppelbelastung, fraglich.[1351] Es liegt aber gleichzeitig auf der Hand, dass eine zwingende Gleichstellungspflicht entsandten Leiharbeitnehmer*innen je nach Ausformung der gesetzlichen Rahmenbedingungen und Höhe des üblichen Lohnniveaus im Entsendestaat einen wesentlich besseren Schutz gewährleisten kann.

Auch die RL 96/71/EG fordert, obwohl sie sich mit der RL 2008/104/EG exakt denselben Adressat*innenkreis teilt, eine Ausdehnung der mitgliedstaatlichen Gleichstellungsregelungen auf entsandte Leiharbeitnehmer*innen aus anderen Mitgliedstaaten. Das ergibt allerdings nur Sinn, wenn die innerhalb der Umsetzung des Art. 5 RL 2008/104/EG möglichen unterschiedlichen Schutzkonzepte als einander potentiell ergänzend anerkannt werden. Die RL 96/71/EG erkennt demnach an, dass es durchaus ein legitimes Ziel sein kann, ein mitgliedstaatliches Schutzkonzept auf Leiharbeitnehmer*innen zu erstrecken, die bereits durch ein anderes Statut geschützt sind.

1348 Vgl. oben Dritter Teil B. I. 1. b. 3) d) (3), S. 371.

1349 Abstrakt krit. *Franzen*, EuZA 2011, 451 (464).

1350 Vgl. *Franzen*, EuZA 2011, 451 (464).

1351 Vgl. EuGH, Urt. v. 12.12.1996 – C-3/95 – Reisebüro Broede, Rn. 28; EuGH, Urt. v. 26.02.1991 – C-180/89 – Kommission/Italien, Rn. 17; EuArbRK/*Krebber*, AEUV Art. 56 Rn. 10; Streinz/*Müller-Graff*, AEUV Art. 56 Rn. 113; *Franzen*, EuZA 2011, 451 (464).

Der RL 96/71/EG als Konkretisierung der Dienstleistungsfreiheit ist der Vorzug vor der nicht abschließenden Regelung des Art. 5 RL 2008/104/EG zu geben. Es stellt demnach keine Doppelbelastung dar, wenn eine in Deutschland zu etablierende zwingende Gleichstellungspflicht auch für und zum Schutze von in der Bundesrepublik tätigen, aus anderen Mitgliedstaaten entsandten Leiharbeitskräften gilt.

Auch zum wirksamen Schutz der Leiharbeitnehmer*innen wäre die Beschränkung der Dienstleistungsfreiheit folglich erforderlich. Ein milderes Mittel zur Erreichung der verfolgten Ziele ist nicht denkbar.

Zu guter Letzt ergibt sich die Angemessenheit der Beschränkung aus beinahe denselben Gründen wie beim obig untersuchten Eingriff in die unternehmerische Freiheit aus Art. 16 GRCh.[1352] Die außerordentlichen Auswirkungen einer zwingenden Gleichstellungspflicht sowohl auf individueller als auch auf struktureller Ebene stellen exzellente Gründe für ihre Einführung dar. Gleichzeitig wird auf diesem Wege die Verleihtätigkeit – auch über innereuropäische Grenzen hinweg – keinesfalls unmöglich, sondern lediglich aufwendiger. Zwar leiden die Wettbewerbsvorteile von Verleihunternehmen aus Mitgliedstaaten mit einem geringeren Lohnniveau. Eben diese Wettbewerbsvorteile schaffen aber gleichzeitig die Sprengkraft, die die genannten Ziele bedroht; nur mit ihrer Einschränkung lässt sich ein Unterbietungswettbewerb vermeiden. Das ist zur Erreichung der genannten Ziele erforderlich und von der die Dienstleistungsfreiheit konkretisierenden RL 96/71/EG eben so gewollt.

Die durch eine zwingende Gleichstellungspflicht schwindende Attraktivität einer grenzüberschreitenden Arbeitnehmer*innenüberlassung steht damit in einem angemessenen Verhältnis zu den verfolgten Zielen.

Die Dienstleistungsfreiheit nach Art. 56 AEUV wäre durch eine zwingende Gleichstellungspflicht insgesamt betroffen. Diese Einschränkung wäre aber gerechtfertigt, sodass Art. 56 AEUV einem solchen Gesetzesvorhaben nicht entgegenstünde.

b. Art. 45 AEUV

Es ist umstritten, ob bei der grenzüberschreitenden Arbeitnehmer*innenüberlassung die Arbeitnehmer*innenfreizügigkeit Anwendung findet. Bei Entsendungen im Rahmen einer grenzüberschreitenden Dienstleistung findet nach herrschender Ansicht die Arbeitnehmer*innenfreizügigkeit

---

1352 Vgl. oben Dritter Teil B. I. 1. c. 3) d), S. 394.

keine Anwendung; die Beschäftigten seien hierbei maximal als Korrelarberechtigte nach Art. 56 AEUV geschützt.[1353] Anders liegen die Dinge nach einer populären Ansicht aber bei der grenzüberschreitenden Arbeitnehmer*innenüberlassung: in dieser Konstellation werden die Beschäftigten nicht tätig, um die Dienstleistung zu erbringen; bereits ihre Überlassung durch die Verleihunternehmen ist die Dienstleistung.[1354] Arbeitnehmer*innenüberlassung führe dem Arbeitsmarkt des Empfängerstaats damit Arbeitskräfte zu und unterfalle darum den Regelungen zur Arbeitnehmer*innenfreizügigkeit.[1355]

Vorliegend kann diese Frage aber ebenso wie die umstrittene Definition einer gegen Art. 45 AEUV verstoßenden Beschränkung dahinstehen: selbst wenn man die grenzüberschreitende Arbeitnehmer*innenüberlassung unter Art. 45 AEUV fassen und in den durch eine zwingende Gleichstellungspflicht schwindenden Wettbewerbschancen ausländischer Leiharbeitnehmer*innen eine Beschränkung der Freizügigkeit erblicken wollte, wäre diese Beschränkung doch gerechtfertigt. Die obige Untersuchung des Art. 16 GRCh hat eindeutig gezeigt, dass die Einschnitte in die Vertragsfreiheit, damit auch in die Wettbewerbsposition und im Ergebnis ebenfalls in die Freizügigkeit von Leiharbeitnehmer*innen durch die mit einer zwingenden Gleichstellungspflicht verfolgten hohen Ziele problemlos aufgewogen werden können.[1356] Die Untersuchung des Art. 56 AEUV hat gezeigt, dass diese Ziele als zwingende Gründe des Allgemeininteresses auch in die Abwägungsentscheidung bezüglich der Grundfreiheiten eingestellt werden können.[1357]

Die Einführung einer zwingenden Gleichstellungspflicht würde folglich auch nicht an den europäischen Regelungen zur Freizügigkeit scheitern.

1353 EuGH, Urt. V. 21.10.2003 – C-317/01, C-369/01 – Abatay, Rn. 106; EuGH, Urt. v. 25.10.2001 – verb. Rs. C-49/98, C-50/98, C-52/98 bis C-54/98 und C-68/98 bis C-71/98 – Finalarte, EuZW 2001, 759 Rn. 22 f.; *Wilde,* Arbeitnehmerüberlassung im Binnenmarkt, S. 37; *Kort,* NZA 2002, 1248 (1250); aA *Krebber,* EuZA 2019, 62 (77 ff.); *Schlachter,* ZESAR 2011, 156 (158).

1354 *Wilde,* Arbeitnehmerüberlassung im Binnenmarkt, S. 39 f.

1355 EuGH, Urt. v. 10.02.2011 – C-307, 308, 309/09 – Vicoplus, NZA 2011, 283 Rn. 28 ff.; *Wilde,* Arbeitnehmerüberlassung im Binnenmarkt, S. 45; *Bayreuther,* DB 2011, 706 (708); aA Schüren/Hamann/*Brors,* AÜG Einl. Rn. 536; *Kort,* NZA 2002, 1248 (1250).

1356 Vgl. oben Dritter Teil B. I. 1. d., S. 400.

1357 Vgl. oben Dritter Teil B. I. 2. a. 3), S. 409.

c. Zwischenergebnis

Wollte die Legislative eine zwingende Gleichstellungspflicht in der Leiharbeit etablieren, so ergäben sich daraus auch Auswirkungen auf den Binnenmarkt. Die Gleichstellungspflicht würde auch für Verleihunternehmen aus anderen Mitgliedstaaten gelten, soweit sie ihre Arbeitskräfte in Betrieben innerhalb der Bundesrepublik einsetzen wollten. Dadurch würde in etlichen Fällen die grenzüberschreitende Arbeitnehmer*innenüberlassung unattraktiver. Die damit einhergehende Beschränkung der Dienstleistungsfreiheit wäre aber durch etliche zwingende Gründe des Allgemeininteresses gerechtfertigt. Diese Rechtfertigung wäre zudem auch problemlos möglich, wenn man in der Regulierung eine Beschränkung der Arbeitnehmer*innenfreizügigkeit erblicken wollte.

Damit stehen die Grundfreiheiten der Europäischen Union der Einführung einer zwingenden Gleichstellungspflicht nicht entgegen.

3. Vereinbarkeit mit der RL 2008/104/EG

Neben der Grundrechtecharta und den Grundfreiheiten müsste eine von der deutschen Gesetzgebung zu schaffende zwingende Gleichstellungspflicht in der Arbeitnehmer*innenüberlassung außerdem die Vorgaben ihres unionsrechtlichen Vorbilds, der RL 2008/104/EG, beachten. Art. 5 Abs. 1 RL 2008/104/EG sieht ebenso wie ErwGr. 12 der Richtlinie explizit die Einführung einer Gleichstellungspflicht vor. Auch die den Mitgliedstaaten in Art. 5 Abs. 2–4 RL 2008/104/EG eingeräumten Möglichkeiten zur Aufweichung des Gleichstellungsgrundsatzes sind ausweislich ihres insoweit klaren Wortlauts genau das: Möglichkeiten. Einschränkungen bei dem mitgliedstaatlichen Vorhaben, eine zwingende Gleichstellungspflicht einzuführen, können sich darum allein aus Art. 4 Abs. 1 RL 2008/104/EG ergeben. Über den Gehalt dieser Norm herrscht allerdings eine gewisse Uneinigkeit.[1358]

In der Rechtssache AKT hat der EuGH entschieden, dass sich Art. 4 Abs. 1 RL 2008/104/EG nicht an die mitgliedstaatlichen Gerichte richte, sondern nur den Behörden der Mitgliedstaaten eine Überprüfungspflicht auferlege.[1359] Dieses Normverständnis hat erhebliche und großteils auch

---

1358 Vgl. *Pant*, Regulierung der Arbeitnehmerüberlassung, S. 135 ff., m.w.N.
1359 EuGH, Urt. v. 17.3.2015 – C-533/13 – AKT, NZA 2015, 423.

berechtigte Kritik hervorgerufen.[1360] Dennoch steht eine Änderung dieser von der Großen Kammer des EuGH entschiedenen Rechtsprechung nicht zu erwarten; eine Vorlage durch deutsche Gerichte würde also aller Voraussicht nach nicht zur Überprüfung einer zwingenden Gleichstellungspflicht durch den EuGH führen.

Nicht eindeutig entschieden hat das Gericht aber, ob sich Art. 4 Abs. 1 RL 2008/104/EG in einer einmaligen, bei Ablauf der Umsetzungsfrist wirksam werdenden Prüf- und Berichtspflicht erschöpft – oder ob die Norm eine darüber hinaus reichende Vorgabe enthält, die auch heute noch nach Beachtung verlangt. In Rn. 29 der Entscheidungsgründe beziehen sich die Richter*innen stark auf die Umsetzungsfrist, nur zwei Randnummern später allerdings entnehmen sie Art. 4 Abs. 1 RL 2008/104/EG den Rahmen, innerhalb dessen sich eine mitgliedstaatliche Gesetzgebung abspielen dürfe.[1361] Die Literatur neigt dazu, den EuGH im Sinne einer einmaligen Prüf- und Berichtspflicht zu verstehen.[1362] Dennoch ist nicht auszuschließen, dass das Gericht Art. 4 Abs. 1 RL 2008/104/EG in einem zukünftigen Vertragsverletzungsverfahren einen materiellen Gehalt zumessen würde, nach dem die mitgliedstaatliche Regulierung der Arbeitnehmer*innenüberlassung die dem Wortlaut nach enthaltenen Vorgaben der Norm beachten müsste. Es bleibt damit potentiell relevant, ob eine zwingende Gleichstellungspflicht eine Einschränkung im Sinne des Art. 4 Abs. 1 RL 2008/104/EG darstellen würde.

Eine zwingende Gleichstellungspflicht würde die Arbeitnehmer*innenüberlassung für Verleih- und Entleihunternehmen in vielen Fällen verteuern und damit unattraktiver machen.[1363] Einzelne Stimmen fassen zudem jede auch nur mittelbar abschreckende Regulierung als Eingriff im Sinne des Art. 4 Abs. 1 RL 2008/104/EG auf.[1364] Einigkeit besteht aber darüber, dass Art. 9 Abs. 1 RL 2008/104/EG als Konkretisierung von Art. 153 Abs. 4

1360 EuArbRK/*Kolbe*, RL 2008/104/EG Art. 4 Rn. 3; *Pant*, Regulierung der Arbeitnehmerüberlassung, S. 140 ff.; *Pasch*, Vorübergehende Überlassung, S. 70 ff.; *Happ*, BB 2015, 1150 (1152); *Stiebert*, NJW 2015, 1234 (1235); *Boemke/Sachadae*, EuZA 2015, 313 (316 f.); *Franzen*, RdA 2015, 141 (149); *Temming*, jurisPR-ArbR 25/2015 Anm. 1; aA *Schindler*, DRdA 2016, 26 (28).

1361 EuGH, Urt. v. 17.03.2015 – C-533/13 – AKT, NZA 2015, 423 Rn. 29, 31; vgl. *Schindler*, DRdA 2016, 26 (28).

1362 EuArbRK/*Kolbe*, RL 2008/104/EG Art. 4 Rn. 4; *Schindler*, DRdA 2016, 26 (28); aA *Pant*, Regulierung der Arbeitnehmerüberlassung, S. 148.

1363 Vgl. oben Dritter Teil B. I. 1. c. 2), 3) d), S. 387, 394.

1364 *Rieble/Vielmeier*, EuZA 2011, 474 (503); aA für ein engeres Verständnis EuArbRK/*Kolbe*, RL 2008/104/EG Art. 4 Rn. 7.

AEUV bei der Ausgestaltung der Arbeitnehmer*innenüberlassung der Regelung in Art. 4 Abs. 1 RL 2008/104/EG vorgeht.[1365] Eine für Arbeitnehmer*innen günstigere Ausgestaltung des Gleichstellungsgrundsatzes unterfiele darum der Privilegierung des Art. 9 Abs. 1 RL 2008/104/EG und müsste sich in der Folge nicht vor Art. 4 Abs. 1 RL 2008/104/EG rechtfertigen.[1366] Es kann kein vernünftiger Zweifel daran bestehen, dass die Geltung einer zwingenden Gleichstellungspflicht als Mindestvorgabe für Leiharbeitnehmer*innen günstiger wäre. Art. 4 Abs. 1 RL 2008/104/EG steht einem solchen Gesetzesvorhaben folglich nicht entgegen.

Es wäre demnach konform mit den Vorgaben der RL 2008/104/EG, wenn die deutsche Gesetzgebung sich dazu entschlösse, eine zwingende Gleichstellungspflicht in der Leiharbeit einzuführen.

4. Zwischenergebnis

Die obenstehende Untersuchung hat gezeigt, dass Leiharbeit immer in einem komplexen Spannungsfeld stattfindet und viele Interessen betrifft. Diese Interessen wiederum sind auf europäischer Ebene in mehrerlei Hinsicht geschützt.

Von der Reglementierung der Arbeitnehmer*innenüberlassung sind zuvörderst die Verleihunternehmen, die Leiharbeitnehmer*innen und ihre jeweiligen Verbände betroffen. Die strukturellen Auswirkungen der Leiharbeit erstrecken sich aber auch in erheblichem Maße auf die Entleihunternehmen und die dort angestellten Stammkräfte. Zu guter Letzt haben der fragmentierende Effekt und die oftmals schlechten Arbeitsbedingungen in der Arbeitnehmer*innenüberlassung auch Einfluss auf die Organisation der gesamten Gesellschaft.

Diese Einbindung in ein multipolares Interessengeflecht hat zur Folge, dass jegliche Gesetzesreform in diesem Bereich mit erheblichen Eingriffen in europarechtlich geschützte Positionen der Beteiligten einhergeht. Das gilt auch und in besonderem Maße für die Einführung einer zwingenden Gleichstellungspflicht.

Hervorzuheben ist in diesem Zusammenhang insbesondere der außerordentliche Eingriff in die Koalitionsfreiheit und die unternehmerische

---

1365 EuArbRK/*Kolbe*, RL 2008/104/EG Art. 4 Rn. 7; *Pant*, Regulierung der Arbeitnehmerüberlassung, S. 146 f.; *Rieble/Vielmeier*, EuZA 2011, 474 (484).

1366 *Pant*, Regulierung der Arbeitnehmerüberlassung, S. 146 f.; *Rieble/Vielmeier*, EuZA 2011, 474 (484).

Freiheit der Verleihunternehmen. Sie würden durch eine zwingende Gleichstellungspflicht sowohl in der individuellen als auch der kollektiven Durchsetzung ihrer Interessen eingeschränkt. Die europäische Rechtsordnung stellt diese Freiheiten mit Artt. 16, 28 GRCh, Art. 56 AEUV unter einen besonderen Schutz und Eingriffe hierein unter ein besonderes Rechtfertigungsbedürfnis. Zugleich ist aber zu beachten, dass eine zwingende Gleichstellungspflicht zwar das fragmentierende Element der Arbeitnehmer*innenüberlassung beseitigen würde, gleichzeitig aber das Alleinstellungsmerkmal der Leiharbeit – die Bündelung vorübergehender Beschäftigungsmöglichkeiten – unberührt ließe. Trotz der erheblichen Eingriffe bliebe der Betrieb von Verleihunternehmen damit weiterhin wirtschaftlich sinnvoll.

Den außergewöhnlichen Eingriffen stünden bei der Einführung einer zwingenden Gleichstellungspflicht ebenso außergewöhnliche Ziele gegenüber. Wie dargelegt wurde, hat die Arbeitnehmer*innenüberlassung Auswirkungen auf beinahe alle Teilnehmer*innen des gesellschaftlichen Lebens. Für viele ginge eine zwingende Gleichstellungspflicht dabei mit erheblichen Gewinnen einher. Am vordringlichsten zeigt sich das bei den Leiharbeitnehmer*innen selbst, die in vielen Fällen aus ihrer heute oftmals misslichen Lage befreit würden. Positive Auswirkungen zeigen sich außerdem, und hier passen Problemanalyse und Lösungsstrategie unmittelbar zueinander, auch bei den strukturellen Auswirkungen einer zwingenden Gleichstellungspflicht auf den Arbeitsmarkt und das Tarifgeschehen im Allgemeinen sowie auf die Arbeitsbedingungen der Stammbeschäftigten im Besonderen. Das wesentliche Strukturmerkmal der Leiharbeit – die Fragmentierung von Lohnabhängigen im selben Betrieb unter derselben Weisungsmacht – würde auf ebenso struktureller Ebene überwunden. Leiharbeitnehmer*innen würde auf diesem Wege der für die Einsatzbranchen ausgehandelte Lohn gewährt und die Beschäftigten der Einsatzbranchen könnten kollektiv für ihre Interessen eintreten, ohne einen Unterbietungswettbewerb zu fürchten. Eine zwingende Gleichstellungspflicht würde folglich nicht nur schlicht für bessere Arbeitsbedingungen in der Arbeitnehmer*innenüberlassung sorgen, sondern mit einer stringenten Lösung das Machtverhältnis zwischen Unternehmen und Lohnabhängigen zurück auf die von Art. 28 GRCh und Art. 9 Abs. 3 GG vorgesehen Füße stellen, indem sie die Spaltung der Beschäftigten wieder kittet.

Es hat sich, so lässt sich schließlich zusammenfassen, anschaulich gezeigt, dass auf beiden Seiten der bei der Einführung einer zwingenden Gleichstellungspflicht zu erfolgenden Abwägung bedeutende und schutzwürdige Interessen stehen. Dieses Spannungsfeld bietet Raum für etliche

Wertentscheidungen und damit der Legislative ein außergewöhnlich breites Spielfeld, innerhalb dessen politische Entscheidungen getroffen werden müssen – und können. Aus rechtlicher Perspektive stünde der Einführung einer zwingenden Gleichstellungspflicht dabei keine europäische Schranke entgegen.

II. Verfassungsrechtliche Zulässigkeit

Neben den europarechtlichen Vorgaben sind es nur mehr die Regelungen des Grundgesetzes, die der Legislative bei der Einführung einer zwingenden Gleichstellungspflicht im Wege stehen könnten. Im Rahmend der entsprechenden Prüfung ist zunächst zu begründen, ob die Grundrechte des Grundgesetzes neben denen der Charta Anwendung finden. In Entsprechung zu den obigen Betrachtungen soll im Folgenden dann untersucht werden, ob eine zwingende Gleichstellungspflicht für die Leiharbeit in Konflikt mit den Grundrechten aus Artt. 9 Abs. 3, 12 Abs. 1 und 3 Abs. 1 GG kommen würde. Dabei kann in weiten Teilen auf die mit Bezug zur europäische Ebene bereits geschaffenen Erkenntnisse zurückgegriffen werden, sodass lediglich die verfassungsrechtlichen Besonderheiten näherer Betrachtung bedürfen.

1. Anwendbarkeit der deutschen Grundrechte

Es mag sowohl hinsichtlich der Zulässigkeit als auch des Mehrwerts fragwürdig anmuten, neben den Grundrechten der GRCh parallel auch die nationalen Grundrechte zur Anwendung zu bringen. Die Frage nach dem Mehrwert lässt sich mit dem Verweis auf unterschiedliche Schrankenvorbehalte und vor allem den verschiedenen Rechtswegen beantworten.[1367] Die Zulässigkeit einer Anwendung deutscher Grundrechte kann sich dagegen nur aus Umsetzungsspielräumen ergeben, die der europäische Rechtsrahmen der deutschen Legislative belässt.[1368] Erschöpft sich die deutsche Gesetzgebung dagegen in der Umsetzung zwingender unionsrechtlicher

1367 Vgl. *Kämmerer*, Der neue Rechtsrahmen, S. 35.

1368 BVerfG, Beschl. v. 04. 10. 2011 – 1 BvL 3/08, NJW 2012, 45 Rn. 44 f.; BVerfG, Urt. v. 02.03.2010 – 1 BvR 256/08 u.a., NJW 2010, 833 Rn. 182; *Pasch*, Vorübergehende Überlassung, 134; *Kämmerer*, Der neue Rechtsrahmen, S. 36; *Wollenschläger*, EuZW 2014, 577 (580).

Vorgaben, so beschränkt sich das BVerfG auf eine Kontrolle von ultra-vires- und Verfassungsidentitätsvorbehalt.[1369]

Das AÜG in seiner heutigen Form setzt die Vorgaben der RL 2008/104/EG um.[1370] Bezüglich der konkreten Ausgestaltung des Gleichstellungsgrundsatzes und der dabei geltenden Ausnahmen lässt Art. 5 Abs. 2–4 RL 2008/104/EG den Mitgliedstaaten aber einen erheblichen Spielraum. Zwar ist die deutsche Gesetzgebung nach richtigem Verständnis auch bei der Nutzung dieser Spielräume an die Vorgaben der GRCh gebunden.[1371] Daneben und in den durch die GRCh weiter begrenzten Umsetzungsspielraum tritt aber die Bindung der Legislative an die Vorgaben der deutschen Verfassung. Die genaue Ausgestaltung der Arbeitnehmer*innenüberlassung innerhalb dieses Spielraums muss sich folglich an den Vorgaben der deutschen Grundrechte messen lassen.[1372]

Mit der Einführung einer zwingenden Gleichstellungspflicht würde sich die deutsche Gesetzgebung dazu entschließen, die von Art. 5 Abs. 2–4 RL 2008/104/EG erlaubten Ausnahmemöglichkeiten nicht zu nutzen. Diese Entscheidung ist nicht unionsrechtlich determiniert und unterliegt darum der Bindung an die deutschen Grundrechte. Aus diesem Grund ist es zulässig und notwendig, die Vereinbarkeit einer zwingenden Gleichstellungspflicht mit den Vorgaben des GG zu betrachten.

2. Art. 9 Abs. 3 GG

Bereits aus der Perspektive des Art. 28 GRCh wurde festgestellt, dass eine zwingende Gleichstellungspflicht in der Leiharbeit mit erheblichen Auswirkungen auf die Tarifautonomie von Leiharbeitnehmer*innen, Verleihunternehmen und ihren jeweiligen Verbänden einher ginge.[1373] Daran anschließend soll an dieser Stelle unter der nunmehr verfassungsrechtliche Brille untersucht werden, wie sich eine Gleichstellungspflicht auf die von Art. 9 Abs. 3 GG garantierten Freiheiten auswirken würde.

1369 BVerfG, Beschl. v. 04.10.2011 – 1 BvL 3/08, NJW 2012, 45 Rn. 46; BVerfG, Beschl. v. 22.10.1986 – 2 BvR 197/83, NJW 1987, 577.

1370 Vgl. oben Dritter Teil B. I. 1. a., S. 334.

1371 Vgl. oben Dritter Teil B. I. 1. a., S. 334.

1372 *Pasch,* Vorübergehende Überlassung, S. 134; *Kämmerer,* Der neue Rechtsrahmen, S. 36.

1373 Vgl. oben Dritter Teil B. I. 1. b., S. 337.

a. Schutzbereich

Die von Art. 9 Abs. 3 GG garantierte Tarifautonomie gewährt in sachlicher Hinsicht unter anderem das Recht von Koalitionen, die Arbeits- und Wirtschaftsbedingungen durch den Abschluss und die Durchführung von Tarifverträgen zu gestalten.[1374] Zu diesen Regelungsgegenständen zählen neben den Lohn- und Gehaltsbedingungen auch alle anderen materiellen Arbeitsbedingungen.[1375] In persönlicher Hinsicht können sich, ebenso wie das bei Art. 28 GRCh der Fall ist, sowohl Beschäftigte und Arbeitgeber*innen als auch ihre jeweiligen Verbände auf Art. 9 Abs. 3 GG berufen.[1376]

Verleihunternehmen, ihre Angestellten und die jeweils gebildeten Koalitionen sind demnach grundsätzlich vom Schutzbereich des Art. 9 Abs. 3 GG umfasst. Sie würden durch eine zwingende Gleichstellungspflicht zwar formal nicht daran gehindert, in Tarifverträgen die materiellen Arbeitsbedingungen in der Arbeitnehmer*innenüberlassung zu vereinbaren. Diese Tarifverträge fänden in Überlassungszeiten allerdings nur Anwendung, soweit sie den Leiharbeitnehmer*innen bessere Arbeitsbedingungen gewährten als die vergleichbaren Arbeitskräfte in den Einsatzbetrieben erhalten. Damit würde entweder die Durchführung der Tarifabsprachen in Frage gestellt oder Einfluss auf das Tarifergebnis genommen. In beiden Fällen wäre die Tarifautonomie betroffen.

Eine zwingende Gleichstellungspflicht fiele demnach in den Schutzbereich des Art. 9 Abs. 3 GG.

b. Eingriff

Anders als „natürliche Freiheiten“ ist die Tarifautonomie auf eine rechtliche Ausgestaltung angewiesen, um wirksam zu werden.[1377] Die Grenze zwischen einer die Tarifautonomie ermöglichenden Ausgestaltung einerseits und einem Eingriff in das Grundrecht andererseits ist allerdings un-

1374 BVerfG, Urteil v. 11.07.2017 – 1 BvR 1571/15 u.a., NZA 2017, 915 Rn. 130 f.; Däubler TVG/*Däubler*, Einl. Rn. 91 ff.; Epping/Hillgruber/*Cornils*, GG Art. 9 Rn. 61.

1375 BVerfG, Beschl. v. 24.04.1996 – 1 BvR 712/86, NJW 1997, 513; ErfK/*Linsenmaier*, GG Art. 9 Rn. 72.

1376 BVerfG, Beschl. v. 29.12.2004 – 1 BvR 2582/03 u.a., NZA 2005, 153; BverfG, Beschl. v. 24.04.1996 – 1 BvR 712/86, NJW 1997, 513; Däubler TVG/*Däubler*, Einl. Rn. 86; ErfK/*Linsenmaier*, GG Art. 9 Rn. 27 ff.

1377 Däubler TVG/*Däubler*, Einl. Rn. 154; *Engels,* RdA 2008, 331 (334).

scharf und nicht immer leicht zu bestimmen.[1378] Teilweise wird vertreten, dass jede Regelung im Bereich der Koalitionsfreiheit lediglich eine Ausgestaltung sei und Eingriffe schon kategorial nicht geschehen könnten.[1379] Unter Verweis auf den Schutzzweck der Tarifautonomie – dem Ausgleich struktureller Unterlegenheit von Beschäftigten – sehen andere Stimmen in einseitig zwingendem Gesetzesrecht keinen Eingriff, solange überhaupt noch Regelungsmöglichkeiten offen bleiben.[1380] Dem steht die Auffassung von Rechtsprechung und erheblichen Teilen der Literatur entgegen.[1381] Ein Eingriff soll demnach etwa vorliegen, wenn die Spielräume der Koalitionen innerhalb des Schutzbereichs verkürzt werden.[1382] Nach anderer Auffassung soll sich der Charakter einer Maßnahme nach der Zielsetzung richten – soll ein Gesetz das Funktionieren des Tarifvertragssystem gewährleisten, so liege eine Ausgestaltung vor, bei der Verfolgung sonstiger Ziele ein Eingriff.[1383]

Die letztgenannte Ansicht kann mit ihrer starken Bindung an das Motiv der Gesetzgebung nicht überzeugen – zum einen, weil die Auswirkungen auf die Spielräume der Koalitionen sich nicht nach den Zielen der Gesetzgebung richten, zum anderen, weil hinter den meisten Gesetzesvorhaben ein ganzes Motivbündel steht. Der jeglichen Eingriff ablehnenden Auffassung ist zuzugeben, dass die Abgrenzung eines von der Ausgestaltung unabhängigen objektiven Gehalts der Tarifautonomie schwer fällt. Gleichzeitig liegt es aber fern, Art. 9 Abs. 3 GG aufgrund dieser Unschärfe jeglichen stabilen Inhalt abzusprechen. Im Ergebnis führt kein Weg daran vorbei, den Normtext ernst zu nehmen: Maßnahmen, die die kollektive Wahrung und Förderung der Arbeits- und Wirtschaftsbedingungen ermöglichen, bilden eine Ausgestaltung. Maßnahmen, welche die Koalitionen eben daran hindern und ihre Spielräume beschränken, sind Eingriffe.

1378 Däubler TVG/*Däubler*, Einl. Rn. 155; *Löwisch/Rieble*, TVG Grundlagen Rn. 121 ff.

1379 *Löwisch/Rieble*, TVG Grundlagen Rn. 138.

1380 *D. Ulber*, Tarifdispositives Gesetzesrecht, S. 320 ff.

1381 BVerfG, Urteil v. 11.07.2017 – 1 BvR 1571/15 u.a., NZA 2017, 915 Rn. 143; BVerfG, Beschl. v. 24.04.1996 – 1 BvR 712/86, NJW 1997, 513; BVerfG, Urt. v. 10.01.1995 – 1 BvF 190, 1 BvR 342, 348/90, NJW 1995, 2339 (2340); BAG, Urt. v. 07.07.2010 – 4 AZR 549/08, NZA 2010, 1068 Rn. 54 ff.; Däubler TVG/*Däubler*, Einl. Rn. 155; ErfK/*Linsenmaier*, GG Art. 9 Rn. 83 ff.; *Hromadka/Schmitt-Rolfes*, NZA 2010, 687 (689); *Dieterich*, RdA 2002, 1 (11 f.).

1382 Däubler TVG/*Däubler*, Einl. Rn. 155.

1383 ErfK/*Linsenmaier*, GG Art. 9 Rn. 83 ff.; *Hromadka/Schmitt-Rolfes*, NZA 2010, 687 (689); *Dieterich*, RdA 2002, 1 (11 f.).

Dieses Verständnis verliert seinen Schrecken, wenn man die Unterteilung nicht als exklusiv auffasst. Ein die Tarifautonomie förderndes Vorhaben kann damit gleichzeitig an anderer Stelle in die Tarifautonomie anderer Beteiligter eingreifen – und unterliegt dann auch den Rechtfertigungsanforderungen eines Eingriffs.[1384] In diesem Rahmen kann dann wiederum auch der gleichzeitig verwirklichte Schutz der Tarifautonomie in die Verhältnismäßigkeitsprüfung eingestellt und somit eine die Auswirkungen der staatlichen Maßnahme umfassend abbildende, sachgerechte Einschätzung vorgenommen werden. Dieses Ergebnis zeigt sogleich die begrenzte Relevanz des Streits auf: im Ergebnis müssen sich sowohl ausgestaltende als auch eingreifende Maßnahmen als verhältnismäßig erweisen; das für Eingriffe zusätzlich geltende Erfordernis verfassungsimmanenter Zweckbestimmungen erweist sich angesichts der vielfältigen Schutzgüter der Verfassung als wenig ausschlaggebend.[1385]

Nach diesem Maßstab läge in einer zwingenden Gleichstellungspflicht zweifellos ein Eingriff in die Tarifautonomie von Leiharbeitnehmer*innen, Verleihunternehmen und ihren jeweiligen Verbänden begründet.[1386] Sie könnten die für Einsatzzeiten zu gewährenden Arbeitsbedingungen nur unter Beachtung der Mindestvorgaben des Gleichstellungsgrundsatzes verhandeln. Dadurch verlören nicht nur die Verleihunternehmen und ihre Verbände wesentliche Spielräume, auch die Leiharbeitskräfte und ihre Gewerkschaften könnten an dieser Stelle nicht auf die Arbeitgeber*innenseite zugehen, um an anderer Stelle Verbesserungen zu erwirken. Zusätzlich müssten die Verbände der Verleihunternehmen und in geringerem Maße auch die Gewerkschaften mit einem Mitgliederschwund rechnen.[1387] Damit würde die kollektive Wahrung und Förderung der Arbeits- und Wirtschaftsbedingungen erschwert – und folglich in Art. 9 Abs. 3 GG eingegriffen.

1384 Däubler TVG/*Däubler*, Einl. Rn. 155; ErfK/*Linsenmaier*, GG Art. 9 Rn. 83 ff.; aA wohl *Hromadka/Schmitt-Rolfes*, NZA 2010, 687 (689).

1385 Vgl. *Löwisch/Rieble*, TVG Grundlagen Rn. 145.

1386 Ebenso schon für den aktuell tarifdispositiven Gleichstellungsgrundsatz Epping/Hillgruber/*Cornils*, GG Art. 9 Rn. 66; Stellungnahme der BRAK vom 20.06.2016, Ausschussdrs. 18(11)761neu, S. 86 (89); *Zimmermann*, BB 2016, 53 (55); *Lembke/Rothmann*, ZESAR 2014, 372 (382); *Bayreuther*, NZA 2005, 341 (342); *Boemke/Lembke*, DB 2002, 893 (895 f.).

1387 Vgl. insgesamt zu den Auswirkungen oben Dritter Teil B. I. 1. b. 2), S. 342.

c. Rechtfertigung

Die Gewährleistung der Tarifautonomie nach Art. 9 Abs. 3 GG unterliegt etwas anderen Schranken als der obig untersuchte Eingriff in Art. 28 GRCh. Nach richtigem Verständnis gilt die Schrankenbestimmung des Art. 9 Abs. 2 GG nicht für die Koalitionsfreiheit.[1388] Sie würde aber im vorliegenden Fall sowieso keine Relevanz entwickeln. Der Staat kann sich deshalb zur Rechtfertigung von Eingriffen in Art. 9 Abs. 3 GG nur auf verfassungsimmanente Schranken, also den Schutz von anderen Rechtsgütern oder Gemeinwohlbelangen mit Verfassungsrang berufen.[1389] Das gilt auch für den mit einer zwingenden Gleichstellungspflicht einhergehenden Eingriff in die Tarifautonomie von Leiharbeitnehmer*innen, Verleihunternehmen und den entsprechenden Koalitionen.

Zusätzlich zu dieser Beschränkung der für die Rechtfertigung anerkannten Ziele begrenzt die Wesensgehaltsgarantie des Art. 19 Abs. 2 GG die Spielräume der Gesetzgebung. Allerdings ist nicht ersichtlich, dass durch eine zwingende Gleichstellungspflicht der Wesensgehalt der Tarifautonomie angetastet würde – schließlich wird lediglich der Spielraum begrenzt, ohne den Abschluss von Tarifverträgen unmöglich zu machen.[1390] Eine solche Gesetzesreform müsste darum lediglich Ziele von Verfassungsrang anführen, zu deren Verfolgung der Eingriff in Art. 9 Abs. 3 GG geeignet und erforderlich sowie angemessen wäre. Bei dieser Verhältnismäßigkeitsprüfung gelten in weiten Teilen die zur Rechtfertigung des Eingriffs in Art. 28 GRCh angeführten Gedanken entsprechend.[1391]

Allein bei der Qualifikation der mit einer zwingenden Gleichstellungspflicht verfolgten Ziele bedarf es einer gesonderten Betrachtung: Die im Kontext des Art. 28 GRCh angeführten Ziele können den Eingriff in Art. 9 Abs. 3 GG nur rechtfertigen, soweit sie Verfassungsrang haben.

Der schon bei der Einführung des Gleichstellungsgrundsatzes von der Gesetzgebung betonte Schutz der Leiharbeitnehmer*innen durch verbes-

---

1388 BVerfG, Urteil v. 11.07.2017 – 1 BvR 1571/15 u.a., NZA 2017, 915 Rn. 143; Däubler TVG/*Däubler*, Einl. Rn. 164 f.; aA Maunz/Dürig/*Scholz*, GG Art. 9 Rn. 337.

1389 BVerfG, Urteil v. 11.07.2017 – 1 BvR 1571/15 u.a., NZA 2017, 915 Rn. 143; BVerfG, Beschl. v. 29.12.2004 – 1 BvR 2582/03 u.a., NZA 2005, 153; Däubler TVG/*Däubler*, Einl. Rn. 155; ErfK/*Linsenmaier*, GG Art. 9 Rn. 87; Epping/Hillgruber/*Cornils*, GG Art. 9 Rn. 86.

1390 Vgl. oben Dritter Teil B. I. 1. b. 3) c), S. 351; krit. *Boemke/Lembke*, DB 2002, 893 (897).

1391 Vgl. oben Dritter Teil B. I. 1. b. 3) d), S. 352.

serte Arbeitsbedingungen genießt als Teil der Berufsfreiheit Verfassungsrang.[1392] Das BVerfG hat in diesem Sinne mehrfach festgestellt, dass der Staat in arbeitsrechtlichen Verhandlungssituationen mit einem einseitigen Übergewicht durch staatliche Regelungen den Grundrechtsschutz sichern müsse.[1393] Daneben greift der Arbeitnehmer*innenschutz als Element des Sozialstaatsprinzips.[1394] Auch der Schutz der Gesundheit von Leiharbeitnehmer*innen entspricht einer staatlichen Schutzpflicht aus Art. 2 Abs. 2 Satz 1 GG.[1395]

Der Schutz der Stammbeschäftigten vor Verdrängung und der Schutz ihrer Arbeitsbedingungen durch eine strukturelle Überwindung der Fragmentierung im Betrieb korreliert mit der Berufsfreiheit des Art. 12 Abs. 1 GG und kann darum als verfassungsimmanente Schranke der Tarifautonomie in die Abwägung eingestellt werden.[1396] Die durch eine zwingende Gleichstellungspflicht angestrebte Milderung des Verdrängungswettbewerbs dient neben der Berufsfreiheit der Stammbeschäftigten außerdem angemessenen Arbeitsstrukturen und damit dem Sozialstaatsprinzip des Art. 20 Abs. 1 GG.[1397] Das Ende der Fragmentierung fördert weiter die geschlossene kollektive Durchsetzung der Interessen von Lohnabhängigen und stärkt damit sowohl ihre Koalitionsfreiheit aus Art. 9 Abs. 3 GG als auch die mit der Tarifautonomie verbundene Ordnungsfunktion von Tarifverträgen.[1398] Auch der unmittelbare Schutz der Stammbeschäftigten

---

1392 Vgl. BVerfG, Beschl. v. 23.11.2006 – 1 BvR 1909/06, NZA 2007, 85 (87); BVerfG, Beschl. v. 29.12.2004 – 1 BvR 2583/03, 1 BvR 2283/03, 1 BvR 2504/03, NZA 2005, 153 (155); *Pasch*, Vorübergehende Überlassung, S. 136; vgl. ErfK/*Schmidt*, GG Art. 12 Rn. 34.

1393 BVerfG, Beschl. v. 15.07.1998 – 1 BvR 1554/89, 1 BvR 963, 964/94, NZA 1999, 194 (197); BVerfG, Beschl. v. 07.02.1990 – 1 BvR 26/84, NZA 1990, 389 (390).

1394 *Pant*, Regulierung der Arbeitnehmerüberlassung, S. 198; *Thüsing*, AÜG Einf. Rn. 14; *Kämmerer*, Der neue Rechtsrahmen, S. 44; *Klebeck*, Gleichstellung, S. 99.

1395 Vgl. BVerfG, Beschl. v. 17.11.1992 – 1 BvR 168/89 u.a., NVwZ 1993, 878 (879); ErfK/*Schmidt*, GG Art. 2 Rn. 111.

1396 Vgl. BVerfG, Beschl. v. 23.11.2006 – 1 BvR 1909/06, NZA 2007, 85 (87); BVerfG, Beschl. v. 29.12.2004 – 1 BvR 2583/03, 1 BvR 2283/03, 1 BvR 2504/03, NZA 2005, 153 (155); ErfK/*Schmidt*, GG Art. 12 Rn. 34.

1397 Vgl. BVerfG, Beschl. v. 20.03.2007 – 1 BvR 1047/05, NZA 2007, 609 Rn. 36 f.; BVerfG, Beschl. v. 11.07.2006 – 1 BvL 4/00, NZA 2007, 42 Rn. 87 f.; *Kämmerer*, Der neue Rechtsrahmen, S. 48.

1398 Vgl. BVerfG, Beschl. v. 20. 03. 2007 – 1 BvR 1047/05, NZA 2007, 609 Rn. 38; BVerfG, Beschl. v. 11.07.2006 – 1 BvL 4/00, NZA 2007, 42 Rn. 90; BVerfG, Beschl. v. 06.10.1987 – 1 BvR 1086/82 u. a., NJW 1988, 1195 (1196); krit. *Klebeck*, Gleichstellung, S. 102 ff.

und der mittelbare Schutz von Lohnniveau und tariflich strukturiertem Arbeitsmarkt kann sich demnach auf eine breite verfassungsrechtliche Grundlage stützen. Soweit darüber hinaus das allgemeine Lohnniveau gestützt und der Arbeitsmarkt bei der Vermittlung gutbezahlter und dauerhafter Arbeit gestärkt würde, käme die Berufsfreiheit aller Lohnabhängigen zum Tragen.

Durch eine an der Gleichstellung orientierte Entlohnung ergäbe sich außerdem ein verbesserter Schutz für die finanzielle Stabilität der Systeme der sozialen Sicherung. Das BVerfG erkennt darin einen überragend wichtigen Gemeinwohlbelang.[1399] Es ist aber unklar, ob dieser Belang auch Verfassungsrang hat.[1400] Nach Auffassung des BVerfG ist die Sozialversicherung ein besonders prägnanter Ausdruck des Sozialstaatsprinzips aus Art. 20 Abs. 1 GG und der Staat dazu verpflichtet, die finanzielle Stabilität der gesetzlichen Krankenversicherung zu gewährleisten.[1401] Das spricht dafür, die finanzielle Stabilität der Systeme der sozialen Sicherung als Vorgabe des Art. 20 Abs. 1 GG anzuerkennen und ihrem Schutz Verfassungsrang beizumessen.[1402] Die Gesetzgebung könnte sich demnach bei der Einführung einer zwingenden Gleichstellungspflicht auch darauf berufen, auf diesem Wege die finanzielle Stabilität der Systeme der sozialen Sicherung schützen zu wollen.

Eine zwingende Gleichstellungspflicht würde ferner zu einem erhöhten Steueraufkommen und geringeren Transferleistungen an aktuelle und ehemalige Leiharbeitnehmer*innen führen und damit das staatliche Budget entlasten. Dieses Ziel kann sich auf den in Art. 109 Abs. 2 GG verankerten Zweck des gesamtwirtschaftlichen Gleichgewichts stützen.[1403] Mittelbar wird durch einen entlasteten Staatshaushalt außerdem die durch die Steuerlast betroffene Eigentumsgarantie der Steuerzahler*innen geschützt.[1404]

Demnach ergeben sich bezüglich der in die Rechtfertigung einzustellenden Ziele keine Unterschiede zur entsprechenden Darstellung bei Art. 28 GRCh; alle genannten Ziele lassen sich auf eine verfassungsrechtliche

1399 BVerfG, Beschl. v. 11.07.2006 – 1 BvL 4/00, NZA 2007, 42 Rn. 89; BVerfG, Beschl. v. 03.04.2001 – 1 BvL 32/97, NZA 2001, 777 (779); BVerfG, Beschl. v. 20.03.2001 – 1 BvR 491/96, NJW 2001, 1779 (1780).

1400 Vgl. Sodan/*Schaks*, Hdb. d. Krankenversicherungsrechts, § 16 Rn. 8.

1401 BVerfG, Beschl. v. 31.10.1984 – 1 BvR 35/82 u. a., NJW 1985, 1385 (1388); BVerfG, Beschl. v. 27.05.1970 – 1 BvL 22/63, 27/64, NJW 1970, 1675 (1676).

1402 AA Sodan/*Schaks*, Hdb. d. Krankenversicherungsrechts, § 16 Rn. 33.

1403 Vgl. BVerfG, Beschl. v. 27.04.1999 – 1 BvR 2203/93, 1 BvR 897/95, NZA 1999, 992 (994); Däubler TVG/*Däubler*, Einl. Rn. 166.

1404 Vgl. BVerfG, Beschl. v. 18.01.2006 – 2 BvR 2194/99, NJW 2006, 1191 Rn. 34.

Grundlage zurückführen und können damit grundsätzlich als verfassungsimmanente Schranken den Eingriff in die Tarifautonomie rechtfertigen.

Eine zwingende Gleichstellungspflicht wäre außerdem geeignet und erforderlich, um diese Ziele zu verfolgen.[1405]

Auch bezüglich der Angemessenheit sei zunächst auf die obige ausführliche Schilderung bei der Untersuchung des Eingriffs in Art. 28 GRCh verwiesen.[1406] Aus spezifisch verfassungsrechtlicher Perspektive bleibt dem nur wenig hinzuzufügen. Der tiefe Eingriff in zentrale Bereiche tariflicher Regelungsgegenstände macht auch unter dem Blickwinkel des Art. 9 Abs. 3 GG eine Rechtfertigung durch ausgesprochen wichtige Ziele notwendig.[1407] Gleichzeitig haben die vorstehenden Absätze gezeigt, dass mit einer zwingenden Gleichstellungspflicht zahlreiche Zwecke gefördert würden, die vom Grundgesetz als zentral anerkannt sind. Zu guter Letzt ist der weite Einschätzungsspielraum mit einzubeziehen, den das BVerfG der Legislative bei der Ausgestaltung der Arbeitsmarkt-, Sozial- und Wirtschaftsordnung zugesteht.[1408] Das Ergebnis der Betrachtung kann darum kein anderes sein als bei der Prüfung von Art. 28 GRCh: der Eingriff in die Tarifautonomie wäre durch den Schutz überragender Güter gerechtfertigt.

Art. 9 Abs. 3 GG stünde der Einführung einer zwingenden Gleichstellungspflicht in der Leiharbeit demnach nicht entgegen.[1409]

3. Art. 12 Abs. 1 GG

Wie die obige Untersuchung aus der europarechtlichen Perspektive gezeigt hat, brächte eine zwingende Gleichstellungspflicht neben den erheblichen Auswirkungen auf der kollektiven Ebene der Tarifautonomie vor allem Einschnitte in die individuellen wirtschaftlichen Freiheiten der Beteiligten

---

1405 Vgl. oben Dritter Teil B. I. 1. b. 3) d) (2), (3), S. 365, 371.

1406 Vgl. oben Dritter Teil B. I. 1. b. 3) d) (4), S. 377.

1407 Vgl. BVerfG, Beschl. V. 27.04.1999 – 1 BvR 2203/93, 1 BvR 897/95, NJW 1999, 3033 (3035); Däubler TVG/*Däubler*, Einl. Rn. 169 ff.; Epping/Hillgruber/*Cornils*, GG Art. 9 Rn. 78.1.

1408 BVerfG, Beschl. v. 29.12.2004 – 1 BvR 2582/03 u.a., NZA 2005, 153 (154); BVerfG, Beschl. v. 06.06.2018 – 1 BvL 7/14 und 1 BvR 1375/14, NZA 2018, 774 Rn. 43; BVerfG, Beschl. v. 06.10.1987 – 1 BvR 1086/82 u. a., NJW 1988, 1195 (1196); *Pant*, Regulierung der Arbeitnehmerüberlassung, S. 187 f.; *D. Ulber*, NZA 2016, 619 (622).

1409 Im Ergebnis ebenso Thüsing/*Greiner*, AÜG § 8 Rn. 107; *Corzelius*, Tarifdispositives Recht, S. 60.

mit sich. Diese Freiheiten sind auf der Ebene der deutschen Verfassung in Art. 12 Abs. 1 GG angesiedelt. Eine zwingende Gleichstellungspflicht müsste sich an diesen Vorgaben messen lassen.

a. Schutzbereich

Der Schutzbereich des Art. 12 Abs. 1 GG umfasst in persönlicher Hinsicht sowohl natürliche als auch juristische Personen.[1410] Die Erstreckung des Schutzbereichs auf nichtdeutsche Unionsbürger*innen und -Unternehmen ist für die Zulässigkeit einer zwingenden Gleichstellungspflicht nicht von Belang und kann an dieser Stelle dahinstehen.[1411] Zumindest inländische Verleihunternehmen, Leiharbeitnehmer*innen und Entleihunternehmen sind vom persönlichen Schutzbereich des Art. 12 Abs. 1 GG umfasst.

In sachlicher Hinsicht schützt der einheitliche Schutzbereich des Art. 12 Abs. 1 GG die freie Auswahl und Ausübung erwerbsbezogener Tätigkeiten.[1412] Als geschützter Beruf gilt jede auf Dauer angelegte Tätigkeit, die der Schaffung und Erhaltung einer Lebensgrundlage dient.[1413] Dazu zählt sowohl abhängige als auch selbstständige Arbeit.[1414] Die Tätigkeiten von Verleih- und Entleihunternehmen unterfallen demnach fraglos Art. 12 Abs. 1 GG.[1415] Gleiches gilt für Leiharbeitnehmer*innen.[1416]

Die Berufsfreiheit schützt nicht nur die Entscheidung über die Aufnahme einer Arbeit, sondern auch die freie Vereinbarung der dabei geltenden Konditionen. Die eigentlich bei Art. 2 Abs. 1 GG angesiedelte Vertragsfreiheit findet im Arbeitskontext nach richtiger Auffassung ihren Schutz in

---

1410 ErfK/*Schmidt*, GG Art. 12 Rn. 12 ff.; Epping/Hillgruber/*Ruffert*, GG Art. 12 Rn. 33, 38; Maunz/Dürig/*Scholz*, GG Art. 12 Rn. 102, 106.

1411 Vgl. dazu ErfK/*Schmidt*, GG Art. 12 Rn. 12; Epping/Hillgruber/*Ruffert*, GG Art. 12 Rn. 34 f.

1412 ErfK/*Schmidt*, GG Art. 12 Rn. 9; Epping/Hillgruber/*Ruffert*, GG Art. 12 Rn. 18, 47.

1413 BVerfG, Urt. v. 09.06.2004 – 1 BvR 636/02, NJW 2004, 2363 (2363); ErfK/*Schmidt*, GG Art. 12 Rn. 6; Epping/Hillgruber/*Ruffert*, GG Art. 12 Rn. 40.

1414 ErfK/*Schmidt*, GG Art. 12 Rn. 7; Maunz/Dürig/*Scholz*, GG Art. 12 Rn. 18.

1415 *Pasch*, Vorübergehende Überlassung, S. 160; *Pant*, Regulierung der Arbeitnehmerüberlassung, S. 194 f.; *Pieroth*, Arbeitnehmerüberlassung, S. 34.

1416 BVerfG, Beschl. v. 29.12.2004 – 1 BvR 2582/03 u.a., NZA 2005, 153 (154); Maunz/Dürig/*Scholz*, GG Art. 12 Rn. 298; *Pieroth*, Arbeitnehmerüberlassung, S. 35.

Art. 12 Abs. 1 GG.[1417] Der Schutzbereich der Berufsfreiheit umfasst damit für jeweils beide Parteien die freie Verhandlung sowohl der Arbeitsverträge von Leiharbeitskräften als auch der Überlassungsverträge zwischen Verleih- und Entleihunternehmen.[1418] Darüber hinaus schützt Art. 12 Abs. 1 GG Unternehmen auch in der freien Gestaltung und Organisation der eigenen Personalstruktur.[1419] Entleihunternehmen sind folglich auch in ihrer Entscheidung, auf Leiharbeit zu setzen, geschützt.[1420] Umstritten ist, ob Art. 12 Abs. 1 GG daneben auch den freien Wettbewerb schützt.[1421] Es liegt in Anlehnung an die Verortung der Privatautonomie in Art. 12 Abs. 1 GG nahe, das mit dem BVerfG anzunehmen.[1422] Damit sind auch eventuelle Auswirkungen einer Gleichstellungspflicht auf den Wettbewerb zu bedenken. Zu guter Letzt schützt Art. 12 Abs. 1 GG ebenso wie sein unionsrechtliches Pendant Art. 16 GRCh Betriebs- und Geschäftsgeheimnisse.[1423]

Das Wirken von Verleihunternehmen, Leiharbeitnehmer*innen und Entleihunternehmen unterfällt damit in vielerlei Hinsicht dem Schutzbereich des Art. 12 Abs. 1 GG.

b. Eingriff

Der Eingriffsbegriff im Zusammenhang mit der Berufsfreiheit weist einige Unschärfen auf. Insbesondere ist umstritten, ob es für hoheitliche Maßnahmen ohne unmittelbaren Berufsbezug einer objektiv berufsregelnden

1417 BVerfG, Beschl. v. 06.06.2018 – 1 BvL 7/14, 1 BvR 1375/14, NZA 2018, 774 Rn. 38; BVerfG, Beschl. v. 11.07.2006 – 1 BvL 4/00, NZA 2007, 42 Rn. 78; Maunz/Dürig/*Di Fabio*, GG Art. 2 Abs. 1 Rn. 103; ErfK/*Schmidt*, GG Art. 12 Rn. 9, 14; *Pasch*, Vorübergehende Überlassung, S. 160; *Pant*, Regulierung der Arbeitnehmerüberlassung, S. 194; *Kämmerer*, Der neue Rechtsrahmen, S. 42.

1418 BVerfG, Beschl. v. 29.12.2004 – 1 BvR 2582/03 u.a., NZA 2005, 153 (155); *Pasch*, Vorübergehende Überlassung, S. 160.

1419 *Pant*, Regulierung der Arbeitnehmerüberlassung, S. 195; *Schrader/Siebert*, NZA-RR 2013, 113 (116).

1420 *Pasch*, Vorübergehende Überlassung, S. 152; *Pant*, Regulierung der Arbeitnehmerüberlassung, S. 195.

1421 Vgl. Maunz/Dürig/*Di Fabio*, GG Art. 2 Abs. 1 Rn. 116; *Rost*, Freiheit und Wettbewerb, S. 11 f.

1422 BVerfG, Beschl. v. 12.10.1977 – 1 BvR 216, 217/75, NJW 1978, 313 (313); BVerfG, Beschl. v. 08.02.1972 – 1 BvR 170/71, NJW 1972, 573 (573f).

1423 BVerfG, Urt. v. 24. 11. 2010 – 1 BvF 2/05, NVwZ 2011, 94 Rn. 204; BVerfG, Beschl. v. 14.03.2006 – 1 BvR 2087/03 u.a, NVwZ 2006, 1041 Rn. 81 ff.

Tendenz bedarf.[1424] Dieser Streit kann aber dahinstehen, wenn alle als Eingriff in Betracht kommenden Auswirkungen einer zwingenden Gleichstellungspflicht entweder einen unmittelbaren Berufsbezug oder eine objektiv berufsregelnde Tendenz aufweisen. Tatsächlich nähme eine solche Gesetzesreform explizit den Beruf der Arbeitnehmer*innenüberlassung in den Fokus und stellte hier berufsbezogene Regelungen auf.

Auf Seiten der Verleihunternehmen ergäben sich aus einer zwingenden Gleichstellungspflicht die bereits oben bei der Untersuchung des Art. 16 GRCh hervorgehobenen Auswirkungen.[1425] Insbesondere würde ihnen beim Abschluss von Arbeitsverträgen eine freie Gestaltung ebenso wie die heute noch mögliche Bezugnahme auf eigene Tarifverträge verwehrt.[1426] Vergütungsregeln stellen einen erheblichen Eingriff in die Vertragsfreiheit und damit die Berufsfreiheit dar.[1427] Durch eine verpflichtende Gleichstellung entstünde den Verleihunternehmen nicht nur ein organisatorischer, sondern vor allem ein finanzieller Mehraufwand. Dieser würde sich auch, wenngleich nur mittelbar, in den Überlassungsverträgen niederschlagen. Bei alldem bestünde für die Verleihunternehmen als Adressat*innen der Reform ein hinreichender Berufsbezug, um einen Eingriff in Art. 12 Abs. 1 GG zu begründen. Gleiches gilt für die mit den veränderten Rahmenbedingungen einhergehenden Wettbewerbsverschiebungen sowohl zwischen Verleihunternehmen als auch im Verhältnis zu anderen Formen der Bereitstellung von Arbeitskräften. Dabei stellt allerdings nur der veränderte wirtschaftliche Spielraum einen Eingriff dar; nicht von Art. 12 Abs. 1 GG geschützt ist der Umsatz an sich.[1428]

Auf Seiten der Entleihunternehmen ergäbe sich als unmittelbare Berufsregelung aus einer zwingenden Gleichstellungspflicht nur die auch heute grundsätzlich schon bestehende Auskunftspflicht bezüglich der Arbeitsbedingungen der eigenen Angestellten. Soweit diese im Einzelfall

---

1424 In diesem Sinne BVerfG, Beschl. v. 22.03. 2012 – 1 BvR 3169/11, NJW-RR 2012, 1071 Rn. 25; BVerfG, Urt. v. 17.02.1998 – 1 BvF 1–91, NJW 1998, 1627 (1628); Henssler/Willemsen/Kalb/*Hergenröder*, Arbeitsrecht, GG Art. 12 Rn. 20; aA Epping/Hillgruber/*Ruffert*, GG Art. 12 Rn. 57.

1425 Vgl. dazu ausführlich oben Dritter Teil B. I. 1. c. 2), S. 387.

1426 *Kämmerer*, Der neue Rechtsrahmen, S. 42; *Grobys/Schmidt/Brocker*, NZA 2003, 777 (778).

1427 BVerfG, Beschl. v. 29.12.2004 – 1 BvR 2582/03 u.a., NZA 2005, 153 (155); BVerfG, Beschl. v. 08.12.2011 – 1 BvR 1932/08, NVwZ 2012, 694 Rn. 45; BVerfG, Beschl. v. 15.12.1999 – 1 BvR 1904/95 u.a. Rn. 62; BVerfG, Beschl. v. 17.10.1990 – 1 BvR 283/85, NJW 1991, 555.

1428 Vgl. BVerfG, Beschl. v. 01.02.1973 – 1 BvR 426/72 u.a., NJW 1973, 499 (499).

als Betriebs- und Geschäftsgeheimnis anzusehen sein sollten, läge hierin ein Eingriff.[1429] Daneben zielt bereits die bisherige Rechtslage darauf ab, die Leiharbeit auf ihre Kernfunktion zurückzuführen.[1430] Eine zwingende Gleichstellungspflicht würde dieses Ziel wirksam unterstützen, indem sie Leiharbeit mittelbar verteuern und damit den Einsatz von Leiharbeitnehmer*innen im Rahmen der strategischen Nutzungsstrategie unattraktiver machen würde.[1431] Das BVerfG hat in seiner Entscheidung zum bisherigen Gleichstellungsgrundsatz die Berufsfreiheit der Entleihunternehmen zwar nicht geprüft.[1432] Es liegt aber nahe, in der zwar mittelbaren aber finalen Beeinflussung der Nachfrageentscheidung von Entleihunternehmen durch die staatliche Reglementierung der Leiharbeit einen berufsregelnden Eingriff zu sehen.[1433] Soweit allerdings die Wettbewerbsbedingungen von Entleihunternehmen unter einer zwingende Gleichstellungspflicht in der Leiharbeit leiden würden, ist der Wirkungszusammenhang wohl zu weit, um noch von einem Eingriff zu sprechen. Der zentrale Eingriff in die Berufsfreiheit von Entleihunternehmen läge damit in der Beeinflussung der freien Gestaltung und Organisation der eigenen Personalstruktur.

Leiharbeitnehmer*innen würden von einer zwingenden Gleichstellungspflicht primär profitieren. Gleichzeitig wäre es ihnen aber verwehrt, ihre Arbeitskraft frei oder zumindest zu den Bedingungen der Leiharbeits-Tarifverträge zu verkaufen. Auch darin läge ein, wenn auch überschaubarer, Eingriff in ihre Vertrags- und damit Berufsfreiheit.[1434]

Insgesamt ginge eine zwingende Gleichstellungspflicht in der Arbeitnehmer*innenüberlassung demnach mit teils erheblichen Eingriffen in die Berufsfreiheit von Verleihunternehmen, Entleihunternehmen und Leiharbeitskräften einher. Dabei ergeben sich im Ergebnis keine Unterschiede zu den Feststellungen betreffend Artt. 15, 16 GRCh.

1429 Vgl. BVerfG, Urt. v. 24.11.2010 – 1 BvF 2/05, NVwZ 2011, 94 Rn. 204; BVerfG, Beschl. v. 14.03.2006 – 1 BvR 2087/03 u.a, NVwZ 2006, 1041 Rn. 81 ff.; BAG, Beschl. v. 26.02.1987 – 6 ABR 46/84, NZA 1988, 63 (64).

1430 Gesetzesentwurf zur Änderung des Arbeitnehmerüberlassungsgesetzes, BT-Drs. 18/9232, S. 1, 14.

1431 Vgl. zu den Nutzungsstrategien oben Erster Teil B. I. 3., S. 43.

1432 BVerfG, Beschl. v. 29.12.2004 – 1 BvR 2582/03 u.a., NZA 2005, 153.

1433 Im Ergebnis ebenso *Kämmerer*, Der neue Rechtsrahmen, S. 42.

1434 *Klebeck*, Gleichstellung, S. 161; aA wohl unter Verweis auf den Schutzzweck des AÜG *Pant*, Regulierung der Arbeitnehmerüberlassung, S. 196.

c. Rechtfertigung

Der Schrankenvorbehalt des Art. 12 Abs. 1 Satz 2 GG unterscheidet sich etwas von seinem Pendant aus der Grundrechtecharta: das einheitliche Grundrecht der Berufsfreiheit untersteht einem einfachen Gesetzesvorbehalt und kann darum durch oder aufgrund eines Gesetzes grundsätzlich zur Verfolgung jeglicher vernünftiger Ziele eingeschränkt werden.[1435] Auch der Wesensgehaltsgarantie des Art. 19 Abs. 2 GG kommt nach dem Verständnis des BVerfG im Zusammenhang mit Art. 12 Abs. 1 GG keine relevante Bedeutung zu.[1436]

Diese formalen Schwächen im Grundrechtsschutz werden allerdings durch die Anwendung einer von den Richter*innen des BVerfG entwickelten Stufenlehre relativiert, welche verschiedene Eingriff gewichtet und ihre Rechtfertigung an die Qualität der damit verfolgten Ziele koppelt. Demnach genügt dem Gericht zur Rechtfertigung von Berufsausübungsregeln regelmäßig, wenn der Eingriff aufgrund vernünftiger Allgemeinwohlerwägungen zweckmäßig erscheint.[1437] Stellt sich ein Eingriff als subjektive Berufswahlregel dar, so müssen bereits besonders wichtige Gemeinschaftsgüter auf dem Spiel stehen.[1438] Objektive Berufswahlregelungen als Eingriff der höchsten Stufe dürfen dagegen nur zur Abwendung einer nachweislichen und höchstwahrscheinlichen Gefahr für überragend wichtige Gemeinschaftsgüter getroffen werden.[1439] Dabei liegt es auf der Hand, dass die einzelnen Stufen nicht immer eindeutig voneinander abgegrenzt werden können – und dass eine Einstufung die Prüfung der Verhältnismäßigkeit im konkreten Fall nicht entbehrlich machen kann.[1440] Dennoch bleibt es ein Verdienst der Stufenlehre, den Wert der Berufsfrei-

---

1435 BVerfG, Urt. v. 01.07.1980 – 1 BvR 247/75 – NJW 1980, 2123; ErfK/*Schmidt*, GG Art. 12 Rn. 23 ff.; Epping/Hillgruber/*Ruffert*, GG Art. 12 Rn. 73 ff.; Maunz/Dürig/*Scholz*, GG Art. 12 Rn. 311 ff.

1436 BVerfG, Urt. v. 11.06.1958 – 1 BvR 596/56, NJW 1958, 1035 (1038 f.); vgl. Maunz/Dürig/*Scholz*, GG Art. 12 Rn. 310, 318.

1437 BVerfG, Urt. v. 02.03.2010 – 1 BvR 256/08 u.a., NJW 2010, 833 Rn. 297; BVerfG, Urt. v. 11.06.1958 – 1 BvR 596/56, NJW 1958, 1035 (1038).

1438 BVerfG, Beschl. v. 24.10.2003 – 1 BvR 1594/03, NJW 2003, 3618 (3619); BVerfG, Beschl. v. 02.03.1977 – 1 BvR 124/76, NJW 1977, 892 (893).

1439 BVerfG, Beschl. v. 04.02.2010 – 1 BvR 2918/09, NVwZ-RR 2011, 385 Rn. 15; BVerfG, Urt. v. 11.06.1958 – 1 BvR 596/56, NJW 1958, 1035 (1038).

1440 Vgl. ErfK/*Schmidt*, GG Art. 12 Rn. 28; Epping/Hillgruber/*Ruffert*, GG Art. 12 Rn. 103.

heit in ihren einzelnen Ausprägungen in einer Struktur handhabbar zu machen.[1441]

Die beschriebenen, mit einer zwingenden Gleichstellungspflicht einhergehenden Eingriffe in die Berufsfreiheit von Verleih- und Entleihunternehmen sowie Leiharbeitnehmer*innen stellen sich durchweg als Berufsausübungsregeln dar.[1442] Die Grenze zur Berufswahlregel ist erst überschritten, wenn die sinnvolle Ausübung eines Berufs faktisch unmöglich gemacht wird.[1443] Das wiederum ist insbesondere bei wirtschaftlichen Belastungen erst der Fall, wenn das Geschäft eines ganzen Wirtschaftszweigs, nicht nur das einzelner Teilbereiche unrentabel wird.[1444] Es ist deshalb für die Einschätzung als Berufsausübungsregelung irrelevant, wenn *Kämmerer* die Sorge seines Auftraggebers BAP zum Ausdruck bringt, dass durch eine zwingende Gleichstellungspflicht einige auf die Überlassung von Spezialist*innen fokussierte Verleihunternehmen in Nöte geraten könnten.[1445] Darüber hinaus findet diese Sorge auch keine Grundlage in den verfügbaren Daten: Der Pay Gap liegt bei Spezialist*innen und Expert*innen mit 13 % beziehungsweise 15 % weit unter der im Helfer*innensegment feststellbaren Entgeltdifferenz von 32 %.[1446] Doch auch die potentiellen wirtschaftlichen Nöte einzelner auf die Überlassung von Helfer*innen spezialisierter Verleihunternehmen machen den Betrieb eines Verleihunternehmens nicht insgesamt wirtschaftlich unmöglich. Gleiches gilt damit für die Arbeit als Leiharbeitskraft und selbstredend auch für den Betrieb von Entleihunternehmen.

1441 In diese Richtung ErfK/*Schmidt*, GG Art. 12 Rn. 28; Epping/Hillgruber/*Ruffert*, GG Art. 12 Rn. 104.

1442 *Grobys/Schmidt/Brocker*, NZA 2003, 777 (778).

1443 BVerfG, Urt. v. 02.03.2010 – 1 BvR 256/08 u.a., NJW 2010, 833 Rn. 295; BVerfG, Beschl. v. 16.03.1971 – 1 BvR 52, 665, 667, 754/66, NJW 1971, 1255 (1256).

1444 BVerfG, Beschl. v. 06.10.1987 – 1 BvR 1086/82 u. a., NJW 1988, 1195 (1196); BVerfG, Beschl. v. 16.03.1971 – 1 BvR 52, 665, 667, 754/66, NJW 1971, 1255 (1256); aA scheinbar *Kämmerer*, Der neue Rechtsrahmen, S. 43 f.

1445 *Kämmerer*, Der neue Rechtsrahmen, S. 43 f.; zum Auftragsverhältnis *Kämmerer*, Der neue Rechtsrahmen, S. 9.

1446 Bundesagentur für Arbeit, Leiharbeitnehmer und Verleihbetriebe, Januar 2022, Tabelle 6.2 Teil 2 Spalte 5 Zeilen 18, 20, 21; vgl. dazu ausführlich oben Erster Teil B. III. 1. b. 2), S. 111. Zuzugeben ist allerdings, dass die Überlassung von spezialisierten Fachkräften weniger Assoziationen mit dem Begriff Lohndumping weckt und darum als schützenswertes Anschauungsobjekt favorisiert werden kann.

Damit überschreiten die von einer zwingenden Gleichstellungspflicht zu erwartenden Auswirkungen an keiner Stelle die Grenze zur Berufswahlfreiheit. In die Verhältnismäßigkeitsprüfung können darum jegliche vernünftige Gemeinwohlerwägungen eingestellt werden.

Eine zwingende Gleichstellungspflicht könnte zur Verfolgung der bekannten Ziele eingeführt werden: Der Schutz der Arbeitsbedingungen und der Gesundheit von Leiharbeitnehmer*innen, der Schutz der Stammarbeitnehmer*innen vor Verdrängung sowie der ihrer Arbeitsbedingungen und ihrer Tarifautonomie, der Schutz der Tarifautonomie ihrer Gewerkschaften und damit der Schutz eines tariflich strukturierten Arbeitsmarkts.[1447] Weiterhin würden sowohl branchenspezifische Arbeitsmärkte als auch der allgemeine Arbeitsmarkt stabilisiert und das jeweilige Lohnniveau geschützt. Ein geordneter Arbeitsmarkt fördert ebenso wie die stabile arbeits- und sozialversicherungsrechtliche Situation von Beschäftigten nicht nur deren Berufsfreiheit, sondern ist auch als hervorragend wichtiges Gemeingut anerkannt.[1448] Zu guter Letzt würden von einer zwingenden Gleichstellungspflicht auch die Systeme der sozialen Sicherheit und der Staatshaushalt profitieren.

Zur Verfolgung dieser Ziele wäre eine zwingende Gleichstellungspflicht auch geeignet und erforderlich.[1449]

Bei der Beurteilung der Angemessenheit von Regelungen auf dem Gebiet der Arbeitsmarkt-, Sozial- und Wirtschaftsordnung gesteht das BVerfG der demokratisch legitimierten Gesetzgebung einen weiten Gestaltungsspielraum zu.[1450] Es kann darum bei der von der Verfassung geschützten Berufsfreiheit nichts anderes gelten als bei Artt. 15, 16 GRCh: den deutlichen Eingriffen vor allem in die Berufsfreiheit von Verleihunternehmen stünden außerordentlich wichtige Ziele gegenüber, zu deren Verfolgung eine zwingende Gleichstellungspflicht durchaus angemessen wäre. Das gilt umso mehr, als das Alleinstellungsmerkmal der Arbeitnehmer*innenüberlassung – die gewinnbringende Bündelung vorübergehender Beschäftigungsmöglichkeiten – unter einer zwingenden Gleichstellungspflicht nicht leiden würde, gleichzeitig aber die zentralen Nachteile der Leihar-

---

1447 Vgl. dazu ausführlich oben Dritter Teil B. I. 1. b. 3) d) (1) (a), S. 353.

1448 BVerfG, Beschl. v. 06.10.1987 – 1 BvR 1086/82 u. a., NJW 1988, 1195 (1196).

1449 Vgl. dazu ausführlich oben Dritter Teil B. I. 1. b. 3) d) (2), (3), S. 365, 371.

1450 BVerfG, Beschl. v. 29.12.2004 – 1 BvR 2582/03 u.a., NZA 2005, 153 (154); BVerfG, Beschl. v. 06.06.2018 – 1 BvL 7/14 und 1 BvR 1375/14, NZA 2018, 774 Rn. 43; BVerfG, Beschl. v. 06.10.1987 – 1 BvR 1086/82 u. a., NJW 1988, 1195 (1196); *Pant*, Regulierung der Arbeitnehmerüberlassung, S. 187 f.; *D. Ulber*, NZA 2016, 619 (622).

beit überwunden würden. Die Legislative würde ihren Gestaltungsspielraum mit der Schaffung einer zwingenden Gleichstellungspflicht demnach nicht überschreiten, die Eingriffe wären gerechtfertigt.

Auch die durch Art. 12 Abs. 1 GG geschützte Berufsfreiheit von Verleih- und Entleihunternehmen sowie von Leiharbeitnehmer*innen stünde der Einführung einer zwingenden Gleichstellungspflicht in der Leiharbeit demnach nicht entgegen.

4. Art. 3 GG

Eine zwingende Gleichstellungspflicht in der Arbeitnehmer*innenüberlassung würde insbesondere den Verleihunternehmen die eben dargestellten Belastungen auferlegen – Belastungen, die in dieser Form für andere Unternehmen nicht bestehen. Darin liegt eine gewisse Ungleichbehandlung.[1451] In seiner Entscheidung zum bisherigen tarifdispositiven Gleichstellungsgrundsatz hat das BVerfG für die damalige Rechtslage noch eine wesentliche Ungleichbehandlung verneint.[1452] Für eine zwingende Gleichstellungspflicht ist eine solche Einschätzung angesichts der festgestellten erheblichen Eingriffe in Tarifautonomie und Berufsfreiheit aber nicht absehbar.[1453] Die potentielle Ungleichbehandlung zieht eine Rechtfertigungspflicht aus Art. 3 Abs. 1 GG nach sich.

An dieser Stelle außen vor bleiben soll dagegen die vereinzelt geäußerte Kritik an der Gleichstellung als vermeintlicher ungerechtfertigter Gleichbehandlung von Ungleichem.[1454] Selbst wenn man fälschlicherweise eine Gleichbehandlung durch den Staat annehmen wollte, wäre diese doch angesichts der außergewöhnlichen Nähe zwischen Leiharbeitnehmer*innen und ihren Einsatzbetrieben problemlos zu rechtfertigen.[1455]

1451 *Hirdina*, NZA 2011, 325 (330); *Rieble/Klebeck*, NZA 2003, 23 (29).

1452 BVerfG, Beschl. v. 29.12.2004 – 1 BvR 2582/03 u.a., NZA 2005, 153 (156).

1453 Spiegelbildlich auf die Seite der Beschäftigten bezogen wird vereinzelt kritisiert, dass insbesondere Stammarbeitnehmer*innen nicht den in ihrem Betrieb eingesetzten Leiharbeitnehmer*innen gleichgestellt werden, *Klebeck*, Gleichstellung, S. 186 f.; *Rieble/Klebeck*, NZA 2003, 23 (29). Dieser offensichtlichste Teil der Ungleichbehandlung stellt eine Teilmenge der Ungleichbehandlung gegenüber allen anderen nicht gesondert vom Gleichstellungsgrundsatz geschützten Lohnabhängigen dar.

1454 Vgl. *Klebeck*, Gleichstellung, S. 184 f.; *Rieble/Klebeck*, NZA 2003, 23 (29).

1455 Vgl. oben Erster Teil A., S. 34; Dritter Teil B. I. 1. e., S. 402.

Der Prüfungsmaßstab des BVerfG bei der Rechtfertigung von Ungleichbehandlungen variiert zwischen einer reinen Willkürkontrolle und einer vollständigen Verhältnismäßigkeitsprüfung.[1456] Ausschlaggebend dabei ist zum einen der Bezug der Differenzierung zu Persönlichkeitsmerkmalen, insbesondere den in Art. 3 Abs. 3 GG genannten.[1457] Zum anderen soll der Prüfungsmaßstab feiner werden, wenn die Ausübung von Freiheitsrechten von der Differenzierung betroffen ist.[1458] Zwar knüpft eine zwingende Gleichstellungspflicht nicht an einem der in Art. 3 Abs. 3 GG genannten Merkmale an, sie greift aber doch in die Berufsfreiheit und die Tarifautonomie ein. Zur Rechtfertigung der Ungleichbehandlung müssen deshalb in Anlehnung an die „Neue“ oder „Neueste Formel“ des BVerfG zwischen den verglichenen Sachverhalten Unterschiede und damit Differenzierungsgründe bestehen, die ihrer Art und ihrem Gewicht nach die Ungleichbehandlung zu rechtfertigen vermögen.[1459]

Diese Unterschiede bestehen in hinreichendem Maße. Die Arbeitsbedingungen der Leiharbeitnehmer*innen zeugen von ihrer besonderen Schutzbedürftigkeit, die besonderen Anforderungen durch wechselnde Einsätze von ihrer besonderen Schutzwürdigkeit. Hinzu kommen die besonderen, durch die Eingliederung in fremde Betriebe entstehenden Auswirkungen der Arbeitnehmer*innenüberlassung auf Stammbeschäftigte, Arbeitsmarkt, Tarifgeschehen und Sozialkassen. Die mit der Eingliederung einhergehende strukturelle Fragmentierung von Belegschaften enthält Leiharbeitnehmer*innen die für ihre Arbeit im Einsatzbetrieb eigentlich üblichen Arbeitsbedingungen vor, verhindert eine wirksame kollektive Interessenvertretung von Stammbelegschaften und steht damit systematisch einer tarifvertraglichen Strukturierung des Arbeitsmarkts entgegen. Aus diesen Besonderheiten lässt sich eine auf die Arbeitnehmer*innenüberlassung begrenzte Besserstellung gegenüber anderen Lohnabhängigen problemlos rechtfertigen.

Auch Art. 3 Abs. 1 GG steht einer zwingenden Gleichstellungspflicht damit nicht entgegen.

1456 BVerfG, Beschl. v. 21.06.2011 – 1 BvR 2035/07, NVwZ 2011, 1316; Epping/Hillgruber/*Kischel*, GG Art. 3 Rn. 24 ff.

1457 BVerfG, Beschl. v. 21.06.2011 – 1 BvR 2035/07, NVwZ 2011, 1316 Rn. 78; BVerfG, Beschl. v. 26.01.1993 – 1 BvL 38/92 u. a., NJW 1993, 1517 (1517).

1458 BVerfG, Beschl. v. 21.06.2011 – 1 BvR 2035/07, NVwZ 2011, 1316 Rn. 78; BVerfG, Beschl. v. 30.05.1990 – 1 BvL 2/83 u. a., NJW 1990, 2246 (2247).

1459 BVerfG, Beschl. v. 07.07.2009 – 1 BvR 1164/07, NJW 2010, 1439 Rn. 86; BVerfG, Beschl. v. 26.01.1993 – 1 BvL 38/92 u. a., NJW 1993, 1517 (1517).

5. Zwischenergebnis

Im Ergebnis ergeben sich keine Unterschiede aus dem Wechsel von einer europäischen zu einer verfassungsrechtlichen Perspektive. Beide Rechtsordnungen schätzen und schützen die vielfältigen bei der Arbeitnehmer*innenüberlassung betroffenen Interessen und fordern für eine Regulierung gute Gründe. Gleichzeitig finden aber auch die mit einer zwingenden Gleichstellungspflicht verfolgten Ziele in beiden Fällen eine breite rechtliche Basis. Auch insofern kann an dieser Stelle auf die obige Zusammenfassung verwiesen werden.

Besonders interessant bei der parallelen Prüfung von europäischem und deutschem Recht ist die Feststellung, dass beide Rechtsordnungen trotz gewisser dogmatischer und materieller Unterschiede zum gleichen Ergebnis kommen: Die Legislative darf eine zwingende Gleichstellungspflicht in der Leiharbeit einführen.

III. Zwischenergebnis

Damit wurde deutlich, dass auch bei einer kleinteiligen Betrachtung der die Legislative bindenden Vorgaben kein rechtliches Argument besteht, welches der Einführung einer zwingenden Gleichstellungspflicht entgegenstünde. Dabei kommt einerseits dem außergewöhnlichen Schutzbedürfnis von Leiharbeitnehmer*innen und der strukturell fragmentierenden Wirkung der Leiharbeit großes Gewicht zu. Andererseits bleibt der Arbeitnehmer*innenüberlassung auch bei Geltung einer zwingenden Gleichstellungspflicht weiterhin ihre charakteristische Möglichkeit zur gewinnbringenden Zusammenfassung vorübergehenden Beschäftigungsmöglichkeiten erhalten, sodass sich die festgestellten Eingriffe relativieren.

C. Überblick zu den praktischen Folgen einer zwingenden Gleichstellungspflicht

Es hat sich gezeigt, dass die rechtlichen Hürden, die die Gesetzgebung zur Einführung einer unbedingten Gleichstellungspflicht überwinden muss, recht überschaubar sind. Das ist nicht nur für die zukünftige Umsetzung des festgestellten Handlungsbedarfs von Belang, sondern auch insofern bemerkenswert, als es darauf hinweist, dass die bisherige Praxis vor allem auf politische Hürden zurückzuführen ist – offenbar ließen die politischen Kräfteverhältnisse bislang keine echte Gleichstellung zu. Gleichzeitig legen die über den Verlauf dieser gesamten Untersuchung hinweg festgestellten Mechanismen aber nahe, dass sich eine zwingende Gleichstellungspflicht recht gut mit den gesetzgeberischen Zielen vereinbaren lassen würde, während die aktuelle Rechtswirklichkeit weder den unionsrechtlichen Ansprüchen noch der gesetzgeberischen Intention entspricht. Dieser Widerspruch soll an dieser Stelle nochmals unter Zuhilfenahme des im dritten Teil eingeführten Argumentationsmaterials in komprimierter Form beleuchtet werden.

Dazu möchte dieser Abschnitt die bei einer wirksamen Gleichstellungspflicht zu erwartenden praktischen Auswirkungen zusammenfassend aus einer größeren Perspektive skizzieren und in ein Verhältnis zu den bisherigen und potentiellen Zielen der Gesetzgebung setzen. Der Untersuchungsgegenstand bleibt damit derselbe wie in den vorstehenden Abschnitten des dritten Teils, die Perspektive aber wandelt sich: anstatt einer juristischen Rechtfertigung sind die tatsächlichen Auswirkungen einer zwingenden Gleichstellungspflicht auf die Rechtswirklichkeit von Interesse. Damit werden die offenbar bestehenden politischen Hürden ernst genommen und der Bogen zum ebenfalls von der Rechtswirklichkeit geprägten Beginn dieser Arbeit geschlagen. Der Blick soll dabei von der individuellen über die kollektive zur gesamtgesellschaftlichen Ebene wandern.

I. Folgen auf individueller Ebene

Auf der individuellen Ebene der an der Arbeitnehmer*innenüberlassung beteiligten Akteur*innen brächte eine zwingende Gleichstellungspflicht für Leiharbeitnehmer*innen sowie Stammbeschäftigte primär Vorteile, für Verleih- und Entleihunternehmen dagegen primär Nachteile mit sich. Leiharbeitskräfte würden strukturell wieder in die Verhandlungen um den Preis der Arbeitskraft von Angehörigen der Einsatzbranchen einbezogen. Die besonders vulnerable Position vieler Leiharbeitnehmer*innen auf dem Arbeitsmarkt würde sich in der Folge nicht mehr in ihren Arbeitsbedingungen niederschlagen, stattdessen würden sie an der vergleichsweise stärkeren Verhandlungsposition der anderen Lohnabhängigen in den Einsatzbranchen partizipieren. Deren Sorgen vor Ersetzung würden gleichzeitig gemildert. Für Entleihunternehmen wäre in der Konsequenz die Möglichkeit versperrt, zwei verschiedene in ihrem Betrieb herrschende Vergütungsstrukturen gegeneinander auszuspielen. Verleihunternehmen würden auf ihre Funktion zur Zusammenfassung vorübergehender Beschäftigungsmöglichkeiten zurückgeworfen und könnten nicht länger als ungebundene Mittelspersonen fremde Vergütungssysteme in die Einsatzbetriebe tragen.

Konkret würden sich für Leiharbeitnehmer*innen mit der Einführung einer zwingenden Gleichstellungspflicht vor allem die Arbeitsbedingungen verbessern. Ohne Unterstützung durch die Rechtsordnung sind die meisten Beschäftigten in der Arbeitnehmer*innenüberlassung aufgrund ihrer Position am Arbeitsmarkt kaum in der Lage, ihre Interessen gegenüber den Verleihunternehmen wirksam zur Geltung zu bringen; sie könnten mithilfe der Gleichstellungspflicht der heutigen Prekarität entfliehen. Das gilt allerdings nur für Einsatzzeiten. In verleihfreien Zeiten drohten mit dem zu erwartenden Wegfall der Tarifbindung teilweise noch geringere Entgelte – in der zentralen Helfer*innengruppe freilich nach unten begrenzt durch den nur wenig geringeren allgemeinen Mindestlohn. Das Ausmaß der davon zu erwartenden Entgeltschwankungen lässt sich kaum abschätzen und ist insbesondere abhängig von der praktischen Handhabung des § 11 Abs. 4 Satz 2 AÜG. Angesichts der aktuellen verheerend schlechten Arbeitsplatzsicherheit in der Arbeitnehmer*innenüberlassung dürften die praktischen Einbußen an Beständigkeit aber überschaubar bleiben. Gewiss ist dagegen, dass die Anbindung an die Arbeitsbedingungen der Kolleg*innen in den Einsatzbetrieben herrschenden Gerechtigkeitsvorstellungen besser entsprechen und damit der allseitigen Zufriedenheit dienen würde.[1460] Als keineswegs abschließende Grundlage von Gerechtigkeitserwartungen im Arbeitskontext gelten Austausch- und Leistungsgerechtigkeit.[1461] Im Hinblick auf den Wert der Arbeitsleistung gibt es in Anbetracht des vergleichbaren Leistungsniveaus von Stamm- und Leiharbeitskräften keinen Unterschied, sodass die Erwartung einer ebenfalls vergleichbaren Gegenleistung entsteht.[1462] Die Quantifizierung von Leistung an sich ist zwar kaum möglich.[1463] Es ist aber klar ersichtlich, dass Leiharbeitnehmer*innen, die die gleiche Arbeit wie ihre im Einsatzunternehmen angestellten Kolleg*innen verrichten und zusätzlich mit einer erheblichen Unsicherheit leben müssen, nicht weniger leisten, als eben diese Kolleg*innen. Die heutige Fragmentierung im Betrieb verletzt damit die

---

1460 Vgl. *Schmidt*, Tariffähigkeit christlicher Gewerkschaften, S. 297 f.

1461 *Westerheide*, in: Arbeitskonflikte, S. 286 (290); *Kronauer*, in: Arbeiterbewegung, S. 81 (86 ff.); *Wolf*, in: Arbeiterbewegung, S. 157 (159 f.); *Bornewasser*, in: Die neue Rolle der Zeitarbeit, S. 137 (150).

1462 Vgl. oben Erster Teil B. II., S. 59; Zweiter Teil B. II. 1. c., S. 274.

1463 *Kronauer*, in: Arbeiterbewegung, S. 81 (88); *Verheyen*, Erfindung der Leistung, S. 14.

Vorstellung von Leistungsgerechtigkeit eklatant.[1464] Daraus entsteht bei vielen Leiharbeitnehmer*innen neben dem ökonomischen Druck und der Unsicherheit ein Gefühl von Zweitklassigkeit und mangelnder Wertschätzung. Eine zwingende Gleichstellungspflicht würde an dieser Stelle Abhilfe schaffen, indem sie die Arbeitsbedingungen von Leiharbeitnehmer*innen von ihrer individuellen Verortung auf dem Arbeitsmarkt entkoppeln und sie stattdessen ihrer Leistung entsprechend an den Verhandlungsergebnissen der Einsatzbranchen partizipieren lassen würde. Das würde die Zufriedenheit in der Arbeitnehmer*innenüberlassung erhöhen und damit langfristig möglicherweise auch die allgemeine Billigung der aktuellen Wirtschaftsordnung stützen.

Neben diesen unmittelbar an die Entlohnung gekoppelten Veränderungen würde eine zwingende Gleichstellungspflicht vor allem die Überlassung von Leiharbeitskräften verteuern.[1465] Entleihunternehmen könnten zwar weiterhin frei auf die Arbeitnehmer*innenüberlassung zugreifen, müssten aber die veränderten Rahmenbedingungen in ihrer Organisationsentscheidung berücksichtigen. Es steht zu erwarten, dass sie nur mehr dort auf Leiharbeit zurückgreifen würden, wo die Verleihunternehmen durch ihre charakteristische Stärke zur Bündelung von Beschäftigungsmöglichkeiten einen Mehrwert schaffen. Der Einsatz von Leiharbeitnehmer*innen würde sich in der Folge für Entleihunternehmen vor allem rechnen, wenn akut und vorübergehend Bedarf an zusätzlichen Arbeitskräften besteht – die von der Legislative angestrebte Kernfunktion.[1466]

Aufgrund des damit verbundenen Rückgangs der strategischen Nutzung würde insgesamt weniger Leiharbeit nachgefragt. Dadurch fielen Leiharbeitsplätze weg, etliche Leiharbeitnehmer*innen würden also wohl zunächst ihre Anstellung verlieren. Gleichzeitig entfiele aber nicht der Arbeitskräftebedarf in den Entleihunternehmen, sodass dort neue dauerhafte Arbeitsangebote entstünden. Diese kämen auch entlassenen Leiharbeitskräften zugute. Die von einer zwingenden Gleichstellungspflicht verursachten Jobverluste dürften sich damit perspektivisch in vielen Fällen eher als Arbeitgeber*innenwechsel darstellen. Möglicherweise würde unter dem

1464 *Kronauer*, in: Arbeiterbewegung, S. 81 (89); *Holst/Nachtwey/Dörre*, Funktionswandel von Leiharbeit, S. 53.

1465 *Kämmerer*, Der neue Rechtsrahmen, S. 49.

1466 *Cantzler*, in: Zeitarbeit, S. 247 (256); *Schröpfer*, Intensität der Leiharbeitsnutzung, S. 243; *Kämmerer*, Der neue Rechtsrahmen, S. 49; *Nießen/Fabritius*, BB 2013, 375 (380); *Blanke*, DB 2010, 1528 (1531 f.); *Fuchs*, NZA 2009, 57 (62); *Grobys/Schmidt/Brocker*, NZA 2003, 777 (780); *Däubler*, KJ 2003, 17 (21); vgl. dazu ausführlich oben Erster Teil B. I. 3. e., S. 52.

Rückgang aber die Brückenfunktion der Leiharbeit leiden. Das Ausmaß dieser arbeitsmarktpolitischen Funktion der Arbeitnehmer*innenüberlassung wird indes schon heute als gering eingeschätzt.[1467] Umso schwerer lassen sich zukünftige Veränderungen abschätzen. Zu beachten ist allerdings, dass insbesondere die Nutzung von Leiharbeit als Rekrutierungsinstrument eher wenig kostensensibel ist.[1468] Die Einbuße bei der Brückenfunktion dürfte damit überschaubar bleiben.

Die durch eine zwingende Gleichstellungspflicht verbesserten Arbeitsbedingungen von Leiharbeitskräften dürften weiter dazu führen, dass eine Übernahme durch das Entleihunternehmen für viele Leiharbeitnehmer*innen weniger drängend wird. Heute arbeiten viele Beschäftigte in der Arbeitnehmer*innenüberlassung an der eigenen Belastungsgrenze, um sich durch eine überdurchschnittliche Leistung den „Jackpot" einer Festanstellung zu sichern.[1469] Dieser Effekt einer endlosen Probezeit dürfte sich durch verbesserte Arbeitsbedingungen abschwächen. Für Leiharbeitnehmer*innen würde die Arbeit damit erträglicher. Für Entleihunternehmen könnte es in der Folge zu Leistungseinbußen bei den entliehenen Leiharbeitnehmer*innen kommen, was die Attraktivität der Arbeitnehmer*innenüberlassung weiter beeinträchtigen würde.

Im Zuge der Rückführung der Arbeitnehmer*innenüberlassung auf ihre Kernfunktion würde außerdem die Sorge der Stammbelegschaften vor Verdrängung beruhigt.[1470] Heute noch akute Zukunftsängste und das Gefühl eines Kontrollverlusts bei vielen Lohnabhängigen würden durch die

---

1467 *Pasch,* Vorübergehende Überlassung, S. 35; *Barlen,* Zwischen zwei Arenen, S. 49 f.; *Lehmer/Ziegler,* IAB-Kurzbericht 13/2010.

1468 *Lehmann/Ratzmann/Bouncken,* in: Zeitarbeit und Flexibilisierung, S. 189 (203).

1469 Angry Workers, Class Power, S. 72, 74; Bundesagentur für Arbeit, Bereinigter Pay Gap, Januar 2019, S. 40; *Albers,* Regulierung in Frankreich, S. 262; *Barlen,* Zwischen zwei Arenen, S. 51; *Bornewasser,* in: Zeitarbeit und Flexibilisierung, S. 129 (147 f.); *Hirsch/Müller,* The Economic Journal 2012, 216 (219); *Walwei/Ziegler,* in: Die neue Rolle der Zeitarbeit, S. 11 (14); *Holst,* WSI-Mitt. 2009, 143 (147).

1470 Vgl. BAG, Beschl. v. 10.07.2013 – 7 ABR 91/11, NZA 2013, 1296 Rn. 50; *Kronauer,* in: Arbeiterbewegung, S. 81 (90); *Pasch,* Vorübergehende Überlassung, S. 27 f.; *Nielebock,* in: Unsichere Arbeits- und Lebensbedingungen, S. 111 Rn. 2; *Krause,* KJ 2013, 119 (123); *Sehrbrock,* DB 2010 Standpunkte Heft 9, S. 21 (22); *Berg,* JbArbR 46 (2009), 69 (75); *Holst/Nachtwey/Dörre,* Funktionswandel von Leiharbeit, S. 25, 48; *Weinkopf/Vanselow,* (Fehl-)Entwicklungen, S. 15 f.; *Flecker/Papouschek/Gavroglu,* in: The transformation of work, S. 45 (59); DGB Bundesvorstand, Ratgeber Zeitarbeit, S. 7; krit. *Spermann,* in: Die neue Rolle der Zeitarbeit, S. 203 (208); vgl. zur Angst vor Verdrängung *Krause,* Tarifverträge zur Begrenzung, S. 64; *Holst,* WSI-Mitt. 2009, 143 (148).

Überwindung der Fragmentierung und das daraus entstandene kollektive Handlungspotential etwas gemildert.[1471] Mit der schwindenden Sorge vor Verdrängung durch günstigere Leiharbeitskräfte würde außerdem auch der Leistungsdruck auf Stammbeschäftigte potentiell sinken; für die Entleihunternehmen ginge damit andersherum das heute noch zu beobachtende Disziplinierungspotential verloren.[1472]

Am schwersten wären Verleihunternehmen von einer zwingenden Gleichstellungspflicht betroffen. Ihr Umsatz würde unter der Rückführung auf die Kernfunktion erheblich leiden; einzelne Verleihunternehmen dürften an den gestiegenen Personalkosten zu Grunde gehen. Aktuell ist es noch möglich, auch ohne wirksame Zusammenfassung von Beschäftigungsrisiken und Rekrutierungs- wie Entlassungskosten Aufträge an Land zu ziehen – schlicht durch die Möglichkeit, die Kosten für eine Auslagerung des Arbeitgeber*innenrolle mit Einsparungen bei den Arbeitsbedingungen gegenzufinanzieren. Diese Möglichkeit wäre mit einer zwingenden Gleichstellungspflicht verbaut. Gleichzeitig bliebe aber das Alleinstellungsmerkmal von Verleihunternehmen, die gewinnbringende Zusammenfassung von Beschäftigungsmöglichkeiten, von der Gleichstellungspflicht unberührt.[1473] Innerhalb der Kernfunktion der Arbeitnehmer*innenüberlassung dürfte es Verleihunternehmen damit möglich sein, gestiegene Personalkosten an die Entleihunternehmen weiterzureichen. Das Geschäftsmodell würde dann aber nicht mehr auf einem Lohnkostenwettbewerb, sondern auf der geschickten Jonglage von Arbeitskräften und der entsprechenden Nachfrage fußen. Der wesentliche Hemmschuh bei dieser Jonglage, der bürokratische Aufwand bei der Ermittlung von Vergleichsentgelten, würde durch die Vermutungswirkung des § 8 Abs. 1 Satz 2 AÜG entschärft. Von einem derart umgestellten Geschäftsmodell würde voraussichtlich das Image der Branche und damit die Attraktivität von Verleihunternehmen als Arbeitgeber*innen profitieren.

Auf der individuellen Ebene würde die Kopplung der Arbeitsbedingungen von Leiharbeitskräften an die der Kolleg*innen in den Einsatzbetrieben demnach sowohl das Geschäftsmodell von Verleihunternehmen als

---

1471 Vgl. zur Zukunftsangst *Wolf*, in: Arbeiterbewegung, S. 157 (164).

1472 Vgl. zur Disziplinierung *Köhler/Menz*, in: Entgrenzte Arbeit, S. 98 (102); *Krause*, Tarifverträge zur Begrenzung, S. 64; *Holst*, WSI-Mitt. 2009, 143 (148); *Holst/Nachtwey/Dörre*, Funktionswandel von Leiharbeit, S. 48; krit. *Spermann*, in: Die neue Rolle der Zeitarbeit, S. 203 (208).

1473 Vgl. zum Alleinstellungsmerkmal *Seils/Emmler*, Policy Brief WSI 01/2020, S. 5; *Haller/E. Jahn*, IAB-Kurzbericht 13/2014, S. 1; *Sitte/Lehmann*, in: Arbeitszeit, S. 117 (121); *Möller*, in: Die neue Rolle der Zeitarbeit, S. 235 (237).

auch das Nachfrageverhalten von Entleihunternehmen nachhaltig verändern. Auf der anderen Seite derselben Medaille würde gleichzeitig die Situation von Leiharbeitnehmer*innen erheblich verbessert. Diese Kopplung macht anschaulich, auf wessen Rücken die bisherigen Spielräume von Verleih- und Entleihunternehmen erwirtschaftet wurden.

Nimmt man das von der Gesetzgebung ausgegebene Ziel ernst, Leiharbeitnehmer*innen zu schützen, so scheint eine zwingende Gleichstellung der offensichtlichste Weg zu sein. Passenderweise würde der Schutz der Leiharbeitnehmer*innen mittelbar auch die ebenfalls gewünschte Rückführung der Arbeitnehmer*innenüberlassung auf ihre Kernfunktion bewirken.

II. Folgen auf kollektiver Ebene

Auf kollektiver Ebene zeigen sich die strukturellen Mechanismen der Leiharbeit sowie die möglichen Folgen einer zwingenden Gleichstellungspflicht besonders deutlich: Leiharbeitskräfte verfügen oftmals nicht über die notwendige Verhandlungsposition, um für sie günstige Arbeitsbedingungen zu erwirken. Gleichzeitig können sie aktuell nicht an den Ergebnissen der in dieser Hinsicht stärkeren Stammbelegschaften partizipieren. Weil aber beide Beschäftigungsgruppen die gleiche Arbeit verrichten und austauschbar sind, können Entleihunternehmen ihre eigenen Angestellten unter Verweis auf die billige Konkurrenz unter Druck setzen.[1474] Eine zwingende Gleichstellungspflicht würde die Fragmentierung und damit auch die sich daraus ergebenden Folgen für alle beteiligten Lohnabhängigen überwinden.

Zum Schutz der überdurchschnittlich vulnerablen Leiharbeitnehmer*innen garantiert das Gesetz den Beschäftigten schon in seiner heutigen Form mit dem tarifdispositiven Gleichstellungsgrundsatz eine kollektive Interessenvertretung. Allerdings setzt diese Gestaltung die mit der

---

1474 BAG, Beschl. v. 10.07.2013 – 7 ABR 91/11, NZA 2013, 1296 Rn. 50; *Kronauer*, in: Arbeiterbewegung, S. 81 (90); *Pasch*, Vorübergehende Überlassung, S. 27 f.; *Nielebock*, in: Unsichere Arbeits- und Lebensbedingungen, S. 111 Rn. 2; *Krause*, KJ 2013, 119 (123); *Sehrbrock*, DB 2010 Standpunkte Heft 9, 21 (22); *Berg*, JbArbR 46 (2009), 69 (75); *Holst/Nachtwey/Dörre*, Funktionswandel von Leiharbeit, S. 25, 48; *Weinkopf/Vanselow*, (Fehl-)Entwicklungen, S. 15 f.; *Flecker/Papouschek/Gavroglu*, in: The transformation of work, S. 45 (59); DGB Bundesvorstand, Ratgeber Zeitarbeit, S. 7; krit. *Spermann*, in: Die neue Rolle der Zeitarbeit, S. 203 (208).

Leiharbeit verbundene Spaltung von Lohnabhängigen damit nur auf einer höheren Ebene fort. Leiharbeitnehmer*innen sind zwar auf individualvertraglicher Ebene vor Konkurrenz geschützt; stattdessen treten sie aber aktuell auf kollektiver Ebene in Konkurrenz mit den Stammbeschäftigten der Einsatzbetriebe. Eigentlich liegt es nahe, dass sich Gewerkschaften schon um des Schutzes der Stammbeschäftigten willen einem tariflichen Dispens von der Gleichstellungspflicht verweigern, um nicht ihre eigenen Tarifergebnisse zu gefährden.[1475] Die Realität beweist aber tatsächlich das Gegenteil.

Das lässt sich damit erklären, dass auch innerhalb von Gewerkschaften verschiedene Partikularinteressen aufeinandertreffen und sich die im Einsatzbetrieb zu beobachtende Fragmentierung an dieser Stelle fortsetzt.[1476] So kann es für Stammbelegschaften in wirtschaftlich schlechten Zeiten durchaus nützlich sein, wenn zuerst die leicht abzumeldenden Leiharbeitnehmer*innen ihren Arbeitsplatz verlieren.[1477] Dabei können Stammarbeitnehmer*innen nicht nur auf den wirtschaftlichen Sachverstand ihres Unternehmens, sondern auch auf die Rechtsprechung vertrauen: betriebsbedingte Kündigungen von Stammarbeitnehmer*innen sind ausgeschlossen, solange im Betrieb vergleichbare Leiharbeitskräfte auf Dauerarbeitsplätzen eingesetzt werden.[1478] Daneben haben die Stammbelegschaft sowie ihre gewerkschaftliche Vertretung ein ausgeprägtes Interesse am Standorterhalt – der Einsatz von schlecht bezahlten Leiharbeitskräften im Betrieb mag da ein unschöner, aber willkommener Weg sein, die Wirtschaftlichkeit des „eigenen“ Unternehmens zu fördern.[1479] Der aktuell zu beobachtende Ausverkauf der Rechte von Leiharbeitnehmer*innen kann als Externalisierung von Marktzwängen aufgefasst werden: Die Gewerkschaften können durch die Spaltung der Belegschaft den echten oder eingebilde-

---

1475 Vgl. *Kronauer,* in: Arbeiterbewegung, S. 81 (90); vgl. zur Arbeitslosenfürsorge als Mittel, um das Lohnniveau der Arbeitenden zu erhalten *Simmel,* Formen der Vergesellschaftung, S. 459.

1476 *Keller,* WSI-Mitt. 2017, 27 (28); *Keller/Seifert,* Atypische Beschäftigung, S. 111.

1477 *Kratzer/Menz/Tullius/Wolf,* Legitimationsprobleme, S. 289; *Pasch,* Vorübergehende Überlassung, S. 27; *Röpke,* Die Gestaltbarkeit von Arbeitsbedingungen, S. 42; *Hassel,* British Journal of Industrial Relations 2014, S. 57 (70); *Deinert,* RdA 2014, 65 (69); *Hohendanner/Walwei,* WSI-Mitt. 2013, 239 (242).

1478 BAG, Urt. v. 18.10.2012 – 6 AZR 289/11, NZA-RR 2013, 68; BAG, Urt. v. 15.12. 2011 – 2 AZR 42/10, NZA 2012, 1044; DDZ/*Deinert,* KSchG § 1 Rn. 300, 401; *Teubert,* Betriebsbedingte Kündigung, S. 63.

1479 *Kratzer/Menz/Tullius/Wolf,* Legitimationsprobleme, S. 288; *Däubler,* Arbeitsrecht, Rn. 1172c; *Hassel,* British Journal of Industrial Relations 2014, 57 (64); vgl. *Arps,* Frühschicht, S. 184.

ten Zwängen zur Lohnkostensenkung nachkommen, ohne die Löhne ihrer Kernklientel anzutasten.[1480] Die verschwindend geringen Organisationsraten in der Arbeitnehmer*innenüberlassung tun vor diesem Bild ihr Übriges, sodass Leiharbeitnehmer*innen in diesem innergewerkschaftlichen Interessenkampf aktuell den Kürzeren ziehen. Dabei drängt sich die Parallele zu der Kollusion einer vertretungsberechtigten Instanz auf, die bewusst zum Schaden der Vertretenen mit Geschäftsgegner*innen zusammenwirkt.[1481] Verantwortlich für diese Situation ist letztendlich die Gesetzgebung, die den Leiharbeitnehmer*innen mit den Gewerkschaften momentan einen fragwürdigen, weil in eigenen abweichenden Interessen betroffenen Vormund bestellt hat. Die Verlagerung der Spaltung von Belegschaften auf die kollektive Ebene ändert demnach nichts an der Schutzlosigkeit von Leiharbeitnehmer*innen; die stärkere Gruppe der Stammbeschäftigten nimmt aktuell gerne die sich aus der künstlichen Aufspaltung von Belegschaften erwachsenden Möglichkeiten zur Absicherung des eigenen Besitzstands wahr.

Mit einer zwingenden Gleichstellungspflicht aber ließe sich die Spaltung sauber, stringent und an ihrer Wurzel überwinden. Erst das Dazwischentreten des Verleihunternehmens zwischen die wertschöpfende Leiharbeitskraft und das davon profitierende Entleihunternehmen ermöglicht die Fragmentierung der Betriebsangehörigen. Die Gleichstellungspflicht überbrückt nun eben diese Mittelsperson und macht die Leiharbeitskraft zum Teil der einheitlichen Belegschaft. Leiharbeitnehmer*innen werden so nicht nur tatsächlich, sondern auch rechtlich in den Entleihbetrieb eingegliedert und nehmen an der dortigen kollektiven Vergütungsstruktur teil.

Das geht auch für die kollektive Interessenvertretung der Stammbeschäftigten mit erheblichen Vorteilen einher: Sie können geschlossen ihre Arbeitsbedingungen verhandeln, ohne Angst vor einem Unterbietungswettbewerb zu haben.[1482] Die zwingende Gleichstellungspflicht führt damit den im Verbot des Einsatzes von Leiharbeitskräften als Streikbrecher*innen zum Ausdruck gekommenen Gedanken fort, wonach den Entleihunternehmen der Rückgriff auf außerhalb der Vergütungsordnung stehende Arbeitskräfte versagt wird. Die Gleichstellungspflicht verhindert die Flucht

1480 *Däubler*, Arbeitsrecht, Rn. 1172c; *Hassel*, British Journal of Industrial Relations 2014, 57 (64).

1481 Vgl. Däubler TVG/*Peter/Rödl*, § 2 Rn. 56; MüKoBGB/*Schubert*, BGB § 164 Rn. 227.

1482 Vgl. *Rieble*, in: Zukunft der Zeitarbeit, S. 65 (71 ff.).

aus der kollektiven Absprache aber nicht nur während der Verhandlungen, sondern dauerhaft. Eine zwingende Gleichstellungspflicht überwindet die durch die Aufspaltung der Arbeitgeber*innenrolle geschaffene Trennung zwischen eigentlich vergleichbaren Beschäftigten und stellt damit die für die Tarifverhandlung zentralen gleichförmigen Interessen wieder her. Dadurch verschiebt sich das Machtverhältnis zwischen Unternehmen und Lohnabhängigen, der durch die Fragmentierung ursprünglich geschaffene Konzessionsdruck auf letztere schwindet.[1483] Erst indem die zwingende Gleichstellungspflicht eine wirksame Kartellbildung der Lohnabhängigen ermöglicht, wird der Weg frei für die von Art. 28 GRCh und Art. 9 Abs. 3 GG vorgesehene kollektive Durchsetzung der Interessen von Beschäftigten.

Im Ergebnis würde bei Geltung einer zwingenden Gleichstellungspflicht der Preis der Arbeitskraft in den jeweiligen Einsatzbranchen nur mehr allein von den sachnahen Tarifparteien eben dieser Einsatzbranchen bestimmt. Damit wäre allerdings auch die Möglichkeit einer Externalisierung des Lohndrucks perdu; dem Druck von Seiten der Unternehmen könnten Stammbeschäftigte und ihre Interessenvertretung nicht mehr dadurch ausweichen, dass durch eine Lohnsenkung von Leiharbeitnehmer*innen Kosten eingespart werden. Die Arbeitskräfte in den Einsatzbetrieben könnten deshalb zwar nicht mehr durch Leiharbeitnehmer*innen unter Druck gesetzt werden, gleichzeitig aber mithilfe der Arbeitnehmer*innenüberlassung auch keinen Druck mehr abbauen.

Die Kehrseite der enormen Stärkung der kollektiven Interessenwahrnehmung in den Einsatzbranchen liegt in der daraus erwachsenden Schwäche kollektiver Verhandlungen innerhalb der Arbeitnehmer*innenüberlassung. Die stärkere Anbindung von Leiharbeitnehmer*innen an die Verhältnisse in den Einsatzbetrieben schwächt die Relevanz und den Anreiz für eine leiharbeitsspezifische Regulierung. Angesichts des aktuellen desolaten Zustands kollektiver Verhandlungsmacht innerhalb der Leiharbeitsbranche ist das allerdings eine praktische Auswirkung von überschaubarer Tragweite.

Auch auf mittelbarer kollektiver Ebene würde eine zwingende Gleichstellungspflicht demnach ein die bisherige Gesetzgebung leitendes Ziel fördern: den Schutz des Stammbelegschaften vor Verdrängung. Der Anreiz zum Einsatz von Leiharbeitnehmer*innen auf dauerhaften Arbeitsplätzen würde unabhängig von der Lohnhöhe nach der betriebseigenen Vergü-

1483 Vgl. *Kronauer*, in: Arbeiterbewegung, S. 81 (90); *Krause/Köhler*, in: Arbeit als Ware, S. 9 (26).

tungsordnung sinken – weil eben diese Vergütungsordnung automatisch auch für eingesetzte Leiharbeitskräfte gelten würde. Das Ergebnis ist die bekannte Rückführung auf die Kernfunktion. Zugleich würde eine zwingende Gleichstellungspflicht die kollektive Durchsetzung der Interessen aller Lohnabhängigen ermöglichen, damit die Tarifautonomie stärken und insgesamt eine tarifliche Strukturierung des Arbeitsmarkts fördern.

III. Folgen auf gesamtgesellschaftlicher Ebene

Auf gesamtgesellschaftlicher Ebene ergäben sich aus einer zwingenden Gleichstellungspflicht vielfältige praktischen Auswirkungen: das Lohnniveau stiege, die Lohnspreizung ginge zurück, es gäbe mehr stabile und weniger instabile Arbeitsverhältnisse. Die Arbeitswelt wäre stringenter von Tarifverträgen strukturiert; insbesondere würde die Teilhabe von Beschäftigten an der Wertschöpfung innerhalb der Einsatzbranchen umfassender und einheitlicher durch die Tarifverträge dieser Branchen geregelt. Die Annäherung an Grundsätze der Leistungsgerechtigkeit würde die Akzeptanz der Leiharbeit sowie der aktuellen Wirtschaftsordnung erhöhen, und die potentiell gemilderte Abstiegsangst vieler Lohnabhängiger würde die Zufriedenheit stärken – allerdings auch, das mag man positiv oder negativ bewerten, die soziale Kontrolle durch Androhung negativer Konsequenzen hemmen. Des Weiteren würde die Subventionierung von Verleih- und Entleihunternehmen durch Belastungen der Sozialkassen und des Staatshaushalts ein Ende finden.

Die wirksame Reduktion der Leiharbeit auf ihre Kernfunktion würde zwar die Anzahl der Leiharbeitsverhältnisse senken und damit vermutlich auch die Brückenfunktion der Arbeitnehmer*innenüberlassung beeinträchtigen. Die volkswirtschaftlich interessante Funktion der Leiharbeit bliebe aber ohne Abstriche erhalten. Entleihunternehmen könnten ihren vorübergehenden Bedarf an Arbeitskräften weiterhin bei Verleihunternehmen decken, und Verleihunternehmen könnten die aus vorübergehenden Bedarfen erwachsenden Beschäftigungrisiken und Rekrutierungs- sowie Entlassungskosten weiterhin bündeln und damit senken. Die Arbeitnehmer*innenüberlassung könnte deshalb weiterhin vergleichsweise günstige Flexibilität anbieten und gleichzeitig zusätzliche Arbeitsplätze schaffen. Der unique selling point der Leiharbeit bliebe von einer zwingenden Gleichstellungspflicht unberührt, die flexible Deckung vorübergehender

Personalbedarfe weiter möglich.[1484] Damit bliebe auch der volkswirtschaftliche Nutzen intakt.[1485] Die gesetzgeberischen Ziele würden erreicht.

Allein an Stellen, wo Leiharbeit bislang nicht als Flexibilisierungsinstrument, sondern als Mittel zur Lohnkostenersparnis eingesetzt wurde, ergäben sich durch eine zwingende Gleichstellungspflicht weitreichendere Änderungen. Eine solche Reform hätte insbesondere zur Folge, dass der Niedriglohnsektor in Deutschland erheblich kleiner würde – und die Lohnkosten einiger deutscher Unternehmen etwas steigen würden. Im internationalen Wettbewerb hätten diese Unternehmen hierdurch einen Nachteil.

D. Ergebnis dritter Teil

Die sowohl auf rechtlicher als auch tatsächlicher Ebene zu beobachtende Abwägung zwischen den Interessen der Unternehmen und den Interessen der Lohnabhängigen zeigt: Es geht bei der Frage der Gleichstellung nicht so sehr um Flexibilität, sondern primär um die Machtverteilung im Aushandlungsprozess um den Preis der Arbeitskraft inner- wie außerhalb der Arbeitnehmer*innenüberlassung. Die Frage nach der Gleichstellung in der Leiharbeit entscheidet darüber, ob Arbeitsbedingungen von allen Betroffenen gemeinsam oder in getrennten Gruppen verhandelt werden. Damit entscheidet sie in letzter Konsequenz, ob Lohnabhängige ein geschlossenes Kartell zum Verkauf ihrer Arbeitskraft bilden können – oder ob die Fragmentierung letztlich zu einem für die Beschäftigten verhängnisvollen Unterbietungswettbewerb führt. Diese Richtungsentscheidung ist tatsächlich eine politische Frage, zu deren Beantwortung die demokratisch legitimierte Gesetzgebung berufen ist. Das Recht jedenfalls stünde der Einführung einer zwingenden Gleichstellungspflicht, wie gezeigt wurde, nicht entgegen.

1484 Vgl. zum unique selling point *Seils/Emmler*, Policy Brief WSI 01/2020, S. 5; *Haller/E. Jahn*, IAB-Kurzbericht 13/2014, S. 1; *Sitte/Lehmann*, in: Arbeitszeit, S. 117 (121); *Möller*, in: Die neue Rolle der Zeitarbeit, S. 235 (237).

1485 Vgl. zum volkswirtschaftlichen Nutzen BAG, Beschl. v. 10.07.2013 – 7 ABR 91/11, NZA 2013, 1296 Rn. 42; BAG, Beschl. v. 28.09.1988 – 1 ABR 85/87, NZA 1989, 358 (359); Ulber/*J. Ulber*, AÜG § 1 Rn. 232 f.; *J. Ulber*, Der Referentenentwurf des BMAS, 5; *Sitte/Lehmann*, in: Arbeitszeit, S. 117 (121); *Waltermann*, in: FS Bepler, S. 569 (572); *Wetzel/Weigand*, Schwarzbuch Leiharbeit, S. 34; *Sansone*, Gleichstellung, S. 113.

Resümee

Die vorliegende Untersuchung hat anschaulich gemacht, dass die Arbeitnehmer*innenüberlassung ein überaus eigenartiges Phänomen ist. Die Aufspaltung der Arbeitgeber*innenrolle auf zwei verschiedene Instanzen und die damit einhergehende Trennung der arbeitsvertraglichen Anbindung von der konkreten Wertschöpfung widerspricht nicht nur dem typischen Konstrukt von Erwerbsarbeit; sie bringt auch außergewöhnliche Vorteile und ungewohnte Auswirkungen auf den Preis der Arbeitskraft mit sich. Dabei ist der Mechanismus der Arbeitnehmer*innenüberlassung für die Gesetzgebung in unterschiedlicher Weise formbar, sodass eigentlich erwartet werden kann, dass die Politik der Leiharbeit eine definitive, klar umrissene Rolle in der Gesellschaft zuweist.

Dies ist in Deutschland nur auf rhetorischer Ebene geschehen. In der Praxis ist es aber nicht gelungen, dieses Ziel tatsächlich umzusetzen. Heute beschränkt sich die Leiharbeit in Deutschland nicht auf die ihr in den Gesetzesbegründungen zum AÜG zugewiesene Rolle. Stattdessen zeigt die Rechtswirklichkeit, dass die Arbeitnehmer*innenüberlassung nicht nur wegen ihrer charakteristischen Kompetenz zur Bereitstellung vergleichsweise günstiger Flexibilität genutzt wird, sondern auch als Instrument, um in den Entleihbetrieben eine zweite Entgeltlinie aufzubauen, die Arbeitsbedingungen von Leiharbeitnehmer*innen zu senken und damit insgesamt Druck auf das Lohngefüge auszuüben. Dabei wird deutlich, dass die Übergänge zwischen den zwei in der Einleitung angeführten Erzählungen praktisch fließend sind – Leiharbeit kann also zugleich als Flexibilisierungsinstrument und als Fragmentierungsinstrument genutzt werden.

Zahlreiche Entleihunternehmen nutzen die Leiharbeit, weil sie einen flexiblen Arbeitskräftebedarf haben. Diese Flexibilität hat ihren Preis. Der Preis kann über das Konstrukt der Arbeitnehmer*innenüberlassung gesenkt werden, indem Verleihunternehmen die vorübergehenden Beschäftigungspotentiale unterschiedlicher Entleihunternehmen zusammenfassen, dadurch die Beschäftigungsrisiken sowie Rekrutierungs- und Entlassungskosten mithilfe einer Verteilung auf verschiedene Einsätze senken und gleichzeitig einen vollwertigen, dauerhaften Arbeitsplatz schaffen. Aus diesem Grund können sie flexible Arbeitskraftbedarfe regelmäßig günstiger decken, als es die Entleihunternehmen selbst tun könnten. Diese Nutzungsform, die von der Legislative als anstrebenswerte Kernfunktion der

Leiharbeit benannt wird, ist davon geprägt, dass der spezifische Mehrwert unmittelbar aus der Zusammenfassung anteiliger Beschäftigungsmöglichkeiten erwächst und darum keine Opfer fordert. Der volkswirtschaftliche Vorteil entsteht dabei vor allem im Zusammenhang mit vorübergehendem Arbeitsbedarf und bliebe auch bei Geltung des Gleichstellungsgrundsatzes erhalten.

Diese Nutzungsform kommt in Deutschland durchaus zum Zug; in dieser Hinsicht entspricht die Rechtswirklichkeit den gesetzgeberischen Zielen. Unternehmen haben nahezu überall und in vielen Branchen die Möglichkeit, zur Deckung ihrer vorübergehenden Bedarfe auf Leiharbeitskräfte zurückzugreifen. Auf Seiten der Verleihunternehmen ist allerdings festzustellen, dass ihre grundsätzlich vorgesehene Bindung an das Beschäftigungsrisiko praktisch wenig wirksam wird. Anstatt Beschäftigungsrisiken dadurch zu entschärfen, dass sie an das Ende einer Überlassung einen neuen Einsatz anschließen, entsteht in vielen Fällen der Eindruck, dass Leiharbeitskräfte nach Einsatzende direkt wieder entlassen werden. Beschäftigungsrisiken werden dabei nicht durch eine Zusammenfassung entschärft, sondern schlicht auf Leiharbeitnehmer*innen verlagert, indem sich Verleihunternehmen der Risiken relativ erfolgreich durch Kündigung entledigen. Der allgemeine Kündigungsschutz ist dem besonderen Druck der Arbeitnehmer*innenüberlassung offenbar nicht gewachsen, sodass das zweite gesetzgeberische Ziel – die Schaffung zusätzlicher dauerhafter Arbeitsplätze – bislang noch nicht vollständig erreicht wird. Im Hinblick auf die Kernfunktion besteht damit Handlungsbedarf bei der Arbeitsplatzsicherheit.

Aktuell ist die Arbeitnehmer*innenüberlassung in Deutschland außerdem von Arbeitsbedingungen geprägt, die eine über die Kernfunktion hinausreichende zusätzliche Nutzung zulassen. Die zu beobachtende strategische Nutzung fußt nicht auf dem Synergieeffekt einer Zusammenfassung unterschiedlicher Beschäftigungsmöglichkeiten; sie schafft keinen neuen gesellschaftlichen Mehrwert, der verteilt werden könnte. Stattdessen beschränkt sie sich darauf, Arbeitsbedingungen schlicht zu verschlechtern und damit den Anteil des Unternehmens an der Wertschöpfung zu vergrößern. Die für diese Nutzung zentralen niedrigen Überlassungspreise entstehen letztlich einfach aus einer Umverteilung zu Lasten von Leiharbeitnehmer*innen. Dabei kommt der fragmentierenden Wirkung der Leiharbeit eine zentrale Rolle zu: durch die Aufteilung von Lohnaushandlungsprozessen auf zwei verschiedene Arenen mit unterschiedlichen Machtverhältnissen ist es möglich, verschiedene Personen für die gleiche Arbeit unterschiedlich zu vergüten.

Infolge dieser Fragmentierung ist die Leiharbeit in Deutschland von dramatisch schlechten Arbeitsbedingungen geprägt. Beinahe zwei Drittel der Leiharbeitnehmer*innen arbeiten im Niedriglohnsektor; ihr Medianeinkommen unterschreitet das allgemeine Medianeinkommen um 44 %. Mehr als die Hälfte aller Leiharbeitsverhältnisse endet, bevor der Geltungsbereich des KSchG erreicht wird; das Risiko, in die Arbeitslosigkeit zu rutschen ist in der Arbeitnehmer*innenüberlassung etwa sechs Mal so hoch wie in der Gesamtbeschäftigung. Zwar erbringen Leiharbeitnehmer*innen regelmäßig die gleiche Leistung wie ihre Kolleg*innen in den Einsatzbetrieben, ihre Situation auf dem Arbeitsmarkt aber ist der Position vieler Stammbeschäftigter nicht vergleichbar. Die Arbeitsbedingungen in der Leiharbeit knüpfen im Rahmen der aktuellen Handhabung nicht an die Leistung, sondern an die Verortung der Beschäftigten auf dem Arbeitsmarkt an – dabei werden zwar die Erwartungen von Austausch- und Leistungsgerechtigkeit herbe enttäuscht, gesellschaftliche Machtverhältnisse aber vollständiger abgebildet. Die Leiharbeit ermöglicht es, diese Machtverhältnisse für Entleihunternehmen nutzbar zu machen und bieten ihnen die Chance, die eigene Tarifbindung zu unterlaufen.

Dieses Potential zur Senkung von Lohnkosten wird von zahlreichen Unternehmen im Rahmen der strategischen Nutzung unabhängig von Flexibilitätserfordernissen gerne genutzt. Leiharbeit schafft dabei die Möglichkeit, alltägliche Beschäftigungsrisiken quasi umsonst auszulagern – oder sogar noch zusätzlich Kosten einzusparen. Dabei werden keine anteiligen Beschäftigungspotentiale zusammengefasst, sondern schlicht die aus der Fragmentierung erwachsenen Möglichkeiten zur Verschlechterung von Arbeitsbedingungen genutzt. Über diese Möglichkeit zur Kostensenkung beschweren sich im Übrigen auch Entleihunternehmen nicht, die eigentlich eine der Kernfunktion entsprechende Nutzung von Leiharbeit verfolgen. Damit ist klar, dass die Arbeitnehmer*innenüberlassung in zahlreichen Fällen von einem Flexibilitätsbedürfnis getragen ist; in beinahe allen Fällen aber kommt ihre fragmentierende Wirkung zum Zug.

Daraus ließe sich ableiten, dass die Leiharbeit in Deutschland ihre gesetzlich vorgesehene Rolle erfüllt und darüber hinaus zusätzlich noch eine weitere Bonus-Funktion aufsattelt. Diese Bonus-Funktion allerdings fußt auf Rahmenbedingungen, die die deutsche Legislative eigentlich vermeiden wollte – und die der gesetzlich vorgesehenen Rolle widersprechen. Tatsächlich zielen die Gesetzesbegründungen zum AÜG regelmäßig nicht nur auf Flexibilitätsbedürfnisse und Arbeitsplatzpotentiale, sondern gleichzeitig auch auf den Schutz von Leiharbeitnehmer*innen und Stammbeschäftigten.

Diesen Zielen wird die aktuelle Rechtswirklichkeit nicht gerecht. Anstatt eine wirksame Begrenzung der Arbeitnehmer*innenüberlassung auf ihre charakteristische Funktion im Zusammenhang mit vorübergehenden Beschäftigungsbedarfen festzuschreiben, hat sich die deutsche Legislative dafür entschieden, das Schicksal der Leiharbeit und der dort beschäftigten Personen in die Hände der Gewerkschaften zu legen. Die Untersuchung hat die offensichtlichen Schwächen dieser Idee deutlich aufgezeigt. Als Schutzpatron der Leiharbeitnehmer*innen eignen sich die Gewerkschaften nur bedingt, weil sie selbst in dieser Frage von widerstreitenden Interessen geprägt sind. Zwar stand zunächst durchaus zu erwarten, dass sich die Gewerkschaften schon allein um des Schutzes ihrer eigenen Tarifergebnisse willen nicht als Steigbügelhalter für eine Schlechterstellung der Leiharbeitnehmer*innen anbieten würden – schließlich lässt die Ungleichbehandlung die Konkurrenz zwischen Lohnabhängigen wieder aufleben und setzt damit mittelfristig auch Stammbeschäftigte unter Druck. Kurzfristig aber entlädt sich der bestehende Lohnkostendruck mit der Schlechterstellung von Leiharbeitskräften ein wenig, sodass sich aus Sicht der etablierten Tarif- und Arbeitsvertragsparteien ein kollusives Zusammenwirken zu Lasten der Leiharbeitnehmer*innen vordergründig als erfolgreiche Externalisierung akuter Probleme darstellt. Die tarifdispositive Ausgestaltung des Gleichstellungsgrundsatzes stellt darum eine Wette auf einen solidarischen Willensbildungsprozess innerhalb der Gewerkschaften dar – mit den aktuellen Tarifverträgen in der Arbeitnehmer*innenüberlassung verliert die Legislative diese Wette und verpasst ihre selbstgesteckten Ziele.

Das ist nicht nur handwerklich zweifelhaft und in demokratischer Hinsicht bedauerlich; die aktuelle Rechtslage widerspricht in ihrer momentanen Handhabung auch den Vorgaben des Unionsrechts. Die Auslegung des für die deutsche Gestaltung relevanten Art. 5 Abs. 3 RL 2008/104/EG hat deutlich gemacht, dass auf europäischer Ebene der Schutz von Leiharbeitnehmer*innen an erster Stelle steht und Leiharbeit allein ihrer Flexibilisierungspotentiale wegen geschätzt wird. Die Europäische Union folgt damit eindeutig der Idee, dass die Arbeitnehmer*innenüberlassung zur Flexibilisierung, nicht aber zur Fragmentierung genutzt werden solle. Das äußert sich ebenso wie im deutschen Recht zunächst mit der grundsätzlichen Geltung einer Gleichstellungspflicht. Anders als die deutsche Gestaltung sieht die europäische Vorlage aber auch bei der Abweichungsmöglichkeit durch Tarifvertrag eine explizite Grenze vor. Das Gesamtschutzerfordernis in der Leiharbeitsrichtlinie sorgt nach richtigem Verständnis dafür, dass auch bei einer die Arbeitsbedingungen in der Leiharbeit glättenden Tarifierung stets das Gebot der Austauschgerechtigkeit zu beachten ist. Durch weitreichende Saldierungsmöglichkeiten kann den Tarifparteien zwar die Bergung weiterer weitgehend opferloser Vorteile erlaubt werden; einen ernstlichen Eingriff in das von der Gleichstellung gebotene Schutzniveau toleriert die Richtlinie aber nicht.

Damit besteht ein offensichtlicher Widerspruch zwischen der Rechtswirklichkeit in Deutschland und den Vorgaben der Leiharbeitsrichtlinie. Nimmt man an, dass die aktuellen Tarifverträge zur Leiharbeit den deutschen Vorgaben entsprechen, so stellt sich die deutsche Rechtslage als erhebliches Umsetzungsdefizit dar. Bei näherer Betrachtung kann allerdings auch dem deutschen, explizit vom Gedanken der Richtlinienumsetzung getragenen Recht der Wille entnommen werden, die Tarifvertragsparteien an das gesetzliche Schutzkonzept – die Gleichstellung – zu binden. Auf Basis einer richtlinienkonformen Auslegung kann damit eine Übereinstimmung zwischen deutschem und europäischem Recht hergestellt werden. Hierdurch wird auch im deutschen Recht nochmals die Grundentscheidung für ein Verständnis der Leiharbeit betont, wonach Flexibilität ebenso wie der Schutz von Leiharbeitnehmer*innen und Stammbeschäftigten gleichzeitig zu gewährleisten sind – und eine fragmentierende Nutzung ausgeschlossen sein soll. Das Umsetzungsdefizit wird damit zum Durchsetzungsdefizit; der wesentliche Bruch besteht zwischen der deutschen Rechtslage und der deutschen Rechtswirklichkeit.

Dieses großflächige Auseinanderfallen von rechtlicher Vorgabe und tatsächlicher Handhabung macht ebenso wie der weiterhin akute Verstoß gegen die unionsrechtliche Pflicht zur klaren und eindeutigen Umsetzung ein konkretisierendes Handeln der Legislative dringend notwendig. Möchte sie dabei den in den Gesetzesbegründungen favorisierten und vom Unionsrecht vorgezeichneten Weg konsequent verfolgen und die Leiharbeit auf ihre Kernfunktion zurückführen, so steht sie vor der schwierigen Aufgabe, eine auf Flexibilität abzielende Nutzung von einer auf Fragmentierung abzielenden Nutzung zu unterscheiden – angesichts der beschriebenen Überschneidungen keine leichte Aufgabe.

Der Schlüssel zum Erfolg liegt hier in der Etablierung einer zwingenden Gleichstellungspflicht. Mit ihrer Hilfe kann präzise unterschieden werden zwischen Vorteilen, die in Folge der Zusammenfassung von Beschäftigungspotentialen entstehen und Vorteilen, die bislang nur aufgrund der Fragmentierung ermöglicht wurden und aus einem ebenso großen Nachteil auf Seiten der Beschäftigten gespeist werden. Die gewissermaßen künstliche Verstärkung der Nachfrage nach Leiharbeit durch eine zufällige Überlagerung zweier voneinander unabhängiger Effekte würde enden. Mit einer zwingenden Gleichstellungspflicht würde sich präzise zeigen, welchen Entleihunternehmen es um den leiharbeitsspezifischen Synergieeffekt im Hinblick auf Flexibilität geht und welche Entleihunternehmen von der davon unabhängigen fragmentierenden Wirkung profitieren wollen, um Lohnkosten zu senken. Die Umverteilung zu Lasten von Leiharbeitnehmer*innen würde durch eine zwingende Gleichstellungspflicht unmöglich, Verleihunternehmen könnten nur mehr die durch den Synergieeffekt entstandenen Vorteile an die Entleihunternehmen weiterreichen. Überlassungspreise würden in der Konsequenz konkret die für das Verleihunternehmen aus der Übernahme der Arbeitgeber*innenrolle entstehenden Kosten offenlegen und damit den durch die Leiharbeit geschaffenen Mehrwert gegenüber einer herkömmlichen eigenen Anstellung durch das Entleihunternehmen sichtbar machen. Dadurch bliebe das Alleinstellungsmerkmal der Arbeitnehmer*innenüberlassung weiterhin zum allseitigen Nutzen wirksam und Flexibilität für Entleihunternehmen zu günstigen, aber realen Preisen erreichbar. Wo hingegen die Nutzung der Leiharbeit bislang nur auf Basis verschlechterter Arbeitsbedingungen gewünscht wurde, entfiele der Anwendungsbereich.

Für die Bestimmung der Arbeitsbedingungen in den Einsatzbranchen wären damit wieder einzig die Tarifparteien der Einsatzbranchen zuständig, der Fragmentierung würde ein Riegel vorgeschoben. Leiharbeitnehmer*innen würden geschützt, Stammbeschäftigte bei der kollektiven Durchsetzung ihrer Interessen nicht behindert und die Auswirkung der Leiharbeit auf den Preis der Arbeitskraft eingefangen. Diese bedeutsamen Ziele könnten die mit einer zwingenden Gleichstellungspflicht einhergehenden Eingriffe in die Tarifautonomie und die wirtschaftlichen Freiheiten der Beteiligten rechtfertigen. Einem solchen Reformvorhaben stünden darum weder unions- noch verfassungsrechtliche Gründe entgegen.

Die Verteilung der bei Einführung einer zwingenden Gleichstellungspflicht zu erwartenden Vor- und Nachteile zeigt, dass die Arbeitnehmer*innenüberlassung ein überaus relevantes Spielfeld für die Auseinandersetzung zwischen Lohnabhängigen und Unternehmen um den Preis der Arbeitskraft darstellt. Die Unternehmensseite hat zwar in dieser Frage auf europäischer Ebene verloren und auch die Rhetorik der nationalen Gesetzgebung spricht für eine Parteinahme des Rechts auf Seiten der Lohnabhängigen. Die Rechtswirklichkeit zeigt aber, dass sich Unternehmen nichtsdestotrotz sehr erfolgreich und in einer Form der Arbeitnehmer*innenüberlassung bedienen, die nur mehr bedingt mit Flexibilitätsbedürfnissen zu tun hat und stattdessen häufig auf Basis der Fragmentierung von Lohnabhängigen den Preis der Arbeitskraft in den Fokus nimmt.

Das widerspricht der gesetzgeberischen Konzeption auf nationaler wie internationaler Ebene, sodass hier in Zukunft strukturell bedeutsame Änderungen zu erwarten sind. Das Recht wird dabei in seiner besten Eigenschaft wirksam als Motor, der Veränderung erzwingt und damit Räume für politische Debatten schafft, ohne das Ergebnis der Auseinandersetzung vorwegzunehmen.

Literaturverzeichnis

Absenger, Nadine, Die Reform von Leiharbeit und Werkverträgen: erfreuliche Neuregelungen, aber auch viele Schwächen, WSI-Mitteilungen 2017, S. 70–73.

Absenger, Nadine et al., Leiharbeit und Werkverträge. Das aktuelle Reformvorhaben der Bundesregierung, Düsseldorf 10/2016, zit. als Absenger et al., WSI-Report Nr. 32 10/2016.

Ahlberg, Kerstin, A Story of a Failure – But Also of Success. The Social Dialogue on Temporary Agency Work and the Subsequent Negotiations between the Member States on the Draft Directive, in: Ahlberg, Kerstin et al. (Hrsg.), Transnational Labour Regulation. A case study of temporary agency work : SALTSA – joint programme for working life research in Europe, Brüssel 2008, S. 191–261, zit. als Ahlberg, in: Transnational Labour Regulation.

Albers, Eva, Die Regulierung der Arbeitnehmerüberlassung in Frankreich, Baden-Baden 2017, zit. als Albers, Regulierung in Frankreich.

Angry Workers, Class Power on Zero-Hours, London 2020, zit. als Angry Workers, Class Power.

Anzinger, Rudolf/Koberski, Wolfgang, Kommentar ArbZG, 5. Auflage, Frankfurt am Main 2020, zit. als Anzinger/Koberski, ArbZG.

Arps, Jan Ole, Frühschicht. Linke Fabrikintervention in den 70er Jahren, Berlin 2011, zit. als Arps, Frühschicht.

Ascheid, Reiner/Preis, Ulrich/Schmidt, Ingrid (Hrsg.), Kündigungsrecht. Großkommentar zum gesamten Recht der Beendigung von Arbeitsverhältnissen, 6. Auflage, München 2021, zit. als Ascheid/Preis/Schmidt/Autor*in.

Bachmann, Ronald/Rulff, Christian/Martinez-Flores, Fernanda, Die Lohnlücke in der Zeitarbeit. Eine empirische Analyse auf Grundlage von BA-Daten und der Verdienststrukturerhebung, Essen 19. August 2021, zit. als Bachmann/Rulff/Martinez-Flores, Die Lohnlücke.

Bäcker, Matthias, Nationale Grundrechte und Unionsgrundrechte, EuR 2015, S. 389–415.

Bader, Peter et al. (Hrsg.), KR. Gemeinschaftskommentar zum Kündigungsschutzgesetz und zu sonstigen kündigungsschutzrechtlichen Vorschriften, 12. Auflage, Köln 2019, zit. als KR/Autor*in.

Baeck, Ulrich/Deutsch, Markus/Winzer, Thomas, Arbeitszeitgesetz. Kommentar, 4. Auflage, München 2020, zit. als Baeck/Deutsch/Winzer, ArbZG.

Baeck, Ulrich/Winzer, Thomas/Hies, Dominic, Neuere Entwicklungen im Arbeitsrecht, NZG 2016, S. 415–419.

Barlen, Vivien, Zwischen zwei Arenen. Betriebliche Mitbestimmung bei Leiharbeit und Werkverträgen, Wiesbaden 2018, zit. als Barlen, Zwischen zwei Arenen.

Bauer, Jobst-Hubertus/Krets, Jérôme, Gesetze für moderne Dienstleistungen am Arbeitsmarkt, NJW 2003, S. 537–545.

Baumgarten, Daniel/Kvasnicka, Michael/Landmann, Juliane/Thode, Eric, Herausforderung Zeitarbeit. Studie im Auftrag der Bertelsmann Stiftung, Güterloh, 2012, zit. als Baumgarten et al., Herausforderung Zeitarbeit.

Bayreuther, Frank, Tarifpolitik im Spiegel der verfassungsgerichtlichen Rechtsprechung – Zum „equal-pay"-Beschluss des BVerfG, NZA 2005, S. 341–343.

Bayreuther, Frank, BAG: Betriebsbedingte Kündigung eines Leiharbeitnehmers nach Wegfall eines Auftrags – Besprechung des Urteils BAG v. 18. 5. 2006 – 2 AZR 412/05, RdA 2007, S. 176–180.

Bayreuther, Frank, Nachwirkung von Zeitarbeitstarifverträgen im Kontext des Equal Pay/Treatment Gebots des AÜG, BB 2010, S. 309–315.

Bayreuther, Frank, Vollständige Arbeitnehmerfreizügigkeit zu Gunsten der MOE-Staaten. Auswirkungen auf das Arbeitsrecht und die grenzüberschreitende Arbeitnehmerüberlassung, DB 2011, S. 706–711.

Bayreuther, Frank, Die Stellung von Leiharbeitnehmern im Einsatzbetrieb nach den jüngsten Tarifabschlüssen in der Zeitarbeitsbranche und der M- und E-Industrie, NZA-Beilage 2012, S. 115–123.

Bayreuther, Frank, Der Leiharbeitnehmer im Kündigungsrecht, NZA 2016, S. 1304–1309.

Bayreuther, Frank, Vergütungsstrukturen und Equal-pay in der Arbeitnehmerüberlassung nach der AÜG-Reform, NZA 2017, S. 18–22.

Bundesvereinigung der Deutschen Arbeitgeberverbände (BDA), Schriftliche Stellungnahme zur öffentlichen Anhörung von Sachverständigen in Berlin am 17. Oktober 2016. Ausschussdrucksache 18(11)740, Berlin, 12.10.2016, zit. als Stellungnahme des BDA vom 12.10.2016, Ausschussdrs. 18(11)761neu,

Becker, Ulrich/Hatje, Armin/Schoo, Johann/Schwarze (Hrsg.), Jürgen, EU-Kommentar, 4. Auflage, Baden-Baden, Wien, Basel 2019, zit. als Schwarze/Autor*in.

BeckOK Arbeitsrecht, Rolfs, Christian et al. (Hrsg.), 62. Edition, München 1.12.2021, zit. als BeckOK ArbR/Autor*in.

Bellmann, Lutz/Crimmann, Andreas/Kohaut, Susanne, Zeitarbeit aus betrieblicher Perspektive, in: Bouncken, Ricarda B./Bornewasser, Manfred/Bellmann, Lutz (Hrsg.), Die neue Rolle der Zeitarbeit in Deutschland, Augsburg 2012, S. 28–37, zit. als Bellmann/Crimmann/Kohaut, in: Die neue Rolle der Zeitarbeit.

Bellmann, Lutz/Grunau, Phillip/Leber, Ute/Noack, Martin, Weiterbildung atypisch Beschäftigter, Gütersloh, 2013, zit. als Bellmann et al., Weiterbildung.

Bepler, Klaus, Tarifdispositives Gesetzesrecht, in: Schubert, Jens M. (Hrsg.), Anforderungen an ein modernes kollektives Arbeitsrecht. Festschrift für Otto Ernst Kempen, Baden-Baden 2013, S. 109–123.

Berg, Peter, Die Auswirkungen der Leiharbeit auf die gewerkschaftliche Interessenvertretung, Jahrbuch des Arbeitsrechts 46 (2009), S. 69–89.

Berg, Peter/Kocher, Eva/Schumann, Dirk (Hrsg.), Tarifvertragsgesetz und Arbeitskampfrecht. Kompaktkommentar, 7. Auflage, Frankfurt am Main 2020, zit. als Berg/Kocher/Schumann/Autor*in.

Berkowsky, Wilfried, Kündigungsschutz außerhalb des KSchG – Eine Herausforderung für die Praxis, NJW 2009, S. 113–116.

Bissels, Alexander, Belastung des Arbeitszeitkontos des Zeitarbeitnehmers mit Minusstunden bei andauerndem Einsatz, JurisPR-ArbR 39/2016 Anm. 5.

Bissels, Alexander, 6. Teil D. Arbeitnehmerüberlassungsrecht, in: Tschöpe, Ulrich (Hrsg.), Arbeitsrecht Handbuch, 12. Auflage, Köln 2021, zit. als Bissels, in: Tschöpe, ArbRHdB, Arbeitnehmerüberlassungsrecht.

Bissels, Alexander/Falter, Kira, Angepasste Branchenzuschlagstarifverträge in der Zeitarbeit nach der AÜG-Reform und die „Nulldeckelung", DB 2017, S. 1968–1973.

Bissels, Alexander/Falter, Kira, Europarechtskonformität der Abweichung vom Equal Pay-Grundsatz durch die Tarifverträge der Zeitarbeit gemäß § 8 Abs. 2, 4 AÜG n.F. Anmerkung zu: ArbG Gießen 7. Kammer, Urteil vom 14.02.2018 – 7 Ca 246/17, JurisPR-ArbR 16/2018 Anm. 3.

Blanke, Thomas, Der Gleichbehandlungsgrundsatz in der Arbeitnehmerüberlassung, DB 2010, S. 1528–1533.

Blanke, Thomas, Welche Änderungen des deutschen Gesetzes erfordert die Umsetzung der EU-Richtlinie Leiharbeit – mit dem Schwerpunkt Gleichbehandlungsgrundsatz und Abweichungen gem. Art. 5 der EU-RL? Rechtsgutachten, Oldenburg, April 2010, zit. als Blanke, Rechtsgutachten Leiharbeit.

Blomeyer, Wolfgang/Otto, Klaus/Rolfs, Christian, Betriebsrentengesetz. Arbeits-, Zivil- und Steuerrecht : Kommentar, 7. Auflage, München 2018, zit. als Blomeyer/Rolfs/Otto, BetrAVG.

Bock, Sandra, Tarifdispositives Arbeitnehmerschutzrecht und Tarifautonomie, Berlin 2011, zit. als Bock, Tarifdispositives Arbeitnehmerschutzrecht.

Boeck, Björn, Das Verhältnis von Mindestlohn und Sittenwidrigkeitsrechtsprechung, RdA 2018, S. 210–216.

Boemke, Burkhard, Schuldvertrag und Arbeitsverhältnis, München 1999, zit. als Boemke, Schuldvertrag.

Boemke, Burkhard, EU-Osterweiterung und grenzüberschreitende Arbeitnehmerüberlassung, BB 2005, S. 266–272.

Boemke, Burkhard, Annahmeverzug des Entleihers bei Nichtbeschäftigung des Leiharbeitnehmers?, BB 2006, S. 997–1003.

Boemke, Burkhard, Die EG-Leiharbeitsrichtlinie und ihre Einflüsse auf das deutsche Recht, RIW 2009, S. 177–190.

Boemke, Burkhard, Zulässigkeit von Arbeitszeitkonten im Leiharbeitsverhältnis. Anmerkung zu: LArbG Stuttgart 17. Kammer, Urteil vom 29.04.2009 – 17 Sa 4/09, JurisPR-ArbR 30/2009 Anm. 4.

Boemke, Burkhard/Lembke, Mark, Änderungen im AÜG durch das „Job-AQTIV-Gesetz". Fragwürdige Liberalisierung der Zeitarbeit, DB 2002, S. 893–899.

Boemke, Burkhard/Lembke, Mark, Kommentar AÜG, 3. Auflage, Frankfurt am Main 2013, zit. als Boemke/Lembke, AÜG.

Boemke, Burkhard/Sachadae, Till, Anm. zu Europäischen Gerichtshofs: „Im Westen nichts Neues“ – EuGH lässt Frage nach „vorübergehendem“ Charakter der Leiharbeit unbeantwortet, EuZA 2015, S. 313–322.

Böhm, Wolfgang, "Billig-Tarifverträge" in der Zeitarbeit – Risiken für die Kunden, DB 2003, S. 2598–2599.

Böhm, Wolfgang, Befristung von Leiharbeitsverhältnissen nach der AÜG-Reform. „Vorübergehender betrieblicher Bedarf“ bei Dienstleistungs- und Subunternehmen, RdA 2005, S. 360–367.

Böhm, Wolfgang, Umsetzung der EU-Leiharbeitsrichtlinie – mit Fragezeichen?!, DB 2011, S. 473–476.

Böhm, Wolfgang/Hennig, Jörg/Popp, Cornelius, Zeitarbeit und Arbeiten 4.0. Handbuch für die Praxis, 4. Auflage, Köln 2017, zit. als Böhm/Hennig/Popp, Zeitarbeit.

Bornewasser, Manfred, Psychologische Aspekte der Zeitarbeit, Greifswald, 2010, zit. als Bornewasser, Psychologische Aspekte.

Bornewasser, Manfred, Auswirkungen der Zeitarbeit auf Beschäftigte: Eine sozialwissenschaftliche Betrachtung, in: Bouncken, Ricarda B./Bornewasser, Manfred/Bellmann, Lutz (Hrsg.), Die neue Rolle der Zeitarbeit in Deutschland, Augsburg 2012, S. 137–160, zit. als Bornewasser, in: Die neue Rolle der Zeitarbeit.

Bornewasser, Manfred, Commitment bei Zeitarbeitnehmern: Eine kritische Größe bei der externen Flexibilisierung, in: Bouncken, Ricarda B./Bornewasser, Manfred (Hrsg.), Zeitarbeit und Flexibilisierung. Ergebnisse des Forschungsprojektes Flex4Work, Augsburg 2012, S. 129–156, zit. als Bornewasser, in: Zeitarbeit und Flexibilisierung.

Brameshuber, Elisabeth, Das Recht auf Streik nach Art. 28 Grundrechtecharta – Ein Beitrag zur inhaltlichen Verortung, EuZA 2016, S. 46–61.

Bräutigam, Christoph et al., Flexibilisierung und Leiharbeit in der Pflege, Düsseldorf 2010, zit. als Bräutigam et. al., Leiharbeit in der Pflege.

Brehmer, Wolfram/Seifert, Hartmut, Leiharbeit: Funktionswandel einer flexiblen Beschäftigungsform, WSI-Mitteilungen 2008, S. 335–341.

Broeksteeg, Hansko, Freedom of Assembly and Association, in: van Dijk, Pieter/van Hoof, Fried/van Rijn, Arjen B./Zwaak, Leo (Hrsg.), Theory and practice of the European Convention on Human Rights, 5. Auflage, Cambridge, Antwerp, Portland 2018, zit. als Broeksteeg, in: Theory and Practice.

Bröhmer, Jürgen, Kapitel 19: Versammlungs- und Vereinigungsfreiheit, in: Dörr, Oliver/Grote, Rainer/Marauhn, Thilo/Rupprecht, Stephanie (Hrsg.), EMRK/GG. Konkordanzkommentar zum europäischen und deutschen Grundrechtsschutz, Tübingen 2013, zit. als Bröhmer in: Dörr/Grote/Marauhn, EMRK/GG, Kap. 19.

Brors, Christiane, »Vorübergehend«: Zur Methodik der Auslegung von RL am Bsp. des Merkmals »vorübergehend« aus Art. 1 Abs. 1 der RL 2008/104/EG (Leiharbeits-RL), AuR 2013, S. 108–113.

Brors, Christiane, Arbeitnehmerüberlassung und Territorialitätsprinzip. Praktische Fragen bei grenzüberschreitender Entsendung, DB 2013, S. 2087–2089.

Brose, Wiebke, § 13 Befristungsrecht, in: Preis, Ulrich/Sagan, Adam (Hrsg.), Europäisches Arbeitsrecht. Grundlagen – Richtlinien – Folgen für das deutsche Recht, 2. Auflage, Köln 2019, zit. als Preis/Sagan/Brose, Europäisches Arbeitrecht, § 13.

Brungs, Matthias/Kolb, Vanessa, Zeitarbeit als Chance für arbeitslose Menschen?, Herbolzheim 2013, zit. als Brungs/Kolb, Zeitarbeit als Chance.

Bryde, Brun-Otto, Europäisches Grundrecht der Tarifautonomie und europäisches Sozialstaatsprinzip als Schranken europäischer Wirtschaftsregulierung, SR 2012, S. 2–16.

Buck, Carsten, Über die Auslegungsmethoden des Gerichtshofs der Europäischen Gemeinschaft, Frankfurt am Main 1998, zit. als Buck, Auslegungsmethoden.

Bundesagentur für Arbeit, Zeitarbeit in Deutschland – Aktuelle Entwicklungen, Nürnberg Juli 2011, zit. als Bundesagentur für Arbeit, Zeitarbeit in Deutschland, Juli 2011.

Bundesagentur für Arbeit, Methodenbericht. Die Dauer von Beschäftigungsverhältnissen, Nürnberg Juni 2016, zit. als Bundesagentur für Arbeit, Dauer von Beschäftigungsverhältnissen, Juni 2016.

Bundesagentur für Arbeit, Befristete Beschäftigung. Methodische Hintergründe und Ergebnisse, Nürnberg Dezember 2018, zit. als Bundesagentur für Arbeit, Befristete Beschäftigung, Dezember 2018.

Bundesagentur für Arbeit, Bereinigter Pay Gap von Leiharbeitnehmern, Nürnberg Januar 2019, zit. als Bundesagentur für Arbeit, Bereinigter Pay Gap, Januar 2019.

Bundesagentur für Arbeit, Fachliche Weisungen Arbeitnehmerüberlassungsgesetz (AÜG). Stand 01.08.2019, Nürnberg 2019, zit. als BA, Fachliche Weisungen AÜG 01.08.2019.

Bundesagentur für Arbeit, Entwicklungen in der Zeitarbeit, Nürnberg Juli 2020, zit. als Bundesagentur für Arbeit, Entwicklungen in der Zeitarbeit, Juli 2020.

Bundesagentur für Arbeit, Leiharbeitnehmer und Verleihbetriebe (Monatszahlen und Jahreszahlen). Deutschland und Länder. Stichtag 31.12.2019, Nürnberg Juli 2020, zit. als Bundesagentur für Arbeit, Leiharbeitnehmer und Verleihbetriebe, Juli 2020.

Bundesagentur für Arbeit, Aktuelle Entwicklungen in der Zeitarbeit. Januar 2022, Nürnberg Januar 2022, zit. als Bundesagentur für Arbeit, Aktuelle Entwicklungen in der Zeitarbeit, Januar 2022.

Bundesagentur für Arbeit, Leiharbeitnehmer und Verleihbetriebe (Monatszahlen und Jahreszahlen). Deutschland und Länder. Stichtag 30.06.2021, Nürnberg Januar 2022, zit. als Bundesagentur für Arbeit, Leiharbeitnehmer und Verleihbetriebe, Januar 2022.

Bundesanstalt für Arbeitsschutz und Arbeitsmedizin, Factsheet 03. Arbeitsbedingungen in der Zeitarbeit, Dortmund, Januar 2014, zit. als BAuA, Arbeitsbedingungen in der Zeitarbeit.

Bundesanstalt für Arbeitsschutz und Arbeitsmedizin/Bundesministerium für Arbeit und Soziales, Sicherheit und Gesundheit bei der Arbeit – Berichtsjahr 2016. Unfallverhütungsbericht Arbeit, Dortmund, Berlin, Dresden, 2017, zit. als BAuA/BMAS, Sicherheit und Gesundheit 2016.

Bundesarbeitgeberverband der Personaldienstleister, Stellungnahme zum Entwurf eines Gesetzes zur Änderung des Arbeitnehmerüberlassungsgesetzes und anderer Gesetze – BT-Drucksache 18/9232. Ausschussdrucksache 18(11)758, Berlin, 14.10.2016, zit. als Stellungnahme des BAP vom 14.10.2016, Ausschussdrs. 18(11)761.

Bundesarbeitgeberverband der Personaldienstleister, Wissenswertes, Fakten und Analysen zum Thema Zeitarbeit auf zwei Seiten, Berlin, 02.2019, zit. als BAP, Wissenswertes, Fakten und Analysen.

Bundesrechtsanwaltskammer, Stellungnahme zum Regierungsentwurf eines Gesetzes zur Änderung des Arbeitnehmerüberlassungsgesetzes und anderer Gesetze (BR-Drucks. 294/16). Ausschussdrucksache 18(11)686, Berlin, 20.06.2016, zit. als Stellungnahme der BRAK vom 20.06.2016, Ausschussdrs. 18(11)761neu, S. 86.

Buschmann, Rudolf/Ulber, Jürgen, Arbeitszeitrecht. Kompaktkommentar zum Arbeitszeitgesetz mit Nebengesetzen und europäischem Recht, Frankfurt am Main 2019, zit. als Buschmann/J. Ulber, ArbZG.

Call, Horst, Sittenwidrige Tarifverträge zur Leiharbeit?, NJ 2010, S. 89–100.

Calliess, Christian/Ruffert, Matthias (Hrsg.), EUV/AEUV. Das Verfassungsrecht der Europäischen Union mit Europäischer Grundrechtecharta : Kommentar, 6. Auflage, München 2022, zit. als Callies/Ruffert/Autor*in.

Cantzler, Thomas, GABIS GmbH – ein erfolgreiches Beispiel für eine gemeinnützige Arbeitnehmerüberlassung, in: Schwaab, Markus-Oliver/Durian, Ariane (Hrsg.), Zeitarbeit. Chancen – Erfahrungen – Herausforderungen, 2. Auflage, Wiesbaden 2017, S. 247–256, zit. als Cantzler, in: Zeitarbeit.

Carabelli, Umberto/Leccese, Vito, Freedom of Competition and Workers' Protection in Conflict. Favour and Non Regression Clauses in EC Social Directives, Managerial Law 2005, S. 150–175.

Cellier, Damienne, Schriftliche Stellungnahme zur öffentlichen Anhörung von Sachverständigen in Berlin am 17. Oktober 2016. Ausschussdrucksache 18(11)729, Berlin, 11.10.2016, zit. als Cellier, Stellungnahme vom 11.10.2016, Ausschussdrs. 18(11)761neu, S. 6.

Christof Röttger, Brigitte Weber, Enzo Weber, Qualifikationsspezifische Arbeitslosenquoten, 15.10.2019, Nürnberg, 15.10.2019, zit. als Röttger/Weber/Weber, Qualifikationsspezifische Arbeitslosenquote.

Colneric, Ninon, Auslegung des Gemeinschaftsrechts und gemeinschaftsrechtskonforme Auslegung, ZEuP 2005, S. 225–233.

Corzelius, Christoph, Grundlagen, Wirkungen und Grenzen des tarifdispositiven Rechts in der Arbeitnehmerüberlassung, Berlin 2018, zit. als Corzelius, Tarifdispositives Recht.

Crimmann, Andreas/Lehmann, Christian, Der Preis der Flexibilität: Was darf Zeitarbeit kosten?, in: Bouncken, Ricarda B./Bornewasser, Manfred/Bellmann, Lutz (Hrsg.), Die neue Rolle der Zeitarbeit in Deutschland, Augsburg 2012, S. 103–136, zit. als Crimmann/Lehmann, in: Die neue Rolle der Zeitarbeit.

Dahl, Holger, Betriebsbedingte Kündigung eines Leiharbeitsverhältnisses wegen Auftragsrückgangs, DB 2003, S. 1626–1629.

Däubler, Wolfgang, Tarifvertragsrecht. Ein Handbuch, 3. Auflage, Baden-Baden 1993, zit. als Däubler, Tarifvertragsrecht.

Däubler, Wolfgang, EU-Grundrechte-Charta und kollektives Arbeitsrecht, AuR 2001, S. 380–384.

Däubler, Wolfgang, Die neue Leiharbeit, KJ 2003, S. 17–24.

Däubler, Wolfgang, Weltanschauung auf europäisch, NJW 2006, S. 2608–2609.

Däubler, Wolfgang, Totale Verdrängung von Equal Pay durch Leiharbeitstarife?, DB 2008, S. 1914–1917.

Däubler, Wolfgang, Das partielle Arbeitsverhältnis, in: Bauer, Jobst-Hubertus (Hrsg.), Festschrift für Herbert Buchner zum 70. Geburtstag, München 2009, S. 163–176.

Däubler, Wolfgang (Hrsg.), Tarifvertragsgesetz. Mit Arbeitnehmer-Entsendegesetz, 3. Auflage, Baden-Baden 2012, zit. als Däubler TVG/Autor*in, 3. Aufl. 2012.

Däubler, Wolfgang, Der vergaberechtliche Mindestlohn im Fadenkreuz des EuGH – Auf dem Weg zu Rüffert II?, NZA 2014, S. 694–701.

Däubler, Wolfgang, Der gesetzliche Mindestlohn – doch eine unendliche Geschichte?, NJW 2014, S. 1924–1929.

Däubler, Wolfgang (Hrsg.), Tarifvertragsgesetz. Mit Arbeitnehmer-Entsendegesetz, 4. Auflage, Baden-Baden 2016, zit. als Däubler TVG/Autor*in, 4. Aufl. 2016.

Däubler, Wolfgang, Überlegungen zu einer Klage auf Entgeltnachzahlung für Leiharbeitnehmer, 28.05.2017, abrufbar unter https://www.labournet.de/wp-content/uploads/2018/04/daeubler280517.pdf, zuletzt abgerufen am 25.01.2022, zit. als Däubler, Überlegungen zu einer Klage.

Däubler, Wolfgang, Arbeitsrecht. Ratgeber für Beruf – Praxis – Studium, 13. Auflage, Frankfurt am Main 2020, zit. als Däubler, Arbeitsrecht.

Däubler, Wolfgang (Hrsg.), Tarifvertragsgesetz. Mit Arbeitnehmer-Entsendegesetz, 5. Auflage, Baden-Baden 2022, zit. als Däubler TVG/Autor*in.

Däubler, Wolfgang/Beck, Thorsten (Hrsg.), Allgemeines Gleichbehandlungsgesetz. Mit Entgelttransparenzgesetz, Berliner LADG : Handkommentar, 5. Auflage, Baden-Baden 2022, zit. als Däubler/Beck AGG/Autor*in.

Däubler, Wolfgang/Deinert, Olaf/Zwanziger, Bertam (Hrsg.), KSchR – Kündigungsschutzrecht. Kommentar für die Praxis, 11. Auflage, Frankfurt am Main 2020, zit. als DDZ/Autor*in.

Däubler, Wolfgang/Heuschmid, Johannes, Tarifverträge nur für Gewerkschaftsmitglieder?, RdA 2013, S. 1–9.

Däubler, Wolfgang/Hjort, Jens Peter/Schubert, Michael/Wolmerath, Martin (Hrsg.), Arbeitsrecht. Individualarbeitsrecht mit kollektivrechtlichen Bezügen : Handkommentar, 4. Auflage, Baden-Baden 2017, zit. als Däubler/Hjort/Schubert/Wolmerath/Autor*in, Arbeitsrecht,

Deinert, Olaf, Arbeitsrechtliche Herausforderungen einer veränderten Gewerkschaftslandschaft, NZA 2009, S. 1176–1184.

Deinert, Olaf, Kernbelegschaften – Randbelegschaften – Fremdbelegschaften – Herausforderungen für das Arbeitsrecht durch Reduzierung von Stammbelegschaften, RdA 2014, S. 65–77.

Deinert, Olaf, Negative Koalitionsfreiheit – Überlegungen am Beispiel der Differenzierungsklausel, RdA 2014, S. 129–135.

Deinert, Olaf, Neuregelung des Fremdpersonaleinsatzes im Betrieb, RdA 2017, S. 65–82.

Deinert, Olaf, § 20 Sozialrechtliche Folgen des rechtmäßigen Arbeitskampfes, in: Däubler, Wolfgang (Hrsg.), Arbeitskampfrecht. Handbuch für die Rechtspraxis, 4. Auflage, Baden-Baden 2018, zit. als Däubler/Deinert, AK § 20.

Deppe, Frank, Gewerkschaften in der Großen Transformation. Von den 1970er Jahren bis heute; eine Einführung, Köln 2012, zit. als Deppe, Gewerkschaften.

Deutscher Gewerkschaftsbund (DGB), Schriftliche Stellungnahme zur öffentlichen Anhörung von Sachverständigen in Berlin am 17. Oktober 2016. Ausschussdrucksache 18(11)731, Berlin, 11.10.2016, zit. als Stellungnahme des DGB vom 11.10.2016, Ausschussdrs. 18(11)761neu.

DGB Bundesvorstand, Ratgeber Zeitarbeit. Handlungshilfe für Betriebs- und Personalräte, Berlin, 10.2003, zit. als DGB Bundesvorstand, Ratgeber Zeitarbeit.

DGB Bundesvorstand, Leiharbeit – neue Trends und alte Probleme, Berlin, 09.2019, zit. als DGB Bundesvorstand, arbeitsmarktaktuell Nr. 4/2019.

DGB, Tarifabschluss für Beschäftigte der Leiharbeit erzielt. PM 076, 18.12.2019, abrufbar unter https://www.dgb.de/presse/++co++93af0152-218e-11ea-bd05-52540088cada, zuletzt abgerufen am 25.01.2022, zit. als DGB, PM 076 18.12.2019.

Dieterich, Thomas, Flexibilisiertes Tarifrecht und Grundgesetz, RdA 2002, S. 1–17.

Diller, Martin/Krieger, Steffen/Arnold, Christian, Kündigungsschutzgesetz plus Allgemeines Gleichbehandlungsgesetz – Sind Arbeitnehmer in Zukunft doppelt vor Kündigungen geschützt?, NZA 2006, S. 887–892.

Dörner, Hans-Jürgen, Der Leiharbeitnehmer in der Betriebsverfassung, in: Kohte, Wolfhard/Dörner, Hans-Jürgen/Anzinger, Rudolf (Hrsg.), Arbeitsrecht im sozialen Dialog. Festschrift für Hellmut Wissmann zum 65. Geburtstag, München 2005, S. 286–301.

Dribbusch, Heiner, Streikende Frauen in der Bundesrepublik. Geschichte einer Sichtbarwerdung, in: Artus, Ingrid et al. (Hrsg.), Arbeitskonflikte sind Geschlechterkämpfe. Sozialwissenschaftliche und historische Perspektiven, Münster 2020, S. 50–74, zit. als Dribbusch, in: Arbeitskonflikte.

Dütsch, Matthias, Wie prekär ist Zeitarbeit? Eine Analyse mit dem Matching-Ansatz, ZAF 2011, S. 299–318.

Düwell, Franz Josef, Schriftliche Stellungnahme zur öffentlichen Anhörung von Sachverständigen in Berlin am 21. März 2011. Ausschussdrucksache 17(11)447, Berlin, 16.03.2011, zit. als Düwell, Stellungnahme vom 16.03.2011, BT-Ausschussdrucks. 17(11)431.

Düwell, Franz Josef, Schriftliche Stellungnahme zur öffentlichen Anhörung von Sachverständigen in Berlin am 17. Oktober 2016. Ausschussdrucksache 18(11)760, Berlin, 14.10.2016, zit. als Stellungnahme Düwell vom 14.10.2016, Ausschussdrs. 18(11)761neu.

Düwell, Franz Josef/Dahl, Holger, Arbeitnehmerüberlassung und Befristung, NZA 2007, S. 889–893.

Düwell, Franz Josef/Dahl, Holger, Aktuelle Gesetzes- und Tariflage in der Arbeitnehmerüberlassung, DB 2009, S. 1070–1074.

Elking, Lennart, Der "Nichtvertragliche Arbeitgeber" – Leiharbeit im Betriebsübergang auf Entleiherseite, Baden-Baden 2014, zit. als Elking, Der "Nichtvertragliche Arbeitgeber".

Ely, John Hart, Democracy and distrust. A theory of judicial review, Nachdruck, Cambridge, Mass. 1980, zit. als Ely, Democracy and distrust.

Engels, Andreas, Die verfassungsrechtliche Dogmatik des Grundsatzes der Tarifeinheit, RdA 2008, S. 331–336.

Engels, Andreas, Das Gemeinschaftsgrundrecht auf Durchführung kollektiver Maßnahmen – eine Skizze, ZESAR 2008, S. 475–482.

Ensmann, Elmar/Schwaab, Markus-Oliver, Im Interview: Strategische Überlegungen und Erfahrungen in der betrieblichen Praxis, in: Schwaab, Markus-Oliver/Durian, Ariane (Hrsg.), Zeitarbeit. Chancen – Erfahrungen – Herausforderungen, 2. Auflage, Wiesbaden 2017, S. 143–150, zit. als Ensmann/Schwaab, in: Zeitarbeit.

Epping, Volker/Hillgruber, Christian (Hrsg.), Grundgesetz, 3. Auflage 2020, zit. als Epping/Hillgruber/Autor*in, GG.

Erfurter Kommentar zum Arbeitsrecht, Müller-Glöge, Rudi/Preis, Ulrich/Schmidt, Ingrid (Hrsg.), 21. Auflage, München 2021, zit. als ErfK/Autor*in, 21. Aufl. 2021.

Erfurter Kommentar zum Arbeitsrecht, Müller-Glöge, Rudi/Preis, Ulrich/Schmidt, Ingrid (Hrsg.), 22. Auflage, München 2022, zit. als ErfK/Autor*in.

Erhardt, Michael, Leiharbeit aus Sicht der Geschäftsstelle der IG Metall, in: Ludwig, Carmen/Simon, Hendrik/Wagner, Alexander (Hrsg.), Entgrenzte Arbeit, (un-)begrenzte Solidarität? Bedingungen und Strategien gewerkschaftlichen Handelns im flexiblen Kapitalismus, Münster 2019, S. 116–121, zit. als Erhardt, in: Entgrenzte Arbeit.

Europäische Kommission, Expert Group Report. Transposition of Directive 2008/104/EC on temporary agency work, August 2011, zit. als European Commission, Report – Expert Group – Transposition of Directive 2008/104/EC.

Evers, Katalin, Zeitarbeit: Gründe – Strategien – Intensität, in: Bouncken, Ricarda B./Bornewasser, Manfred/Bellmann, Lutz (Hrsg.), Die neue Rolle der Zeitarbeit in Deutschland, Augsburg 2012, S. 55–74, zit. als Evers, in: Die neue Rolle der Zeitarbeit.

Eylert, Marion/Schinz, Reinhard, Dynamische Bezugnahmeklauseln beim Betriebsübergang im Spannungsfeld zwischen nationalen und europäischen Regelungen, RdA 2017, S. 140–149.

Fasholz, Sabrina, Überwachung der Tariffähigkeit als Aufgabe der Exekutive, Baden-Baden 2014, zit. als Fasholz, Tariffähigkeit.

Fischer, Florian, Rheinischer Kommentar zur Europäischen Menschenrechtskonvention. Grundlagen, Präambel, Artikel 1 bis 12, mit gesamteuropäischem Menschenrechtsindex : rechtswissenschaftlicher Kommentar, 3. Auflage, Düsseldorf 2020, zit. als F. Fischer, EMRK.

Fischer, Hajo/Bouncken, Ricarda B., Qualifizierung in der Zeitarbeit. Defizite, Rahmenbedingungen und Handlungsempfehlungen im Lichte empirischer Untersuchungen, Bayreuth, 2011, zit. als H. Fischer/Bouncken, BaRoS No. 3.

Fischer, Marc A., Kritische Bewertung der Zeitarbeit, München 2013, zit. als M. Fischer, Kritische Bewertung.

Fischer, Ulrich, Zeitarbeit zwischen allen (Tarif-)Stühlen? – oder: Gewerkschaften in den Untiefen der Tarifzuständigkeit, RdA 2013, S. 326–338.

Flecker, Jörg/Papouschek, Ulrike/Gavroglu, Stavros P., New forms of work organisation and flexibility in the knowledge based society., in: Huws, Ursula (Hrsg.), The transformation of work in a global knowledge economy: towards a conceptual framework. Workpackage 3: Theories and concepts 2006, S. 45–62, zit. als Flecker/Papouschek/Gavroglu, in: The transformation of work.

Fleischer, Holger, Europäische Methodenlehre: Stand und Perspektiven, RabelsZ 2011, S. 700–729.

Lehmer, Florian/Ziegler, Kerstin, Brueckenfunktion der Leiharbeit: Zumindest ein schmaler Steg, 2010, zit. als Lehmer/Ziegler, IAB-Kurzbericht 13/2010.

Forst, Gerrit, § 16 Leiharbeit, in: Schlachter, Monika/Heinig, Hans Michael (Hrsg.), Europäisches Arbeits- und Sozialrecht. Enzyklopädie Europarecht (EnzEuR) Band 7, 2. Auflage, Baden-Baden, Zürich, St. Gallen, Wien 2021, zit. als Schlachter/Heinig EnzEuR 7/Forst.

France, Anatole, Die rote Lilie, München 1919.

Francken, Johannes Peter, Die Schranken der sachgrundlosen Befristung auf Grund Tarifvertrags nach § 14 II 3 TzBfG, NZA 2013, S. 122–125.

Franzen, Martin, Privatrechtsangleichung durch die Europäische Gemeinschaft, Berlin 1999, zit. als Franzen, Privatrechtsangleichung.

Franzen, Martin, Grenzüberschreitende Arbeitnehmerüberlassung – Überlegungen aus Anlass der Herstellung vollständiger Arbeitnehmerfreizügigkeit zum 1.5. 2011, EuZA 2011, S. 451–473.

Franzen, Martin, Neuausrichtung des Drittpersonaleinsatzes – Überlegungen zu den Vorhaben des Koalitionsvertrags, RdA 2015, S. 141–152.

Franzen, Martin, Tarifdispositive Gestaltung einer Höchstüberlassungsdauer nach AÜG, ZfA 2016, S. 25–45.

Franzen, Martin, Der Gesamtschutz der Leiharbeitnehmer nach Art. 5 Abs. 3 Richtlinie 2008/104/EG – Überlegungen zum Vorlagebeschluss des BAG 16.12.2020 – 5 AZR 143/19 (A), EuZA 2022, S. 3–22.

Franzen, Martin/Gallner, Inken/Oetker, Hartmut (Hrsg.), Kommentar zum Europäischen Arbeitsrecht, 2. Auflage, München 2018, zit. als EuArbRK/Autor*in, 2. Aufl. 2018.

Franzen, Martin/Gallner, Inken/Oetker, Hartmut (Hrsg.), Kommentar zum europäischen Arbeitsrecht, 4. Auflage, München 2022, zit. als EuArbRK/Autor*in.

Frenz, Walter, Grundrechte und Vergaberecht, EuZW 2006, S. 748–752.

Frenz, Walter, Europäische Grundrechte und Grundfreiheiten im Arbeitsrecht, RdA 2011, S. 199–203.

Friedrich, Sven, Der Funktionswandel von Zeitarbeit. Neue Chancen für eine Human-Relations orientierte Perspektive? Eine Analyse des Spannungsfeldes Idealität versus Praktikabilität anhand von qualitativen Beispielen, Hamburg 2010, zit. als Friedrich, Funktionswandel.

Frieling, Tino/Münder, Matthias, Neue richterrechtliche Grenzen der Tarifdispositivität sachgrundloser Befristungsmöglichkeiten, NZA 2017, S. 766–771.

Frik, Roman, Die Befristung von Leiharbeitsverträgen nach dem Teilzeit- und Befristungsgesetz, NZA 2005, S. 386–390.

Fuchs, Maximilian, Das Gleichbehandlungsgebot in der Leiharbeit nach der neuen Leiharbeitsrichtlinie, NZA 2009, S. 57–63.

Fuhlrott, Michael/Fabritius, Burkhard, Besonderheiten der betriebsbedingten Kündigung von Leiharbeitnehmern, NZA 2014, S. 122–126.

Fuhlrott, Michael/Hoppe, Christian, Der „kleine“ und sondergesetzliche Kündigungsschutz, ArbRAktuell 2009, S. 204–207.

Fütterer, Patrick, Das Koalitions- und Streikrecht im EU-Recht nach dem Wandel der Rechtsprechung des EGMR zur Koalitionsfreiheit gemäß Art. 11 EMRK (Demir und Baykara und andere), EuZA 2011, S. 505–520.

Gamillscheg, Franz, Kollektives Arbeitsrecht Band I. Grundlagen, Koalitionsfreiheit, Tarifvertrag, Arbeitskampf und Schlichtung, München 1997, zit. als Gamillscheg, Kollektives Arbeitsrecht I.

Geffken, Rolf, Umgang mit dem Arbeitsrecht. Ein Handbuch für Beschäftigte, 2. Auflage, Cadenberge 2019, zit. als Geffken, Arbeitsrecht.

Giesen, Richard, Bezugnahmeklauseln im Konflikt um Tarifanwendung und -vermeidung, ZfA 2010, S. 657–680.

Giesen, Richard, Tarifvertragliche Erweiterung von Betriebsratsrechten beim Leiharbeitseinsatz, ZfA 2012, S. 143–171.

Giesen, Richard, Fremdbestimmung durch Tarifvertrag, ZfA 2016, S. 153–196.

Göhner, Reinhard, Brennpunkte bei der Arbeitnehmerüberlassung : Jobmotor Zeitarbeit – Fluch oder Segen?, DB 2010, S. S19-S20.

Grabenwarter, Christoph, § 14 Wirtschaftliche Grundrechte, in: Grabenwarter, Christoph, Europäischer Grundrechteschutz (Hrsg.), 2. Auflage, Baden-Baden 2021, S. 613–634, zit. als Grabenwarter EnzEuR 2/Grabenwarter.

Grabenwarter, Christoph/Pabel, Katharina, Europäische Menschenrechtskonvention. Ein Studienbuch, 7. Auflage, München, Basel, Wien 2021, zit. als Grabenwarter/Pabel, EMRK.

Grapperhaus, Ferdinand B. J., A Twist of the Equality Logic: the Directiv on Working Conditions for Temporary Agency Workers and Dutch law, ELLJ 2010, S. 406–413.

Greiner, Stefan, Anm. zu Europäischer Gerichtshof (EuGH): Auslegung von Absenkungsverboten in Richtlinien und Reichweite der richtlinienkonformen Auslegung, EuZA 2011, S. 74–84.

Greiner, Stefan, „Weil nicht sein kann, was nicht sein darf…“ – die Entscheidung des BAG vom 15.4.2015 zu tarifvertraglichen Stichtagsklauseln, NZA 2016, S. 10–15.

Greiner, Stefan, Kernfragen des novellierten Gleichstellungsgrundsatzes im Recht der Arbeitnehmerüberlassung (§ 8 AÜG), RdA 2017, S. 153–161.

Greiner, Stefan/Suhre, Nadja, Tarifvertragliche Exklusivleistungen für Gewerkschaftsmitglieder nach der Rechtsprechungsänderung des BAG, NJW 2010, S. 131–134.

Grobys, Marcel/Schmidt, Charlotte/Brocker, Till, Verfassungsmäßigkeit von „Equal Pay"?, NZA 2003, S. 777–783.

Groeben, Hans von der/Schwarze, Jürgen/Hatje, Armin (Hrsg.), Europäisches Unionsrecht. Vertrag über die Europäische Union – Vertrag über die Arbeitsweise der Europäischen Union – Charta der Grundrechte der Europäischen Union. Band 1: Art. 1 bis 55 EUV, Art. 1 bis 5 GRC, Art. 1 bis 66 AEUV, 7. Auflage, Baden-Baden 2015, zit. als von der Groeben/Schwarze/Hatje/Autor*in.

Groeben, Hans von der/Schwarze, Jürgen/Hatje, Armin (Hrsg.), Europäisches Unionsrecht. Vertrag über die Europäische Union – Vertrag über die Arbeitsweise der Europäischen Union – Charta der Grundrechte der Europäischen Union. Band 3: Art. 106 bis 173 AEUV, 7. Auflage, Baden-Baden 2015, zit. als von der Groeben/Schwarze/Hatje/Autor*in.

Grundmann, Stefan, "Inter-Instrumental-Interpretation". Systembildung durch Auslegung im Europäischen Unionsrecht, RabelsZ 2011, S. 882–932.

Guenoub, Marcel, Equal pay und equal treatment im Leiharbeitsverhältnis, Aachen 2009, zit. als Guenoub, Equal pay.

Gundert, Stefanie, Beschäftigungsformen. Einführung und Resumee, in: Möller, Joachim/Walwei, Ulrich (Hrsg.), Arbeitsmarkt kompakt. Analysen, Daten, Fakten, Nürnberg 2017, S. 36–37, zit. als Gundert, in; Arbeitsmarkt kompakt.

Gundert, Stefanie/Haller, Peter/Hohendanner, Christian, Zeitarbeit und Befristungen, in: Möller, Joachim/Walwei, Ulrich (Hrsg.), Arbeitsmarkt kompakt. Analysen, Daten, Fakten, Nürnberg 2017, S. 43–44, zit. als Gundert/Haller/Hohendanner, in: Arbeitsmarkt kompakt.

Haas, Hermann Heinrich/Hoppe, Christian, Sicherung von Spezialisten, AuA 2013, S. 685–687.

Håkansson, Kristina/Isidorsson, Tommy, Flexibilität und Unsicherheit: Leiharbeit in Schweden, in: Holst, Hajo (Hrsg.), Fragmentierte Belegschaften. Leiharbeit, Informalität und Soloselbständigkeit in globaler Perspektive, Frankfurt, New York 2017, S. 99–116, zit. als Håkansson/Isidorsson, in: Fragmentierte Belegschaften.

Haller, Peter/Jahn, Elke, Zeitarbeit in Deutschland: Hohe Dynamik und kurz Beschäftigungsdauern, Nürnberg, 13.07.2014, zit. als Haller/E. Jahn, IAB-Kurzbericht 13/2014.

Hamann, Wolfgang, Anmerkung zu BAG v. 24.3.2004 – 5 AZR 303/03, EzA § 138 BGB 2002 Nr. 2.

Hamann, Wolfgang, Die Richtlinie Leiharbeit und ihre Auswirkungen auf das nationale Recht der Arbeitnehmerüberlassung, EuZA 2009, S. 287–331.

Hamann, Wolfgang, Die Reform des AÜG im Jahr 2011, RdA 2011, S. 321–341.

Hamann, Wolfgang, Umsetzung der Vorgabe „vorübergehend" in der Leiharbeitsrichtlinie Regulierungsempfehlungen an den nationalen Gesetzgeber, NZA 2015, S. 904–910.

Hamann, Wolfgang, Die Tariföffnungsklausel in § 14 II 3 TzBfG – Ein Fall für den Gesetzgeber?, NZA 2019, S. 424–429.

Hamann, Wolfgang, Anmerkung zu BAG 7. Senat, Urteil vom 14.10.2020 – 7 AZR 286/18, JurisPR-ArbR 18/2021 Anm. 1.

Hamann, Wolfgang, Vereinbarkeit der Tarifdispositivität des Gleichstellungsgrundsatzes nach § 9 Nr. 2 HS. 2 AÜG a.F./§ 8 Abs. 2 Satz 1 AÜG mit der Richtlinie 2008/104/EG über Leiharbeit, JurisPR-ArbR 29/2021 Anm. 3.

Hamann, Wolfgang/Klengel, Ernesto, Die Überlassungsdauer des reformierten AÜG im Lichte des Unionsrechts, EuZA 2017, S. 194–213.

Hamann, Wolfgang/Klengel, Ernesto, Die AÜG-Reform 2017 im Lichte der Richtlinie Leiharbeit, EuZA 2017, S. 485–504.

Hanau, Peter, Einzelfragen und -antworten zu den beiden ersten Gesetzen für moderne Dienstleistungen am Arbeitsmarkt, ZIP 2003, S. 1573–1583.

Hanau, Peter, Die Europäische Grundrechtecharta – Schein und Wirklichkeit im Arbeitsrecht, NZA 2010, S. 1–6.

Hanau, Peter/Hoff, Andreas, Annahmeverzug bei flexibler Arbeitszeit, insbesondere bei Arbeitszeitkonten, NZA 2015, S. 1169–1171.

Happ, Daniel, BB-Kommentar „'Steine statt Brot': Keine inhaltlichen Hinweise zur zulässigen Einschränkung der Leiharbeit aus Luxemburg", BB 2015, S. 1150–1152.

Hartmann, Felix, Die Rechtsprechung des Europäischen Gerichtshofs zu dynamischen Bezugnahmeklauseln im Betriebsübergang, EuZA 2015, S. 203–221.

Haseloh, Gudrun, Schwankende Auslastung – flexible Arbeit: Ein Bericht aus der Praxis, in: Bornewasser, Manfred/Zülich, Gert (Hrsg.), Arbeitszeit – Zeitarbeit. Flexibilisierung der Arbeit als Antwort auf die Globalisierung, Wiesbaden 2013, S. 137–151.

Hassel, Anke, The Paradox of Liberalization – Understanding Dualism and the Recovery of the German Political Economy, British Journal of Industrial Relations 2014, S. 57–81.

Helfen, Markus/Hense, Andrea/Nicklich, Manuel, Organisierte Ungleichheit in der Leiharbeit?, Industrielle Beziehungen 2015, S. 282–304.

Helm, Rüdiger, Tarifliche Differenzierung zwischen Außenseitern und Gewerkschaftsmitgliedern zulässig, NZA 2015, S. 1437–1439.

Henssler, Martin, Überregulierung statt Rechtssicherheit – der Referentenentwurf des BMAS zur Reglementierung von Leiharbeit und Werkverträgen, RdA 2016, S. 18–24.

Henssler, Martin, Fremdpersonaleinsatz durch On-Site-Werkverträge und Arbeitnehmerüberlassung – offene Fragen und Anwendungsprobleme des neuen Rechts, RdA 2017, S. 83–100.

Henssler, Martin/Willemsen, Heinz Josef/Kalb, Heinz-Jürgen (Hrsg.), Arbeitsrecht. Kommentar, 9. Auflage, Köln 2020, zit. als Henssler/Willemsen/Kalb/Autor*in, Arbeitsrecht.

Herberger, Marie, "Ausnahmen sind eng auszulegen". Die Ansichten beim Gerichtshof der Europäischen Union, Berlin 2017, zit. als Herberger, Ausnahmen.

Herresthal, Carsten, Die Re-Individualisierung des kollektiven Arbeitsrechts in der europäischen Integration am Beispiel der Tarifautonomie, EuZA 2011, S. 3–29.

Hervé, Florence, Zwischen Eigenständigkeit und Integration. Die Proletarische Frauenbewegung bis 1933, Ariadne: Forum für Frauen- und Geschlechtergeschichte 2015, S. 50–58.

Heuschmid, Johannes, Anmerkung zu EuGH, Urt. v. 18.7.2013, Rs. C-426/11, Alemo-Herron, AuR 2013, S. 500–502.

Heuschmid, Johannes, § 11 Der Arbeitskampf im EU-Recht, in: Däubler, Wolfgang (Hrsg.), Arbeitskampfrecht. Handbuch für die Rechtspraxis, 4. Auflage, Baden-Baden 2018, S. 162–232, zit. als Däubler/Heuschmid AK § 11 Rn.

Heuschmid, Johannes/Klauk, Melanie, Zur Primärrechtswidrigkeit der Leiharbeits-Richtlinie, SR 2012, S. 84–94.

Hinz, Thomas/Abraham, Martin, Theorien des Arbeitsmarktes, in: Abraham, Martin/ Hinz, Thomas (Hrsg.), Arbeitsmarktsoziologie. Probleme, Theorien, empirische Befunde, 3. Auflage 2018, Wiesbaden 2018, S. 9–76, zit. als Hinz/Abraham, in: Arbeitsmarktsoziologie.

Hirdina, Ralph, Die Arbeitnehmerüberlassung – Eine verfassungswidrige Überregulierung?, NZA 2011, S. 325–330.

Hirsch, Boris/Müller, Steffen, The Productivity Effect of Temporary Agency Work: Evidence from German Panel Data, The Economic Journal 2012, S. 216–235.

Höfer, Reinhold/Groot, Simone Evke de/*Küpper, Peter*, Gesetz zur Verbesserung der betrieblichen Altersversorgung. Kommentar Band I, 27. EL, München Januar 2022, zit. als Höfer BetrAVG I/Höfer, Betriebsrentengesetz.

Hohendanner, Christian/Walwei, Ulrich, Arbeitsmarkteffekte atypischer Beschäftigung, WSI-Mitteilungen 2013, S. 239–246.

Holst, Hajo, Disziplinierung durch Leiharbeit? Neue Nutzungsstrategien von Leiharbeit und ihre arbeitspolitischen Folgen, WSI-Mitteilungen 2009, S. 143–149.

Holst, Hajo, Gefahrenzone Absatzmarkt? Leiharbeit und die Temporalstrukturen der Flexibilisierung, in: Krause, Alexandra/Köhler, Christoph (Hrsg.), Arbeit als Ware. Zur Theorie flexibler Arbeitsmärkte, Bielefeld 2014, S. 141–161.

Holst, Hajo/Aust, Andrea/Pernicka, Susanne, Kollektive Interessenvertretung im strategischen Dilemma – Atypisch Beschäftigte und die „dreifache Krise“ der Gewerkschaften, Zeitschrift für Soziologie 2008, S. 158–176.

Holst, Hajo/Nachtwey, Oliver/Dörre, Klaus, Funktionswandel von Leiharbeit. Neue Nutzungsstrategien und ihre arbeits- und mitbestimmungspolitischen Folgen, Frankfurt am Main, 2009, zit. als Holst/Nachtwey/Dörre, Funktionswandel von Leiharbeit.

Holst, Hajo/Nachtwey, Oliver/Dörre, Klaus, The Strategic Use of Temporary Agency Work – Functional Change of a Non-standard Form of Employment, International Journal of Action Research 2010, S. 108–138.

Huber, Peter M., Auslegung und Anwendung der Charta der Grundrechte, NJW 2011, S. 2385–2390.

Hünefeld, Lena/Gerstenberg, Susanne, Arbeitsbedingungen von Leiharbeitnehmern im Fokus – Ergebnisse aus der BAuA-Arbeitszeitbefragung, Dortmund, 2018, zit. als Hünefeld/Gerstenberg, Arbeitsbedingungen von Leiharbeitnehmern im Fokus.

Hutter, Christian/Klinger, Sabine/Weber, Enzo, Zeitarbeitsbranche: rückläufige Beschäftigung, WD 2019, S. 401–403.

IG Metall München, Arbeitslos-Leiharbeiter künftig nach Tarifvertrag der Metall- und Elektroindustrie bezahlt, 19.11.2007, abrufbar unter https://www.igmetall-muenchen.de/news-ansicht/datum/2007/11/19/titel/arbeitslos-leiharbeiter-kuenftig-nach-tarifvertrag-der-metall-und-elektroindustrie-bezahlt, zuletzt abgerufen am 25.01.2022, zit. als IG Metall München, PM v. 19.11.2007.

Interessenverband Deutscher Zeitarbeitsunternehmen e.V. (iGZ), Stellungnahme zum Entwurf eines Gesetzes zur Änderung des Arbeitnehmerüberlassungsgesetzes und anderer Gesetze – BT-Drucksache 18/9232. Ausschussdrucksache 18(11)727, Berlin, 10.10.2016, zit. als Stellungnahme der iGZ vom 10.10.2016, Ausschussdrs. 18(11)761neu.

Institut DGB-Index Gute Arbeit, Risiko Leiharbeit. Wie die Beschäftigten ihre Arbeitsbedingungen bewerten, 03.2019, zit. als Institut DGB-Index Gute Arbeit, 02/2019 Risiko Leiharbeit.

IW Consult GmbH/Institut der deutschen Wirtschaft Köln, Zeitarbeit in Deutschland. Treiber für Flexibilität und Wachstum, Köln, 9.5.2011, zit. als Institut der deutschen Wirtschaft Köln, Zeitarbeit in Deutschland.

Jacobs, Matthias/Frieling, Tino, Keine dynamische Weitergeltung von kleinen dynamischen Bezugnahmeklauseln nach Betriebsübergängen, EuZW 2013, S. 737–740.

Jahn, Benjamin, Der Gleichstellungsgrundsatz im Arbeitnehmerüberlassungsgesetz, Marburg 2015, zit. als B. Jahn, Gleichstellungsgrundsatz.

Jahn, Elke/Weber, Enzo, Die Hälfte dieser Jobs geht auf Kosten der Beschäftigten in anderen Sektoren, Nürnberg, 02.2013, zit. als E. Jahn/Weber, IAB-Kurzbericht 2/2013.

Jarass, Hans D., Charta der Grundrechte der Europäischen Union. Unter Einbeziehung der sonstigen Grundrechtsregelungen des Primärrechts und der EMRK; Kommentar, 4. Auflage, München 2021, zit. als Jarass GRCh.

Jarass, Hans D., Charta der Grundrechte der Europäischen Union. Unter Einbeziehung der vom EuGH entwickelten Grundrechte, der Grundrechtsregelungen der Verträge und der EMRK : Kommentar, 3. Auflage, München 2016, zit. als Jarass GRCh, 3. Aufl. 2016.

Jenyns, Soame, The objections to the taxation of our American colonies by the legislature of Great Britain, 2nd Edition, London 1765, zit. als Jenyns, The objections to the taxation.

Joussen, Jacob, Der persönliche Anwendungsbereich der Arbeitnehmerhaftung, RdA 2006, S. 129–137.

Junker, Abbo, Europäische Grund- und Menschenrechte und das deutsche Arbeitsrecht (unter besonderer Berücksichtigung der Koalititonsfreiheit), ZfA 2013, S. 91–136.

Junker, Abbo, Europäische Vorschriften zum Tarifvertrag, EuZA 2014, S. 1–17.

Kainer, Friedemann, Anm. zu Europäischer Gerichtshof (EuGH): Gerechter Interessenausgleich und unternehmerische Freiheit: Ende der Dynamik von Bezugnahmeklauseln bei Betriebsübergängen nach Alemo-Herron?, EuZA 2014, S. 230–241.

Kamanabrou, Sudabeh, § 15 Befristung, in: Schlachter, Monika/Heinig, Hans Michael (Hrsg.), Europäisches Arbeits- und Sozialrecht. Enzyklopädie Europarecht (EnzEuR) Band 7, 2. Auflage, Baden-Baden, Zürich, St. Gallen, Wien 2021, zit. als Schlachter/Heinig EnzEuR 7/Kamanabrou, § 15.

Kämmerer, Jörn Axel, Der neue Rechtsrahmen der Arbeitnehmerüberlassung: Verfassungs- und unionsrechtliche Fragen 2017, zit. als Kämmerer, Der neue Rechtsrahmen.

Kannegiesser, Martin, Was leistet Zeitarbeit für die deutsche Wirtschaft?, in: Dinges, Andreas et al. (Hrsg.), Zukunft Zeitarbeit, Dordrecht 2012, S. 11–19.

Käppler, Renate, Tarifvertragliche Regelungsmacht, NZA 1991, S. 745–754.

Karpenstein, Ulrich/Mayer, Franz C (Hrsg.)., Konvention zum Schutz der Menschenrechte und Grundfreiheiten. Kommentar, 3. Auflage, München, Basel 2022, zit. als Karpenstein/Mayer/Autor*in, EMRK.

Karthaus, Boris, >>Der Kampf um die Leiharbeitslöhne hat gerade erst begonnen.<<. Tarifvertrag zur Bezahlung von Leiharbeitnehmern in der nordwestdeutschen Eisen- und Stahlindustrie, AuR 2010, S. 494–499.

Karthaus, Boris/Klebe, Thomas, Legitimation durch Kollektivvertrag – Leiharbeit, Werkvertrag und die Erosion der Arbeitgeberrolle -, in: Schubert, Jens M. (Hrsg.), Anforderungen an ein modernes kollektives Arbeitsrecht. Festschrift für Otto Ernst Kempen, Baden-Baden 2013, S. 295–312.

Keller, Berndt, Interessenvertretung bei atypischen Beschäftigungsverhältnissen – ein strategisches Dilemma, WSI-Mitteilungen 2017, S. 27–35.

Keller, Berndt/Seifert, Hartmut, Atypische Beschäftigung zwischen Prekarität und Normalität. Entwicklung, Strukturen und Bestimmungsgründe im Überblick, Berlin 2013, zit. als Keller/Seifert, Atypische Beschäftigung.

Kempen, Otto Ernst/Zachert, Ulrich (Hrsg.), TVG Tarifvertragsgesetz, 5. Auflage 2014, zit. als Kempen/Zachert/Autor*in.

Kerwer, Christof, Anm. zu Europäischer Gerichtshof (EuGH): Verschlechterungsverbote in Richtlinien, EuZA 2010, S. 253–265.

Kingreen, Thorsten, EuGH: Ne bis in idem: Zum Gerichtswettbewerb um die Deutungshoheit über die Grundrechte, EuR 2013, S. 446–454.

Kirchhof, Ferdinand, Nationale Grundrechte und Unionsgrundrechte, NVwZ 2014, S. 1537–1541.

Klebe, Thomas, Aufgespießt: Die Leiharbeitsentscheidung des BAG – Kritik mit der Kneifzange?, AuR 2011, S. 352–353.

Klebeck, Ulf, Gleichstellung der Leiharbeitnehmer als Verfassungsverstoß, Baden-Baden 2004, zit. als Klebeck, Gleichstellung.

Klengel, Ernesto, Arbeitsvertragliche Arbeitszeitkonten in der Arbeitnehmerüberlassung. Anmerkung zu: LArbG Rostock 2. Kammer, Urteil vom 14.06.2016 – 2 Sa 213/15, JurisPR-ArbR 36/2016 Anm. 4.

Klumpp, Steffen, Dienstleistungsfreiheit versus Tariftreue, NJW 2008, S. 3473–3477.

Koberski, Wolfgang, Befristete Arbeitsverträge älterer Arbeitnehmer im Einklang mit Gemeinschaftsrecht, NZA 2005, S. 79–84.

Koch, Ulrich, § 120. Arbeitnehmerüberlassung, in: Schaub, Günter et al. (Hrsg.), Arbeitsrechts-Handbuch. Systematische Darstellung und Nachschlagewerk für die Praxis, 19. Auflage, München 2021, zit. als Schaub/Koch, § 120 Rn.

Kocher, Eva, Mindestlöhne und Tarifautonomie – Festlegung allgemeiner Mindestentgelte durch Verbindlicherklärung nach AEntG?, NZA 2007, S. 600–604.

Kocher, Eva, Europäisches Arbeitsrecht, 2. Auflage, Baden-Baden 2020.

Köhler, Katja/Menz, Christian, Leiharbeit aus Sicher einer Beratungsstelle. 10 Jahre "Service-Hotline Zeitarbeit und Werkvertrag", in: Ludwig, Carmen/Simon, Hendrik/Wagner, Alexander (Hrsg.), Entgrenzte Arbeit, (un-)begrenzte Solidarität? Bedingungen und Strategien gewerkschaftlichen Handelns im flexiblen Kapitalismus, Münster 2019, S. 98–115.

Kohte, Wolfhard, Tarifdispositives Arbeitszeitrecht – zwischen respektierter Tarifautonomie und eingeschränktem Gestaltungsspielraum, in: Creutzfeld, Malte/Thüsing, Gregor/Hanau, Peter/Wißmann, Hellmut (Hrsg.), Arbeitsgerichtsbarkeit und Wissenschaft. Festschrift für Klaus Bepler zum 65. Geburtstag, München 2012, S. 287–301.

Kolbe, Sebastian, Vom Nachweis zur Transparenz der Arbeitsbedingungen, EuZA 2020, S. 35–47.

Konzen, Horst, Arbeitnehmerschutz im Konzern, RdA 1984, S. 65–88.

Kort, Michael, Die Bedeutung der europarechtlichen Grundfreiheiten für die Arbeitnehmerentsendung und die Arbeitnehmerüberlassung, NZA 2002, S. 1248–1254.

Krämer, Daniel, Die Richtigkeitsgewähr des Tarifvertrags, Berlin 2015, zit. als Krämer, Richtigkeitsgewähr des Tarifvertrags.

Kratzer, Nick/Menz, Wolfgang/Tullius, Knut, Wolf, Harald, Legitimationsprobleme in der Erwerbsarbeit, Baden-Baden 2019, zit. als Kratzer/Menz/Tullius/Wolf, Legitimationsprobleme.

Krause, Rüdiger, Tarifverträge zur Begrenzung der Leiharbeit und zur Durchsetzung von Equal Pay, Saarbrücken 2012, zit. als Tarifverträge zur Begrenzung.

Krause, Rüdiger, Neue tarifvertragliche Regeln für die Leiharbeit in der Metallindustrie, NZA 2012, S. 830–836.

Krause, Rüdiger, Arbeit in der Holzklasse. Gesetzliche und kollektivvertragliche Rahmung von Leiharbeit, KJ 2013, S. 119–132.

Krause, Rüdiger, § 1 Grundlagen des Tarifvertragsrechts, in: Jacobs, Matthias/Krause, Rüdiger/Oetker, Hartmut/Schubert, Claudia (Hrsg.), Tarifvertragsrecht, 2. Auflage, München 2013, zit. als Jacobs/Krause/Oetker/Schubert, Tarifvertragsrecht § 1 Rn. 144.

Krause, Rüdiger, Arbeitnehmerüberlassung als Instrument der Flexibilisierung von Arbeitsmärkten, ZIAS 2014, S. 113–152.

Krause, Alexandra/Köhler, Christoph, Was sind flexible Arbeitsmärkte und wie kann man sie erklären? Einleitung und Übersicht, in: Krause, Alexandra/Köhler, Christoph (Hrsg.), Arbeit als Ware. Zur Theorie flexibler Arbeitsmärkte, Bielefeld 2014, S. 9–43.

Krebber, Sebastian, Soziale Rechte in der Gemeinschaftsrechtsordnung, RdA 2009, S. 224–236.

Krebber, Sebastian, Die arbeitsrechtliche Bedeutung der Arbeitnehmerfreizügigkeit des Unionsrechts, EuZA 2019, S. 62–80.

Kreft, Burghard, § 115 Soziale Rechtfertigung der betriebsbedingten Kündigung, in: Kiel, Heinrich/Lunk, Stefan/Oetker, Hartmut (Hrsg.), Münchener Handbuch zum Arbeitsrecht, 5. Auflage, München 2021.

Kreutz, Peter, Leiharbeitnehmer und Betriebsratswahl – wer wählt, zählt nicht!, SAE 2004, S. 168–173.

Krieger, Steffen/Kruchen, David, Die Drehtürklausel im Konzern – raus, rein, Gehalt hoch?, NZA 2014, S. 393–396.

Kronauer, Martin, Warum und wie die Linke heute für soziale Gerechtigkeit streiten muss, in: Becker, Karina/Dörre, Klaus/Reif-Spirek, Peter (Hrsg.), Arbeiterbewegung von rechts? Ungleichheit – Verteilungskämpfe – populistische Revolte, Sonderauflage für die Bundeszentrale für politische Bildung, Bonn 2020, S. 81–99, zit. als Kronauer, in: Arbeiterbewegung.

Küfner-Schmitt, Irmgard/Schmitt, Laura, Entgeltfortzahlungsgesetz. Aufwendungsausgleichsgesetz : Kommentar, 8. Auflage, München 2018, zit. als Schmitt/Autor*in, EFZG.

Kunkel, Jörg, Die Rolle der Leiharbeit auf dem deutschen Arbeitsmarkt, in: Bouncken, Ricarda B./Bornewasser, Manfred/Bellmann, Lutz (Hrsg.), Die neue Rolle der Zeitarbeit in Deutschland, Augsburg 2012, S. 39–54., zit. als Kunkel, in: Die neue Rolle der Zeitarbeit.

Lehmann, Christian/Haseloh, Gudrun, Zeitarbeit aus Sicht eines Intensivnutzers, in: Bouncken, Ricarda B./Bornewasser, Manfred/Bellmann, Lutz (Hrsg.), Die neue Rolle der Zeitarbeit in Deutschland, Augsburg 2012, S. 75–92, zit. als Lehmann/Haseloh, in: Die neue Rolle der Zeitarbeit.

Lehmann, Christian/Ratzmann, Martin/Bouncken, Ricarda B., Nutzungsstrategien der Zeitarbeit in Industrieunternehmen, in: Bouncken, Ricarda B./Bornewasser, Manfred (Hrsg.), Zeitarbeit und Flexibilisierung. Ergebnisse des Forschungsprojektes Flex4Work, Augsburg 2012, S. 189–216, zit. als Lehmann/Ratzmann/Bouncken, in: Zeitarbeit und Flexibilisierung.

Leisner, Walter Georg, Die subjektiv-historische Auslegung des Gemeinschaftsrechts – Der „Wille des Gesetzgebers" in der Judikatur des EuGH, EuR 2007, S. 689–706.

Lembke, Mark, BB-Kommentar, BB 2005, S. 495–500.

Lembke, Mark, Aktuelle Brennpunkte in der Zeitarbeit, BB 2010, S. 1533–1541.

Lembke, Mark, Neue Rechte von Leiharbeitnehmern gegenüber Entleihern, NZA 2011, S. 319–325.

Lembke, Mark, Die geplanten Änderungen im Recht der Arbeitnehmerüberlassung, DB 2011, S. 414–420.

Lembke, Mark, AÜG-Reform 2017 – Eine Reformatio in Peius, NZA 2017, S. 1–12.

Lembke, Mark, Fremdpersonaleinsatz vor neuen Herausforderungen, NZA 2018, S. 393–403.

Lembke, Mark/Rothmann, Jochen, Die legislative und judikative Regulierung der Zeitarbeit, ZESAR 2014, S. 372–382.

Lembke, Mark/Stoffels, Markus, "Equal Treatment" und seine Tarifausnahme – europarechts- oder verfassungswidrig?, in: Gallner, Inken/Henssler, Martin/Eckhoff, Frank/Reufels, Martin (Hrsg.), Dynamisches Recht. Herausforderungen im Arbeitsrecht, Gesellschaftsrecht und Insolvenzrecht : Festschrift für Wilhelm Moll zum 70. Geburtstag, München 2019, S. 377–393.

Lenaerts, Koen, Die EU-Grundrechtecharta: Anwendbarkeit und Auslegung, EuR 2012, S. 3–18.

Lenz, Carl Otto/Borchardt, Klaus-Dieter/Bitterlich, Joachim (Hrsg.), EU-Verträge Kommentar. EUV – AEUV – GRCh, 6. Auflage, Köln, Wien 2012, zit. als Lenz/Borchardt/Autor*in.

Leuchten, Alexius, Das neue Recht der Leiharbeit. Die wesentlichen Neuerungen im AÜG, NZA 2011, S. 608–612.

Li, Xianbei, Der Schutz des Leiharbeitnehmers vor dem Entleiher, Berlin 2016, zit. als Li, Der Schutz des Leiharbeitnehmers.

Linck, Rüdiger/Krause, Rüdiger/Bayreuther, Frank, Kündigungsschutzgesetz. Kommentar, 16. Auflage, München 2019, zit. als Linck/Krause/Bayreuther/Autor*in.

Lindner, Franz, Grundrechtsschutz gegen gemeinschaftsrechtliche Öffnungsklauseln – zugleich ein Beitrag zum Anwendungsbereich der EU-Grundrechte, EuZW 2007, S. 71–75.

Losch, Bernhard/Radau, Wiltrud Christine, Die soziale Verfassungsaufgabe der Europäischen Union, NVwZ 2003, S. 1440–1446.

Loth, Katharina/Ulber, Daniel, Grenzen der tarifvertraglichen Abweichungsbefugnis nach § 14 II 3 TzBfG, NZA 2013, S. 130–134.

Löwisch, Manfred/Rieble, Volker, Tarifvertragsgesetz. Kommentar, 4. Auflage, München 2017, zit. als Löwisch/Rieble, TVG.

Lunk, Stefan/Leder, Tobias/Seidler, Christoph, Die tarifvertragliche und schuldrechtliche Besserstellung von Gewerkschaftsmitgliedern, RdA 2015, S. 399–407.

Marauhn, Thilo/Thorn, Judith, Kapitel 16, in: Dörr, Oliver/Grote, Rainer/Marauhn, Thilo/Rupprecht, Stephanie (Hrsg.), EMRK/GG. Konkordanzkommentar zum europäischen und deutschen Grundrechtsschutz, Tübingen 2013, zit. als Marauhn/Thorn, in: Dörr/Grote/Marauhn, EMRK/GG, Kap. 16.

Marx, Karl, Das Elend der Philosophie, in: Institut für Marxismus-Leninismus (Hrsg.), Marx-Engels-Werke, Band, 4, 11. Auflage, Berlin 1990, S. 63–182, zit. als Marx, MEW, Band 4.

Matecki, Claus, Warum ist eine gesetzliche Regelung für „gleichen Lohn für gleiche Arbeit“ erforderlich?, in: Dinges, Andreas et al. (Hrsg.), Zukunft Zeitarbeit, Dordrecht 2012, S. 65–74.

Maunz, Theodor/Dürig, Günter (Hrsg.), Grundgesetz. Kommentar, 95. EL, München 2021, zit. als Maunz/Dürig/Autor*in.

Mayer, Udo R., Gesetzliche Mindestlöhne für die Leiharbeit – zur Zulässigkeit eines tariflichen Lohngitters, AuR 2011, S. 4–9.

Mehnert, Frederik, BB-Kommentar zu LArbG Berlin-Brandenburg Urteil vom 17. Dezember 2014 – 15 Sa 982/14, BB 2015, S. 832.

Melms, Christopher/Lipinski, Wolfgang, Absenkung des Tarifniveaus durch die Gründung von AÜG-Gesellschaften als alternative oder flankierende Maßnahme zum Personalabbau, BB 2004, S. 2409–2417.

Meyer, Jürgen/Hölscheidt, Sven/Bernsdorff, Norbert (Hrsg.), Charta der Grundrechte der Europäischen Union, 5. Auflage 2019, zit. als NK-GRCh/Autor*in.

Meyer-Ladewig, Jens/Nettesheim, Martin/Raumer, Stefan von/Albrecht, Frauke (Hrsg.), EMRK. Europäische Menschenrechtskonvention : Handkommentar, 4. Auflage, Baden-Baden, Wien, Basel 2017, zit. als NK-EMRK/Autor*in.

Mitlacher, Lars W., Equal-Pay — Das Ende der Zeitarbeit? Eine ökonomische Analyse der Wirkungen des Urteils des Bundesverfassungsgerichts zur Zeitarbeit, Sozialer Fortschritt 2005, S. 97–103.

Moderegger, Christina, Die Kündigung von Leiharbeitnehmern. Kein Spezialrecht, aber einige kündigungsschutzrechtliche Besonderheiten, ArbRB 2014, S. 118–121.

Möhner, Matthias/Wolik, Andreas, Differences in COVID-19 Risk Between Occupational Groups and Employment Sectors in Germany, Deutsches Ärzteblatt international 2020, S. 641–642.

Mohr, Jochen, Sittenwidrigkeit von Stundenlohn bei Tarifvertrag. Zu den Grundlagen und Grenzen eines richterlichen Mindestlohns, BB 2008, S. 1065–1067.

Möller, Joachim, Zeitarbeit: Fluch oder Segen für den deutschen Arbeitsmarkt, in: Bouncken, Ricarda B./Bornewasser, Manfred/Bellmann, Lutz (Hrsg.), Die neue Rolle der Zeitarbeit in Deutschland, Augsburg 2012, S. 235–240.

Möller, Joachim, Interview mit IAB-Direktor Joachim Möller über die Auswirkungen des gesetzlichen Mindestlohns auf den Arbeitsmarkt, in: Möller, Joachim/Walwei, Ulrich (Hrsg.), Arbeitsmarkt kompakt. Analysen, Daten, Fakten, Nürnberg 2017, S. 86–87, zit. als Möller, in: Arbeitsmarkt kompakt.

Molthagen, Julia, Das Verhältnis der EU-Grundrechte zur EMRK. Eine Untersuchung unter besonderer Berücksichtigung der Charta der Grundrechte der EU, Hamburg, Univ., Diss. 2003, zit. als Molthagen, Verhältnis der EU-Grundrechte zur EMRK.

Moser, Klaus/Galais, Nathalie/Sende, Cynthia, Zeitarbeit aus Mitarbeitersicht, in: Schwaab, Markus-Oliver/Durian, Ariane (Hrsg.), Zeitarbeit. Chancen – Erfahrungen – Herausforderungen, 2. Auflage, Wiesbaden 2017, S. 67–82.

Münchener Kommentar zum Bürgerlichen Gesetzbuch. Band 5: Schuldrecht – Besonderer Teil II, Säcker, Franz Jürgen/Rixecker, Roland/Oetker, Hartmut/Limperg, Bettina (Hrsg.), 8. Auflage, München 2020, zit. als MüKoBGB/Autor*in.

Münchener Kommentar zum Bürgerlichen Gesetzbuch. Band 1: Allgemeiner Teil §§ 1–240, AllgPersönlR, ProstG, AGG, Säcker, Franz Jürgen/Rixecker, Roland/Oetker, Hartmut/Limperg, Bettina (Hrsg.), 9. Auflage, München 2021, zit. als MüKoBGB/Autor*in.

Nettesheim, Martin (Hrsg.), Das Recht der Europäischen Union, 74. EL, München 2022, zit. als Grabitz/Hilf/Nettesheim/Autor*in.

Neubäumer, Renate, Die Bedeutung von Nicht-Lohnkosten für atypische Beschäftigung aus Sicht von Betrieben und Arbeitnehmern, WSI-Mitteilungen 2017, S. 36–44.

Neumann, Dirk/Biebl, Josef, Arbeitszeitgesetz. Kommentar, 16. Auflage, München 2013, zit. als Neumann/Biebl, ArbZG.

Neumann, Dirk/Fenski, Martin/Kühn, Thomas, Bundesurlaubsgesetz. Nebst allen anderen Urlaubsbestimmungen des Bundes und der Länder : Kommentar, 12. Auflage, München 2021, zit. als Neumann/Fenski/Kühn, BUrlG.

Nielebock, Helga, Regelung europarechtskonformer Ausnahmen vom Gleichbehandlungsgrundsatz durch die Änderung des AÜG 2011?, in: Creutzfeld, Malte/Thüsing, Gregor/Hanau, Peter/Wißmann, Hellmut (Hrsg.), Arbeitsgerichtsbarkeit und Wissenschaft. Festschrift für Klaus Bepler zum 65. Geburtstag, München 2012, S. 455–466.

Nielebock, Helga, „Leiharbeit" – ausgewählte (Rechts-)Problem, in: Buschmann, Rudolf/Fraunhoffer, Bettina/Schierle, Karlheinz/Vorbau, Reinhard-Ulrich (Hrsg.), Unsichere Arbeits- und Lebensbedingungen in Deutschland und Europa, Baden-Baden 2014, S. 111–128, zit. als Nielebock, in: Unsichere Arbeits- und Lebensbedingungen.

Nielen, Sebastian/Schiersch, Alexander, Temporary Agency Work and Firm Competitiveness. Evidence from German Manufacturing Firms, Berlin, 06.2011, zit. als Nielen/Schiersch, DIW Discussion Papers 1135,

Nießen, Tobias/Fabritius, Burkhard, Die neuen Branchenzuschläge in der Zeitarbeit – Auswirkungen auf die Praxis, BB 2013, S. 375–380.

Notz, Gisela, Die Geschichten von Frauenstreikts und streikenden Frauen: "Das vierte "K" heißt Kampf", in: Artus, Ingrid et al. (Hrsg.), Arbeitskonflikte sind Geschlechterkämpfe. Sozialwissenschaftliche und historische Perspektiven, Münster 2020, S. 28–49, zit. als Notz, in: Arbeitskonflikte.

Oetker, Hartmut, Arbeitsrechtlicher Kündigungsschutz und Tarifautonomie, ZfA 2001, S. 287–340.

Oetker, Hartmut, § 12 Europarechtliche Grundlagen des Arbeitsrechts, in: Kiel, Heinrich/Lunk, Stefan/Oetker, Hartmut (Hrsg.), Münchener Handbuch zum Arbeitsrecht, 5. Auflage, München 2021, zit. als MHdB ArbR/Oetker, § 12.

Ohler, Christoph, Grundrechtliche Bindungen der Mitgliedstaaten nach Art. 51 GRCh, NVwZ 2013, S. 1433–1438.

Orizon GmbH, Pressemitteilung: Geld und Sicherheit stehen hoch im Kurs. Arbeitnehmer aller Generationen wünschen sich im Job gute Bezahlung und Sicherheit, 01.02.2016, abrufbar unter https://www.orizon.de/de/presseloung e/geld-und-sicherheit-stehen-hoch-im-kurs, zuletzt abgerufen am 25.01.2022, zit. als Orizon GmbH, Geld und Sicherheit, PM vom 01.02.2016.

Otto, Hansjörg, Tarifzensur und Arbeitskampf, in: Dauner-Lieb, Barbara (Hrsg.), Festschrift für Horst Konzen. Zum siebzigsten Geburtstag, Tübingen 2006, S. 663–686.

Pant, Benjamin, Gesetzliche und kollektivvertragliche Regulierung der Arbeitnehmerüberlassung durch Höchstüberlassungszeiten. Europarechtliche, verfassungsrechtliche und arbeitsrechtliche Grundfragen, Baden-Baden 2019, zit. als Pant, Regulierung der Arbeitnehmerüberlassung.

Pasch, Esther, Die "vorübergehende" Überlassung von Arbeitnehmer in Deutschland. Unions und verfassungsrechtliche Vorgaben zur Einschränkung und Einschränkbarkeit von Einsatzmöglichkeiten der Arbeitnehmerüberlassung und ihre Umsetzung im Arbeitnehmerüberlassungsgesetz, Baden-Baden 2019, zit. als Pasch, Vorübergehende Überlassung.

Pfeiffer, Joachim, Welche Position zur Zeitarbeit vertreten CDU und CSU?, in: Dinges, Andreas et al. (Hrsg.), Zukunft Zeitarbeit, Dordrecht 2012, S. 115–128, zit. als Pfeiffer, in: Zukunft Zeitarbeit.

Picker, Eduard, Die Tarifautonomie am Scheideweg von Selbstbestimmung und Fremdbestimmung im Arbeitsleben. Zur Legitimation der Regelungsmacht der Koalitionen, in: Oetker, Hartmut (Hrsg.), 50 Jahre Bundesarbeitsgericht, München 2004, S. 795–829.

Pieroth, Bodo, Arbeitnehmerüberlassung unter dem Grundgesetz. Ein Rechtsgutachten zur berufs- und arbeitsrechtlichen Gestaltungsfreiheit des Gesetzgebers, zum Übermaßverbot und zu den Bindungswirkungen der Entscheidungen des Bundesverfassungsgerichts, Berlin 1982, zit. als Pieroth, Arbeitnehmerüberlassung.

Preis, Bernd, Tarifdispositives Richterrecht. Ein Beitrag zur Funktion und zum Rangverhältnis von Tarifrecht und staatlichem Recht, ZfA 1972, S. 271–303.

Preis, Ulrich, § 2 Die Sozialwidrigkeit der Kündigung, in: Preis, Ulrich/Vossen, Reinhard/Stahlhacke, Eugen (Hrsg.), Kündigung und Kündigungsschutz im Arbeitsverhältnis, 11. Auflage, München 2015, zit. als Stahlhacke/Preis/Vossen.

Preis, Ulrich/Morgenbrodt, Kai, Die Arbeitsbedingungenrichtlinie 2019/1152/EU – Inhalt, Kontext und Folgend für das nationale Recht (Teil II), ZESAR 2020, S. 409–419.

Promberger, Markus, Leiharbeit – Flexibilität und Prekarität in der betrieblichen Praxis, WSI-Mitteilungen 2006, S. 263–269.

Promberger, Markus, Topographie der Leiharbeit. Flexibilität und Prekarität einer atypischen Beschäftigungsform, Berlin 2012, zit. als Promberger, Topographie der Leiharbeit.

Promberger, Markus, Eine Strategie oder viele Strategien? Zur Polyvalenz flexibler Beschäftigungsformen im betrieblichen Einsatz am Beispiel der Leiharbeit, in: Krause, Alexandra/Köhler, Christoph (Hrsg.), Arbeit als Ware. Zur Theorie flexibler Arbeitsmärkte, Bielefeld 2014, S. 163–183, zit. als Promberger, in: Arbeit als Ware.

Promberger, Markus et al., Leiharbeit im Betrieb. Strukturen, Kontexte und Handhabung einer atypischen Beschäftigungsform, Nürnberg, Juli 2006, zit. als Promberger et al., Leiharbeit im Betrieb.

Raab, Thomas, Europäische und nationale Entwicklungen im Recht der Arbeitnehmerüberlassung, ZfA 2003, S. 389–446.

Rebhahn, Robert, Überlegungen zur Bedeutung der Charta der Grundrecht der EU für den Streik und für die Kollektive Rechtsgestaltung, in: Söllner, Alfred (Hrsg.), Gedächtnisschrift für Meinhard Heinze, München 2005, S. 649–660.

Rebhahn, Robert/Schörghofer, Felix, § 21 Rechte des Arbeitslebens (Art. 27 bis 33 GRC), in: Grabenwarter, Christoph (Hrsg.), Europäischer Grundrechteschutz, 2. Auflage, Baden-Baden 2021, S. 883–934, zit. als Grabenwarter EnzEuR 2/Rebhahn/Schörghofer, § 21.

Reim, Uwe, Neue Flexibilität in der Leiharbeit, ZTR 2003, S. 106–113.

Reinsch, Julia, Das Rechtsverhältnis zwischen Entleiher und Leiharbeitnehmer, Baden-Baden 2008, zit. als Reinsch, Das Rechtsverhältnis.

Ricken, Oliver, Autonomie und tarifliche Rechtsetzung. Die Tarifzuständigkeit als Wirksamkeitserfordernis des Tarifvertrages, München 2006, zit. als Ricken, Autonomie und tarifliche Rechtsetzung.

Rieble, Volker, Relativität der Tariffähigkeit, in: Wank, Rolf (Hrsg.), Festschrift für Herbert Wiedemann zum 70. Geburtstag, München 2002, S. 519–541.

Rieble, Volker, Kollektivarbeitsrechtliche Regulierung beim Entleiher, in: Rieble, Volker (Hrsg.), Zukunft der Zeitarbeit. 6. ZAAR-Kongress; München, 8. Mai 2009, München 2009, S. 65–103, zit. als Rieble, in: Zukunft der Zeitarbeit.

Rieble, Volker, Zeitarbeit – invers, NZA 2013, S. 309–310.

Rieble, Volker/Klebeck, Ulf, Lohngleichheit für Leiharbeit, NZA 2003, S. 23–29.

Rieble, Volker/Kolbe, Sebastian, Vom Sozialen Dialog zum europäischen Kollektivvertrag?, EuZA 2008, S. 453–482.

Rieble, Volker/Picker, Christian, Lohnwucher, ZfA 2014, S. 153–212.

Rieble, Volker/Vielmeier, Stephan, Umsetzungsdefizite der Leiharbeitsrichtlinie, EuZA 2011, S. 474–504.

Riechert, Christian, Grenzen tariflicher Abweichung vom Equal Pay-Grundsatz des AÜG, NZA 2013, S. 303–309.

Riedlinger, Isabelle/Fischer, Gabriele/Höß, Tanja, Pflegeberufe und Arbeitskampf – ein Widerspruch?, in: Artus, Ingrid et al. (Hrsg.), Arbeitskonflikte sind Geschlechterkämpfe. Sozialwissenschaftliche und historische Perspektiven, Münster 2020, S. 214–228, zit. als Riedlinger/G. Fischer/Höß, in: Arbeitskonflikte.

Riesenhuber, Karl, § 10 Die Auslegung, in: Riesenhuber, Karl (Hrsg.), Europäische Methodenlehre, 4. Auflage 2021, zit. als Riesenhuber, in: Europäische Methodenlehre, § 10.

Riesenhuber, Karl, Europäisches Arbeitsrecht, 2. Auflage, Berlin, Boston 2021, zit. als Riesenhuber, Europäisches Arbeitsrecht.

Rödl, Florian/Ulber, Daniel, Unvereinbarkeit von § 9 Nr. 2 Halbs. 4 AÜG mit der Leiharbeitsrichtlinie, NZA 2012, S. 841–845.

Rolfs, Christian, Sozialrechtliche Rahmenbedingungen der Zeitarbeit, in: Rieble, Volker (Hrsg.), Zukunft der Zeitarbeit. 6. ZAAR-Kongress; München, 8. Mai 2009, München 2009, S. 113–142, zit. als Rolfs, in: Zukunft der Zeitarbeit.

Röpke, Melanie, Die Gestaltbarkeit von Arbeitsbedingungen im Rahmen von § 9 Nr. 2 AÜG, Baden-Baden 2015, zit. als Röpke, Die Gestaltbarkeit von Arbeitsbedingungen.

Rost, Matthias, Freiheit und Wettbewerb in der Republik. Bemerkungen zum Wettbewerb aus der Perspektive von Kants Freiheits-, Rechts- und Staatsphilosophie, Berlin 2018, zit. als Rost, Freiheit und Wettbewerb.

Roth, Wulf-Henning, Europäische Verfassung und europäische Methodenlehre, RabelsZ 2011, S. 787–844.

Roth, Wulf-Henning/Jopen, Christian, § 13 Die richtlinienkonforme Auslegung, in: Riesenhuber, Karl (Hrsg.), Europäische Methodenlehre, 4. Auflage 2021, zit. als Roth/Jopen, in: Europäische Methodenlehre, § 13.

Rüthers, Bernd/Höpfner, Clemens, Grundlagen einer europäischen Methodenlehre, AcP 209 (2009), S. 1–36.

Säcker, Franz Jürgen/Oetker, Hartmut, Grundlagen und Grenzen der Tarifautonomie. Erläutert anhand aktueller tarifpolitischer Fragen, München 1992, zit. als Säcker/Oetker, Grundlagen und Grenzen der Tarifautonomie.

Said, Malek, Die personelle Reichweite der Tarifmacht, Baden-Baden 2020, zit. als Said, Personelle Reichweite.

Sandmann, Bernd, Entgelttarifvertrag und Zeitarbeit – one size fits all?, in: Bauer, Jobst-Hubertus (Hrsg.), Festschrift für Herbert Buchner zum 70. Geburtstag, München 2009, S. 777–786.

Sansone, Piero, Gleichstellung von Leiharbeitnehmern nach deutschem und Unionsrecht, Baden-Baden 2011, zit. als Sansone, Gleichstellung.

Sansone, Piero, § 12 Leiharbeit, in: Preis, Ulrich/Sagan, Adam (Hrsg.), Europäisches Arbeitsrecht. Grundlagen – Richtlinien – Folgen für das deutsche Recht, 2. Auflage, Köln 2019, zit. als Preis/Sagan/Sansone, Europäisches Arbeitrecht, § 12.

Sansone, Piero/Ulber, Daniel, Mindestlohn: Neue Bewegung in der Mindestlohndebatte?, AuR 2008, S. 125–131.

Sasse, Thorsten, Die Grundrechtsberechtigung juristischer Personen durch die unternehmerische Freiheit gemäß Art. 16 der Europäischen Grundrechtecharta, EuR 2012, S. 628–654.

Schabas, William, The European Convention on Human Rights. A commentary, First paperback edition, Oxford 2017, zit. als Schabas, ECHR.

Schäfer, Holger, Entwicklung der Zeitarbeit, in: Schwaab, Markus-Oliver/Durian, Ariane (Hrsg.), Zeitarbeit. Chancen – Erfahrungen – Herausforderungen, 2. Auflage, Wiesbaden 2017, S. 3–14, zit. als Schäfer, in: Zeitarbeit.

Schäfer, Holger/Schleiermacher, Thomas/Stettes, Oliver, IW-Zeitarbeiterbefragung 2019, Köln, 16.11.2020, zit. als Schäfer/Schleiermacher/Stettes, IW-Zeitarbeiterbefragung 2019.

Schaks, Nils, § 16 Der Grundsatz der finanziellen Stabilität der gesetzlichen Krankenversicherung und der Grundsatz der Beitragsstabilität, in: Sodan, Helge (Hrsg.), Handbuch des Krankenversicherungsrechts, 3. Auflage, München 2018, zit. als Sodan/Schaks, Hdb. d. Krankenversicherungsrechts, § 16.

Schiefer, Bernd, Betriebsbedingte Kündigung – Kündigungsursache und Unternehmerentscheidung, NZA-RR 2005, S. 1–12.

Schindele, Friedrich/Söhl, Bernhard, Bezugnahmeklauseln auf die Tarifverträge der DGB-Tarifgemeinschaft Zeitarbeit, NZA 2014, S. 1049–1052.

Schindler, René, Europarechtliche Grundlagen der AÜG-Novelle 2012 und ihre grundsätzliche Umsetzung in Österreich, in: Raschauer, Nicolas/Resch, Reinhard/Schindler, René (Hrsg.), Neuerungen bei der Arbeitskräfteüberlassung, Wien 2014, S. 13–35, zit. als Schindler, in: Arbeitskräfteüberlassung.

Schindler, René, 1. Leiharbeits-RL: Keine Kontrolle der Verbote und Einschränkungen von Leiharbeit durch die Gerichte, DRdA 2016, S. 26–29.

Schlachter, Monika, Methoden der Rechtsgewinnung zwischen EuGH und der Arbeitsgerichtsbarkeit, ZfA 2007, S. 249–275.

Schlachter, Monika, Die Freizügigkeit der Arbeitnehmer in der Europäischen Union – Wer ist Träger dieses Rechts?, ZESAR 2011, S. 156–163.

Schlachter, Monika, Das Verbot der Altersdiskriminierung und der Gestaltungsspielraum der Tarifvertragsparteien, Frankfurt am Main 2014, zit. als Schlachter, Verbot der Altersdiskriminierung.

Schlachter, Monika, Stärkung sozialer Rechte durch Grundrechtsschutz im europäischen Mehr-Ebenen-System?, EuR 2016, S. 478–490.

Schlachter, Monika/Ales, Edoardo/Končar, Polonca (Hrsg.), EU labour law. A commentary, Alphen aan den Rijn 2015, zit. als Schlachter/Autor*in, EU Labor Law.

Schlachter, Monika/Klauk, Melanie, "Tarifdispositivität – eine zeitgemäße Regelung?", AuR 2010, S. 354–362.

Schliemann, Harald, Arbeitsgerichtliche Kontrolle von Tarifverträgen, ZTR 2000, S. 199–206.

Schmidt, Anke, Die Tariffähigkeit christlicher Gewerkschaften, Baden-Baden 2014, zit. als Schmidt, Tariffähigkeit christlicher Gewerkschaften.

Schmidt-Rimpler, Walter, Grundfragen einer Erneuerung des Vertragsrechts, AcP 147 (1941), S. 130–197.

Schmidt-Rimpler, Walter, Zum Vertragsproblem, in: Baur, Fritz (Hrsg.), Funktionswandel der Privatrechtsinstitutionen. Festschrift für Ludwig Raiser zum 70. Geburtstag, Tübingen 1974, S. 3–26.

Schmitt-Rolfes, Günther/Hromadka, Wolfgang, Am Ziel? – Senat will Grundsatz der Tarifeinheit bei Tarifpluralität kippen, NZA 2010, S. 687–691.

Schmitz, Thomas, Die Grundrechtecharta als Teil der Verfassung der Europäischen Union, EuR 2004, S. 691–713.

Schrader, Peter/Siebert, Jens, Angriff auf die Unternehmerentscheidung?, NZA-RR 2013, S. 113–117.

Schrattbauer, Birgit, Arbeitskräfteüberlassung. Chance oder Risiko für Problemgruppen des Arbeitsmarktes?, Wien 2015, zit. als Schrattbauer, Arbeitskräfteüberlassung.

Schröpfer, Stefanie, Die Intensität der Leiharbeitsnutzung in Deutschland. Eine empirische Analyse von betrieblichen Determinanten, Stuttgart, Univ., Diss. oec 2014, zit. als Schröpfer, Intensität der Leiharbeitsnutzung.

Schubert, Claudia, Der Tarifvertrag in den Schranken Europas – Die Tarifautonomie als Bestandteil der europäischen Wirtschaftsordnung, ZfA 2013, S. 1–40.

Schüren, Peter, Tarifgeltung für Außenseiter? – "No Taxation without Representation!", RdA 1988, S. 138–149.

Schüren, Peter, Tarifverträge in der Leiharbeit – Weitreichende Innovation mit erheblichem Konfliktpotential, Jahrbuch des Arbeitsrechts 41 (2004), S. 49–70.

Schüren, Peter, Tarifverträge ohne mitgliedschaftliche Legitimation – eine Skizze, in: Oetker, Hartmut (Hrsg.), 50 Jahre Bundesarbeitsgericht, München 2004, S. 877–887.

Schüren, Peter, Die Regelung der Vergütung der Leiharbeitnehmer oder "Der Besuch des Elefanten im Porzellanladen des kollektiven Arbeitsrechts", in: Rieble, Volker (Hrsg.), Festschrift für Manfred Löwisch zum 70. Geburtstag, München 2007, S. 367–373.

Schüren, Peter, Die Tariffähigkeit der Tarifgemeinschaft Christlicher Gewerkschaften für Zeitarbeit und PSA vor den deutschen Arbeitsgerichten. Ergebnisse einer Umfrage, NZA 2007, S. 1213–1215.

Schüren, Peter, Tarifunfähigkeit der Tarifgemeinschaft Christlicher Gewerkschaften für die Leiharbeitsbranche, NZA 2008, S. 453–456.

Schüren, Peter (Hrsg.), Arbeitnehmerüberlassungsgesetz. Kommentar, 5. Auflage, München 2018, zit. als Schüren/Hamann/Autor*in, AÜG.

Schüren, Peter/Behrend, Britta, Arbeitnehmerüberlassung nach der Reform – Risiken der Neuen Freiheit, NZA 2003, S. 521–526.

Schüren, Peter/Fasholz, Sabrina, Inhouse-Outsourcing und der Diskussionsentwurf zum AÜG – Ein Diskussionsbeitrag, NZA 2015, S. 1473–1478.

Schüren, Peter/Wank, Rolf, Die neue Leiharbeitsrichtlinie und ihre Umsetzung in deutsches Recht, RdA 2011, S. 1–12.

Schüren, Peter/Zachert, Ulrich, Tarifautonomie und tarifdispositives Richterrecht, AuR 1988, S. 245–251.

Schwaab, Markus-Oliver/Forster, Anja, Positionierung der Zeitarbeit am Arbeitsmarkt, in: Schwaab, Markus-Oliver/Durian, Ariane (Hrsg.), Zeitarbeit. Chancen – Erfahrungen – Herausforderungen, 2. Auflage, Wiesbaden 2017, S. 321–340, zit. als Schwaab/Forster, in: Zeitarbeit.

Schwarze, Jürgen, Der Grundrechtsschutz für Unternehmen in der Europäischen Grundrechtecharta, EuZW 2001, S. 517–524.

Sehrbrock, Ingrid, Brennpunkte bei der Arbeitnehmerüberlassung : Reformbedarf der Leiharbeitsregelungen, DB 2010, S. S21-S22.

Seigis, M. Christian, Leiharbeiter im sozialen Abseits. Arbeitnehmerüberlassung in Deutschland, Marburg 2011, zit. als Seigis, Leiharbeiter im sozialen Abseits.

Seils, Eric/Emmler, Helge, Leiharbeit im Regionalen Vergleich, Düsseldorf, 01.2020, zit. als Seils/Emmler, Policy Brief WSI 01/2020.

Seiwerth, Stephan, Gestaltungsfreiheit in Tarifverträgen und tarifdispositives Gesetzesrecht. Die Begrenzung individueller und kollektiver Vertragsfreiheit durch dispositives und zwingendes Gesetzesrecht, Baden-Baden 2017, zit. als Seiwerth, Gestaltungsfreiheit in Tarifverträgen.

Seiwerth, Stephan, Anmerkung zum Vorlagebeschluss BAG 5 AZR 143/19, ZESAR 2021, S. 127–131.

Sende, Cynthia/Galais, Nathalie, Unternehmensflexibilität und personelle Flexibilisierungsstrategien in Deutschland, in: Schlick, Christopher/Moser, Klaus/Schenk, Michael, Flexible Produktionskapazität innovativ managen. Handlungsempfehlungen für die flexible Gestaltung von Produktionssystemen in kleinen und mittleren Unternehmen, Berlin 2014, S. 1–80, zit. als Sende/Galais, in: Flexible Produktionskapazitäten.

Serr, Stephan, Privative Tariftreue, München 2013.

Siebenhüter, Sandra, Integrationshemmnis Leiharbeit. Auswirkungen von Leiharbeit auf Menschen mit Migrationshintergrund, Frankfurt am Main 2011, zit. als Siebenhüter, Integrationshemmnis Leiharbeit.

Simmel, Georg, Soziologie. Untersuchungen über die Formen der Vergesellschaftung, Leipzig 1908, zit. als Simmel, Formen der Vergesellschaftung.

Simon, Oliver/Koschker, Maximilian, Branchenzuschläge in der Zeitarbeit – ungeklärte Fragen und neue Probleme, NZA 2018, S. 755–761.

Sittard, Ulrich, Im Dschungel der Mindestlöhne – ein Versuch der Systematisierung, RdA 2013, S. 301–309.

Sitte, Bernd/Lehmann, Christian, Zeitarbeit ist nicht gleich Zeitarbeit: Segmentierung der Branche, in: Bornewasser, Manfred/Zülich, Gert (Hrsg.), Arbeitszeit – Zeitarbeit. Flexibilisierung der Arbeit als Antwort auf die Globalisierung, Wiesbaden 2013, S. 117–136, zit. als Sitte/Lehmann, in: Arbeitszeit.

Spermann, Alexander, Die neue Rolle der Zeitarbeit für den Arbeitsmarkt, in: Bouncken, Ricarda B./Bornewasser, Manfred/Bellmann, Lutz (Hrsg.), Die neue Rolle der Zeitarbeit in Deutschland, Augsburg 2012, S. 203–224, zit. als Sperrmann, in: Die neue Rolle der Zeitarbeit.

Stang, Dieter/Ulber, Jürgen, Keine neue Mogelpackung! – Anforderung an eine gesetzliche Neuregelung der Leiharbeit, NZA 2015, S. 910–915.

Stepien, Viktor, Berufsfreiheit des Leiharbeitnehmers. Über die Vereinbarkeit der Unwirksamkeits- und Fiktionsanordnungen des Arbeitnehmerüberlassungsgesetzes mit höherrangigem Recht, Tübingen 2020, zit. als Stepien, Berufsfreiheit.

Stern, Klaus/Sachs, Michael (Hrsg.), Europäische Grundrechte-Charta. GRCh : Kommentar, München 2016, zit. als Stern/Sachs/Autor*in, GRCh.

Stiebert, Tom/Pötters, Stephan, Spielräume der Exekutive bei Mindestlöhnen durch Rechtsverordnung, RdA 2013, S. 101–107.

Stiebert, Tom, Anmerkung zu EuGH: Auslegung der Leiharbeitsrichtlinie – Verbote und Einschränkungen, NJW 2015, S. 1234–1235.

Stolz, Werner, Rechtliche Entwicklungstendenzen der Zeitarbeit und branchenpolitische Herausforderungen: Vom „Schmuddelkind" zum innovativen Problemlöser auf dem Arbeitsmarkt, in: Schwaab, Markus-Oliver/Durian, Ariane (Hrsg.), Zeitarbeit. Chancen – Erfahrungen – Herausforderungen, 2. Auflage, Wiesbaden 2017, S. 343–350, zit. als Stolz, in: Zeitarbeit.

Streinz, Rudolf et al. (Hrsg.), EUV/AEUV. Vertrag über die Europäische Union, Vertrag über die Arbeitsweise der Europäischen Union, Charta der Grundrechte der Europäischen Union, 3. Auflage, München 2018, zit. als Streinz/Autor*in.

Strotmann, Harald/Moczadlo, Regina, Beschäftigungswirkungen der Zeitarbeit aus gesamtwirtschaftlicher Perspektive, in: Schwaab, Markus-Oliver/Durian, Ariane (Hrsg.), Zeitarbeit. Chancen – Erfahrungen – Herausforderungen, 2. Auflage, Wiesbaden 2017, S. 83–104, zit. als Strotmann/Moczadlo, in: Zeitarbeit.

Stütze, Sebastian, Die Kontrolle der Entgelthöhe im Arbeitsrecht. Zugleich ein Beitrag zu den Grundlagen und Grenzen der Vertragsfreiheit und Tarifautonomie, Baden-Baden 2010, zit. als Stütze, Kontrolle der Entgelthöhe.

Szczekalla, Peter, Grenzenlose Grundrechte, NVwZ 2006, S. 1019–1021.

Techniker Krankenkasse, Zeitarbeit: Chance oder Risiko? Arbeitssituation und Gesundheit von Zeitarbeitern, Hamburg, 2020, zit. als Techniker Krankenkasse, Gesundheitsreport 2020.

Temming, Felipe, Das "schwedische Modell" auf dem Prüfstein in Luxemburg – der Fall Laval. Anmerkungen zum Urteil des Gerichtshofs (Große Kammer) vom 18. Dezember 2007 in der Rechtssache C-341/05 abgedruckt in diesem Heft S. 256, ZESAR 2008, S. 231–242.

Temming, Felipe, Auslegung der Leiharbeitsrichtlinie ("AKT"), JurisPR-ArbR 25/2015 Anm. 1.

Teubert, René, Die betriebsbedingte Kündigung von Leiharbeitnehmern, Bochum 2015, zit. als Teubert, Betriebsbedingte Kündigung.

Thüsing, Gregor, Europäische Impulse im Recht der Arbeitnehmerüberlassung. Zum Entwurf einer Richtlinie des Europäischen Parlaments und des Rates über die Arbeitsbedingungen von Leiharbeitnehmern – KOM (2002) 149 endgültig, DB 2002, S. 2218–2223.

Thüsing, Gregor, Equal pay bei Leiharbeit. – Zur Reichweite der Gleichbehandlungspflicht nach dem AÜG -, DB 2003, S. 446–451.

Thüsing, Gregor, Blick in das europäische und ausländische Arbeitsrecht, RdA 2009, S. 118–122.

Thüsing, Gregor, Brennpunkte bei der Arbeitnehmerüberlassung : Arbeit in und Arbeit durch Zeitarbeit, DB 2010, S. S17-S18.

Thüsing, Gregor, Arbeitsrechtlicher Diskriminierungsschutz. Das Allgemeine Gleichbehandlungsgesetz und andere arbeitsrechtliche Benachteiligungsverbote, 2. Auflage, München 2013, zit. als Thüsing, Arbeitsrechtlicher Diskriminierungsschutz.

Thüsing, Gregor (Hrsg.), Arbeitnehmerüberlassungsgesetz. Kommentar, 4. Auflage, München 2018, zit. als Thüsing/Autor*in, AÜG.

Thüsing, Gregor/Beden, Yannik, Als „gleichwertig" festgesetztes Arbeitsentgelt im Sinne von § 8 IV 2 Nr. 1 AÜG, NZA 2018, S. 404–408.

Thüsing, Gregor/Lembke, Mark, Zeitarbeit im Spannungsverhältnis von Dienstleistungsfreiheit und Tarifautonomie. Zum Vorschlag der Ausdehnung des AEntG auf die Zeitarbeitsbranche, ZfA 2007, S. 87–125.

Thüsing, Gregor/Pötters, Stephan, Flexibilisierung der Arbeitszeit durch Zeitkonten im Rahmen der Arbeitnehmerüberlassung, BB 2012, S. 317–322.

Thüsing, Gregor/Stelljes, Volker, Fragen zum Entwurf eines Gesetzes zu Reformen am Arbeitsmarkt, BB 2003, S. 1673–1681.

Thüsing, Gregor/Stiebert, Tom, Equal Pay in der Arbeitnehmerüberlassung – unter Berücksichtigung des CGZP-Beschlusses, in: Brand, Jürgen/Lembke, Mark (Hrsg.), Der CGZP-Beschluss des Bundesarbeitsgerichts. Arbeits- und sozialversicherungsrechtliche Folgen, Baden-Baden 2012, S. 59–78, zit. als Thüsing/Stiebert, in: Der CGZP-Beschluss.

Thüsing, Gregor/Traut, Johannes, Zur begrenzten Reichweite der Koalitionsfreiheit im Unionsrecht, RdA 2012, S. 65–73.

Thüsing, Gregor/Wege, Donat, Sozialauswahl nach neuem Recht, RdA 2005, S. 12–25.

Tucci, Marco, Arbeitnehmermobilität im Konzern. Unter besonderer Berücksichtigung der Möglichkeiten und Grenzen konzerninterner Arbeitnehmerüberlassung, Baden-Baden 2012, zit. als Tucci, Arbeitnehmermobilität.

Ulber, Daniel, Tarifdispositives Gesetzesrecht im Spannungsfeld von Tarifautonomie und grundrechtlichen Schutzpflichten, Berlin 2010, zit. als D. Ulber, Tarifdispositives Gesetzesrecht.

Ulber, Daniel, Wirkungsweise und Rechtsfolgen der Lohnuntergrenze nach § 3a AÜG, AuR 2012, S. 426–428.

Ulber, Daniel, Legislative Einschätzungsprärogative im Arbeitsrecht, NZA 2016, S. 619–623.

Ulber, Daniel, § 7 Arbeitszeit, in: Preis, Ulrich/Sagan, Adam (Hrsg.), Europäisches Arbeitsrecht. Grundlagen – Richtlinien – Folgen für das deutsche Recht, 2. Auflage, Köln 2019, zit. als Preis/Sagan/D. Ulber, Europäisches Arbeitrecht, § 7.

Ulber, Jürgen, Personal-Service-Agenturen und Neuregelung der Arbeitnehmerüberlassung: Änderungen des AÜG durch das Erste Gesetz für moderne Dienstleistungen am Arbeitsmarkt, AuR 2003, S. 7–15.

Ulber, Jürgen, Kurzarbeit, Kurzarbeitergeld und Leiharbeitnehmer, AiB 2009, S. 139–145.

Ulber, Jürgen, Wirksamkeit tariflicher Regelungen zur Ungleichbehandlung von Leiharbeitnehmern, NZA 2009, S. 232–239.

Ulber, Jürgen, Die Richtlinie zur Leiharbeit, AuR 2010, S. 10–15.

Ulber, Jürgen, Regierungsentwurf zur Verhinderung von Missbrauch der Arbeitnehmerüberlassung, AuR 2010, S. 412–416.

Ulber, Jürgen, Der Referentenentwurf des BMAS sowie der Gesetzentwurf des Bundesrats zur Änderung des AÜG und anderer Gesetze. Ein Gutachten von Jürgen Ulber, Frankfurt am Main, 2016, zit. als J. Ulber, Der Referentenentwurf des BMAS.

Ulber, Jürgen, Die AÜG-Reform: Neuregelung zur Diskriminierung und zum funktionswidrigen Einsatz von Leiharbeitnehmern, AuR 2017, S. 238–241.

Ulber, Jürgen, AÜG. Arbeitnehmerüberlassungsgesetz, 5. Auflage, Frankfurt am Main 2017, zit. als Ulber/Autor*in, AÜG.

Ulber, Jürgen, Das neue Recht der Arbeitnehmerüberlassung – Die deutsche Variante des Ausstiegs aus dem Gemeinschaftsrecht, RdA 2018, S. 50–57.

Ulber, Jürgen/Stang, Dieter, Die geplante Neuregelung der Leiharbeit, AuR 2015, S. 250–255.

Ulrici, Bernhard, Arbeitnehmerüberlassungsgesetz. Handkommentar, Baden-Baden 2017, zit. als Ulrici, AÜG.

Urban-Crell, Sandra/Germakowski, Gudrun/Bissels, Alexander/Hurst, Adrian, AÜG. Kommentar zum Arbeitnehmerüberlassungsgesetz, 3. Auflage, Köln 2017, zit. als Urban-Crell/Germakowski/Bissels/Hurst, AÜG.

Vanselow, Achim/Weinkopf, Claudia, Zeitarbeit in europäischen Ländern – Lehren für Deutschland?, Düsseldorf 2009, zit. als Vanselow/Weinkopf, Zeitarbeit in europäischen Ländern.

Verheyen, Nina, Die Erfindung der Leistung, München 2018, zit. als Verheyen, Erfindung der Leistung.

Vielmeier, Stephan, Tarifzensur, München 2013.

Voss, Eckhard/Vitols, Katrin, Leiharbeit in Europa: zwischen Flexibilität und Sicherheit, WSI-Mitteilungen 2013, S. 580–587.

Waas, Bernd, Europarechtliche Schranken für die Befristung von Arbeitsverträgen mit älteren Arbeitnehmern? § 14 III TzBfG aus der Sicht des Generalanwalts, EuZW 2005, S. 583–587.

Waas, Bernd, Die Richtlinie des Europäischen Parlaments und des Rates über Leiharbeit, ZESAR 2009, S. 207–213.

Waas, Bernd, Der Gleichbehandlungsgrundsatz im neuen Arbeitnehmerüberlassungsgesetz, ZESAR 2012, S. 7–13.

Waltermann, Raimund, Fehlentwicklung in der Leiharbeit, NZA 2010, S. 482–487.

Waltermann, Raimund, Tarifautonomie und "Richtigkeitsgewähr" des Tarifvertrags in der Leiharbeit?, in: Creutzfeld, Malte/Thüsing, Gregor/Hanau, Peter/Wißmann, Hellmut (Hrsg.), Arbeitsgerichtsbarkeit und Wissenschaft. Festschrift für Klaus Bepler zum 65. Geburtstag, München 2012, S. 569–584.

Waltermann, Raimund, Entwicklungslinien der Tarifautonomie, RdA 2014, S. 86–93.

Waltermann, Raimund, Auslegung von Art. 9 Abs. 3 GG im Licht der europarechtlichen Gewährleistung der Tarifautonomie, EuZA 2015, S. 15–28.

Walwei, Ulrich/Ziegler, Kerstin, Die Bedeutung der Zeitarbeit für den Arbeitsmarkt, in: Bouncken, Ricarda B./Bornewasser, Manfred/Bellmann, Lutz (Hrsg.), Die neue Rolle der Zeitarbeit in Deutschland, Augsburg 2012, S. 11–25, zit. als Walwei/Ziegler, in: Die neue Rolle der Zeitarbeit.

Wank, Rolf, Der Richtlinienvorschlag der EG-Kommission zur Leiharbeit und das „Erste Gesetz für moderne Dienstleistungen am Arbeitsmarkt", NZA 2003, S. 14–23.

Wank, Rolf, Neuere Entwicklungen im Arbeitnehmerüberlassungsrecht, RdA 2003, S. 1–11.

Wank, Rolf, Die Neufassung des AÜG, Jahrbuch des Arbeitsrechts 48 (2011), S. 23–40.

Wank, Rolf, Änderungen im Leiharbeitsrecht, RdA 2017, S. 100–115.

Wank, Rolf, Genügt das reformierte AÜG dem Unionsrecht?, BB 2018, S. 1909–1916.

Warneck, Wiebke, Temporary agency work. Guide for transposition at national level, Brüssel 2011, zit. als Warneck, Temporary agency work.

Wassermann, Wolfram/Rudolph, Wolfgang, Leiharbeit als Gegenstand betrieblicher Mitbestimmung, Düsseldorf, 2007, zit. als Wassermann/Rudolph, Betriebliche Mitbestimmung.

Weckesser, Irene, Die Auswirkungen des im Rahmen des Ersten Gesetzes für Moderne Dienstleistungen am Arbeitsmarkt eingeführten Gleichbehandlungsgrundsatzes in der Arbeitnehmerüberlassung, Erlangen-Nürnberg, Univ., Diss. 2008, zit. als Weckesser, Die Auswirkungen des Gleichbehandlungsgrundsatzes.

Weichselbaum, Barbara, Grundrechte, Grundfreiheiten und der Vertrag von Lissabon: Neues zum Thema Kollektivverhandlungen und kollektive Maßnahmen, DRdA 2011, S. 103–111.

Weinkopf, Claudia/Vanselow, Achim, (Fehl-)Entwicklungen in der Zeitarbeit? Expertise im Auftrag der Friedrich-Ebert-Stiftung, Bonn, Bonn, 2008, zit. als Weinkopf/Vanselow, (Fehl-)Entwicklungen.

Wendehorst, Christiane, Methodennormen in kontinentaleuropäischen Kodifikationen, RabelsZ 2011, S. 730–763.

Werthebach, Pia, Die Befristung von Leiharbeitsverträgen nach dem Teilzeit- und Befristungsgesetz, NZA 2005, S. 1044–1045.

Westerheide, Jule Elena, "Man war doch Einzelkämpfer hier" – Kollektivierung der Arbeitskonflikte von Sekretärinnen in informellen Netzwerken?, in: Artus, Ingrid et al. (Hrsg.), Arbeitskonflikte sind Geschlechterkämpfe. Sozialwissenschaftliche und historische Perspektiven, Münster 2020, S. 286–303, zit. als Westerheide, in: Arbeitskonflikte.

Wetzel, Detlef/Weigand, Jörg, Schwarzbuch Leiharbeit, Frankfurt am Main 2012, zit. als Wetzel/Weigand, Schwarzbuch Leiharbeit.

Wiedemann, Herbert, Anm. zu BAG (2. Senat), Urteil vom 05.08.1971 – 2 AZR 276/70, AP BGB § 622 Nr. 10 1971.

Wiedemann, Herbert, Normsetzung durch Vertrag, in: Hanau, Peter (Hrsg.), Richterliches Arbeitsrecht. Festschrift für Thomas Dieterich zum 65. Geburtstag, München 1999, S. 661–682.

Wiedemann, Herbert (Hrsg.), Tarifvertragsgesetz. Mit Durchführungs- und Nebenvorschriften; Kommentar, 7. Auflage, München 2007, zit. als Wiedemann TVG/Autor*in, 7. Aufl. 2007.

Wiedemann, Herbert (Hrsg.), Tarifvertragsgesetz. Mit Durchführungs- und Nebenvorschriften; Kommentar, 8. Auflage, München 2019, zit. als Wiedemann TVG/Autorin.

Wilde, Anna, Arbeitnehmerüberlassung im Binnenmarkt, Baden-Baden 2017, zit. als Wilde, Arbeitnehmerüberlassung im Binnenmarkt.

Willemsen, Heins Josef/Mehrens, Christian, Arbeitnehmerüberlassung versus Dienstleistung, NZA 2019, S. 1473–1481.

Willemsen, Heinz Josef/Sagan, Adam, Die Auswirkungen der europäischen Grundrechtecharta auf das deutsche Arbeitsrecht, NZA 2011, S. 258–262.

Willis Towers Watson, Die HR-Management-Agenda für die neue Arbeitswelt. Deutschland-Ergebnisse 2016 der "Global Talent Management & Rewards Study" und der "Global Workforce Study", Januar 2017, zit. als Willis Towers Watson, HR-Management-Agenda.

Windbichler, Christine, Arbeitsrecht im Konzern, München 1989.

Wingerter, Christian, Der Wandel der Erwerbsformen und seine Bedeutung für die Einkommenssituation Erwerbstätiger, Wirtschaft und Statistik 2009, S. 1080–1098.

Wirtschafts- und Sozialwissenschaftliches Institut (WSI) der Hans-Böckler-Stiftung, Schriftliche Stellungnahme zur öffentlichen Anhörung von Sachverständigen in Berlin am 17. Oktober 2016. Ausschussdrucksache 18(11)750, Berlin, 13.10.2016, zit. als Stellungnahme des WSI vom 13.10.2016, Ausschussdrs. 18(11)761neu.

Wolf, Harald, Arbeitsbewegung von links? Gerechtigkeit, Rationalität und Privatismus in der Arbeitswelt, in: Becker, Karina/Dörre, Klaus/Reif-Spirek, Peter (Hrsg.), Arbeiterbewegung von rechts? Ungleichheit – Verteilungskämpfe – populistische Revolte, Sonderauflage für die Bundeszentrale für politische Bildung, Bonn 2020, S. 157–167, zit. als Wolf, in: Arbeiterbewegung.

Wollenschläger, Ferdinand, Anwendbarkeit der EU-Grundrechte im Rahmen einer Beschränkung von Grundfreiheiten, EuZW 2014, S. 577–580.

Wollenschläger, Ferdinand, Die unternehmerische Freiheit (Art. 16 GRCh) als grundrechtlicher Pfeiler der EU-Wirtschaftsverfassung, EuZW 2015, S. 285–288.

Ziegenhorn, Gero, Kontrolle von mitgliedstaatlichen Gesetzen „im Anwendungsbereich des Unionsrechts" am Maßstab der Unionsgrundrechte, NVwZ 2010, S. 803–808.

Zimmer, Reingard, Der Grundsatz der Gleichbehandlung in der Leiharbeitsrichtlinie 2008/104/EG und seine Umsetzung ins deutsche Recht, NZA 2013, S. 289–294.

Zimmer, Reingard, Das Recht auf ein existenzsicherndes Einkommen als Bestandteil des Unionsrechts?, ZESAR 2018, S. 151–156.

Zimmermann, André, Der Referentenentwurf zur AÜG-Reform 2017, BB 2016, S. 53–57.

Zimmermann, André, AÜG-Reform 2017. Das neue Arbeitnehmerüberlassungsgesetz im Überblick, MDR 2017, S. 978–982.

Zwanziger, Bertram, Nationale Koalitionsfreiheit vs. europäische Grundfreiheiten – aus deutscher Sicht, RdA Sonderbeilage 2009, S. 10–22.